Moderne-Studien

Hrsg. von Walter Delabar, Walter Fähnders
und Dieter Heimböckel

Band 7

Gesellschaften sind immer in Veränderung, so wenig sie dies auch gelegentlich wahr haben mögen. Insbesondere mit Beginn der Neuzeit stehen Veränderung, Bewahrung, Synchronisation, Bewältigung und Kritik in einer stetigen Wechselwirkung zueinander und produzieren dabei immer neue Ausdrucksformen, die zugleich in einem engen Begründungs- und Motivzusammenhang verbleiben. Mit dem Beginn des 20. Jahrhunderts erhält das eine neue Dynamik und Qualität. Die literarischen Texte unternehmen nichts anderes als durchzuspielen und zu behaupten, wie man in den modernen Zeiten, die nun angebrochen sind, bestehen kann. Und sie debattieren mit größtem Engagement die präsentierten Lösungsansätze – zumal dann, wenn sie in die Katastrophe führen. Das ist das Thema der »Moderne-Studien«, an denen mitzuarbeiten wir einladen.

Behrang Samsami

»Die Entzauberung des Ostens«

Zur Wahrnehmung und Darstellung des Orients bei Hermann Hesse, Armin T. Wegner und Annemarie Schwarzenbach

AISTHESIS VERLAG

Bielefeld 2011

Bibliografische Information der Deutschen Nationalbibliothek

Die Deutsche Nationalbibliothek verzeichnet diese Publikation in der Deutschen Nationalbibliografie; detaillierte bibliografische Daten sind im Internet über http://dnb.d-nb.de abrufbar.

Zugleich: Berlin, Freie Universität, Diss., 2009

Postfach 10 04 27, D-33504 Bielefeld
Satz: Germano Wallmann, www.geisterwort.de
Druck: docupoint GmbH, Magdeburg

ISBN 978-3-89528-799-2
www.aisthesis.de

Inhalt

»Ich trete eine Reise an. Ich trete aus Europa heraus in ein Gebiet, dessen ›Differenz‹ nicht überschaubar ist dem unseren gegenüber. Wir wollen aus den Sicherungen unseres allzu einheitlichen Umkreises, in dem es wenig Ungewohntes und nichts Überraschendes gibt, herauskommen in die ungeheuerliche Fremdheit dieser ›anderen‹ Welt, die nicht die unsere ist. Unüberbrückbar fremd. Vereinsamend fremd – und in sich geschlossen.

Wir wollen uns nicht belügen: vielleicht können wir hier dies und jenes begreifen, dies und jenes unter hundert einprägsamen Vorgängen, so wie wir Schmerz oder Freude empfinden – aber wir können nicht wissend, mitlebend innerhalb des vollkommenen Ganzen leben, wie wir es in Europa tun: die Differenz ist eine unüberbrückbare. Uns trennt von der ›anderen‹ Welt und ihren Menschen ein weiterer Raum, als wir es gemeinhin anzunehmen pflegen: wie sich verständigen? Es genügt nicht, ihre Sprache zu sprechen; um ihren Geist zu verstehen, müßte man in ihren Kreis treten und in ihren Assoziationen leben. Kann man das?

Und – soll man das? Es wäre immer noch ein schlechter Tausch: unser Altgewohntes gegen fremdes Altgewohntes.

Aber sind wir deshalb von dieser Welt ausgeschlossen? – Nein. Das Ausgeschlossensein beruht nur auf einem Irrtum, der im Zeichen unserer verdorbenen Entwicklung steht: wir unterschätzen das Schöpferische des Fremden, solange es eben *Fremdes* ist, und suchen es durch Übernahme in unseren Umkreis zu vergewaltigen, es uns ›anzueignen‹ (wie die Kultursnobs sagen). Aber es scheint, daß unsere Zeit der Unruhe dies heute nicht mehr verträgt und erkennt: Distanz will anders überwunden werden als durch geistige Vergewaltigung.

Weil diese fremde Welt so ganz anders ist als alles, was wir daheim kennen, weil sie so viel exponierte Spitzen darbietet, streift uns zuweilen, da wir aufmerksam sind, ein Hauch, wie eine blitzartige Erinnerung an längst Gekanntes und Vergessenes, an jene ungreifbaren Wirklichkeiten unseres Lebens. Und zwar geschieht dies über alles Trennende hinweg, heftig und überwältigend manchmal, so daß man sich fragt, ob nicht vielleicht darin – und nur darin – der Sinn jeder Wanderung liegt: die Fremdheit der ganzen Welt berühren und erfassen und dadurch unsere eigenen, persönlichen, vergessenen Wirklichkeiten erwecken.«

Leopold Weiss: *Unromantisches Morgenland.*
Aus dem Tagebuch einer Reise (1924)

1 Einführung in die Geschichte der europäischen Orientreise von der Antike bis zum 20. Jahrhundert

1.1 Eine Reise, ihre Probleme und die Lösungsmöglichkeiten

Frühling 1910. Rainer Maria Rilke (1875-1926) hat soeben die Fahnenabzüge seines ersten und einzigen Romans *Die Aufzeichnungen des Malte Laurids Brigge* Korrektur gelesen.[1] Die Arbeit, der er sechs Jahre gewidmet hat, ist damit beendet. Ende Mai erscheinen die *Aufzeichnungen* in zwei Bänden in Leipzig. Glücklich über den Abschluss des Romans, ist Rilke dennoch auch unzufrieden, da er erschöpft und voller Ungewissheit im Hinblick auf seine Zukunft ist. Da ihn zudem eine Schreibblockade hemmt, geht er, um sich abzulenken, auf Reisen.[2]

Er ist für einige Zeit Gast der Fürstin Marie von Thurn und Taxis (1855-1934) auf ihrem Felsenschloss Duino bei Triest, begibt sich dann nach Paris und besucht schließlich nach Sommeraufenthalten auf Besitzungen böhmischer Freunde die bayerische Hauptstadt, wo er mehrere Wochen verbringt. Anfang Oktober lernt er dort Jenny Oltersdorf, die wenig glückliche Ehefrau eines wohlhabenden Münchener Pelzhändlers, kennen und wohl auch lieben.[3] Kurz darauf schreibt er seinem Verleger Anton Kippenberg (1874-1950) von einem Angebot der neuen Freundin, sie und eine Gruppe von Bekannten auf eine mehrere Monate dauernde Tour nach Nordafrika und Palästina zu begleiten. Sein Drängen beim Verlag, ihm Geld vorzuschießen, deutet auf den unbedingten Wunsch hin, die sich ihm nun bietende Möglichkeit zu nutzen, um eine ihm bisher fremde Welt – auch im Hinblick auf seine weitere Arbeit – kennenzulernen und auf sich wirken zu lassen.

Nach Klärung der schwierigen Finanzierung kann er der neuen Freundin seine Teilnahme bestätigen. Die Vorbereitungen sind schnell getroffen: Eine arabische Grammatik, ein Wörterbuch und die Märchen von *Tausendundeiner Nacht* werden eingepackt. Mitte November 1910 verlässt er Paris für die Einschiffung in Marseille. Die erste Station der Gruppe ist das nordafrikanische Algier, das für Rilke eher einer französischen Stadt zu ähneln scheint, weil er von dessen orientalischem Wesen nur noch wenig erkennen kann.[4] Anfang

1 Vgl. auch im Folgenden Schnack: Rainer Maria Rilke 1975, S. 346ff.

2 Vgl. Grimm: Rilke und Ägypten 1997, S. 10.

3 Vgl. Nalewski: Nachwort 2000, S. 157.

4 Siehe Fendri: Die Entdeckung des maghrebinischen Orients 2007, S. 195: »Das rasche Überhandnehmen des französischen Einflusses im Stadtbild und in anderen

Dezember geht es weiter nach Biskra und El Kantara. Aber schon hier ist er mit dem Tempo, mit dem die Tour unternommen wird, nicht einverstanden.[5] Denn die kurzen Aufenthalte machen es ihm nicht leicht, in diese so exotische Welt einzutauchen. Nur ungern fügt er sich, hastet mit den anderen weiter nach Tunis und in das südlich davon gelegene Kairouan.

Hier entdeckt er jedoch zu seiner Freude die große Moschee dieses für Muslime wichtigen Pilgerortes und nimmt erstaunt die »Einfachheit und Lebendigkeit dieser Religion«[6] wahr. Seinen Versuch, sich der fremden Kultur in Nordafrika anzunähern, setzt er nach einer kurzen Zwischenstation in Neapel im Januar 1911 in Ägypten fort. Die Reisegruppe begibt sich auf eine Nilfahrt, auf der Rilke nicht nur das Uferleben der Bauern, sondern auch die zahlreichen antiken Stätten in Luxor, Karnak und Giza mit ihren Pyramiden, Tempelanlagen und Sphinxen neugierig betrachtet.

Gleichzeitig wird er von der Fülle der Sehenswürdigkeiten überwältigt: »[I]ch könnte umkehren, jetzt ist es längst zuviel.«[7] Mitte Januar ist er von der Tour, die vom englischen Reisebüro *Thomas Cook* organisiert ist, vollkommen ermüdet.[8] Dennoch bricht er seinen Ägyptenaufenthalt nicht ab. Die Gruppe unternimmt noch eine Nilfahrt stromaufwärts bis nach Assuan und kehrt Anfang Februar nach Kairo zurück. Erst hier in der Hauptstadt trennt sich Rilke von den anderen Teilnehmern. Diese setzen ihre Fahrt in Richtung

---

Lebensbereichen enttäuschte die Orient-Erwartungen der Reisenden und motivierte viele zu einem nicht geplanten Tunis-Besuch.«

5 Siehe Rilke an Sidonie Nádherný von Borutin wegen ihrer geplanten Nordafrikareise in einem am 21.1.1923 in Château de Muzot geschriebenen Brief. In: Rilke: Briefe an Sidonie Nádherný von Borutin 1973, S. 323f.: »Sie haben viel vor, zu viel auf einmal, scheint mir fast, – wenn ich an meine eigenen Reisen denke. Wäre mir damals nicht ein sehr bestimmter Plan von den Reisefreunden auferlegt gewesen, ich wäre schon an unserer zweiten Station, in Biskra, ein halbes Leben geblieben, statt nach drei Wochen weiter zu reisen, mit noch so vielem vor mir! (Auch wir sollten ja damals nicht nur nach Aegypten weiter, wozu es noch eben kam, sondern auch Palästina stand auf dem Programm . . . Es war unbedingt zu viel.)«

6 Rilke an Clara Rilke-Westhoff in einem am 21.12.1910 in Kairouan geschriebenen Brief. In: Rilke: Briefe 1987, S. 273.

7 Rilke an Clara Rilke-Westhoff in einem am 18.1.1911 auf dem Luxusdampfer *Ramses the Great* geschriebenen Brief. Ebd., S. 275.

8 Siehe Rilke an Sidonie Nádherný von Borutin in einem am 21.1.1923 in Château de Muzot geschriebenen Brief. In: Rilke: Briefe an Sidonie Nádherný von Borutin 1973, S. 324f.: »In Aegypten ist die Reisetechnik so weit entwickelt, daß der Fremde, der sich nicht fortwährend wehrt, als solcher, in Bausch und Bogen, behandelt zu sein, rein nicht mehr Zeit behält, etwas zu sehen, so unaufhaltsam, wie man zählt 1, 2, 3, 4, ... wird ihm gezeigt, was zu zeigen Tradition geworden ist; es ist zum Verzweifeln.«

Palästina fort, wohingegen er sich einer Erkrankung wegen für einen Monat zu Freunden in das nahe gelegene Helouan zurückzieht. Während er sich dort von den Strapazen der langen, eilig durchgeführten Nordafrikareise erholt, schreibt er viele Briefe, in denen er den Empfängern von seinen Eindrücken berichtet.[9]

So unzufrieden sich Rilke auch über den Verlauf der mehrmonatigen Tour äußert, spricht er dennoch von einer »Grenze« und »Wasserscheide«[10] für sein Leben. Diese äußert sich zwar nicht in neuen literarischen Texten, die auf den Erfahrungen des in Nordafrika Erlebten beruhen. Tatsächlich entsteht auf der gesamten Reise lediglich ein einziges Gedichtfragment mit dem Titel *Da ward ein solcher Vorrat Königseins.*[11] Der Ertrag drückt sich dagegen in der Hilfe aus, die die Unternehmung für die Selbsterkenntnis des Schriftstellers darstellt. Denn so bedeutend die Erfahrung des Orients für ihn auch ist, nur langsam geht das Erfassen, Einordnen und Verstehen der Eindrücke voran. Damit sorgt die Reise, die Anfang April 1911 mit der Rückkehr nach Paris endet, zwar nicht für die gewünschte schnelle Überwindung seiner Lebens- und Schaffenskrise, dafür jedoch für eine Horizonterweiterung, eine Relativierung seines eurozentrischen Weltbildes und damit für eine Sensibilisierung seiner Selbstwahrnehmung im Spiegel des »Fremden«.[12]

---

9 Siehe Rilke an Karl und Elisabeth von der Heydt in einem am 25.2.1911 in Helouan bei Kairo geschriebenen Brief. In: Rilke: Die Briefe an Karl und Elisabeth von der Heydt 1986, S. 173: »Es lohnt sich immerhin, Gott von Mohammed her gefühlt zu haben (diesen vielleicht anwendbarsten Gott) und neben diesen Menschen sich als Mensch zu versuchen in den Moscheen, in den Bazaren und draußen überall in dem unverstellten Weltraum, oder irgendwo die Hand auf die Erdoberfläche selbst zu legen, auf das pure Gestein –: lieber Gott, mir ahnt, daß ich doch allerhand mitbringe, neue Ordnungen, obwohl ich fast die ganze Zeit ein bestürzter Mensch gewesen bin.«

10 Rilke an Marie von Thurn und Taxis in einem am 27.2.1911 in Helouan bei Kairo geschriebenen Brief. In: Rilke und von Thurn und Taxis: Briefwechsel 1986, S. 31.

11 Rilke: *Da ward ein solcher Vorrat Königseins*: »Da ward ein solcher Vorrat Königseins / begonnen mit so fürstlichen Entschlüssen / daß sich noch jetzt fast Reiche schließen müssen / um diesen Kern granitenen Gesteins / der hingelegt in eine Palmenlichtung / nicht aufhört zu bedeuten, der noch jetzt«. Verfasst am 10.1.1911. In: Rilke: Reise nach Ägypten 2000, S. 32.

12 Siehe über den »Fremden« Ohle: Das Ich und das Andere 1978, S. 13: »Wenn als das Eigene das Ich in seiner existentiellen und seiner sozialen Struktur gilt, so ist das Fremde alles das, was nicht Ich ist. [...] Das Fremde ist kein geschlossenes Gebilde, das den Ichen entgegensteht. Es ist differenziert und von höchst komplexer Gestalt. Es ist für jedes Individuum, je nach dessen Standort unterschiedlich gefasst und gliedert sich in ein Kontinuum von Möglichkeiten, die durch die jeweilige soziale Struktur des Ich mehr oder weniger aufnehmbar sind.«

Warum nun diese Geschichte? Warum eine solche ausführliche Skizze der Nordafrikareise Rilkes an dieser Stelle? Weil sie *in nuce* all das beinhaltet, was Untersuchungsgegenstand der vorliegenden Studie ist: Im Mittelpunkt der Analyse steht einerseits *das große Interesse* deutschsprachiger Schriftsteller am »Orient«,[13] in dieser Studie speziell an Anatolien und dem Kaukasus, dem Nahen und Mittleren Osten einschließlich des indischen Subkontinents und Südostasiens,[14] in der ersten Hälfte des 20. Jahrhunderts.[15] Es geht um *die intensive Beschäftigung* mit diesem Weltteil, seinen Ethnien und Sprachen, Kulturen und Religionen. Schließlich interessieren die Reisenden selbst, ihre *Wahrnehmung* und *Darstellung* des Orients in faktischen und fiktiven Reisetexten.

Rilkes Beispiel ist dabei typisch für die Hoffnung vieler Intellektueller, den Auswirkungen der industriellen Revolution in Europa – und damit der »Entzauberung der Welt«[16] – sowie persönlichen Problemen durch eine Reise in den Orient entfliehen zu können. Sie setzen sich mit den geistigen, insbe-

---

13 Siehe Said: Orientalism 1979, S. 5: »Therefore as much as the West itself, the Orient is an idea that has a history and a tradition of thought, imagery, and vocabulary that have given it reality and presence in and for the West. The two geographical entities thus support and to an extent reflect each other.« Siehe ferner ebd., S. 307: »The Orient as representation in Europe is formed – or deformed – out of a more and more specific sensitivity towards a geographical region called ›the East‹.«

14 Siehe Polaschegg: Von chinesischen Teehäusern zu hebräischen Melodien 2007, S. 67f. Zu Recht betont Polaschegg die problematische, weil unpräzise Bezeichnung *Orient* in der Orientalismusforschung innerhalb der deutschen Literaturwissenschaft. So schreibt sie im Hinblick auf Gebrauch und Historie des genannten Begriffs: »Wenn die Geschichte des Orientalismus dennoch in der Geschichte des *Begriffs* ›Orient‹ keineswegs aufgeht und damit auch die Begriffsgeschichte nur einen Teil der Orientalismusgeschichte erhellen kann, dann ist das durch den Umstand bedingt, dass der Begriff ›Orient‹ ein gesamtes Paradigma bezeichnet, das eine nicht unbeträchtliche Anzahl anderer Begriffe umfasst: ›Indien‹ etwa, ›die Levante‹ und ›China‹, ›die Türken‹, ›die Ägypter‹ und ›die Hebräer‹, den ›Buddhismus‹ oder den ›Islam‹. Der Gebrauch all dieser Begriffe, deren Liste sich problemlos um einige Meter verlängern ließe, hat die historische Semantik von ›Orient‹ in mindestens demselben Maße bestimmt wie es dessen Begriffsgeschichte getan hat und müsste entsprechend in seiner Gesamtheit Teil einer stimmigen begriffsgeschichtlichen Analyse sein.« Kursivierung von Polaschegg.

15 Vgl. Brenner: Der Reisebericht in der deutschen Literatur 1990, S. 549.

16 Weber: Die protestantische Ethik und der Geist des Kapitalismus 1995, S. 348. Hervorhebung von Weber. Hinweis: Aufgrund der häufigen Verwendung des Ausdrucks in der vorliegenden Studie wird er in den folgenden drei Kapiteln jeweils nur einmal mit Angabe der Quelle zitiert.

sondere den religiös-spirituellen Strömungen von Nordafrika bis Indien und auch des Fernen Ostens mit China im Mittelpunkt auseinander, um eine Lösung für die zu Beginn des 20. Jahrhunderts im Westen allgemein immer stärker gemachten (Defizit-)Erfahrungen zu finden,[17] die Georg Lukács (1885-1971) unter dem Stichwort der »transzendentalen Obdachlosigkeit«[18] zu fassen versucht.[19] Anders ausgedrückt, geht es um die Suche und (Weiter-)Entwicklung von Strategien, die den Einzelnen dazu befähigen sollen, der »Moderne«, mit anderen Worten der »Dynamisierung, Reflexivität und Individualisierung bei zunehmender Komplexität und Ambivalenz«[20], begegnen zu können.

Dass die Suche der westlichen Intellektuellen nach einem ausgeglichenen, d.h. in sich geschlossenen Dasein zwangsläufig in den Osten führen muss, erklärt Hermann Graf Keyserling (1880-1946) in einer 1912 während einer Weltreise in Schanghai gehaltenen Rede mit dem bezeichnenden Titel *Über die innere Beziehung zwischen den Kulturproblemen des Orients und des Okzidents*. Darin stellt er die Behauptung auf, dass im Gegensatz zur westlichen in der östlichen Hemisphäre der Fortschritt im Erfassen und Realisieren der inneren Wirklichkeit mit dem Fortschritt im Erfassen der Außenwelt Schritt gehalten habe:[21]

> Den Sinn unserer Mißgriffe haben wir schon eingesehen, die Richtung künftigen Fortschreitens erkannt. Schon wissen wir, was Wissenschaft leisten kann und wo sie versagt, was Metaphysik bedeutet und wo ihre Grenzen liegen. Immer näher kommen wir der Lösung des ungeheuren Problems: was es mit der absoluten Wirklichkeit für eine Bewandtnis hat, an welche die Menschheit von jeher geglaubt. Und siehe: in dem Augenblick, da uns unser innerstes Sein seinem objektiven Charakter nach deutlich zu werden begann, da ward uns zugleich der Sinn der Weisheit des Ostens offenbar. Mit einem Male ward uns klar, daß der Osten Jahrhunderte entlang im Besitze eben der Wahrheiten und Wirklichkeiten gewesen ist, die uns jetzt endlich auch deutlich zu werden beginnen.[22]

---

17 Vgl. Reif: Exotismus im Reisebericht des frühen 20. Jahrhunderts 1989, S. 434.

18 Lukács: Die Theorie des Romans 2000, S. 32. Hinweis: Aufgrund der häufigen Verwendung des Ausdrucks in der vorliegenden Studie wird er in den folgenden drei Kapiteln jeweils nur einmal mit Angabe der Quelle zitiert.

19 Vgl. Usarski: Das Bekenntnis zum Buddhismus als Bildungsprivileg 1989, S. 75ff.

20 Delabar: Was tun? 1999, S. 30.

21 Vgl. Keyserling: Über die innere Beziehung zwischen den Kulturproblemen des Orients und des Okzidents 1913, S. 11.

22 Ebd., S. 14f.

Das Interesse am Orient basiert auf der einen Seite auf der Erkenntnis der Diskrepanz zwischen Metaphysik und Wissenschaft bzw. innerer und äußerer Wirklichkeit im Westen, auf der anderen Seite auf der Hoffnung ihrer Überwindung durch die Erfahrung des Anderen. Dabei steht Rilke mit seinen ernüchternden Erlebnissen exemplarisch für viele westliche Intellektuelle, die es in der ersten Hälfte des 20. Jahrhunderts in den Orient zieht und die ihre Erwartungen dort enttäuscht sehen.

Denn die im Orient wahrgenommene kulturelle Differenz ist derart groß und vielschichtig, dass ein Eintauchen in diese Welt, geschweige denn eine vollkommene Übernahme orientalischer Denk- und Lebensweisen schwierig bis unmöglich ist. Das bewirkt bei Rilke schließlich eine »Entzauberung des Ostens«[23]. Das Scheitern macht ihm aber auch deutlich, dass er seinen Sorgen und Nöten nicht entfliehen kann, sondern sich intensiv mit ihnen auseinanderzusetzen hat. Die Eindrücke, die er im Laufe der Nordafrikareise sammelt, können ihm jedoch behilflich sein, fremde Denk- und Lebensmodelle kennenzulernen und diese als zusätzliche Lösungswege zur Überwindung seiner Lebens- und Schaffenskrise heranzuziehen. Er gewinnt die Möglichkeit, bisher unbekannte Strategien der Lebensplanung und -gestaltung in seine Welt zu integrieren und diese mit deren Hilfe wenn nicht mit ganz »anderen«, so doch immerhin mit veränderten Augen zu betrachten.[24] Dass der Europäer

23 Bezeichnung aus der *Einleitung. Die Entzauberung des Ostens. Die Deutung der türkisch-orientalischen Seele* der 1926 erschienenen Sammlung *Das Zelt* von Armin T. Wegner. Hinweis: Aufgrund der häufigen Verwendung des Ausdrucks in der vorliegenden Studie wird er in den folgenden drei Kapiteln jeweils nur einmal mit Angabe der Quelle zitiert. Siehe ferner Segalen: Die Ästhetik des Diversen 1994, S. 44: »Der Exotismus ist also keine Anpassung; es ist also nicht das vollkommene Begreifen eines Nicht-Ich, das man sich einverleiben könnte, sondern die scharfe, unmittelbare Wahrnehmung einer ewigen Unverständlichkeit.« Siehe schließlich Ohle: Das Ich und das Andere 1978, S. 16: »Die Fremdwelt, die zunächst jeweils kulturell, dann aber auch individuell bestimmt ist, stellt eine ständige Herausforderung an das Ich dar, weil sie zu seiner Welt gehört, auch Einfluss darauf hat, ohne dass das Ich ihre Begrenzung oder Struktur kennt. Sie ist so etwas wie ein nie versiegender Brunnen, aus dem Lebensessenz geschöpft werden kann. Sie ist der Gegenpol zum Ich, das immer absolut Fremde.«

24 Siehe Rilke an Lili Schalk in einem am 14. Mai 1911 in Paris geschriebenen Brief. In: Rilke: Briefe 1987, S. 279: »So sehr war diese Reise, in die ich mich mitnehmen ließ, eine Ausrede, und so wie eine Ausrede, die man nachsichtig hat gelten lassen, liegt sie auch hinter mir, nicht eigentlich haltbar und tragfähig; das Viele und oft Ungeheure, das vor meinen Augen war, um mich, neben mir, Dasein an Dasein, hat sich mir vielfach eingedrückt, aber daß ich mir einiges daraus als Zuwachs zuwende, das wird erst später, viel später vielleicht zu leisten sein.« Siehe Ohle: Das Ich und das Andere 1978, S. 20. Ohle spricht davon, dass das Fremde eine

das Wissen des Orients nicht sofort und in vollem Umfange begreifen und in seinem Alltag anwenden könne, thematisiert auch Hermann Graf Keyserling:

> [W]ir Westländer werden die Weisheit des Ostens nicht ohne weiteres in uns aufnehmen und anwenden. Weshalb? Weil nicht die Tatsache als solche für uns bedeutsam ist, sondern einzig das gegebene Beispiel. So seltsam die Behauptung klingen mag: die Errungenschaften des Ostens haben als solche keinen unmittelbaren Wert für uns, und dies aus den folgenden Gründen: weil das Ziel auf einem anderen Wege, als es der unserige ist, erreicht ward und daher nicht genau unser Ziel ist; die veränderte Perspektive verschiebt das ganze Bild; dann aber weil kein Ziel vom Standpunkte eines gegebenen Menschen als erreicht gelten kann, bevor er nicht persönlich, auf seinem eigenen, ihm gemäßen Wege zu ihm aufgestiegen ist.[25]

In diesem Zusammenhang liegen den in dieser Studie untersuchten Reisen und den im Anschluss veröffentlichten Reiseberichten, -erzählungen und -gedichten dreier deutschsprachiger Schriftsteller, nämlich Hermann Hesse (1877-1962), Armin T. Wegner (1886-1978) und Annemarie Schwarzenbach (1908-1942), zwei Themenkomplexe zugrunde: Es handelt sich zum einen um die *Frage nach den Gründen*, die die Autoren in den Jahren zwischen 1910 und 1940 zu einem länger währenden Aufenthalt in den Orient bewegen. Zum anderen geht es um die *Art und Weise der Wahrnehmung und Darstellung des Orients*, seiner Bewohner, seiner Sitten und Gebräuche, Gewohnheiten und Besonderheiten in den Reisetexten der Autoren.

Bei der Auswahl und der Anordnung der Schriftsteller und ihrer Werke für die vorliegende Studie waren mehrere Kriterien entscheidend: So wurde

---

ständige Herausforderung an den Menschen sei, seine Welt zu entdecken, sie sich bekannt zu machen und damit zu verändern: »Fremdes produziert Unsicherheit und diese Unsicherheit ist der Motor für menschliche Aktivität. [...] Im ständigen Prozess der Neuerschliessung des Fremden – sei es durch Mythologisierung oder andere Formen menschlicher Erkenntnismöglichkeit – ändern sich zwangsläufig die dem individuellen Handeln zugrundeliegenden Strukturen.«

25 Keyserling: Über die innere Beziehung zwischen den Kulturproblemen des Orients und des Okzidents 1913, S. 21. Siehe auch Ohle: Das Ich und das Andere 1978, S. 46: »Das dem Menschen nicht zugehörige, das ihm für die eigene Gestaltung freistehende, ist ihm fremd und wird erst zu Eigenem durch Bearbeitung, d.h. durch Ent-Fremdung und Aggregierung in der sozialen Schicht seines Ich. Dieses Aggregieren von zu Eigenem gemachten Fremdem kann auch als ›Erfahrung‹ bezeichnet werden. Erfahrungen basieren auf der Auseinandersetzung des Individuums mit der Welt. Jede Einzelerfahrung eröffnet den Zugang zu neuen Erfahrungen, in denen sich die jeweilige Wirklichkeit um eine oder mehrere Perspektiven erweitert.«

darauf Wert gelegt, dass die für die Untersuchung relevanten Autoren sowohl authentische als auch fiktive Reisetexte über den »Orient« verfasst haben. Zudem wurden für jedes der drei hier im Fokus stehenden Jahrzehnte Werke ausgesucht, die für ihre Epoche bzw. für eine bestimmte literarische Strömung Modellcharakter besitzen.

Gerade in den Reisetexten von Hermann Hesse, Armin T. Wegner und Annemarie Schwarzenbach erscheint der Orient auf – im ersten Moment paradox anmutend – ebenso signifikante wie typische Weise. Und so erweist sich die exemplarische Zusammenstellung dieser in ihrer auch literarischen Biografie unterschiedlichen Intellektuellen, die sich allerdings gleichermaßen jeweils in Lebenskrisen befinden und nicht mehr so recht weiter wissen, als äußerst ergiebig. Schließlich werden faktische wie fiktive Reisetexte von drei Autoren untersucht, die – im Falle von Hermann Hesse besonders erstaunlich – von der literaturwissenschaftlichen Forschung bisher so gut wie nicht rezipiert worden sind und denen mit der vorliegenden Studie erstmals eine größere Untersuchung gewidmet wird.

Mit den drei ausgewählten Schriftstellern wird ein relevantes, in den verschiedenen historischen Konstellationen sowie den geografischen Räumen aufschlussreiches Spektrum der Faszination »Orient« entworfen. Damit wird literarhistorisch ein gewichtiger Zeitrahmen bearbeitet, nämlich der des Spätwilhelminismus, des Expressionismus bzw. der Weimarer Republik, der deutschsprachigen Literatur der Schweiz der 1930er-Jahre bzw. der beginnenden NS-Zeit in Deutschland. Korrespondierend dazu greift die Topografie weit aus: Sie reicht von Anatolien und dem Kaukasus, dem Nahen und Mittleren Osten bis auf den indischen Subkontinent und nach Südostasien.

1.2 Die Orientfaszination: Gründe. Entwicklungen. Auswirkungen

1.2.1 Das Moderne-Paradigma

Das Interesse der deutschsprachigen Schriftsteller und weiter Teile der westlichen Eliten für den Orient, für die Geschichte, Sprachen und Kulturen dieses Weltteils in der ersten Hälfte des 20. Jahrhunderts[26] ist im Wesentlichen begründet in der Suche nach Strategien, die ihnen behilflich sein sollen, mit

---

26 Vgl. den Abschnitt *Ägyptenmode – Ägyptomanie im Europa des 19. Jahrhunderts* in Salama: Georg Ebers' Roman *Eine ägyptische Königstochter* 2007, S. 206f. Vgl. ferner Wolf: Die deutschsprachigen Reiseberichte des Spätmittelalters 1989, S. 84. Vgl. dann Reif: Exotismus im Reisebericht des frühen 20. Jahrhunderts 1989, S. 448. Vgl. schließlich Conrad/Osterhammel: Einleitung 2004, S. 10.

den Auswirkungen der politischen und wirtschaftlichen Entwicklung, der Nationalisierung und Globalisierung, dem Imperialismus und der Multilateralität,[27] aber auch mit den sozialen und kulturellen Veränderungen wie der Säkularisierung und Individualisierung, kurz mit den Folgeerscheinungen der Modernisierung im Westen umzugehen.

Die Beschäftigung mit der orientalischen Welt ist das Resultat von Umwälzungen, die durch die Entdeckung überseeischer Gebiete und die Ausbreitung des Handelskapitalismus zu Beginn der Frühen Neuzeit und verstärkt seit dem 18. Jahrhundert durch die Industrielle Revolution in Europa angestoßen werden. So bedingt das Anwachsen der wirtschaftlichen Produktivität mit der Implementierung des Marktsystems und der damit verbundenen Auffächerung des ökonomischen Sektors eine Ausdifferenzierung von Handlungssystemen innerhalb der sozialen Struktur.[28]

Die Verschiebung der Kräfteverhältnisse innerhalb der westeuropäischen Gesellschaften zugunsten der kapitalistischen Wirtschaftsordnung hat zur Folge, dass jeder einzelne Mensch ein Mehr an Handlungsfreiheit gewinnt, was gleichzeitig aber auch mit einem bisher nicht gekannten Entscheidungszwang verbunden ist.[29] Das System betreibt mit anderen Worten die *Individualisierung* der Gesellschaft, die nach der Auflösung oder Schwächung alter *Subsysteme*[30] wie der Verwandtschaft, der dörflichen Gemeinschaft oder der konfessionellen Zusammengehörigkeit die Aufgaben an neu entstehende *Teilsysteme* überträgt. Dabei gewinnt der sich entwickelnde moderne Nationalstaat eine besondere Bedeutung. Denn ihm fällt als *Supraorganisation* die Aufgabe zu, die von *Umschichtung* und *Spezialisierung* ihrer Subsysteme betroffene Gesamtgesellschaft mit Hilfe von Einrichtungen wie der Verwaltung, der Rechtsprechung

27 Vgl. Petersson: Das Kaiserreich in Prozessen ökonomischer Globalisierung 2004, S. 50ff.

28 Siehe Marx/Engels: Manifest der Kommunistischen Partei 2004, S. 23: »Die fortwährende Umwälzung der Produktion, die ununterbrochene Erschütterung aller gesellschaftlichen Zustände, die ewige Unsicherheit und Bewegung zeichnet die Bourgeois-Epoche vor allen früheren aus. Alle festen, eingerosteten Verhältnisse mit ihrem Gefolge von altehrwürdigen Vorstellungen und Anschauungen werden aufgelöst, alle neugebildeten veralten, ehe sie verknöchern können. Alles Ständische und Stehende verdampft, alles Heilige wird entweiht, und die Menschen sind endlich gezwungen, ihre Lebensstellung, ihre gegenseitigen Beziehungen mit nüchternen Augen anzusehen.« Zur Definition des Begriffs *Systemdifferenzierung* vgl. Luhmann: Die Gesellschaft der Gesellschaft 1997, S. 597.

29 Vgl. Beck: Risikogesellschaft 2007, S. 206. Vgl. ferner Beck/Beck-Gernsheim: Individualisierung in modernen Gesellschaften 1994, S. 11f. Vgl. schließlich Delabar: Was tun? 1999, S. 56.

30 Vgl. den Abschnitt *Die Subsysteme der Gesellschaft* in Parsons: Das System moderner Gesellschaften 1972, S. 20-29.

oder dem Militär zusammenzuhalten und das Mit- und Nebeneinander sämtlicher Systeme so funktional wie möglich zu gestalten.[31]

Betrachtet man die moderne Massengesellschaft, die damit verbundene Kommerzialisierung der Lebensbereiche und die Kluft zwischen Arm und Reich, entsteht das Bild einer durch und durch veränderten Gesellschaft im Vergleich zu der zu Beginn der Frühen Neuzeit. Dabei zeichnet sich jene vor allem durch Dynamisierung und Rationalisierung, Individualisierung und Domestizierung aus. Als Charakteristika der individuellen Wahrnehmung von Gesellschaft kommen schließlich noch Komplexität und Ambivalenz hinzu.[32]

Verknüpft mit diesem Prozess, setzt sich bei vielen Intellektuellen die positivistisch-materialistische Haltung durch, auf Religiös-Tranzendentales verzichten und auf ein ganz und gar wissenschaftlich-rationales Denken setzen zu können.[33] Doch dieser »Glaube« an die Wissenschaften wie der an die »Unfehlbarkeit« des Kapitalismus[34] hat auch seine Schattenseite, und zwar in der »transzendentalen Obdachlosigkeit«.[35] Schließlich findet sich das moderne Individuum in einer widersprüchlichen Situation wieder: Einerseits hält es daran fest, alles rational erklären zu können, andererseits jedoch macht sich bemerkbar, dass die Bereitschaft zu »glauben«, also Ereignisse religiös zu deuten, nicht überwunden ist.[36] Die Trennung von Staat und Kirche nach der Französischen Revolution 1789 hat schließlich nicht das in den Individuen vorhandene Glaubenspotential aufgehoben, sondern einen Freiraum geschaffen, der das religiöse Bekenntnis offenlässt. Die mit der Individualisierung und Privatisierung des Glaubens verbundene eigene Verantwortlichkeit führt auf diesem Weg zu einem zentralen Problem des modernen Lebens: So erzeugt die neue Wahlmöglichkeit für den Einzelnen zugleich den Zwang, sich für eine der angebotenen Möglichkeiten zu entscheiden. Wo aber Haltung,

31 Vgl. Delabar: Was tun? 1999, S. 52. Siehe Bauman: Moderne und Ambivalenz 1992, S. 16: »Unter den vielen unmöglichen Aufgaben, die die Moderne sich selbst gestellt hat und die die Moderne zu dem gemacht haben, was sie ist, ragt die Aufgabe der Ordnung (genauer und höchst wichtig, der *Ordnung als Aufgabe*) heraus – als die am wenigsten mögliche unter den unmöglichen und die am wenigsten entbehrliche unter den entbehrlichsten; ja, als der Archetyp für alle anderen Aufgaben, eine, die alle anderen Aufgaben zu bloßen Metaphern ihrer selbst macht.« Kursivierung von Bauman.

32 Vgl. Delabar: Was tun? 1999, S. 45.

33 Vgl. Fellmann: Die erotische Rechtfertigung der Welt 1998, S. 34.

34 Vgl. auch Benjamin: Das Passagen-Werk 1991, S. 45ff.

35 Vgl. auch Keyserling: Über die innere Beziehung zwischen den Kulturproblemen des Orients und des Okzidents 1913, S. 9ff.

36 Siehe Eco: Zen und der Westen 1973, S. 218: »Das Problem liegt darin, daß die Menschen des Westens an etwas glauben wollen und es gleichzeitig auf die leichteste Weise tun möchten.«

Verhalten und Bekenntnis für Biografien nicht nach klaren Modellen präfiguriert werden, liegt ein Gefühl großer Orientierungslosigkeit, Unsicherheit und Angst nahe: »[I]n der Neuen Welt heißt Mensch-sein: einsam-sein.«[37]

Daher erklärt sich, dass die Individuen in ihrem »Hunger nach Gewißheit«[38] nach (neuen) Strategien Ausschau halten, um mit der Komplexität und Widersprüchlichkeit, Unübersichtlichkeit und Diskontinuität[39] zurechtzukommen. Dabei wird die individuelle Anhäufung verschiedenster religiöser oder andersartiger Elemente zur Befriedigung der Unzulänglichkeiten im eigenen Leben durch die Kommerzialisierung der Lebensbereiche nicht nur ermöglicht, sondern zunehmend von jedem Einzelnen als »Selbsterlösung« eingefordert:[40] »›Der Mensch erlöst sich selbst, lautet die neue Religion.‹«[41]

Auf diese Weise gewinnt der Glaube in der Moderne Warencharakter, wobei immer mehr Weltanschauungen wie auf einem »Markt der Religionen«[42] feilgeboten und konsumiert werden.[43] Die Individuen visieren die »Wiederverzauberung der Welt«[44] an und suchen ihr Heil in Strömungen wie der *Jugend-*, *Naturschutz-* und *Wandervogelbewegung*, der *Freikörperkultur* und *Lebensreform*, *Lebensphilosophie*[45] und *Theosophie*, im *Monismus*,[46] *Spiritismus* und *Okkultismus* oder in der Beschäftigung mit anderen, *exotischen*, insbesondere orientalischen Kulturen, ihren Religionen und Philosophien wie dem *Sufismus* und *Zoroastrismus*, *Hinduismus* und *Buddhismus* (inklusive *Zen* und *Yoga*), *Taoismus* und *Konfuzianismus*.[47] Die Individuen experimen-

37 Lukács: Die Theorie des Romans 2000, S. 28.

38 Ulbricht: »Transzendentale Obdachlosigkeit« 1998, S. 55.

39 Siehe Eco: Zen und der Westen 1973, S. 214: »Die Diskontinuität ist, in den Wissenschaften wie in den Alltagsbeziehungen, die Kategorie unserer Zeit: die moderne westliche Kultur hat die klassischen Begriffe von Kontinuität, universellen Gesetzen, Kausalbeziehung, Vorhersehbarkeit der Phänomene endgültig aufgelöst: sie hat, so kann man zusammenfassend sagen, darauf verzichtet, allgemeine Formeln auszuarbeiten, die den Anspruch erheben, die Gesamtheit der Welt in einfachen und endgültigen Termini zu bestimmen. Neue Kategorien haben in die modernen Sprachen Eingang gefunden: Ambiguität, Ungewißheit, Möglichkeit, Wahrscheinlichkeit.«

40 Vgl. Ulbricht: »Transzendentale Obdachlosigkeit« 1998, S. 62.

41 Der Satz stammt von Eugen Diederichs (1867-1930). Zitiert nach Ulbricht: Wider das »Katzenjammergefühl der Entwurzelung« 1996, S. 111.

42 Titel einer 1997 publizierten Studie von Hartmut Zinser.

43 Vgl. ebd., S. 53ff.

44 Deutscher Titel von *The Reenchantment of the World* (1981), verfasst von Morris Berman.

45 Vgl. Fellmann: Die erotische Rechtfertigung der Welt 1998, S. 31ff.

46 Vgl. Fick: Sinnstiftung durch Sinnlichkeit 1998, S. 71ff.

47 Vgl. Reif: Exotismus im Reisebericht des frühen 20. Jahrhunderts 1989, S. 436.

tieren mit ihnen, bis sie den für sie adäquaten Glauben gefunden haben.[48] Die östlichen Glaubensangebote faszinieren die westlichen Intellektuellen dabei vor allem deshalb, weil sie ihnen eine Formel liefern, mit der sie die mystischen Augenblicke ihrer Kultur und ihrer individuellen psychologischen Geschichte neu bestimmen können:[49]

> Gerade das ist das Neue an der östlichen Botschaft, der unzweifelhafte Grund für ihren Erfolg: sie attackiert eine Welt nach denselben alogischen Mustern, an die eine Literatur der Krise sie gewöhnt, und macht sie darauf aufmerksam, daß gerade in diesen Mustern der Unlogik, in ihrer vollen Akzeptierung, die Lösung der Krise, der Frieden liegt.[50]

1.2.2 Die Moderne und ihr Orient

Exotismus und *Orientalismus*[51] profitieren aber auch von den neueren Entwicklungen in Wissenschaft und Politik.[52] Die Etablierung und großzügige Förderung des Universitätsfaches Orientalistik, aus dem sich Arabistik und Iranistik, Indologie und Sinologie entwickeln, bestärkt Wissenschaftler wie

48 Vgl. Linse: Asien als Alternative? 1991, S. 325.

49 Vgl. Eco: Zen und der Westen 1973, S. 232f.

50 Ebd., S. 225. Siehe ferner Rössner: Auf der Suche nach dem verlorenen Paradies 1988, S. 12: »Es geht hier also nicht um das Paradies schlechthin, sondern um das Paradies einer neuen Denk- und Bewußtseinsform, die unter Einschluß verdrängter, magisch-mythischer Bewußtseinselemente zu einer umfassenden Harmonie des Denkens zwischen rationalen und a-rationalen Elementen gelangen möchte. Daß diese Operation nicht im Bereich der Philosophie, sondern in jenem der Literatur stattfindet, ist nur die konsequente Folge der Erweiterung des Denkens über den logisch-rationalen Bereich hinaus. Sie führt dazu, daß in der Literatur unseres Jahrhunderts die Grenzen zwischen fiktionalen Texten und Essays verschwimmen; Literatur ist zu einer ›Fortsetzung philosophischen Denkens mit anderen Mitteln‹ geworden, um eben diese Erweiterung des Denkens darstellen zu können.«

51 Eine Definition des Begriffs liefert Said: Orientalism 1979, S. 2f.: »Orientalism is a style of a thought based upon on ontological and epistemological distinction made between ›the Orient‹ and (most of the time) ›the Occident‹. Thus a very large mass of writers, among whom are poets, novelists, philosophers, political theorists, economists, and imperial administrators, have accepted the basic distinction between East and West as the starting point for elaborate theories, epics, novels, social descriptions, and political accounts concerning the Orient, its people, customs, ›mind‹, destiny, and so on.«

52 Vgl. Usarski: Das Bekenntnis zum Buddhismus als Bildungsprivileg 1989, S. 84. Vgl. auch Said: Orientalism 1979, S. 197.

Hermann Vámbéry (1832-1913) oder Reiseschriftsteller wie Sven Hedin (1865-1952), Sprachen zu lernen, religiöse, philosophische und literarische Texte aus dem Nahen, Mittleren und Fernen Osten zu übersetzen und bisher wenig erforschte Gebiete in dieser Region zu bereisen.[53]

Im Laufe des 19. Jahrhunderts werden zudem Ausgrabungen vor Ort, in Ägypten und Syrien, Kleinasien und Mesopotamien, Persien und Zentralasien, Indien und China,[54] durchgeführt und die entdeckten Kunstschätze für dauerhafte Ausstellungen in Museen nach Europa verschifft. Freilich werden diese kostspieligen Expeditionen im harten Konkurrenzkampf der europäischen Staaten, der nicht nur auf politischem, ökonomischem und militärischem, sondern auch auf kulturellem Gebiet geführt wird, als prestigeträchtige Beutezüge und patriotische Heldentaten gefeiert.[55]

Im Fall des Deutschen Reichs, das ab den 1880er-Jahren ebenfalls zu den Kolonialmächten aufsteigt, kommt hinzu, dass mit dem Regierungsantritt von Kaiser Wilhelm II. (1859-1941) im Jahr 1888 die deutsche Außenpolitik einen entscheidenden Schwenk in Richtung Südosten macht. Getrieben von dem Wunsch, neben London, Paris und Sankt Petersburg ebenfalls im Orient Fuß zu fassen, um »Weltpolitik«[56] betreiben zu können, beginnt Berlin enge Beziehungen zu Istanbul zu knüpfen. Dabei bietet sich das unabhängige, aber schwache Osmanische Reich den Deutschen aus mehreren Gründen als Bundesgenosse an: Zum einen als Wirtschaftspartner, und zwar hauptsächlich als Absatzmarkt deutscher Produkte wie der *Bagdadbahn*. Zugleich werden aber auch die Rohstoffe des Landes, vor allem das Öl, ausgebeutet und der eigenen (Kriegs-)Industrie zugeführt. Zum anderen ist die Türkei als politischer und militärischer Verbündeter von größtem Interesse für das von Einkreisung bedrohte Deutsche Kaiserreich.

Freilich dient die Stärkung des »kranken Mannes am Bosporus« durch die Entsendung von Militärberatern zur Reorganisierung der osmanischen Streitkräfte oder durch millionenschwere Kredite deutscher Banken für die maroden türkischen Staatsfinanzen lediglich der Camouflage. Das Ziel, das sich Berlin gesetzt hat, ist die politische und ökonomische, militärische und auch kulturelle Beherrschung des Osmanischen Reichs, das nach dem Abschluss dieses Prozesses den Deutschen als Sprungbrett in die eigenen Kolonien in Afrika

---

53 Vgl. Kohl: Kulturelle Camouflagen 2007, S. 104f.

54 Vgl. Jost: Selbst-Verwirklichung und Seelensuche 1989, S. 496. Vgl. ferner das Kapitel *Abenteurer und Forscher* in Höllmann: Die Seidenstrasse 2004, S. 37-42.

55 Vgl. Fisch: Forschungsreisen im 19. Jahrhundert 1989, S. 388f. Vgl. ferner den Abschnitt *Schutt und Schätze des Orients* in Honold: Nach Bagdad und Jerusalem 2002, S. 151-155.

56 Vgl. Smith: »Weltpolitik« und »Lebensraum« 2004, S. 29ff.

und Fernost und über Persien in die »Schatzkammer« Großbritanniens, nach Indien, dienen soll.[57] Um die Bedeutung dieses Zieles zu betonen, unternimmt der Kaiser im Oktober 1898 höchst persönlich mit Bankiers, Militärs und politischen Beratern eine Reise in den Orient. Dabei führt ihn die Fahrt neben Istanbul auch ins Heilige Land, sodass sein Besuch den Anstrich einer Prozession respektive einer Pilgerreise erhält.[58]

Diese Ereignisse – der Besuch Wilhelms II. in Palästina, der Bau der Bahn durch Anatolien, aber auch die Entdeckung von Altertümern durch westliche Archäologen wie Carl Humann (1839-1896) oder Heinrich Schliemann (1822-1890) – hinterlassen nicht nur in der deutschen Öffentlichkeit einen bleibenden Eindruck und steigern die Orientfaszination weiter.[59] So reichen die Vorstellungen, die die Europäer mit dieser Region assoziieren, vom Altertum in Verbindung mit der griechisch-römischen Welt über die hiesige und auf der Bibel basierenden Imagination des »Morgenlands« als Wiege menschlicher Zivilisation bis zu den stark von den Märchen von *Tausendundeiner Nacht* geprägten (Wunsch-)Bildern.[60]

Das Interesse für den Nahen Osten gewinnt aber noch eine weitere, politische wie religiöse, Komponente hinzu. Diese äußert sich angesichts der Pogrome im Russischen Reich und der Dreyfus-Affäre (1894-1906) in Frankreich in der Idee west- wie ostjüdischer Intellektueller, in Palästina eine Heimstätte für ihre Glaubensbrüder zu errichten. Die Entstehung und Entwicklung des *Zionismus* innerhalb der jüdischen Gemeinden in Europa unter dem Einfluss von Theodor Herzl (1860-1904) und seiner beiden Schriften *Der Judenstaat. Versuch einer modernen Lösung der Judenfrage* (1896) und *Altneuland* (1902) weist auf die hohen Erwartungen auch der Juden hin, die sie auf Palästina als *Erez Israel*, dem »gelobten Land«, setzen.

Kurz zusammengefasst, besitzt die Orientfaszination in der Moderne zwei Aspekte, die sich im Grunde widersprechen: Einerseits suchen westliche Wissenschaftler und Intellektuelle den Orient in der Hoffnung auf, dessen Geschichte, Ethnien und Religionen besser kennen und verstehen zu lernen und für die Zukunft zu bewahren. Andererseits jedoch beschädigt und

57 Vgl. Honold: Nach Bagdad und Jerusalem 2002, S. 143ff. Vgl. ferner Conrad/Osterhammel: Einleitung 2004, S. 18f.

58 Vgl. Kohl: Kulturelle Camouflage 2007, S. 111ff.

59 Siehe Polaschegg: Durch die Wüste ins Reich des silbernen Bären 2007, S. 119, S. 121f.: »Die meisten dieser reisenden Gelehrten, deren Liste sich problemlos verlängern ließe, verfassten vielgelesene Berichte über ihre Erlebnisse und Entdeckungen, so dass der Orient des ausgehenden 19. Jahrhunderts dem hiesigen Lesepublikum als ein Gebiet erschien, das bis in die tiefsten Schichten durchtränkt war vom Altertum.«

60 Vgl. ebd., S. 120f. Vgl. ferner Said: Orientalism 1979, S. 7ff.

»entzaubert« die westliche Wirtschafts- und Kolonialpolitik die genuin orientalische Welt, indem sie diese auf den unterschiedlichsten Ebenen durchdringt, dominiert und nach ihren Bedürfnissen umformt. Anders formuliert, lässt sich diese problematische, weil ambivalente Haltung der westlichen Welt gegenüber dem Orient auf die politischen und ökonomischen, sozialen und kulturellen Krisenerscheinungen im Westen zurückführen:

> Exotische Wunschträume und koloniale Kraftmeierei waren eher Begleitumstände einer Krise der europäischen Nationalstaaten als der Ausdruck ihrer selbstbewussten Machtentfaltung. Statt der fälligen gesellschaftlichen und kulturellen Neuorientierung verschaffte der Aufbruch in überseeische Gefilde Zeitgewinn, Entlastung oder schlicht Abwechslung; letztlich aber ging es um Selbstbestätigung zu einem Zeitpunkt, als dieses Selbst denkbar unklar geworden war.[61]

Die um 1900 zu konstatierende doppelte, freilich schon länger existierende Nachfrage einerseits in religiös-spiritueller und andererseits in politisch-ökonomischer Hinsicht nach Exotischem und speziell nach Orientalia wird vom Literaturbetrieb, für den um die Jahrhundertwende eine grundlegende Neuorientierung feststellbar ist,[62] verstärkt wahrgenommen.[63] So werden in Deutschland nicht nur Übersetzungen von erfolgreichen, im Osten angesiedelten Texten ausländischer Schriftsteller wie Pierre Loti (1850-1923), Rudyard Kipling (1865-1936) oder Laurids Bruun (1864-1935) publiziert, sondern auch teilweise erstmalige Übertragungen altpersischer Werke durch Friedrich Rosen (1856-1935), altindischer Schriften durch Karl Eugen Neumann (1865-1915) oder altchinesischer Klassiker durch Richard Wilhelm (1873-1930) angeregt. Diese üben in der Folge eine bedeutende Wirkung auf die Intellektuellen und die bürgerliche Jugendbewegung aus.[64]

Verleger wie Georg Müller (1877-1917), Paul Cassirer (1871-1926) oder Samuel Fischer (1859-1934) fördern die um 1900 äußerst populären Reiseromane und literarischen Reisebeschreibungen auch im Inland. Indem sie deutschen Autoren wie Max Dauthendey (1867-1918), Rainer Maria Rilke (1875-1926), Hermann Hesse (1877-1962), Bernhard Kellermann (1879-1951) oder Stefan Zweig (1881-1942) durch großzügige finanzielle Unterstützung

61 Honold/Scherpe: Einleitung 2004, S. 20.

62 Vgl. den Abschnitt *Die Innovation des Reiseberichts im Umkreis der ›Moderne‹* in Brenner: Der Reisebericht in der deutschen Literatur 1990, S. 565-574.

63 Vgl. Ulbricht: Wider das »Katzengejammer der Entwurzelung« 1996, S. 111ff.

64 Vgl. im Fall von China den Abschnitt *Richard Wilhelms doppelte Mission* in Bauer: Zeugen aus der Ferne 1996, S. 455-459.

ein- oder mehrmalige, länger andauernde Auslandsaufenthalte ermöglichen,[65] entstehen auch im deutschsprachigen Raum zahlreiche, anfangs noch größtenteils impressionistisch und neuromantisch gefärbte Reisewerke.[66]

Es fällt auf, dass je größer das Interesse der Schriftsteller für den Orient, seine Denk- und Lebensweisen, je ausgeschmückter die Vorstellungen von ihm vor der tatsächlichen Begegnung sind, die Wahrnehmung und im Nachhinein auch Darstellung des Erlebten umso desillusionierender sind. Und so erweisen sich die westlichen Imaginationen im Falle des Orients meistens eher als unrealistische Wunschfantasien, die mehr über den Zustand des Eigenen aussagen als über den des Anderen, wie Edward Said (1935-2003) bereits festgestellt hat: »Orientalism responded more to the culture that produced it than to its putative object, which was also produced by the West. Thus the history of Orientalism has both an internal consistency and a highly articulated set of relationships to the dominant culture surrounding it.«[67]

Konsequenzen der Desillusionierung bzw. »Entzauberung des Ostens« sind dann entweder die Akzeptanz der wirklichen Verhältnisse in der orientalischen Welt, die Beschränkung auf ein »persönliches Asiatentum«[68] oder die Suche nach einer anderen spirituellen oder ideologischen Heimat. Schließlich stellt der östliche Kulturkreis in der ersten Hälfte des 20. Jahrhunderts nicht mehr eine unberührte, paradiesische Urwelt dar, wie sich ihn die Europäer im Hinblick auf ihre eigene industrialisierte Gesellschaft erhoffen.[69] Im Gegenteil wird der Nahe, Mittlere und Ferne Osten aufgrund der schon seit Jahrhunderten währenden politischen, ökonomischen und kulturellen Einflussnahme durch die europäischen Kolonialmächte Großbritannien, Frankreich und die

65 Vgl. Bödecker/Bauerkämper/Struck: Einleitung 2004, S. 25. Vgl. ferner auch im Folgenden Reif: Exotismus im Reisebericht des frühen 20. Jahrhunderts 1989, S. 434ff.

66 Vgl. Honold/Scherpe: Einleitung 2004, S. 17.

67 Said: Orientalism 1979, S. 22. Siehe ebd., S. 22f.: »Thus there was (and is) a linguistic Orient, a Freudian Orient, a Spenglerian Orient, a Darwinian Orient, a racist Orient – and so on. Yet never has there been such a thing as a pure, or unconditional, Orient; similarly never has there been a nonmaterial form of Orientalism, much less something so innocent as an ›idea‹ of the Orient.«

68 Hesse zitiert nach Romain Rollands Tagebucheintragungen August/September 1922 in: Materialien zu Hermann Hesses »Siddhartha«. Erster Band 1999, S. 174.

69 Vgl. auch im Folgenden den Abschnitt *Die Paradiesbewohner: Primitive, Gute Wilde und Schamanen* in Rössner: Auf der Suche nach dem Paradies 1988, S. 37-42, hier S. 40.

Niederlande politisch unter Druck gesetzt, wirtschaftlich exploitiert und kulturell von sich selbst entfremdet.[70]

Ihn plagen Kriege und Konflikte, Epidemien und Hungersnöte wie andere Regionen der Erde. Andererseits lernen die westlichen Besucher trotz aller sozioökonomischen und kulturellen Umwälzungen, die auch die Türken und Kurden, Juden und Araber, Perser und Inder, Malayen und Chinesen erfahren, bei diesen dennoch Denk- und Lebensweisen kennen, die sich gegen alle Versuche der »Enteignung« behaupten. Die europäischen Reisenden erleben eine Vielfalt an Völkern und Sprachen, Kulturen und Religionen, Philosophien und Literaturen, die friedlich nebeneinander existieren. Sie erfahren einen anderen Lebensrhythmus, eine andere Art von Frömmigkeit, Ruhe und Geduld – Eigenschaften, die ihrer eigenen, modernen Welt scheinbar verloren gegangen sind.

Wird der friedliche europäisch-orientalische Kulturkontakt und das florierende Geschäft mit den Reiseberichten über den Orient aufgrund der kriegerischen Auseinandersetzungen von 1914 bis 1918 stark behindert, so setzt sofort nach Friedensschluss sowohl die Reisetätigkeit als auch die Produktion von neuen Reisewerken wieder ein. Schließlich ist nach vier Jahren Informationssperre und Zensur der Hunger nach Nachrichten und Informationen nicht nur aus dem Orient, sondern aus aller Welt gewaltig.

Die Zahl der Reiseberichte steigt in der Nachkriegszeit wieder an. In diesem Zusammenhang erlebt auch die spirituelle Faszination des Orients, insbesondere der Glaubensphilosophien Persiens, Indiens und Chinas, einen neuen Aufschwung. Verstärkt durch die vier Kriegsjahre und die Niederlage gegen die Alliierten sehnen sich weite Teile der Bevölkerung nach den politischen Umwälzungen in Deutschland, der Abdankung der Hohenzollern, der Gründung der ersten deutschen Republik 1918 und dem wirtschaftlichen Zusammenbruch im Inflationsjahr 1923, nach neuen Haltepunkten für ihr Leben. Diese kommt wiederum in einer »Neuen Religiosität«[71] zum Ausdruck, die unterschiedlichste, vielfach auch sektiererische Bewegungen mit ihren Propheten und »Inflationsheiligen« hervorbringt.[72] Besonders deutlich wird das

---

70 Siehe Said: Orientalism 1979, S. 5f.: »The relationship between Occident and Orient is a relationship of power, of domination, of varying degrees of a complex hegemony, [...] The Orient was Orientalized not only because it was discovered to be ›Oriental‹ in all those ways considered commonplace by an average nineteenth-century European, but also because it *could be* – that is, submitted to being – *made* Oriental.« Kursivierungen von Said.

71 Vgl. Klatt: Ja, Nein und Trotzdem 1924, S. 170.

72 Vgl. Ulbricht: »Transzendentale Obdachlosigkeit« 1998, S. 50. Vgl. ferner Linse: Asien als Alternative? 1991, S. 325ff. Vgl. schließlich Hesse: Die Morgenlandfahrt 2003, S. 13 u. S. 48.

Interesse an »Asien als Erzieher«[73] von Seiten der Intelligenz wie auch der bürgerlichen Jugendbewegung geäußert. Sie bescheren Rabindranath Tagore (1861-1941), seinen Werken und Deutschlandreisen, vor allem aber Hermann Hesses 1922 erschienener *Indischen Dichtung* mit dem Titel *Siddhartha* einen großen Erfolg.[74]

Doch das spirituelle Interesse am Orient tritt mit der politischen und wirtschaftlichen Stabilisierung Mitte der 1920er-Jahre wieder etwas zurück und wird nach der Machtübernahme der Nationalsozialisten im Januar 1933 stärker auf das Politisch-Ökonomische gelenkt, da die Staaten dieser Region, in erster Linie die Türkei und der Iran, als politische, wirtschaftliche und militärische Bundesgenossen für die späteren »Lebensraum«-Pläne an Bedeutung gewinnen. Damit einhergehend tritt in den 1930er-Jahren ein neuer Aspekt in der Beschäftigung mit dem Orient auf: Wegen der sich verschärfenden politischen Lage und der Kriegsgefahr in Europa wird diese Region für eine Reihe von Westlern, primär für Flüchtlinge, Emigranten und Arbeitsuchende, erneut zu einem Referenzraum für ein neues, konfliktfreies Leben – wenn auch dieses Mal größtenteils eher unfreiwillig.

1.3 Die Ordnung der Dinge oder Strategien der Verarbeitung gesellschaftlicher Modernisierungsprozesse

1.3.1 Die Großstadt als Brennpunkt der Moderne

Nachdem bisher auf das starke und vielfältig motivierte Interesse für den Orient in der ersten Hälfte des 20. Jahrhunderts in der westlichen Welt eingegangen wurde, wird im Folgenden die Frage geklärt, wie sich die – auch literarische – Selbstwahrnehmung im Westen im Zuge der Industrialisierung verändert. Diese Analyse ermöglicht es, aus den (Defizit-)Erfahrungen mit der Modernisierung heraus die Anforderungen der literarischen Erfassung des Orients für die drei ausgewählten Schriftsteller herauszuarbeiten.

Die im 18. Jahrhundert einsetzende industrielle Revolution sorgt einerseits mit der Mechanisierung, Rationalisierung und Kommerzialisierung aller Arbeitsbereiche, andererseits mit der Anonymisierung, Individualisierung und Standardisierung der Gesellschaft nicht nur für eine radikale Veränderung aller Lebensverhältnisse. Sie leitet damit auch einen Prozess der Auflösung und Umformung tradierter Wahrnehmungsmuster in der Auseinandersetzung mit den neuen Gegebenheiten ein, die sich in der im Laufe der

73 Titel einer 1920 erschienenen Abhandlung von Paul Cohen-Portheim (1880-1932).

74 Vgl. Hesse: Die Sehnsucht unserer Zeit nach einer Weltanschauung 2002, S. 413.

Industrialisierung entstandenen modernen *Großstadt* konzentrieren.[75] Die Metropole zeichnet sich dabei durch eine Anhäufung einer großen Anzahl von Individuen mit unterschiedlichen Interessen und Betätigungen aus, was sie zu einem vielgliedrigen Organismus macht,[76] der wiederum ein festes, übersubjektives Zeitschema benötigt, um den großen Menschen-, Waren- und Geldverkehr nicht zu beeinträchtigen.

So stellt der Wechsel aus der Landwirtschaft in die industrielle Produktion, Dienstleistung, Handel und Verwaltung für die Individuen nicht allein einen beliebigen Wechsel der Profession dar, sondern hat weitreichende Konsequenzen in der Lebensweise – zumal es sich nicht allein um einen individuellen Wandel, sondern um eine Umstrukturierung der sozialen Klassen insgesamt handelt.[77] Bezogen auf den Einzelnen heißt das, dass die Individuen unabwendbar in die Situation gestellt sind, komplexe und differente Teilsysteme zu kennen, in ihnen zu handeln, ihren Anforderungen zu entsprechen und sie miteinander zu verbinden.[78]

Auf der anderen Seite führt das Dasein in der Großstadt, wie Georg Simmel (1858-1918) bereits 1903 konstatiert hat, zu einer »*Steigerung des Nervenlebens*, die aus dem raschen und ununterbrochenen Wechsel äußerer und innerer Eindrücke hervorgeht«[79]. Das bedeutet, dass sich neben der Veränderung der Lebensart und des Lebensrhythmus der Individuen zwangsläufig auch ihre Wahrnehmung in der Stadt verändert. Damit geht die »Erfahrung einer Defizienz, eines Verlustes eigenmächtiger Zeit- und Handlungsperspektiven der Subjekte in dieser neuen alltäglichen Lebenswelt«[80] einher. Wie anstrengend und monoton, weil für den Großteil der Bevölkerung hauptsächlich der Arbeit dienlich, das Dasein in der Großstadt auch in seiner prosaischen Realität ist, es fordert infolge der Reizüberflutung von den Bewohnern neue Strategien, wie mit der Komplexität und Unübersichtlichkeit nicht nur der Metropole, sondern des gesamten modernen Lebens überhaupt umzugehen sei.[81]

---

75 Vgl. Brüggemann: »Aber schickt keinen Poeten nach London!« 1985, S. 9. Vgl. ferner Wülfing: Reiseberichte im Vormärz 1989, S. 333.

76 Vgl. Simmel: Die Großstädte und das Geistesleben 1995, S. 119f.

77 Vgl. ebd., S. 59f.

78 Vgl. ebd., S. 50.

79 Ebd., S. 116. Kursivierung von Simmel.

80 Brüggemann: »Aber schickt keinen Poeten nach London!« 1985, S. 18.

81 Vgl. Delabar: Effekte der Modernisierung 2007, S. 120f.

1.3.2 Die »Neujustierung« der Wahrnehmung im Subsystem der Literatur

Das Bedürfnis, die veränderte Umwelt mit adäquaten Mitteln zu erfassen, äußert sich auch in der Literatur. In ihr setzen sich die Schriftsteller mit der Umwandlung und Erneuerung der traditionellen Wahrnehmungs- und Darstellungsästhetik in der urbanen Umwelt auseinander:

> Mit dem Wahrnehmungsskandal Großstadt ist unauflöslich verbunden deren Wahrnehmungsreiz. Setzt mit der Erfahrung der großen Stadt ein an Intensität immer mehr zunehmender Reflexionsprozeß auf das Unvermögen der Poesie gegenüber dieser gesellschaftlichen Realität ein, so bildet sich zugleich – mit ihm und gegen ihn – das Bedürfnis nach ästhetischer Aneignung auch dieser Umwelt heraus. Dieses Bedürfnis prägt sich in vielfältigen Suchbewegungen aus, variiert lange die Trauer um das historisch-gesellschaftlich verurteilte Schöne: Eine Poesie der Verluste, die zugleich tastend und experimentierend eine Schönheit des modernen Lebens aufzufinden und ihr zum Ausdruck zu verhelfen sucht.[82]

Dabei gerät die Großstadt als moderne Landschaft – und hier ist an erster Stelle die französische Hauptstadt zu nennen – um die Mitte des 19. Jahrhunderts verstärkt in das Blickfeld der Schriftsteller, die als »Flaneure« auf Entdeckungsreise durch die Straßen der Metropole gehen.[83] Im Fall von Paris erscheinen nach der Französischen Revolution 1789 zahlreiche *Tableaux de Paris*. Mit dem Ende der Zensur nach der Julirevolution 1830 und der

---

82 Brüggemann: »Aber schickt keinen Poeten nach London!« 1985, S. 20.

83 Vgl. Wülfing: Reiseberichte im Vormärz 1989, S. 335ff. Siehe die Charakterisierung des »Flaneurs« durch Benjamin: Das Passagen-Werk 1991, S. 54: »Es ist der Blick des Flaneurs, dessen Lebensform die kommende trostlose des Großstadtmenschen noch mit einem versöhnenden Schimmer umspielt. Der Flaneur steht noch auf der Schwelle, der Großstadt sowohl wie der Bürgerklasse. Keine von beiden hat ihn noch überwältigt. In keiner von beiden ist er zu Hause. Er sucht sein Asyl in der Menge. Frühe Beiträge zur Physiognomik der Menge finden sich bei Engels und Poe. Die Menge ist der Schleier, durch den hindurch dem Flaneur die gewohnte Stadt als Phantasmagorie winkt. In ihr ist sie bald Landschaft, bald Stube.« Siehe ferner Bauman: Flaneure, Spieler und Touristen 1997, S. 150: »Psychisch bedeutet Spazierengehen, die menschliche Realität als eine Reihe von Episoden zu proben – als Ereignisse ohne Vergangenheit und ohne Konsequenzen. Es bedeutet außerdem, Begegnungen als *Ver*gegnungen einzuüben, als Begegnungen ohne Auswirkung: die flüchtigen Bruchstücke des Lebens anderer Leute, die der Spaziergänger nach Belieben zu Geschichten ausspinnt [...]« Kursivierung von Bauman.

»Explosion« eines zunehmend industrialisierten Pressewesens werden unzählige *Feuilletons* über die sich rasant verändernde urbane Erscheinungs- und Erlebniswelt geschrieben. Sie reagieren auf ein Orientierungsbedürfnis in der neuen Kapitale des historischen Bewusstseins und des Wissens, aber auch der zunehmenden Industrialisierung und Geldzirkulation, die sich in der ausgestellten Warenwelt, in neuen Berufen und sozialen Typen manifestieren.[84]

Im deutschsprachigen Raum ist es Rilkes Roman *Die Aufzeichnungen des Malte Laurids Brigge* (1910), der sich mit dem »Sehen-Lernen« durch die Entdeckung, Betrachtung und Aneignung der französischen Hauptstadt in den Jahren vor dem Ersten Weltkrieg beschäftigt und deren Wirkung auf die Persönlichkeit des gleichnamigen Protagonisten reflektiert. Gleichzeitig setzen sich Expressionisten wie Armin T. Wegner in seinem Gedichtband *Das Antlitz der Städte* (1917) mit der Großstadt als dem Ort der Moderne und hier mit Berlin im Fokus des Interesses auseinander. Sie prägen ihr Bild als eines Menschen verschlingenden Molochs oder umschreiben sie mit Symbolisierungen wie der zu erobernden Jungfrau, der verführerischen Geliebten, der Schutz spendenden Mutter oder der Hure Babylon.[85] In der Weimarer Republik ist es Alfred Döblin (1878-1957), der mit *Berlin Alexanderplatz* (1929) den wohl wichtigsten deutschen *Großstadtroman* vorlegt. Darin stellt er parallel zur Erzählung der Geschichte von Franz Biberkopf die Reichshauptstadt als lebendigen Körper dar und versucht die Stimmung von Mensch und Metropole mit Hilfe aus dem Film übernommener Techniken wie der Montage oder Collage wiederzugeben. Denn, und das ist von Bedeutung, die Reizüberflutung, die das Leben im »Großstadtdschungel« durch ständige Beschallung, Beleuchtung und Bewegung mit sich bringt, bedingt mit der Gleichzeitigkeit der Wahrnehmung[86] auch eine Simultaneität der Darstellung in der Dichtung durch Mittel wie eben der Montage.

Die Literatur entwickelt also Strategien, der chaotischen Vielfalt diffuser Sinneseindrücke durch bestimmte Techniken einen Rahmen zu verleihen, um sie zu strukturieren und überschaubar zu machen. Dies gelingt ihr dadurch, dass sie das, was ihr als ambivalent erscheint, benennt und klassifiziert. Dabei erfährt auch sie selbst eine Umwandlung, da sich herausstellt, dass sich ihre Werkzeuge, mit denen sie Ordnung schaffen möchte, als inadäquat erweisen.[87] Anders formuliert, hat das System »Literatur« nur dann die Möglichkeit, seine Tauglichkeit zu erweisen, wenn es Modelle seiner Umwelt entwirft und

---

84 Vgl. Zauner-Schneider: Die Kunst zu balancieren 2006, S. 105.

85 Vgl. Scherpe: Berlin als Ort der Moderne 1999, S. 217ff.

86 Vgl. Fähnders: Avantgarde und Moderne 1998, S. 149. Vgl. ferner Brüggemann: »Aber schickt keinen Poeten nach London!« 1985, S. 12.

87 Vgl. Bauman: Moderne und Ambivalenz 1992, S. 13ff.

damit die Veränderungen, die die moderne Gesellschaft erfährt, reflektiert und diskutiert. Unter Berücksichtigung der funktionalen Hierarchie der Subsysteme und des Gesamtsystems besteht genau darin vice versa die Funktion des Subsystems »Literatur« für seine Umwelt »Gesellschaft«, nämlich in einer spezifischen Auslegungs- und Bearbeitungsweise des Gesellschaftlichen.[88]

Dass sich die völlige Erfassung der Erfahrungswirklichkeit der Moderne in ihrer Unübersichtlichkeit und Komplexität, Differenz und Dynamik schwierig gestaltet, verdeutlicht auch die Entstehung und Entwicklung des Romans. Dieser taucht laut Lukács in dem Moment auf, als sich zwischen Seele und Gebilde, Ich und Welt, Innen und Außen der Abgrund öffnet, d.h. eine Totalität nicht mehr existiert,[89] und ist daher ein Ausdruck der »transzendentalen Obdachlosigkeit«: »Der Roman ist die Epopöe eines Zeitalters, für das die extensive Totalität des Lebens nicht mehr sinnfällig gegeben ist, für das die Lebensimmanenz des Sinnes zum Problem geworden ist, und das dennoch die Gesinnung zur Totalität hat.«[90]

Das Fehlen dieser Totalität bzw. ihre Wahrnehmung hat – auch im Fall der Literatur – verschiedene Reaktionsformen zur Folge: Entweder wird der Versuch unternommen, die »Erfahrung des Verlusts an individueller Souveränität gegenüber der nächsten Umwelt«[91] auszuhalten oder aber sich mit ihr auseinanderzusetzen. Dies geschieht vor allem in der Hoffnung, die Defiziterfahrungen wenn schon nicht rückgängig machen zu können, so doch zumindest zu kompensieren und damit fassbar zu machen.[92] Schließlich gibt es die Option, sie zu fliehen, um das Bedürfnis nach Geschlossenheit und Einheit, Ruhe und Harmonie auf anderem Wege zu befriedigen. Bei der dritten Möglichkeit ist

88 Vgl. Delabar: Was tun? 1999, S. 32.

89 Vgl. Lukács: Die Theorie des Romans 2000, S. 47ff.

90 Ebd., S. 47. Siehe Bauman: Moderne und Ambivalenz 1992, S. 17: »Wir können uns die Moderne als eine Zeit denken, da Ordnung – der Welt, des menschlichen Ursprungs, des menschlichen Selbst, und der Verbindung aller drei – *reflektiert wird*; ein Gegenstand des Nachdenkens, des Interesses, einer Praxis, die sich ihrer selbst bewußt ist, bewußt, eine bewußte Praxis zu sein und auf der Hut vor der Leere, die sie zurücklassen würde, wenn sie innehalten oder auch nur nachlassen würde.« Kursivierung von Bauman.

91 Brüggemann: »Aber schickt keinen Poeten nach London!« 1985, S. 19.

92 Siehe Benjamin: Der Erzähler 1980, S. 400: »Der ›Sinn des Lebens‹ ist in der Tat die Mitte, um welche sich der Roman bewegt. Die Frage nach ihm ist aber nichts anderes als der eingängliche Ausdruck der Ratlosigkeit, mit der sich sein Leben in eben dieses geschriebene Leben hineingestellt sieht. Hie ›Sinn des Lebens‹ – da ›Moral von der Geschichte‹: mit diesen Losungen stehen Roman und Erzählung einander gegenüber.«

es nicht selten der Fall, dass sich die Individuen auf »Erkundungsreisen in geistige (Flucht-)Räume« begeben.

So gesehen, gibt es kein Zurück mehr zu der gesellschaftlichen Situation, wie sie vor dem Zeitalter der industriellen Revolution geherrscht hat, sondern nur die Wahl zwischen Modellen, wie sie für das individuelle wie auch das gesellschaftliche Handeln im modernen Leben entwickelt werden – als Variation, Erinnerung, Korrektur oder Utopie:[93] »System und Umwelt stehen demnach [...] nicht an einem ewigen Anfang, [...] sondern ihr Verhältnis ist immer schon historisch, hat also immer schon fortgeschrittene Entwicklungsstufen erreicht, die wieder auf die Modellentwürfe zurückwirken.«[94]

1.3.3 Der Orient als Projektionsfläche der »Suche nach Ordnung«

Zu diesen intellektuellen Modellen, die der Kompensation dienen, gehören Themen wie die Geschichte im *historischen Roman*, Kindheit und Jugend im *Adoleszenzroman*,[95] Landleben und Natur im *Bauernroman*[96] und die Fremde im *exotischen Roman*. Der immense Erfolg von Karl May (1842-1912) in der ersten Hälfte des 20. Jahrhunderts zeigt das Bedürfnis in der Gesellschaft nach Natürlichkeit und Einfachheit, Bedeutung und individueller Wirkung, aber auch nach Exotik und Abenteuer, Ablenkung und Unterhaltung.[97]

Eben diese Abkehr von allem, was mit Zivilisation zu tun hat, der Rückzug aus der als chaotisch und ambivalent empfundenen eigenen Lebenswelt, kennzeichnet die Orientbücher Karl Mays und macht sie darum so populär. Denn May weicht nicht allein den Routen des zeitgenössischen Orient-Tourismus und der modernen Verkehrstechnik aus, sondern lässt gleich vier Romane des Zyklus in Gebieten spielen, die sich einer geopolitischen Erschließung bis dahin entzogen hatten: *Durchs wilde Kurdistan* (1892), *In den Schluchten des Balkan* (1892), *Durch das Land der Skipetaren* (1892) und *Der Schut* (1892) führen durch zerklüftetes und isoliertes, gebirgiges und fast immer

93 Vgl. Delabar. Was tun? 1999, S. 34.

94 Siehe ebd., S. 34.

95 Vgl. Gansel: Von Angst, Unsicherheit und anthropologischen Konstanten 2004, S. 224ff. Vgl. ferner Erhart: Vom Mythos der Identität 2004, S. 414ff.

96 Vgl. das Kapitel *Das Antidot gegen Komplexität. Romane über Bauern, Siedler, Soldaten* in Delabar: Was tun? 1999, S. 135-181.

97 Vgl. Kohl: Kulturelle Camouflagen 2007, S. 111. Siehe Tucholsky: Das Zeitdorf 1989, S. 183: »Wir sind eingefangen in der Zeit wie in einem kleinen Nest – umlauert, beklatscht, alle Welt kennt sich und rückt einem unangenehm nahe auf den Leib – da gibt's keine Flucht. Es ist manchmal aus der Haut zu fahren. Und wohin führen wir dann? In die Zeitfremde.«

menschenleeres Gelände. Hier stören weder Automobile oder Eisenbahnen noch große Städte die Erlebniswelt des wilden Ostens.[98]

So öffnet May inmitten des politisch, wissenschaftlich und touristisch erschlossenen Orients die Tür zu einer »morgenländischen« Parallelwelt, in der im Gegensatz zur westlichen Hemisphäre »Natürlichkeit« herrscht. Seine literarische Vorgehensweise steht beispielhaft dafür, wie westliche Intellektuelle nicht nur ihre Sehnsucht nach Einfachheit, Langsamkeit und Übersichtlichkeit auf den mit diesen Attributen assoziierten Orient übertragen, sondern ihn auf der »Suche nach Ordnung«[99] auch nach ihren Bedürfnissen umformen, um das Fremde bewältigen zu können:

> Das bloße Dasein, das Dasein ohne jede Intervention, das *ungeordnete* Dasein, oder der Rand des geordneten Daseins, werden jetzt zur *Natur*; etwas, was als menschlicher Wohnort einzig ungeeignet ist – etwas, dem man nicht trauen kann und das man nicht sich selbst überlassen kann, etwas, das *beherrscht*, *unterworfen*, *neu gemacht* werden muß, damit es von neuem an menschliche Bedürfnisse angepaßt werden kann. Etwas, das unter Kontrolle gehalten, eingeschränkt und gezügelt werden, das aus dem Zustand der Formlosigkeit in eine Form überführt werden muß – durch Anstrengung und durch Gewalt. Selbst wenn die Form von der Natur selbst vorgegeben war, wird sie ohne Hilfe nicht zustande kommen und ohne Verteidigung nicht überleben. Das naturgemäße Leben bedarf einer Menge Entwürfe, organisierter Anstrengung und wachsamer Kontrolle. Nichts ist künstlicher als Natürlichkeit; nichts weniger natürlich, als sich den Gesetzen der Natur auszusetzen. Macht, Unterdrückung und zielgerichtete Handlung stehen zwischen der Natur und jener sozial bewirkten Ordnung, in der Künstlichkeit natürlich ist.[100]

Der Orient bietet sich sowohl aufgrund seiner geografischen Nähe zu Europa als auch wegen der Jahrhunderte alten kulturellen Traditionen und literarischen Denkbilder geradezu idealerweise als Projektionsfläche westlicher Vorstellungen und Strategien von einer Alternativkultur an.[101] Der Wunsch, der

98 Vgl. Polaschegg: Durch die Wüste ins Reich des silbernen Bären 2007, S. 125.

99 Bauman: Moderne und Ambivalenz 1992, S. 13.

100 Ebd., S. 20. Kursivierungen von Bauman.

101 Siehe Said: Orientalism 1979, S. 10: »Taking the late eighteenth century as a very roughly defined starting point Orientalism can be discussed and analyzed as the corporate institution for dealing with the Orient – dealing with it by making statements about it, authorizing views of it, describing it, teaching it, settling it, ruling over it: in short, Orientalism as a western style for dominating, restructuring, and having authority over the Orient.«

perfekt durchorganisierten Arbeitswelt, in dem das »Chockerlebnis zur Norm geworden ist«[102], zu entfliehen und die Hoffnung, stattdessen ein Paradies auf Erden zu finden, führt zur *Konstruktion des Orients als einer Gegenwelt zu der des Okzidents*:

> The Orient is not only adjacent to Europe; it is also the place of Europe's greatest and richest and oldest colonies, the source of its civilizations and languages, its cultural contestant, and one of its deepest and most recurring images of the Other. In addition, the Orient has helped to define Europe (or the West) as its contrasting image, idea, personality, experience. Yet none of this orient is merely imaginative. The Orient is an integral part of European *material* civilization and culture. Orientalism expresses and represents that part culturally and even ideologically as a mode of discourse with supporting institutions, vocabulary, scholarship, imagery, doctrines, even colonial bureaucracies and colonial styles.[103]

Dieses vom Orientalismus geprägte Bild ist es, das zahlreiche an der Dynamik, Komplexität und Ambivalenz leidende Individuen dazu verleitet, nach einer geistigen auch eine reale Reise in den Orient zu unternehmen. Sie erhoffen sich damit nicht nur eine Bestätigung ihrer Vorstellungen – nach dem der Orient eine Welt der Ruhe, Einfachheit und Stabilität darstellt[104] –, sondern sie planen die dort gesammelten Erfahrungen nach der Rückkehr so in ihr Denken und Leben zu integrieren, dass dadurch (wieder) Ausgeglichenheit und Zufriedenheit in ihr Dasein einziehen.[105]

So präformiert im hohen Maße sowohl das Angelesene als auch das Ersehnte die Wahrnehmung der Individuen, was bedeutet, dass das fiktive Bild vom Anderen stark von bestimmten (Defizit-)Erfahrungen beeinflusst wird. Gleichzeitig werden dem realen Fremden Eigenschaften zugeschrieben, die sich die westlichen Besucher in realiter für ihre eigene Lebenswelt herbeisehnen. Überspitzt formuliert, heißt das: *Die Konstruktion und Wahrnehmung des Anderen gründet sich auf die Konzeption des (defizitären) Eigenen.*[106]

102 Benjamin: Über einige Motive bei Baudelaire 1974, S. 614.

103 Said: Orientalism 1979, S. 1f. Kursivierung von Said. Vgl. ferner ebd., S. 21f.

104 Vgl. ebd., S. 239f.

105 Vgl. auch ebd., S. 157f.

106 Siehe Honold/Scherpe: Einleitung 2004, S. 10: »Im Auftritt des Fremden verbinden sich die spezifischen Eigenanteile des ästhetischen, emotionalen und kognitiven Sensoriums einer Gesellschaft, greifen Phantasie, Empirie und Reflexion ineinander.« Vgl. auch das zweite Kapitel *Die Konstitution des Fremden* in Ohle: Das Ich und das Andere 1978, S. 6-43. Vgl. ferner den Abschnitt *Das verlorene Paradies* in Rössner: Auf der Suche nach dem verlorenen Paradies 1988, S. 34-37, hier S. 35.

Daher ist es auch nicht weiter verwunderlich, dass viele Europäer nach der Begegnung mit dem realen Osten Enttäuschungen erleiden, weil, wie sie feststellen müssen, der Orient nicht nur nicht ihren Hoffnungen entspricht[107] und das genaue Gegenteil ihrer eigenen Welt darstellt, sondern dieser sehr viel ähnlicher ist, als sie es sich wünschen. Den Touristen, die sich nicht von ihren Vorerwartungen lösen können, bleiben die Orientalen daher trotz aller politischen und militärischen, ökonomischen und kulturellen Einflussnahme europäischer Kolonialmächte größtenteils unverständlich.[108]

Erst die intensive Auseinandersetzung mit dem Fremden auf längeren Reisen ermöglicht eine Annäherung der Kulturen. Im Fall der drei ausgewählten Schriftsteller wird eine solch offensive Vorgehensweise gegenüber dem Unbekannten in den im Anschluss auf die Orientfahrten entstehenden Berichten, Erzählungen und Gedichten sichtbar – und zwar durch einen *Wandel der Bilder vom Anderen*, weg vom ersehnten und erdachten hin zu einem realistischeren, weil selbst erfahrenen Orient.[109] Diese »Revision« geht einher mit dem *Wandel der Bilder vom Eigenen* und also mit der Einsicht, dass das eigene, reale Leben nicht in einer, sowieso nicht existenten, konfliktfreien Fremde stattfindet, sondern in einer dynamischen, komplexen und ambivalenten Massengesellschaft, die *selbstständig und ohne fremde Hilfe* zu bewältigen ist.[110]

In diesem Zusammenhang sei darauf hingewiesen, dass deshalb in den späteren Kapiteln, in welchen die faktualen und fiktionalen Reisetexte von Hermann Hesse, Armin T. Wegner und Annemarie Schwarzenbach untersucht werden, auch nicht von den Kategorien des Orientalismus, sondern von den

---

107 Vgl. auch Said: Orientalism 1979, S. 101f.

108 Siehe Segalen: Die Ästhetik des Diversen 1994, S. 44: »Von diesem Eingeständnis der Undurchdringbarkeit wollen wir ausgehen. Brüsten wir uns nicht, die Sitten, die Rassen, die Nationen, die Anderen zu assimilieren; im Gegenteil, freuen wir uns darüber, daß wir es nie können werden und bewahren und so das dauerhafte Vergnügen, das Diverse zu fühlen. (Hier könnte die Frage angebracht werden, ob eine Steigerung unseres Wahrnehmungsvermögens hinsichtlich des Diversen unsere Persönlichkeit bereichert oder einengt. Wird ihr etwas genommen oder wird sie dadurch vielschichtiger? Es besteht kein Zweifel: sie wird um das ganze Universum bereichert.)«

109 Vgl. Scherpe: Die Ordnung der Dinge als Exzeß 1999, S. 14f.

110 Siehe Eco: Zen und der Westen 1973, S. 214: »[D]as einstige Bewußtsein von einem geordneten und unwandelbaren Leben kann in der heutigen Welt bestenfalls ein Gegenstand rückwärtsgewandter Sehnsucht sein: es ist nicht mehr das unsere. Daher – es braucht kaum gesagt zu werden – die Problematik der Krise; denn es bedarf einer gesunden moralischen Struktur und großen Glaubens an die Möglichkeiten des Menschen, um leichten Herzens eine Welt zu akzeptieren, in der es unmöglich scheint, definitive Ordnungsmodelle einzuführen.«

Moderne-Paradigmen ausgegangen wird. Der Grund hierfür liegt in den Reiseabsichten der drei Autoren: Zwar sind ihre Reisen mit ganz konkreten Erwartungen und Bildern verbunden, aber ihre *Konstruktion des Orients als einer Gegenwelt zu der des Okzidents* wird hier nicht primär als Aneignungsmodell gelesen, wie dies Edward Said hauptsächlich britischen und französischen Vertretern der Orientalistik zum Vorwurf macht.[111]

Im Gegensatz zu den von Said kritisierten Wissenschaftlern wird die Beschäftigung mit östlicher Religion, Philosophie und Literatur sowie die Fahrt in den Orient von den drei Schriftstellern lediglich als eines von vielen möglichen Mitteln zu ganz bestimmten Zwecken verstanden: So geht es ihnen nur insofern um die Bestätigung der Richtigkeit der westlichen Wunschvorstellungen vom Orient, als dass sie ihnen helfen könnte, damit (Defizit-)Erfahrungen wie die Dynamisierung der Modernisierung bzw. Lebens- und Schaffenskrisen zu verarbeiten und im besten Fall zu bewältigen. Dabei gewinnt ihr privates Interesse freilich dadurch einen politischen Charakter, dass ihre Auseinandersetzung dazu dient, die Existenzbedingungen in der Moderne »lebenswerter« zu gestalten.

Auf diesem Wege ver-rückt auch der eurozentrische Blick der drei Schriftsteller. Das geschieht auch schon vor der Reise in den Orient, lesen sie vor ihren Aufenthalten doch nicht nur die Märchen von *Tausendundeiner Nacht* oder exotistische Romane wie Pierre Lotis *Aziyadeh* (1879), sondern auch kolonialkritische Bücher wie *Max Havelaar* (1860) von Multatuli/Eduard Douwes Dekker (1820-1887) oder *Chinas Verteidigung gegen europäische Ideen* (dt. 1911) von Ku Hung-Ming (1857-1928). Die Emanzipierung von der kolonialen Sichtweise auf dem Orient nimmt weiter zu, als sie die für sie fremde Welt auch persönlich kennenlernen.

Die Erfahrung der Diskrepanz zwischen ihren Erwartungen und der orientalischen Wirklichkeit veranlasst sie daraufhin, die im Westen tradierten wie auch die eigenen Orientbilder schon während ihrer Aufenthalte, hauptsächlich aber nach der Rückkehr nach Europa kritischer zu hinterfragen. Dies geschieht bei allen dreien in ihren Texten, in denen sie beginnen, die zahlreichen neuen Eindrücke in ihr bisheriges Weltbild zu integrieren und die Erfahrung zu thematisieren, dass die eigenen Normen und Maßstäbe keinen unwiderruflichen Status haben. Trotz aller Distanzierung dieser Intellektuellen von den politischen und weltanschaulichen Diskursen des Westens über den Orient in der ersten Hälfte des 20. Jahrhunderts, ist dennoch aber auch ihr Zugriff auf diese Region – dabei freilich jeweils unterschiedlich stark – vom imperialistischen und kolonialistischen Denken der Zeit um die Jahrhundertwende

111 Vgl. den Abschnitt *Modern Anglo-French Orientalism in Fullest Flower* in Said: Orientalism 1979, S. 255-284, hier S. 273.

geprägt, was sich in manchen Einstellungen, (Vor-)Urteilen und Bildern, aber auch im Vokabular kundtut.

1.4 »Das Land der Wunder und des Reichtums«. Kontinuitäten und Brüche in den europäischen Orientbildern

1.4.1 Antike und Mittelalter

Nachdem bereits mehrere Male auf die Bedeutung kultureller und literarischer Traditionen europäischer Orientbilder für die Wahrnehmung dieser Region durch westliche Reisende hingewiesen worden ist, wird im Folgenden der Geschichte der Beziehungen zwischen Abend- und Morgenland nachgegangen. Auf diese Weise soll nicht nur die Entstehung und Entwicklung der westlichen Vorstellungen vom Orient mit ihren Kontinuitäten und Brüchen von der Antike bis in die erste Hälfte des 20. Jahrhunderts aufgezeigt, sondern zugleich auch das kulturelle und literarische Rüstzeug der drei hier untersuchten Schriftsteller näher vorgestellt werden.

Betrachtet man die Historie, so entstehen spätestens in der Antike Kontakte zwischen der griechisch-römischen und der persisch-indisch-chinesischen Welt. Es ist primär das Interesse für die Luxusgüter der jeweils anderen Kultur, das den Warenaustausch anregt und intensiviert. Die Nachfrage nach exotischen Produkten und Rohstoffen hat daher die Entstehung fantastischer Vorstellungen vom unbekannten Osten wesentlich beeinflusst. Es ist besonders Herodot (um 484-425 v. Chr.), der das Bild des Orients im westlichen Kulturkreis festschreibt und damit nicht nur für die Antike, sondern bis in die Moderne die Imagination der Europäer entscheidend prägt. So erscheint nach ihm nicht nur der indische Subkontinent als ein »Land der Wunder und des Reichtums«, wo neben Menschen auch Mischwesen leben und wo kostbare Rohstoffe und Edelmetalle vermutet werden.[112] Auch und vor allem durch

112 Vgl. auch im Folgenden Knefelkamp: Indien 1991, Sp. 404. Siehe eine solche exotische Vorstellung Indiens in der 43/44 n. Chr. entstandenen *De Chorographia Libri Tres* von Pomponius Mela: Kreuzfahrt durch die alte Welt 1994, S. 169, Buch III, Abschnitt 62: »Im übrigen fruchtbar, wimmelt Indien von unterschiedlichen Arten von Menschen und anderen Lebewesen. Es bringt Ameisen hervor, die nicht kleiner als die größten Hunde sind und – wie man erzählt – nach Art der Greife das aus der Tiefe hervorgebrachte Gold sehr zum Verderben derer bewachen, die sich an ihm vergreifen wollen. Es bringt auch gewaltige Schlangen hervor, die sogar Elefanten durch Biß und Umschlingung mit ihrem Körper angreifen; an manchen Stellen ist der Boden so fett und fruchtbar, daß hier Honig von den Bäumen herabfließt, die

solche Überlieferungen wird der Orient zum Ziel von Händlern, Militärs und Abenteuerlustigen.[113]

Vielleicht angeregt durch derartige Bilder, dehnt Alexander von Makedonien (356-323 v. Chr.) seinen Feldzug über das Persische Reich bis nach Westindien aus, wobei durch mitziehende Gelehrte wie Onesikritos von Astypalaia und Nearchos von Amphipolis (um 360-312 v. Chr.) weitere Berichte über Land und Leute, Flora und Fauna des Orients in den Westen gelangen. Und so mehrt sich nicht nur das Wissen über den jeweils anderen Kulturkreis, sondern es gelangen dadurch auch neue, bisher unbekannte Rohstoffe und Waren in die Heimat.

Die im 7. und 8. Jahrhundert n. Chr. erfolgten Niederlagen der Perser und später der Byzantiner gegen die Araber und die nun einsetzende Arabisierung und Islamisierung des Orients einschließlich Nordafrikas und der Iberischen Halbinsel im Frühmittelalter lassen jedoch die sowieso schon anfälligen wirtschaftlichen und diplomatischen Beziehungen zum Mittleren und Fernen Osten für die nächsten Jahrhunderte in den Hintergrund treten. Andererseits erzwingt die arabische Herrschaft in Südwesteuropa einen wichtigen Austausch zwischen West und Ost, der bis zum Abschluss der *Reconquista* durch die kastilische Eroberung Granadas 1492 andauert und eine Glanzzeit für die Kultur, Wissenschaft und überhaupt das Zusammenleben von Christen, Muslimen und Juden darstellt.[114]

Der zweite wichtige Austausch ist eine Folge der Kreuzzüge der Europäer ab Ende des 11. Jahrhunderts. Diese dienen der »Befreiung« des Heiligen Landes aus den Händen der Muslime.[115] Sie haben aber auch zum Ziel, die Einkreisung durch die Araber zu durchbrechen, die Hoheit im Mittelmeerraum zu erringen und wieder Kontakte zu Indien und China aufzunehmen – und zwar als Wirtschaftspartner wie auch als mögliche politische Bundesgenossen gegen die Muslime. Wie verlustreich und letztlich politisch erfolglos die Kreuzzüge auch verlaufen, sie sorgen nicht nur für einen Aufschwung des internationalen Handels,[116] sie stoßen auch eine ernsthaftere Beschäftigung des Westens mit den Sprachen, Kulturen und Wissenschaften des Orients an. So erfolgt auf Betreiben von Petrus Venerabilis (um 1094-1156) eine erste Übersetzung des Korans ins Lateinische. Dieser strebt damit jedoch nicht eine Übernahme religiösen Gedankenguts an, sondern möchte im Gegenteil die

---

Wälder Wolle tragen und vom Schilf die zwischen zwei Knoten in der Längsrichtung gespaltenen Teile wie Schiffe zwei, ja manchmal drei Personen tragen.«

113 Vgl. auch Said: Orientalism 1979, S. 1 und S. 57f.

114 Vgl. Cruz-Hernandez: Averroes und Maimonides 1989, S. 14.

115 Vgl. Mayer: Geschichte der Kreuzzüge 2000, S. 15.

116 Vgl. Delabar: BIDT GOT VUR DEN PILGRUM WEECH WIJSER IND DICHTER 1989, S. 22.

von ihm angenommene Unterlegenheit des Islams gegenüber dem Christentum beweisen und also die Notwendigkeit der Missionsarbeit untermauern.

Interessant ist der Umstand, dass der durch die Kreuzzüge bedingte, intensive Kulturkontakt Europas mit dem Orient trotz aller Abwehr eine Veränderung der Wahrnehmung der Nichtchristen auslöst. Die Muslime werden nicht mehr als »gottlose« und grausame Wesen, die bekämpft werden müssten, angesehen,[117] sondern als Heiden betrachtet und damit als Menschen toleriert, denen freilich nur noch der allein selig und glücklich machende christliche Glaube fehle, um das Seelenheil zu erlangen.[118]

Die veränderte Wahrnehmung und Darstellung der Muslime wird neben dem Kultur- auch über den Warenaustausch erreicht. So ermöglicht der Einfall in den Orient den Europäern die zeitweilige Installierung von Königreichen, Fürstentümern und Grafschaften in Anatolien, Syrien und Palästina sowie die Gründung von eigenen Handelsstützpunkten im östlichen Mittelmeerraum mit Verbindungen über den Kaukasus nach Südrussland, über Persien und Zentralasien nach China und über das Rote Meer und die Arabische Halbinsel nach Indien und Südostasien.[119] Begünstigt wird der Handelsverkehr zwischen Europa und Asien insbesondere auf der *Seidenstraße* von der *Pax Mongolica*, der Eroberung und Beherrschung weiter Teile des Fernen und Mittleren Ostens durch die Mongolen vom 12. bis zum 14. Jahrhundert. In der Folge kann sich der Kultur- und Warenaustausch Europas mit der islamischen Welt auch auf die indisch-südostasiatisch-chinesische Welt ausweiten.[120]

Diese neue Stabilität und Sicherheit regen im Hoch- und Spätmittelalter neben Kaufleuten auch Missionare und Diplomaten an, sich auf Reisen in den Nahen, Mittleren und Fernen Osten zu begeben. Diese werden nicht nur unternommen, um frühere Wirtschaftsbeziehungen mit Indien und China wiederaufleben zu lassen, sondern auch in der Hoffnung, einen möglichen politischen und militärischen Bündnispartner im Kampf gegen die Muslime im Orient zu finden sowie auch in der nach Erwerbung neuen Wissens. Zeugnis von diesen Absichten legen die nach den Reisen verfassten Berichte einiger in diplomatischer Mission, hauptsächlich am mongolischen Hof tätiger Geistlicher wie Giovanni de Plano Carpini (Reisezeit 1245-1247), Wilhelm von Rubruk (1252-1254), Odorico de Pordenone (1318-1330) oder auch die von Kaufleuten wie der venezianischen Familie Polo (1254-1295) ab.

---

117 Vgl. die überlieferten Kreuzzugsreden Papst Urbans II. im Abschnitt *The Preaching of the First Crusades* in Riley-Smith: The Crusades 1981, S. 37-51.

118 Vgl. die »Toleranzrede« der Konvertitin Gyburc in Wolframs von Eschenbach mittelhochdeutscher Dichtung *Willehalm* 2003, S. 198f., V. 306, 4-310, 30. Vgl. ferner Wieland: Das Eigene und das Andere 1998, S. 11ff.

119 Vgl. Höllmann: Die Seidenstrasse 2004, S. 20f.

120 Vgl. auch im Folgenden Balard: China 1983, Sp. 1827ff.

Dabei hat der 1298/99 von Rustichello von Pisa niedergeschriebene Reisetext des Marco Polo (1254-1324) mit dem Titel *Le divisament dou monde* – später *Il Milione* genannt[121] – neben den als fiktiv gehandelten, um 1360 entstandenen Reiseerinnerungen des englischen Ritters John Mandeville[122] den meisten Erfolg in Europa. Denn er reproduziert nicht nur die antiken Vorstellungen vom Orient als dem »Land der Wunder und des Reichtums«, sondern er untermauert sie immer wieder durch detaillierte Beschreibungen der üppigen Flora und Fauna, des staatlicherseits straff organisierten Handels, der großen Geschäftigkeit und Erfindungsgabe der Asiaten, vor allem aber des mächtigen mongolischen Herrschers Kublai Khan (1215-1294) und seines Hofes.[123] Der Autor fordert schließlich indirekt zur Nachahmung der zwar langjährigen und beschwerlichen, insgesamt aber, auch bezüglich der Sexualität,[124] sehr attraktiven und lehrreichen Abenteuerfahrt auf.[125]

Inspiriert von Polos und Mandevilles Reisebericht, machen sich immer wieder europäische Händler, Missionare und Diplomaten auf den Weg in den sagenumwobenen Osten. Die Zahl der Reisenden sinkt jedoch nach der Ablösung der mongolischen Dynastie durch die chinesischen Ming 1368 und nach dem Zusammenbruch des regen Handelsverkehrs auf den verschiedenen Landrouten der Seidenstraße. Für eine weitere Stockung des Personenverkehrs und Warenaustauschs sorgt der gleichzeitige Aufstieg der Osmanen in Anatolien und Südosteuropa.

Damit erhöht sich die Anzahl derjenigen, die versuchen, Indien und China auf dem Seeweg zu erreichen, um so einen direkten Kontakt nach Ostasien

121 Vgl. Reichert: Marco Polos Buch 1994, S. 182f.

122 Vgl. die Abschnitte *Der rätselhafte Verfasser* und *Das beliebteste Reisebuch des Mittelalters* in Sollbach: Einleitung 1989, S. 17-21 und S. 21-25.

123 Siehe Polo: Die Wunder der Welt 2003, S. 139f.: »In Canbaluc [Peking; B.S.] hat es unvorstellbar viele Menschen und Häuser, es ist unmöglich, sie zu zählen; denn auch die Vorstädte sind dicht besiedelt. [...] In den Vororten steigen Kaufleute ab und Reisende, die in der Stadt etwas zu besorgen haben oder die beim Kaiser vorsprechen möchten. In den Herbergen ist sowohl ein lebhafter Handel, da die Stadt ein Forum ist sowohl für den Handel als für andere Geschäfte. [...] Aus Indien stammen die teuersten Dinge, Edelsteine, Perlen und andere Kostbarkeiten. Das Wertvollste, das es in Catai [Nordchina; B.S.] und in den übrigen Provinzen gibt, wird nach Canbulac gebracht. Alles findet Absatz; [...] Stellt euch bloß vor: jeden Tag kommen mehr als tausend Wagen an, voll beladen mit Seide. In diesen Gegenden werden Stoffe aus Gold und Seide gewoben. Zum Einzugsgebiet der Stadt gehören etwa zweihundert Städte. Von dort her reisen die Menschen in die Kapitale, bringen ihre Ware und besorgen sich, was sie selber benötigen. Nun versteht ihr, warum hier solch ein außerordentlich reger Verkehr herrscht.«

124 Vgl. Reichert: Fremde Frauen 1993, S. 167ff.

125 Vgl. Guignard: Nachwort 2003, S. 392.

herzustellen und nicht mehr von den Orientalen als Zwischenhändlern abhängig zu sein.[126] Nach dem Scheitern der Brüder Vivaldi Ende des 13. Jahrhunderts, entlang der afrikanischen Küste in den Süden zu segeln, dauert es gut hundert Jahre, bis neue Erkundungen an den Küsten des »schwarzen Kontinents« durchgeführt werden. Die Erfolge der Portugiesen unter Heinrich dem Seefahrer (1394-1460) und Prinz Pedro (1392-1449) ab 1440 auf der Suche nach einem südlichen Seeweg nach Indien halten ihre Kontrahenten Kastilien und Aragonien lange Zeit davon ab, selbst in das kostspielige Geschäft einzusteigen. Insbesondere die Kunde von der Umschiffung der Südspitze Afrikas durch Bartholomeu Dias (ca. 1450-1500) im Jahr 1488 lässt jedes Interesse der mittlerweile vereinigten Königreiche an einer Suche nach einem weiteren Seeweg nach Asien schwinden.

Der an Polo und Mandeville orientierte Christoph Kolumbus (1451-1506) erhält jedoch die Chance zu einer Westseglung und entdeckt auf der Fahrt in Richtung Indien und China schließlich 1492 Amerika. Damit sorgt er für ein schlagartiges Umschwenken der Europäer vom Orient auf den neu entdeckten Kontinent, der allerdings noch längere Zeit für ein Teil Asiens gehalten und daher *West-Indien* genannt wird. In diesem Glauben bestärkt werden die Seefahrer auch durch die paradiesähnlichen Zustände auf den Inseln sowie durch die großen Gold- und Edelsteinfunde.[127]

1.4.2 Frühe Neuzeit

Die Entdeckung Amerikas stellt schließlich einen weiteren Einschnitt in der Geschichte der Beziehungen zwischen dem Abend- und Morgenland dar. Denn nicht nur sind Kolumbus' Seefahrten und die anschließend immer zahlreicheren Erkundungsreisen Auslöser der ab ca. 1500 immer rasanter verlaufenden politischen und wirtschaftlichen, militärischen und kulturellen Umwälzungen

126 Vgl. auch im Folgenden Gewecke: Nachwort 2005, S. 302ff. Vgl. ferner Sollbach: Einleitung 1989, S. 43f. Vgl. schließlich Reichert: Marco Polos Buch 1994, S. 193ff.

127 Siehe den Eintrag vom 15.10.1492, ein paar Tage nach der Entdeckung der später San Salvador genannten Insel, in Kolumbus: Bordbuch 2005, S. 57f.: »Diese Inseln haben ein gemäßigtes Klima und eine reiche Vegetation, die sie mit frischem Grün bedeckt und sehr fruchtbar macht. Es gibt hier sicherlich eine Unmenge Dinge, die ich nicht kennen lernte, weil ich nicht Zeit verlieren wollte, um viele andere Inseln anzusteuern, wo ich Gold zu finden hoffte. Da nun das Gold, welches diese Inselbewohner an ihren Armen und Beinen tragen, tatsächlich echtes Gold ist, da ich es mit dem meinigen verglichen habe, und hiemit ein Beweis vorliegt, daß es auf diesen Inseln vorkommen muß, so wird es mir mit Gottes Hilfe gelingen müssen, den Ort seines Vorkommens ausfindig zu machen.«

in Europa.[128] Sie haben mit der Globalisierung eine weitere Annäherung der unterschiedlichen Kulturkreise und damit eine Revolutionierung in der Wahrnehmung und Darstellung des Fremden durch die Europäer zur Folge.

Dieser »Wandel der Wirklichkeitsauffassung« begründet sich in der Umformung des okzidentalen Weltbildes, die einhergeht mit der Eröffnung neuer Räume durch die Entdeckungsfahrten und die Astronomie in der Frühen Neuzeit. Die im christlichen Europa traditionelle Kosmos-Vorstellung, in der die Welt stets als ein endliches, geschlossenes und hierarchisches Ganzes gezeichnet wurde, wird abgelöst durch die Idee von einem grenzenlosen und unendlichen Universum: »Die Welt erscheint nicht mehr als grundsätzlich auf die Bedürfnisse des Menschen zugerichtet, sondern die Erfahrung vom ›Mangel der Natur‹ wird virulent und führt zu einer neuen Bewußtseinshaltung, die sich der Herausforderung zur Selbstbehauptung und den damit verbundenen enormen theoretischen und praktischen Anforderungen stellen muß.«[129]

Die Kolonialisierung der Welt fordert und fördert eine Auseinandersetzung und damit eine Neubestimmung des Fremden. Es ist nicht mehr das ganz Andere, genau Abgrenzbare und Auszugrenzende, sondern als ein Teil des Eigenen, als eine Projektionsfläche europäischer Imagination in die neue Kosmos-Vorstellung zu integrieren: »Die Richtung dieses Prozesses läßt sich großflächig beschreiben als eine Entwicklung, in der sich die Kategorien der Wirklichkeitsauffassung von solchen der dualistischen Dichotomisierung des Weltbildes zu solchen der Homogenisierung der Wirklichkeit wandeln.«[130]

Dieser »Wille zur Vereinheitlichung der Wirklichkeit«[131] ist jedoch janusköpfig: Zwar bezieht er das Fremde mit in das europäische Weltbild ein, indem er es toleriert und damit eine *Quantifizierung* der Wirklichkeit erlaubt, doch geht diese Duldung einher mit der praktischen Vereinnahmung des Anderen durch die zunehmende Europäisierung der Welt. In den nach den Entdeckungen um 1500 entstandenen Reiseberichten wird dieses ambivalente Verhältnis Europas zu dem ihm Fremden besonders gut deutlich:

> Am exotischen Raum bildet der frühneuzeitliche Reisebericht ein Klassifikationsschema aus, das den Kernbestand der frühen Ethnographie ausmacht. Diese Feststellung und Bestandsaufnahme von exotischer Alterität führt keineswegs zur Auslöschung von Fremdheit über einen Versuch, sich mit ihr zu identifizieren. Im Gegenteil. Sie führt zur Notwendigkeit, sich der Welt reisend zu vergewissern und sie mittels elaborierter Klassifikationssysteme in Reiseberichten, Kosmographien und in

128 Vgl. Neuber: Der Zauber des Fremden 1998, S. 154.

129 Brenner: Die Erfahrung der Fremde 1989, S. 21.

130 Ebd., S. 19.

131 Ebd., S. 22.

> der Polymathie, auf Karten und Globussen, in Wunderkammern schließlich zu diversifizieren und homogenisieren. Erst hier, im 16. Jahrhundert, beginnt die exotische Fremde in die soziale und wissenschaftliche Praxis Europas einzutreten. Ihre Topologie hat sich damit zu verdoppeln begonnen: Sie findet sich im geographisch Entfernten ebenso wie in den Aufbewahrungs- und Weltbeherrschungsmodellen als essentieller Teil der eurozentrischen Selbstvergewisserung.[132]

Die Globalisierung in der Frühen Neuzeit hat in der Wahrnehmung des Orients positive wie negative Auswirkungen. So sorgt die »Türkenherrschaft« in Mittel- und Südosteuropa im 16. und 17. Jahrhundert zwar für Angst und Schrecken im Abendland[133] und veranlasst die Europäer, nach Bündnispartnern gegen die sunnitischen Osmanen zu suchen, wie sie dann in den schiitischen Persern gefunden werden.[134] Doch mit dieser Bundesgenossenschaft, die die Hohe Pforte beständig an ihre östliche Flanke bindet und dadurch die im Westen stationierten Einheiten durch Truppenabzüge schwächt, beginnt der Niedergang nicht nur des Osmanischen Reichs – sichtbar an der Niederlage der Türken vor Wien 1683 –, sondern der islamischen und asiatischen Welt insgesamt.

Denn die sich dynamisch vollziehende Expansion der europäischen Staaten Großbritannien, Frankreich und der Niederlande nach der Spaniens und Portugals auf den Weltmeeren, die Gründung *West- und Ostindischer Kompanien* sowie die schrittweise Festsetzung dieser Mächte im asiatischen Raum führt im Laufe des 18. und 19. Jahrhunderts dazu, dass die orientalischen Großreiche in Persien, Indien und China eine doppelte Schwächung erleiden. Nicht nur verlieren sie ihren Rang als Zwischenhändler, den sie bis zur Entdeckung des Seewegs nach Asien auf der Westroute innehatten und der ihnen bedeutende Einkünfte garantierte. Sie verlieren auch das Monopol in der Herstellung von in Europa gefragten und hoch gehandelten Waren, da die europäischen Handelskompanien diese Artikel im Nahen, Mittleren und Fernen Osten in zunehmendem Maße selbst produzieren und ihrerseits beginnen, diese billig an ihre bisherigen Lieferanten zu verkaufen. Dadurch büßen die Orientalen ihre traditionellen Absatzmärkte in Europa ein und geraten allmählich in Abhängigkeit von den westlichen Staaten und deren Handelskompanien, sodass ein »Rollentausch« mit gewaltigen Auswirkungen auf Staat, Gesellschaft und Kultur in Ost und West stattfindet.[135]

Andererseits regt die »Türkengefahr« die seit der Entdeckung Amerikas eher mit dem westlichen Teil des Globus beschäftigten Europäer zu einer

---

132 Neuber: Exotismus als topologisches Modell 2005, S. 148f.

133 Vgl. Peukert: Gog und Magog 1989, S. 47ff.

134 Vgl. auch Tafazoli: Der deutsche Persien-Diskurs 2007, S.15f.

135 Vgl. Osterhammel: Reisen an die Grenzen der Alten Welt 1989, S. 224ff.

neuerlichen kulturellen Auseinandersetzung mit dem Orient an.[136] So entsendet Friedrich III. (1597-1659), Herzog von Holstein-Gottorp, 1633 eine Gesandtschaft nach Russland und Persien.[137] Politisch zwar ein Fehlschlag, ist sie jedoch kulturell von Bedeutung: Denn die *Offt begehrte Beschreibung der Newen Orientalischen Reise* (1647) von Adam Olearius (1599-1671) nimmt nicht nur Einfluss auf die deutsche Literatur, sondern hinterlässt nach ihrer Übersetzung ins Französische auch im restlichen Europa einen tiefen Eindruck und belebt das alte Interesse für den Orient.

Von der Reise des Schleswigers inspiriert, bricht eine ganze Reihe von Europäern auf, um diese Region zu erkunden – meistens freilich nicht nur auf der Suche nach neuen Handelsmöglichkeiten, sondern auch in politischer Mission des jeweiligen Landesherrn. Der römische Patrizier Pietro Della Valle (1586-1652) ist vierzehn Jahre unterwegs und schreibt nach seiner Rückkehr seinen *Viaggi*, bestehend aus *La Turchia, La Persia* und *L'India col ritorno alla patria* (1650/58/63). Der protestantische Händler Jean Chardin (1643-1713) verfasst das *Journal du voyage en Perse et aux Indes orientales* (1686). Der Juwelier Jean-Baptiste Tavernier (1605-1689) legt *Le six voyage en Turquie, en Perse et aux Indes* (1677-1679) vor. Mary Wortley Montagu (1689-1762), die Ehefrau eines englischen Diplomaten, schließlich schreibt 1717/18 Briefe über ihren Aufenthalt in Istanbul, die 1763 unter dem Titel *Letters of the Right Honourable Lady M–y W–y M–e. Written during her Travels in Europe, Asia and Africa* veröffentlicht werden.[138]

Gleichzeitig entstehen neue Koran-Übersetzungen und Mohammed-Biografien. Doch den größten Erfolg hat die erste französische Übersetzung der Märchen von *Tausendundeiner Nacht* durch Antoine Galland (1646-1715), die in den Jahren zwischen 1704 und 1708 publiziert wird und wie kein anderes Werk das Orientbild prägt.[139] Die Veröffentlichung der Geschichten der Scheherazade löst eine regelrechte Faszination in ganz Europa aus, wie die in der Folge entstehende »orientalisierende« Dichtung und Mode, Architektur und Bildende Kunst deutlich zeigen.[140] Das bekannteste Werk dieser Art Literatur sind die *Lettres persanes* (1721) von Charles de Montesquieu (1689-1755), die

136 Vgl. auch im Folgenden Fuchs-Sumiyoshi: Orientalismus in der deutschen Literatur 1984, S. 20ff.

137 Vgl. auch im Folgenden Schimmel: Der islamische Orient 1999, S. 20f. Vgl. ferner den Abschnitt *Literarische Spiegelungen des neuen Weltbildes* in Brenner: Der Reisebericht in der deutschen Literatur 1990, S. 146-148.

138 Vgl. Albrecht: »Es war alles sehr interessant« 1989, S. 76ff.

139 Vgl. Syndram: Der erfundene Orient in der europäischen Literatur 1989, S. 324f.

140 Vgl. Koppelkamm: Orientalisierende Architektur des 18. und 19. Jahrhunderts 1987, S. 164ff. Vgl. ferner Berckenhagen: Exotisches in Mode, Interieur und angewandter Kunst 1987, S. 185ff.

sich das lebhafte, aber im Grunde oberflächliche Interesse der Leserschaft zu Eigen machen, um durch die Aussagen der Europa bereisenden Fremden die Rezipienten über die politischen, wirtschaftlichen und kulturellen Zustände auf dem Heimatkontinent aufzuklären.[141]

In dieser Epoche erscheinen eine Reihe solcher fiktiven Reiseberichte, die Zivilisationskritik durch die Darstellung exotischer Verhaltensweisen üben. In der englischen Literatur stehen dafür *Robinson Crusoe* (1719) von Daniel Defoe (ca. 1660-1731) und *Gulliver's Travels* (1726) von Jonathan Swift (1667-1745), in der französischen Literatur *Candide, ou l'optimisme* (1759) von Voltaire (1694-1778) und der *Supplément au Voyage de Bougainville* (1796) von Denis Diderot (1713-1784). Die Folge einer derartigen Literarisierung des Fremden bzw. eines Perspektivwechsels als Mittel zur Aufklärung und Kritik kann allerdings auch zu einer Idealisierung des Orients als einer fantastischen, weil konflikt- und gewaltfreien Gegenwelt führen, die dann, unreflektiert übernommen, für wahr gehalten werden kann – übrigens auch und gerade, weil große Teile dieser Weltgegend zu diesem Zeitpunkt noch unerschlossen sind und daher der Imagination der Europäer keine Grenzen gesetzt werden.[142]

1.4.3 Moderne

Der Glaube an den Orient als Referenzraum für Exotik und Abenteuer, aber auch für Harmonie und Ausgeglichenheit wird im letzten Drittel des 18. Jahrhunderts durch eine intensivere Auseinandersetzung europäischer Philologen mit klassischen religiösen, philosophischen und literarischen Texten der Perser, Inder und Chinesen bestärkt.[143] Zwar hält die Faszination in der Unterhaltung an, wie der Erfolg der *Entführung aus dem Sarai* (1782) von Wolfgang Amadeus Mozart (1756-1791) oder des *Vathek* (1786), einer im Orient angesiedelten *gothic novel* von William Beckford (1759-1844) zeigt. Doch sucht man den Osten trotz oder gerade wegen der politischen Umwälzungen mit Beginn der Französischen Revolution 1789 bis zum Ende der Napoleonischen Herrschaft 1814/15 und des damit einhergehenden Prozesses der »Entzauberung der christlichen Religion« auf geistigem Weg allmählich auch mit dem Wunsch auf, um sich mit Hilfe von Islam, Buddhismus und Konfuzianismus neue Lebensperspektiven zu eröffnen und alternative Lösungsvorschläge für

141 Vgl. Schunck: Nachwort 1991, S. 355ff.

142 Vgl. auch im Folgenden Fuchs-Sumiyoshi: Orientalismus in der deutschen Literatur 1984, S. 26f.

143 Vgl. auch im Folgenden den Abschnitt *Projects* in Said: Orientalism 1979, S. 73-92.

Krisen herauszuarbeiten, aber auch um Inspiration für eigene religiöse, philosophische oder literarische Werke zu finden.[144]

Dem Bedürfnis nach neuen Strategien zur Bewältigung der im Laufe des 19. Jahrhunderts als immer bedrohlicher empfundenen Umwälzungen in den westeuropäischen Gesellschaften zugute kommt die gleichzeitige Abkoppelung der orientalischen Studien als einer Hilfswissenschaft zur Erklärung des Hebräischen und zur Illustrierung biblischer Stoffe. Damit geht die Entstehung der Orientalistik als einer eigenständigen Disziplin, primär in Frankreich und Großbritannien, einher.[145] Dabei gibt es mehrere Ströme, über die Informationen aus dem Orient in den Westen kommen: Einer führt über das Osmanische Reich nach Österreich. Ein anderer geht von Britisch-Indien aus, wo sich englische Gelehrte am Sitz der *British East India Company* in Kalkutta dem Persischen als der Verwaltungs- und Literatursprache des islamischen Indien widmen und in Zusammenarbeit mit indischen Kollegen wichtige Textausgaben vor allem zur Geschichte und Dichtung des Subkontinents vorbereiten. So übersetzt und publiziert der dort als Richter tätige William Jones (1746-1794) im Jahr 1788 das Drama *Sakuntala* von Kalidasa (um 400 n. Chr.) und macht es so erstmals im Westen zugänglich. Ebenfalls in Indien legt Charles Wilkins (1749-1836) bereits drei Jahre zuvor die *Bhagavadgita* auf Englisch vor.

In Frankreich arbeiten ebenfalls mehrere Forscher auf dem Gebiet der Entzifferung und Übersetzung (alt-)orientalischer Schriften. So ist es neben Antoine Isaac Silvestre de Sacy (1758-1838) vor allem Abraham Hyacinthe Anquetil-Duperron (1731-1805), der nach *Zend-Avesta. Ouvrage de Zoroastre* (1771) in den Jahren 1801/02 mit *Oupnek'hat, id es secretum tegendum* eine lateinische Übersetzung der *Upanischaden* auf Grundlage einer persischen Version veröffentlicht. Neben anderen Orientalisten trägt er vor allem mit dazu bei, die indische Mystik in Europa bekannt zu machen, die dann in der Folgezeit einen großen Einfluss auf die westlichen Intellektuellen ausübt.[146]

---

144 Siehe Schlegel: Gespräch über die Poesie 1984, S. 195f.: »[A]uch die andern Mythologien müssen wieder erweckt werden nach dem Maß ihres Tiefsinns, ihrer Schönheit und ihrer Bildung, um die Entstehung der neuen Mythologie zu beschleunigen. Wären uns nur die Schätze des Orients so zugänglich wie die des Altertums! Welche neue Quelle von Poesie könnte uns aus Indien fließen, wenn einige deutsche Künstler mit der Universalität und Tiefe des Sinns, mit dem Genie der Übersetzung, das ihnen eigen ist, die Gelegenheit besäßen, welche eine Nation, die immer stumpfer und brutaler wird, wenig zu brauchen versteht. *Im Orient müssen wir das höchste Romantische suchen.*« Kursivierung von B.S.

145 Vgl. Nebes: Orientalistik im Aufbruch 1999, S. 66ff. Vgl. auch im Folgenden Schimmel: Der islamische Orient 1999, S. 22ff.

146 Vgl. das Kapitel *Begegnung mit dem Buddhismus* in Leifer: Indien und die Deutschen 1969, S. 115-144.

Was den deutschsprachigen Raum betrifft, wird die intensivere Beschäftigung mit dem Osten in der Entstehung der Orientalistik um 1800 deutlich. Sie ist mit Namen verbunden wie Carsten Niebuhr (1733-1815), Heinrich Friedrich von Dietz (1751-1817), Friedrich Schlegel (1772-1829), Joseph von Hammer (1774-1856), Friedrich Rückert (1788-1866) oder Franz Bopp (1791-1867). Einen großen Eindruck hinterlassen ihre philologischen Arbeiten, insbesondere die Übersetzungen persischer, arabischer und indischer Dichtkunst, bei einer Vielzahl deutschsprachiger Schriftsteller, die neben Nachdichtungen orientalischer Werke auch eigene, von der morgenländischen Literatur inspirierte Arbeiten hervorbringen.[147]

Literarischen Ausdruck erhält diese sich allmählich auch im kulturellen Bereich immer stärker vollziehende Globalisierung durch den von Johann Wolfgang Goethe (1749-1832) geprägten Begriff der »Weltliteratur«[148]. Zu Beginn der Restaurationszeit ist er es, der der orientalisierenden Dichtung im deutschsprachigen Raum einen neuen Anstoß gibt. Zwar beschäftigt er sich schon seit Längerem mit dem islamischen Kulturkreis,[149] doch erst im Zuge der Befreiungskriege gegen Napoleon setzt er sich intensiver mit ihr auseinander.[150] Er entdeckt die orientalische Welt als *geistigen Zufluchtsort* vor der Unruhe und Unsicherheit, die in Europa herrscht. Mit seinem 1819 veröffentlichten *West-östlichen Divan* sucht er allerdings nicht nur eine Ausweichmöglichkeit vor der konfliktreichen Epoche, mit der wiederum zwangsläufig eine

147 Vgl. das Kapitel *Die indische Welt in der modernen deutschen Literatur*, ebd., S. 261-285.

148 Erstmals verwendet Goethe den Begriff in einem am 27.1.1827 an Adolph Friedrich Carl Streckfuß geschriebenen Brief. Siehe Goethes Werke. 42. Band 1987, S. 28: »Ich bin überzeugt daß eine Weltliteratur sich bilde, daß alle Nationen dazu geneigt sind und deshalb freundliche Schritte tun. Der Deutsche kann und soll hier am meisten wirken, er wird eine schöne Rolle bey diesem großen Zusammentreten zu spielen haben.« In einem Gespräch mit Eckermann am 31.1.1827 begründet Goethe seine Aufforderung an die Deutschen, sich in der *Weltliteratur* stärker als andere zu engagieren. Siehe Eckermann: Gespräche mit Goethe 1981, S. 211: »›Aber freilich, wenn wir Deutschen nicht aus dem engen Kreise unserer eigenen Umgebung hinausblicken, so kommen wir gar zu leicht in diesen pedantischen Dünkel. Ich sehe mich daher gerne bei fremden Nationen um und rate jedem, es auch seinerseits zu tun. Nationalliteratur will jetzt nicht viel sagen, die Epoche der Weltliteratur ist an der Zeit, und jeder muß dazu wirken, diese Epoche zu beschleunigen.‹«

149 Vgl. die *Einleitung* mit den beiden Abschnitten *Goethes Interesse an der arabischen Kultur* und *Arabistik – Reisebeschreibungen – Sprachstudien* in Mommsen: Goethe und die arabische Welt 1988, S. 17-50.

150 Vgl. Golz: Vorwort 1999, S. 10.

Idealisierung des Orients einhergeht. Er strebt auch einen poetischen Dialog zwischen westlicher und östlicher Kultur über die Zeiten hinweg an.[151]

Hier zeigt sich eine Entwicklung, die sich im Laufe des 19. und 20. Jahrhunderts fortsetzen und den kulturellen und literarischen Traditionen europäischer Orientbilder eine neue Komponente verleihen wird. Die archäologischen Entdeckungen wie die Entzifferung der Hieroglyphen 1822 durch Jean-François Champollion (1790-1832), die in Folge des Ägypten-Feldzugs 1798/99 von Napoleon Bonaparte (1769-1821) im Nahen Osten gemacht werden, spielen dabei eine wesentliche Rolle.[152] Es handelt sich um das Interesse am Orient als der »Wiege der menschlichen Zivilisation«, als dem Ursprungsland der Sprachen und Kulturen und, damit verbunden, um die Hoffnung einer Reihe von Europäern, in den religiösen und spirituellen, philosophischen und literarischen Texten des Ostens genau jene *Einfachheit* und *Weisheit* (wieder) zu finden, die sie in der eigenen, von Krieg und Revolution erschütterten und neuerdings von Maschinen und Mehrwert beherrschten Welt vermissen.

Die Buddhismus-Rezeption Arthur Schopenhauers (1788-1860), die während seines Studiums 1813/14 durch die Bekanntschaft mit den *Upanischaden*

---

151 Der Schwerpunkt der Sammlung liegt, wie das Eingangsgedicht *Hegire* bereits zu Beginn deutlich macht, dennoch eher auf dem Fluchtgedanken des lyrischen Ich. Siehe Goethe: West-östlicher Divan 2004, S. 9: »Nord und West und Süd zersplittern, / Throne bersten, Reiche zittern, / Flüchte du, *im reinen Osten* / Patriarchenluft zu kosten; / Unter Lieben, Trinken, Singen / Soll dich Chisers Quell *verjüngen. // Dort, im Reinen und im Rechten,* / Will ich menschlichen Geschlechten / *In des Ursprungs Tiefe dringen* / Wo sie noch von Gott empfingen / Himmelslehr in Erdesprachen, / Und sich nicht den Kopf zerbrachen. // Wo sie Väter hoch verehrten, / Jeden fremden Dienst verwehrten; / Will mich freun der Jugendschranke: / Glaube weit, eng der Gedanke, / Wie das Wort so wichtig dort war, / Weil es ein gesprochen Wort war.« Kursivierungen von B.S. Siehe ferner Goethe in einem am 21.6.1818 geschriebenen Brief an Ottilie von Goethe. In: Goethes Werke. 29. Band 1987, S. 204f.: »Daß die Sibyllen in der östlichen Luft sich wohl befanden freut mich, so wie es ganz natürlich schien, da sie sich ihres Ursprungs dorther wieder erinnern mußten. Die Wirkung dieser Gedichte empfindest du ganz richtig, ihre Bestimmung ist, uns von der bedingenden Gegenwart abzulösen und uns für den Augenblick dem Gefühl nach in eine grenzenlose Freiheit zu versetzen. Dieß ist zu einer jeden Zeit wohlthätig, besonders zu der unseren.« Vgl. den Abschnitt *Pilgrims and Pilgrimages, British and French* in Said: Orientalism 1979, S. 166-197, hier S. 166-169. Vgl. ferner das Kapitel *Stillstand der Zeit: War Goethe ein Mohammedaner?* in Osten: »Alles veloziferisch« 2003, S. 82-92. Vgl. schließlich Tafazoli: Der deutsche Persien-Diskurs 2007, S. 43.

152 Vgl. Nalewski: Nachwort 2000, S. 154. Vgl. ferner den Abschnitt *Die Geburt der Ägyptologie* in Salama: Georg Ebers' Roman *Eine ägyptische Königstochter* 2007, S. 204-205.

einsetzt[153] und namentlich seine Hauptschrift *Die Welt als Wille und Vorstellung* (1818) beeinflusst, ist nur ein Beispiel für das Bedürfnis, die durch die industrielle Revolution veränderte *eigene* Umwelt mit *anderen* Augen betrachten zu lernen bzw. den Dingen mit den der Situation entsprechenden Wahrnehmungstechniken auf den Grund zu gehen. Anders ausgedrückt: Die seit dem 19. Jahrhundert steigende Nachfrage nach orientalisch-asiatischer »Welt-Anschauung« erwächst aus der Suche nach neuen Strategien, wie mit der Moderne und ihrer »metaphysischen Leere« umzugehen sei, respektive aus der Hoffnung, dieser durch eine Synthese aus »westlichem/rationalem« und »östlichem/a-rationalem« Denken nicht nur souveräner zu begegnen, sondern sie schließlich zu überwinden.

So kann die Geschichte der Beziehung des Westens zum Orient immer an seinen jeweils aktuellen sozio-politischen, -ökonomischen und -kulturellen Bedürfnissen und den damit verbundenen Erwartungen, die er in den Osten setzt, bestimmt werden: In der Phase militärischer Bedrohung Europas während der Eroberung und Beherrschung der iberischen Halbinsel durch die Araber im Frühmittelalter und später während der Beherrschung Südosteuropas durch die Osmanen in der Frühen Neuzeit ist die Wahrnehmung des Fremden defensiver Art, da im Westen die Angst vor einer möglichen Suprematie der muslimischen Nachbarn herrscht. Mit der Abwehr dieser Gefahr gegen Ende des 17. Jahrhunderts und der Entdeckung und Erforschung Asiens wird die Begegnung mit der anderen Kultur offensiver. An der orientalischen Welt, die zügig erschlossen und territorialisiert wird, interessiert anfangs vor allem das »Materiell-Exotische«, das sind im Westen seltene und darum begehrte Rohstoffe und Handelswaren. Mit der »Entzauberung der christlichen Religion« jedoch entsteht schließlich auch ein »esoterisches« Bedürfnis, nach der Ausbeutung der weltlichen Güter, sich ebenfalls die »geistig-seelischen Reichtümer« des als »weise«, weil traditionell als Ursprungsgebiet der menschlichen Zivilisation angesehenen Orients anzueignen – und zwar primär in der Hoffnung, damit persönliche, aber auch gesellschaftliche Defiziterfahrungen zu kompensieren.[154]

---

153 Vgl. das Kapitel *Studium und Reife* in Abendroth: Arthur Schopenhauer 2003, S. 20-31.

154 Vgl. Keyserling: Über die innere Beziehung zwischen den Kulturproblemen des Orients und des Okzidents 1913, S. 6ff.

1.5 Über Formen und Motive des Reisens in den Orient

1.5.1 Die Pilgerfahrt

Betrachtet man die Routen und also die kulturhistorische Motivierung der Orientreise, so wird deutlich, dass sich die moderne »Morgenlandfahrt« auf bestimmte kulturelle und literarische Traditionen und Denkbilder stützt, die ihre Wurzeln in der mittelalterlichen *Pilgerreise* und der frühneuzeitlichen *Kavalierstour* haben. Anders ausgedrückt, kann von einer Entwicklung von der *Wallfahrt* über die *Grand Tour* hin zur *Moderne-Flucht* gesprochen werden. Dabei ist ein Paradigmenwechsel zu beobachten, der im direkten Zusammenhang mit der Geschichte der Beziehungen Europas zum Orient steht.

Denn im Mittelalter ist der einzige Anlass zur Reise, sofern man nicht aus beruflichen Gründen unterwegs ist, die *peregrinatio religiosa*, das fromme Unterwegssein zu einem Ort besonderer Heilsvermittlung.[155] Das Ziel ist in den meisten Fällen das Heilige Land mit Jerusalem als Urpilgerort. Die Motive der Pilger können sehr unterschiedlich sein. Das Hauptargument ist aber der persönliche Heilsgewinn durch den Erlass der zeitlichen Sündenstrafen, wobei in Palästina, der *sancta terra*, der vollkommene Ablass erhältlich ist. Es kann sich aber auch um einen Bittgang, um die Erfüllung eines Gelübdes oder um Sühne für ein begangenes Verbrechen handeln. Schließlich dürften neben der Frömmigkeit auch Geschäftsinteressen, der beträchtliche Zuwachs an Sozialprestige in der Heimat sowie die schlichte Neugier und Abenteuerlust eine wesentliche Rolle bei der Entscheidung für eine Pilgerreise spielen. Bereits im Mittelalter geht man also von einer Vermischung religiöser und weltlicher Motive aus.[156]

Mit der Zeit entstehen neben den klassischen Wallfahrtsorten Jerusalem, Rom und Santiago de Compostela sowie den zahlreichen regionalen und lokalen Pilgerorten, die mit jährlicher Regelmäßigkeit besucht werden, auch neue Stätten von überregionaler Bedeutung. Dabei herrscht ein harter Konkurrenzkampf, da der ständige Zustrom von wallfahrenden Menschen nicht nur die Herausbildung einer Infrastruktur entlang den klassischen Pilgerstraßen wie der *Via Jacobi* in Frankreich und Nordspanien oder der *Via Francigena* in Italien mit der Errichtung von Herbergen oder Hospitälern befördert,[157] sondern

---

155 Vgl. auch im Folgenden Wolf: Die deutschsprachigen Reiseberichte des Spätmittelalters 1989, S. 82ff. Vgl. ferner auch im Folgenden Schmugge: Pilger. Westlicher Bereich 1993, Sp. 2148ff.

156 Vgl. Delabar: BIDT GOT VUR DEN PILGRUM WEECH WIJSER IND DICHTER 1989, S. 27f.

157 Vgl. Brenner: Der Reisebericht in der deutschen Literatur 1990, S. 44ff.

auch den Pilgerzentren durch direkte Spenden einen enormen Mittelzufluss verschafft.[158]

In diesem Zusammenhang verstärken die Kreuzzüge als »bewaffnete Wallfahrten« nach dem Aufruf Papst Urbans II. (ca. 1035-1099) zur Unterstützung der Ostkirche vor dem Zugriff der Muslime und zur Eroberung des Heiligen Landes das Interesse der Europäer an Pilgerreisen nach Palästina. Die römische Kurie verfolgt mit diesem religiös motivierten Aufbruch eine ganze Reihe von weltlichen Zielen innen- wie außenpolitischer Art. So soll durch die Anwerbung adliger Ritter nicht nur eine Beruhigung der durch ständige Fehden und Plünderungen von Kirchen und Klostern hervorgerufenen bürgerkriegsähnlichen Situation in (West-)Europa erreicht werden. Vom massenhaften Auszug, auch der unteren sozialen Schichten, erhofft sich das Papsttum des Weiteren, die allgemeine Armut und schlechte Ernährungslage infolge der unzureichenden Kultivierung des Bodens verbessern zu können. Andererseits soll außenpolitisch mit der Entsendung eines riesigen Heeres bewaffneter Pilger in den Orient nicht nur die Einheit der christlichen Kirche nach dem Schisma von 1054 wiederhergestellt, sondern durch die Zurückdrängung der Muslime deren Vorherrschaft im östlichen Mittelmeerraum wie auch deren Kontrolle des Handels mit im Westen gefragten Produkten aufgehoben werden.[159]

Infolge der Kreuzzüge und der damit korrespondierenden Öffnung und Überwindung politischer, wirtschaftlicher und vor allem kultureller Grenzen entsteht in den nächsten Jahrhunderten ein regelrechter, straff organisierter Pilgertourismus, der westlichen Gläubigen einen Aufenthalt in der *Terra sancta* ermöglicht: Von Venedig aus veranstalten Reeder zweimal im Jahr auf der Route Kreta – Rhodos – Zypern – Jaffa spezielle Pilgertörns in Richtung Jerusalem, wo die Ankömmlinge von Franziskanern, die nach den Gebietsverlusten der Christen an die Muslime das Tourismusmonopol vom Sultan verliehen bekommen haben, in Empfang genommen und während ihres Aufenthalts betreut werden. Aufgrund der Zunahme von Pilgerreisen ins Heilige Land und dem damit verbundenen steigenden Bedarf an konkreten Reiseinformationen kommen *Itinerare* auf den Markt, die detailliert Auskunft über eine selbst erlebte Reise dorthin geben.[160]

Doch mit dem Aufstieg der Osmanen zur Großmacht im Orient und in Südosteuropa sowie der darauf folgenden Sperrung des östlichen Mittelmeers und des Schwarzen Meers für westliche Händler und Missionare in der zweiten Hälfte des 15. Jahrhunderts erlischt der florierende Pilgerverkehr. Besonders

---

158 Vgl. Ohler: Reisen 1995, Sp. 674.

159 Vgl. Mayer: Geschichte der Kreuzzüge 2000, S. 7ff.

160 Vgl. auch im Folgenden Wolf: Die deutschsprachigen Reiseberichte des Spätmittelalters 1989, S. 87ff.

verstärkt wird diese Rückwärtsentwicklung durch das Ausbleiben von Europäern nach der Reformation, die religiöse Riten wie den Reliquienkult ablehnt und in den protestantischen Regionen Europas abschafft. Eine nicht mehr hauptsächlich religiös begründete Fahrt[161] in dieser Epoche stellt die Reise des aus dem Rheinland stammenden Ritters Arnold von Harff (1471-1505) dar, der zwischen 1496 und 1498 nicht nur die klassischen Wallfahrtsstätten Rom, Jerusalem und Santiago de Compostela, sondern auch Kairo, Istanbul und Paris besucht.[162] Dabei tut er sich auf seinen Unternehmungen stets mit Kaufleuten zusammen[163] und verkleidet sich auch als solcher, um nicht als christlicher Pilger erkannt zu werden und höhere Gebühren zahlen zu müssen.[164] Schlussfolgernd bedeutet dies:

> Die Hauptform nichtutilitären Reisens war im christlichen Mittelalter die *Pilgerfahrt*. Sie war eine Aktivität mit vielen Facetten, wo sich Neugier, Langeweile, Reiselust und auch weniger harmlose Motive mit dem eigentlichen religiösen Zweck verbanden. Zu Ende des Mittelalters gewannen diese weltlichen Komponenten die Oberhand. Die Pilgerfahrt war im Begriffe, zu einem bloßen Vorwand für anders geartete Zwecke herabzusinken. Ein chronologischer Vergleich spätmittelalterlicher Pilgerberichte zeigt dies recht deutlicht. Religiösen Verrichtungen und Gefühlen wird immer weniger, dem durchmessenen Raum – der Außenwelt – immer mehr Aufmerksamkeit zugewandt. In die gleiche Richtung zielen die häufigen Klagen von Zeitgenossen, dass vielen Pilgern die

161 Siehe Brall-Tuchel/Reichert: Einleitung 2007, S. 9: »[I]n adeligen Kreisen wurde das Reisen in die Ferne als Bewährungsprobe ritterlicher Tugenden betrachtet. Wer sie bestand, hatte Ruhm und Ehre erworben. Jedem jungen Adeligen wurde empfohlen, mindestens einmal in die Fremde zu ziehen und als *chevalier errant* den literarischen Vorbildern zu folgen. Das Reisen in die Ferne war ein Teil seiner Ausbildung und Sozialisation.« Kursivierung von Brall-Tuchel und Reichert. Siehe ferner ebd., S. 10: »Die Reise des niederrheinischen Edelmanns hatte somit auch weltliche Motive, die ihn antrieben. Sie waren in der Logik der spätmittelalterlichen Adelsreise begründet und erklären die anspruchsvolle Dauer und den schieren Umfang des Unternehmens. Wie viele seiner Standesgenossen verband Arnold von Harff den Status des Pilgers mit ausgesprochen weltlichen Zielen und nutzte jede sich bietende Gelegenheit, um neugierige Blicke in die ihm fremden Lebenswelten zu werfen.«

162 Vgl. Delabar: Arnold von Harff 1989, S. 13ff. Vgl. ferner Delabar: BIDT GOT VUR DEN PILGRUM WEECH WIJSER IND DICHTER 1989, S. 17ff.

163 Vgl. Rom – Jerusalem – Santiago 2007, S. 37.

164 Vgl. ebd., S. 106. Vgl. ferner ebd., S. 112.

curiositas wichtiger sei als die *pietas*. Mit anderen Worten, die Pilgerfahrt begann ihre Legitimität einzubüßen.[165]

1.5.2 Die Grand Tour

An die Stelle der Pilgerreise tritt in den folgenden Jahrhunderten die adlige Bildungsreise. Denn gleichzeitig mit dem Erstarken der Türken kommt es in Europa zu einer Rückbesinnung auf die vorchristliche Vergangenheit, zur *Renaissance*, und damit zu einem Aufschwung des *Humanismus*. So verlagert sich der Fokus der Reise weg vom Christentum und seinen Pilgerstätten hin zur griechisch-römischen Antike und ihren Ursprungsorten. Gestützt auf die Tradition der *peregrinatio academica* bedingt diese Entwicklung eine *Neubestimmung der Pilgerfahrt als Bildungsreise* und damit eine Säkularisierung, Individualisierung und Methodisierung des Reisens. Das hat zur Folge, dass eine *ars apodemica*, eine formale Kunstlehre des Reisens, entsteht.[166]

Anders ausgedrückt, kommt es mit Beginn der Frühen Neuzeit in der kulturhistorischen Motivierung von Reisen zu einer Akzentverschiebung, die nicht ohne Einfluss auf die Wahrnehmung und Darstellung des Fremden bleibt.[167] Denn unter dem Eindruck der insbesondere durch die Entdeckung Amerikas und die Reformation ausgelösten sozioökonomischen und kulturellen Umwälzungen werden Reisen in erster Linie nicht mehr zur persönlichen Heilsgewinnung unternommen. Sie sollen eher dazu dienen, die daheim genossene Erziehung und die an der Universität erhaltene Ausbildung durch die »Erfahrung der Welt« zu erproben, neue Kenntnisse zu erwerben und sich selbst so gut wie möglich zu vervollkommnen, um ein *uomo universale* zu werden.[168]

Die humanistisch geprägte *peregrinatio academica* erfährt zu Beginn der Frühen Neuzeit, insbesondere im Zeitalter des aus Frankreich ausstrahlenden Absolutismus, eine Wandlung durch das Aufkommen der bei Adligen so beliebten *Kavalierstour* oder *Grand Tour*. Bei ihr steht neben dem Streben nach Wissensaneignung und der Ausbildung der Persönlichkeit vor allem der Aufenthalt in einem politisch, kulturell und sprachlich wichtigen Land wie Frankreich oder Italien, England oder den Nordniederlanden im Mittelpunkt. Auf der Tour, die entweder den Besuch mehrerer Städte oder auch mehrerer

---

165 Stagl: Eine Geschichte der Neugier 2002, S. 71. Kursivierungen von B.S.

166 Vgl. Stagl: Die Methodisierung des Reisens im 16. Jahrhundert 1989, S. 145ff. Vgl. ferner de Ridder-Symoens: Die Kavalierstour im 16. und 17. Jahrhundert 1989, S. 197ff. Vgl. schließlich Stagl: Eine Geschichte der Neugier 2002, S. 71ff.

167 Vgl. Bödecker/Bauerkämper/Struck: Einleitung 2004, S. 16.

168 Vgl. Stagl: Eine Geschichte der Neugier 2002, S. 72.

Länder vereinigt, sollen die Fürsten- und Adelssöhne die Gelegenheit erhalten, außer den modernen Sprachen auch die standesgemäßen Fertigkeiten zu erlernen, um daheim als *homme du monde* auftreten zu können. Dabei werden ihnen zur Aufsicht und Kontrolle gelehrte Hofmeister, gleichsam als wandelnde *ars apodemica*, zur Seite gestellt.[169]

Allerdings erfährt die Grand Tour, die die verschiedenartigen Reisen wie die Studien-, Bildungs-, Gelehrten- und die Geschäftsreise vereinigt,[170] ab ca. 1700 allmählich eine Veränderung im Sinne einer *Verbürgerlichung*. Denn um diese Zeit beginnen auch die durch den florierenden Handelskapitalismus wohlhabend gewordenen bürgerlichen Familien ihre Nachkommen auf Reisen ins Ausland zu schicken, um bei diesen die berufliche Ausbildung mit der „Vervollkommnung des Charakters" zu verbinden. Auch sie sollen fremde Sprachen und Kulturen kennenlernen und den eigenen Horizont erweitern.[171]

Doch nicht nur das Abendland weckt die Neugierde und Abenteuerlust reisefreudiger Europäer. Diese drängen zunehmend über ihren eigenen Kontinent hinaus. Zugute kommt ihnen die Kolonialisierung der orientalisch-asiatischen Welt durch die westlichen Großmächte. Dabei suchen die Europäer den Orient im Zeitalter der Aufklärung gewissermaßen als »säkularisierte[] Pilger«[172] auf und betätigen sich sowohl als Kaufleute, Missionare und Diplomaten als auch als Forscher wie Engelbert Kaempfer (1651-1716)[173] oder als weltenbummelnde Individualreisende wie Giovanni Francesco Gemelli Careri (1651-1725).[174]

Auf ihren Reisen befinden sie sich stets in Begleitung von Einheimischen und benutzen im Regelfall die alten Hauptrouten der Seidenstraße im Osmanischen Reich und in Persien sowie die Seewege des Roten Meeres, des Persischen Golfs, des Indischen Ozeans, des Golfs von Bengalen und des Südchinesischen Meeres.[175] Solche langjährigen Orientreisen werden im Laufe des 18. und 19. Jahrhunderts immer wieder durchgeführt. Zwar können sie nur selten Neuentdeckungen verzeichnen, doch das rege Interesse an allem Fremden und Ungewöhnlichen äußert sich in der konstant großen Nachfrage nach meist

---

169 Vgl. Stagl: Die Methodisierung des Reisens im 16. Jahrhundert 1989, S. 159f.

170 Vgl. de Ridder-Symoens: Die Kavalierstour im 16. und 17. Jahrhundert 1989, S. 204.

171 Vgl. Meier: Von der enzyklopädischen Studienreise zur ästhetischen Bildungsreise 1989, S. 284ff.

172 Jäger: Reisefacetten der Aufklärungszeit 1989, S. 261.

173 Vgl. das Kapitel *Reiseabenteuer, Expeditionen, Forschungen* in Leifer: Indien und die Deutschen 1969, S. 286-304.

174 Vgl. Osterhammel: Reisen an die Grenzen der Alten Welt 1989, S. 225ff.

175 Vgl. die Kapitel *Die Hauptrouten* und *Der Seeweg* in Höllmann: Die Seidenstrasse 2004, S. 20-22 und S. 23-26.

illustrierten Reisebeschreibungen als dem bedeutendsten Medium westlicher Kenntnis anderer Zivilisationen in dieser Epoche.[176]

Von Bedeutung ist, dass die Verwissenschaftlichung und Methodisierung des Reisens in der Frühen Neuzeit für eine größere Objektivität in der Wahrnehmung und Darstellung des Nichteuropäischen verantwortlich ist. Dies hat später freilich zur Folge, dass das antiquarisch-statistische Interesse der Aufklärung mit seiner ethisch-normativen Ausrichtung im Fall des Orients aufgrund der exakteren geografischen Durchdringung und auch der intensiveren philologischen Auseinandersetzung umschlägt und einer *qualifizierenden* Betrachtungsweise des Anderen weicht.[177] Damit wird der quantifizierende Blick immer mehr von einem anderen Prinzip abgelöst, und zwar von dem ästhetischen Blick.

Es dauert lange, bis sich der Gedanke durchsetzt, dass auch die natürliche Wirklichkeit »schön« sein könne. Erst die Philosophie des 18. Jahrhunderts beschäftigt sich näher mit dieser Auffassung. Die Natur erscheint demnach nicht mehr nur als Objekt der Wissenschaften, sondern gleichermaßen als Gegenstand einer ästhetischen Anschauung. Diese Auffassung dringt im Zeitalter der Aufklärung auch in den Reisebericht ein. Der Reisende sucht und beschreibt wieder das singuläre Phänomen, das ihm jetzt als »Schönes« gegenübertritt, ganz ähnlich wie im Mittelalter das »Kuriose« und in der Frühen Neuzeit das »Merkwürdige« und »Auffällige« gesucht wird. Damit einhergehend, vollzieht sich mit dieser Entwicklung zurück zum einzelnen Phänomen im Reisebericht des 18. Jahrhunderts auch eine Re-Individualisierung.[178]

1.5.3 Die Moderne-Flucht

Diese Feststellung zeigt eine weitere Verschiebung des Interesses am Reisen in der zweiten Hälfte des 18. Jahrhunderts. Während die Reise im Mittelalter primär als Pilgerfahrt unternommen wird, um persönlichen Heilsgewinn und den Erlass der zeitlichen Sündenstrafen, wenn möglich im Heiligen Land den völligen Erlass zu erhalten, verlagert sich in der Frühen Neuzeit der Schwerpunkt von der frommen Heilssuche auf das Streben nach Wissensaneignung und der Vervollkommnung der Persönlichkeit. Dabei sollen die Fähigkeiten und Fertigkeiten durch eine Kavalierstour ins Ausland, die bis in den Orient führen kann, erworben werden. Schließlich verliert die Reise auch ihre didaktische

176 Vgl. Osterhammel: Reisen an die Grenzen der Alten Welt 1989, S. 248f.

177 Vgl. Meier: Von der enzyklopädischen Studienreise zur ästhetischen Bildungsreise 1989, S. 285.

178 Vgl. Brenner: Die Erfahrung der Fremde 1989, S. 35.

Aufgabe als Erziehungsmedium durch eine weitere Akzentverschiebung zu Beginn der Moderne. Die Umkehrung des Blickfelds von außen nach innen führt dazu, dass die Fremde in ihrer Wahrnehmung auf ihre reizauslösende Funktion reduziert wird. Sie tritt dem Reisenden als schönes, kurioses, exotisches oder in irgendeiner anderen Form als »merkwürdig« ausgezeichnetes Detail gegenüber.[179]

Verstärkt wird diese *Neubestimmung der Grand Tour als Vergnügungsreise* durch die Beschleunigung und geografische Ausbreitung der industriellen Revolution. Das hektische und unübersichtliche Leben in der modernen Großstadt fördert das Bedürfnis nach Entspannung und Ablenkung vom industriell geprägten Alltagsleben. Der »Vergnügungscharakter« des Reisens wird durch die Erfindung neuer Fortbewegungsmittel wie der Eisenbahn bestärkt. So wird es für immer mehr Menschen möglich, nicht nur immer schneller und öfter, sondern auch immer weiter zu reisen.[180] Es entwickeln sich im Laufe des 19. Jahrhunderts die Anfänge des *Massentourismus*: Thomas Cook (1808-1892) eröffnet seine ersten *Reisebüros*, organisiert mehr oder minder straff geplante Ausflüge und Reisen, richtet Reiseschecks und Kreditbriefe für sein Klientel her und vergrößert sein Angebot durch Abkommen mit Eisenbahn- und Dampfschifffahrtsunternehmen. Gleichzeitig werden Touristenvereine gegründet und Post- und Ansichtskarten in Umlauf gebracht.[181]

Damit einhergehend, wächst auch das Interesse an Reiseliteratur: Mit der *Rheinreise von Straßburg bis Rotterdam* veröffentlicht Karl Baedeker (1801-1859) im Jahr 1835 sein erstes *Reisehandbuch*. Seine Reiseführer, die Orte oder Baudenkmäler speziell kennzeichnen, prägen in der Folge nicht nur andere Bücher solcher Art, sondern üben auch einen großen Einfluss auf das Erleben der Reisenden und die Organisation des Reisens selbst aus.[182] Dabei begrenzt sich das Interesse der freilich wohlhabenden Europäer an Reisen nicht allein auf den heimischen Kontinent. Der durch Industrialisierung und Globalisierung angestoßene Ausbau der Verbindungen zu Lande und zu Wasser wie die Eröffnung des Suez-Kanals 1869 ermöglichen es, schneller und bequemer, vor allem aber sicherer und kostengünstiger zu verreisen. Literarischen Ausdruck euphorischer Art findet die Dynamisierung und Mechanisierung der Fortbewegungsmittel in den utopisch-technischen Reise- und Abenteuerromanen von Jules Verne (1828-1905), von denen an allererster Stelle die auch

179 Vgl. auch im Folgenden ebd., S. 38.

180 Vgl. auch im Folgenden Bödecker/Bauerkämper/Struck: Einleitung 2004, S. 12f.

181 Vgl. den Abschnitt *Vom Brief zur Ansichtskarte* in Faulstich: Medienwandel im Industrie- und Massenzeitalter (1830-1900) 2004, S. 167-182.

182 Vgl. Jost: Selbst-Verwirklichung und Seelensuche 1989, S. 492ff.

publizistisch sehr erfolgreiche *Reise um die Welt in achtzig Tagen* (1873) zu nennen ist.[183]

Was den Orient betrifft, eignet er sich aufgrund der westlichen Vorstellungen von ihm als dem Wunderland voller Exotik und Pracht geradezu in idealer Weise als Reiseziel wie Rückzugsgebiet »zivilisationsmüder« Europäer. Im Gegensatz zu den mittelalterlichen Pilgern und frühneuzeitlichen Kavalieren und Forschern weichen allerdings immer mehr solcher *Touristen* und »Aussteiger« von traditionellen Hauptrouten und Seewegen ab, verkleiden sich wegen der Gefahren beizeiten als Orientalen[184] und dringen in unerforschte Gebiete vor, um dort die »unberührte« Natur zu erleben und »unverdorbene«, d.h. noch nicht mit dem Westen in Berührung gekommene Einheimische kennenzulernen.

Doch die »Schrumpfung der Welt«[185] durch Eisenbahn und Dampfschifffahrt und später durch Auto, Flugzeug und Film sorgt mit der Erreichbarkeit und Verfügbarkeit des Exotischen letzten Endes für seine »Verbannung« aus der Wirklichkeit.[186] Dieser Prozess der *Neubestimmung der Vergnügungsreise als Moderne-Flucht* hat einen erheblichen Einfluss auf die Entwicklung des modernen Reiseberichts:

> Das Reisen verliert seinen ausgezeichneten Status als Medium der Welterfahrung und wird auf eine reizbefriedigende Funktion reduziert. Im Zuge der gleichen Entwicklung wird dem Reisebericht sein Informationsmonopol streitig gemacht, das er über Jahrhunderte hinweg innehatte; der moderne Informationsbedarf wird von anderen Medien schneller und präziser gedeckt. Während Reisen und der Reisebericht bis hinein ins 19. Jahrhundert einen entscheidenden Beitrag zur realen und bewußtseinsmäßigen Vereinheitlichung der Welt leistete, ist diese Aufgabe inzwischen von anderen – politischen und ökonomischen – Prozessen übernommen und von anderen Medien propagiert worden. Die Einheit der Welt hat sich durch das Verdrängen der Fremde immer mehr durchgesetzt; bis hin zur tendenziellen Konstitution einer weltumspannenden Einheit von Wirtschaft, Technik und Lebensformen. Für das europäische Bewußtsein gibt es nichts prinzipiell Unbekanntes mehr; und selbst wo ihm das Fremde im Zuge des Tourismus nicht erreichbar ist, holt es sich es ins Haus.[187]

183 Vgl. Dehs: Jules Verne 1986, S. 74ff.

184 Vgl. Kohl: Im Gewand des Orients 1987, S. 72.

185 Vgl. den Abschnitt *Globales Bewußtsein und die Rekonfiguration von Zeit und Raum* in Conrad: Globalisierung und Nation im Deutschen Kaiserreich 2004, S. 50-73.

186 Vgl. Kracauer: Die Reise und der Tanz 1990, S. 289.

187 Brenner: Die Erfahrung der Fremde 1989, S. 38f.

Die Reise in den Orient verliert damit nach der *pietas* auch im Sinne der *curiositas* an Besonderheit, da der für Europa bestehende »Zauber des Fremden« durch die Verwestlichung und also Nivellierung der Weltkulturen abnimmt. Dieser Prozess geht schließlich soweit, bis sich der Orient – und das erscheint im ersten Moment paradox – durch die Nachahmung westlicher Denk- und Lebensweisen Europa oberflächlich zwar angeglichen hat, in realiter jedoch eher »orientalisiert« worden ist. Mit anderen Worten begegnet der Reisende einem Orient, der wegen seiner politischen und militärischen Unterlegenheit vom Westen unterworfen, »enteignet« und neu strukturiert worden ist – und das geleitet von ganz bestimmten ökonomischen und kulturellen Interessen.[188]

1.6 Die Orientreise im Kontext alternativer »Paradiesangebote«

1.6.1 Deutschlands »Griff nach dem Orient«

Wird das konstant große Interesse des Westens am Orient im Laufe der Jahrhunderte vor allem von seiner Vergangenheit als Wiege der menschlichen Zivilisation, als Geburtsstätte des Christentums und als Kerngebiet der islamischen Kultur bestimmt, so verleiht die religiöse, philosophische und literarische Auseinandersetzung europäischer Intellektueller mit den Denk- und Lebensmodellen der verschiedenen orientalisch-asiatischen Weltanschauungen ab Ende des 18. Jahrhunderts dieser Region den Rang einer im Ganzen positiv gezeichneten Gegenwelt und Alternativkultur. Es herrscht die Meinung vor, dass sie »Schätze« berge, die der Westen im Zeitalter der Moderne nicht mehr besitze, nämlich Natürlichkeit und Übersichtlichkeit, Langsamkeit und Einfachheit.

Gleichzeitig aber spielen auch die politischen, ökonomischen und militärischen Interessen des Westens eine entscheidende Rolle für sein Engagement im Nahen und Mittleren Osten. Die Region ist nicht nur geostrategisch von Bedeutung, verbindet sie doch als Knotenpunkt Europa mit Indien und China und Nordafrika mit dem Kaukasus und Zentralasien. Sie dient mit ihren schwachen, aber doch unabhängigen Staaten, dem Osmanischen Reich, Persien und Afghanistan, zudem als Puffer, insbesondere zwischen den konkurrierenden Großmächten Großbritannien und Russland. Anfang des 20. Jahrhunderts beschleunigt sich der Wettlauf der Europäer um die Vorherrschaft in der Region, die nicht nur ein bedeutender Umschlagplatz ist, sondern auch ein

188 Vgl. auch Said: Orientalism 1979, S. 6ff.

Warenmarkt mit neuen Produkten wie den (kriegs-)wichtigen Rohstoffen Öl und Gas.

Schließlich steigert die Mechanisierung aller Lebensbereiche in der westlichen Welt das Bedürfnis nach unverarbeiteten Naturerzeugnissen, wobei diese hauptsächlich in der (Kriegs-)Industrie Verwendung finden. Diese liefert den europäischen Staaten spätestens ab August 1914 massenweise neuartige Waffen wie das Unterseeboot, das Flugzeug oder den Panzer. Auf diese Weise können sich die kriegerischen Auseinandersetzungen zeitlich immer weiter verlängern und räumlich immer mehr ausweiten. Die Erfahrungen des »Großen Krieges« machen so auch die weitesten Kreise der westlichen Öffentlichkeit auf die Bedeutung des Öls aufmerksam. Es wird zu dem souveränen Kriegsmittel in der ersten Hälfte des 20. Jahrhunderts.[189]

Dadurch ist auch das große Engagement der Deutschen vor allem im Osmanischen Reich vor und während des Ersten Weltkriegs zu erklären. Das Ziel der *Bagdadbahn* ist nicht die mesopotamische Hauptstadt, sondern Basra am Persischen Golf. Dort befinden sich neben Baku am Kaspischen Meer die größten Erdölvorkommen der Welt. Doch durch die Niederlage 1918 scheitert der Versuch, die vorderasiatischen Staaten unter die Kontrolle der Deutschen zu bekommen und damit Herr über eine geopolitisch äußerst wichtige Region zu werden.[190] Diese wiederum wird mit dem Versailler Vertrag 1919 den beiden Siegermächten Großbritannien und Frankreich zugesprochen und nach dem geheimen *Sykos-Picot-Abkommen* von 1916 unter ihnen aufgeteilt: Syrien und Libanon werden künftig von den Franzosen und der Irak, Transjordanien und Palästina von den Briten verwaltet.[191]

Für die Briten bedeutet die mit Hilfe von Thomas Edward Lawrence (1888-1935), besser bekannt als »Lawrence of Arabia«, und den einheimischen Beduinen erlangte Herrschaft über die arabische Halbinsel sowie die zeitweise Besetzung von fast ganz Persien nicht nur eine direkte Verbindung ihrer Hauptstützpunkte von Nordafrika bis Mittelasien, nämlich Ägyptens und Indiens, sondern auch die beinahe uneingeschränkte Herrschaft über das Öl. Aufgrund der Konkurrenz der europäischen Mächte untereinander bleibt das Interesse am Orient freilich auch nach dem Ersten Weltkrieg dauerhaft stark. Lokale arabische Aufstände gegen die Besatzungsmächte Großbritannien und Frankreich, neue kriegerische Auseinandersetzungen innerhalb der bzw. zwischen vorderasiatischen Staaten als auch Staatsbesuche orientalischer

189 Vgl. Essad Bey: Flüssiges Gold 1933, S. 8.

190 Vgl. wegen des Engagements der Deutschen in Vorderasien und insbesondere in Persien von 1914 bis 1918 das zweite Kapitel *Das Land des Sonnenlöwen* in Mikusch: Waßmuß 1937, S. 31-53.

191 Vgl. auch im Folgenden Matthias: Griff in den Orient 1931, S. 150ff.

Herrscher halten im Westen die Nachfrage nach Nachrichten und Hintergrundinformationen über den Orient zusätzlich konstant hoch.[192]

Im deutschsprachigen Raum reagiert der Buchmarkt darauf mit der Herausgabe von Kriegserinnerungen wie *Der Weg ohne Heimkehr. Ein Martyrium in Briefen* (1919) von Armin T. Wegner (1886-1978) oder *Unter der Glutsonne Irans. Kriegserinnerungen der deutschen Expedition nach Persien und Afghanistan* (1925) von Oskar Ritter von Niedermayer (1885-1948).[193] Es kommen neue Berichte wie die *Reise durch das jüdische Palästina* (1922) von Arthur Holitscher (1869-1941), *Unromantisches Morgenland. Aus dem Tagebuch einer Reise* (1924) von Leopold Weiss/Muhammad Asad (1900-1992), *Im Auto durch Persien* (1926) von Annemarie von Nathusius (1874-1926) oder *Mit dem Rucksack nach Indien* (1927) von Kurt Faber (1883-1929) auf den Markt. Es erscheinen Sachbücher wie *Griff in den Orient. Eine Reise und etwas mehr* (1931) von Leo Matthias (1893-1970) oder die Öl-Geschichte *Flüssiges Gold. Ein Kampf um die Macht* (1933) von Lew A. Nussimbaum/Essad Bey (1905-1942). Diese Texte erläutern zum einen die Situation des Orients in der Nachkriegszeit mit Rückblenden in die neuere Geschichte. Zum anderen stellen sie die dortigen Völker mit ihren Sitten und Gebräuchen in der Gegenwart vor und zeigen auch, wie diese in ihren Ländern jeweils mit den Auswirkungen der Modernisierung und dabei vor allem mit denen der Entdeckung und Gewinnung von (kriegs-)wichtigen Rohstoffen umgehen.[194]

1.6.2 Die »Krisenjahre der Klassischen Moderne«

Es ist das Jahr 1917, in dem die Weichen für eine grundlegende Umgestaltung der politischen, wirtschaftlichen und militärischen Kräfteverhältnisse in Europa und der Welt gelegt werden. Der Ausbruch der Russischen Revolution führt nicht nur zum ersten kommunistisch geprägten Staat auf der Welt, sondern fällt auch zusammen mit dem Kriegseintritt der Vereinigten Staaten von Amerika auf Seiten der Alliierten. Dieser Schritt beschleunigt endgültig die Niederlage der Mittelmächte im Herbst 1918. Die traumatischen Erfahrungen der Deutschen nach dem Zusammenbruch der Hohenzollern-Monarchie, die Durchsetzung der harten Bedingungen des Versailler Vertrags, Putschversuche in Berlin und München, Aufstände in Mitteldeutschland,

192 Vgl. Höpp: Mohammed Essad Bey 1997, S. 79.

193 Vgl. in diesem Zusammenhang auch Charlotte Heymels Monografie *Touristen an der Front. Das Kriegserlebnis 1914-1918 als Reiseerfahrung in zeitgenössischen Reiseberichten.*

194 Vgl. auch Bogdal: Maschinen im Morgenland 2007, S. 331ff.

Separationsbestrebungen im Rheinland, die Besetzung des Ruhrgebiets durch alliierte Truppen, vor allem aber die Inflation und die Weltwirtschaftskrise, führen mit der Unzufriedenheit und Ablehnung der gegenwärtigen Verhältnisse, die von vielen Deutschen der jungen Weimarer Republik angelastet werden, zu einer starken Politisierung, Polarisierung und zunehmend auch zu einer Radikalisierung der Bevölkerung.[195]

So ist es zu erklären, dass sich große Teile der Bevölkerung in diesen »Krisenjahren der Klassischen Moderne«[196], in einer Zeit höchster Instabilität auf der Suche nach neuen Orientierungen nicht nur von den alten Werten verabschieden, die nach dem Zusammenbruch 1918 ihre Gültigkeit verloren haben.[197] Sie können aufgrund der Verschränkung von wirtschaftlicher Systemkrise und politischer Legitimationskrise auch kein Vertrauen zur neuen und unvertrauten Staatsform der Parlamentarischen Demokratie fassen, die viele als ein Überstülpen westlicher Denk- und Lebensweise auf deutsche Verhältnisse empfinden und daher lediglich als ein Provisorium ansehen.[198]

Der Bruch mit der Vergangenheit kommt nach dem Weltkrieg zu plötzlich, die mit den neuen Verhältnissen einhergehende (Un-)Ordnung stellt für viele Individuen eine Überforderung dar und schließlich verstärkt die durch die (kriegs-)wirtschaftliche Entwicklung bedingte Dynamisierung der Modernisierung in der ersten deutschen Republik die Ausdifferenzierung der gesellschaftlichen Handlungssysteme und damit auch die Individualisierung. Die Anforderungen an den Einzelnen, sein Leben selbst in die Hand zu nehmen und eigenständig zu gestalten, steigen in den 1920er-Jahren nochmals an, da mit dem Verlust politischer und ökonomischer Sicherheit auch die weltanschauliche Orientierung verloren gegangen ist. Dabei fungiert der Erste Weltkrieg zwar als Schwelle zwischen der alten und der neuen Zeit, jedoch ist er nicht als genuine Katastrophe der Modernisierung oder deren Scheitern anzusehen, sondern stellt deren Beschleunigung und extremsten Modus dar. Denn mit ihm erhält die industriell-technische Modernisierung eine bis dahin in ihren konkreten Formen bestenfalls erahnbare, in alle Bereiche menschlicher Existenz reichende Totalität.[199]

In dieser Phase politischer, wirtschaftlicher und sozialer Unsicherheit, in der das Schlagwort vom »Untergang des Abendlandes«[200] aufkommt, suchen

195 Vgl. Peukert: Die Weimarer Republik 1987, S. 271.

196 Untertitel der Monografie *Die Weimarer Republik* von Detlev J. K. Peukert (1950-1990).

197 Vgl. ebd., S. 251.

198 Vgl. ebd., S. 14, S. 243 und S. 269.

199 Vgl. Delabar: Was tun? 1999, S. 58.

200 Haupttitel des 1918 und 1922 erschienenen, zwei Bände (I. *Gestalt und Wirklichkeit* und II. *Welthistorische Perspektiven*) umfassenden Werks *Der Untergang des*

die Individuen nach Denk- und Lebensstrategien, mit denen sie ihrem Dasein ein festes Fundament geben können. Dabei kristallisieren sich verschiedene Denkmodelle heraus, von denen einige kurz angerissen werden sollen: Für einige ist die »Défense de l'Occident«[201] nur in der Rückbesinnung auf die klassische Antike in Verbindung mit dem christlichen Mittelalter im Sinne einer »Renouveau catholique«[202] möglich. Bei anderen kommt es zu einem Rückzug ins Innere und zu einer intensiven Beschäftigung mit Okkultismus und Spiritismus oder mit orientalisch-asiatischen Religionen, Philosophien und Literaturen. Bei dritten dagegen herrscht wiederum das genaue Gegenteil vor, nämlich die Affirmation der Modernisierung, die mit dem Begriff des »Amerikanismus« gekennzeichnet werden kann. Im Gegensatz dazu steht der Kommunismus, der zwar eine scharfe Kritik am Kapitalismus übt und das gesamte (Wirtschafts-)Leben auf gemeinschaftlicher Basis organisieren möchte, die Technisierung und den Geschwindigkeitskult jedoch ebenfalls bejaht.

1.6.3 Untergangsstimmung im Europa der Zwischenkriegszeit

Die Erfahrung, dass sich die Menschen nach neuen Orientierungshilfen für ihr Leben sehnen, ist nicht nur im besiegten und verarmten Deutschland, sondern auch in den westeuropäischen Siegerstaaten Großbritannien und Frankreich zu machen.[203] So befindet sich Europa für viele seiner Einwohner in einem

Abendlandes. Umrisse einer Morphologie der Weltgeschichte von Oswald Spengler (1880-1936). Hinweis: Aufgrund der häufigen Verwendung des Ausdrucks in der vorliegenden Studie wird er in den folgenden drei Kapiteln jeweils nur einmal mit Angabe der Quelle zitiert.

201 Titel einer 1927 erschienenen Abhandlung von Henri Massis (1886-1970).

202 Haupttitel der 1919 erschienenen, zwei Bände (I. *Les jeunes avant la guerre* und II. *Les jeunes pendant la guerre*) umfassenden Schrift *Le Renouveau catholique* von Louis Rouzic (1863-1934).

203 Über *Licht, Ton, Bewegung dieses Zeitalters* schreibt Holitscher in seinem Reisebuch *Der Narrenführer durch Paris und London* 1986, S. 22: »Mechanisch, mit metallischem Geklapper schiebt sich diese Zeit in ihr Grab. Tanzt sie, so tut sie's zu einer Musik, wie wenn ein Kran einen Stapel Wellblech von einem Lager aufs andere hinüber wirft. Der Rhythmus ihrer Lustigkeit ist knarrender, stampfender, kubistischer, mit Hupen, farbig rieselnden Lichtreklamen, Gliederverrenken, Geschlechtsteil an Geschlechtsteil reibender, Bauch an Bauch voreinander pressender, geiler Totentanz. Die Nüstern dieser Zeit stehen weit gespannt offen, als röchen sie aus dem Houbigant, dem Schweiß, dem sauren Aufstoßen in den Bars schon den fatalen prickelnden Odeur der sich rasch ausbreitenden absinthfarbigen Wolke heraus!«

»Zeitalter[] des Übergangs, des Kompromisses, des Mittelwegs«[204], in dem der Kontinent durch einen kurzlebigen wirtschaftlichen Aufschwung zwar einen goldenen Anstrich erhalten hat, sich jedoch angesichts der Erwartung eines Zweiten Weltkriegs insgesamt schwach und hilfsbedürftig zeigt. Dagegen erscheinen im Osten die Sowjetunion und im Westen die USA neben den Parlamentarischen Demokratien in Europa als zwei neue Modelle einer alternativen Staats- und Wirtschaftsordnung. Viele Europäer sehen in beiden die Idealtypen zweier Weltanschauungen, denen ihrer Meinung nach die Zukunft gehört.

1.6.4 Das sozialistische Experiment

Neben der großen, freilich rückwärtsgewandten Attraktivität, die der Orient auch in der Zwischenkriegszeit für Intellektuelle ausstrahlt, ist die des dagegen in die Zukunft weisenden Experiments Sowjetunion unübersehbar.[205] So steht die Hauptstadt Moskau als ideologisches Traumziel vieler Linken und Symbol der Moderne[206] bei den zahlreichen Reisen, die nach 1917 in die Sowjetunion unternommen werden, an oberster Stelle.[207] Was die insbesondere aus dem Westen stammenden »Revolutionstouristen« primär interessiert, ist die Frage, mit welchen Strategien die russischen Kommunisten die Modernisierung – gerade in Zeiten von Inflation und Weltwirtschaftskrise – bewältigen. Mit entsprechend hohen Erwartungen fahren die Intellektuellen in das für die meisten zudem noch unbekannte Land, um sich einen Eindruck davon zu machen, wie Gesellschaft und Wirtschaft auf eine bis dahin unerprobte Weise, nämlich auf sozialistischer Grundlage, organisiert werden. Um zu erfahren, wie dieses für sie aufregende, weil neue Experiment in den verschiedenen Lebens- und Arbeitsbereichen umgesetzt wird, besuchen sie in der Sowjetunion primär Städte und dort vor allem Fabriken und Theater, Schulen und Universitäten, aber auch ländliche Regionen mit Großbetrieben wie den staatlich gelenkten *Sowchosen* oder den genossenschaftlich geführten *Kolchosen*.

Doch die Aufenthalte in dem »Arbeiter- und Bauernstaat« sorgen vielfach für Ernüchterung bei den Besuchern. Die UdSSR erweist sich nicht als das Paradies der ihrer Meinung nach sonst in der restlichen kapitalistischen

---

204 Ebd., S. 84.

205 Vgl. auch im Folgenden Gleber: Die Erfahrung der Moderne in der Stadt 1989, S. 463ff.

206 Vgl. Fähnders/Plath/Zahn: Einleitung 2005, S. 11.

207 Vgl. Heeke: Reisen nach Moskau 2003, S. 169ff.

Welt von Staat, Militär und Kapital beherrschten Massen. Freilich ist die neue Regierung unter Wladimir I. Lenin (1870-1924) nach der Machtübernahme noch nicht vollkommen Herr der Lage, sondern muss in den Anfangsjahren um ihre politische und wirtschaftliche Existenz kämpfen. So versucht sie in den Zeiten des Bürgerkriegs, des Hungers und der Armut, die durch die Blockade der Westmächte noch verstärkt werden, den heimischen Wirtschaftskreislauf mit der *Neuen Ökonomischen Politik* (NEP) wieder in Gang zu bringen. Trotz aller Sympathien mit der Idee vom Aufbau einer klassenlosen Gesellschaft erkennen zahlreiche Revolutionstouristen daher schon bald, dass vorläufig noch keine Rede von der Realisierung der revolutionären Ziele sein könne. Diese ambivalenten Erfahrungen verarbeiten die Intellektuellen dann oft in Reiseberichten, die nach der Rückkehr in der Heimat erscheinen und je nach ihrer politischen Zugehörigkeit die positiven oder negativen Erscheinungen in dem bereisten Land in den Vordergrund stellen.[208]

Nach dem Tod Lenins bricht der Kampf um die zukünftige Ausrichtung des Kommunismus zwischen Josef W. Stalin (1879-1953), der die These vom *Sozialismus in einem Land* vertritt, und Lew D. Trotzki (1879-1940), dessen Ziel die *permanente Revolution* darstellt, aus. Der Sieg Stalins führt in den 1930er-Jahren nicht nur zu mehreren »Säuberungen« von (vermeintlichen) innerparteilichen Gegnern, sondern sorgt vor allem für eine Entdynamisierung der durch die Revolution ausgelösten Veränderungen und Erneuerungen, wie sie sich in der modernen russischen Kunst, im Theater, in der Malerei und Architektur, kundtun. Die Einengung des gesellschaftlichen Lebens, die Reduzierung der bisher gewährten Freiheiten geht einher mit der Ausschaltung der oppositionellen Kräfte, der Installierung der Alleinherrschaft Stalins und der Etablierung der Sowjetunion in der internationalen Staatengemeinschaft.

208 Siehe Holitscher: Drei Monate in Sowjet-Rußland 1921, S. 24: »Es gibt Leute, die den Bolschewiki den Vorwurf machen, daß sie mit einem ungeeigneten Volkskörper ein so radikales Experiment gemacht hätten. Und es sind nicht zuletzt die aufrichtigen Sozialisten, die diesen Vorwurf erheben; denn sie befürchten beim Scheitern dessen, was sie das bolschewistische Experiment nennen, ein weltweites Erstarken des Kapitalismus und eine Diskreditierung des sozialistischen Gedankens auf unabsehbare Zeit. Nach drei Monaten, die ich in Rußland verbracht habe, kann ich ein ähnliches, wenn auch viel leichteres Bedenken nicht von mir weisen. Das Volk ist müde, der Arbeiter genervt, der Kapitalismus hat an der Gesinnung der Menschen, an dem Trieb zur Gemeinschaft jahrtausendelang gesündigt, und der treu ergebenen opferwilligen Genossen sind verhältnismäßig wenige. Die Opferung dieser Treuen und Gerechten führt sie – an den roten Fronten – zur Preisgabe ihres Lebens und damit zur Vernichtung der wesentlichen und wichtigen Stütze der Gesinnung aller Disziplin Unfähigen, bewußt das Getriebe Zerstörenden.«

Zudem wird nach den Jahren der Zurückhaltung unter Lenin mit dem neuen Machthaber auch eine offensivere Außenpolitik betrieben.[209]

Diese Veränderungen werden von den Besuchern jedoch scheinbar kaum wahrgenommen. Sie führen nur in den seltensten Fällen – wie das Beispiel des Reiseberichts *Retour de l'U.R.S.S.* (1936) von André Gide (1869-1951) zeigt – zu einer Abkehr von der Identifizierung mit der Sowjetunion.[210] Ein Grund, an der Idee von der UdSSR als dem Land der Zukunft – wie in Lion Feuchtwangers Reisebuch *Moskau 1937* (1937) – festzuhalten, ist für viele der Glaube daran, dass die Sowjetunion zum einen einen einzigartigen Versuch in der Geschichte darstelle, Staat und Gesellschaft durch eine sozialistische Wirtschaftsordnung zu organisieren und dadurch Freiheit und Gleichheit, Wohlstand und Frieden dauerhaft für alle zu garantieren. Zum anderen sehen viele gerade angesichts der *Appeasement-Politik* der Briten und Franzosen gegenüber Mussolini und Hitler nur noch in ihr ein Bollwerk gegen Faschismus und Nationalsozialismus. Allerdings erfährt die Begeisterung für Stalin und das von ihm regierte Land nach den *Moskauer Schauprozessen*, die in den Jahren 1936 bis 1938 stattfinden, spätestens aber nach dem *Deutsch-sowjetischen Nichtangriffspakt* vom August 1939 einen herben Rückschlag.

1.6.5 Der »Amerikanismus«

Im weltanschaulichen Sinn stellt die Sowjetunion den Widerpart zu den USA und zum »Amerikanismus« dar. Dieser steht seit Ende des 19. Jahrhunderts in Deutschland für Modernität im Allgemeinen, für Effizienz, Tempo und

209 Siehe Benjamin, der sich von Anfang Dezember 1926 bis Ende Januar 1927 in der sowjetischen Hauptstadt aufhält, in seinem Moskauer Tagebuch 1980, S. 79f.: »Nach außen sucht die Regierung den Frieden, um Handelsverträge mit imperialistischen Staaten zu führen; vor allem aber sucht sie [im] Innern, den militanten Kommunismus zu suspendieren, sie strebt einen Klassenfrieden auf Zeit einzusetzen, das bürgerliche Leben zu entpolitisieren, soweit das nur möglich ist. Andererseits wird in Pionierverbänden, im Konsomolz die Jugend ›revolutionär‹ erzogen. Das bedeutet, das Revolutionäre kommt ihr nicht als Erfahrung, sondern als Parole zu. Man macht den Versuch, die Dynamik des revolutionären Vorgangs im Staatsleben abzustellen – man ist, ob man will oder nicht, in die Restauration eingetreten, will aber ungeachtet revolutionäre Energie in der Jugend wie elektrische Kraft in einer Batterie aufspeichern. Das geht nicht. Es muß daraus in jungen Menschen, oft der ersten Generation, die eine mehr als notdürftige Bildung erhält der Kommunistenhochmut entwickelt [werden], für den es schon ein eignes Wort in Rußland gibt.« Texteingriffe vom Herausgeber vorgenommen.

210 Vgl. auch im Folgenden Dücker: Reisen in die UdSSR 1997, S. 272ff.

Flexibilität. Nach dem Ersten Weltkrieg sind die USA neben der UdSSR das andere bedeutende Zukunftsmodell der Zeit.[211] Die Linke lehnt die Amerika-Begeisterung freilich ab und verurteilt den Kapitalismus und die Ausbeutung menschlicher Arbeitskraft, den Technikkult und die Alienation und Depersonalisation der Individuen. Allerdings sind es aber genau diese Eigenschaften des wirtschaftsliberalen Marktkonzepts, die nicht nur viele Intellektuelle aus den bürgerlich-liberalen und christlich-konservativen Lagern in Deutschland von der Vorbildfunktion der Vereinigten Staaten von Amerika und ihres *Way of life* wenn nicht schon überzeugen, so doch das kleinere Übel zu sein scheinen. In dieser Haltung bestärkt werden sie auch durch die herrschenden Eliten, die eine Regierungsübernahme der Kommunisten im West- und Mitteleuropa zu verhindern suchen, da sie danach nicht nur den Verlust politischer Mitgestaltung, sondern auch ihre Expropriation fürchten.

Freilich werden die als negativ angesehenen Entwicklungen ins Positive gekehrt, so dass von Modernität und Fortschritt, unbegrenzter Freiheit und Möglichkeit, tiefer Religiosität und Patriotismus gesprochen wird.[212] Dennoch, die große Begeisterung, die »Amerika« bei einer Reihe von Intellektuellen auslöst, gründet sich nicht so sehr auf den strikten Antikommunismus als vielmehr auf die ihrer Meinung nach richtigen Strategien zur Bewältigung der durch die Modernisierung ausgelösten Krisen. So bewundern sie vor allem die ungeheure Technisierung, Rationalisierung und Gewinnmaximierung, die die Wirtschaft der USA im Gegensatz zur ökonomischen Situation in Europa und insbesondere im Deutschland der Nachkriegszeit auszeichnet.

Mag man Amerika-Begeisterten wie Alfred Kerr (1867-1948), der wie andere Schriftsteller in der Zwischenkriegszeit in die »Neue Welt« reist, Glauben schenken, handelt es sich bei den USA um die Verwirklichung des Traums von der prosperierenden und technisch perfektionierten Welt der Moderne und damit also um das genaue Gegenteil von den Verhältnissen in Europa und der Sowjetunion. Denn seiner Meinung nach herrscht dort kein Mangel vor, sondern Überfluss an Mensch und Material.[213] Das werde vor allem in New York deutlich, wo sich aufgrund der großen technischen Fortschritte und der mas-

---

211 Vgl. auch im Folgenden Fähnders: ›Amerika‹ und ›Amerikanismus‹ in deutschen Rußlandberichten der Weimarer Republik 2006, S. 103ff.

212 Siehe ebd., S. 103: »›Zukunft‹ ist also durchaus auch klassenspezifisch interpretierbar.«

213 Siehe Kerr: Newyork und London 1923, S. 23f.: »Alles fluscht hier in Sturzbächen. Alles um das Vielfache reicher und gewaltiger als vor dem Krieg... Trotz vorübergehendem Arbeitsmangel; trotz der Trinkbeschränkung. Ein gigantisches Zuviel. Verschwendung an Rohstoff, mit dem unbekümmerten Zug – im sommerlich glückhaften Bewußtsein wilden Reichtums. Dabei kein Raubbau: weil alles in schier aufdringlicher Menge da ist. Jeder Versuch bleibt aus dem Vollen unternehmbar...

siven Akkumulation von Kapital alles in beständiger Veränderung befinde. Dort scheine alles im Wachsen, wie die Zahl der Menschen, der Umfang des ober- und unterirdischen Verkehrs oder die Höhe der Hochhäuser zeige.[214] Dieses positive Amerika-Bild erhält Kerr durch seine Perspektive, lediglich die Oberfläche zu betrachten und nur das Endergebnis der Arbeitsprozesse der von ihm aufgesuchten Unternehmen aufzuzeigen. So äußert er in seinem Reisebericht *Newyork und London. Stätten des Geschicks* (1923) doch immer wieder die Überzeugung: »Einzelheiten verdunkeln! Auf den großen Umriß kommt es an. Der ist erschütternd – es gibt kein andres Wort.«[215]

Dass sich dagegen der Blick auf das Einzelne lohnt, weil er den Alltag des *American way of life* in seiner ganzen Wirklichkeit exemplifiziert und die trotz aller gegenteiligen Beteuerung vorhandenen Schattenseiten der US-amerikanischen Erfolgsgeschichte aufdeckt, verdeutlicht das Beispiel *Paradies Amerika* (1930) von Egon Erwin Kisch (1885-1948). Die Vorgehensweise seines Reiseberichts besteht darin, dem Mythos vom Land der unbegrenzten Möglichkeiten anhand der Darstellung von unterschiedlichen Schicksalen, Lebensbereichen und Arbeitswelten nachzugehen und es aufgrund der Ergebnisse schrittweise zu entzaubern.[216]

Kisch zeigt, dass der von Kerr so gepriesene Reichtum in den USA durch die Ausbeutung der Amerikaner durch Konzerne und Unternehmer zustande kommt, als deren Paradebeispiel der Autobauer Henry Ford (1863-1947) genannt wird. Durch die Akkumulation und Distribution von Kapital bestimmten diese die Richtlinien der Politik zu ihren Gunsten, bekämpften und unterdrückten die Arbeiterparteien und Gewerkschaften und ließen Presse, Film und Funk in ihrem Sinn wirken. Dabei trete die »Manipulation« der arbeitenden Massen nicht offen zu Tage. Im Gegenteil würden die Individuen

---

gleichviel was dabei an dicken, sehr ausnutzbaren Spänen seitwärts schnellt und liegen bleibt. Blüte des Kapitalismus.«

214 Siehe ebd., S.21: »Das Gewimmel hat sich nach dem Kriege namenlos gesteigert. Verkehr im Kubik. Gasthöfe, himmelhoch, wurden fertig. Bahnhöfe kamen jetzt voll in Gang. Die Straße scheint ein Jahrmarkt für Zyklopen. (Aber mit hundertfach geschmeidigter Zwischengliederung.) Newyork ist die großartigste Stadt der Welt. Alles das hat – in wechselnder, dabei halb gleichartiger Phantastik – mehr Ähnlichkeit mit einem halbsüdlichen Städtetraum als mit irgend was Mitteleuropäischem. Bric à brac; pittoresk; hinreißend. Ein Gigantenprater. Eine Simsons-Schau: Newyork ist nicht, wie Paris, der künstlerisch-heiterste, der sehnsüchtigste Eindruck manches Daseins (vergleiche Hebbels Tagebuch) – doch der wachste, der umwerfendste. Die wahrhaft neueste Welt.«

215 Ebd., S. 21.

216 Vgl. auch im Folgenden Gleber: Die Erfahrung der Moderne in der Stadt 1989, S. 467ff.

dazu angehalten, die Wohlhabenden als Vorbilder zu betrachten, denen es nachzustreben gelte.[217] Dabei lebten die »einfachen Menschen« freilich größtenteils nicht nur in finanzieller Abhängigkeit vom Arbeitgeber und der ständigen Angst um den Verlust ihres Arbeitsplatzes, sondern würden zudem auch »geistig beschränkt« gehalten, sodass sich ihre Unzufriedenheit stets bequem lenken ließe – in erster Linie gegen Andersdenkende, Andersgläubige und Andersfarbige.[218]

1.7 *Warum Schriftsteller in den Orient reisen*

Anfang des 20. Jahrhunderts nimmt die Zahl der Intellektuellen zu, die zwar die politische und wirtschaftliche, militärische und wissenschaftliche Überlegenheit der westlichen über die östliche Welt anerkennen, andererseits aber immer öfter den Verlust an Natürlichkeit und Übersichtlichkeit, Glauben und Spiritualität in Europa beklagen. Auf der Suche nach einer Kompensation eben dieser, ihrer Meinung nach im Westen fehlenden Eigenschaften und in der Hoffnung, das Erfassen und Realisieren der Außenwelt mit der inneren Wirklichkeit harmonisch gestalten zu lernen, wenden sich mehr und mehr Wissenschaftler, Schriftsteller und Künstler dem Orient zu. Bestärkt durch

---

217 Siehe Kisch: Paradies Amerika 1930, S. 109f.: »Äußerliche Betonung eines Standesunterschiedes, das Distanzhalten und das Katzbuckeln, der Begriff des Respektverhältnisses, all das [...] existiert in Amerika nicht. Man spricht mit dem Fabrikbesitzer [...] genau so wie mit dem Laufburschen [...]. Sie sind durchaus nicht alle gleich, sie sind sogar viel ungleicher als in Europa, aber da sich jedermann nur nach dem Dollar bemißt und vom anderen weiß, ›wieviel er wert ist‹, [...] und da jedes Dollarplus ein Plus der Lebensform bedeutet, das durch keinerlei andere Eigenschaft ausgeglichen werden kann, so ist die Hervorkehrung des Unterschiedes überflüssig.«

218 Siehe ebd., S. 110: »Von Kaiser Franz I. wird erzählt, daß er beabsichtigte, allabendlich mit den Bauern seines Schloßdorfes Kegel zu spielen, diesen Wunsch jedoch aufgab, als ihn bei der ersten Partie ein Bauer fragte, wann er denn die Leibeigenschaft aufheben wolle. Keiner der amerikanischen Kaiser hat eine solche Frage zu befürchten, denn Kaiser und Bauern denken über alles gleich und sind nicht nur für die Beibehaltung der allgemeinen Leibeigenschaft, sondern auch der allgemeinen Geisteigenschaft, Kaiser und Bauer lesen genau dieselben, niveaulos aufgemachten Zeitungen, genau dieselben hirnverbrannten Magazine, [...] alle sehen dieselben Kitschfilme und alle hören das uniformierte Programm des Radios, des Grammophons und der Sonntagskirche. Ob sie nun für Hoover oder für Smith gestimmt haben, sie sind begeistert darüber, daß Hoover Präsident wurde, da er persönlich ein hochanständiger Mensch ist – wäre Smith gewählt worden, könnte e r jetzt der hochanständige Mensch sein.« Hervorhebung von Kisch.

traditionelle Denkbilder und Vorstellungen von dieser Region als der Wiege der menschlichen Zivilisation, der Geburtsstätte des Christentums und als dem Märchenland von *Tausendundeiner Nacht*, glauben sie in ihr eine paradiesgleiche Gegenwelt sehen zu können.

So wird die Beschäftigung der westlichen Intellektuellen, in diesem Fall der deutschsprachigen Schriftsteller, mit diesem Teil der Welt und ihre anschließende Reise dorthin von mehreren Faktoren bestimmt: Es ist zum einen die *Neugierde* und das Interesse für das nicht bekannte Andere, zum anderen der Drang, durch den Wechsel der Umgebung Neues zu lernen und sein Wissen zu mehren. Die Lust, die sie in die Welt hinaustreibt, erwächst ferner aus dem Wunsch, dem Alltag zu entkommen und Abenteuer zu erleben, was der Fahrt einen offensiven Charakter gibt. Ihr Reisewunsch gründet sich zudem auf das Bedürfnis, das Neue auf sich wirken und sich gehen zu lassen, was ihr dagegen einen defensiven Anstrich verleiht. Dies Letztere verweist schließlich auf einen weiteren Faktor für die »Abkehr« von der eigenen Welt. Es handelt sich um die Erfahrung der Fremde als einer Quelle der *Inspiration*. Die Entfernung von der Heimat soll auf der Suche nach Stoffen und Motiven für die schriftstellerische Tätigkeit vor allem die Wahrnehmung schärfen und mit dazu beitragen, das Eigene distanzierter betrachten zu können, indem es permanent mit dem Fremden verglichen und relativiert wird.

So führt die Beschäftigung und Bereisung der östlichen Welt nicht nur zu einem Prozess der Sensibilisierung der Fremd- und Eigenwahrnehmung, sondern auch zur Bewusstwerdung der nur bedingten Gültigkeit von Normen und Maßstäben. Über das Hervorbringen von neuem Arbeitsmaterial kann es darüber hinaus ein völliges Umdenken beim Orientbesucher verursachen. Die Auseinandersetzung kann nämlich zu der Erkenntnis führen, dass die unternommene Reise in die Region eine *Flucht* darstelle, womit ein weiteres wichtiges Motiv der Schriftsteller genannt ist. Denn der Wunsch nach einer raschen Veränderung des Lebens bzw. einer Intensivierung des Erlebens erwächst zwar auch aus Abenteuerlust und Wissensdurst, ausgelöst wird er aber vor allem von dem Bedürfnis, persönlichen Problemen und gesamtgesellschaftlichen Defiziterfahrungen auszuweichen.

Es stellt sich heraus, dass eine längere Abwesenheit zwar nicht ohne Einfluss auf den Reisenden bleibt, seine Schwierigkeiten jedoch nicht löst, im Gegenteil sogar die Krisenwahrnehmung verschärft. Die mit dieser Entdeckung einhergehende »Entzauberung des Ostens« führt in vielen Fällen dazu, dass die bisher betriebene Flucht vor den Folgeerscheinungen der sozioökonomischen und kulturellen Umwälzungen in der Moderne aufgegeben wird und stattdessen eine intensive Auseinandersetzung mit ihnen einsetzt. Dabei greifen die Schriftsteller auf ihre Erfahrungen zurück, um das Erlebte zu verarbeiten und in die eigene Welt zu integrieren. Mit ihrer Hilfe sollen so alternative

Lebensentwürfe entwickelt werden, mit denen das moderne Leben ausgeglichener gestaltet, d.h. die Schräglage zwischen Denken und Fühlen aufgehoben werden kann.

Es sind drei Aspekte, die für die Auseinandersetzung der westlichen Intellektuellen mit dem Orient von zentraler Bedeutung sind: Es handelt sich erstens um die Wünsche und Vorstellungen, die sie sich von der östlichen Welt machen. Stark geprägt werden ihre Bilder vom Exotismus und Kolonialismus in Form von orientalischen und orientalisierenden Literaturen und Konsumartikeln, aber auch durch die Ausstellung von Fremden in um 1900 modischen »Menschen- und Völkerschauen« oder später durch (Stumm-)Filme mit exotischem Hintergrund. Zweitens geht es um die Hoffnungen für die eigene Spiritualität, die sie infolge der Zurückdrängung und Privatisierung des christlichen Glaubens immer mehr in die orientalisch-asiatischen Religionen und Philosophien setzen. Drittens und letztens sind es die durch Dynamik, Komplexität und Ambivalenz entstandenen hohen Erwartungen vom Orient als dem Referenzraum vor allem für Natürlichkeit und Einfachheit, Übersichtlichkeit und Langsamkeit.

Die Ereignisse in Europa in der ersten Hälfte des 20. Jahrhunderts scheinen den nach Osten gerichteten Intellektuellen in ihrer Beurteilung der Zustände in der westlichen Welt Recht zu geben. Denn der Ausbruch des Ersten Weltkriegs 1914 leitet nicht nur den ersten Schritt zur politischen, militärischen und wirtschaftlichen Schwächung der europäischen Großmächte ein, sondern stellt insbesondere in Deutschland auch die bisher geltenden Wertmaßstäbe und Orientierungshilfen stark infrage. Es wird erklärlich, weshalb im Zeitalter der »transzendentalen Obdachlosigkeit« die Beschäftigung mit dem Orient in der breiten Öffentlichkeit so beständig ist bzw. als notwendig erscheint. Das Interesse für diese Region wird auch in der nach Kriegsende 1918 wieder einsetzenden intensiven Reisetätigkeit dorthin deutlich.

Zwar muss der Orient in den 1920er-Jahren mit anderen Zielen wie Westeuropa, der Sowjetunion oder den USA konkurrieren, doch zumindest für das Deutsche Reich entfallen diese Staaten als Alternativkulturen mit der Regierungsübernahme der Nationalsozialisten im Jahr 1933. Während in Deutschland die Überlegenheit der westlichen über der östlichen Welt bzw. die der nordisch-germanischen Rasse und Kultur über die anderen, »bolschewistischen«, »nichtarischen« und »primitiven« Völker propagiert wird, gerät der Orient stärker als zuvor in das Blickfeld der gesamten westlichen Öffentlichkeit. Schließlich stellt der Nahe und Mittlere Osten infolge der sich zuspitzenden Lage im Europa der 1930er-Jahre nicht nur ein ideales Reiseziel für westliche Touristen und Abenteurer und in diesem Zusammenhang auch einen, jedoch eher unfreiwilligen Fluchtraum für Emigranten und Arbeitsuchende dar. Auch aufgrund seiner geopolitischen Lage als Knotenpunkt zwischen verschiedenen

Kontinenten, als Puffer zwischen den Herrschaftsbereichen der westlichen Großmächte und der Sowjetunion sowie wegen der kriegswichtigen Rohstoffe Öl und Gas steht er auch nach dem Kriegsausbruch 1939 im Fokus des Interesses. So gesehen ist der Orient in der ersten Hälfte des 20. Jahrhunderts für die Westler gleich in mehrfacher, in politischer und ökonomischer, militärischer und in kultureller Hinsicht ein attraktives Ziel.

2 Hermann Hesses »Indienerlebnis«

Es kann das alte Leben nicht sein.
Waldemar Bonsels: *Indienfahrt* (1916)[1]

Einleitung

Auf den ersten Blick erscheint die Sachlage paradox. Denn Hermann Hesse, der herangezogen wird, wenn es um eine fruchtbare Beschäftigung und Aneignung östlicher Religionen und Philosophien durch einen westlichen Intellektuellen geht – da er schließlich wie kein anderer deutschsprachiger Schriftsteller des 20. Jahrhunderts beinahe sein gesamtes Werk auf eben diese Auseinandersetzung mit Asien gegründet hat –, hat mit dem realen Orient fast nur Enttäuschungen erlebt.[2] Anders formuliert: Gerade, weil Hesse auf einer Indonesienreise, die er Ende 1911 tatsächlich unternahm, nicht seinem stark von der Literatur geprägten Bild, sondern im Gegenteil dem realen, teilweise stark europäisierten Osten begegnet – und dabei die gesamte Zeit körperlich angeschlagen ist[3] –, postuliert und ästhetisiert er in seinem nach der »Entzauberung« entstandenen Œuvre das »persönliche Asiatentum«, d.h. die fiktive Begegnung mit dem Orient und die Umwandlung ihrer Werte für die eigene Lebenswelt.[4]

Das ist die Konsequenz der in seinen Augen gescheiterten realen »Morgenlandfahrt«, die er im Nachhinein genauso ablehnt und als peinliche Erfahrung betrachtet wie das im Anschluss entstandene Produkt dieser Reise *Aus Indien*.[5] Dabei ist es die 1913 veröffentlichte und erstaunlicherweise in der Forschung[6]

---

1 Bonsels: Indienfahrt 1920, S. 121.

2 Vgl. Freedman: Hermann Hesse 1982, S. 195.

3 Vgl. Schmelzer: Auf der Fährte des Steppenwolfs 2002, S. 116.

4 Vgl. Findeis: Hermann Hesses Indienbild 2003, S. 51.

5 Vgl. Hesse an Romain Rolland in einem Brief vom 6.4.1923. In: Materialien zu Hermann Hesses »Siddhartha«. Erster Band 1999, S. 92f.

6 Im Gegensatz zu der Indien- und China-Rezeption bei Hesse, zu der eine ganze Reihe von literaturwissenschaftlichen Abhandlungen erschienen ist, hat seine Reise nach Südostasien sowie das danach veröffentlichte Reisebuch *Aus Indien* in der Forschung bisher nur eine schwache Resonanz erfahren. Lediglich der indische Germanist Vridhagiri Ganeshan hat der Asientour und der Novelle *Robert Aghion* jeweils eine kurze Untersuchung gewidmet. Vgl. die Abschnitte *II. 3 Die Indienreise Hermann Hesses im Jahre 1911* und *IV. Offenkundige Skepsis: Stellungnahme zur Glaubensverbreitung nach der Indienreise in der Erzählung »Robert Aghion«* in

bisher wenig beachtete Kompilation von Reiseaufzeichnungen, Gedichten und einer Novelle, die in nuce bereits vieles davon beinhaltet, was Hesse später in seinen Romanen und Erzählungen ausarbeiten und stets betonen wird:[7] Dass nämlich die Lösung seiner persönlichen wie auch der gesellschaftlichen Probleme nicht darin bestehen könne, diesen durch eine Flucht auszuweichen und sein Heil im Orient zu suchen. Im Gegenteil wird ein »Weg nach Innen«[8] eingeschlagen, bei dem die entscheidende Veränderung nicht außerhalb, sondern im Subjekt selbst stattfindet. Dabei kann ein Ortswechsel als Auslöser einer solchen Bewusstseinsveränderung durchaus von entscheidender Bedeutung sein – wie Hesses eigener Fall deutlich macht.[9]

Doch das greift weit vor. Im folgenden Kapitel werden drei Schwerpunkte gesetzt, die sich mit Hesses Vorgeschichte, seiner Reise selbst und ihren Nachwirkungen beschäftigen. Im ersten Teil wird eine kurze Biografie des Schriftstellers bis zu seiner Asienreise geliefert. Geklärt wird, welche Beziehungen er zum Osten hat, ferner was ihn veranlasst, sich mit ihm auseinanderzusetzen, und was der Anlass der Reise ist. In einem zweiten Schritt wird der Aufenthalt selbst untersucht. Genauer betrachtet wird, was Hesse wahrnimmt und wie er es darstellt. Dafür werden die Tagebuchnotizen mit den *Aufzeichnungen von einer indischen Reise* verglichen. Es wird gefragt, welche Gemeinsamkeiten

Ganeshan: Das Indienerlebnis Hermann Hesses 1974, S. 31-42 und S. 49-54. Vgl. ferner Below: Hermann Hesse Bibliographie 2007, S. 2683ff.

7 Vgl. Freedman: Hermann Hesse 1982, S. 196.

8 Titel einer 1931 erschienenen Zusammenstellung von vier Erzählungen (*Siddhartha, Kinderseele, Klein und Wagner* und *Klingsors letzter Sommer*) Hermann Hesses.

9 Siehe Michels: Zur Einführung. Die Entstehung von Hermann Hesses Siddhartha. In: Materialien zu Hermann Hesses »Siddhartha«. Zweiter Band 1994, S. 15f.: »Bis 1911 beruhte Hesses Beschäftigung mit indischem und altchinesischem Denken zwar auf wahlverwandten, doch nicht auf erfahrenen Gemeinsamkeiten. Ähnlich den Asientrips der heutigen Hippies war sie vor allem ein Distanzversuch, Entrinnen aus immer unerträglicheren Lebensbedingungen zu einem Gegenpol, der Hesse von Kindheit an vertraut war. Seine Hoffnung, durch eine Reise in das Land, wo seine Vorfahren Missionare waren und wo seine Mutter zur Welt kam, eine Lösung der aktuellen Konflikte und Fertigkeiten zu erlangen, auch künftige Krisen meistern zu können, wurde enttäuscht – mußte enttäuscht werden. Denn dies war nicht von außen, nicht auf touristisch-folkloristischen Umwegen zu erlangen – und führten sie auch um den ganzen Erdball –, sondern auf dem kürzesten, dem unangenehmsten Weg; dem Weg, welchen er später seinen Siddhartha und Steppenwolf einschlagen läßt: ›Der einzige Weg durch die Welt der Schmerzen führt mitten durch den Schmerz hindurch […] Es kommt alles wieder, was nicht bis zu Ende gelitten und gelöst wird, und schmerzt desto stärker, je mehr man sich dagegen wehrt.‹«

und Unterschiede zwischen beiden Texten bestehen und in diesem Zusammenhang auch, ob *Aus Indien* Stilisierungen enthält. In einem dritten Schritt wird schließlich noch ein Blick auf die Zeit nach Hesses Rückkehr aus dem Osten geworfen und geklärt, wie er seine dort gesammelten Eindrücke verarbeitet und was ihm letztlich als Erkenntnis der Reise bleibt.

2.1 Hesses »indischer Lebenslauf«

Hermann Hesses Beziehung zu Asien und zu Indien im Besonderen ist eine lebenslange. Seine Eltern und Großeltern arbeiten viele Jahre in der christlichen Mission in Indien, sprechen zahlreiche Sprachen des Subkontinents und besitzen nach ihrer Rückkehr nach Deutschland noch viele indische Erinnerungsstücke, die den 1877 im württembergischen Calw geborenen Hesse bereits als Kind anziehen und neugierig machen.[10] Doch die Bereitschaft zum Verständnis Indiens geht bei der Missionarsfamilie nicht so weit, dass sie die fremde Kultur mit ihren Sitten, Gebräuchen und Religionen als mit dem Christentum gleichberechtigt anerkennt. Es ist dieser »fatale[] Vorbehalt«[11] der streng protestantischen Familie, der Hesse eines Tages mit der Denk- und Lebensweise seiner zwischen Kleinbürgerlichkeit und Weltbürgertum schwankenden Umwelt brechen lässt.[12] Er, der nach dem Willen der Eltern ebenfalls Geistlicher werden soll, entscheidet sich, seinen eigenen Weg zu gehen, d.h. die seinem Wesen entsprechende Lebensform zu finden und selbstständig zu gestalten.[13]

Denn er empfindet das religiöse, sich zu Gnade und Glaubensfrömmigkeit bekennende Dasein der Familie als zu einseitig und erdrückend. Der Versuch der Eltern, die »Übungen des Klosters samt den drei Gelübden der Armut, Keuschheit und des Gehorsams in den Rahmen einer bürgerlichen Familie zu übertragen«[14], macht deutlich, dass es ihnen scheinbar nicht darum geht, die Individualität und Emanzipierung der Kinder zu fördern, sondern sie zu gehorsamen und strenggläubigen Christen zu erziehen.[15] Dabei erlebt Hesse diese Art Erziehung neben dem Elternhaus auch in der Schule.[16]

In seinem 1906 erschienenen Roman *Unterm Rad* zeigt Hesse die Folgen einer einseitigen Erziehung am Beispiel des jungen Hans Giebenrath und

10 Vgl. Hesse: Über mein Verhältnis zum geistigen Indien und China 2003, S. 259.
11 Ebd., S. 259.
12 Vgl. Ball: Hermann Hesse 1972, S. 20.
13 Vgl. Hesse: Biographische Notizen 2003, S. 18.
14 Vgl. Ball: Hermann Hesse 1972, S. 68.
15 Vgl. ebd., S. 68.
16 Vgl. Hesse: Kurzgefaßter Lebenslauf 1977, S. 9.

analysiert die Intention der militärähnlichen schulischen Ausbildung.[17] Folgerichtig erscheint die Entscheidung des 15-jährigen Hesse, frei sein und sich selbst erziehen zu wollen. Tatsächlich flieht er aus dem evangelisch-theologischen Seminar, in dem er zum Geistlichen ausgebildet werden soll, um nach mehreren vergeblichen Versuchen als Schüler, Gehilfe und Lehrling, wie er später in seinem *Kurzgefaßten Lebenslauf* schreibt, das zu werden, wozu er sich schon früh entschlossen habe, nämlich ein Dichter.[18]

Schreibt und veröffentlicht er zu Beginn seiner Schriftstellerlaufbahn noch als Buchhändler, kann er sich nach dem großen Erfolg seiner 1904 erschienenen Erzählung *Peter Camenzind* ganz dem Schreiben widmen. Dabei konzentriert er sich auf die freilich stilisierte Darstellung und Rechtfertigung seiner Distanz zu den Konventionen seiner Elterngeneration. Immer wieder umkreist er die Anfänge seines Lebens und schichtet alles Spätere darüber.[19] Die Entwicklung und Selbstbehauptung der eigenen Person gegen jeden Versuch der Manipulation wird schließlich Hesses Thema.[20] In die Zeit seines ersten Erfolges mit *Peter Camenzind* fallen auch die (Wieder-)Begegnung mit Indien und der Beginn einer ernsthaften Auseinandersetzung mit asiatischen Religionen und Philosophien.[21]

Für diese Beschäftigung gibt es mehrere Gründe: Vom Dogmatismus seiner pietistischen Familie abgestoßen, sucht Hesse ganz bewusst aus allen Religionen die ihm passende zu gestalten.[22] Ein zweiter, nicht minder bedeutsamer Grund für die Rezeption indischer, zunehmend auch klassischer chinesischer Religionen, Philosophien und Literaturen,[23] ist seine Wahrnehmung

17 Vgl. den Abschnitt *Adoleszenz als Übergangssituation oder Zwischen Moderne und Tradition* in Gansel: Von Angst, Unsicherheit und anthropologischen Konstanten 2004, S. 235-249.

18 Vgl. Hesse: Kurzgefaßter Lebenslauf 1977, S. 11. Hesses kleine, 1927/29 verfasste Schrift *Eine Bibliothek der Weltliteratur* gibt ein eindrucksvolles Bild seiner umfassenden Lektüre.

19 Vgl. Michels: Nachwort. In: Hesse: Blick nach dem Fernen Osten 2002, S. 458. Vgl. ferner Ball: Hermann Hesse 1972, S. 32.

20 Vgl. Schärf: Hermann Hesse und die literarische Moderne 2004, S. 87f.

21 Vgl. Hesse: Über mein Verhältnis zum geistigen Indien und China 2003, S. 259f. Schließlich zählt Hesse alle östlichen Bücher, die ihm wichtig sind, auf. Siehe ebd., S. 260: »Die Bhagavad Gita / Buddhas Reden / Deussens Vedanta und Upanishaden / Oldenbergs Buddha / Das Tao Te King, von dem ich alle deutschen Ausgaben las / Gespräche des Konfuzius / Gleichnisse des Dschuang Dsi.«

22 Vgl. Hesse an die Familie in Korntal in einem Brief vom 29.2.1908. In: Materialien zu Hermann Hesses »Siddhartha«. Erster Band 1999, S. 46f.

23 Vgl. Hesse: Confucius deutsch 2002, S. 465ff. Vgl. ferner: Hesse: Weisheit des Ostens 2002, S. 32ff. Siehe Zhuangying: Hermann Hesse 2007, S. 230: »Zwar lernte Hesse bei den Indern die Vorstellung der Polarität und Einheit kennen, aber seine

einer gesellschaftlichen Krise, die Anfang des 20. Jahrhunderts von mehr und mehr Intellektuellen wahrgenommen wird.[24] Die von Georg Lukács attestierte »transzendentale Obdachlosigkeit« wird dabei einer einseitigen, materialistischen Lebens- und Denkweise zugeschrieben:

> Die geistige Welle aus Indien, die in Europa, speziell in Deutschland, seit hundert Jahren wirksam war, ist nun allgemein fühlbar und sichtbar geworden; man mag über Tagore und über Keyserling denken, wie man will, die Sehnsucht Europas nach der seelischen Kultur des alten Ostens ist eklatant geworden. Psychologisch gesprochen: Europa beginnt an mancherlei Verfallserscheinungen zu spüren, daß die hochgetriebene Einseitigkeit seiner geistigen Kultur (sie äußert sich am deutlichsten etwa im wissenschaftlichen Spezialistentum) einer Korrektur bedarf, einer Auffrischung vom Gegenpole her. Die allgemeine Sehnsucht gilt nicht einer neuen Ethik oder einer neuen Denkweise, sondern einer Kultur jener seelischen Funktionen, welchen unsere intellektualistische Geistigkeit nicht gerecht geworden ist. Die allgemeine Sehnsucht gilt nicht so sehr Buddha oder Laotse als dem Yogitum. Wir haben erfahren, daß der Mensch seinen Intellekt bis zu erstaunlichen Leistungen kultivieren kann, ohne dadurch der eigenen Seele Herr zu werden.[25]

Hesse ist sich also der Auswirkungen der einseitigen Förderung und Forderung des Geistes bewusst. Da er sie als eine Folge der Verwissenschaftlichung und Vernachlässigung von Seele und Körper versteht, versucht er diese »Schräglage« bei sich selbst, und das angeregt durch Schopenhauer, ab 1907 mit Yoga, Askese und Selbstkasteiungen auszugleichen: »Zweck und Resultat der Meditation ist nicht ein Erkennen im Sinn unserer westlichen Geistigkeit, sondern ein Verschieben des Bewußtseinszustandes, eine Technik, deren höchstes Ziel eine reine Harmonie, ein gleichzeitiges und gleichmäßiges Zusammenarbeiten von logischem und intuitivem Denken ist.«[26]

---

innerste Ahnung einer all-bejahenden, harmonischen Einheit, in der die Gegensätze nicht mehr unversöhnlich gegeneinander kämpfen, sondern sich ergänzend und einander bedingend zusammenwirken, wurde ihm erst durch die Chinesen, vor allem durch Lao Tse und Dschuang Dsi, bestätigt.«

24 Vgl. Keyserling: Über die innere Beziehung zwischen den Kulturproblemen des Orients und des Okzidents 1913, S. 9ff. Vgl. ferner den Abschnitt *Ost und West (Asiatischer und Europäischer Geist)* in Cohen-Portheim: Asien als Erzieher 1920, S. 27-41.

25 Hesse: Die Reden Buddhas I. 2003, S. 232.

26 Ebd., S. 232f.

Hesse sucht zum einen dem christlichen Absolutheitsanspruch und seiner dualistischen Vorstellung von Eigenem/Gutem und Fremdem/Bösem die »große uralte Idee des Ostens, die Erkenntnis von der Einheit alles Seienden«[27] als Alternative entgegenzuhalten. Zum anderen hält er dem Vorzug der *Vita activa* vor der *Vita contemplativa* im Abendland das asiatische Pendant vor: Es handelt sich um die »paradiesische Einheit von Denken und Fühlen.«[28]

2.2 Hesses »bürgerliche Epoche«

1904 entscheidet sich Hesse, seine Basler Bekannte Maria Bernoulli (1868-1963) zu heiraten und sesshaft zu werden.[29] Die Wahl fällt auf das entlegene Gaienhofen am Bodensee im deutsch-schweizerischen Grenzgebiet, wo er nach dem Vorbild von Henry David Thoreau (1817-1862) und Lew N. Tolstoi (1828-1910) ein »primitives, nicht städtisches und civilisatorisches Leben«[30] führt. Damit scheint er die ihm gemäße Lebensform gefunden zu haben, die alle bisherigen Defizite aufhebt. Schließlich ist er in den Gaienhofener Jahren ein produktiver und erfolgreicher Schriftsteller: Neben der Veröffentlichung von biografischen Studien, Romanen, Erzählbänden und Gedichten, ist er auch als Mitarbeiter zahlreicher Zeitschriften wie des *Simplicissimus* oder der *Neuen Rundschau* und bis 1912 als Mitherausgeber des von ihm mit begründeten *März* tätig. Auch schließt er viele Bekanntschaften mit Dichterkollegen, bildenden Künstlern und Musikern. Gleichzeitig vergrößert sich seine Familie: Bruno wird 1905, Heiner 1909 und Martin 1911 geboren.

Doch die hohen Auflagen seiner Bücher, das Ansehen in der eigenen Zunft und die Freuden des familiären Lebens befriedigen ihn immer weniger. Unruhe und Unzufriedenheit kennzeichnen zunehmend seine »bürgerliche Epoche«[31]. Die Sesshaftigkeit scheint ihn zu langweilen und ihm das Gefühl zu geben, seine Entwicklung sei abgelaufen und er in eine Sackgasse geraten.[32] Um der Enge, Starre und Abgeschiedenheit seines Gaienhofener Lebens zu entkommen, unternimmt er häufiger Wanderungen und Reisen nach Wien und Prag,

27 Hesse: Ein Bibliotheksjahr 1999, S. 78.

28 Ebd., S. 78.

29 Vgl. den Abschnitt *Ein rousseaueskes Experiment* in Mileck: Hermann Hesse 2002, S. 45-50.

30 Hesse: Lebenslauf 2003, S. 69.

31 Hesse: Biographische Notizen 2003, S. 21.

32 Vgl. Zeller: Hermann Hesse 2002, S. 107.

Oberitalien und schließlich 1907 in die Kolonie der Lebensreformer auf dem Monte Verità im Tessin.[33]

Doch auch hier kann er sein im Grunde stilisiertes »Taedium vitae«[34] nicht überwinden. Es ist die Stimmung der »moral insanity«[35], die ihn auf der Suche nach einem Heilmittel dazu führt, sich nach der Lektüre von Nietzsche[36] und Schopenhauer und der Beschäftigung mit Theosophie und Lebensreform nun auch mit Buddhismus, Taoismus und Konfuzianismus auseinanderzusetzen.[37] Ihre Lektüre inspiriert ihn dabei zu neuen Arbeiten.[38] So diskutiert Hesse in der *Legende vom indischen König* persönliche und aktuelle geistesgeschichtliche Fragestellungen vor einer »indischen Kulisse«:

> Es war nämlich zu jener Zeit unter den Brahmanen ein eifriges Streiten über die Eigenschaften und Befugnisse der Götter, über das Verhältnis des einen Gottes zum andern und über das Verhältnis eines jeden zum All-Einen. Manche Denker hatten begonnen, das Dasein jeglicher Gottheiten zu leugnen, indem sie die Namen der verschiedenen Götter

---

33 Vgl. Michels: Nachwort des Herausgebers. In: Hesse: Erzählungen 1907-1910 2001, S. 492f. Seine Erfahrungen mit der *Lebensreform* verarbeitet Hesse übrigens in den beiden Erzählungen *Doktor Knölges Tod* (1910) und *Der Weltverbesserer* (1911). Vgl. ferner Cepl-Kaufmann: Die Boheme zwischen Lebensreform und Lebensflucht 2007, S. 70ff.

34 Vgl. Michels: Nachwort des Herausgebers. In: Hesse: Erzählungen 1907-1910 2001, S. 493. *Taedium vitae*, »Lebensüberdruss«, lautet der Titel einer Erzählung Hesses von 1908.

35 Hesse: Gertrud 2003, S. 120. Diese Diagnose wird dem Protagonisten des Romans *Gertrud*, dem Komponisten Kuhn, von seinem ehemaligen Lehrer, Herrn Lohe, gestellt.

36 Vgl. Ziolkowski: Hesses Geschichtsphilosophie 2004, S. 72.

37 Vgl. Mileck: Hermann Hesse 2002, S. 49. Vgl. ferner Jacobs: Fragile Idole 2004, S. 322ff.

38 Was möglicherweise auch Hesse an der Lektüre altasiatischer Schriften angezogen haben mag, erklärt Eco: Zen und der Westen 1973, S. 214: »Man findet im Zen [einer Sonderform des Buddhismus; B.S.] eine fundamental antiintellektualistische Haltung, ein elementares, entschiedenes Akzeptieren des Lebens in seiner Unmittelbarkeit, ohne den Versuch, ihm Erklärungen zu überlagern, die es starr machen und abtöten und uns hindern würden, es in seinem freien Fließen, in seiner positiven Diskontinuität zu erfassen.« Siehe ebd., S. 215: »Der westliche Mensch hat im Zen die Einladung entdeckt, dieses Akzeptieren unter Verzicht auf die logischen Schemata und in direktem Kontakt mit dem Leben zu verwirklichen.« Siehe ferner Linse: Asien als Alternative? 1991, S. 326: »Das Alternative dieser Alternativkulturen bestand darin, daß sie die theoretische Frage nach der richtigen Lebensführung in das gelebte Leben jedes einzelnen überführten.«

> nur als Namen der wahrnehmbaren Teile des unsichtbaren Einen gelten lassen wollten. Andere bestritten diese Auffassung heftig, sie beharrten bei den alten Gottheiten, ihren Namen und Bildern, und sie wollten gerade das All-Eine nicht als etwas Wesenhaftes, sondern nur als einen Namen für die Gesamtheit aller Götter erklärt wissen.[39]

Auch der gerade zum König geweihte junge Mann sehnt sich, zum letzten Geheimnis und Rätsel alles Seins vorzudringen. Da er zur Einsicht gelangt, dass ihm von Seiten der Geistlichen nicht geholfen werden könne, beschließt er, die »Erlösung« selbst zu finden.[40] Er entscheidet sich, sein bisheriges Leben aufzugeben und neu zu beginnen, indem er auf den Thron verzichtet und in die Wälder geht, um als Yogi zu leben.[41]

Was Hesse selbst angeht, ergreift er – auch im Hinblick einer möglichen literarischen Verwertung – jede Gelegenheit, auf Reisen zu gehen. Als die 1909 und 1910 unternommenen Kuraufenthalte in Badenweiler keine Lösung des »Konflikts« anbieten,[42] ergibt sich für ihn die Möglichkeit, eine Reise nach Asien anzutreten: Im Juni 1911 begegnet er dem befreundeten Maler Hans Sturzenegger (1875-1943) und erfährt von dessen Plan, seinen Bruder in Singapur zu besuchen. Obwohl die Länge der Reise noch ungewiss ist, entschließt Hesse sich spontan, den Künstler zu begleiten.[43] Da zudem der S. Fischer Verlag bereit ist, sich an den Reisekosten zu beteiligen, indem er seinem Autor ohne

---

39 Hesse: Legende vom indischen König 1907, S. 265.

40 Vgl. ebd., S. 266ff. Die Kritik am Machtmissbrauch und der eher weltlichen Einstellung der Geistlichen in Hesses Erzählung kann auch eine Anspielung sein auf Waldemar Bonsels' 1904 erschienenen offenen Brief an die pietistische Baseler Missionsgemeinde mit dem Titel *Mein Austritt aus der Baseler Missions-Industrie und seine Gründe*. Darin attackiert Bonsels heftig die Verschränkung von Geschäftemacherei und Glaubenspraxis in den indischen Missionen, legt ihren alles andere als christlichen Charakter bloß und fordert als notwendigen Reformschritt die Trennung beider Bereiche.

41 Im Rückblick fasst der Schriftsteller seine dem indischen König gleichende Gaienhofener Situation zusammen in Hesse: Über mein Verhältnis zum geistigen Indien und China 2003, S. 260: »Meine damalige Philosophie war die eines erfolgreichen, aber müden und übersättigten Lebens, ich fasste den ganzen Buddhismus als Resignation und Askese auf, als Flucht in Wunschlosigkeit, und blieb Jahre dabei stehen.«

42 Vgl. Michels: Nachwort des Herausgebers. In: Hesse: Betrachtungen und Berichte I. 2003, S. 497.

43 Siehe Hesse an die Familie in Calw in einem am 15.8.1911 in Gaienhofen geschriebenen Brief. In: Hesse: Gesammelte Briefe 1973, S. 200: »Am 5. September fahren wir nach Mailand, am 6. früh nach Genua und am 7. mittags dort im Schiff ab. Es ist seltsam, wie ich nun diese Reise wieder mache, ich war dies Frühjahr ja

literarische Verpflichtungen einen Zuschuss von 4000 Reichsmark auszahlt,[44] kann sich Hesse bis zur Abfahrt Anfang September 1911 mit der Aufbesserung seiner Sprachkenntnisse im Englischen, der Beschaffung tropentauglicher Ausrüstung und der Lektüre von Reiseliteratur über Indien beschäftigen.[45]

2.3 Hesses indonesische Reise

Hesse verfolgt mit seiner Reise mehrere Ziele: Zum einen tritt er sie an, um die Heimat seiner Mutter kennenzulernen und das Land zu sehen, das ihm seit seiner Kindheit von den Erzählungen seiner Familie her vertraut ist.[46] Zum anderen begibt er sich mit seiner ersten und einzigen Überseereise zugleich auf eine Flucht und eine Suche.[47] Er möchte aus seinem »engen« bürgerlichen Dasein fliehen, den Eheproblemen ausweichen und sich aus der Isolation am Bodensee befreien.[48] Zum dritten drängt ihn ein Wunsch, den auch eine Vielzahl anderer Intellektueller wie Waldemar Bonsels (1880-1952), Max Dauthendey (1867-1918), Stefan Zweig (1881-1942) oder Hermann Keyserling (1880-1946) hegen.[49] Hesse fährt nach Indien, um sich nach der Lektüre altindischer Schriften, moderner wissenschaftlicher Abhandlungen und von Berichten wie den *Indischen Reisebriefen* (1883) von Ernst Haeckel (1834-1919)[50] ein eigenes Bild vom Subkontinent zu machen, die Wirklichkeit hinduistischen und buddhistischen Lebens zu erfahren und sich auch für neue literarische Projekte inspirieren zu lassen.[51]

Er hofft, dass sich seine hochgesteckten Erwartungen vom Osten als dem insbesondere spirituellen »Land der Wunder und des Reichtums«[52] erfüllen

auch in Mailand und Genua, ohne zu ahnen, daß ich nach ein paar Monaten als Sumatrareisender wieder herkommen werde.«

44 Vgl. Pfeifer: Hesse-Kommentar zu sämtlichen Werken 1990, S. 135ff.

45 Vgl. Hesse: Reisen und Abenteuer 2002, S. 49ff.

46 Vgl. Hesse an die Familie in Calw in einem am 15.8.1911 in Gaienhofen geschriebenen Brief. In: Hesse: Gesammelte Briefe 1973, S. 199.

47 Vgl. Mileck: Hermann Hesse 2002, S. 49.

48 Siehe Hesse an Ludwig Thoma in einem am 6.1.1912 in Gaienhofen geschriebenen Brief. In: Hesse: Aus Indien 2003, S. 118: »Es trieben mich Sachen fort, die in meinem Privatleben nicht stimmen.«

49 Viele Intellektuelle verarbeiten ihre asiatischen Erlebnisse anschließend literarisch: Bonsels in *Indienfahrt* (1916), Zweig in *Die Augen des ewigen Bruders* (1921) und Keyserling in *Das Reisetagebuch eines Philosophen* (1919).

50 Vgl. Hesse: Reisen und Abenteuer 2002, S. 51f.

51 Vgl. Findeis: Hermann Hesses Indienbild 2003, S. 44ff.

52 Vgl. Hesse: Morgenländische Märchen 2002, S. 413ff.

und er mit neuen Ideen und Anregungen für sein Leben und Werk zurückkehren kann.[53] Hesse beabsichtigt durch eine Veränderung der Umgebung aber nicht nur seinen persönlichen Problemen zu entkommen, sondern durch den Aufenthalt im vermeintlich natürlichen, weil »unschuldigen« und »unberührten« Orient auch den gesamtgesellschaftlichen Krisenerscheinungen zu entgehen.[54] Im Rückblick schreibt er:

> Ich hatte Gaienhofen erschöpft, es war dort kein Leben mehr für mich, ich reiste nun häufig für kurze Zeit weg, die Welt war so weit da draußen, und fuhr schließlich sogar nach Indien, im Sommer 1911. Die heutigen Psychologen, der Schnoddrigkeit beflissen, nennen so etwas eine ›Flucht‹, und natürlich war es unter anderem auch dies. Es war aber auch ein Versuch, Distanz und Überblick zu gewinnen.[55]

Anfang September reist Hesse zusammen mit Hans Sturzenegger nach Südostasien ab.[56] Entgegen des ursprünglichen Plans dauert die Unternehmung nicht so lang wie vereinbart. Viele Gründe, so die klimatische Umstellung, unbekömmliche Ernährung, mangelnde bakteriologische Immunität und unerwartet hohe Lebenshaltungskosten zwingen Hesse, das anfängliche Vorhaben, auf der Rückreise noch den Süden Vorderindiens zu besuchen, aufzugeben und so nach gut drei Monaten wieder nach Europa zu fahren.

53 Siehe Bauman: Flaneure, Spieler und Touristen 1995, S. 156f.: »Der Tourist bewegt sich *absichtlich* (oder glaubt dies wenigstens); er oder sie bewegt sich vor allem ›um zu‹ und nur in zweiter Linie (wenn überhaupt) ›infolge von‹ (selbst wenn dieses ›um zu‹ zufällig nur eine Flucht vor der Enttäuschung aus der letzten Eskapade zum Ziel hat). [...] [D]er Tourist ist ein bewußter und systematischer Sammler von Erfahrungen – neuer und unterschiedlicher Erfahrungen sowie solcher von Unterschied und Neuheit –, da sich die Freuden des Vertrauten schnell abnutzen und reizlos werden. Die Touristen wollen in das fremde und bizarre Element eintauchen [...] – freilich unter der Bedingung, daß sich seine lustbereitende Leichtigkeit nicht überlebt und wann immer man will abgeschüttelt werden kann.« Kursivierung von Bauman.

54 Vgl. Mileck: Hermann Hesse 2002, S. 49.

55 Hesse: Beim Einzug in ein neues Haus 2003, S. 145.

56 Die Hinreise: 4.9.1911: Schaffhausen – Genua – Neapel – Port Said – Aden – Colombo auf Ceylon – Penang in Malaysia – Ipoh – Kuala Lumpur – Singapur – Djambi auf Sumatra – Pelaiang – Palembang. Die Rückreise: Singapur – Penang – Colombo – Kandy – Colombo – Aden – Suez – Neapel – Genua und am 13.12.1911 wieder zurück in Gaienhofen. Vgl. für eine ausführlichere Chronologie der Reise und auch im Folgenden Hesse: Aus Indien 2003, S. 121ff. Vgl. für die ursprüngliche Reiseroute ferner einen an die Familie in Calw geschriebenen Brief vom 15.8.1911. In: Hesse: Gesammelte Briefe 1973, S. 199.

Das während der Reise geführte, titellose Tagebuch dient Hesse nach seiner Rückkehr schließlich als Grundlage für zahlreiche feuilletonistische Reiseschilderungen. Sie erscheinen ab Mai 1912 in deutschsprachigen Zeitungen und Zeitschriften.[57] 21 solcher impressionistischen Skizzen,[58] elf auf der Reise entstandene Gedichte[59] und die im Mai 1912 geschriebene Novelle *Robert Aghion*[60] bilden den Inhalt seines im Frühjahr 1913 bei S. Fischer in Berlin veröffentlichten Buches *Aus Indien*. Publikum wie auch Kritik nehmen es wohlwollend auf: Bis 1923, dem Jahr, in dem *Aus Indien* zum letzten Mal aufgelegt wird, erreicht es zwölf Auflagen.[61]

---

57 Vgl. Pfeifer: Hesse-Kommentar zu sämtlichen Werken 1990, S. 136f.

58 Die *Aufzeichnungen von einer indischen Reise* (S. 7-121) bestehen aus den Abschnitten *Nachts im Suezkanal* (S. 9-13), *Abend in Asien* (S. 14-19), *Spazierengehen* (S. 20-24), *Augenlust* (S. 25-32), *Der Hanswurst* (S. 33-34), *Architektur* (S. 35-39), *Singapur-Traum* (S. 40-49), *Überfahrt* (S. 50-53), *Pelaiang* (S. 54-59), *Sozieteit* (S. 60-63), *Nacht auf Deck* (S. 64-69), *Waldnacht* (S. 70-76), *Palembang* (S. 77-82), *Wassermärchen* (S. 83-85), *Die Gräber von Palembang* (S. 86-89), *Maras* (S. 90-95), *Spaziergang in Kandy* (S. 96-101), *Tagebuchblatt aus Kandy* (S. 102-107), *Pedrotallagalla* (S. 108-111), *Rückreise* (S. 112-118) und *Reisende Asiaten* (S. 119-121).

59 Die Reihenfolge der *Gedichte* (S. 123-136) lautet: *Gegenüber von Afrika* (S. 125), *Abend auf dem Roten Meer* (S. 126), *Ankunft in Ceylon* (S. 127), *Nachts in der Kabine* (S. 128), *Fluß im Urwald* (S. 129-130), *Kein Trost* (S. 131), *Nachtfest der Chinesen in Singapur* (S. 132), *Im malayischen Archipel* (S. 133), *Bei Nacht* (S. 134), *Pelaiang* (S. 135) und *Vor Colombo* (S. 136)

60 Vgl. ebd., S. 142. *Robert Aghion* (S. 137-198) wird später von Hesse umgearbeitet. Die neue Fassung erscheint erstmals im Band *Kleine Welt* (1933) und fortan in allen Veröffentlichungen.

61 Vgl. Hermann Hesse im Spiegel der zeitgenössischen Kritik 1975, S. 118ff. Das damals erfolgreichste Reisebuch ist nicht *Aus Indien*, sondern die 1912 geschriebene und 1916 erschienene *Indienfahrt* von Bonsels. Der Bestseller wird in der Folge in mehrere Sprachen übersetzt. Bereits 1922 liegen eine finnische, eine holländische, eine russische und eine amerikanische Ausgabe vor. In eine der indischen Sprachen ist Bonsels' Reisebericht allerdings noch nicht übersetzt worden. Vgl. Ganeshan: Nachwort 1989, S. 313.

2.4 *Aus Indien* (1913)

> Wir fahren wieder immerzu durchs ewige schwarzblaue Meer, ich bin stets ganz allein auf der heißen gemiedenen Sonnenseite des Decks, alles ist äußerlich gleich und innen so anders als bei der Herreise.
>
> Hermann Hesse: *Notizen von der Indonesienreise* (1911)[62]

2.4.1 *Aufzeichnungen von einer indischen Reise*

Um es gleich zu Beginn nochmals zu sagen: Die Reise, die Hesse Ende 1911 nach Südostasien unternimmt, erweist sich für ihn – zumindest im ersten Moment – als kompletter Fehlschlag. Betrachtet man die Notizen, die er während der »Morgenlandfahrt« macht, wird zweierlei erkennbar: Die Tour wird für ihn nicht wie erhofft eine Auszeit, in der er sich von den »Strapazen« seines bürgerlichen Daseins erholen kann. Und er findet nicht den Orient vor, nach dem er sich, beeinflusst von religiösen und philosophischen, literarischen und wissenschaftlichen Schriften, als Alternativkultur und Gegenwelt zu Europa in »seiner grellen Geschmacklosigkeit, seinem lärmigen Jahrmarktbetrieb, seiner hastigen Unruhe [und] seiner rohen, tölpenhaften Genußsucht«[63] gesehnt hat.

Die Reise bewirkt das Gegenteil. Von Anfang an und beinahe täglich künden seine Notizen von körperlichen Beschwerden. Hesse leidet unter der südlichen Hitze, die ihn ermüdet und schwächt,[64] und den Moskitos, die ihn quälen und nicht schlafen lassen, wogegen er sich mit Veronal zu helfen versucht.[65] Fast durchgehend plagen ihn Dysenterie und Magenweh, die er mit Wein und Opium bekämpft.[66] Auseinandersetzungen mit Sturzenegger[67] und

62 Hesse: Notizen von der Indonesienreise vom 26.11.1911 2003, S. 188.

63 Hesse: Besuch aus Indien 2003, S. 241. Siehe Jacobs: Fragile Idole 2004, S. 343: »Seine eigene ›Indien‹-Reise von 1911 war nie an ihr eigentliches Ziel gelangt, sie hatte in das keineswegs erlösende Gefühl einer heimatlosen Existenz zwischen den Kulturen und zur Trennung zwischen der kolonialtouristisch korrumpierten Schwundstufe des realen Asien vom imaginären, teils romantisierenden Bild des geistigen Ostens geführt.«

64 Vgl. Hesse: Notizen von der Indonesienreise vom 15.9.1911 2003, S. 131. Vgl. ferner die Eintragung vom 23.10.1911 ebd., S. 166.

65 Vgl. die Eintragung vom 9.9.1911 ebd., S. 129. Vgl. ferner die Eintragung vom 30.9.1911 ebd., S. 141. Vgl. schließlich die Eintragung vom 13.10.1911 ebd., S. 153.

66 Vgl. die Eintragung vom 13.11.1911 ebd., S. 181f.

67 Vgl. die Eintragung vom 1.10.1911 ebd., S. 141.

Depressionen[68] lassen ihn zusätzlich an der Unternehmung zweifeln und den Wunsch nach Umkehr aufkommen.[69] Doch er hält durch und führt die Reise zu Ende.[70]

Der andere Grund für seine Enttäuschung ist die Wirklichkeit des asiatischen Lebens, die seinen Erwartungen nicht entspricht. Die Weisheit, die er aus den östlichen Schriften kennt, findet er im Alltag der Inder und Tamilen, Singhalesen und Malayen kaum wieder. Er trifft auf kein »primitives«, natürliches und »kindliches« Asien, das ihn alles Unangenehme vergessen lässt, sondern betritt einen zum Teil stark europäisierten Kontinent, auf dem »überall hohe Würde und Groteskerie nah beieinander«[71] liegen. Bis auf die »Entdeckung« der Chinesen, die er als das »erste wirkliche Kulturvolk«[72], das er gesehen habe, bezeichnet, erfüllen sich seine Hoffnungen kaum. Krank und desillusioniert kehrt er heim und macht sich eher unlustig daran, die Erlebnisse in Reisefeuilletons zu verarbeiten.[73] Dabei nimmt sein Interesse für altindische und -chinesische Schriften nicht ab, sondern noch zu.[74]

Im Folgenden sollen seine nach der Rückkehr verfassten *Aufzeichnungen von einer indischen Reise* auf bestimmte Schwerpunkte hin untersucht werden: Im Mittelpunkt stehen 1. die Erfahrung der asiatischen Natur, 2. die der asiatischen Völker, vor allem der Chinesen und Malayen, 3. die des »Reichtums« orientalischen Lebens, 4. die der östlichen Frömmigkeit und 5. die der dort lebenden Europäer. Dass sich Hesses Reiseskizzen teilweise stark von seinen Tagebuchnotizen unterscheiden, sei an dieser Stelle bereits vorweggenommen. Schließlich zeichnen sich seine Feuilletons durch Stilisierungen aus, die auch darauf hinweisen, dass er nicht erst in später entstandenen Texten wie *Siddhartha* (1922) oder *Die Morgenlandfahrt* (1932), sondern schon in *Aus Indien* die These vertritt, dass jeder reale Fluchtversuch von vornherein zum Scheitern verurteilt sei. Stattdessen soll ein jeder die Anstrengung auf sich nehmen, die Erfahrungen und Denkformen des Ostens in sein Leben und Denken zu integrieren, um auf diese Weise das Verhältnis zwischen innerer und äußerer Wirklichkeit besser ausgleichen zu können.

---

68 Vgl. die Eintragung vom 23.10.1911 ebd., S. 166. Vgl. ferner die Eintragung vom 10.11.1911 ebd., S. 177.

69 Vgl. die Eintragung vom 12.10.1911 ebd., S. 153.

70 Vgl. Freedman: Hermann Hesse 1982, S. 202f.

71 Hesse: Notizen von der Indonesienreise vom 23.9.1911 2003, S. 135.

72 Hesse an Ludwig Thoma in einem am 6.1.1912 in Gaienhofen geschriebenen Brief. In: Hesse: Aus Indien 2003, S. 119.

73 Vgl. Pfeifer: Hesse-Kommentar zu sämtlichen Werken 1990, S. 135ff.

74 Vgl. Hsia: Hermann Hesse und China 2002, S. 73.

2.4.1.1 »Als wäre dieses Land wirklich das Paradies...« Die Erfahrung der Natur

Die erste Begegnung mit dem Orient, die Hesse[75] in den *Aufzeichnungen* thematisiert, findet kurze Zeit nach der Abfahrt des Schiffes, der *Prinz Eitel Friedrich*, aus Neapel im Suezkanal statt. Sie ist für ihn wie auch für die anderen Passagiere alles andere als angenehm.[76] So stellt Hesse bereits zu Beginn einen zentralen Gegensatz zwischen seiner Heimat und der Fremde in den extremen klimatischen wie geografischen Verhältnissen des Orients fest. Es ist vor allem die Hitze, die die heitere Stimmung der westlichen Reisenden verdirbt, ja bei einigen regelrecht Furcht hervorruft und die sonst quirligen Europäer zum Nichtstun zwingt (S. 9f.).[77] Die Kahlheit der Landschaft und die sie unruhig stimmende Stille kommen noch dazu.

So unerfreulich die Schiffsreise Hesse anfangs wegen der Hitze, Langeweile und Einförmigkeit der Wüste auch ist, seine Stimmung bessert sich, so behauptet er zumindest, nach einer längeren Betrachtung der Natur und einem Gespräch mit einem chinesischen Passagier. Trotz der Unheimlichkeit und Unwirklichkeit der Gegend und des »furchtbare[n] Kanal[s]« (S. 13), der »kostbar und gebrechlich und [...] wie Gold geschont« (S.12) wird,[78] findet er einen Augenblick des Trostes (S. 12).[79]

Betrachtet man in diesem Zusammenhang die *Notizen von einer Indonesienreise*,[80] inszeniert Hesse hier die Möglichkeit, in unerfreulichen Momen-

75 Hinweis: Da es sich beim Ich-Erzähler in Hesses *Aufzeichnungen von einer indischen Reise* um eine autonome, männliche, jedoch nicht näher identifizierbare Figur handelt, wird ihr im Folgenden behelfsweise der Name des Verfassers Hesse gegeben. Eine Gleichsetzung des Ich-Erzählers in dem stilisierten Reisebericht mit dem realen Schriftsteller Hesse, das sei noch angemerkt, ist damit allerdings nicht beabsichtigt.

76 Vgl. Hesse: Aus Indien 1913, S. 9. Hinweis: Im Folgenden wird der Text der Erstausgabe durch Stellenangaben in Klammern zitiert.

77 Hesses Schriftstellerkollegen beschreiben ähnliche Erfahrungen mit dem ungewohnten Klima. Vgl. Dauthendey: Die acht Gesichter am Biwasee o.J., S. 167. Vgl. ferner Keyserling: Das Reisetagebuch eines Philosophen 1922, S. 14.

78 Vgl. die Wichtigkeit des künstlich angelegten Suezkanals ebenfalls betonend ebd., S. 13.

79 Siehe Hesse: Notizen von einer Indonesienreise vom 12.9.1911 2003, S. 130: »Hier ist, zum erstenmal, alles fremd, andrer Erdteil. Wir tranken dann lang mit dem Schiffsarzt, und als wir nach Mitternacht auf Deck zurückkamen, sah ich die ödeste und verzaubertste Gegend, ganz fahl weiß im Mondlicht wie beschneit, unsäglich tot und unwirklich.«

80 Vgl. die Eintragung vom 12.9.1911 ebd., S. 129f.

ten oder Lebensphasen dennoch etwas Positives zu entdecken und diese als eine Chance für Veränderung zu begreifen.[81] So zeigt sich hier erstmalig in *Aus Indien*, wie die Erfahrung der Fremde bei Hesse zu der Erkenntnis führt, dass seine Probleme nicht bloß durch einen Ortswechsel überwunden werden können.

Vollkommen entgegengesetzte, den exotischen Vorstellungen westlicher Reisender vom Orient entsprechende Erfahrungen macht Hesse dagegen in Malaysia (S. 14). Hier und später auch in Singapur genießt er schlendernd die »breiten, schönen, reinen, bequemen Wege, die anmutvollen Gartenvorstädte und die herrlichen Baumpflanzungen« (S. 22). Freilich durchwandert er eine »gezähmte«, kultivierte und den exklusiven Wünschen der wohlhabenden Europäer angepasste Natur, in der er vor jeder Gefahr sicher ist (S. 23).[82]

Zwar bemerkt er mit »Genuß den heftigen Kontrast zwischen geradlinig stilisierter Palmenwelt und laubig weicher, wirrer Parklandschaft« (S. 24), doch erst später, nach längerem Aufenthalt und genauerer Betrachtung der einheimischen Architektur, wird er die Alterität der Natur, ihre Wildheit und Unberechenbarkeit erkennen: »Große und prächtige Bauten sieht man in der malayischen Welt eigentlich nirgends. [...] Das Klima zerstört alles Menschenwerk hier sehr rasch, die Wohnungen sind nicht auf Stabilität und Dauer, sondern nur aus dem momentanen Bedürfnis nach Schatten, Kühle und Regenschutz angelegt« (S. 35).

Hesse durchschaut die trügerische Schönheit der von den Europäern kultivierten Natur in den Städten Hinterindiens. Ihr Versuch, die eigene Lebens- und Bauweise in den Kolonien durchzusetzen, wird nicht so sehr durch die

---

81 Siehe Johnson: Hermann Hesse 1990, S. 385: »Es ist ein Motiv [des Fremden; B.S.], das sich vornehmlich dann äußert, wenn der Protagonist mit etwas ihm Neuem, Unerwartetem oder Ungewöhnlichem konfrontiert wird, – Erfahrungen, die ihn beunruhigen oder bedrängen, jedoch auch fördern. Es erscheint vielfach als das ›Fremde‹, ist aber in Wirklichkeit ein noch nicht entdeckter Teil des eigenen Selbst. Es führt zu einer Erweiterung und Vertiefung des Wesens. Nur dem nicht (oder noch nicht) Eingeweihten erscheint es als ein ›Fremdes‹. Obwohl der Betroffene sich davon angezogen fühlt, sträubt er sich nicht selten dagegen, weil er nicht willens ist, das ›Fremde‹ als das Selbst zu bejahen. Manchmal wirkt das ›Fremde‹ als Katalysator und erweist sich schließlich als etwas innerlich längst Vertrautes.«

82 Siehe Bauman: Flaneure, Spieler und Touristen 1995, S. 157: »Sie [die Touristen; B.S.] wählen die Elemente, in die sie hineinspringen, nach deren Kuriosität, aber auch Harmlosigkeit aus; man erkennt die beliebten Touristenorte an ihrer himmelschreienden, demonstrativen (wenn sorgfältig gepflegten) Ausgefallenheit, doch auch an einer Fülle von Sicherheitspolstern und gut markierten Fluchtwegen. In der Welt des Touristen erscheint das Fremde zahm, domestiziert und ohne Schrecken zu verbreiten; Schocks gibt es im Pauschalpaket mit Sicherheit.«

geografischen als durch die klimatischen Gegebenheiten erschwert. Die Einheimischen selbst haben sich den Verhältnissen angepasst und versuchen, den daraus resultierenden Gefahren vorzubeugen (S. 35). Um dies nachzuvollziehen, dringt Hesse auf zwei Ausflügen in den Dschungel und begreift den Charakter der »ungezähmten« Natur:

> Hier gärt die Natur ohne Pause in erschreckender Fruchtbarkeit, in einem rasenden Lebens- und Verschwendungsfieber, das mich betäubt und beinahe entsetzt, und mit nordländischem Gefühl wende ich mich jeder Erscheinung dankbar zu, die inmitten des erstickenden Zeugungstaumels eine einzelne Form besonders ausgestaltet zeigt. (S. 56f.)

Es sind der Prozess von Entstehen und Vergehen, die Kurzlebigkeit, aber auch die große Vielfalt der Pflanzen und Tiere, schließlich die Macht der Natur, die Hesse zugleich erschrecken und faszinieren.[83] Er ist fasziniert, weil er die Wahrhaftigkeit des angelesenen altindischen »Wissen[s] um die Einheit des Lebens und um die Vergänglichkeit und Wandelbarkeit der Masken, unter welchen das Lebens sich uns zeigt«[84], hier in der lebendigen Anschauung der Natur (wieder) zu erkennen glaubt.[85] Er sieht sich auch in der Überzeugung bestätigt, in Asien an der »Quelle des Lebens« (S. 44) zu sein, »in welcher alles seinen Anfang nahm und welche die ewige Einheit der Erscheinungen bedeutet« (S. 44).[86]

83 Vgl. Mileck: Hermann Hesse 2002, S. 49. Vgl. ferner Freedman: Hermann Hesse 1982, S. 199.

84 Aus einem Brief Hesses an Walter Hintermann vom Februar 1922. In: Materialien zu Hermann Hesses »Siddhartha«. Erster Band 1999, S. 159.

85 Vgl. Hesse: Unsterblichkeit 2002, S. 274ff.

86 Siehe Keyserling: Das Reisetagebuch eines Philosophen 1922, S. 40f.: »Dieses Gestrüpp kocht buchstäblich vom Boden auf, diese Bambusstäbe schießen förmlich gen Himmel. Die ganze Schöpfung ist in ständigem Fluß begriffen: [...] Und der Wachstumsprozeß erfolgt mit so rasender Schnelligkeit, so üppig, so überreich und schrankenlos, die Formen hängen so innig zusammen, gehen so unmerklich ineinander über, daß die äußere Anschauung keinerlei Anlaß gibt, eine Theorie des Seins zu konstruieren: alles ist vielmehr nachweislich im Werden, und jenseits des Werdens gibt es nichts. Die Anschauung jedes Augenblicks beweist die Wahrheit von Buddhas Erscheinungslehre. Buddhas Phänomenologie ist die exakteste Theorie der Vegetation, die jemals aufgestellt worden wäre. So weit das Leben der Pflanze für alles Leben typisch ist, so weit hat Buddha auch für die Menschen wahrgesprochen, und das ist viel.« Das Motiv des Fließens wird Hesse knapp zehn Jahre nach seiner Asienfahrt in *Siddhartha* wieder aufgreifen und seinen Protagonisten durch die Betrachtung des Flusses das Geheimnis des Lebens entdecken lassen. Siehe Hesse: Siddhartha 1982, S. 88: »›Dies ist es‹, sagte Siddhartha. ›Und als ich es gelernt

Die Rückkehr zu den »Quellen des Lebens« gelingt Hesse trotz mancher »indischen Enttäuschungen« (S. 109) auf der letzten Station seiner Reise. Die Erlebnisse werden allerdings bewusst umgedichtet: Denn gerade weil er sich nie dem vollen »Genuß einer solchen Selbsttäuschung« (S. 54) hingegeben habe, in Asien die »Landschaft und die primitive Paradiesunschuld einer van Zantenschen Insel« (S. 54)[87] finden zu müssen, habe er auf dem höchsten Berggipfel von Ceylon, dem Pedrotallagalla, den »größte[n] und reinste[n] Eindruck« (S. 110) von der Insel gewonnen.[88] Das Folgende erscheint ebenfalls konstruiert: Beim Blick hinunter auf die märchenhafte Gegend habe er das Gefühl, »als wäre dieses Land wirklich das Paradies, und als stiege eben jetzt von seinem blauen, umwölkten Berge groß und stark der erste Mensch in die Täler nieder« (S. 110). Und wie zu Beginn der Reise auf dem Roten Meer gelangt Hesse, geschickt stilisiert, durch die Betrachtung der ihn umgebenden Natur zu einer zentralen (Selbst-)Erkenntnis:

---

hatte, da sah ich mein Leben an, und es war auch ein Fluß, und es war der Knabe Siddhartha vom Manne Siddhartha und vom Greis Siddhartha nur durch den Schatten getrennt, nicht durch Wirkliches. Es waren auch Siddharthas frühere Geburten keine Vergangenheit, und sein Tod und seine Rückkehr zu Brahma keine Zukunft. Nichts war, nichts wird sein; alles ist, alles hat Wesen und Gegenwart.‹«

87 Mit der »primitive[n] Paradiesunschuld einer van Zantenschen Insel« spielt Hesse auf den 1908 erschienenen Roman *Van Zantens lykkelige Tid* des Dänen Laurids Bruun (1864-1935) an, der 1910 im S. Fischer Verlag unter dem Titel *Van Zantens glückliche Zeit. Ein Liebesroman von der Insel Pelli* erstmals auf Deutsch erscheint und einen großen Erfolg hat. Darin geht es um das Schicksal des holländischen Kaufmanns Pieter Adrian van Zanten, der angeekelt vom kolonialen Lebensstil seiner Kollegen seinen Beruf aufgibt, um sich auf einer kleinen Insel südöstlich der Philippinen niederzulassen. Mit viel Einfühlungsvermögen versucht er, sich dem naturnahen Dasein und den ihm fremden Sitten und Gebräuchen der Einheimischen anzupassen. So legt er die europäische Kleidung ab, lässt sich braun anmalen, um äußerlich den anderen zu gleichen, lernt die fremde Sprache und Kultur gut kennen und handhaben und beteiligt sich an der gemeinsamen Arbeit auf dem Feld, bei der Jagd und dem Fischfang. Schließlich gelingt es ihm, die Tochter eines kleinen Königs zu heiraten und Vater eines Jungen zu werden. Van Zantens glückliche Zeit währt jedoch nicht lange. Sein Dasein als Aussteiger endet nach gut zwei Jahren durch einen Wirbelsturm, bei dem Ehefrau und Kind umkommen. Resigniert kehrt er daraufhin nach Batavia zurück und nimmt seine frühere Arbeit in einer Faktorei wieder auf.

88 Siehe Hesse: Notizen von der Indonesienreise vom 21.11.1911 2003, S. 187: »Morgens kühl. Ich ging von 8½ bis 1 allein auf den Pedrotallagalla. Bei der Rückkehr ins Tal Sonne und eine Menge Schmetterlinge. Nachmittags Bummel bei den Goldschätzen, müde, Darm besser.«

> Wir kommen voll Sehnsucht nach dem Süden und dem Osten, von dunkler, dankbarer Heimatsahnung angetrieben, und wir finden hier das Paradies, die Fülle und reiche Üppigkeit aller natürlichen Gaben, wir finden die schlichten, einfachen, kindlichen Menschen des Paradieses. Aber wir selbst sind anders, wir sind hier fremd und ohne Bürgerrecht, wir haben längst das Paradies verloren, und das neue, das wir haben und bauen wollen, ist nicht am Äquator und an den warmen Meeren des Ostens zu finden, das liegt in uns und in unserer nordländischen Zukunft. (S. 111)

Diese Aussage spielt für die zukünftige Auseinandersetzung Hesses mit dem Osten eine entscheidende Rolle. Die Erfahrung, dass die Differenz des Europäers zum Asiaten es ihm unmöglich mache, ganz im Östlichen aufzugehen und damit einen paradiesähnlichen Zustand auch im Westen (wieder-)herzustellen, ist anfangs eine tiefe Enttäuschung. Doch wandelt er sie während der Niederschrift seiner Reisefeuilletons in eine positive Erkenntnis um: So könne das, was er in Asien suche, nicht das Ziel seiner Bestrebungen, wohl aber ein Weg dorthin sein.[89] Die Rezeption altasiatischer Schriften, aber auch das persönliche Erlebnis des Fremden könnten ihm bei der Suche nach der Lösung eigener wie auch gesamtgesellschaftlicher Fragen jedoch Anregungen geben, alternative Wege ihrer Bewältigung einzuschlagen. Es hängt also vom Einzelnen ab, ob das Fremde als etwas Bedrohliches abgelehnt oder als ein Gewinn betrachtet wird, von dem man lernen kann und das schließlich als Teil des Eigenen akzeptiert und integriert wird.[90] Im Rückblick schreibt Hesse pathetisch:

> Mein Weg nach Indien und China ging nicht auf Schiffen und Eisenbahnen, ich mußte die magischen Brücken alle selber finden. Ich mußte aufhören, dort die Erlösung von Europa zu suchen, ich mußte aufhören, Europa im Herzen zu befeinden, ich mußte das wahre Europa und den wahren Osten mir im Herzen und Geist zu eigen machen, und das dauerte wieder Jahre um Jahre, Jahre des Leidens, Jahre der Unruhe, Jahre des Krieges, Jahre der Verzweiflung.[91]

89 Vgl. Ganeshan: Das Indienerlebnis Hermann Hesses 1974, S. 38.

90 Vgl. Hesse: Chinesische Betrachtung 1999, S. 150.

91 Hesse: Besuch aus Indien 2003, S. 241.

2.4.1.2 »Überall Chinesen, die heimlichen Herrscher des Ostens...« Die Begegnung mit den Ostasiaten

Beschreibt Hesse den Osten im Suez-Kanal und im Roten Meer zuerst als fremd und die ihn dort umgebende Natur als unheimlich, weil nicht einschätzbar und verwirrend, hat er parallel die gleiche Erfahrung mit den Menschen, deren Bekanntschaft er auf dem Schiff in der Person eines »kleinen, eleganten Chinesen aus Schanghai« (S. 10) macht.[92] Die Bewunderung, die Hesse für die Chinesen entwickelt, lässt ihn diese Gruppe zum einzigen Kulturvolk in Asien hervorheben. Dies wird bei der Begegnung mit dem chinesischen Gelehrten auf dem Schiff deutlich.[93]

So zeigt sich er tief erstaunt über die Andersartigkeit, das große Wissen und Können des Mannes. Er bemerkt eine ihm bis dahin noch ungewohnte, weil nicht eurozentrische Betrachtungsweise seines heimatlichen Kontinents (S. 10f.).[94] Gerade, weil sich Hesse auch der großen politischen Umwälzungen, die sich 1911 im Reich der Mitte vollziehen und im darauf folgenden Jahr zur Gründung der Republik führen, bewusst ist, kann er mit der demonstrativen Gelassenheit und Gleichmütigkeit des Chinesen nicht recht umgehen (S. 119).[95]

Ähnlich wie bei der Betrachtung der fremden Natur schwankt Hesse bei der Beurteilung des Verhaltens des aus Schanghai stammenden Reisenden. Das Überlegenheitsgefühl des Chinesen gegenüber den Europäern, seine gelassene Haltung in Zeiten der Unruhe und Veränderung im eigenen Land und seine eher als typisch westliche Eigenschaft angesehene Vitalität und

92 Siehe Hesse: Notizen von der Indonesienreise vom 12.9.1911 2003, S. 130. Zu der Begegnung mit dem Asiaten steht: »Gespräch mit dem Chinesen aus Shanghai, der das Skiking [alte Schreibweise für das altchinesische Weisheits- und Orakelbuch *I Ging*; B.S.] auswendig kann.«

93 Siehe Hsia: Hermann Hesse und China 2002, S. 62. Der Autor spricht bei der Darstellung dieses Chinesen von einer »starke[n] Idealisierung, die zuweilen an Figuren seiner Dichtung wie dem Fährmann in *Siddhartha* oder an den Musikmeister in *Das Glasperlenspiel* erinnert.«

94 Eine ähnliche, d.h. dem europäischen Reisenden ungewohnt hochmütig und abfällig erscheinende Sichtweise auf Europa erfährt auch der zur Zeit der Revolution im Jahre 1911 in China weilende Keyserling: Das Reisetagebuch eines Philosophen 1922, S. 466.

95 Keyserling kann aufgrund einer anderen auffälligen Gegensätzlichkeit im Verhalten der Chinesen nur wenig mit ihrer scheinbar indifferenten Art anfangen. Vgl. ebd., S. 449. Vgl. ferner ebd., S. 434.

Geschäftigkeit befremden sein Gegenüber (S. 12).[96] Was Hesse in der Person dieses Ostasiaten mit den »feuchten, klugen Augen« (S. 12) an Denkweise und Geschäftssinn erkennt, wird er nach seiner Ankunft auf der malayischen Halbinsel in Penang durch andere Chinesen bestätigt finden, zumindest wird er in seinen *Aufzeichnungen* einen solchen Eindruck festhalten.

So ist er tief beeindruckt vom geräuschlosen und »ernsthafte[n] Chinesenbienenleben« (S. 23): Er findet in ihnen Menschen, die gern arbeiten und Geld verdienen, sich dafür auch am »kleinsten aufblühenden Örtchen alsbald einfinden und die genügsamste Pionierarbeit tun« (S. 60). Sie würden jedoch nicht alles um sich herum vergessen und sich verausgaben, sondern ihrer Arbeit in aller Ruhe nachgehen (S. 16).[97] Genauso bedächtig, wie die Chinesen ihr Tagewerk verrichteten, begingen sie auch den Feierabend: Da hocken »hoch über der Straße in offenen Veranden alte Chinesen mit kühlen Gebärden und heißen Augen beim aufregenden Glücksspiel, andre liegen und ruhen oder rauchen und hören der Musik zu, der feinen, rhythmisch unendlich komplizierten und exakten chinesischen Musik« (S. 16).

Von der exotischen Musik der Ostasiaten, ihrer ganzen Kultur, angezogen, entschließt sich Hesse, ein chinesisches Theater zu besuchen. Dort ist er von der Aufführungsweise und der musikalischen Begleitung begeistert (S. 17). Er geht genauer auf die Musik ein, deren Schönheit, Feinheit und Fröhlichkeit er in den höchsten Tönen lobt. In dem Spiel der Musiker erkennt er eine Kunstfertigkeit und Verinnerlichung, wie sie seines Erachtens im Westen nicht vorkommen (S. 17f.). Und er schließt seine Beobachtungen mit einer Bemerkung ab, die seine Bewunderung für die Chinesen begründet: »Im ganzen Theater war außer der primitiven elektrischen Beleuchtung nichts Europäisches und Fremdes; eine alte, durch und durch stilisierte Kunst schwang ihre alten, heiligen Kräfte weiter« (S. 18).

Das ist es, was ihm an den Ostasiaten gefällt und was er an dem »kleinen, eleganten Chinesen aus Schanghai« (S. 10) betont: Sie sind seiner Meinung nach ihrer jahrtausendealten Kultur treu geblieben. Auch in der Zeit kurz vor dem Ersten Weltkrieg, in der Hochphase des europäischen Imperialismus, widerstünden sie den Verlockungen der durch die Globalisierung bis in die kleinsten Winkel der Welt eindringenden westlichen Zivilisation und hielten an

96 Über die instabile politische Situation in China informiert sich Hesse durch die Lektüre von Ku Hung-Mings kritischen Aufsätzen in seinem Buch *Chinas Verteidigung gegen europäische Begriffe*, das 1911 von Alfons Paquet (1881-1944) herausgegeben wird. Hesse rezensiert auch das Werk. Vgl. Hesse: Chinas Verteidigung gegen europäische Ideen 2002, S. 78f.

97 Einen ganz anderen, äußerst negativen Eindruck von der Lebens- und Arbeitsweise der Chinesen in Canton gewinnt Keyserling: Das Reisetagebuch eines Philosophen 1922, S. 434f.

ihren Werten und Überlieferungen fest. Hesse stellt dies an Dingen wie ihrer selbst produzierten, nicht durch europäische Importe »verfälschten« Kleidung oder auch an ihrem nach wie vor eigenständigen Häuserbau fest (S. 20ff.).[98]

Die Chinesen böten im Gegenteil als Bewohner eines der wenigen, offiziell noch unabhängigen Staaten des Ostens dem Westen nicht nur Paroli, sondern sie begäben sich mit ihm auch in einen Konkurrenzkampf um den wirtschaftlich äußerst lukrativen asiatischen Markt. In alle Branchen drängen sie ein und behaupteten sich dort. Und dass ihre Produkte nicht nur von hervorragender Qualität seien, sondern auch einen hohen ästhetischen Wert besäßen, verbessere ihre Absatzmöglichkeiten deutlich. Ihren Konkurrenten sei das ein Dorn im Auge und träfe sie in ihrem Überlegenheitsgefühl gegenüber den Asiaten.[99]

Hesse gefällt es, dass man im von Europäern fast vollständig kolonisierten Osten an dem »diskreten gelben Volk aus China« (S. 21), an der »uniformen, ameisenartigen Menge der Chinesen« (S. 21) ökonomisch wie kulturell nicht vorbeikommt.[100] Das ist hauptsächlich der Grund, weshalb er von den Chinesen den ersten und vielleicht stärksten Eindruck seiner Reise hat:

> Bei den Chinesen sah ich zum erstenmal die Einheit eines Volkswesens so absolut herrschen, daß alle Einzelerscheinungen darin ganz und gar untergehen. Äußerlich und malerisch kann man von Malayen, Hindus oder Negern denselben Eindruck haben, Farbe, Kostüm und Lebensführung uniformieren alle diese Massen zu höchst sichtbaren Einheiten. Aber bei den Chinesen war von allem Anfang an der Eindruck eines Kulturvolkes da, eines Volkes, das in langer Geschichte geworden und gebildet ist und im Bewußtsein der eigenen Kultur nicht nach rückwärts, sondern in eine tätige Zukunft blickt.[101]

---

98 Siehe Paquet: Vorwort 1917, S. VI: »Die größte Kraft der chinesischen Natur ist hier ausgesprochen, jenes etwas, das diese Rasse so radikal von den eingeborenen Wilden Amerikas oder Australiens unterscheidet, denen die auch von den Chinesen gefürchtete materialistische ›Zivilisation‹ ein Geruch des Todes zum Tode war. Auch der allerletzte unter diesen gelbbraunen Menschen trägt bei sich das Bewußtsein und die Instinkte der alten Kultur seines Volkes wie ein Amulett.« Vgl. ferner Michels: Nachwort. In: Hesse: Betrachtungen und Berichte I. 2003, S. 499.

99 Vgl. Hesse: Chinesen 2003, S. 197f.

100 Das Bild der Ameise aufgreifend, ist Keyserling dennoch von der Kultur der Chinesen, ihrer hohen Bildung und ihrem starken nationalen Selbstbewusstsein durch alle Gesellschaftsschichten hindurch tief beeindruckt. Vgl. Keyserling: Das Reisetagebuch eines Philosophen 1922, S. 435.

101 Hesse: Erinnerung an Asien 2003, S. 201f. Zur Relativierung dieses äußerst positiven China-Bildes siehe Hsia: Hermann Hesse und China 2002, S. 65: »Man muß natürlich bedenken, daß Hesse vor seiner Reise nur eine kleine Anzahl chinesischer

2.4.1.3 »Die armen Malayen, liebe, schwache Kinder…« Die Begegnung mit den »Naturvölkern«

Wandelt sich Hesses Einstellung gegenüber den Chinesen im Laufe seiner Reise nach anfänglicher Zurückhaltung zu tiefer Bewunderung, bleibt das Bild, das er sich von den anderen, sogenannten »primitiven Völkern«[102] Asiens macht, von Anfang bis Ende relativ ambivalent.[103] Erkennt er in den Chinesen selbstbewusste, patriotisch eingestellte und allem Fremden distanziert gegenüber stehende Individuen, stellt er bereits in den ersten Tagen nach der Ankunft in Penang fest, dass die Malayen im Gegensatz zu jenen anfällig und beeinflussbar seien, da sie viele aus dem Westen stammende Erfindungen und Verhaltensweisen unreflektiert übernommen hätten (S. 18f.).[104]

Dabei macht Hesse eine Erfahrung, die mit zu seinen »indischen Enttäuschungen« (S. 109) gezählt werden muss: Gerade er, der »europamüde«[105] den Kontinent um »seiner grellen Geschmacklosigkeit, seinem lärmigen Jahrmarkt-

Gedichte und Lieder und einige philosophische Werke des alten China gelesen hatte. Zum politischen und sozialen China hatte er keine Beziehung. Und auf seiner Reise lernte er nur die Chinesen Hinterindiens kennen. Er wußte nichts von der Korruption der gebildeten Schichten. Auch wußte er nichts vom Elend des Volkes und von der Unterdrückung und Ausbeutung der Chinesen durch die Kolonialmächte, die an China genauso ›nur Dieb, Eroberer und Ausbeuter‹ waren, wie an den ›primitiven Völkern‹ Südostasiens. Ebenfalls kannte Hesse nicht den Zwiespalt des damaligen China, den Kampf zwischen Tradition einerseits und der politischen und technischen Orientierung nach europäischem Vorbild andererseits. Alle diese Geburtswehen des neuen China lernte er erst später kennen. Deshalb sah Hesse die Chinesen etwas idealisiert. Andererseits konnte er – unbelastet von den aktuellen Problemen Chinas – objektiver (sofern man bei Menschen überhaupt von Objektivität sprechen kann) die Eigenart, das Wesen Chinas erfassen und behielt, trotz gelegentlicher Schwärmerei, im Prinzip recht mit seiner Erkenntnis von der Geschlossenheit des chinesischen Volkes.«

102 Hesse: Erinnerung an Asien 2003, S. 202.

103 Vgl. Freedman: Hermann Hesse 1982, S. 197.

104 Siehe Hesse: Notizen von der Indonesienreise vom 27.9.1911 2003, S. 137: »Dann in ein malayisches Theater: Musik völlig europäisch, übler Opernstil, ein Mime sehr gut naturalistisch-komisch, schlechte Kostüme, Harmonium, alles variétéhaft, unsinnig herausgeschminkt und faustdick grell, mit viel Schießen. Die vielen Prachtkulissen von einem Chinesen Chek May gemalt, das Tollste von europäischgebildetem Ungeschmack, lächerlich grotesk, Denkmal 1. January 1910. Man spielte die Geschichte von Ali Baba, mit gräulichen Schrecknissen in der Höhle etc. Alles ohne eigene Kultur, aber geschickt imitiert und oft gut gespielt, die Singstimmen grell und heiser.«

105 Diesen Ausdruck benutzt Hesse in einem Brief vom 6.4.1923 an Rolland. In: Materialien zu Hermann Hesses »Siddhartha«. Erster Band 1999, S. 193.

betrieb, seiner hastigen Unruhe, seiner rohen, tölpenhaften Genußsucht«[106] in Richtung Asien flieht, um dort die »uralte Idee des Ostens, die Erkenntnis von der Einheit alles Seienden«[107] und die »paradiesische Einheit von Denken und Fühlen«[108] verwirklicht zu finden, muss akzeptieren, dass sein romantisches Bild von einem ursprünglichen, unschuldigen und weisen Asien im Falle der Malayen und der anderen »Naturvölker« nicht der Realität entspricht.[109]

Denn diese seien den Verlockungen der westlichen Zivilisation aufgrund ihrer Kindlichkeit, Naivität und großen Unwissenheit erlegen. Das zeige sich, wiederum parallel zu den Chinesen, deutlich an Äußerlichkeiten wie ihrer im Westen produzierten, übertrieben orientalischen Kleidung (S. 20f.). Sie bemerkten gar nicht, zu welch »schlechten Kopien« ihrer selbst sie geworden seien, ja dass sie sich durch den westlichen Einfluss fast zu den Orientalen hätten formen lassen, wie sie sich der Okzident vorstellen würde. Freilich seien hierfür ihre »eitel freudige Dienerschaft und ihr[] ergebenstes Wohlwollen« (S. 51) verantwortlich: »Das Volk hat hier jene furchtsam kriechende Unterwürfigkeit, die der europäische Beamte und Kaufmann schätzt, die unsereinem aber gelegentlich störend auffällt. Indessen ist der geknechtete Malaye äußerst flink im Übernehmen europäischer Bequemlichkeiten, Genüsse und Herrenmanieren« (S. 81).

Hesse glaubt in ihrem Falle eine schwere Identitätskrise zu erkennen. Die »Naturvölker«, gewissermaßen zugleich eine Kopie ihrer selbst und ein Abziehbild der Europäer, seien Opfer ihrer Offenheit und Gutgläubigkeit geworden. Zu wenig ihrer selbst bewusst, um die eigene Kultur zu erhalten, machten sie sich selbst zu Dienern der Europäer und konsumierten deren Waren, wodurch sie sich von den Westlern doppelt abhängig machten (S. 58).[110]

---

106 Hesse: Besuch aus Indien 2003, S. 241.

107 Hesse: Ein Bibliotheksjahr 1999, S. 78.

108 Ebd., S. 78.

109 Siehe Hesse an Conrad Haussmann in einem Ende November 1911 auf dem Dampfer *York* geschriebenen Brief. In: Hesse: Aus Indien 2003, S. 117: »An Völkern sah ich Malayen und Javaner, Tamilen, Singhalesen, Japaner und Chinesen. Über letztere ist nur Großes zu sagen: ein imponierendes Volk! Die Mehrzahl der andern sind arme Reste einer alten Paradiesmenschheit, die vom Westen korrumpiert und gefressen wird, liebe, gutartige, geschickte und begabte Naturvölker, denen unsre Kultur den Garaus macht. Wenn die Weißen das Klima hier besser vertrügen und ihre Kinder hier aufwachsen lassen könnten, gäbe es bald keine Inder mehr.«

110 Was die auf den ersten Blick unverständlich erscheinende freiwillige und kampflose Unterwerfung der Einheimischen unter die europäischen Machthaber angeht, führt Multatuli diese in Niederländisch-Indien zum einen auf die doppelte Herrschaft zurück. So nutzten die Kolonialherren den Einfluss des einheimischen Adels, um mit dessen Hilfe die eroberten Gebiete zu regieren. Vgl. Multatuli: Max Havelaar 1993, S. 81. Zum anderen erklärt Multatuli das Verhalten der Javaner mit ihrer

Doch trotz der misslichen Entwicklung, die die »gutmütigen, hübschen Malayen« (S. 116) unter dem europäischen Einfluss genommen hätten, lernt Hesse auch andere Seiten dieses Volkes kennen. Sie veranlassen ihn, sein äußerst hartes Urteil wieder etwas zu mildern. Dies ist etwa der Fall, als er in Singapur wieder ein malayisches Theater besucht (S. 53). Dabei ist es eine »magere, junge Schauspielerin in der seltsamen Rolle eines weiblichen Hanswurst« (S. 33), die ihn erstaunt und beeindruckt (S. 33f.).[111] Gefällt und reizt ihn der weibliche Hanswurst vielleicht deshalb, weil er mit der Parodie der übrigen Schauspieler nicht nur das Bühnenstück infrage stellt, sondern auch anregt, die Illusionen der Wirklichkeit zu hinterfragen und gegebenenfalls vorzuführen.[112] So erlebt er, wie zuvor bei den Chinesen, auch bei den Malayen neben einer diesmal beeindruckenden Theateraufführung eine ihn besonders anregende musikalische Darbietung.

Dies geschieht, als er während einer Flussreise auf dem Batang Hari Einheimischen beim Holzabladen zusieht. Ihm fällt der Gesang eines Mannes auf (S. 67f.).[113] Geradezu erleuchtend ist dieses Erlebnis für ihn, weil er zum zweiten Mal auf die Feinheit und Varianz südostasiatischer Musik und auf die Sensibilität und Wahrnehmungskraft der Einheimischen aufmerksam wird. Ferner lernt er die ursprüngliche Funktion von Gesang kennen: Sie diene bei den »primitiven« Völkern der Ventilierung und Sublimierung menschlicher Emotionen, der Beschwichtigung der Natur und der Anrufung des Numinosen:

Lebens- und Denkweise. Da diese vom Wesen her Bauern seien und aus religiösen Gründen stark an ihrem jeweiligen Stammesfürsten hingen, erwarteten sie von jenem auch einen hohen Lebensstil. Vgl. ebd., S. 87f. Dass diese Lebens- und Herrschaftsweise schnell zu Machtmissbrauch und Vetternwirtschaft, Ausbeutung der eigenen Bewohner und beherrschten Gebiete führen kann, verwundert nicht. Vgl. ebd., S. 92f.

111 Siehe Hesse: Notizen von der Indonesienreise vom 3.10.1911 2003, S. 143: »Das ganze lustige Zeug wurde durch eine merkwürdige Rolle bedeutend. Es war da ein weiblicher Hanswurst, [...] Diese Schauspielerin, deren Rolle eine populär possenhafte war, ging in grotesker Komik, meist improvisierend, ins Geniale.«

112 Siehe Freedman: Hermann Hesse 1982, S. 199: »Für einen Moment scheint Hesse den Gedanken des von der Gesellschaft ignorierten und verachteten Künstlers damit auf die Welt des Kolonialismus zu übertragen und fühlt sich der großartig Missverstandenen zuinnerst verbunden.« Siehe übrigens Hesse: Notizen von der Indonesienreise vom 18.9.1911 2003, S. 133: »Später viel Seekranke, prächtige weiße Wellen, bei Tisch mehr Stühle leer als besetzt. Ich blieb leidlich wohl und machte den Kranken den Hanswurst, war den ganzen Tag auf den Beinen.«

113 Siehe die Eintragung vom 24.10.1911 ebd., S. 167: »Feuchter bleicher Morgen, niemand hat auch nur eine Stunde geschlafen. Nachts habe ich wieder lange Zeit von einem Ladenden mit junger Stimme das ampat-lima-Lied gehört, mit bereicherter persönlicher Melodie.«

> So singen die Arbeiter und Landleute hier alle, wenn sie abends im kleinen Einbaum unterwegs sind und die Nacht anbricht; dann werden sie ängstlich und unendlich trostbedürftig, dann fürchten sie das Krokodil und die Geister der Toten, die nachts überm Fluß unterwegs sind, und dann hört man sie mit Ergebung und mit Inbrunst, mit Schmerzen und mit Hoffnung singen, unbewusst wie der Bambus im Nachtwind singt. (S. 68)[114]

So sehr sich Hesse von der Ursprünglichkeit und »Kindlichkeit« der Malayen und der anderen »Naturvölker« beeindruckt zeigt, seine negativen Eindrücke von ihrer Zerrissenheit, unbewussten Selbstaufgabe und Abhängigkeit von westlicher Zivilisation lassen ihn für sie im Gegensatz zu den Chinesen nichts Gutes hoffen.[115]

2.4.1.4 »Augenlust« oder die Erfahrung orientalischen Reichtums

Bestehen zwischen den Völkern Südostasiens Unterschiede bei der Wahrung eigener Traditionen und dem Umgang mit der Kolonial- und Wirtschaftspolitik der Europäer sowie ihrer Kultur, so gibt es unter den Chinesen und Malayen, Indern und Tamilen, Singhalesen und Javanern eine ganze Reihe von kulturellen Gemeinsamkeiten. Es sind in erster Linie ihre Gelassenheit und Toleranz, die selbstverständliche und die Westler verblüffende Akzeptanz des Fremden als einer Ergänzung des Eigenen, die die Bewohner Asiens auszeichnet und die mit verantwortlich ist für ihre Vielfalt (S. 15).

Das Zusammenleben der Ethnien und das friedliche Nebeneinander der Glaubensgemeinschaften ist ferner nicht nur eine Folge der hohen Mobilität (S. 119ff.) und der aus ihr resultierenden Multikulturalität,[116] sondern und

114 Hesse wird das Erlebnis mehrmals verarbeiten: Vgl. sein auf der Reise im Oktober 1911 geschriebenes Gedicht *Fluß im Urwald* (S. 129f.). Vgl. auch den mit dem Titel *Der Regenmacher* versehenen ersten Lebenslauf von Josef Knecht in Hesse: Das Glasperlenspiel 2002, S. 487f.

115 Siehe Hesse an Conrad Haussmann in einem, Ende November 1911 auf dem Dampfer *York* geschriebenen Brief. In: Hesse: Aus Indien 2003, S. 117: »Die Inder haben mir im ganzen wenig imponiert, sie sind wie die Malayen schwach und zukunftslos.«

116 Die Toleranz und Offenheit der Asiaten dem Fremden gegenüber führt Keyserling auf die durch die klimatischen Verhältnisse gegebene Varianz tropischer Erscheinungen zurück. Siehe Keyserling: Reisetagebuch eines Philosophen 1922, S. 69: »Augenscheinlich ist die Psyche hier in gleichem Maße auf die stärksten Gegensätze eingestellt, wie dies der Körper auf die zwischen Licht und Schatten ist, so

vor allem das Ergebnis gelebter Religion:[117] Die Asiaten sind von der Wahrhaftigkeit der altindischen und altchinesischen Lehren, der Vergänglichkeit und Wandelbarkeit der Erscheinungen und von der Einheit alles Seienden hinter allen Gegensätzen und Unterschieden überzeugt.[118] Weil sie nicht Wert auf das Oberflächliche und Materielle, sondern auf den allen gleichen Geist legen, sind sie dem Leben gegenüber zu einer Duldsamkeit und Gelassenheit fähig, die sich den Europäern im bunten Neben- und Miteinander des Alltags offenbart, der hauptsächlich dadurch einen zauberhaften Anstrich für sie erhält.[119]

Vielleicht nur in seltenen Momenten deckt sich Hesses stark von den indischen Erzählungen des Elternhauses und der Lektüre von *Tausendundeiner Nacht* geprägtes Orientbild mit der asiatischen Wirklichkeit.[120] So zumindest

---

daß das Seltsamste normal erscheint. Würde es mich überraschen, wenn mir im Dschungel ein Gott entgegenträte? Kaum. Denn unglaubwürdiger könnte er kaum wirken, als es so viele Geschöpfe tun, die täglich vor mir ihr Wesen treiben. Die Spannweite des Möglichen ist in den Tropen so groß, daß der Mensch das Überrascht- und Entsetztsein bald verlernt.«

117 Derselbe Philosoph erklärt im Fall von Buddha ebd., S. 53: »Hier, an diesem Punkte, erweist sich der Buddhismus dem Christentum entscheidend überlegen. Buddha, der Fürstensohn, der über den Parteien Stehende, hat eine Lehre in die Welt gesetzt, die nichts Bestehendes besonders verneint (sie verneint alles Vergängliche in Bausch und Bogen), daher keinerlei Intoleranz hervorrufen und gleichmäßig alle dem positiv Besseren zuführen konnte.«

118 Vgl. wegen der Lehre von der Vergänglichkeit und Wandelbarkeit der Erscheinungen die Bhagavadgita. Zweiter Gesang, Strophe 16ff. 2003, S. 27. Vgl. wegen der Einheit alles Seienden die Isa-Upanischad. Zweites Gespräch, Satz 6. In: Upanischaden 2005, S. 79.

119 Siehe Bonsels: Indienfahrt 1920, S. 41: »Nie aber, daß Langeweile oder Mißmut mich plagten, das Leben war ein makelloses Gefäß, angefüllt mit klarem alten Wein lieblicher Sinnenfreude und heiterer Daseinslust. Ich begriff die Menschen dieses Landes und dieser Sonne, die kein anderes Begehren zu bewegen schien, als das Dasein auf solche Art als seligen Bestand auszukosten und sich dem selbsttätigen Walten von Erstehen und Vergehen, den vergänglichen Glücksgütern der Erdenzeit gegenüber wahllos und zufrieden, ohne Bedenken, anheimzustellen. Was den Unedlen zu einem Anlaß anteillosen Verkommens wurde, das wurde im verwandten Geist den Edlen zu einer tiefen Offenbarung tatlosen Versinkens in einer hellseherischen Demut der Selbstbeschränkung.«

120 Dass sich Hesses Beschäftigung mit Asien nicht nur auf Indien und China beschränkt, sondern auch die Werke des islamischen Kulturkreises umfasst, ist seiner Rezension *Meisterwerke orientalischer Literaturen* zu entnehmen. Dieses Interesse führt bei ihm nach der Rückkehr aus dem Osten dazu, dass er eine Auswahl aus den von Johann Gottfried Herder (1744-1803) und August Jacob Liebeskind (1758-1793) veröffentlichten orientalischen Geschichten der Sammlung *Palmblätter* (1786) trifft und 1914 unter dem Titel *Morgenländische Erzählungen* neu herausgibt.

zeichnet er es in den *Aufzeichnungen von einer indischen Reise*. Für einige Augenblicke scheint die Zeit stehen geblieben zu sein, so dass er die Gelegenheit hat, sich verzaubern zu lassen:

> Hier wandeln im verschwenderischen Licht, das namentlich der Chinese liebt, unverändert alle Gestalten der östlichen Märchen, nur die Könige, Wesire und Henker sind zum Teil verschwunden, gleichwie vor Jahrhunderten arbeitet der geschickte Barbier, tanzt die geschminkte Dirne, lächelt ergeben der Diener und blickt stolz der Herr, wie immer kauern wartend die Träger und Arbeitsuchenden, kauen Betel und erzählen einander Geschichten. (S. 17)[121]

Zwar erinnert ihn das »heftige Straßenleben« (S. 24) wohlig an italienische Städte, es »entbehrt aber völlig des wahnsinnigen Gebrülls, mit dem in Italien jeder Streichhölzerbub seine Bagatelle ausschreit« (S. 24). Im Gegensatz zu den europäischen seien die asiatischen Händler und Verkäufer nicht sehr darauf versessen, ihre Ware eilig an den Mann zu bringen.[122]

---

121 Schon vor der Ankunft in Hinterindien erlebt Hesse die östliche Farbenvielfalt und Prachtentfaltung in Colombo auf Ceylon. Siehe Hesse: Notizen von der Indonesienreise vom 23.9.1911 2003, S. 135f.: »Die neue Stadt lebendig und schön, doch brutal europäisiert, toller kleiner Tempel mit hundertfiguriger Fassade, innen heilig goldene Dämmerung und nasale Dudelsackmusik. Herrliche Gärten, Bäume, Blütensträucher, erster großer Falter. Markt der Eingeborenen, Mangofrucht saftig aromatisch, eine Art Mispeln, wässrig kühl. Von allen Seiten einstürmend bunter greller Orient, köstlich und märchenhaft, schöne dunkelbraune Menschen, die Frauen mit Goldplatten in den Nasenflügeln, bettelnde Kinder, die meine Hand mit kühlen Händen berühren, überall hohe Würde und Groteskerie nah beieinander. Fahrt mit Pferd ins Gall Face Hotel, am Meer, etwas kahl, toll elegant, englisches Billard mit Pertile, dann mehrstündige Rikschafahrt. Wundergärten, kleine Läden des Volks, große Anlagen, Spielplätze, Polospiel, Badeplatz, viel grellfarbige Trachten, weiße indische Soldaten mit Turban, schöne Männer, die Zähne rot von Betel. Das war der erste tropische Eindruck, stark und schön, grelles Gassenleben und dahinter heimelige Bungalows in schönen Gärten.«

122 Was das östliche Zeitgefühl angeht, äußert sich in einem anderen Zusammenhang Keyserling: Das Reisetagebuch eines Philosophen 1922, S. 746f.: »Man sagt, der Orientale habe Zeit. Die Wahrheit ist, daß ihm das Zeitbewußtsein fehlt; deshalb stellen sich ihm die Wesensprobleme unabhängig von ihrer temporellen Aktualisierung. [...] So haben weder die indischen noch chinesischen Weisen in unserem Sinn Gebote aufgestellt. Sie haben gesagt: wenn du das tust, so wirst du vollendet; wenn du so bist, dann hast du es erreicht; wenn du den Fehler begehst, dann wird deine Entwickelung aufgehalten. Nie sagten sie: du s o l l s t das tun. Der Orient kennt kein ›Sollen‹, weil er ›ist‹; wir, die unaufhaltsam Werdenden, sehen das Sein in der Form des ›Gesollten‹ vor uns.« Hervorhebung von Keyserling.

Die Menschen des Ostens haben nach Hesse Zeit, weil es ihnen primär nicht darum geht, schnell zu arbeiten. Sie wollten zwar ebenfalls Geld verdienen, doch gingen sie ihr Ziel gelassener an. Schließlich scheine ihnen materieller Reichtum nicht als Endzweck ihres Strebens, Geld nicht das Ziel zu sein, sondern ein notwendiges Mittel zur Bestreitung des Lebens. So erklärt er sich den fremden, weil langsameren asiatischen Arbeitsrhythmus. Diese Lebensart führe dazu, Zeit und Energie ruhig und überlegt einzusetzen, sie nicht zu verschwenden, sondern im Gegenteil zu konzentrieren. Ergebnisse solcher geduldigen, dafür aber auch kunstvollen Arbeit sieht Hesse in den Spielzeugprodukten japanischer Läden in Singapur (S. 28).

Doch so sehr er von der Geduld und Höflichkeit, Sorgfalt und großen Fertigkeit der Asiaten beeindruckt, über den Reichtum an Ethnien und Religionsgemeinschaften, Lebens- und Denkweisen erstaunt und über die Fülle an Farben und Formen in der Flora und Fauna begeistert ist, über eines wird sich Hesse bewusst, dass nämlich die »Augenlust, die der Orient bietet« (S. 31), eine fragile Kostbarkeit darstelle. Es gelinge ihr aber dennoch – trotz der Bedrohung durch die rasante Verwestlichung und Monotonisierung – ihre gesamte Pracht und Herrlichkeit strahlen zu lassen:

> Alles, was man um Geld haben kann, ist hier in Asien zweifelhaft, vom Bett bis zum Essen, vom Diener bis zum Geldwechseln, aber ringsum glänzt unerschöpft der Reichtum und die Kunst Asiens, von allen Seiten bedrängt, bestohlen, unterhöhlt und vergewaltigt, vielleicht schon arg geschwächt und vielleicht schon im Todeskampf, aber auch noch so reicher und vielfältiger, als wir im Westen es uns träumen können. (S. 31)[123]

Noch vor seiner »Erleuchtung« auf Ceylons höchstem Berggipfel, dem Pedrotallagalla, so erklärt Hesse, sieht er bereits hier die Unmöglichkeit ein, die asiatischen Verhältnisse ohne Abstriche auf Europa zu übertragen. Er erkennt, dass er nur »Bruchstücke« ihres Geistes und ihrer Atmosphäre mit nach Hause nehmen könne. Die Traurigkeit, die bei ihm anklingt, schließt aber wieder eine Tröstung in sich ein:

> Überall liegen Schätze zur Schau, und alle gehören dem, der seine Augenlust daran zu finden weiß, denn ob ich für hundert Dollar einkaufe oder für zehntausend, ich bekomme für alles Geld doch nur das hübsche einzelne, das vielleicht bald enttäuscht, und vom Bild der gehäuften

123 Siehe Hesse: Notizen von der Indonesienreise vom 25.10.1911 2003, S. 168: »In den Läden Schätze jeder Art, eine Augenlust. Ich kaufte Spielsachen und Photographien.«

Schätze, von dem großen, bunten asiatischen Basarglanz kann ich nichts mit nach Westen nehmen als einen Abglanz im Gedächtnis. Ob ich später zu Hause eine Kiste voll chinesischer und indischer Sachen auspacke oder zehn Kisten, das ist, als ob ich vom Meere eine oder zwanzig Flaschen voll Wasser mitbrächte. Brächte ich auch hundert Tonnen heim, es wäre doch kein Meer. (S. 31f.)[124]

2.4.1.5 »Sie haben alle Religion.« Das Erlebnis asiatischer Frömmigkeit

Die Erfahrung, dass der Osten seine Vielfalt an Menschen, Tieren und Pflanzen im Zeitalter des Kapitalismus und Imperialismus trotz aller durch den Westen erzwungenen Veränderungen im Großen und Ganzen aufrechterhalten habe – diesen Eindruck erwecken zumindest die Reisefeuilletons –, macht Hesse auch im Fall der Religiosität, und das insbesondere auf der letzten Station seiner Asienreise, auf der vor dem indischen Subkontinent liegenden Insel Ceylon.

Betrachtet man die *Notizen von der Indonesienreise* in Bezug auf diesen Aufenthalt, ist festzustellen, dass Hesse auch an dieser Stelle Veränderungen vornimmt. Körperlich aufgrund des wechselhaften Wetters, der ungewohnten Nahrung und permanenten Einnahme von Medikamenten ausgelaugt, entschließt er sich, seine Reisepläne umzuändern und den Aufenthalt an der westindischen Küste aufzugeben.[125] Doch die »wundervolle Landschaft« (S. 96) von Ceylon und die »schönsten Spazierwege der Welt« (S. 96) halten ihn noch für einige Zeit auf der Insel, wo er währenddessen von der verspäteten Regenzeit überrascht wird (S. 96).[126] Er lernt die »›Unschuld des Südens‹«

---

124 Siehe Keyserling: Das Reisetagebuch eines Philosophen 1922, S. 282: »Dieses Anders-Sehen schließt aber ein Besser-Erkennen ein, also bedingt nicht nur, sondern i s t Erkenntnis Erlösung.« Hervorhebung von Keyserling.

125 Wie schlecht Hesse das tropische Klima auch auf Ceylon bekommt, das mag als Beispiel der kurze Tagebucheintrag vom 13.11.1911 illustrieren. Siehe Hesse: Notizen von der Indonesienreise 2003, S. 181: »Guter Schlaf bis morgens um 3 Uhr, dann wachte ich fröstelnd mit großem Unbehagen auf und wurde von Übelkeit und heftigem Durchfall befallen. Erst bei Mondlicht, später bei heftigem Regen wanderte ich bis 8 Uhr zwischen Zimmer und Lokus hin und her. Dann Tee und Packen. Ich siedelte mit Sack und Pack ins andre Hotel über und blieb dort den Vormittag liegen, wie immer von Diarrhoe überfallen.«

126 Siehe die Eintragung vom 18.11.1911 ebd., S. 184: »Es regnet fast ohne Pause, ziemlich kühl, mir graut ein wenig vor der Kälte, die wir in Nurelia zu erwarten haben.« Siehe ferner die Eintragung vom 19.11.1911 ebd., S. 119: »Es ist ein übler Zustand: wir alle ziemlich erschöpft und krank, draußen endloser Regen, und doch

(S. 96) und die »Ursprünglichkeit und Tierähnlichkeit« der Asiaten hier besser kennen und kann sich über ihre Tüchtigkeit, Ernsthaftigkeit und Demut nicht genug wundern (S. 97).[127]

In der Überzeugung, zu den »märchenhaften Kindheitszuständen der Menschen«[128] zurückgekehrt zu sein, bestärkt Hesse zum einen die Unbekümmertheit und Daseinslust der Einheimischen, zum anderen das intensive Erlebnis der paradiesähnlichen Natur.[129] Mitten in der prachtvollen Landschaft gelegen, besucht er den ältesten und heiligsten buddhistischen Felsentempel der Insel. Ein Priester erklärt sich bereit, ihn herumzuführen. Und Hesse begibt sich auf Entdeckungstour und erkennt, wie schon in der großen, leerstehenden Oberkirche von San Francesco, hier jedoch nicht Franz-, sondern Buddhalegenden die Wände bedeckend: »Es war genau derselbe Geist, nur war hier alles klein und zierlich, und in der Zeichnung der Bildchen war wohl Kultur und Leben, aber keine Persönlichkeit« (S. 99f.).[130]

muß eben diese Woche, bis das Schiff geht, vollends hingebracht werden.« Keyserling ist nach dem ersten Rundgang auf Ceylon ähnlich gestimmt. Der Freude folgt sogleich die Ernüchterung. Vgl. Keyserling: Das Reisetagebuch eines Philosophen 1922, S. 37.

127 Siehe Hesse: Notizen von der Indonesienreise vom 13.11.1911 2003, S. 181f.: »Die Leute sind alle etwas verdorben, aber gutmütig und oft nett, schöne asketische Gesichter mit ernsten Augen und wundervollem Haar, auch die lebhaftesten Straßen ruhig.« Dass Hesse gerade die Menschen bewundert, die trotz ärmlichem und monotonem Dasein ihre Fröhlichkeit und Lebensfreude beibehalten haben, fällt in einem Gespräch mit ihm auch Romain Rolland auf. Vgl. Rollands Tagebucheintragungen vom September 1920 in: Materialien zu Hermann Hesses »Siddhartha«. Erster Band 1999, S. 116. Keyserling führt die Bedürfnislosigkeit und Zufriedenheit der Asiaten auf die hiesigen klimatischen Verhältnisse zurück. Siehe Keyserling: Das Reisetagebuch eines Philosophen 1922, S. 38ff. Vgl. in diesem Zusammenhang auch Zweig: Die Stadt der tausend Tempel 1987, S. 119f.

128 Hesse: Erinnerung an Indien 2003, S. 213. Siehe auch Günther: Aufbruch nach Asien 1988, S. 163: »Wenn Asien der Besitz von etwas *noch* zugeschrieben wurde, was Europa *schon* verlorengegangen war, so mußte Asien auf einer früheren Entwicklungsstufe stehengeblieben sein, die Europa schon hinter sich gelassen hatte. Die Kluft zwischen den Polen ›Europa‹ und ›Asien‹ lag also mehr in der zeitlichen als in der räumlichen Ebene.«

129 Siehe Hesse: Notizen von der Indonesienreise vom 12.11.1911 2003, S. 179f.: »Aus den Tälern voll fabelhaft überquellender Fruchtbarkeit steigen weiche Waldberge und schöne kühne Felsberge.«

130 Hesses Vergleich von Buddha und Franz von Assisi ist für die Zeit um 1900 kein ungewöhnlicher. Häufig führt die Beschäftigung mit altasiatischen Schriften – insbesondere in der Frage nach dem Erkenntnisgewinn bei der Betrachtung von Flora und Fauna – zu einer Auseinandersetzung mit dem mittelalterlichen Ordensgründer. Ausdrücklich erwähnt wird diese Verbindung bei Mauthner: Der letzte Tod des

Doch wie so oft auf der Reise folgt anfänglicher Begeisterung sogleich Ernüchterung. Denn so ergreifend der Besuch auch ist, einen rein positiven Eindruck behält Hesse auch von östlicher Religiosität nicht. Schwach und betäubt von den Opiaten, die er gegen die Dysenterie verwendet, sucht er ein paar Tage nach dem ersten Ausflug einen weiteren Tempel auf.[131] Bereits an dessen Eingang stellt er fest, dass der »schöne, lichte Buddhismus zu einer wahren Rarität von Götzendienst gediehen ist, neben der auch der spanischste Katholizismus noch geistig erscheint« (S. 102).[132] Der Anblick ist ihm bekannt: Er erinnert an Europa (S. 102f.).[133] Kleine Jungen drängen sich ihm auf und ein Führer bemächtigt sich seiner. Er zahlt und wird herumgeführt.[134]

Gautama Buddha 1921, S. 160. Was Hesse angeht, gibt er 1904, zu der Zeit, als er mit der Lektüre indischer Schriften beginnt, zwei biographische Studien heraus. Eine von ihnen behandelt das Leben des Franz von Assisi.

131 Tatsächlich erfolgen die Tempelbesuche in umgekehrter Reihenfolge. Siehe Hesse: Notizen von der Indonesienreise vom 17.11.1911 2003, S. 184f.

132 Siehe die Eintragung vom 17.11.1911 ebd., S. 184. Beide Texte, die Tagebuchnotizen wie die Reisefeuilletons stimmen in diesem Zusammenhang miteinander überein: »Abends 6 ½ Besuch des Tempels, der 20 Minuten dauerte und etwa 20 Mark kostete, es wimmelte von Führern und zutiefst untertänigen Kerzenträgern, Priestern, Bettlern, dargereichten Opferschalen, man konnte sich hier von allem Buddhismus loskaufen.«

133 Keyserling stellt auch einen Vergleich zwischen den beiden Religionen an, kommt aber zu anderen Ergebnissen. Siehe Keyserling: Das Reisetagebuch eines Philosophen 1922, S. 342f.: »Um nun zum Hinduismus zurückzukommen: diesem gelten die Glaubensnormen, die als solche ebenso streng gewahrt werden wie seitens katholischer Christen, nicht als Substanzen, sondern als Ausdrucksformen des Göttlichen, gleichzeitig als Mittel, dieses zu realisieren. Demzufolge werden sie einerseits weniger ernst genommen als unter uns, sie gelten nie als metaphysische Wirklichkeiten, andrerseits mehr, da kein Hindu ihre Zweckmäßigkeit verkennt. Auch das Glauben als solches wird von ihnen aus eben dem Grunde ernster genommen, als mir dies je in Europa begegnet ist: sie wissen eben, was Glauben b e d e u t e t; daß es ein Mittel ist wie kein anderes, um das Sein zu realisieren.« Er resümiert ebd., S. 343: »Die Hindus sind seelisch so weit gebildet, daß sie zwischen Glauben und Für-wahr-halten rein unterscheiden; daß sie glauben können an etwas, ohne zu verlangen, daß es objektiv existierte. Glauben ist ihnen ein Mittel, d a s souveräne Mittel [...]« Hervorhebungen von Keyserling.

134 Siehe ebd., S. 334: »So ist dem Osten gelungen, was dem Westen noch niemals gelang: das Göttliche als solches sichtbar darzustellen. Ich kenne nichts Erhabeneres auf dieser Welt als die Gestalt des Buddha; sie ist eine schlechterdings vollkommene Verkörperung des Spirituellen im Reiche der Sichtbarkeit. Und dies nicht dank dem Ausdruck der Ruhe, der Beseeltheit, der Innerlichkeit, welchen sie trägt, sondern an sich, unabhängig von aller Übereinstimmung mit Entsprechungen in der Natur.«

Insgesamt ist er vom zweiten Rundgang enttäuscht. Nicht nur seien große Teile des Tempels in einem äußerst schlechten Zustand, die verantwortlichen Geistlichen und ihre Mitarbeiter hätten auch weniger Interesse an der Ausübung ihrer religiösen Aufgaben als eher daran, den Besuchern Spenden abzunehmen (S. 104).[135] Als er zu guter Letzt auch noch eine »nüchterne, schäbige Quittung« (S. 105) erhält, äußert er sich im Hinblick auf seine hohen Erwartungen von asiatischer Religiosität recht niedergeschlagen:

> Wir haben das alles in Europa auch; ich gab meinen Obolus und ging weiter. Der Buddhismus von Ceylon ist hübsch, um ihn zu photographieren und Feuilletons darüber zu schreiben; darüber hinaus ist er nichts als eine von den vielen rührenden, qualvoll grotesken Formen, in denen hilfloses Menschenleid seine Not und seinen Mangel an Geist und Stärke ausdrückt. (S. 105f.)[136]

Es gelingt ihm aber, auch in diesem Erlebnis Trost zu finden. Wie frustrierend die Kommerzialisierung der Religion auf Ceylon für ihn auch ist, wie sehr sie seinen Vorstellungen und Wünschen von Asien widerspricht, er entdeckt trotz Verödung und Entzauberung, Verfall und Verwestlichung im Nachhinein einen nach wie vor großen Unterschied zwischen Orient und Okzident, zwischen den »primitiven« Frommen des Ostens und den hoch spezialisierten Denkern des Westens. Dies führt dazu, sein hartes Urteil nach den Tempelbesuchen zu relativieren:

> [I]ch fühlte tief und mitleidend mit den guten, sanften indischen Völkern, die hier in Jahrhunderten eine herrlich reine Lehre zur Fratze gemacht und dafür einen Riesenbau von hilfloser Gläubigkeit, von töricht herzlichen Gebeten und Opfern, von rührend irrender Menschentorheit

135 Einen anderen Eindruck von den Geistlichen gewinnt Keyserling ebd., S. 48: »Ich muß sagen, daß der buddhistische Priester mich durch die Höhe seines Niveaus überrascht. Nicht seines geistiges Niveaus, sondern seines menschlichen. Sein Typus ist dem des christlichen überlegen. Ihm eignet eine Sanftmut, ein Allverständnis, ein Wohlwollen, ein Über-den-Dingen-stehen, von dem der noch so Voreingenommene nicht behaupten wird, daß er den christlichen Geistlichen charakteristisch sei.«

136 Siehe Ganeshan: Das Indienerlebnis Hermann Hesses 1974, S. 41f.: »Diese Indienreise Hesses, die gewissermaßen als seine Flucht aus der Kulturmüdigkeit Europas bezeichnet werden kann, bringt ihn dem indischen Geist nicht näher, da er die lebendige Berührung in Form eines lebendigen religiösen Lebens mit dem indischen Volk vermissen mußte. Eine den großen Lehren entsprechend praktizierte indische Religion war nicht zu finden.«

> und Kindlichkeit errichtet haben. Den schwachen, blinden Rest der Buddhalehre, den sie in ihrer Einfalt verstehen konnten, den haben sie verehrt und gepflegt, geheiligt und geschmückt, dem haben sie Opfer gebracht und kostbare Bilder errichtet – was tun dagegen wir klugen und geistigen Leute aus dem Westen, die wir dem Quell von Buddhas und von jeder Erkenntnis viel näher sind? (S. 104f.)[137]

Wie sehr die Asiaten von ihrer ursprünglichen Frömmigkeit auch abgekommen seien, wie oberflächlich ihre Religiosität auch geworden sei, mit ihrem Glauben würden sie immer noch glücklicher als die zwar wirtschaftlich erfolgreicheren und wohlhabenderen, aber unzufriedenen und rastlosen Westler. Der einfache, aber unumstößliche, durch alle die verschiedenen Völker und Gesellschaftsschichten gehende Glaube der Asiaten sei die Basis ihres leichten und unbeschwerten, gleichzeitig aber konzentrierten und darum trotz allem reicheren Daseins, resümiert Hesse:

> Schön und nachdenklich war es auch, alle diese Menschen bei ihren religiösen Übungen zu sehen, Hindu, Mohammedaner und Buddhisten. Sie haben alle, vom reichen städtischen Häuserbesitzer bis zum geringsten Kuli und Paria herab, Religion. Ihre Religion ist minderwertig, verdorben, veräußerlicht, verroht, aber sie ist mächtig und allgegenwärtig wie Sonne und Luft, sie ist Lebensstrom und magische Atmosphäre und

137 Siehe Keyserling: Das Reisetagebuch eines Philosophen 1922, S. 58: »Was den Buddhisten von Ceylon ein so stillfreudiges Dasein sichert, ist vor allem die Gewißheit dessen, daß das Heil nicht schwer zu erringen ist. Wie einfach sind die zu befolgenden Vorschriften!« Siehe ebd., S. 98: »Das Bedeutsame ist, daß diese einfachen Leute wissen. Sie sind keine Denker, keine Versteher; sie sind außerstande, irgendein Wirkliches im Geiste vorauszuerleben. Sie müssen w i r k l i c h erleben, so wirklich, wie sie essen und schlafen. Sie müssen, kurz gesagt, zur psychischen Wirklichkeit im gleichen Verhältnis stehen, wie der Westländer zur physischen.« Hervorhebung von Keyserling. Siehe ebd., S. 120: »Wie fern stehen eure [die europäischen; B.S.] Gelehrten dem Herzen der Wirklichkeit! Sie haben Gehirne, wie kein Inder vielleicht es besessen. Aber anstatt damit dem Sinne nachzuforschen, vergeuden sie die kostbare Zeit ihres Menschendaseins auf Studien gleichgültiger Unwirklichkeit und wähnen dann, sie hätten Wunder was erreicht, wenn ihre Erkenntnisse objektiv sind! Natürlich sind sie das; aber sie sind gleichzeitig sinnlos. Und sieh dir hingegen meine Hindus an: sie ahnen nichts von exakter Forschung; sie finden sich in der Maya gar nicht zurecht; sie versagen nur zu oft in dieser Welt. Dafür stehen ihre Seelen weit offen allen möglichen Einflüssen des Sinns, und alle wandeln den Weg der Befreiung.«

> sie ist das einzige, um was wir diese armen und unterworfenen Völker ernstlich beneiden dürfen. (S. 117)[138]

Nach der Rückkehr aus Asien fasst Hesse seine Erfahrungen mit der östlichen Frömmigkeit zusammen. Dabei zählt er die grundlegenden Unterschiede zwischen Abend- und Morgenland nochmals auf und benennt präzise die Mängel, an denen der Okzident leide:

> Schließlich aber ist doch ein menschlicher Eindruck der stärkste. Es ist der der religiösen Ordnung und Gebundenheit all dieser Millionen Seelen. Der ganze Osten atmet Religion, wie der Westen Vernunft und Technik atmet. Primitiv und jedem Zufall preisgegeben scheint das Seelenleben des Abendländers, verglichen mit der geschirmten, gepflegten,

138 Siehe ebd., S. 221: »Hier komme ich endlich auf ein Problem zu sprechen, das mich seit dem ersten Tage meines Aufenthaltes auf indischem Boden beschäftigt hat: die Glaubenskraft des Inders übersteigt alle, selbst die extravagantesten Vorstellungen, die der Abendländer sich machen kann. Sein Glaube ist erschütterungsunfähig. Man beweise ihm was und soviel man will, er hält an seinen Vorstellungen fest, wie ein Achtfuß am einmal ergriffenen Gegenstande. So glaubt er an seine Kaste mit eben der Inbrunst, mit der Luther an Gott geglaubt hat. Damit ist eine Bewusstseinslage geschaffen, in der Energien sich auswirken können, welche sonst außer Spiel bleiben: die Kräfte, welche ›Berge versetzen‹. So kommt es, daß die Vererbung in Indien zustande bringt, was eigentlich über ihre Kraft geht.« Siehe ebd., S. 263f.: »Jedem angehenden christlichen Geistlichen wäre es anzuraten, ein Jahr des Theologiestudiums draufzugeben und diese Zeit am Ganges zu verbringen: hier würde er erfahren, was Frömmigkeit heißt. Denn in Europa lebt nur mehr ein Abglanz von ihr. Wer kann dort noch inbrünstig beten? Wer kennt dort noch die andächtige Sammlung, welche sich selbst genügt, keiner Veranstaltung bedarf, den Einfluß der störenden Umwelt selbständig ausschaltet? Kaum einer unter Millionen; die am frömmsten zu sein wähnen, sind es meist am wenigsten; denen gilt Glauben als identisch mit Fürwahrhalten und Beten für eines Sinnes mit Bitten, was beweist, daß sie von tieferer Frömmigkeit nichts ahnen.« Dass der Glaube der östlichen Völker diesen nicht nur eine große Gelassenheit und Gleichmütigkeit gegenüber dem regen Treiben der Welt und dem Leben überhaupt eingibt, sondern ihnen auch hilft, das Sterben leicht zu nehmen, davon tief überzeugt ist Bonsels: Indienfahrt 1920, S. 146: »Sterben ist Pflicht, wie auch das Leben. Es wird ein jeder so leicht oder so schwer sterben, als seiner Natur das Leben geworden ist, und wer das eine verstanden hat, wird auch das andere können. Die Menschen Indiens sterben leichter, selbstverständlicher und gewissermaßen unauffälliger als wir, sie überlassen der Gottheit die Sorge für ihr künftiges Ergehen und werden den Gedanken schwer erfassen lernen, daß sie selbst in letzter Stunde für einen geordneten Abzug verantwortlich sein sollten.«

vertrauensvollen Religiosität des Asiaten, er sei Buddhist oder Mohammedaner oder was immer. Dieser Eindruck beherrscht alle anderen, denn hier zeigt der Vergleich eine Stärke des Ostens, eine Not und Schwäche des Abendlandes, und hier fühlen sich alle Zweifel, Sorgen und Hoffnungen unserer Seele bestärkt und bestätigt. Überall erkennen wir die Überlegenheit unserer Zivilisation und Technik, und überall sehen wir die religiösen Völker des Ostens noch ein Gut genießen, das uns fehlt und das wir eben darum höher stellen als jene Überlegenheiten. Es ist klar, daß kein Import aus Osten uns hier helfen kann, kein Zurückgehen auf Indien und China, auch kein Zurückflüchten in ein irgendwie formuliertes Kirchenchristentum. Aber es ist ebenso klar, daß Rettung und Fortbestand der europäischen Kultur nur möglich ist durch das Wiederfinden seelischer Lebenskunst und seelischen Gemeinbesitzes. Ob Religion etwas sei, daß überwunden und ersetzt werden könne, mag Frage bleiben. Daß Religion oder deren Ersatz das ist, was uns zutiefst fehlt, das ist mir nie so unerbittlich klar geworden wie unter den Völkern Asiens.[139]

2.4.1.6 »Aber wir Weißen sind schon dahinter...« Die Kolonialherrschaft der Europäer in Asien

Einen ganz anderen Eindruck vermitteln Hesse die Europäer in Asien, zu denen er ein eher gespaltenes Verhältnis hat. So erzählt er gleich zu Beginn der *Aufzeichnungen*, dass die allermeisten von ihnen, die mit ihm die Schiffsreise absolvierten, als Kaufleute unterwegs seien und den Osten »nicht lieben, obwohl und weil sie draußen ihr Geld verdienen« (S. 9). Hesse selbst sei einer von wenigen, die die Anstrengungen der Fahrt und des Aufenthalts auf eigenen Wunsch auf sich nähmen. Dass aufgrund der Handelstätigkeiten der Europäer in Asien bereits viel von der Originalität und Ursprünglichkeit des Ostens verloren gegangen sei, stellt Hesse während der gesamten Reise fest. So heißt es einmal über Singapur:

> Die klugen Kaufleute aus unserem Westen haben die indischen Seiden und Leinen entbehrlich gemacht, sie färbten Baumwolle und druckten Kattune viel greller, viel indischer, jubelnder, wilder, giftiger, als sie je in Asien gesehen worden waren, und der gute Indier samt dem Malayen ist ein dankbarer Kunde geworden und trägt um seine bronzenen Hüften die billigen, farbengrellen Stoffe aus Europa. Zehn solche indische

139 Hesse: Erinnerung an Asien 2003, S. 203f.

> Figuren genügen, um eine belebte Straße farbig unruhig zu machen und in ein Stück unechten ›Orient‹ zu verwandeln. (S. 21)[140]

So findet die Verwestlichung Asiens also nicht nur auf politischem Wege statt, auf welchem östliche Staaten von den überlegeneren europäischen erobert und als Schutzgebiete in das jeweilige Kolonialreich eingegliedert werden. Die »Enteignung« vollzieht sich auch und vor allem auf ökonomischem Wege. Die unterworfenen Völker werden nach der politischen auch der wirtschaftlichen Selbstständigkeit beraubt, was zur Folge hat, dass ihre einheimischen Industrien zugunsten der europäischen an der Entwicklung gehindert werden. Die Asiaten sind daher gezwungen, massenweise ausländische Produkte zu importieren, die im schlimmsten Fall eigene Erzeugnisse schlecht nachahmen (S. 80).[141] Ferner äußert sich die kulturelle Beeinflussung der Asiaten durch die Verbreitung modernster europäischer Erfindungen wie das Grammophon (S. 95) oder das Kino.[142] Dass Letzteres die Asiaten in Scharen anzieht, auch wenn sie nicht wissen, worum es bei den Filmen geht, erlebt Hesse wiederum in Singapur (S. 41).[143]

---

140 Vgl. wegen der Brisanz des Warenimports in die Kolonien auch Zweig: Die indische Gefahr für England 1990, S. 15f.

141 Siehe Hesse: Notizen von der Indonesienreise vom 28.9.1911 2003, S. 138: »Der Import versaut den Osten mit Kleiderstoffen, üblen Tassen, Tellern, Schuhen, Whisky, Spielkarten etc.« Im Zeitalter der Globalisierung um 1900 ist auch Japan nicht mehr frei von westlichen Waren. Vgl. Dauthendey: Die acht Gesichter am Biwasee o.J., S. 148. Dass übrigens Multatulis 1860 erschienener Roman *Max Havelaar oder die Kaffeeversteigerungen der Niederländischen Handelsgesellschaft* in Niederländisch-Indien nicht angeboten wird, ist mehr als verständlich, wenn man den Inhalt kennt: Das dem damaligen niederländischen König Wilhelm III. gewidmete Buch rechnet schonungslos mit dem Willkürsystem der holländischen Kolonialverwaltung auf Java ab, verurteilt die Ausplünderung der besetzten Gebiete und die Ausbeutung der unterdrückten Einheimischen. Andererseits führt es die Heuchelei der protestantischen Kirche und die Selbstzufriedenheit und den Chauvinismus des Bürgertums in den Niederlanden vor. Das Fazit des Romans fällt dementsprechend recht hart aus. Siehe Multatuli: Max Havelaar 1993, S. 456: »*Es liegt ein Räuberstaat am Meer, zwischen Ostfriesland und der Schelde!*« Kursivierung von Multatuli.

142 Vgl. wegen der Uniformierung der Kulturen im Zeitalter der Globalisierung Zweig: Die Monotonisierung der Welt 1990, S. 32. Vgl. ferner Valéry: Die Eroberung der Allgegenwärtigkeit 1965, S. 49ff.

143 Siehe Hesse: Notizen von der Indonesienreise vom 30.9.1911 2003, S. 141: »Nachher Kinematograph: gedrängt voller, sehr großer Raum, Publikum von Ungeduld pfeifend und tobend, später viel lachend und klatschend. Üble europäische Filme, von trotzdem befriedigtem Volk nur halb kapiert.«

Bei aller kritischen Betrachtung der Westler in Asien, hat er auch lobende Worte für die Veränderungen in ihren Kolonien, so wenn er der Meinung ist, dass sie einen Gewinn für die asiatische Welt darstellten. Immer wieder hebt er die Leistungen der Briten hervor: »Die Engländer tun Großes für ihre Kolonien, die Anlage vieler Geschäftsstraßen, Häfen, Villenviertel und Parkvorstädte samt Straßenbau, Bewässerung und Beleuchtung sind musterhaft und oft von glänzender Großzügigkeit« (S. 38).

Obwohl es sich Hesse nicht verkneifen kann, sich ironisch über »zwei elementare und für ein Kulturvolk kaum zu entbehrende Talente« (S. 81), die ihnen fehlten, zu äußern, nämlich den »Sinn für feine Küche und de[n] Sinn für Musik« (S. 81), kann er seine Bewunderung für die Erfolge der Briten, für ihr Selbstverständnis und ihre einzigartige Stellung in Europa nicht verhehlen:[144] »Die Engländer, die in ihrem Nationalitätsgefühl und in ihrer strengen Pflege der eigenen Rasse eine Art von Ersatzreligion besitzen, sind denn auch die einzigen Westländer, die es da draußen zu einer wirklichen Macht und Kulturbedeutung gebracht haben« (S. 118).[145]

Dennoch, trotz allen Lobes für die Errungenschaften der Europäer in ihren Kolonien, ist die Kritik an ihnen scharf – besonders dort, wo sie mit ihren Leistungen übertrieben und eher Schaden angerichtet hätten. So sieht Hesse gerade in der Architektur, deren Resultate ihn erfreut haben, auch die größten Verfehlungen (S. 37).[146] Was ihm auffällt, ist das rasante Entstehen und Vergehen der Natur, die Hitze und Schwüle, die allesamt einen exakten

144 Siehe Hesse an Ludwig Thoma in einem am 6.1.1912 in Gaienhofen geschriebenen Brief. In: Hesse: Aus Indien 2003, S. 119: »Mit den Englishmen ist's mir komisch gegangen. Ich fand sie alle etwas gereizt, zum Teil auch ängstlich, aber was sie da draußen im Pfefferland treiben und was sie dort als europäische Kultur servieren, ist halt doch bei aller Einseitigkeit recht schön und wird sonst von niemand serviert. Wenn wir 25 Jahre Sport treiben und Landerziehungsheime aufmachen, können wir das freilich auch, aber an dem fehlt's noch.« Vgl. auch Günther: Aufbruch nach Asien 1988, S. 134.

145 Auch andere Asienreisende sind von den Leistungen der Briten als Kolonialherren erstaunt, wenn auch sehr viel weniger begeistert. Vgl. Zweig: Die indische Gefahr 1990, S. 10.

146 Siehe Hesse: Notizen von der Indonesienreise vom 27.9.1911 2003, S. 137: »Die Stadt [Penang; B.S.] drollig elegant, eine Art Pseudorenaissance an allen Amts- und großen Kaufhäusern, die Chinesenhäuser einfach, leicht, hübsch.« Siehe ferner Multatuli: Max Havelaar 1993, S. 264: »Bis auf wenige Ausnahmen haben die Häuser in Niederländisch-Ostindien keine Stockwerke. Dies kommt dem europäischen Leser merkwürdig vor, denn es ist eine Eigenheit der Zivilisation – oder was man als solche bezeichnet – alles merkwürdig zu finden, was natürlich ist. Die Häuser dort sind ganz anders als die unsrigen, aber dennoch sind *sie* nicht merkwürdig, *unsere* Häuser sind merkwürdig.«

Nachbau typisch europäischer Häuser in Hinterindien erschwerten. Er stößt sich in diesem Zusammenhang am fehlenden Geschmack der westlichen Städteplaner in Asien, an ihrer Selbstherrlichkeit sowie am unschönen Stil der Bauten. Schließlich spricht er von der Versündigung an den eigentlichen Besitzern und Nutzern der Gebäude, nämlich den Einheimischen:

> Das Übelste aber sind die Kirchen. Von einem feinen stillen Palmenwalde, von einer weitern hübschen Malayendorfgasse oder von einer tiefblauen, diskret uniformen Chinesenstraße aus auf eine Kirche zu blicken, die auf ödem Platz in entwurzelter und entgleister englischer Gotik das kulturelle Unvermögen des Westens predigt, das gehört weit mehr als Schmutz und Fieber zu den Peinlichkeiten einer indischen Reise; denn hier fühlt man sich im Innersten mitverantwortlich. (S.38)[147]

Die Herrschaft der Kolonialmächte in Hinterindien zeigt sich schließlich in einer doppelten Ausbeutung, in der der Rohstoffe der Kolonien wie der der Arbeitskraft der teilweise wie Sklaven gehaltenen und ebenso behandelten Einheimischen. Die Gier nach schnellem Gewinn und großem Reichtum treibt die europäischen Kaufleute bis in den Urwald hinein, wo ihnen Hesse auf seinem ersten Ausflug in den Dschungel begegnet (S. 57f.).[148]

Im Laufe der Reise erkennt er, dass kein Widerstand die Geschäftsleute von der Ausplünderung des Landes abhalten könne (S. 72).[149] Diese verlören

147 Vgl. Zweig: Gwalior, die indische Residenz 1987, S. 109f.

148 Siehe Multatuli: Max Havelaar 1993, S. 89: »Doch dann kamen Fremde aus dem Westen, die sich zu Herren des Landes machten. Sie wollten ihren Vorteil aus der Fruchtbarkeit des Bodens ziehen und befahlen dem Bewohner, einen Teil seiner Arbeitskraft und seiner Zeit dem Erzeugen anderer Produkte zu widmen, die mehr Gewinn auf den Märkten *Europas* abwerfen würden. Um den kleinen Mann hierzu zu bewegen, war nicht mehr als ganz einfache Politik erforderlich. Da er seinen Häuptern gehorsam ist, brauchte man also nur noch diese Häupter zu gewinnen, indem man ihnen einen Teil des Gewinns zusicherte, und . . . es glückte vollkommen.« Kursivierung von Multatuli.

149 Siehe Keyserling: Das Reisetagebuch eines Philosophen 1922, S. 762f.: »Der moderne Mensch läßt sich von der blinden Natur, deren Eigenwillen er nur halb versteht, sein Streben diktieren. Über grenzenlose Kräfte verfügend, strebt er ins Grenzenlose, des uneingedenk, daß sein Leben streng an Grenzen gebunden ist. Sein Ideal paßt er seinem Vermögen an, nicht umgekehrt; er will unendlichen Reichtum, unendliche Macht, und da er diese für sich nicht zu nutzen weiß, so verschreibt er sich ihnen. Das Geld wird dem Geschäftsmann zum Selbstzweck, dem er sich opfert, den Völkern die Macht; das Interesse des Kapitals verfügt bewußtlos Missetaten, die kein Verbrecher willkürlich vollführte, das Machtstreben der Staaten, in Rüstungen objektiviert, führt zu Vernichtungskriegen, ob auch

in ihrem Eifer und ihrer großen Ungeduld ihre Hemmungen gegenüber den einheimischen Arbeitern und behandelten sie hochmütig und brutal. Sie töteten sie auch und nähmen auf die Gefühle und Bräuche der Hinterbliebenen vielfach wenig Rücksicht:[150]

> Vor drei Jahren wurden hier noch in wilden schnöden Streifzügen die Ureinwohner niedergeschossen, die dunkeln scheuen Kubus, die sich nicht so lange halten konnten wie die listig grausamen Atschi im Norden. Die Seelen der Gemordeten schweben nachts überm Fluß, aber sie werden nur von ihren Brüdern gefürchtet, und wir Weißen schreiten ruhig und herrisch durch die Wildnis, erteilen in unserem verdorbenen Malayisch kalte Befehle und sehen die dunkeln uralten Eisenholzbäume ohne Rührung fallen. Man braucht sie zum Werftenbau. (S. 72f.)[151]

Dieses Verhalten, das Hesse bei vielen in Übersee tätigen Westlern erlebt, die Überheblichkeit und das Desinteresse kennt er auch aus Europa, wo sie sich gegen Asiatisches als »the yellow peril« (Matthew Phipps Shiel) richtet.[152] Er führt dies auf eine im Westen vermutete Unausgeglichenheit von Denken und Fühlen zurück, die er in der einseitigen, lediglich auf den Intellekt Wert legende Erziehung begründet sieht. Die kasernenhafte Schulausbildung, die militärähnliche gesellschaftliche Atmosphäre unterdrückten die Entwicklung von Individualität und Emotionalität. So würden zwar gehorsame und tüch-

---

alle Individuen nur Frieden wollen. Was Jahrhunderte organisch aufgebaut, wird in Sekunden zersprengt; was bewußter Wille geschaffen, dient dem Geist nicht des Lebens, sondern des toten Stoffs. Unser Zeitalter ist eins der Zerstörung wie keins zuvor, weil der Mensch Kräfte nutzt, die für ihn zu groß sind.«

150 Siehe Hesse: Notizen von der Indonesienreise vom 2.10.1911 2003, S. 142: »Naive Gerichtsszene: der Manager eines Estate verurteilt auf der Straße einen Tamilburschen (Kling) wegen eines kleinen Vergehens zu Prügeln, die er alsbald von seinen Kameraden kriegt.«

151 Siehe als vermutliches Vorbild die Eintragung vom 17.10.1911 ebd., S. 155f.: »Heut beim Frühstück verlangte Hasenfratz vom chinesischen Boy ein frisches Messer; der Boy sagte, es sei keins mehr da, aber der Herr könne ja das beim Käse liegende Messer nehmen. Wegen dieser eigenmächtigen Bemerkung ward der Diener tüchtig ausgescholten und wieder die Notiz gemacht, daß die von den Engländern zu sehr verwöhnten Natives aus Singapore etc. alle zu frech seien, während die unter Holland Stehenden in Zucht gehalten seien. Immer wieder wundert und verletzt mich die Selbstverständlichkeit, mit der auch nette und redliche Weiße die Natives als Unterworfene und weit niedrigere Wesen ansehen.« Vgl. auch Freedman: Hermann Hesse 1982, S. 201.

152 Vgl. die im Juli 1900 anlässlich des »Boxeraufstandes« gehaltenen (Hunnen-)Reden Wilhelms II. an die Expeditionskorps für China. In: Reden des Kaisers 1977, S. 86ff.

tige Untertanen herangezogen werden, diese seien jedoch des Glückes und Genusses kaum fähig.[153] Das genaue Gegenteil zu den »instinktverlassene[n] Abendländer[n]«[154] bilden für Hesse die östlichen Völker:

> Was wir Nordeuropäer in unserer intellektualistischen und individualistischen Kultur nur selten, etwa beim Anhören einer Bachmusik, empfinden dürfen, das selbstvergessene Gefühl der Zugehörigkeit zu einer ideellen Gemeinschaft und des Kräfteschöpfens aus unversieglich magischer Quelle, das hat der Mohammedaner, der am fernsten Winkel der Welt abends seine Verbeugungen und Gebete verrichtet, und hat der Buddhist in der kühlen Vorhalle seines Tempels jeden Tag. Und wenn wir das, in einer höheren Form, nicht wieder gewinnen, dann werden wir Europäer bald kein Recht auf den Osten mehr haben. (S. 117f.)[155]

Hesse erkennt durch die Begegnung mit den größtenteils armen und ausgebeuteten, aber dennoch glücklichen Asiaten, dass diese ein Gut besäßen, welches den Europäern beinahe so gut wie ganz verloren gegangen sei, nämlich die *Fähigkeit zu glauben, ohne zu zweifeln.*[156] Er erlebt Frömmigkeit und

---

153 Den Typus des erfolgreichen, aber gefühlsarmen Europäers zeichnet Hesse anhand der Figur des in Asien tätigen Managers Statenfoß in seiner Erzählung *Die Braut* 1976, S. 270f. Vgl. ferner Hesse: Der Europäer 1976, S. 163ff.

154 Hesse: Weisheit des Ostens 2002, S. 52.

155 Siehe Keyserling: Über die innere Beziehung zwischen den Kulturproblemen des Orients und des Okzidents 1913, S. 15f.: »Die Inder haben einst einen Grad der Selbstverwirklichung erreicht in den Sphären des Gedankens und des metaphysischen Erlebens, dem kein anderes Volk nahegekommen ist. Bei ihnen allein stehen die äußersten Begriffe nicht für Vernunftkonstruktion, sondern für Wirklichkeiten; von ihnen allein sind die psychischen und metaphysischen Realitäten ebenso unmittelbar und unbefangen erfasst worden, wie vom Westen die Außenwelt; in Hindustan allein sind die Metaphysiker ganz exakt, ganz gegenständlich, ganz wahrhaftig gewesen. [...] Die erreichte Selbstverwirklichung hat geringen Einfluß ausgeübt auf die indische Lebensform, auf die politische und soziale Organisation. Diesen Menschen lag – und liegt noch heute – zu wenig an dieser Welt; sie haben das Himmelreich nie auf Erden zu begründen versucht, sie sind schon in diesem Leben zum Himmel aufgeflogen.«

156 Siehe ebd., S. 24: »Der Orient hat viel gewußt, wir aber wünschen den Sinn dieses Wissens zu erfassen, ganz deutlich zu verstehen, was jener zu geahnt. Wir wünschen objektive Erkenntnis von dem zu erlangen, was dem Orient nur subjektiv gewesen ist.« Siehe eher skeptisch Eco: Zen und der Westen 1973, S. 235: »[V]on einem Buddhismus, der eine positive Auffassung des Lebens preist, wird der Geist des westlichen Menschen stets durch das unüberwindliche Bedürfnis, dieses Leben, das er akzeptiert, gemäß einer bestimmten, vom Verstand gewollten Richtung zu

Bescheidenheit als die wichtigen Kraftquellen östlichen Lebens und Handelns. Diese schenkten den Asiaten nicht nur innere Ruhe und Ausgeglichenheit, sondern auch Gelassenheit und Gleichmütigkeit gegenüber allem Treiben in der Welt, wie sie die unruhigen, weil rastlosen Europäer nicht mehr besäßen.[157]

Er empfiehlt den wohlhabenden, aber unzufriedenen Westlern zum einen eine kritische Auseinandersetzung und Infragestellung ihrer bisherigen Lebens- und Denkweise. Zum anderen fordert er von ihnen die Bereitschaft, Neues zu lernen, und zwar von den scheinbar unterentwickelten, »primitiven« Völkern des Ostens. Die Europäer sollten bei ihrer Suche nach Erfüllung und Befriedigung das Fremde in seiner Art und Weise nicht als minderwertig und ihrer unwürdig ablehnen, sondern dessen Erfahrungen als einen Gewinn betrachten, von dem sie profitieren könnten. So könne ihnen die Lebensweise der Asiaten, ihre Heiterkeit und Leichtigkeit helfen, ihr einseitiges Dasein auszugleichen und ein zufriedenes, in sich geschlossenes Leben zu führen. Zumindest für die kommenden Generationen erhofft sich Hesse die Ausbildung bzw. Erneuerung der abendländischen Gefühlskultur. Zu dem erwähnten Besuch eines Felsentempels auf Ceylon schreibt er:

> Wir sind weit gekommen, und es ist schön, daß wir, ein kleiner, winziger Teil der Menschheit, diese beiden nicht unbedingt mehr brauchen, den blutigen Kruzifixus nicht und nicht den glatten lächelnden Buddha. Wir wollen sie und andere Götter auch weiter überwinden und entbehren lernen. Aber schön wäre es, wenn einst unsere Kinder, die ohne Götter aufgewachsen sind, wieder den Mut und die Freudigkeit und den Schwung der Seele fänden, so klare, große, eindeutige Denkmäler und Symbole ihres Innern zu errichten. (S. 101)[158]

---

gestalten, getrennt sein. Der Augenblick der Kontemplation wird für ihn immer nur ein Stadium des Sammelns sein, ein Berühren der mütterlichen Erde, um neue Kraft zu schöpfen: nie wird der westliche Mensch sich im Anschauen der Vielheit verlieren wollen, stets wird er versuchen, sie zu beherrschen und zu gestalten.«

157 Siehe Keyserling: Über die innere Beziehung zwischen den Kulturproblemen des Orients und des Okzidents 1913, S. 18: »Altindien und Altchina sind uns Westländern so außerordentlich interessant, weil wir dort – auf ganz anderen Wegen freilich, als wir zu wandeln gewohnt sind – eben das erreicht und verwirklicht finden, wonach wir noch suchen und streben. An der indischen Kultur haben wir ein Beispiel des Psychischen, die das höchste Ideal der Philosophie und Religion bezeichnet; an der chinesischen ein Beispiel der vollendeten Selbstausprägung im konkreten Leben, die das erhabenste Ziel des sozialen Fortschreitens bedeutet.«

158 Vgl. ebenfalls skeptisch Multatuli: Max Havelaar 1993, S. 76f. Vgl. ferner Rilke: August Rodin 2003, S. 13f.

»Asien war nicht ein Weltteil, sondern ein ganz bestimmter, doch geheimnisvoller Ort.« Resümee I

Zwei Erkenntnisse sind es, die Hesse von der Reise nach Asien mitnimmt. Diese finden sich in den Abschnitten *Singapur-Traum* und *Rückreise*. Der Erkenntnisgewinn wird dabei jeweils auf verschiedene Weise vermittelt. So handelt es sich im ersten Fall um eine Vermischung von asiatischer Wirklichkeit und Fantasie, d.h. um eine Konstruktion: Hesse, der einen ganzen Tag in den »schönen, lebendig wimmelnden Straßen von Singapur hingebracht« (S. 40) hat, wird abends von seinen Reisegefährten aufgefordert, mit ihnen noch auszugehen und abschließend ein Kino zu besuchen. Widerwillig, weil erschöpft, sagt er zu.[159] Doch auf die vielen Kurzfilme aus Europa, die einem größtenteils ostasiatischen Publikum vorgeführt werden, kann er sich nicht lange konzentrieren (S. 41f.).[160] Er fällt in Schlaf und träumt von einer Schiffsreise. Einer der Passagiere kommt ihm vertraut vor: Es ist sein (Gott-)Vater (S. 42).[161] Auf die Frage des Sohnes, wohin sie denn reisten, antwortet jener: »›Wir fahren nach Asien‹« (S. 42). Da plötzlich erinnert sich der Jüngere und sein folgender Ausspruch trägt die erste wichtige Erkenntnis vom wahren Charakter der Reise in den Osten in sich:[162]

159 Siehe Hesse: Notizen von der Indonesienreise vom 31.10.1911 2003, S. 173: »Abends wollte ich mit den Brüdern Sturzenegger in die Star Opera, doch war dort nichts Neues los, wir kehrten um und gingen in den Kinematographen Alhambra, kamen nach 11 heim und wollten schon zu Bett, als Hasenfratz kam.«

160 Das Kapital *Singapur-Traum* enthält eine ganze Reihe von Bildern, die Hesse später wieder aufgreift. Siehe Hesse: Der Steppenwolf 2002, S. 185f.: »›Es ist mir eine Freude, lieber Harry, Sie heut ein wenig bewirten zu dürfen. Sie sind oft Ihres Lebens sehr überdrüssig gewesen, Sie strebten fort von hier, nicht wahr? Sie sehnen sich danach, diese Zeit, diese Welt, diese Wirklichkeit zu verlassen und in eine andre, Ihnen gemäßere Wirklichkeit einzugehen, in eine Welt ohne Zeit. Tun Sie das, lieber Freund, ich lade Sie dazu ein. Sie wissen ja, wo diese andere Welt verborgen liegt, daß es die Welt Ihrer eigenen Seele ist, die Sie suchen. Nur in Ihrem eigenen Innern lebt jene andre Wirklichkeit, nach der Sie sich sehnen. Ich kann Ihnen nichts geben, was nicht in Ihnen selbst schon existiert, ich kann Ihnen keinen andern Bildersaal öffnen als den Ihrer Seele. Ich kann Ihnen nichts geben, nur die Gelegenheit, den Anstoß, den Schlüssel. Ich helfe Ihnen, Ihre eigene Welt sichtbar machen, das ist alles.‹«

161 Wegen der zunehmend entspannteren Beziehung von Hesse zu seinem Vater Johannes und auch der Gemeinsamkeiten in beider Werken vgl. Ball: Hermann Hesse 1972, S. 149.

162 Siehe Freedman: Hermann Hesse 1982, S. 200: »Aus der Distanz des Nachhinein liefert der Traum unschwer die Inhalte dessen, was Hesse eigentlich in Asien suchte.«

> Jawohl, wir fuhren nach Asien, und Asien war nicht ein Weltteil, sondern ein ganz bestimmter, doch geheimnisvoller Ort, irgendwo zwischen Indien und China. Von dort waren die Völker und ihre Lehren und Religionen ausgegangen, dort waren die Wurzeln alles Menschenwesens und die dunkle Quelle alles Lebens, dort standen die Bilder der Götter und die Tafeln der Gesetze. Oh, wie hatte ich das nur einen Augenblick vergessen können! Ich war ja schon so lange Zeit unterwegs nach jenem Asien, ich und viele Männer und Frauen, Freunde und Fremde. (S. 42f.)[163]

»Asien« ist bereits in Hesses *Aufzeichnungen von einer indischen Reise* nicht mehr der reale Osten, überhaupt nichts Weltliches, sondern steht für den Ursprung alles Seins, für die Einheit der Dinge hinter den Gegensätzen, für die Heimat der »ewigen Werte«, der Wahrheit und Weisheit, Menschlichkeit und Toleranz, Frömmigkeit und Bescheidenheit.[164] Dieses »persönliche Asiatentum« ist das Resultat der tatsächlichen »Morgenlandfahrt« des Schriftstellers, auf der er vor allem bei seinen utopischen Vorstellungen von der Gläubigkeit der Asiaten so manche Enttäuschung erlebt.

Wie jedoch anhand der Reisefeuilletons bereits festgestellt worden ist, überwindet Hesse seine Enttäuschung darüber und sieht sogar in der Entzauberung einen Gewinn.[165] Seine Desillusionierung zwingt ihn, aus seinen Fantasien zu erwachen und sich der Wirklichkeit zu stellen, die wesentlich in zwei Einsichten besteht: Zum einen muss er anerkennen, dass er in der Flucht

---

163 Siehe Hesse: Die Morgenlandfahrt 2003, S. 15f.: »Ich erkannte: wohl hatte ich mich einer Pilgerfahrt nach dem Morgenlande angeschlossen, einer bestimmten und einmaligen Pilgerfahrt dem Anscheine nach – aber in Wirklichkeit, im höheren und eigentlichen Sinne, war dieser Zug zum Morgenlande nicht bloß der meine und bloß dieser gegenwärtige, sondern es strömte dieser Zug der Gläubigen und sich Hingebenden nach dem Osten, nach der Heimat des Lichts, unaufhörlich und ewig, er war immerdar durch alle Jahrhunderte unterwegs, dem Licht und dem Wunder entgegen, und jeder von uns Brüdern, jede unserer Gruppen, ja unser ganzes Heer und seine große Heerfahrt war nur eine Welle im ewigen Strom der Seelen, im ewigen Heimwärtsstreben der Geister nach Morgen, nach der Heimat.« Vgl. ferner Cohen-Portheim: Asien als Erzieher 1920, S. VI. Der Autor fasst den Begriff »Asien« ebenfalls nicht geographisch, sondern geistig auf.

164 Siehe Hesse: Die Morgenlandfahrt 2003, S. 28: »[D]enn unser Ziel war ja nicht nur das Morgenland, oder vielmehr: unser Morgenland war ja nicht nur ein Land und etwas Geographisches, sondern es war die Heimat und Jugend der Seele, es war Überall und Nirgends, war das Einswerden aller Zeiten.« Vgl. Ganeshan: Das Indienerlebnis Hermann Hesses 1974, S. 92. Vgl. ferner Zhuangying: Hermann Hesse 2007, S. 227.

165 Vgl. Ganeshan: Das Indienerlebnis Hermann Hesses 1974, S. 42.

nach Asien nicht die Lösung seiner Lebens- und Ehekrise erwarten, sondern sich dort vielleicht ein Beispiel daran nehmen könne, wie andere, kulturell ihm fremde Menschen mit dem Leben und seinen Problemen umgehen, dass aber jedenfalls nur allein er es sei, der seine Schwierigkeiten zu lösen vermag. Zum anderen muss er akzeptieren, dass das »Asien« seiner Hoffnungen, das konfliktfreie Paradies, nicht oder wenn, dann nur in ihm selbst existiere: »Das Traumbild von Indien, das Hesse 1911 auf seiner Asienreise zu erleben wünschte, wurde dermaßen durch die Realität widerlegt, daß er recht enttäuscht sich dafür entschied, Indien weiterhin nur mit der Seele zu suchen.«[166] So wird sich Hesse nach seiner Rückkehr nach Europa mit »geistigen Reisen« nach Asien zufrieden geben.[167] Der *Singapur-Traum* aus den *Aufzeichnungen von einer indischen Reise* ist ein erster Beleg dafür.[168] Die Figur des (Gott-) Vaters ist ihm dabei eine wichtige Stütze:

> ›Ich lehre dich nicht, ich erinnere dich nur.‹ Und indem er es sagte, war er nicht mein Vater mehr, sein Gesicht lächelte eine Sekunde lang genau

166 Ganeshan: Das Eigene und das Fremde in der Indienbewegung deutscher Schriftsteller 1994, S. 166.

167 Siehe den Tagebucheintrag von ca. März 1921 in Hesse: Tagebuch 1920/21 1999, S. 26: »Wir können und dürfen nicht Chinesen werden, wollen es im Innersten auch gar nicht. Wir dürfen Ideal und höchstes Bild des Lebens nicht in China und nicht in irgendeiner Vergangenheit suchen, sonst sind wir verloren und hängen an einem Fetisch. Wir müssen China, oder das, was es uns bedeutet, in uns selber finden und pflegen.«

168 Siehe Hesse: Besuch aus Indien 2003, S. 241f.: »Dann kam die Zeit, es ist noch nicht sehr lange her, da hatte ich keine Sehnsucht nach dem Palmenstrand von Ceylon und den Tempelstraßen von Benares mehr und wünschte mir nicht mehr, ein Buddhist oder Taoist zu sein und einen Heiligen und Magier zum Lehrer zu haben. Dies alles war unwichtig geworden, und auch der große Unterschied zwischen dem verehrten Osten und dem kranken, leidenden Westen, zwischen Asien und Europa, war mir nicht mehr eben wichtig. Ich legte keinen Wert mehr auf das Eindringen in möglichst viele östliche Weisheiten und Kulte, ich sah, daß tausend heutige Verehrer des Laotse weniger von Tao wußten als Goethe, der das Wort Tao nie gehört hat. Ich wußte, daß es, in Europa wie in Asien, eine unterirdische, zeitlose Welt der Werte und des Geistes gab, die nicht durch die Erfindung der Lokomotive und nicht durch Bismarck umgebracht worden war, und daß es gut und richtig war, in dieser zeitlosen Welt, in diesem Frieden einer geistigen Welt zu leben, an der Europa und Asien, Veden und Bibel, Buddha und Goethe gleichen Teil hatten. Hier begann meine Schule der Magier und sie dauert noch an; hier gibt es kein Ende des Lernens. Aber mit der Indiensucht und der Europaflucht war ich fertig, und jetzt erst klang mir Buddha und das Dhammapaddam und das Tao-te-king rein und heimatlich und hatte keine Rätsel mehr.«

> so wie das Gesicht, mit welchem in den Träumen unser Führer, der Guru, zu lächeln pflegt, und im selben Augenblick erlosch das Lächeln, und das Gesicht war rund und still wie die Lotosblüte und glich genau dem goldenen Bildnis Buddhas, des Vollendeten, und wieder lächelte es, und es war das reife, schmerzliche Lächeln des Heilands. (S. 43)[169]

Dabei ist der Umstand, dass er diese Erkenntnis, dass also sein Vater sich zwar beständig verwandle, im Grunde aber immer das Gleiche, nämlich »Harmonie, Wissen um die ewige Vollkommenheit der Welt, Lächeln, Einheit«[170] darstelle, gerade bei der Ankunft in Asien gewinnt, nicht von geringer Bedeutung für Hesses künftige Auseinandersetzung mit dem Osten. Sie bekräftigt nochmals die Notwendigkeit der Reise für ihn, in der Ferne nicht nur zu sich, sondern auch der einen Wahrheit auf die Spur zu kommen.[171] Sie bedeutet ferner, dass er nach der Konfrontation mit dem realen Osten keine weitere Reise dorthin unternehmen muss, sondern dass ein »persönliches Asiatentum« genügt, um festzustellen, dass die »Quelle des Lebens« (S. 44), »in welcher alles seinen Anfang nahm und welche die ewige Einheit der Erscheinungen bedeutet« (S. 44), im Westen genauso gut zu finden sei.[172]

---

169 Die permanente Verwandlung eines Gesichtes in ein anderes greift Hesse erstmals in *Robert Aghion*, dann aber auch in späteren Werken auf. Vgl. Hesse: Demian 2002, S. 60f. Vgl. ferner Hesse: Siddhartha 1982, S. 119f.

170 Ebd., S. 105.

171 Siehe Keyserling: Das Reisetagebuch eines Philosophen 1922, S. 7f.: »So trete ich denn die Weltreise an. Europa fördert mich nicht mehr. Zu vertraut ist mir schon diese Welt, um meine Seele zu neuen Gestaltungen zu zwingen. Und dann ist sie an sich auch zu beschränkt. Ganz Europa ist wesentlich eines Geistes. Ich will in Breiten hinaus, woselbst mein Leben ganz anders werden muß, um zu bestehen, wo das Verständnis eine radikale Erneuerung der Begriffsmittel verlangt, wo ich möglichst viel von dem vergessen muß, was ich ehedem wußte und war. Ich will das Klima der Tropen, die indische Bewußtseinslage, die chinesische Daseinsform und viele andere Momente, die ich gar nicht vorausberechnen kann, umschichtig auf mich einwirken lassen und zusehen, was aus mir wird. Wenn ich alle Koordinaten bestimmt habe, müßte ich auch den Mittelpunkt besitzen. Dann müßte ich hinausgelangt sein über die Zufälligkeiten von Zeit und Raum. Wenn irgendetwas, so wird der Umweg um die Welt mich zu mir selber führen.«

172 Siehe Hesse an Alice Leuthold in einem Brief vom 26.7.1919. In: Materialien zu Hermann Hesses »Siddhartha«. Erster Band 1999, S. 89: »Ein kleinen Irrtum enthält Ihr Brief. Sie nehmen an, daß ein gewisser geistiger Zug zum Asiatischen bei mir das Resultat meiner kurzen Indienreise sei. Das ist nicht so. Ich bin seit vielen Jahren davon überzeugt, daß der europäische Geist im Niedergang steht und der Heimkehr zu seinen asiatischen Quellen bedarf. Ich habe jahrelang Buddha verehrt und indische Literatur schon seit meiner frühesten Jugend gelesen. Später kamen

Hesses gute Stimmung verfliegt im *Singapur-Traum* jedoch, als er auf dem Schiff einer Gruppe von Missionsleuten begegnet, die im Kreise sitzend ein frommes Lied singen. Er stimmt zwar bald mit ein und fragt später einen der Missionare, ob sein Glauben denn wirklich gut und auch für einen Mann wie ihn zu brauchen sei (S. 46). Doch der angesprochene Missionar lässt dem »Schriftsteller und Schmetterlingssammler« (S. 46) kaum eine Möglichkeit sich auszusprechen: »[A]uf alles, was ich sagen mochte, gab er mit einem hellen, kindlichen, bescheiden triumphierenden Lächeln dieselbe Antwort: ›Sie irren sich.‹« (S. 46)[173]

In dieser Szene verarbeitet Hesse seine Erfahrung mit der pietistischen Missionsbewegung, dem Absolutheitsanspruch ihres christlichen Glaubens und der damit einhergehenden Intoleranz gegenüber anderen Religionen und Weltanschauungen.[174] Was im *Singapur-Traum* folgt, ist aus Hesses Leben bekannt: Er macht sich von den Missionsleuten los und versucht, sein Lebensglück selbstständig und mit Hilfe eines Glaubens zu machen, für den er sich entschieden hat, weil er seinen Bedürfnissen entspricht (S. 47).[175] Er macht sich auf die Suche und findet »seinen« Gott – in sich selbst.[176] Da er dadurch Kraft, Trost und Sicherheit gewinnt, kann er Krisen oder ungewohnte Lebenslagen, so wie die »satanische Hitze« (S. 47), die auf dem Schiff herrscht, im Gegensatz zum großen Rest der Reisegesellschaft ertragen. Dieser bricht wegen seiner geringen Ausdauer zusammen (S. 47).[177] Und während das Schiff samt Passagieren

---

mir Lao Tse und die anderen Chinesen näher. Zu diesen Gedanken und Studien war meine indische Reise bloß eine kleine Beigabe und Illustration, mehr nicht.«

173 Vgl. Bonsels: Mein Austritt aus der Basler Missions-Industrie 1987, S. 13.

174 Siehe Hesse: Notizen von der Indonesienreise vom 25.9.1911 2003, S. 136: »Schlaflose Nacht bei stark bewegter See, ewiges Rollen im Bett. Früh werden die Deckstühle wieder angebunden. Abends Cotillon, ich in der II. Klasse drüben, langes Gespräch mit dem Missionar. Je weiter ich ihm entgegenkam, desto mehr sah ich mich vom Kern des christlichen Glaubens getrennt.«

175 Vgl. Hesse: Narziß und Goldmund 2004, S. 291f.

176 Siehe Hesse: Keyserlings Reisetagebuch 2003, S. 224: »Seit vier Jahren habe ich, in meiner anderen Welt, als Dichter, keinen anderen Gedanken, keinen anderen Glauben so stark und vielfach in mir bewegt und vielfältig auszudrücken gesucht wie den vom Gott im Ich und dem Ideal der Selbstverwirklichung.« Siehe ferner Jacobs: Fragile Idole 2004, S. 344: Nach Ansicht der Autorin gehe es bei Hesse letztlich darum, dass man »Wahrheiten nicht erdenkt, sondern unmittelbar – meditativ – rezipiert.«

177 Solcher Art Horrorszenarien tauchen oft in Reiseberichten und -erzählungen vor Ausbruch des Ersten Weltkriegs auf. Siehe Günther: Aufbruch nach Asien 1988, S. 286: »Um 1900 griff solch eine tiefgreifende Unruhe um sich. Aus einer Periode scheinbar stabiler Sicherheit heraus wandten sich Dichter vor 1914 an die außereuropäische Fremde, um von dieser Lösungen für individuelle und überindividuelle,

»sehr rasch abwärts in einen glühenden Höllenrachen« (S. 48) fährt, erlebt Hesse einen Augenblick der Erhöhung. Es ertönt in ihm das »heilige Reiselied ›Wir fahren nach Asien‹« (S. 48). Indem er mit in die Musik einstimmt, vergisst er seine Angst, konzentriert sich im Gegenteil und macht eine kathartisch wirkende »Gotteserfahrung«:

> [E]s erklangen darin alle menschlichen Sprachen, es rauschte darin alle Ehrfurcht, alle müde Menschensehnsucht, die Not und das wilde Verlangen aller Kreatur. Ich fühlte mich von Vater und Mutter geliebt, vom Guru geleitet, von Buddha gereinigt und vom Heilande erlöst, und ob das, was nun käme, Tod sei oder Seligkeit, schien mir durchaus gleichgültig. (S. 48f.)[178]

Und er fährt fort:

> Ich erhob mich und tat die Augen auf. Um mich her waren sie alle, mein Vater, mein Freund, der Engländer, der Guru und alle, alle Menschengesichter, die ich je mit Augen gesehen. Sie schauten geradeaus, mit ergriffenen, schönen Blicken, und auch ich schaute, und vor uns tat ein vieltausendjähriger Hain sich auf, aus himmelhoher Wipfeldämmerung rauschte Ewigkeit, und tief in der Nacht des heiligen Schattens glänzte golden ein uraltes Tempeltor. (S. 49)[179]

Die Reise nach Asien im Geiste ist zu Ende, weil sie ihre Aufgabe erfüllt hat: Hesses Rettung mit Hilfe seines eigenen, selbst errungenen Glaubens ist vollbracht.[180] Sie gibt ihm die Kraft, alles mit einer Selbstverständlichkeit und

---

europagewachsene Probleme zu finden und sich an der kulturellen Fremde neu zu definieren. Diese Dichter fühlten die unterschwellig sich anbahnende geistige und reale Katastrophe der europäischen Zivilisation.« Vgl. Dauthendey: Die acht Gesichter am Biwasee o.J., S. 178ff. Vgl. ferner Kubin: Die andere Seite 2003, S. 196ff.

178 Vgl. Hesse: Das Glasperlenspiel 2002, S. 487f.

179 Vgl. Hesse: Von der Seele 1978, S. 11.

180 Siehe Keyserling: Das Reisetagebuch eines Philosophen 1922, S. 173f.: »In früheren Zeiten, wo Heilande, wenn nicht zu den alltäglichen, so doch den nicht allzu seltenen Gästen gehörten, war die Glaubenskraft der Menschen so groß, daß keine Entgleisung und Enttäuschung sie innerlich schädigte; desto weniger, als sie gar nicht wirklich enttäuscht werden konnten – sie glaubten trotz allem und durch alles hindurch. Das war ihr Glück: Glauben i s t ein a priori, eine selbstständige schöpferische Macht, die sich als solche selber rechtfertigt. Diesen Glauben kennt der Moderne nicht. Der seinige ist ein zartes Gewächs, das der geringsten Verwundung

Gleichmütigkeit anzunehmen, sodass ihn nichts mehr zu erschüttern vermag. Wie aber gewinnt er sie? Indem er seine Energie nicht daran verschwendet, rastlos nach materiellem Reichtum zu streben und ein oberflächliches Leben zu führen, sondern dadurch, dass er sie in seinem Inneren konzentriert, um mit ihrer Hilfe die Vervollkommnung seiner selbst, d.h. ein ausgeglichenes Verhältnis von Denken und Fühlen, zu erreichen. Er erkennt: Erst dadurch, dass er zu wollen und zu tun aufhört, kommt er zu sich selbst und gewinnt auch die Welt, so wie sie ist, lieb. Der asiatische Weg, um dies zu erreichen, ist Yoga.[181] Hesse wendet es an: Als aber er und die anderen sich aus Dankbarkeit in »atemloser, rhythmischer Andacht« (S. 49) verbeugen, wacht er auf. Der *Singapur-Traum* endet zeitgleich mit den vorgeführten Kinofilmen (S. 49).[182]

---

erliegen mag, und von allen Geschädigten ist der Enttäuschte am übelsten dran, weil der Verlust des Glaubens recht eigentlich entvitalisiert. Ohne ihn ist volles Selbstbewußtsein nicht möglich. Weil der Glaube fehlt, deshalb sehnen sich heute so viele nach einer neuen Religion: sie bedürfen eines äußeren Brennpunktes, um ihre inneren Kräfte zur Einheit zu sammeln, denn noch sind die wenigsten so weit, dies von innen her selbsttätig zu vermögen, ohne äußeren Halt enttäuschungsunfähig zu sein.« Hervorhebung von Keyserling.

181 Siehe Hesse: Keyserlings Reisetagebuch 2003, S. 223: »Es wird ungeheuer wirken, denn Joga ist gerade das, wonach Europa den wildesten Hunger hat.« Siehe auch Hesse: Siddhartha 1982, S. 115: »Es gibt in der tiefen Meditation die Möglichkeit, die Zeit aufzuheben, alles gewesene, seiende und sein werdende Leben als gleichzeitig zu sehen, und da ist alles gut, alles vollkommen, alles ist Brahman. Darum scheint mir das, was ist, gut, es scheint mir Tod wie Leben, Sünde wie Heiligkeit, Klugheit wie Torheit, alles muß so sein, alles bedarf nur meiner Zustimmung, nur meiner Willigkeit, meines liebenden Einverständnisses, so ist es für mich gut, kann mich nur fördern, kann mir nie schaden. Ich habe an meinem Leibe und an meiner Seele erfahren, daß ich der Sünde sehr bedurfte, ich bedurfte der Wollust, des Strebens nach Gütern, der Eitelkeit und bedurfte der schmächlichsten Verzweiflung, um das Widerstreben aufgeben zu lernen, um die Welt lieben zu lernen, um nicht mehr mit irgendeiner von mir gewünschten, von mir eingebildeten Welt zu vergleichen, einer von mir ausgedachten Art der Vollkommenheit, sondern sie zu lassen, wie sie ist, und sie zu lieben, und ihr gerne anzugehören.« Siehe ferner Günther: Aufbruch nach Asien 1988, S. 160: »Es war dies der Weg der asiatischen Mystik und Gewaltlosigkeit, der Weg des ›Tao‹, des Gewähren-Lassens, des Nicht-Handelns, den die Dichter in Asien zu finden meinten und Europa vorhielten.«

182 Siehe Hesse: Erinnerung an Indien 2003, S. 213ff.: »Geblieben ist das Erlebnis eines Traumbesuches bei fernen Vorfahren, einer Heimkehr zu märchenhaften Kindheitszuständen der Menschheit und eine tiefe Ehrfurcht vor dem Geiste des Ostens, der in indischer oder chinesischer Prägung mir seither immer und immer wieder nahe kam und zum Tröster und Propheten wurde. Denn niemals können wir, gealterte Söhne des Westens, zu Urmenschentum und Paradiesunschuld der primitiven Völker zurückkehren; wohl aber winkt uns Heimkehr und fruchtbare Erneuerung

»Das starke Gefühl von der Einheit und der nahen Verwandtschaft alles Menschenwesens...« Resümee II

Die um 1900 bei vielen westlichen Intellektuellen vorherrschende Vorstellung von Asien als dem Ursprungsort der Menschheit und der »Kindheit« Europas[183] erfährt in Hesses Fall aufgrund mancher »indischen Enttäuschungen« (S. 109) eine Korrektur. Wie schmerzhaft die Kollision der dortigen Wirklichkeit mit seinen Wunschfantasien auch ist, sie ermöglicht es ihm, zu den Erkenntnissen zu gelangen, die seine Denkweise nach der Rückkehr nach Europa entscheidend beeinflussen und ihm einen Weg aus seiner Lebens- und Ehekrise aufzeigen. So wird ihm durch die Erfahrung des Fremden bewusst, dass die europäischen Normen und Maßstäbe relativ sind. Dies bemerkt er nicht nur anhand des ungewohnten und für ihn beinahe unerträglichen Klimas von Südostasien, anhand der üppigen Flora und Fauna in den Tropen, sondern und vor allem anhand des Umgangs mit den Menschen des Ostens, die ihm ganz anders, als denen des Westens vollkommen entgegengesetzt erscheinen.[184]

---

bei jenem ›Geist des Ostens‹, der von Laotse bis zu Jesus führt, der die alte chinesische Kunst hervorgebracht hat und heute noch aus jeder Gebärde des echten Asiaten spricht.«

183 Siehe Hesses Rezension zu Otto Kümmels »Die Kunst Ostasiens« 1999, S. 142: »Der Europäer war stets so sehr mit sich selbst beschäftigt, daß er erst nach Jahrhunderten einer hochgetriebenen geistigen Betriebsamkeit gelegentlich entdeckte, daß Europa nur ein kleiner Teil der Welt sei, daß es größere, ältere, an Denkmälern und Erinnerungen reichere Länder gebe, und Völker mit älterer, höherer Kultur. Der Europäer benahm sich der Welt gegenüber stets etwa so wie Preußen Europa gegenüber, er war der Preuße der Welt.« Siehe ferner Günther: Aufbruch nach Asien 1988, S. 11f.: »Gerade zu dem Zeitpunkt jedoch, als die rassische und kulturelle ›Minderwertigkeit‹ der außereuropäischen Völker betont der eigenen ›Überlegenheit‹ gegenübergestellt wurden, unternahm eine an Europa verunsicherte geistige Elite eine Wendung nach Osten, die in ihrer existentiellen Dringlichkeit kein Pendant in der Vergangenheit aufzuweisen hat.«

184 Siehe Segalen: Die Ästhetik des Diversen 1984, S. 43f.: »Nur diejenigen, die eine starke Individualität besitzen, können den Unterschied fühlen. Jedes denkende Subjekt setzt ein Objekt voraus; aufgrund dieses Gesetzes müssen wir davon ausgehen, daß der Begriff des Unterschieds zwangsläufig einen individuellen Ausgangspunkt impliziert. Mögen diejenigen, die fähig sind zu fühlen, was sie sind und was sie nicht sind, dieses wundervolle Gefühl auskosten. Der Exotismus ist also nicht jener kaleideskopische Zustand des Touristen oder des gewöhnlichen Zuschauers, sondern die lebhafte und neugierige Reaktion einer starken Individualität auf den Zusammenstoß mit einer Objektivität, deren Distanz sie wahrnimmt und auskostet.«

Dabei haben die fehlenden Kenntnisse der asiatischen Sprachen, aber auch Hesses eher schlechtes Englisch zur Folge (S. 15),[185] dass er das ihm Fremde weniger durch ganz direkten Kontakt mit den Einheimischen zu verstehen sucht. Vielmehr beobachtet er die ihm fremde Umgebung sehr genau. Das sorgt zwar für mehr Distanz in seiner Wahrnehmung, seine Sichtweise des Fremden wird aber dennoch auch weiterhin von den zeitgenössischen Diskursen, die stark vom Imperialismus, Kolonialismus und Orientalismus geprägt sind, beeinflusst (S. 74f.).[186]

Allerdings verringert sein ernst gemeinter Versuch, den Osten in all seinen Facetten kennen und verstehen zu lernen, die Gefahr einer hochmütigen und intoleranten Einstellung gegenüber den Einheimischen.[187] Im Gegenteil erleichtern ihm seine Offenheit und Bereitschaft »geführt und verlockt von dem seltsamen Trieb des Zuschauens« (S. 75), Neues als Herausforderung und Gewinn zu betrachten, den Zugang zu dem ihm Unbekannten (S. 75).[188] So heißt es nach einem Besuch bei chinesischen Gräbern in Palembang:

185 Siehe Hesse: Notizen von der Indonesienreise vom 13.11.1911 2003, S. 182: »Lästig und beschämend ist mir's, daß fast alle Natives, mit denen man zu tun kriegt, besser Englisch sprechen als ich.«

186 Siehe Keyserling: Das Reisetagebuch eines Philosophen 1922, S. 633: »Und ich staune über den Reichtum der sichtbaren Welt. Bisher hatte ich häufig gefunden, daß diese mehr verschleiert als enthüllt; daß die Wirklichkeit, welche das Auge berührt, arm ist neben der von Geist und Seele. Nun aber erkenne ich, daß sie ganz wunderbar reich ist, daß es nur von der Anlage des Beschauers abhängt, wie viel sie ihm bietet und bedeutet; im Spiel der Farben und Linien kann genau so viel Sinn zutage treten, wie in der geistreichsten Gedankenverknüpfung.«

187 Siehe Bonsels: Indienfahrt 1920, S. 72: »Das Reisen läutert das Gemüt, denn die Fremde macht bescheiden, und durchaus nicht auf die Art, wie es nur die Lumpen sein sollen. Die Achtung vor fremden Wesen, die gerade uns Deutschen so gern als Tadel nachgesagt wird, ist nur dann eine Untugend, wenn sie sich mit einer Preisgabe des eigenen Wesens verbindet. Dieser Respekt aber vor fremdem Geist und Tun und vor der Lebensart anderer wird in allen reicheren Herzen die Tadelsucht und die Selbstüberhebung dämpfen, die beiden Grundfehler unserer jungen Generation.«

188 Siehe etwas anders ebd., S. 194: »Später lernte ich vieles in Mangolore verstehen, das ich anfangs mit Geringschätzung übergangen hatte, manches lieben, das mir zuerst fremd und abstoßend entgegentrat, und ich schied mit der Gewißheit aus der Stadt, daß kein bewohnter Ort der Welt an paradiesischer Schönheit und Versunkenheit sich mit Mangalore zu messen vermöchte. Wir erlangen in unseren kurzen Lebenstagen niemals das Maß von Erfahrung fremden Erscheinungen gegenüber, das uns ermöglichte nach dem ersten Eindruck gerecht auf den allgemeinen Wert zu schließen.«

> Ich kannte nur wenige von den Bäumen und Tieren, die ich um mich sah, mit Namen, ich konnte die chinesischen Inschriften nicht lesen und konnte mit den Kindern nur zehn Worte reden, aber ich habe mich nirgendwo in der Fremde so unfremd und so von der Selbstverständlichkeit und vom klaren Fluß alles Lebens umschlossen gefühlt wie hier. (S. 89)[189]

Allerdings hat er nicht nur das Gefühl der Vertrautheit und Zusammengehörigkeit, sondern auch das der Fremdheit und Unnahbarkeit. Das, was Hesse als das »Unbegreifliche« und »Vernunftlose« (S. 75) bezeichnet, ist es für ihn jedoch nur im Moment der Betrachtung, aber kein dauerhafter Zustand des Gegenüber. Die Erfahrung, wie austauschbar das »Fremde« ist, macht er dabei in den *Aufzeichnungen von einer indischen Reise* besonders an einer Stelle deutlich, und zwar als er eine Schiffstour auf dem Batang Hari beschreibt, auf der er eine Nacht auf Deck verbringt. Wie im *Singapur-Traum* sinkt er dort müde und erschöpft in den Schlaf. Hesse konstruiert einen Rollen- und Perspektivwechsel, indem er sich umgekehrt als ein für die Asiaten fremdes, exotisches Objekt darstellt:[190]

> Als ich wieder die Augen auftat, war ein bleicher, kühler Nebelmorgen, mein Nachtkleid war durchnässt und ich fror, schläfrig griff ich nach der feuchten Reisedecke und zog sie an mich. Als ich dabei den Kopf drehte, sah ich jemand über mir stehen. Ich schaute empor, da stand mit den kleinen, braunen, ringgeschmückten Füßen neben meinem Kopf das hübsche, langhaarige Malayenkind, hielt die Hände auf dem Rücken und

---

189 Vgl. Isa-Upanischaden, Gespräch 3.7. In: Upanischaden 2005, S. 80. Vgl. ferner eines der Distichen aus dem *Atmabodha* zitiert in Bonsels: Indienfahrt 1920, S. 231.

190 Siehe Segalen: Die Ästhetik des Diversen 1984, S. 50. Mit dieser Konstruktion führt Hesse aus, was Segalen in seinem Verständnis von Exotismus, nämlich die »Fähigkeit, das Diverse zu empfinden«, einfordert. Unter dem Titel *Gegenbilder – Gegeneindrücke* schreibt er am 9.6.1908 in einer Auseinandersetzung mit Pierre Loti, Saint-Pol Roux und Paul Claudel in sein Notizbuch ebd., S. 35f.: »Aber eine echte Entdeckung *muß* einfach sein... und warum nicht *einfach das Gegenteil* von jenen vertreten, gegen die ich mich wehre? Warum nicht versuchen, einen *Gegen*eindruck zu geben? Sie haben gesagt, was sie in Gegenwart der unerwarteten *Dinge* und Menschen gefühlt haben, mit denen sie zusammenzutreffen suchten. Aber haben sie auch aufgedeckt, was diese Dinge und Menschen in ihrem Innern und von ihnen dachten? Denn es gibt vielleicht vom Reisenden zu dem hin, was er sieht, einen Rückstoß, der das Gesehene erschüttert. Stört er nicht durch sein zuweilen so unseliges, abenteuerliches Eindringen (vor allem in die ehrfurchtgebietenden Stätten der Stille und Abgeschiedenheit) das seit Jahrhunderten bestehende Gleichgewicht? Machen sich nicht um ihn herum aufgrund seines entweder feindseligen oder andächtigen Verhaltens Zeichen von Argwohn oder Zutrauen bemerkbar?« Kursivierungen von Segalen.

> betrachtete mich aufmerksam mit schönen, ruhigen Augen und sachlichem Interesse, als könne sie vielleicht im Schlaf erlauschen, welcherlei Tier der weiße Mann sei. (S. 68f.)[191]

Hesse, der auf seiner Reise die Erfahrung macht, selbst als etwas Besonderes, weil Unbekanntes zu gelten, hat in Bezug auf das kleine Mädchen den gleichen Gedanken. So wie er ihr, erscheint auch sie ihm tierhaft (S. 69). Daher führen seine Bemühungen, offen, ehrlich und objektiv zu sein, nicht nur dazu, dass er das Fremde trotz aller Unterschiede und Abweichungen vom Eigenen entgegen vieler Zeitgenossen als gleichwertig und gleichberechtigt akzeptiert.[192] Sie ermöglichen ihm auch die »Überlegenheit«, d.h. den Vorsprung der Asiaten vor den Europäern in einigen Bereichen zu erkennen und neidlos zu akzeptieren (S. 78f.).[193] Hesse stellt die Ostasiaten, in erster Linie die Chinesen, so insgesamt positiv dar. Er resümiert, als er die zahlreichen Eindrücke der Reise noch einmal Revue passieren lässt:

> Wenn ich über sie nachdenke, so stellt sich heraus, daß nur ganz wenige richtig ›exotische‹ dabei sind; die meisten sind von rein menschlicher

---

191 Siehe Hesse: Notizen von der Indonesienreise vom 5.10.1911 2003, S. 144: »Einer Malayenfamilie mit 4 Kindern hatten wir bei der Morgentoilette zugesehen, Frisieren, die Kinder mit Halsperlketten, silbernen Fußspangen etc.« Die Erfahrung, selbst Objekt des Interesses der Asiaten zu sein, thematisiert auch Bonsels: Indienfahrt 1920, S. 89.

192 Siehe ebd., S. 127: »Von allen Empfindungen, die die Geselligkeit unter anderen Wesen, seien es nun Menschen oder Tiere, mit sich bringt, ist mir die der Überlegenheit am peinlichsten; ich habe immer gesehen, daß die beschränktesten Menschen es am ergiebigsten auskosteten, wenn sie ihnen einmal die Gelegenheit dazu bot. Es liegt im Wesen aller Andacht vor dem Lebendigen, daß man sich einschließt, indem man Rechte zugesteht, und sie erst dann einfordert, wenn das gemeinsame Wohlergehen unserer Leitung bedarf. Von den gewaltigen Lebensstimmen, die in der kurzen Wegstrecke des Erdendaseins unser Gemüt erschüttern, ist das Seufzen der unterdrückten Kreatur, wie die leitende oder klagende Melodie in einem brausenden Orgellied, immer das Vernehmlichste gewesen, das mir zu Ohren gedrungen ist, und da ich verabscheue, Mitleid zu geben oder zu empfangen, ist mir nur der Weg geblieben, in allem Lebendigen einen meinem Leben gleichberechtigten Ausdruck der Natur zu erblicken.«

193 Siehe Multatuli: Max Havelaar 1993, S. 475: »Der Europäer täuscht sich in der Meinung, daß die höhere Kultur, deren er sich rühmt, überall als Maßstab angenommen wird. Auch darin, daß er tatsächlich in jeglicher Hinsicht kultivierter ist. Ich könnte viele Beispiele aufführen, die unseren angeblichen Ruhm in dieser Hinsicht in Frage stellen, und einige, die ihn zur Unwahrheit abstempeln. Das Prädikat, das Liplaps und Einheimische dem Europäer verleihen, ist: ungewaschen.«

> Art und wurden mir nicht durch das fremde Kostüm, sondern durch ihre Verwandtschaft mit meinem eigenen und jedem Menschenwesen wichtig und lieb. (S. 113)[194]

Angenehmes wie Unerfreuliches erlebt er während seines Aufenthalts in Hinterindien und Ceylon: Einerseits das heiße Klima, andererseits die prachtvolle Natur, einerseits die Ähnlichkeit der Städte samt »Gestank, Lärm, Enge und Mangel an Bequemlichkeit«[195], andererseits ihre Lebendigkeit und Buntheit. Doch weit mehr noch als alle diese unterschiedlichen Bilder, die den Eindruck der Gleichzeitigkeit von Ungleichzeitigkeiten verstärken, bleibt ihm schließlich der Anblick vieler menschlicher Dinge im Gedächtnis (S. 115f.):[196]

> [Ü]berall im Archipel die gutmütigen, hübschen Malayen, von den Holländern streng gehalten, höflich und ergeben, und auf Ceylon die sanften, zarten Singhalesen. Man schielt sie und sie machen betrübte Kindergesichter, man befiehlt ihnen und sie beginnen die Arbeit mit geheucheltem Eifer, man wirft ihnen ein Scherzwort zu und sie lachen breit und selig übers ganze Gesicht. Sie haben alle dieselben schönen, flehenden Augen, und sie haben alle einen Rest von wilder Unschuld und Rechenschaftslosigkeit im leicht bewegten Gemüt. (S. 116)[197]

---

194 Siehe Keyserling: Über die innere Beziehung zwischen den Kulturproblemen des Orients und des Okzidents 1913, S. 20: »Wir haben erkannt, daß die noch so verschiedenen Kulturgestaltungen doch einen letzten Sinn haben. Ziehen wir Europa, Indien und China auf einmal in Betracht, so hätten wir, mathematisch gesprochen, drei Koordinaten, die auf den gleichen Mittelpunkt bezogen sind. Diesen Mittelpunkt als solchen zu bestimmen, ist fortan keine unlösbare Aufgabe mehr. Bisher besaß jedes einzelne Volk seine eigene äußerste Wahrheit, sein eigenes höchstes Ideal, jeder Ausdruck vom anderen verschieden, und es wollte und konnte nicht gelingen, vom einen zum anderen zu gelangen, den Sinn der Gestaltung zu erfassen, sich wirklich gegenseitig zu verstehen. Jetzt können wir hinter den Ausdruck blicken, erkennen was er innerlichst bedeutet. Und erweist es sich hierbei, wie es sich in der Tat erweist, daß der Mannigfaltigkeit eine Einheit zugrunde liegt – dann sind wir in der glücklichen Lage, jeder Erscheinung ganz gerecht zu werden, im Erreichten das Bestreben zu würdigen und diesem, wo es irre geht, vom Zentrum her den Weg zum Ziele zu weisen.«

195 Hesse: Notizen von der Indonesienreise vom 23.10.1911 2003, S. 167.

196 Vgl. Hesses Gedicht *Nachfest der Chinesen in Singapur* in Hesse: Aus Indien 1913, S. 132.

197 Siehe Keyserling: Das Reisetagebuch eines Philosophen 1922, S. 267: »Es wäre hohe Zeit, den Aberglauben aufzugeben, daß die Christenheit ein Monopol auf die Liebe hätte. Sie steht obenan, soweit A r b e i t im Sinn der Liebe in Frage kommt, von dieser selbst, als Erleben, weiß sie weit weniger als die sanftere Menschheit Hindus-

Durch die Erfahrung der Vielfalt an Ethnien gewinnt Hesse schließlich die zweite Erkenntnis seiner Reise, nämlich dass die Menschheit trotz aller Gegensätze im Grunde eine einzige große Einheit darstelle. Anhand der regen und friedlichen Beziehungen der östlichen Völker zueinander (S. 119ff.), ihrer Toleranz für das Fremde, ihrer Gelassenheit gegenüber Unbekanntem und ihres Desinteresses für alles Äußerliche wird ihm bewusst, dass es den Asiaten auf Existentielles ankomme, auf Frieden und Freiheit, Ruhe und Harmonie, Leben und Leben-Lassen.[198] Mit dieser Einsicht lässt er die *Aufzeichnungen von einer indischen Reise* auch enden:

> Mein Schiff fährt und fährt. Vorgestern brannte noch die unbändige Sonne Asiens auf unser Deck, wir saßen lustig in weißen dünnen Kleidern und tranken eisgekühlte Sachen; jetzt sind wir schon nahe am europäischen Winter, der uns mit Kühle und Regenschauern schon bald nach Port Said empfing. Dann werden die heißen Küsten der östlichen Inseln und die glühenden Mittage von Singapur in der Erinnerung noch an Glanz gewinnen; aber dies alles wird mir nie so lieb und wertvoll werden wie das starke Gefühl von der Einheit und nahen Verwandtschaft alles Menschenwesens, das ich unter Indiern, Malayen, Chinesen und Japanern gewonnen habe. (S. 118)[199]

---

tans. Ich verstehe jetzt gut, daß Europäerherzen dem gebildeten Hindu roh erscheinen: sie sind roh, daran kann kein Zweifel sein. Und schwerlich werden sie jemals echter Bhakti fähig werden: unsere Entwicklung bewegt sich nach anderer Richtung hin. Wir werden weniger und weniger devotionell.« Hervorhebung von Keyserling.

198 Siehe ebd., S. 398: »Ist der Mensch nicht im Irrtum, indem er das Leben tragisch nimmt? Wäre es nicht das Höchste, wenn auch er sich wie Brahma verhalten könnte? Denn was unterscheidet das Spiel von der Arbeit? Nicht der Ernst dieser: ich kenne nichts Ernsthafteres als die Art, wie echte Kinder spielen. Es ist das Zweckhafte der Arbeit gegenüber dem Absichtslosen des Spiels. Nun ist das Leben an sich vollkommen zweck- und absichtslos. Es ist ein reines Ausströmen, Wachsen, Geben, ein reines Streben nach immer vollerem Ausdruck, wobei Zweckvorstellungen und Zwecke nur hinderlich sind. Je ursprünglicher also ein Wesen, je wahrhafter, lebendiger, echter, desto mehr gleicht sein Dasein einem Spiel. So ist ein Götterdasein nur als ein Spiel zu denken.«

199 Siehe Hesse: Erinnerung an Indien 2003, S. 219f.: »Diese kleine, uralte Binsenwahrheit, daß es über die Völkergrenzen und Erdteile hinweg eine Menschheit gibt, ist für mich das letzte und größte Erlebnis jener Reise gewesen, und sie ist mir seit dem großen Kriege immer wertvoller geworden. Erst von hier aus wieder, vom Gefühl der Brüderschaft und inneren Gleichheit aus, bekommt das Fremde, Unterschiedene, bekommt die Buntheit der Länder und Menschen ihren innigsten und höchsten Reiz und Zauber. Wie oftmals habe ich, gleich tausend andern Reisenden, Menschen und Städte exotischer Völker nur als Kuriosität betrachtet, nur

2.4.2 *Gedichte*

Geht es in den *Aufzeichnungen von einer indischen Reise* darum, die Eindrücke von der politischen, wirtschaftlichen und kulturellen Situation in Asien zusammen mit Hesses Erlebnissen in kurzen Skizzen anschaulich zu machen,[200] steht in den auf der »Morgenlandfahrt« entstandenen elf *Gedichten*, die in ihrer Reihenfolge die Reiseroute widerspiegeln, etwas anderes im Mittelpunkt. Es handelt sich um das Seelenleben des lyrischen Ich vor, während und nach der Reise.[201] Damit gibt es nicht nur einen formalen, sondern auch einen qualitativen Unterschied zwischen den beiden Teilen in *Aus Indien*. Die Gedichte stellen eine Weiterentwicklung im Sinne einer Konzentration auf das erlebende Subjekt dar. Es treten nicht nur die Gründe für den Antritt der Fahrt zu Tage, sondern es werden auch die Erfahrung und Auseinandersetzung mit dem Fremden und die von ihm daraus gezogenen Konsequenzen thematisiert. Dabei werden wie in den Reisefeuilletons auch in den Gedichten Stilisierungen vorgenommen. So äußert sich das lyrische Ich bereits im ersten mit dem Titel *Gegenüber von Afrika* versehenen Gedicht offen über die Ursachen seiner Reise nach Indonesien und Ceylon. Im Gegensatz zu den *Aufzeichnungen* wird erst hier deutlich, dass es die bürgerliche Sesshaftigkeit und Sicherheit ist, die den Aufbrechenden trotz aller Geborgenheit nicht zu befriedigen vermag:

---

hineingeblickt wie in eine Menagerie, wo alles interessant ist, uns aber im Grunde nichts angeht! Erst wo ich diesen Standpunkt verlassen und in Malaien, Indern, Chinesen, Japanern Menschen und nahe Verwandte sehen konnte, erst da begannen die Erlebnisse, die jener Reise den Wert und Sinn gaben.« Siehe auch Keyserling: Das Reisetagebuch eines Philosophen 1922, S. 395: »Das innerlichst Persönliche, keiner Außenwelt Zugängliche ist gleichzeitig der Ort, der mit dem Zentrum des Alls in unmittelbarem Zusammenhang steht. Dank dem kann Gott sich durch jede Natur manifestieren, aber nur insoweit, als diese sich selbst gemäß lebt. So braucht sich keine um sich selbst zu grämen. Ich bin nun ganz besonders günstig gestellt deshalb, weil ich nun vollkommen klar erkenne, worauf es ankommt. Jetzt kann ich alles und jedes im Geist des ›Einen‹ betreiben, so daß mir auch alles und jedes zum Heil gereichen muß. Was soll mich noch entmutigen, seitdem ich w e i ß ? Was mich noch aufhalten? Weder Krankheit noch Unglück, weder eigenes noch fremdes Versagen, weder Tugend noch Laster. Alles im Leben dient dem Wissenden.« Hervorhebung von Keyserling. Vgl. Freedman: Hermann Hesse 1982, S. 203.

200 Siehe Michels: Nachwort des Herausgebers. In: Hesse: Betrachtungen und Berichte I. 2003, S. 501: Dieser spricht im Bezug auf Hesses Reiseschilderungen von einer »zuweilen an Goethe erinnernden Vielfalt der Sinneswahrnehmungen mit ihren geologischen, botanischen, sozialen und verhaltenspsychologischen Beobachtungen«.

201 Vgl. Spies: Hermann Hesses Lyrik 2004, S. 118f.

Heimathaben ist gut,
Süß der Schlummer unter eigenem Dach,
Kinder, Garten und Hund. Aber ach,
Kaum hast Du vom letzten Wandern geruht,
Geht dir die Ferne mit neuer Verlockung nach. (S. 125, Z. 1-5)[202]

Der dauerhafte Aufenthalt an einem einzigen Ort steht dem Wandertrieb des lyrischen Ich, seinem ganzen Charakter entgegen. Der Reisende, der sich als Einzelgänger entpuppt, findet seine Erfüllung im Gegensatz zum arrivierten Bürger nicht im Haben, sondern in Einsamkeit und Besitzlosigkeit, Unterwegssein und permanentem Suchen (S. 125, Z. 6-12).[203] Er, der nie endgültig anzukommen vermag, ist sich aber seiner privilegierten Lage, der Möglichkeit, sein bürgerliches Leben mit all den Verpflichtungen zeitweise aufzugeben, durchaus bewusst. Darum versagt er auch denjenigen, die sich der »Prosa des Lebens« nicht entziehen können oder wollen, nicht den nötigen Respekt, auch wenn dieser einen ironischen Unterton besitzt (S. 125, Z. 13-16).[204]

Schließlich begründet das lyrische Ich seine Absage an das bürgerliche Leben nicht nur mit dessen Selbstzufriedenheit und Bequemlichkeit, Engstirnigkeit und Ängstlichkeit, sondern auch mit seiner eigenen besonderen Art des Glücks, das stets nur kurz andauere und immer wieder neu gesucht und errungen werden müsse (S. 125, Z. 17-20).[205] Dieser Gegensatz erlaubt zwei Möglichkeiten der Interpretation: Einerseits kann die Rastlosigkeit als Flucht vor den Problemen gedeutet und die Asientour als ein Versuch der Verdrängung und Ablenkung gesehen werden. Andererseits ist es möglich, die Reise in eine unbekannte Weltgegend als eine Prüfung zu verstehen, in die man sich begibt, um daraus gestärkt wieder hervorzugehen.[206]

Die folgenden Gedichte machen deutlich, dass bei der Frage nach den Gründen für den Auslandsaufenthalt beide Lesarten gleichwertig nebeneinander stehen und gleichermaßen berücksichtigt werden müssen. So wird in *Ankunft in Ceylon* stark der Fluchtgedanke betont, wobei die Erfahrung der lebensfeindlichen Gegend rund um das Rote Meer (S. 126, Z. 1-12) das Glücksgefühl des Reisenden nach der Ankunft auf der paradiesähnlichen Insel enorm

202 Vgl. Zeller: Hermann Hesse 2002, S. 64.

203 Vgl. Ball: Hermann Hesse 1972, S. 112. Vgl. ferner Hesse: Knulp 2002, S. 14.

204 Hesse thematisiert auch später sein »problematisches« Verhältnis zum bürgerlichen Leben. Vgl. Hesse: Siddhartha 1982, S. 64f. Vgl. ferner ebd., S. 81.

205 Vgl. Hesses im September 1913 entstandenes Gedicht *Globetrotter*. In: Hesse: Die Gedichte 2002, S. 181f. Die Wanderlust, die eine lebensnotwendige, weil kathartische Maßnahme für Hesse darstellt, bleibt zeitlebens ein zentrales Thema seiner Arbeiten. Vgl. ferner Hesse: Narziß und Goldmund 2004, S. 173f.

206 Vgl. Freedman: Hermann Hesse 1982, S. 194.

steigen lässt. Dankbar ist er für die Zerstreuung, die ihm der abwechslungsreiche Aufenthalt auf Ceylon verschafft. So kann das lyrische Ich nicht nur die öde Wüstenlandschaft Afrikas und der arabischen Halbinsel hinter sich lassen, sondern auch die es bedrängenden privaten Angelegenheiten vergessen und sich der traumhaften Natur und den exotisch anmutenden Menschen und Orten der Insel hingeben (S. 127, Z. 1-14).

Wie in den Reisefeuilletons hält dieser Enthusiasmus jedoch nicht lange an. In *Nachts in der Kabine* wird sich der Reisende wieder seiner großen Einsamkeit bewusst, vor der ihn nichts dauerhaft zu bewahren vermag (S. 128, Z. 1-10).[207] Das lyrische Ich ermutigt sich aber selbst, spricht davon, dass es Klarheit über sich selbst, Standfestigkeit und Frohsinn besitzen müsse, um Beschwernisse welcher Art auch immer zu ertragen (S. 128, Z. 11-19).[208] Es erkennt, dass in ihm selbst der Grund dafür liegt, dass es sich nicht ausgeglichen fühlt. Es akzeptiert, dass es das Problem des inneren Stillstands nicht anders lösen kann, als sich mit sich selbst auseinanderzusetzen, d.h. in sich hineinzuhorchen, die Konflikte zu erkennen und selbstständig zu lösen. Die Reise nach Asien könne ihm lediglich Anstöße zu einer anderen Art der Herangehensweise aufzeigen. Die Wirklichkeit der östlichen Welt zwingt ihn gleichzeitig, die utopischen Vorstellungen vom Osten als dem »Himmel auf Erden«, wo sich die Schwierigkeiten von selbst lösten, aufzugeben. *Kein Trost* wird ihm auf der Reise zu Teil:

> Zur Urwelt führt kein Weg zurück.
> Es gibt kein Sternenheer,
> Kein Wald und Strom und Meer
> Der Seele Trost und Glück.
>
> Es ist nicht Baum noch Fluß noch Tier
> Dem Herzen zu erreichen;
> Trost wird im Herzen dir
> Allein bei deinesgleichen. (S. 131, Z. 1-8)

---

207 Siehe Hesse: Gertrud 2003, S. 147: »Ich kannte ihn zu gut, den eigenwilligen Melancholiker, der gewohnt war, seinen Launen zu leben und nirgends ein Opfer zu bringen, den dunkle Triebe hinrissen und leiteten und der in nachdenklichen Stunden seinem eigenen Leben zusah wie einem Trauerspiel. Wenn das wirklich eine Krankheit war, das Einsamsein und Nichtverstandenwerden, wie es der gute Herr Lohe mir dargstellt hat, so litt Muoth an dieser Krankheit mehr als irgend jemand.« Vgl. Hesses 1911/1912 entstandenes Gedicht *Vereinsamung*. In: Hesse: Die Gedichte 2002, S. 186.

208 Vgl. das 1906 von Hesse geschriebene Gedicht *Allein* ebd., S. 170.

Dass Asien nicht seine »Heimat« sei, begreift und thematisiert das lyrische Ich bald nach der Ankunft in Hinterindien. Als Europäer sei es ihm nicht gegeben, im realen Osten das ersehnte Ziel zu finden, sondern lediglich eine Etappe auf dem Weg zu sich selbst und zu seiner Weiterentwicklung.[209] In *Im malayischen Archipel* entdeckt es, dass die nahe scheinende Heimat eine Wunschfantasie seiner selbst ist, die seinem öfter in Unruhe und Ungeduld ausbrechenden Herzen entspringt (S. 133, Z. 1-11).[210] Dass trotz aller Selbstdisziplin und -tröstung immer wieder starke Gefühlsschwankungen solcher Art das lyrische Ich bewegen, bezeugt das Gedicht *Bei Nacht*. Darin neigt das lyrische Ich dazu, sich ganz seinen Grübeleien zu überlassen. Der den Reisenden für längere Zeit einengende Aufenthalt auf einem Schiff verstärkt das Gefühl der Einsamkeit und Verlassenheit (S. 134, Z. 1-16).

Im Gegensatz dazu steht ein Unwettererlebnis während einer Expedition in den Dschungel von Sumatra. Es steigen Erinnerungen an die Kindheit auf und erfüllen ihn mit großem Glück. In vielleicht keinem anderen Gedicht wird die Funktion Asiens für ihn, nämlich als Folie seiner selbst zu dienen, so deutlich wie in *Pelaiang* (S. 135, Z. 1-21).[211] Gut gestimmt, geht der Reisende auf die Rückfahrt nach Europa. Auf der letzten Station fasst er seine Erkenntnisse zusammen. So äußert er in *Vor Colombo* ernüchtert, aber nicht resigniert:

> In grünem Licht verglimmt der heiße Tag,
> Still geht und fest das Schiff im Wellenschlag.
> So still und gleich durch diese Welt zu gehn,
> So unbeirrt in Kampf und Nacht zu sehn,
> War meiner Reise Ziel, doch lernt' ichs nicht.
> Und wartend wend' ich heimwärts mein Gesicht,
> Zu neuer Tage Wechselspiel bereit,
> Neugierig auf des Lebens Grausamkeit. (S. 136, Z. 1-8)

Die Standfestigkeit und Gleichmütigkeit, die sich der Reisende auf der Tour zu erlangen gewünscht hat, gewinnt er nicht.[212] Doch macht ihn die Annahme

---

209 Vgl. sein 1910/1911 verfasstes Gedicht *Reisekunst* ebd., S. 198f.

210 Vgl. Hesses um 1910 entstandenes Gedicht *Melancholie* ebd., S. 145.

211 Vgl. das von Hesse im März 1912 geschriebene Gedicht *Die Kindheit* ebd., S. 195.

212 In seinem Reisetagebuch beschwert sich Hesse immer wieder über seine Ungeduld und die Gefühlsausbrüche. Siehe Hesse: Notizen von der Indonesienreise vom 1.10.1911 2003, S. 141: »Heißer Morgen. Keine Koffer. Szene mit Sturzenegger, daß man doch nie Geduld lernt!« Siehe ferner Eintrag vom 10.11.1911 ebd., S. 177: »Wieder fast 3 Tage nur Meer. Wer unfroh und müde ist, für den ist langes Seereisen schwer. Wann lerne ich Geduld, wann finde ich Ruhe und Genügen? Die Schwermut umgab mich heut so dicht, daß mit allem Galgenhumor und allem Wein kaum

dieser Tatsache wie in den *Aufzeichnungen von einer indischen Reise* nicht traurig oder passiv. Im Gegenteil ist er am Ende für neue Abenteuer bereit. Er begreift, dass »Asien« nicht in der Lage ist, ihn von seiner Unruhe und Unzufriedenheit zu »heilen«. Das Fremde dient ihm jedoch als ein Spiegel, sich selbst zu erkennen, respektive als eine Herausforderung, um an ihm seine Kräfte zu messen und daran zu wachsen (S. 136, Z. 9-18).[213] Die »Morgenlandfahrt« führt den Reisenden, wie die *Gedichte* schließlich deutlich machen, durch die »Entzauberung des Ostens« zu sich selbst. Er gelangt zu der Einsicht, dass er, um in Frieden mit sich selbst zu leben, nicht in »fremden Gefilden« suchen solle. Doch dürfe er sich, in die Heimat zurückgekehrt, allerdings auch nicht (länger) einer ihm unpassenden, d.h. in seinem Fall der bürgerlichen Lebensform unterwerfen. Stattdessen müsse er sich, so wie er nun einmal sei, akzeptieren – nämlich als ein rastlos Suchender, dessen Wunsch nach Aufbruch, Interesse für Fremdes und Sehnsucht nach dem hart errungenen, aber nur kurz währenden Glück unstillbar seien und ihn darum immer wieder forttrieben (S. 136, Z. 19-26).[214]

2.4.3 *Robert Aghion*

Neben den 21 Reiseskizzen, aus denen die *Aufzeichnungen von einer indischen Reise* bestehen, und den elf *Gedichten* bildet die nach der Rückkehr im Mai 1912 entstandene Novelle *Robert Aghion* den letzten Teil von Hesses *Aus Indien*. Den ursprünglichen Titel *Der Missionar* ersetzt der Autor vor der Drucklegung durch den Eigennamen der Hauptfigur, da er wohl ahnt, wie empfindlich sein früher selbst in der Indienmission tätiger Vater und ihm nahe stehende Kreise reagieren würden.[215] Denn genauso heikel wie der erste Titel für die Verwandten sein muss, muss es auch der Inhalt sein.

---

für Viertelstunden ein Loch hineinreißen konnte.« Siehe schließlich die Eintragung vom 19.11.1911 ebd., S. 185: »Es ist ein übler Zustand: wir alle ziemlich erschöpft und krank, draußen endloser Regen, und doch muß eben diese Woche, bis das Schiff geht, vollends hingebracht werden. Ich bin heut den ganzen Tag in meinem Hotelzimmer gesessen und gelegen. Von Hans Sturzenegger lieh ich ein zerfetztes einzelnes Reclambändchen von Eckermanns Gesprächen, und das Bild dieser lichten Kultur sprach mich plötzlich tröstend und ermahnend an. Ach, wer Geduld und Heiterkeit lernen könnte!«

213 Siehe die Eintragung vom 11.10.1911 ebd., S. 152: »Pelaiang ist der erste Ort, auf dieser Reise, der mir sehr gefiel und wo ich gern noch lang geblieben wäre.« Vgl. auch Hesses im Oktober 1911 entstandenes Gedicht *Abschied vom Urwald*. In: Hesse: Die Gedichte 2002, S. 181.

214 Vgl. erklärend Hesse: Narziß und Goldmund 2004, S. 46f.

215 Vgl. Michels: Nachwort. In: Hesse: Blick nach dem Fernen Osten 2002, S. 460.

So unterscheidet sich *Robert Aghion* von den ersten beiden Teilen von *Aus Indien* sowohl formal als auch qualitativ. Denn Hesse schafft durch die Fiktionalisierung und Verlagerung der Handlungszeit in die letzte Dekade des 18. Jahrhunderts eine doppelte Distanz, die für ihn scheinbar notwendig ist, um sich einer Entwicklung zuzuwenden, der er eine große Bedeutung beimisst: Hat er sich in seinen *Aufzeichnungen von einer indischen Reise* entweder nur vorsichtig, so wie im *Singapur-Traum*, oder wie in seinen *Gedichten* überhaupt nicht mit dem Bekehrungswerk der Christen in Asien beschäftigt, so setzt er sich in *Robert Aghion* – übrigens zeit- und themengleich mit seinem Vater Johannes Hesse[216] – mit dem problematischen Religionsverständnis seiner Familie und der Missionierung der östlichen Völker unter der Leitung der christlichen Kirchen auseinander.[217]

Doch bevor Hesse die an Daniel Defoes Roman *Robinson Crusoe* (1719)[218] orientierte Geschichte des Robert Aghion erzählt,[219] macht er einen Exkurs in die Historie der Frühen Neuzeit, in der sich die Europäer nach der Entde-

---

216 Siehe Ball: Hermann Hesse 1972, S. 149: »1913 erscheint ein Buch des Vaters, ›Aus Henry Martins Leben, Briefen und Tagebüchern‹, und es ist die Geschichte eines indischen und persischen Missionars. Johannes Hesse verfügt darin über eine große Skala der Darstellungsmittel. Politisch-religiöse, kulturelle und ethnographische Interessen zeigen das Bild jenes evangelischen Märtyrers in vielseitiger Beleuchtung. Nur die Musik der Sprache fehlt diesem Buche, um es zu einem Meisterstück der Memoirenliteratur zu erheben. Und merkwürdig: im selben Jahre 1913 erscheint des Sohnes Buch ›Aus Indien‹ und enthält als wichtigstes Stück die Erzählung ›Robert Aghion‹, und es ist ebenfalls die Geschichte eines Missionars. Sie ist, mit den Kenntnissen des Vaters verglichen, einförmig und fast dürftig; aber sie hat Musik, sie hat jenes gewisse Etwas, das den Dichter von Schriftsteller unterscheidet.« Vgl. Findeis: Hermann Hesses Indienbild 2003, S. 49.

217 Vgl. Michels: Nachwort des Herausgebers. In: Hesse: Die Erzählungen 1911-1954 2001, S. 506f.

218 Darauf, dass Defoes Roman für die Konzeption von *Robert Aghion* eine wichtige Rolle spielt, deutet unter anderem die Hochachtung, die Aghion für den englischen Schriftsteller hegt. So besitzt er einen kleinen Kupferstich mit dem »Bildnis des Herrn Defoe, des Verfassers des Robinson Crusoe« (S. 162), das er später mit auf seine Reise nach Indien nimmt und dort in seinem Zimmer im Haus seines Vermieters über dem Bett aufhängt.

219 Die Novelle erinnert an Hesses 1905 entstandene Erzählung *Anton Schievelbeyn's ohnfreywillige Reisse nacher Ost-Indien*, die im holländisch besetzten Südafrika des 17. Jahrhunderts spielt. Sie handelt von den unfreiwilligen Abenteuern eines deutschen Siedlers, der so wohlhabend und träge geworden ist, dass seine Frau ihn bei Nacht und Nebel auf ein Schiff nach Indien verfrachten lässt, damit er wieder nüchtern wird und arbeiten lernt. 1910 greift Hesse den Stoff als Vorlage zu einer komischen Oper nochmals auf. Daraus entsteht eine musikalische Posse in fünf Akten mit dem Titel *Der verbrannte Ehemann*.

ckung Amerikas aufmachen, die restlichen weißen Flecken auf der Weltkarte zu erkunden, zu beherrschen und dort möglichst viel zu Geld zu machen (S. 140).[220] Das, was er für das Zeitalter des Handelskapitalismus feststellt, gilt in einem sehr viel stärkeren Maße für sein eigenes vor dem Ersten Weltkrieg, das als die Hochphase des europäischen Imperialismus bezeichnet werden kann. Die Schattenseiten der rasanten Ausbreitung der Europäer auf der Welt bzw. die Konsequenzen ihrer mit der Invasion einhergehenden harten Vorgehensweise sind, wie Hesse auf seiner Asientour selbst feststellt, ebenfalls dieselben geblieben:

> Darüber war man häufig etwas einseitig und hitzig geworden und hatte manche Regeln vergessen und verletzt, die im christlichen Europa Geltung hatten. Man hatte eine Menge von erschrockenen Eingeborenen da draußen wie Raubzeug verfolgt und niedergeknallt, und der gebildete christliche Europäer hatte sich in Amerika, Afrika und Indien benommen wie der in den Hühnerstall eingebrochene Marder. Es war, auch wenn man die Sache ohne besondere Empfindsamkeit betrachtet, recht scheußlich hergegangen und recht säuisch geräubert worden [...]. (S. 140f.)[221]

Hesse relativiert seine scharfe Kritik an der Eroberung, Besetzung und Plünderung überseeischer Gebiete durch die Europäer sowie die an ihrem hochmütigen und intoleranten Verhalten gegenüber den Einheimischen, indem er dieser Art von Raubrittern gläubige und demütige Christen gegenüberstellt, die den »primitiven« Völkern ein besseres Bild vom Europäertum vermitteln wollten (S. 141).[222] Er geht in der positiven Darstellung der Missionare noch einen Schritt weiter und betont ihre tiefe Überzeugung von der Rechtmäßigkeit ihres Denkens und Handelns. Die folgenden Zeilen sollten angesichts von Hesses ansonsten recht kritischer Haltung gegenüber diesen Eiferern als ein Versuch gewertet werden, das, was vom ursprünglich guten Kern ihrer Sache übrig geblieben sei, zu retten und seine Familie sowie die alten Bekannten aus der Basler Mission zu beschwichtigen:

> Mag man nun über Wesen, Wert, Bedeutung und Erfolg dieser Heidenmissionen denken wie man will, jedenfalls steht fest, daß sie gleich jeder anderen wahrhaft religiösen Bewegung aus reinem Herzen und

---

220 Vgl. Diderot: Nachtrag zu »Bougainvilles Reise« 1961, S. 204.

221 Vgl. Defoe: Robinson Crusoe 1985, S. 213.

222 Die Bezeichnung der Nichtchristen als »arme[] hilflose Heiden- und Naturvölker[]« (S. 141) drückt trotz aller Abgrenzung von den europäischen Abenteurern und Piraten auch oder vielleicht gerade bei den Missionsleuten ein Gefühl der Überlegenheit und der Unfehlbarkeit ihrer Religion aus.

> Willen entsprangen, daß edle und nicht unbedeutende Männer in treuer Absicht sie begründet haben und daß bis zum heutigen Tage viele ebensolche Männer sich in ihren Dienst stellten. Wenn sie nicht alle Helden und Weise waren, so gab es doch solche unter ihnen, und wenn einzelne sich vielleicht nicht eben rühmlich bewährten, so wäre es unbillig, dies dem Ganzen als Schuld anzurechnen. (S. 141)[223]

Bei dieser Aussage entsteht der Eindruck, als ob die Tätigkeit der Missionare lediglich eine Reaktion auf das Raubrittertum ihrer weltlichen Landsleute darstellte. Richtiger ist, dass die politische, wirtschaftliche und kulturelle Beeinflussung der unterworfenen Völker Hand in Hand geht mit der religiösen »Umerziehung«. Diese Aufgabe obliegt den Missionsbewegungen der christlichen Kirchen, die so bei der Verwestlichung des Ostens eine zentrale Rolle spielen.[224] Hesse ist sich dieser Tatsache bewusst, verwendet sie aus familiären Gründen jedoch nicht zu einer direkten und allzu scharfen Verurteilung der christlichen Bekehrungsbestrebungen. Stattdessen stellt er die Rechtmäßigkeit der Missionierung vorsichtig anhand der Entwicklung von Robert Aghion infrage.[225]

Nach dem Exkurs in die Historie wendet sich Hesse der Binnenerzählung zu: In den neunziger Jahren des 18. Jahrhunderts entschließt sich ein Londoner Kaufherr, dessen Bruder in Indien reich geworden und ohne Nachkommen verstorben ist, eine bedeutende Summe für die Ausbreitung des Evangeliums in jenem Land zu stiften. Die Kunde von seiner Absicht dringt auch in ein Bauerndorf in der Gegend von Lancaster und in das dortige Pfarrhaus, in dem der Protagonist der Erzählung seinem Onkel als Amtsgehilfe zur Hand geht:

---

223 Dass sich jedoch bereits das Ganze in einem ziemlich unrühmlichen Zustand befindet, konstatiert zumindest Bonsels. Seine zuletzt vorgetragenen Forderungen an die Beschäftigten der Mission könnten auch von Hesse stammen. Vgl. Bonsels: Mein Austritt aus der Baseler Missions-Industrie 1987, S. 23f.

224 Die Verknüpfung unterschiedlicher Interessen im Kolonialismus betont auch Ganeshan: Das Eigene und das Fremde in der Indienbewegung deutscher Schriftsteller 1994, S. 161: »Die Suche nach legendären Reichtümern, aber auch die Bestrebung, die ganze Welt zu christianisieren, hat die Europäer auch nach Indien geführt.« Zu welcher Pervertierung die Politisierung der Religion und die Ideologisierung der Politik führen können, macht Multatulis Roman *Max Havelaar* anhand des protestantischen Geistlichen Wawelaar aufs Eindringlichste deutlich. Vgl. Multatuli: Max Havelaar 1993, S. 192.

225 Die Missionsbewegung reagiert dennoch, und zwar verhalten. Siehe Oepke: Moderne Indienfahrer und Weltreligionen 1921, S. 12: »Diese phantasievolle Geschichte ist eine Bildrede, eine durchsichtige, für die Mission wenig schmeichelhafte Allegorie. Sie ist dabei von keinerlei Gehässigkeit gegen die Mission diktiert.«

> Robert Aghion war der Sohn eines Schiffskapitäns und einer frommen fleißigen Schottin, er hatte den Vater früh verloren und kaum gekannt und war als ein Knabe von guten Gaben durch seinen Onkel, der ehemals selbst in Roberts Mutter verliebt gewesen war, auf Schulen geschickt und ordnungsgemäß auf den Beruf eines Geistlichen vorbereitet worden, dem er nunmehr so nahe stand als ein Kandidat mit guten Zeugnissen aber ohne Vermögen es eben konnte. Einstweilen stand er seinem Oheim und Wohltäter als Vikarius bei und hatte auf eine eigene Pfarre bei dessen Lebzeiten nicht zu rechnen. (S. 143)

Es ist diese Tatsache, die ihn aufhorchen lässt, als er von der Suche nach Geistlichen erfährt, die in Indien Missionsdienst leisten sollen.[226] Doch eine andere wiegt bei der Entscheidung, Europa in Richtung Indien zu verlassen, schwerer: Trotz seinem »schlichten, bewährten Christensinn und Glauben, welchen als Prediger zu bekennen ihm eine Freude« (S. 144) ist, findet Aghion sein eigentliches Vergnügen in der Betrachtung der Natur (S. 145).[227] So zögert er nicht, in die Hauptstadt zu fahren und sich dem reichen Kaufmann zu präsentieren, der die Reise und den Aufenthalt in Indien finanzieren möchte. Dass Aghion weniger aus religiöser Inbrunst als vielmehr aus »Neugierde auf die geheimnisvolle, an Wundern reiche Ferne« (S. 147f.) auf den indischen Subkontinent möchte,[228] bemerkt der kirchliche Berater des Geschäftsmanns.

Da dieser wenig geistlichen Unternehmungsgeist bei dem jungen Mann wahrnimmt, rät der Geistliche Aghion von der Reise ab. Doch obwohl dieser

---

226 Die Frage nach einem sicheren Einkommen ist von zu großer Bedeutung, als dass sie bei der Entscheidung für den Versuch, eine Existenz im Ausland aufzubauen und auch zu behalten, keine wichtige Rolle spielen sollte. Dies betont in einem anderen Zusammenhang Bonsels: Mein Austritt aus der Baseler Missions-Industrie 1987, S. 6.

227 Was Hesses eigene Leidenschaft für die Betrachtung der Natur betrifft, davon gibt die im Februar 1912 erschienene, aber nicht ins Reisebuch *Aus Indien* aufgenommene Reiseskizze *Indische Schmetterlinge* einen guten Eindruck.

228 Was Aghion dorthin verlockt, ist sein exotisches Indienbild, das eindeutig von den antiken Wunschvorstellungen des Westens geprägt ist, deren Wirkungskraft bis in die Moderne reicht. Siehe Ganeshan: Das Eigene und das Fremde in der Indienbewegung deutscher Schriftsteller 1994, S. 163: »Die Dichter des deutschen Mittelalters bezogen ihre Indienkenntnisse aus Griechenland. Die Indiendarstellungen der Historiker Hekataios von Milet und Ktesias von Knidos lieferten Geschichten über das reiche Land mit merkwürdigen Menschen und Einzelheiten über die Pflanzen- und Tierwelt. Die fragmentarischen Berichte der Begleiter von Alexander dem Großen auf seiner Indienexpedition rundeten das Bild ab. Dieses Indienbild war gekennzeichnet durch eine Dichotomie, nämlich Indien als ein exotisches Wunderland und Indien als ein unzivilisiertes Barbarenland.«

sich freimütig dazu bekennt, sich nie für Indien gemeldet zu haben, »wenn nicht ein Gelüste nach den herrlichen seltenen Pflanzen und Tieren der tropischen Lande, zumal nach deren Schmetterlingen [...] ihn dazu verlockt hätte« (S. 150), leistet der Alte keinen Widerstand, als er erfährt, dass Aghion an seinem Entschluss weiterhin festhält.[229] Aghion begibt sich an Bord eines Schiffes, das ihn über das Kap der Guten Hoffnung nach Indien bringt. Nach 156 Tagen erreicht er Bombay als ein »gebräunter und abgemagerter Mann [...] mit begierig offenen, dankbar freudigen Augen« (S. 152).[230] Diese Aussage über seine Einstellung gegenüber dem ihm Unbekannten ist von zentraler Bedeutung für seine künftige Wahrnehmung des Fremden. Er erscheint trotz gegenteiliger Aussagen primär nicht als überzeugter Missionar, der seine Religion mit allen Mitteln verbreiten möchte, sondern eher als ein naturwissenschaftlich interessierter Reisender, der die kirchliche Tätigkeit auf dem Subkontinent als Möglichkeit nutzt, um Neues zu entdecken.[231]

Dass er mit seiner Offenheit und Neugierde für Land und Leute alleine dasteht, bemerkt er an Mr. Bradley, seinem ebenfalls aus England stammenden Hausherrn. Gleich nach seiner Ankunft erteilt ihm dieser, der in der Novelle als Gegenfigur fungiert, eine Lektion in den »ersten, notwendigsten indischen Lebensregeln« (S. 154), die darin bestünden, die einheimischen Diener anzuherrschen und zu demütigen.[232] Doch Aghion kümmert das nicht. Er ist begeistert vom »heftigen Sonnenlicht« (S. 155) und von den »großen, wunderlich starkfarbigen Blumen« (S. 155), besichtigt die Stadt, hört fremdartige Musik

229 Siehe Defoe: Robinson Crusoe 1985, S. 10. Der unbedingte Wunsch Aghions, England in Richtung Indien zu verlassen, erinnert an Crusoes unüberwindliche »Neigung, die Welt zu sehen«. Obwohl Crusoes Vater ihn vor dem unglückseligen, weil unbürgerlichen Leben eines Seemannes warnt und ihm den sicheren Untergang prophezeit, entscheidet sich der Sohn dennoch dagegen, ein zur Mittelklasse gehöriger Rechtsgelehrter zu werden, und stattdessen dafür, auf die Meere hinauszufahren und als Händler sein Glück zu machen.

230 Parallelen zwischen Robert Aghion und Hesses Großvater mütterlicherseits sieht Michels: Nachwort des Herausgebers. In: Hesse: Die Erzählungen 1911-1954 2001, S. 507: »Wie Hesses Großvater Hermann Gundert, der 1836 von England aus im Auftrag des Londoner Kaufmanns A. N. Groves zunächst als Hauslehrer nach Madras, dann als Missionsprediger ab die indische Westküste gesandt wurde, bricht der junge Vikar Robert Aghion (gleichfalls finanziert von einem Londoner Geschäftsmann, dessen Vermögen aus den indischen Kolonien stammt) als Missionar nach Bombay auf.«

231 Siehe Oepke: Moderne Indienfahrer und Weltreligionen 1921, S. 28. Bei Gleichsetzung des Dichters mit seiner Novellenfigur Robert Aghion ist Hermann Hesse für Oepke neben Hermann Graf Keyserling ebenfalls »von Haus aus Naturforscher«.

232 Vgl. Diderot: Nachtrag zu »Bougainvilles Reise« 1961, S. 205.

und sieht das »bescheidene Leben des fremden Naturvolkes« (S. 157). Dabei entdeckt er ein »unheimlich sonderbares Gebäude von äußerst phantastischer Form und beängstigender Höhe« (S. 157). Bei genauerer Betrachtung des Hindutempels gewinnt er eine Erkenntnis von großer Bedeutung für seine weitere Beurteilung der Einheimischen, nämlich dass diese »tierhaft sanften, halbnackten Menschen eben doch keineswegs ein paradiesisches Naturvolk waren, sondern seit einigen tausend Jahren schon Gedanken und Götter, Bildnisse und Religionen besaßen« (S. 158).[233]

Aghion erblickt viele fromme Inder und eine kleine Schar von Brahmanen, »hochmütig in tausendjährig erstarrter Gelehrsamkeit und Würde« (S. 158), und begreift, dass diese Menschen überhaupt nicht den Vorstellungen der Europäer entsprechen. Er bemerkt aber auch, dass es zwischen den beiden durchaus Gemeinsamkeiten gibt, beispielsweise was das Auftreten der hiesigen Geistlichen betrifft, die ein Gefühl der Überlegenheit über den fremden Weißen zu empfinden scheinen und damit an die christlichen Missionare erinnern, die wiederum auf die Inder herabschauen (S. 158).[234]

Mit der Zeit beginnt er, das Hochmütige seines Auftrags zu ahnen. Er erkennt, dass er in eine ihm fremde Gesellschaft eingedrungen ist, die selbstbewusst ihrer kulturellen und religiösen Werte lebt und »zivilisiert« genug ist, um ohne fremde Hilfe ihr Leben zu meistern. Dies ist eine Bewusstseinsänderung, die in ihrer Auswirkung auf die weitere Entwicklung des Protagonisten diejenige von Aghions literarischer Vorlage, nämlich die Robinson Crusoes, noch übertrifft.[235] Und auch wenn Hesses Novellenfigur die Lebensart der Inder nicht versteht, akzeptiert er sie dennoch als den ihnen gemäßen Ausdruck an. Andererseits, und das zeigt seine Zerrissenheit, erklärt er es aber noch für seine Bestimmung, »›diese verirrten Menschen auf den rechten Weg zu führen!‹« (S. 160)

---

233 Siehe Leo Greiners Rezension von *Robert Aghion* im *Berliner Börsen-Courier* vom 1.6.1913. In: Hermann Hesse im Spiegel der zeitgenössischen Kritik 1975, S. 120: »Wie der christliche Ideologe grausam mit Indien zusammenprallt, noch ehe er überhaupt den Mund aufgetan hat, um seine Ideale zu verfechten, und jenes fremde Leben um seiner inneren Wahrheit willen resigniert achten lernt, daß ist fein, klar und mit so blitzender Raffung des Stoffes geschrieben, daß der geistige Umfang der Novelle, der in schärfster Verkürzung zwei gewaltige Kulturen konfrontiert, ihren äußeren um vieles übertrifft.«

234 Vgl. Diderot: Nachtrag zu »Bougainvilles Reise« 1961, S. 205.

235 Trotz der Akzeptanz der Indianer als gleichwertige menschliche Wesen, kann sich Crusoe von seiner stark vom Imperialismus und Kolonialismus seiner Zeit geprägten Sichtweise nicht gänzlich befreien, da er stets am Führungsanspruch für die Weißen als »Herren« der »Heiden« festhält. Vgl. Defoe: Robinson Crusoe 1985, S. 254f.

Bradley stößt sich an diesen Worten und entgegnet: »›Unsere Aufgabe ist es, diesem gottlosen Pack langsam ein wenig Kultur und einen schwachen Begriff von Anständigkeit beizubringen; weiter werden wir vielleicht niemals kommen!‹« (S. 161)[236] Der Handelsagent wütet jedoch vergeblich gegen diese »›Unmündigen‹« (S. 161). Denn Aghions eigene Erfahrungen mit den Indern machen ihm eines klar: Je länger er in Indien weilt und in die hiesige Kultur eintaucht – so nimmt er bei einem jungen Inder Unterricht in Hindi –, desto mehr sieht er ein, dass die Andersartigkeit der Einheimischen nicht zwangsläufig ihre Unterlegenheit oder Minderwertigkeit bedeutet.[237] Durch diese Denkweise isoliert, vereinsamt Aghion. Einerseits bleiben seine Versuche, sich mit dem Hauspersonal anzufreunden, erfolglos. Im Gegenteil legen die Einheimischen seine Offenheit und Milde als Schwäche aus und machen sich über seine geringen Sprachkenntnisse und unbeholfenen Annäherungsversuche lustig. Andererseits bieten ihm die anderen in Bombay und Umgebung lebenden Engländer keine Freundschaft und Geborgenheit. Ihnen begegnet er höchstens am Sonntag in der Kirche, wo er ab und an predigen darf (S. 166).[238]

---

236 In dieser Auseinandersetzung nimmt Bradley die Position des engstirnigen und intoleranten Missionars ein. Siehe Keyserling: Das Reisetagebuch eines Philosophen 1922, S. 48: »In der Idee mag es wohl schöner erscheinen, für andere als für sich selbst zu leben: so wie die Menschen einmal sind, macht aktive Nächstenliebe nicht weit, sondern eng; nur in Ausnahmefällen artet sie nicht in Zudringlichkeit und Herrschsucht aus. Wie taktlos sind alle Menschenverbesserer! Wie beschränkt alle Missionäre! Mag ein Mann von Hause aus noch so weitherzig sein, mag der Glaube, den er bekennt, der universellste der Welt sein – das bloße Bekehrenwollen macht eng, denn psychologisch bedeutet es immer nur eines: das Aufdrängen der eigenen Ansicht einem anderen. Wer das tut, ist *facto ipso* beschränkt, und wer das dauernd tut, ja professionell betreibt, wird von Tag zu Tag beschränkter. Deswegen gehören Engherzigkeit, Aggressivität, Herrschsucht, Taktmangel und Unverständnis zu den typischen Zügen des christlichen, zumal des protestantischen Priesters.« Kursivierung von Keyserling.

237 Siehe Heinrich Karl Maurers Rezension von *Robert Aghion* im ersten Jahrgang des *Bodenseebuchs* aus dem Jahr 1914. In: Hermann Hesse im Spiegel der zeitgenössischen Kritik 1975, S. 122: »Sein Vorhaben in diesem Lande erscheint ihm viel schwieriger, als er je zuvor gedacht, die Kenntnis vom Wesen des Indiers, von seiner tiefen gläubigen Frömmigkeit und den schönen heiligen Geboten, denen er streng und im ernsten Eifer nachlebt, alles das läßt dieses Volk dem wohlmeinenden Glaubensboten zum undurchdringlichen Rätsel werden und verschiebt allmählich alle seine Begriffe.«

238 Siehe Keyserling: Das Reisetagebuch eines Philosophen 1922, S. 266f.: »Das Gemüt ist, was immer man sage, beim Abendländer nur schwach entwickelt. Wir bilden uns ein, weil wir nun seit anderthalb Jahrtausenden eine Religion der Liebe bekennen, deshalb von Liebe beseelt zu sein. Das sind wir nicht. Unsere extrem aktive

Die Begegnung mit seinen Landsleuten macht ihm bewusst, dass er mit seinem Interesse für die Einheimischen allein da steht. Schließlich kommt der Großteil der Engländer nach Indien, um in möglichst kurzer Zeit viel Geld zu verdienen und mit einem großen Vermögen nach Europa zurückzukehren. Im Gegensatz zu Aghions Vorbild Robinson Crusoe, dessen kaufmännisches Berufsethos noch mit seinem protestantischen Glauben harmoniert, begrenzen sich ihre Interessen auf die Ausbeutung der materiellen Reichtümer des Landes und auf die der einheimischen Arbeitskräfte.[239] So sind sie weder tolerant oder friedfertig noch sehr religiös – alles Eigenschaften, die Aghion dagegen bei den Indern entdeckt. Seine Beobachtungen erinnern an die Hesses in seinen Reisefeuilletons:

> Wohin er blicken mochte, überall war Religion. In London konnte man gewiß am höchsten kirchlichen Feiertag nicht so viel Frömmigkeit wahrnehmen wie hier an jedem Werktag und in jeder Gasse; überall waren Tempel und Bilder, war Gebet und Opfer, waren Umzüge und Zeremonien, Bücher und Priester zu sehen. Aber wer wollte sich jemals in diesem wirren Knäuel von Religionen zurechtfinden? Da waren Brahmanen und Mohammedaner, Feueranbeter und Buddhisten, Diener des Shiwa und des Krishna, Turbanträger und Gläubige mit glattrasierten Köpfen, Schlangenanbeter und Diener heiliger Schildkröten. Wo war der Gott, dem alle diese Verirrten dienten? Wie sah er aus und welcher Kultus von den vielen war der ältere, heiligere, reinere? (S. 169)

Die Antwort hierauf folgt sogleich:

> Das wußte niemand und namentlich den Indiern selber war dies vollkommen einerlei; wer von dem Glauben seiner Väter nicht befriedigt war, der ging zu einem anderen über oder zog als Büßer dahin, um eine neue Religion zu finden oder gar zu schaffen. Göttern und Geistern, deren Namen niemand wußte, wurden Speisen in kleinen Schalen geopfert, und alle diese hundert Gottesdienste, Tempel und Priesterschaften lebten vergnügt nebeneinander hin, ohne daß es den Anhängern des einen Glaubens einfiel, die anderen zu hassen oder totzuschlagen, wie es daheim in den Christenländern Sitte war. Vieles sogar sah sich hübsch

Natur hat die Inspiration, die aus dem Osten kam, unverzüglich in Handlungen umgesetzt, in Lebensformen, Lebenswege, Einrichtungen, so daß in diesen zwar mehr Liebe zum Ausdruck kommt als in allen, die der Orient kennt, das Gemüt als solches aber entleert erscheint. Die Seele des Europäers ist im gleichen Verhältnis gefühlsarm, wie sie im Geist erhabener Gefühle schafft.«

239 Vgl. Multatuli: Max Havelaar 1993, S. 195.

und lieblich an, Flötenmusik und zarte Blumenopfer, und auf gar vielen frommen Gesichtern wohnte ein Friede und heiter stiller Glanz, den man in den Gesichtern der Engländer vergeblich suchte. (S. 169f.)[240]

Aghion hat immer stärker das Gefühl, mehr Gemeinsamkeiten mit den Indern als mit seinen eigenen Landsleuten zu besitzen. Das ständige Zusammensein mit den Einheimischen führt dazu, dass für »Augenblicke alle Schranken fielen und das Gefühl der Fremdheit sich verlor« (S. 172). Doch gerade sein Versuch, ganz in das indische Leben und Denken einzutauchen, führt bei ihm zur Einsicht, dass seine Missionsarbeit im Grunde gut gemeint sei und mit besten Absichten geschehe, dass aber die Inder sie gar nicht benötigten und auch nicht um sie gebeten hätten. Besonders auf einer seiner zahlreichen Ausflüge in das Landesinnere wird ihm diese Tatsache bewusst. Vor einem starken Regen Schutz suchend, entdeckt er eine kleine Hütte, wo er von einer Familie, die eine Tochter namens Naissa hat, welche ihm gefällt, freundlich empfangen und nach seinen Zielen in Indien gefragt wird:

> Wieder, wie schon so oft, wollte es dem bescheidenen Aghion als eine ungeheuerliche Frechheit und Überhebung erscheinen, daß er als ein Abgesandter eines fernen Volkes hierher gekommen sei mit der Absicht, diesen Menschen ihren Gott und Glauben zu nehmen und einen anderen dafür aufzunötigen. Immer hatte er gedacht, diese Scheu würde sich verlieren, sobald er nur die Hindusprache besser beherrsche; aber heute ward ihm unzweifelhaft klar, daß dies eine Täuschung gewesen war und daß er, je besser er das braune Volk verstand, desto weniger Recht und

240 Siehe Keyserling: Das Reisetagebuch eines Philosophen 1922, S. 788f.: »Bei uns hat Unterschiedlichkeit immer Feindschaft bedingt, sieht eine Sekte auf die andere herab, bekriegt sie, verfolgt sie, sucht sie auszurotten oder zu bekehren; wenn der Wert an die individuelle Form gebunden sein soll, dann entwertet natürlich die jeweilig anerkannte sämtliche anderen, woraus sich die Berechtigung, ja die Pflicht ergibt, diese so oder anders aus der Welt zu schaffen. Wo hingegen das Individuelle nicht als Wert, sondern als Sonderausdruck eines Höheren aufgefaßt wird, dort ist der Intoleranz, der Ausschließlichkeit, der Bekehrungswut, ja dem bloßen Missionseifer der Boden unter den Füßen entzogen. Deshalb hat die Mahāyāna-Religion, die ihren Anhängern Missionieren zur Pflicht macht, nie Intoleranz geübt: dem indischen Geist widerstrebt es absolut, eine Sondergestalt an sich als Wert zu beurteilen.« Übrigens wird der Weg, der im ersten Satz des obigen Zitats aus *Robert Aghion* beschrieben wird, also den Glauben der Väter zu verlassen und sich auf die Suche nach einem der eigenen Persönlichkeit angemessenern zu begeben, knapp zehn Jahre später in *Siddhartha* ausführlicher thematisiert und vom gleichnamigen Protagonisten beschritten.

Lust in sich verspürte, herrisch in das Leben dieses Volks einzugreifen. (S. 175f.)[241]

Wie schon zuvor in den *Aufzeichnungen* werden auch in der Novelle die Erkenntnisse des Protagonisten in einem Traum zusammengefasst und verarbeitet.[242] Aghion macht die Entwicklung von einem naiven Missionar, der ahnungslos auf den Subkontinent kommt, um die Inder zum Christentum als dem einzig wahren Glauben zu bekehren, hin zu einem fremde Kulturen und Religionen tolerierenden Individuum. Mit der Dauer seines Indienaufenthalts wird er sogar zum wissbegierigen Schüler, der lernen statt lehren möchte. Darin unterscheidet er sich wesentlich von Robinson Crusoe, der trotz seiner Toleranz gegenüber den Indianern von der Vorstellung der Überlegenheit der Europäer über die »Wilden« als auch von dem Absolutheitsanspruch der christlichen Religion nicht ablassen kann.[243]

In seinem Traum sieht Aghion einen Hindutempel gegenüber einer christlichen Kirche stehen, wobei über letzterem Portal Gottvater in Stein dargestellt ist. Da tritt Aghion in Aktion und versucht erfolglos, die Inder von ihrer religiösen Verirrung zu überzeugen. Er verzweifelt aber erst, als ihm sein Gottvater die Gefolgschaft verweigert. Dieser verwandelt sich plötzlich, bekommt drei Köpfe, sechs Arme und ein »feines, überlegen vergnügtes Lächeln in den Gesichtern, genau wie es die feineren unter den indischen Götterbildern nicht selten« (S. 182) zeigen.[244] Als dieser Anstalten macht, zum Tempel zu gehen, fühlt sich der Missionar vollständig verloren. Gleichzeitig steigen die Götterfiguren des indischen Heiligtums von ihren Schauplätzen und werden von Gottvater begrüßt, der in den Tempel schreitet und die Huldigungen der Brahmanen entgegennimmt. Es entsteht ein Umzug der Götter und Menschen zwischen Kirche und Tempel, bei dem alle zusammenkommen (S. 182f.).[245]

241 Vgl. Defoe: Robinson Crusoe 1985, S. 212.

242 Vgl. Michels: Nachwort des Herausgebers. In: Hesse: Die Erzählungen 1911-1954 2001, S. 508.

243 Vgl. das zwischen Crusoe und Freitag stattfindende »Streitgespräch« über Religionen in Defoe: Robinson Crusoe 1985, S. 260ff. Wäre der europäische Schiffbrüchige dem Fremden gegenüber wirklich tolerant, würde er nicht versuchen, den Indianer wie ein Missionar von der Überlegenheit der Lehre Jesu zu überzeugen.

244 Die Verwandlung, die sich im Gesicht von Gottvater vollzieht und ihm das Lächeln eines hinduistischen Gottes gibt, erinnert an die gleichartige Metamorphose bei dem Vater im *Singapur-Traum*, dessen Kopf unter anderem das des Buddha und des Heilands aufzeigt. Dieses Bild weist auf die Einheit der Menschen und der Verwandtschaft ihrer Religionen hinter der Unterschiedlichkeit der Erscheinungen hin.

245 Vgl. Hesse: Die Morgenlandfahrt 2003, S. 16.

In diesem Moment, da Aghion die Gleichwertigkeit der christlichen und hinduistischen Religion durch Gottvater selbst vorgeführt bekommt und damit die Existenzberechtigung aller Religionen als unterschiedlichen Ausdruck des in allen Menschen vorhandenen Glaubens anerkennen muss, bricht für ihn seine bisherige Welt(-anschauung) zusammen. Das Erlebnis zwingt ihn, sich der Wirklichkeit mit ihren Widersprüchen und Unannehmlichkeiten zu stellen:

> Der Traum hatte ihm sein eigenes Selbst unverhüllt gezeigt, seine Schwäche und Verzagtheit, den Unglauben an seinen Beruf, seine Verliebtheit in die braune Heidin [Naissa; B.S.], seinen unchristlichen Haß gegen Bradley, sein schlechtes Gewissen dem englischen Brotgeber gegenüber. Es war so, es war alles wahr und nicht zu ändern. (S. 184)

Doch wie Hesse in den *Aufzeichnungen von einer indischen Reise*, der seinen vielen »indischen Enttäuschungen« (S. 109) stets etwas Positives abgewinnen kann, und auch dem lyrischen Ich in den *Gedichten*, so gelingt es schließlich auch Aghion, durch die bewusst geführte, schmerzhafte Auseinandersetzung mit den eigenen, ihn quälenden Widersprüchen zu einer wichtigen (Selbst-) Erkenntnis zu kommen: Er entdeckt, dass er – im Gegensatz zu Robinson Crusoe – nicht dazu taugt, die Einheimischen zum Christentum zu bekehren. Im Gegenteil: »Sein Beruf war, dieses Land für sich zu erobern und für sich und andere das Beste daraus zu holen, indem er sein Auge, seine Kenntnisse, seine zur Tat gewillte Jugend darbrachte und überall bereit stand, wo eine Arbeit für ihn sich böte« (S. 190).[246] Aghion zieht daraufhin die Konsequenzen und nimmt seinen Abschied als Geistlicher. Er bleibt aber auf dem Subkontinent und wird von einem in Bombay lebenden Herrn als Sekretär und Aufseher für eine benachbarte Kaffeeplantage angestellt.[247] Mit einem offenen Schluss im

246 Ball spricht davon, dass Hesse mit dieser Erzählung das Indienbild, das seine auf dem Subkontinent in der Mission tätigen Eltern sich gemacht hätten und ihrem Sohn weitergeben möchten, für sich selbst widerlegt. Siehe Ball: Hermann Hesse 1972, S. 124: »In der Novelle ›Robert Aghion‹ zeigt er die unschuldige Seite eines Missionskandidaten, der mit dem Schmetterlingsnetz in Bombay ankommt, durch die indischen Wirklichkeiten aber bald bekehrt, das heißt seinem frommen Berufe völlig entfremdet wird. Der schwärmerische Indienkult aus dem Elternhaus ist dem Dichter zerstoben. Er hat den Zauber des Vaters und auch der Mutter geprüft und an sich gebracht.«

247 Aghions Tätigkeit als Sekretär und Aufseher auf einer Kaffeeplantage kann eine Anspielung auf Multatulis Roman *Max Havelaar oder die Kaffeeversteigerungen der Niederländischen Handelsgesellschaft* sein. Sein Protagonist macht es sich als Regional-Assistent zur Aufgabe, einerseits jede Art von Machtmissbrauch und Nepotismus durch die holländischen Kolonialbeamten und den mit ihnen

Fall des Protagonisten endet die Novelle, aber zugleich mit dem Zweifel Hesses an der theologischen und moralischen Rechtfertigung der »Enteignung« respektive Christianisierung europäischer Kolonien in Übersee durch westliche Missionare – auch und gerade mit Blick auf seine eigene Zeit.

Schlussbemerkungen

Was kann nach der Analyse des Reisebuchs unter dem Strich festgehalten werden? Hesse beantwortet die Frage in einem Brief vom 6.4.1923, zehn Jahre nach Erscheinen von *Aus Indien*, an Romain Rolland (1866-1944):

> Ihre Frage nach meinem Buch ›Aus Indien‹ bringt mich etwas in Verlegenheit. Nun ich will Ihnen darüber alle Auskunft geben. Zeichnungen enthält es nicht, nur Text. Es steht darin eine eigentümliche kleine Erzählung, aus der englisch-indischen Welt, die mir damals (1911) viel Freude machte, und die ich noch jetzt für gut halte. Aber der Hauptteil des Inhaltes, Notizen von meiner damaligen Reise nach Malakka, Sumatra und Ceylon, ist leider keiner Empfehlung wert. Das Buch ist dürftig, und die Reise selbst war eigentlich eine Enttäuschung – d.h. für den Moment, denn für die Folge trug sie die schönsten Früchte. Aber damals, im Augenblick, wo ich europamüde nach Indien floh, fand ich drüben nichts als den Reiz der Exotik. Vom indischen Geist, den ich schon damals kannte und suchte, hat mich, während der Reise selbst, diese materielle Exotik mehr getrennt als ihm zugeführt.[248]

Das Urteil, das Hesse gegenüber seinem Kollegen über *Aus Indien* trifft, ist insgesamt recht hart und wird dem Werk nicht gerecht, da es sich im Rückblick als weitaus interessanter und substantieller erweist als zu seiner Entstehungs- und Erscheinungszeit.[249] Verständlich wird es jedoch, wenn man das Buch im Zusammenhang mit Hesses Gaienhofener Jahren und dem damit ein-

---

kollaborierenden einheimischen Fürsten, andererseits Ausbeutung und Ausplünderung von Rohstoffen und menschlicher Arbeitskraft publik zu machen und künftig möglichst zu verhindern. In diesem Sinne kann auch Frieda Ports Rezension von *Aus Indien* in den *Münchener Neuesten Nachrichten* vom 3.8.1913 gelesen werden. Siehe Hermann Hesse im Spiegel der zeitgenössischen Kritik 1975, S. 121: »Seine Sympathie mit den Einheimischen läßt ihn da und dort in die Fußstapfen Multatulis treten. Hierher gehört auch die kleine Novelle Robert Aghion, welche die Reisetagebücher ergänzt.«

248 Materialien zu Hermann Hesses »Siddhartha«. Erster Band 1999, S. 192f.

249 Vgl. Freedman: Hermann Hesse 1982, S. 196f.

hergehenden, freilich selbst mitverschuldeten Scheitern seines bürgerlichen Lebens betrachtet. Denn nach Süddeutschland zurückgekehrt, merkt er recht schnell, dass er sein bäuerliches Dasein in dem kleinen abgelegenen Dorf am Bodensee nicht mehr weiterführen möchte:[250]

> Mindestens zehn Jahre lang habe ich, in Gaienhofen und in Bern, allein und eigenhändig meine Gemüse und Blumen gepflanzt, meine Beete gedüngt und begossen, die Wege von Unkraut befreit, habe all unser Brennholz selber gesägt und gespalten. Es war schön und lehrreich, und wurde doch am Ende zu einer schweren Sklaverei. Das Bauerspielen war hübsch, solang es ein Spiel war: als es sich zur Gewohnheit und Pflicht ausgewachsen hatte, war die Freude daran vorüber.[251]

In der Folge nehmen Hesses teilweise übertriebene, weil nicht selten für seine literarische Arbeit stilisierte Einsamkeit, Unausgeglichenheit und Ruhelosigkeit nicht ab, sondern zu[252] – eine Entwicklung, die für ihn ein Weitermachen wie bisher in Frage stellt:

> Im Sommer 1911 fuhr ich nach Indien und kam ganz am Ende des Jahres zurück. Aber das alles genügte nicht. Mit der Zeit fanden sich zu den verschwiegenen inneren Gründen unsrer Unzufriedenheit auch die äußern, die zwischen Mann und Frau leicht diskutierbaren: ein zweiter und dritter Sohn war geboren, der älteste wurde schulpflichtig, meine Frau empfand zuweilen Heimweh nach der Schweiz und auch nach der Nähe einer Stadt, nach Freunden und Musik, und allmählich gewöhnten wir uns daran, unser Haus als verkäuflich und unser Gaienhofener Leben als eine Episode zu betrachten.[253]

---

250 Vgl. Zeller: Hermann Hesse 2002, S. 66.

251 Hesse: Beim Einzug in ein neues Haus 2003, S. 144.

252 Vgl. Freedman: Hermann Hesse 1982, S. 204f.

253 Hesse: Beim Einzug in ein neues Haus 2003, S. 145. Siehe Hesse an Ludwig Thoma in einem Brief vom 6.1.1912. In: Hesse: Aus Indien 2003, S. 118f.: »Mir hat das Reisen ganz gutgetan. Es trieben mich Sachen fort, die in meinem Privatleben nicht stimmten und über die ich jetzt klarer sehe.« Siehe ferner Ball: Hermann Hesse 1972, S. 124: »Manche Einzelheit seines Buches ›Aus Indien‹ deutet darauf hin, daß er müde reist und enttäuscht zurückkommt. Indien hat ihn nicht befreit. Die Tropen haben seinen Gesichtskreis erweitert, seine Fassungskraft gestählt. Er hat versunkene Kindheitsbilder aufgefrischt und einen Einblick gewonnen, der ihn die europäische Händel in größerem Aufwand erblicken läßt. Die Reise hat ihn aber nicht befreit; ihn persönlich nicht weitergebracht.«

Hieraufhin macht sich Hesse auf die Suche nach einem neuen Wohnort für die Familie. Auf einer Vortragsreise, die ihn im März 1912 nach Wien, Prag, Brünn und Dresden führt, schaut er sich das in der Nähe der sächsischen Hauptstadt liegende Hellerau an. In Betracht gezogen werden auch München, Zürich und Bern. Schließlich entscheidet man sich, in letztere Stadt zu ziehen. Gaienhofen wird im Sommer desselben Jahres aufgegeben.[254] Der Wechsel des Wohnorts kann Hesse nur kurzfristig zufrieden stellen.[255] Eine ganze Reihe von Ereignissen verdecken die eigene Schuld an seiner nicht immer nachvollziehbaren »Misere«: Seine Ablehnung und Bekämpfung der im August 1914 ausgebrochenen Kriegspsychose und die von nationalistischen Kreisen gegen ihn geführte Pressekampagne als Vaterlandsverräter, ferner sein in der Schweiz abgeleisteter Dienst bei der *Deutschen Gefangenfürsorge* und der im März 1916 erfolgte Tod seines 68-jährigen Vaters, schließlich die beginnende Schizophrenie seiner Frau und die Erkrankung seines jüngsten Sohnes. Sie allesamt führen zu einer neuerlichen Krise, die ihren Höhepunkt in Hesses Zusammenbruch findet. Nach der Beschäftigung mit östlichen Philosophien, Religionen und Literaturen und der ernüchternden Asienreise, sucht er ab Mai 1916 mit Hilfe einer psychotherapeutischen Behandlung bei Josef Bernhard Lang (1883-1945) einen Ausweg aus seinen Depressionen.[256] Der Ton, den er anschlägt, klingt mitunter wehleidig:

> Über die Psychoanalyse möchte ich mich auf keine Diskussionen einlassen. Die Stütze, auf die ein Mensch sich in besonders schwierigen Zeiten stützt, kann für ihn nicht Gegenstand von Diskussionen sein, um so mehr, wenn er, wie ich, sich zur Dogmatik und zu Untersuchungen über Rechtgläubigkeit nicht berufen fühlt. Daß wir über die seelenärztlichen Methoden und Lehren der frühen Mönche nicht mehr wissen, finde ich auch schade. Daß sie sehr weit von den Ergebnissen anderer Bekenntnisse abweichen, glaube ich allerdings nicht. Ich glaube nicht an eine Wesensverschiedenheit der katholischen Menschheit von der übrigen. Und so will und kann auch die heutige Psychoanalyse [...] im Grunde kaum ein anderes Ziel haben als die Schaffung des Raumes in uns, in dem wir Gottes Stimme hören können. Für mich ist inzwischen

---

254 Vgl. Hesse: Beim Einzug in ein neues Haus 2003, S. 147f.

255 Siehe Ball: Hermann Hesse 1972, S. 130: »Die Vereinsamung des Dichters, die 1910 in ›Gertrud‹ bereits bis zur Gemütskrankheit führte, ist durch die Indienreise nicht gebrochen worden; sie hat sich in ›Roßhalde‹ noch verschärft. Das stille, zurückgezogene Leben im Weltihaus kann darüber nicht täuschen.« Vgl. Mileck: Hermann Hesse 2002, S. 70. Vgl. ferner Freedman: Hermann Hesse 1982, S. 204ff.

256 Vgl. Feitknecht: Vorwort 2006, S. 7f.

> die Analyse ein Feuer geworden, durch das ich nun gehen muß, und das sehr weh tut. Mehr kann ich darüber nicht sagen. Soweit ich bis jetzt sehe, ergeben sich Pflichten und Opfer für mich, deren Verwirklichung ich mir noch kaum denken kann.[257]

Es wird verständlich, weshalb Hesse die Indienreise von 1911 im Rückblick gegenüber Rolland als Enttäuschung bezeichnet und abschätzig über *Aus Indien* spricht. Nicht nur stellt sich ihm die Asientour im Nachhinein als eine Flucht vor ihn bedrängenden, vielfältigen Pflichten dar. Auch das Buch, das das Produkt der Reise ist, muss ihn immer wieder daran erinnern und unangenehm berühren. Dabei tut Hesse seinem Reisewerk sehr unrecht. In *Aus Indien*, in dem die Erlebnisse der Indonesienreise auf dreifache, formal und qualitative unterschiedliche Art, in 21 Reiseskizzen, elf Gedichten und einer Erzählung, verarbeitet werden, gewinnt der jeweilige Protagonist durch die Erfahrung des Fremden in Form einer »Entzauberung des Ostens« die Erkenntnis, dass es unmöglich sei, durch eine kurzfristige Veränderung seiner Umgebung nicht nur seine persönlichen Probleme zu lösen, sondern auch dauerhaft den Auswirkungen der Modernisierung im Westen zu entfliehen. Gleichzeitig aber bietet ihm das Ergebnis der Asienfahrt auch Trost und einen Ausweg. Schließlich begreift er, wie er sein Leben nicht mehr führen soll. Dafür spricht auch der offene Schluss, der alle Teile des Reisebuchs kennzeichnet und einen Abschluss des durch die »Morgenlandfahrt« angestoßenen und beschleunigten Prozesses für die Zukunft in Aussicht stellt.

Für das Wissen aber, wie er also sein Leben künftig führen soll, dazu bedarf es bei Hesse ähnlich wie bei Robert Aghion der weiteren Zuspitzung seiner größtenteils selbstverschuldeten »krisenhaften« Situation.[258] Er muss, so stellt es sich zumindest im Nachhinein dar, erst seelisch und körperlich zusammenbrechen, um zu erfahren, dass er seine Probleme nicht dadurch lösen kann, dass er sie verdrängt. Er erkennt, dass er sich mit ihnen auseinandersetzen muss, um ein »neues Leben« beginnen zu können.[259] Dass die Indienfahrt trotz augenblicklicher Enttäuschungen dennoch von allergrößter Bedeutung für sein künftiges Dasein und künstlerisches Schaffen gewesen ist,

257 Aus einem Brief Hesses an Emmy und Hugo Ball ca. Mai 1921. In: Materialien zu Hermann Hesses »Siddhartha«. Erster Band 1999, S. 137.

258 Siehe Freedman: Hermann Hesse 1982, S. 197: »Eine solche Wechselwirkung zwischen innerem und äußerem Erleben konnte sich wahrscheinlich erst retrospektiv und unter der Einwirkung der Psychoanalyse einstellen, der sich Hesse im April 1916 zu unterziehen begann.«

259 Hesse erkennt im Laufe der Zeit, was für seine Genesung vor allem nötig ist: Geduld. Vgl. Hesse: Tagebuch 1920/21. Tagebucheintrag ca. Januar 1921 1999, S. 11.

erkennt Hesse im Rückblick gegenüber seinem französischen Kollegen an.[260] Die Erfahrung der asiatischen Welt zwingt ihn bei der Suche nach einer Lösung seiner im Grunde undramatischen Lebens- und Ehekrise und darüber hinaus auch gesellschaftlicher Probleme – noch vor der Beschäftigung mit der Psychoanalyse – eine Bedingung anzunehmen: Er muss akzeptieren, dass er sich, um sich innerlich weiterzuentwickeln, von seinen Vorstellungen verabschieden und der Wirklichkeit, wie sie ist, mit ihren Schattenseiten und Widersprüchen stellen muss.

So führt ihn sein Zusammenbruch wieder zu einer intensiveren Lektüre altasiatischer Schriften, die er erst jetzt richtig versteht und im Sinne eines »persönlichen Asiatentums« besser zu nutzen weiß.[261] Die Erkenntnisse, die er aus ihnen gewinnt, verschmelzen in der Folge mit denen, die die psychotherapeutische Behandlung bei ihm zutage fördert, und beschleunigen seinen »Heilungsprozess« derart, dass er sich in einer bis dahin ungeahnten Produktivität Ausdruck verschafft und zugleich eine neue Schaffensperiode einläutet.[262] Kritischer ausgedrückt, handelt es sich im Grunde um einen ersehnten, weil inspirierenden Prozess, den er in der Folgezeit immer wieder auf unterschiedliche Art und Weise literarisch verarbeitet. Das gelingt ihm äußerst erfolgreich, wobei zu erwähnen bleibt, dass sein Schaffen in Bezug auf das während der Asientour und später während des Ersten Weltkrieg Erlebte nicht frei von Ästhetisierung und Stilisierung ist – auch und gerade im Hinblick auf seine Selbstwahrnehmung und -darstellung, die nicht einer gewissen Wehleidigkeit und Hypersensibilität entbehrt.

Dazu »ermuntert« wird Hesse auch durch die Rezeption von Werken zeitgenössischer Autoren, sodass sein spätestens seit den Gaienhofener Jahren literarisch verarbeiteter Lebensweg nicht als eine singuläre Erscheinung, sondern – und das im Kontext der gesellschaftlichen Entwicklung in Deutschland – durchaus als typisch für eine bestimmte Schicht von Intellektuellen betrachtet werden kann. So sieht er beispielsweise in *Das Dionysische Geheimnis. Erlebnisse und Erkenntnisse eines Fahnenflüchtigen* (1921) von Oscar A. H. Schmitz (1873-1931) Parallelen zu seiner eigenen wie auch zur europäischen (Kranken-)Geschichte, die damals mit dem Schlagwort vom »Untergang des Abendlandes« (Oswald Spengler) belegt wird:[263]

---

260 Vgl. die Eintragungen Rollands vom September 1920 in sein Tagebuch. In: Materialien zu Hermann Hesses »Siddhartha«. Erster Band 1999, S. 115.

261 Vgl. Hesse: Klingsors letzter Sommer 2005, S. 43. Vgl. ferner Hesse: Tagebuch 1920/21. Tagebucheintrag ca. März 1921 1999, S. 26.

262 Eines der produktivsten Jahre ist 1919. Vgl. Tagebucheintrag ca. 17.2.1921 ebd., S. 19.

263 Vgl. Hesse: Klingsors letzter Sommer 2005, S. 102f.

> Es ist die Geschichte eines Geistigen, der während der Kriegsjahre eine Neurose erleidet, deren Symptom die ›Kasernophobie‹ ist. Schon diese Geschichte ist interessant, und bringt wesentliche Einsichten in das Geheimnis des Militarismus – aber schließlich ist sie eine persönliche Krankengeschichte, welche zur Dichtung erhoben sein müßte, um uns ganz ans Herz zu greifen. Aber nun kommt die Geschichte der Heilung dieses Neurotikers, und hier handelt es sich um Ergebnisse, welche jeden angehen, denn die Not dieses Kranken, der auf dem Umweg der Neurose zur Selbsterkenntnis kommt, ist die Not des europäischen Menschen überhaupt. Und die Wege, die diesen Kranken zur Heilung führen, sind eben jene, auf welchen die erkrankte Geistigkeit unserer Welt schon lange suchend geht: Asiatische Philosophie und Psychoanalyse, aus deren Zusammenklang sich die Sehnsucht nach einer Synthese aus östlicher Entselbstungslehre und abendländischer Aktivität ergibt. Und wirklich wird die Möglichkeit einer solchen Synthese hier allen Ernstes nicht bloß postuliert, sondern als gefunden und erlebt dargestellt. Auf dem Wege indischer Denkübungen wird zwar die buddhistische Einsicht in die Wesenlosigkeit des Ich erreicht, nicht aber der buddhistische Erlösungswille, sondern ein Darüberstehen, das zum Leben Ja sagt und nicht Nirvana, sondern Dauer wünscht.[264]

Hesse konzentriert sich in der Folgezeit immer stärker auf die Verknüpfung von asiatischer Philosophie mit westlicher Psychoanalyse und macht sie schließlich zur Grundlage seiner weiteren literarischen Arbeit.[265] Es gelingt ihm letztlich auf diese Weise, die »Entzauberung des Ostens« ins Positive zu wenden, die im Grunde negativen Erfahrungen, die er auf der Asientour sammelt, durch Ästhetisierung und »Überstilisierung« so umzudeuten, dass er sie literarisch sehr produktiv nutzen kann. *Aus Indien* markiert dabei den Anfang dieser dichterischen Neuorientierung und bildet das Fundament für alle seine folgenden literarischen Reisen in den Osten, so wie er sie nach dem Ende des Ersten Weltkriegs beispielsweise in *Siddhartha* (1922) oder in *Die Morgenlandfahrt* (1932) unternimmt.[266]

---

264 Hesse: Rezension von O.A.H. Schmitz, ›Das Dionysische Geheimnis‹ 1999, S. 138.

265 Vgl. Huber: Alte Mythen – neuer Sinn 2004, S. 197ff.

266 Siehe Findeis: Hermann Hesses Indienbild 2003, S. 66: »Hesse entnimmt aus den religiösen und philosophischen Überlieferungen Indiens bzw. Asiens die Methoden zur inneren Befreiungs- und Erlösungserfahrung und verbindet sie mit der säkularen neuzeitlichen Suche nach Befreiung des Individuums und Selbstverwirklichung, ohne den Zwängen der religiösen Normierung unterworfen zu sein.« Vgl. auch den Abschnitt *Hermann Hesse auf dem Weg der Selbstverwirklichung* in Linse: Asien als Alternative? 1991, S. 346-347.

3 Armin T. Wegner – Der Mann am *Kreuzweg der Welten*

Ein ewiger Bauplatz soll meine Heimat sein, und niederreißen will ich alles, was kleiner ist, als mein großer Gedanke es träumte.
Armin T. Wegner: *Das Lied an die Unzufriedenheit* (1909)[1]

Einleitung

Der Name des Schriftstellers und Journalisten Armin T. Wegner (1886-1978) ist heutzutage kaum noch geläufig.[2] Dabei ist er einer der seinerzeit intensiv rezipierten Zeugen für die Veränderungen und Geschehnisse im Osmanischen Reich während des Ersten Weltkriegs.[3] Er verfolgt neugierig die politischen, wirtschaftlichen und militärischen Geschehnisse im Osmanischen Reich, das seit der Jahrhundertwende immer enger mit Deutschland kooperiert. Zugleich beschäftigt er sich wie viele andere Europäer um die Jahrhundertwende auch mit der Geschichte und Kultur dieser alten Region.

Dabei ist die Lektüre der orientalischen Literatur, insbesondere der Märchen aus *Tausendundeiner Nacht*, für seine Vorstellungen von Vorderasien wie in vielen anderen Fällen prägend und verleiht ihr einen fantastischen

---

1 Wegner: Das Lied an die Unzufriedenheit. In: Wegner: Zwischen zwei Städten 1909, S. 154.

2 Das marginale Interesse in der Germanistik an Wegner zeigt sich in der Forschungsliteratur. Die älteren Arbeiten liefern eher Überblicksdarstellungen. Vgl. Nickisch: Armin T. Wegner. Ein Autor gegen die Macht. Grundlagen einer Biographie des Expressionisten und Weltreporters Armin T. Wegner (1886-1978) 1982. Vgl. ferner Wernicke-Rothmayer: Armin T. Wegner. Gesellschaftserfahrung und literarisches Werk 1982. Vgl. schließlich Rooney: Leben und Werk Armin T. Wegners (1886-1978) im Kontext der sozio-politischen und kulturellen Entwicklungen in Deutschland 1984. Die neueren Studien untersuchen dagegen bestimmte Aspekte im Werk. Vgl. Şölçün: Literarische Entdeckung türkischer Mentalität. Eine Übersicht und eine paradigmatische Textbetrachtung 2007, S. 273-292. Vgl. ferner Bogdal: Maschinen im Morgenland. Der Orient nach der Entdeckung des Öls 2007, S. 329-350.

3 Das wird in der Regel mit Wegners Positionierung im türkisch-armenischen Konflikt, der bis heute nachwirkt, begründet. Vgl. in diesem Zusammenhang auch Tamcke: Armin T. Wegner und die Armenier. Anspruch und Wirklichkeit eines Augenzeugen 1996. Hier interessiert vorrangig jedoch nicht Wegners Position in diesem Konflikt, sondern sein Zugriff auf den Orient im Kontext der gesellschaftlichen Modernisierung der Industriestaaten, insbesondere Deutschlands.

Zug. Bestärkt wird sein Orientbild von der damaligen Begeisterung des Westens für diese Region als der Wiege der menschlichen Zivilisation und als Entstehungsraum der drei monotheistischen Religionen. Die Suche nach einer Alternativkultur zu der westlichen Welt, die als hektisch und unübersichtlich, komplex und ambivalent empfunden wird, nimmt ebenfalls einen starken Einfluss auf seine Imagination von einem exotischen, vor allem aber einem konfliktfreien Orient.

Das Außergewöhnliche an Wegners Aufenthalt im Osmanischen Reich, das er nach dem Kriegseintritt der Hohen Pforte Ende 1914 auf Seiten der Mittelmächte erstmals im Frühjahr 1915 betritt, resultiert nun daher, dass er durch seine Einsätze als Sanitätssoldat am Bosporus, an den Dardanellen und in Mesopotamien, also an den verschiedenen Fronten, aber auch im Hinterland, zu einem Augenzeugen und Chronisten der Entwicklung im Osmanischen Reich zu Beginn des 20. Jahrhunderts wird. Lesenswert ist sein Buch *Im Hause der Glückseligkeit. Aufzeichnungen aus der Türkei* (1920) in diesem Zusammenhang auch deshalb, weil es durch seine, freilich ambivalente und darum kritisch zu prüfende Art der Orientdarstellung zu einer mehrdeutigen »Entzauberung des Ostens« beiträgt.

Denn der Blick, den Wegner auch in seinem Novellenband *Der Knabe Hüssein* (1921) auf das Osmanische Reich wirft, ist ein gebrochener: Die reale Erfahrung Vorderasiens entspricht nur bedingt den hohen Erwartungen des Schriftstellers. Dafür sind hauptsächlich zwei Entwicklungen verantwortlich: Wegner erlebt während seines Aufenthalts nicht nur einen Orient, der eine gerade für die damaligen östlichen Verhältnisse rasante Umwälzung in Form einer Modernisierung und Verwestlichung von Staat und Gesellschaft erfährt. Die allmähliche Entwicklung von einem stark traditionell und religiös geprägten Nomaden- und Bauerntum hin zu einer noch »halbmodernen« (Massen-)Gesellschaft wird beschleunigt durch die Teilnahme des Osmanischen Reichs am Ersten Weltkrieg. Dieser stellt eine große Belastungsprobe für die durch den Türkisch-Italienischen Krieg 1911/12 und die Balkankriege vom Oktober 1912 und Juni 1913 geschwächte, frühere Großmacht dar, die um die Jahrhundertwende von vielen als »kranker Mann am Bosporus« bezeichnet wird.

Die Untersuchung der Wahrnehmung und Darstellung des Orients sowie die ihrer Intention steht im Mittelpunkt dieses Kapitels. Es werden drei Schwerpunkte gesetzt: Der erste Teil befasst sich mit Wegners Lebenslauf. Der Fokus ist insbesondere auf die Jahre unmittelbar vor, während und nach dem Ersten Weltkrieg gerichtet. Gefragt wird, welche literarischen Strömungen ihn interessieren und wie seine Aktivitäten aussehen. In diesem Kontext wird auch der Frage nach seinem Verhältnis zum Orient nachgegangen. Geklärt wird zudem, was ihn, dessen Thema eher die Auseinandersetzung mit den Auswirkungen der Modernisierung in der Großstadt ist, konkret veranlasst, im Ersten Weltkrieg ins Osmanische Reich zu gehen.

Diese Fragen leiten über in den zweiten Teil, in dem sein Aufenthalt in Anatolien und Mesopotamien analysiert wird. Untersucht wird, was er wahrnimmt und auf welche Weise er das Erlebte in seinem hier erstmals im Rahmen einer größeren wissenschaftlichen Studie untersuchten Orientbuch *Im Hause der Glückseligkeit* darstellt. Für die Klärung der Fragen werden, wo dies möglich und sinnvoll erscheint, Vergleiche zwischen den unveröffentlichten Kriegstagebüchern, den propagandistischen Schriften, die Wegner ab Frühjahr 1917 im Auftrag des Breslauer Generalkommandos verfasst, und dem publizierten Material gezogen.[4] Von Bedeutung ist, wo zwischen ihnen Gemeinsamkeiten und Unterschiede bestehen, und ferner, ob es Besonderheiten in der Wahrnehmung und Darstellung gibt. Im letzten Teil wird ein Blick auf die Zeit nach seiner Rückkehr aus dem Orient geworfen. Hier richtet sich der Fokus auf die Fragen, welche Konsequenzen er zieht und welche Auswirkungen diese auf seine Sichtweise auf den Orient haben. Schließlich wird geklärt, wie er seine Eindrücke erzählerisch in dem Novellenband *Der Knabe Hüssein* verarbeitet, ob dabei eine Weiterentwicklung im Vergleich zu dem 1920 erschienenen Orientbuch feststellbar ist und, wenn dem so ist, worin sich diese äußert.

3.1 »Bin ja ein heimatlos wanderndes Kind.« Der Lebensweg des jungen Wegner

Ähnlich wie im Fall von Hermann Hesse setzt auch die Beziehung, die der am 16. Oktober 1886 im preußischen Elberfeld geborene Armin Theophil Wegner zur östlichen Welt hat, bereits in der Kindheit an. Denn es ist kein Zufall, dass in seiner Familie gerade die Nachrichten aus dem Orient mit Interesse gelesen werden und die Märchen aus *Tausendundeiner Nacht* zum bevorzugten Bildungsgut gehören. Sein Vater Gustav Wegner (1859-1920), ein preußischer Beamter und späterer Geheimer Regierungs- und Baurat, ist zu Beginn seiner Dienstzeit eine Zeit lang als Bauführer bei der von der deutschen Wirtschaft

4 Die Materialien Wegners aus seiner Zeit im Osmanischen Reich befinden sich in seinem Nachlass im Deutschen Literaturarchiv Marbach am Neckar (DLA), der zurzeit die größte Materialsammlung zu einem deutschen Schriftsteller darstellt. In der Folge sollen handschriftliche Tage- und Notizbücher sowie Briefe zum Vergleich mit den veröffentlichten herangezogen werden. Erschwert wird diese Vorgehensweise durch Wegners teilweise schwer zu entziffernde (Kurz-)Schrift. Wo das Zitieren aus dem Originalmaterial nicht möglich ist, wird auf Wegners veröffentlichte Texte in Tamckes Monografie *Armin T. Wegner und die Armenier* zurückgegriffen.

und der Regierung Wilhelms II. geförderten Bagdadbahn im Osmanischen Reich tätig und liest daher mit Neugierde alle Meldungen aus Vorderasien.[5]

Allerdings ist es nicht der Vater, sondern die Mutter Marie Apollonia Wegner, geb. Witt (1860-1920), die ihren Sohn durch ihre verschiedenen, außerfamiliären Tätigkeiten in seinem späteren humanistischen Denken stark beeinflusst: In den vielen Städten, in denen sich die Familie aufgrund der alle paar Jahre erfolgenden Versetzung des Vaters nur kurzzeitig niederlassen kann, arbeitet sie als Armen- und Waisenpflegerin, engagiert sich in der bürgerlichen Frauenrechtsbewegung, gibt die Zeitschrift *Die Frau in der Gegenwart* heraus und wirkt in pazifistischen Organisationen mit.[6]

Unter dem Eindruck der drei pazifistischen Schriftsteller Jean-Jacques Rousseau (1712-1778), Lew N. Tolstoi (1828-1910) und Walt Whitman (1819-1892)[7] und der in ihren Werken enthaltenen Forderung, zur Natur zurückzukehren, geht Wegner kurz vor dem Abitur von der Schule ab, um »Agronom« zu werden.[8] Ein halbes Jahr später kehrt er jedoch wieder heim. Er sieht ein, dass die Tätigkeit des Landwirts nur noch wenig mit der des von ihm imaginierten, altmodischen Ackerbauern zu tun hat und mehr der eines kaufmännisch ausgerichteten Grundbesitzers gleicht.[9]

Den literarischen Anfang macht Wegner kurz nach der Jahrhundertwende mit einer Arbeit, die den raschen Wandel von Kultur und Gesellschaft als Thema hat: Der Einfluss der Erfahrung von Stadt und Land, der Gegensatz zwischen dem anonymen und entfremdeten Leben in der Metropole und der scheinbar idyllischen, weil einsamen und stillen Existenz in der Natur, aber auch das Verhältnis zwischen der Gemeinschaft und dem Einzelnen sind die Themen, mit denen sich Wegner auseinandersetzt. So veröffentlicht er gerade 23-jährig die Sammlung *Zwischen zwei Städten. Ein Buch Gedichte im Gang einer Entwicklung*. Darin geht es um seine Schulzeit im »Herzen der Weltstadt zwischen Lärm und Reichtum, Staub und Elend«[10] und um den Versuch, als »gott- und heimatloses Kind des modernen Lebens zurückzukehren zur Natur«[11]. Das Buch thematisiert auch das Scheitern, die Rückkehr in das (Großstadt-)Leben und den Neubeginn »erfüllt von dem Aufbrausen einer großen Lebensstärke

5 Vgl. Tamcke: Armin T. Wegner und die Armenier 1996, S. 19.
6 Vgl. Nickisch: Armin T. Wegner 1982, S. 11f.
7 Vgl. wegen des Tolstoi-Einflusses Wegner in einem am 8.2.1928 in Jasnaja Poljana geschriebenen Brief an Romain Rolland in Wegner: Fünf Finger über Dir 1979, S. 304f.
8 Vgl. Wegner: Die dreifache Wiederkehr 1974, S. 129.
9 Vgl. das Gespräch zwischen Armin T. Wegner und Martin Rooney 1986, S. 13.
10 Wegner: Zwischen zwei Städten 1909, S. V.
11 Ebd., S. V.

und der Sehnsucht nach den höchsten Zielen der Menschheit.«[12] Er zieht ein Fazit, das nach seinem misslungenen Unternehmen seine Enttäuschung, aber auch sein Verständnis dafür äußert:

> So ist das Ganze eine aus dem Leben genommene Verwirklichung des Tolstojschen Evangeliums und der Rousseauschen Gedankens: ›Retournons à la nature!‹ Aber auch die Einsicht seiner Unmöglichkeit. Freilich ohne daß diese Idee je offen ausgesprochen ist und zur Tendenz werden will; sie ist nur der Hintergrund, der all die verschiedenen Augenblicke des Alltags miteinander verbindet.[13]

Seit 1910 in Berlin lebend, unternimmt der Jurastudent parallel zum Studium, das er 1913/14 mit einer Dissertation über den *Streik im Strafrecht* abschließt, Auslandsreisen. Wegner fährt nach Brüssel und Antwerpen, Paris und Marseille, schreibt und publiziert in Zeitschriften Gedichte, Skizzen und Erzählungen.[14] Durch den Aufenthalt in der Reichshauptstadt lernt er im kriminalistischen Seminar Kurt Hiller (1885-1972) kennen[15] und findet Anschluss an die zeitgenössische Literatur. Denn durch Hiller macht er die Bekanntschaft einer ganzen Reihe von Expressionisten wie Gottfried Benn (1886-1956), Franz Werfel (1890-1945) oder Hugo Ball (1886-1927).[16] Ball, der 1916 den Dadaismus

12 Ebd., S. VI.

13 Ebd., S. VI.

14 So sind die Skizzen seiner Erlebnisse in Südfrankreich zusammengefasst in dem 1928 publizierten Erzählband *Wie ich Stierkämpfer wurde und andere Erzählungen.*

15 Kurt Hiller war ein deutscher Schriftsteller und pazifistischer Publizist aus jüdischer Familie. Er focht lebenslang für einen (schopenhauerschen und antihegelianisch begründeten) Sozialismus, für Frieden und sexuelle Minderheiten und machte sich damit und mit seinen streitbaren Polemiken viele mächtige Feinde. In Berlin wurde Hiller als freier Schriftsteller zum frühen Pionier des literarischen Expressionismus. 1909 gründete er mit Jakob van Hoddis (1887-1942) den *Neuen Club*, zu dem bald auch Georg Heym (1887-1912) und Ernst Blass (1890-1939) stießen, mit denen er, unterstützt von bekannteren Künstlern wie Tilla Durieux (1880-1971), Else Lasker-Schüler (1869-1945) und Karl Schmidt-Rottluff (1884-1976), sogenannte *Neopathetische Cabarets* veranstaltete. Nachdem er sich aus dem Club zurückgezogen hatte, gründete er mit Ernst Blass das literarische Cabaret *GNU*. Für die Zeitschriften *PAN* und *Der Sturm* schrieb er zahlreiche Beiträge, ebenso wie für Franz Pfemferts *Aktion*, bei deren Gründung er 1911 auch mitwirkte.

16 Über die Dichter, die diese Richtung geprägt haben, siehe das Gespräch zwischen Armin T. Wegner und Martin Rooney 1986, S. 17: »›Sie waren sehr darauf aus, sei es die Else Lasker-Schüler, sei es Georg Heym und andere, ihren eignen Stil zu haben, ja wenn möglich darüber hinauszugehen, in dem damals gerade begonnenen

in Zürich mitbegründen wird, trifft Wegner auch an der Schauspielschule von Max Reinhardt (1873-1943), die er bis 1912 als Schüler besucht.[17] Bis in die Zeit nach dem Ersten Weltkrieg setzt sich Wegner intensiv mit dem Expressionismus, vor allem mit den Novellen von Kasimir Edschmid (1890-1966) auseinander[18], freilich ohne sich je einer der verschiedenen Gruppen anzuschließen.[19] Zweifellos ist der Einfluss des Expressionismus auf seinen Gedichtband *Das Antlitz der Städte* (1917), der 1909 bis 1913 entsteht und auf Erfahrungen beruht, die Wegner auf seinen Reisen durch Europa, insbesondere jedoch bei seinen Aufenthalten in Paris, Amsterdam und Berlin, gesammelt hat.[20]

3.2 »Der Dichter greift in die Politik«? Wegners Tätigkeiten während und nach dem Ersten Weltkrieg

Am 1. August 1914 bricht der Erste Weltkrieg aus. Wegner reiht sich im Gegensatz zur Mehrheit der Deutschen, die sich der Kriegsbegeisterung hingeben und in großer Zahl als Freiwillige an die Front melden,[21] in eine Gruppe von Intellektuellen, zu der auch Heinrich Mann (1871-1950), René Schickele (1883-1940), Hermann Hesse (1877-1962), Annette Kolb (1870-1967) und Karl Kraus (1874-1936) gehören.[22] Als Beweis dafür wird sein pazifistischer Aufruf *An die freien Europäer* aus dem September 1914 genannt, der erst zehn Jahre später veröffentlicht seinen Ruf in der Weimarer Republik als Humanisten und Kriegsgegner bekräftigt.

Da Wegner bei Kriegsausbruch bereits 27 Jahre alt ist, wird er nicht eingezogen. So hat er Zeit, besucht das Schlachtfeld von Tannenberg und entschei-

---

expressionistischen Stil zu schreiben und zwar in einer solchen Weise, daß sie mehr oder weniger dabei die Sprache zerstörten. Und das wollte ich nicht. Ich kümmerte mich überhaupt nicht darum.‹«

17 Vgl. Nickisch: Armin T. Wegner 1982, S. 45.

18 Vgl. Rooney: Leben und Werk Armin T. Wegners 1984, S. 224.

19 Vgl. Wernicke-Rothmayer: Armin T. Wegner 1982, S. 24f.

20 Vgl. zur deutschen Reichshauptstadt Wegners Ende 1913 in drei Folgen im *Berliner Tageblatt* erschienenen Text *Am Rande der Stadt. Drei Tage zu Fuß um Berlin.* Vgl. ferner den Abschnitt *Versuch über das Bild der Großstadt in Wegners frühexpressionistischer Lyrik* in Rooney: Leben und Werk Armin T. Wegners 1984, S. 117-183. Vgl. schließlich Wernicke-Rothmayer: Das Steinerne Berlin bei Armin T. Wegner 1978, S. 317ff.

21 Vgl. Harth: Deutscher Pazifismus 1985, S. 14f.

22 Vgl. auch im Folgenden Nickisch: Armin T. Wegner 1982, S. 48ff.

det sich, Kriegsberichterstatter an der Ostfront zu werden.[23] Weil der Krieg länger als vermutet dauert, beschließt er, um einem Einzug zum Frontdienst zuvorzukommen, sich freiwillig als Krankenpfleger zu melden. Beim Roten Kreuz wird er in einem Lehrgang ausgebildet und am 1.10.1914 per Order zu seinem ersten Einsatz im deutsch-russischen Kampfgebiet einberufen.[24] Dafür erhält er schon bald das Eiserne Kreuz zweiter Klasse und wird im März 1915 nach sechs Monaten Dienst wieder entlassen. Die Eindrücke, die er an der Ostfront, in den »Totengräben Polens«[25], sammelt, verarbeitet er im Zyklus *Das Lazarett*, der später Teil seines Gedichtbands *Die Straße mit den tausend Zielen* (1924) wird.[26]

Wegner sieht den Krieg in erster Linie als Schriftsteller und damit als Quelle für literarisches Schaffen, die seine Produktion fördern kann.[27] Dass ihm dies bewusst ist, wird in einem Brief an den Freund Fritz von Zedler erkennbar:

---

23 Dabei hinterlassen Texte wie *Die Katorga. Zu den Greueln in den russischen Gefängnissen* oder *Eine Nacht in Czenstochau. Kriegsbilder aus Russisch-Polen* aufgrund der kriegsbedingt antirussischen Darstellung einen ambivalenten Eindruck. So heißt es in Wegner: Eine Nacht in Czenstochau 1914, S. 8af.: »Mit der Langsamkeit einer todesmatten ächzenden Schlange brachte mich der Zug nach stundenweiter Fahrt an die preußische Grenzstation von Herby. Ich hatte am Morgen die Toten und Verwundeten gesehen, und noch bevor ich am Rand die deutsche Grenze verließ, sollte ich ihren Mördern begegnen. Sie kamen dieselbe Straße hinab, ein Trupp von dreiundzwanzig Gefangenen, zerfetzte Gestalten, barhäuptig und mit bloßen Füßen. Es waren junge Leute von siebzehn Jahren darunter und ein alter Mann nahe sechzig, mit blutendem Kopf, den die Soldaten den Führer der Bande nannten, von dem sie erzählten, daß es ein verkleideter russischer Offizier sei. Sie trugen beschmierte Leinewandhosen und schmutzige Kittel wie polnische Industriearbeiter. Ihre heimtückischen und feigen galizischen Augen, irisierend wie Sumpfwasser, waren überlaufen von hündischer Angst und saßen versteckt unter ihren breiten und niedrigen Stirnen. Man war im Begriff, sie in das Gefängnis von Lublinitz zu führen; aber schon am nächsten Morgen wurden sie zurückgebracht, um auf dem Klosterplatz von Czenstochau verhört zu werden. Schmutzig, verworfen und von den bestialischen Instinkten erfüllt, erweckten sie jene gemischten Gefühle von Abscheu und Mitleid, die auch der Elende und Wehrlose noch in der Seele des Europäers zurücklässt.«

24 Vgl. auch im Folgenden Wernicke-Rothmeyer: Armin T. Wegner 1982, S. 28ff.

25 Siehe Wegner: Fünf Finger über Dir 1979, S. 305.

26 Die Titel der einzelnen Gedichte des Zyklus *Das Lazarett* lauten: *Der Freiwillige, Der Fieberkranke, Der Morphiumbetäubte, Der Erblindete, Der Entmannte, Der Wahnsinnige, Grab der Gliedmaßen, Chor der Verletzten* und *Die Totenkammer*.

27 Vgl. Tamcke: Armin T. Wegner und die Armenier 1996, S. 25f. Siehe Wegner in einem am 13.3.1915 in Lodz geschriebenen Brief an die Schauspielerin Gerda Maurer ebd., S. 25: »›Ich bin gesund und blühend, wie seit Jahren nicht mehr. Man

»›Ich kenne Dich, ›Du betrachtest den Krieg nur als Folie‹, wirst Du sagen, ›als einen neuen Hintergrund Deines persönlichen Lebens‹. Und ich kann Dir nicht ganz Unrecht geben.‹«[28] Der Krieg scheint für Wegner durchaus die Fortsetzung seines bisherigen Lebens und Schaffens unter anderen Umständen zu sein:

> Eindruck von außen wurde zu Ausdruck des Eindrucks und fehlende Bewältigung im existentiellen Lebensvollzug zur Bewältigung, indem die notvolle Erfahrung dem geistig fortwährend anwesenden Leser unbewältigt weitergegeben wurde. Der gedachte Leser wurde zum Therapeuten des Dichters, der Krieg zur Brutstätte sich unablässig erneuernder Selbstreflexion.[29]

In diesem Zusammenhang ist auch Wegners Idee zu sehen, ins Osmanische Reich zu gehen. Nach den Erfahrungen an der Ostfront, an die er nicht zurückkehren will, zieht ihn der aus den Märchen von *Tausendundeiner Nacht* bekannte Orient an. Er hofft, dort neue Eindrücke zu gewinnen und diese literarisch verwerten zu können.[30] Aus diesem Grund entscheidet er sich, sich für einen im Osmanischen Reich tätigen deutschen Sanitätsdienst zur Verfügung zu stellen.[31] Dort herrscht seit November 1914 ebenfalls Krieg:

> ›[D]a ich schon Reisen in den Orient gemacht hatte, wünschte ich in meiner Eigenschaft als Krankenpfleger nach der Türkei zu gehen, und meine Mutter verhalf mir dazu. Sie war eine Jugendfreundin der Frau von Tirpitz, des großen Admirals der deutschen Flotte. Mit ihren Kindern hatten wir zusammen, als wir selbst klein waren, gespielt. Nun, die Mütter sind immer in dem Wunsche, ihren Kindern helfen zu können, und so schrieb sie einen Brief an die Frau von Tirpitz, und ich erreichte durch ihre Freundlichkeit, daß ich einer Rot-Kreuz-Formation überwiesen wurde.‹[32]

Wegner erreicht als Mitglied der *Deutsch-Ottomanischen Sanitätsmission* im April 1915 Istanbul, wo er für kurze Zeit als Krankenpfleger arbeitet. Doch

---

könnte sagen, dass ich mich von diesem Blute der Verwundeten und Sterbenden nähre.‹«

28 Wegner in einem am 5.10.1914 geschriebenen Brief an Fritz von Zedler ebd., S. 26.

29 Ebd., S. 26.

30 Siehe Wegner in einem am 31.3.1915 geschriebenen Brief an Gerda Maurer ebd., S. 33: »Ich wünschte, mir bliebe auch in Konstantinopel etwas mehr Ruhe und Einsamkeit für eigene Arbeit.«

31 Vgl. ebd., S. 31.

32 Gespräch zwischen Armin T. Wegner und Martin Rooney 1986, S. 24.

die Tätigkeit als Sanitäter hat für ihn eher sekundäre Bedeutung. Vor allem möchte er Stadt und Land erkunden und dies sogleich literarisch verarbeiten. Dabei verbindet er seinen Einsatz von vornherein auch mit dokumentarischen Absichten. Er nimmt nicht nur einen Fotoapparat mit, sondern auch eine ganze Reihe von Büchern, wodurch sein Einsatz auf dem orientalischen Kriegsschauplatz auch den Anstrich einer Bildungsreise erhält.[33]

Wie schon an der deutsch-russischen Front, schreibt Wegner auch während der Zeit im Osmanischen Reich Briefe an Verwandte, Freunde und Bekannte, führt Tagebuch und notiert sich Besonderheiten. Betrachtet man die Tage- und Notizbücher der Jahre 1915 bis 1917, finden sich Anmerkungen zu Büchern von deutschen, französischen und englischen Historikern, Orientalisten und Schriftstellern über das Osmanische Reich und die Armenier.[34] Ferner gibt es Notizen und Titelideen zu möglichen Novellen und Aufzeichnungen[35] und auch türkische, armenische und arabische Namenslisten, Lieder und Sprüche, die Verwendung finden könnten.[36]

Wegner erkrankt nach sechs Wochen Mitte Juni 1915 an Typhus und kommt für über zwei Monate ins deutsche Krankenhaus nach Pera.[37] Dort erhält er während der Rekonvaleszenz Informationen und Berichte von deutschen

---

33 Vgl. Tamcke: Armin T. Wegner und die Armenier 1996, S. 33f.

34 Siehe im Nachlass Wegners das Kriegstagebuch 1915 (Signatur: HS 00 111 88 38) unter dem 7. September mit Titeln möglicher künftiger Arbeiten: »*Im Hause der Glückseligkeit / Novellen aus der Türkei / Die Schlachtbänke (Polen) / Das Antlitz der Städte / Litterarische Jakobiner / Sieben Verkündigungen aus dem Zeichen* (?) *der Stadt / Die Strasse mit den tausend Zielen / Die Brücke (od. Der Versuch zu lieben) / Das Schlachthaus am breiten Graben / Der Krater (od. Das Warenhaus der Liebe) / Kriegsnovellen: ›Die Verzweiflung der Dörfer‹.*« Kursivierung von B.S.

35 Siehe ebd. das Kriegstagebuch 1916 (Signatur: HS 00 111 88 38) unter dem 12. Juli: »Bey Oglu: *Türkische Frauen* / Franz Karl Endres: *Die Türkei / Nargileh, Türkische Skizzen.*« Siehe das Kriegstagebuch 1917 (Signatur: HS 00 111 88 47) unter dem 11. Juli: »*Armenia* [...] by Lynch / *Zeitoun* von A. Tchobanian / *Traductions literatures et historiques* par a Tschobanian / *Deutsch-Ottomanische Gesellschaft* Dr. Lepsius / *Histoire de l'armenie ancienne* (deutsch!) par Belk + Luhmann«. Unterstreichung von Wegner. Kursivierungen von B.S.

36 Siehe ebd. das Kriegstagebuch 1916 (Signatur: HS 00 111 88 38) unter dem 15. Juli: »Arabische Sprichwörter«. Siehe ferner ebd. unter dem 19. Juli 1916: »Türkische Lieder«. Siehe schließlich ebd. unter dem 2. und 3.8.1916: »Arabische Lieder«. Siehe ebd. das Kriegstagebuch 1917 (Signatur: HS 00 111 88 47) unter dem 31. August: »Armenische Personennamen«.

37 Nach Schätzungen Tamckes hat Wegner von April bis Oktober 1915 insgesamt sechs Wochen Dienst und vier Monate Krankheit aufzuweisen. Vgl. Tamcke: Armin T. Wegner und die Armenier 1996, S. 44.

und Schweizer Kaufleuten sowie Bekannten aus kirchlichen Kreisen über die seit Mitte April erfolgten Vertreibungen und Deportationen der Armenier in obermesopotamisches und syrisches Gebiet,[38] bei denen ein großer Teil dieser christlichen Minderheit ums Leben kommt.[39] Nach seiner Genesung nutzt Wegner die Erholung, um in das Landesinnere nach Konia zu fahren und sich die früheren Siedlungsgebiete der Armenier anzusehen.[40]

Zurück in Istanbul muss er seinen Sanitätsdienst nicht wieder antreten, sondern darf zum Heimaturlaub nach Deutschland reisen. Dort begibt er sich im September in die Nähe Berlins zur Kur, wo er die Zeit nutzt, um sich für die Armenier zu engagieren.[41] Da das Auswärtige Amt ablehnt, wendet sich Wegner an bekannte Persönlichkeiten. Während Theodor Wolff (1868-1943) ein Treffen ebenfalls ablehnt, empfangen ihn nacheinander Maximilian Harden (1861-1927), Hellmut von Gerlach (1866-1935), Friedrich Naumann (1860-1919), Walther Rathenau (1867-1922) und Johannes Lepsius (1858-1926). Mit Lepsius bleibt der Kontakt auch nach der Rückkehr Wegners ins Osmanische Reich bestehen.

Da Wegner nach der Erfahrung Anatoliens auch Mesopotamien und speziell Bagdad kennenlernen möchte, drängt er darauf, in die *Deutsch-Ottomanische Militärmission* aufgenommen zu werden. Diese soll mit Generalfeldmarschall Colmar von der Goltz (1843-1916) an der Spitze nach Bagdad eilen, um den verbündeten türkischen Truppen bei der Verteidigung der Stadt gegen die vom Persischen Golf anrückenden britisch-indischen Streitkräfte Unterstützung zu leisten.[42]

Wieder nutzt Wegner familiäre Beziehungen und wird auf eigenen Wunsch als »türkischer Sanitätsoffizier« in den Stab des Generalfeldmarschalls, zu dem auch der schwedische Reiseschriftsteller Sven Hedin zählt, aufgenommen.[43] Auf dem Weg nach Bagdad trifft er im November 1915 in Aleppo auf armenische Flüchtlinge. Mangelnde hygienische Verhältnisse in der als Knotenpunkt strategisch wichtigen Stadt führen dabei zum Ausbruch von Seuchen, der neben einer ganzen Reihe türkischer Soldaten auch deutsche Truppen zum Opfer fallen. Weiter marschierende Einheiten verbreiten Krankheiten nach Mesopota-

38 Vgl. auch im Folgenden Wegner: Militärische Laufbahn. In: Rooney: Leben und Werk Armin T. Wegners 1984, Bl. 1f. Vgl. ferner Tamcke: Armin T. Wegner und die Armenier 1996, S. 41f. und S. 86ff.

39 Vgl. zum historischen Hintergrund den Abschnitt *Armenische Deportationen* in Kreiser: Der osmanische Staat 2001, S. 50-51.

40 Vgl. Wegner: Die Austreibung des armenischen Volkes in die Wüste 2001, S. 97ff.

41 Vgl. auch im Folgenden Tamcke: Armin T. Wegner und die Armenier 1996, S. 162ff.

42 Vgl. Wegner: Mit dem Stabe des Feldmarschalls von der Goltz in Mesopotamien 2003, S. 328.

43 Vgl. Gespräch zwischen Armin T. Wegner und Martin Rooney 1986, S. 24.

mien und auf die arabische Halbinsel.[44] Die *Deutsch-Ottomanische Sanitätsmission*, die nach einmonatiger Fahrt im Dezember 1915 Bagdad erreicht, bleibt davon nicht verschont. So kann Wegner seinen Dienst zuerst nicht antreten, da er kurz nach seiner Ernennung zum Sanitätsunterleutnant Ende des Jahres abermals an Typhus erkrankt. Wieder genesen, wird er Ende Januar bis März 1916 im Bagdader Hospital Abdul Achad eingesetzt, um seinen an Fleckfieber erkrankten und kurz darauf gestorbenen Vorgesetzten Oberstabsarzt Dr. Oberndörffer zu pflegen. Nach dessen Tod kümmert sich der Offizier-Stellvertreter Wegner um den ebenfalls mit Fleckfieber infizierten Freiherrn von der Goltz, der Mitte April stirbt.

Während der Pflege seiner Vorgesetzten infiziert sich auch Wegner. Liegt er anfangs im Krankenhaus der Bagdadbahn, kommt er Mitte Mai für einen Monat ins Haus der Latrinenarbeiter der Bagdadbahn, wo er wegen Malaria und eines fieberhaften Darmkatarrhs behandelt wird. Zu seiner Wiederherstellung wird er für zwei Wochen freigestellt, reist nach Bagdad und besucht die Ruinen von Babylon, um im Anschluss einen viermonatigen Erholungsurlaub im Libanon anzutreten. Während dieser Zeit wird er auch von Sven Hedin, den er auf der Hinreise kennengelernt hatte, besucht.

Seinen Erholungsurlaub kann er dann doch nicht antreten, da er aufgrund eines Tagesbefehls zur Arbeit in die Cholerabaracken abkommandiert wird. Der Grund ist ein Zwischenfall, bei dem Wegner einen deutschen Hauptmann nicht ordnungsgemäß gegrüßt haben soll und daraufhin von diesem zu Botengängen herangezogen wird. Wieder erkrankt er und bricht Mitte August zusammen. Trotz seiner vielen Beziehungen zu hochrangigen, in Bagdad stationierten deutschen Offizieren und Kaufleuten, Schulleitern und Ärzten, bei denen er ein gern gesehener Gast ist, gelingt es ihm nicht, eine Rückbeorderung nach Istanbul zu verhindern.[45]

Mitte September bricht er dorthin auf und trifft in der Gegend von Aleppo erneut auf Armenier.[46] Er beabsichtigt ihre Berichte zu sammeln und erhält die Unterstützung von den Schwestern des *Deutschen Hilfsbundes für christliches Liebeswerk im Orient*. Bestärkt durch ihr Vorbild, engagiert er sich stärker, nimmt Kontakt zum amerikanischen Konsul auf, sammelt Bittbriefe und fotografiert die Flüchtlinge.[47] Allerdings ist sein Einsatz nicht ganz selbstlos. Noch während der Fahrt in die Hauptstadt des Osmanischen Reichs macht

44 Vgl. den Abschnitt *14. Straße nach Aleppo* in Wegner: Mit dem Stabe des Feldmarschalls von der Goltz in Mesopotamien 2003, S. 334-335.

45 Vgl. auch im Folgenden Tamcke: Armin T. Wegner und die Armenier 1996, S. 54ff.

46 Vgl. wegen der exakten Reiseroute Wegners von Bagdad bis Aleppo ebd., S. 241.

47 Vgl. ebd., S. 123ff.

er sich Notizen für literarische Pläne, für die die gesammelten Berichte als Quelle der Inspiration eine wichtige Rolle spielen.[48]

Im November am Bosporus angekommen, taucht er in das Leben der deutschen Kolonie ein, hält Lesungen in geselligen Kreisen und besucht alte Bekannte. Aufgrund seines Engagements für die Armenier und eines pazifistischen Briefes an seine Mutter,[49] der von der Militärzensur festgehalten worden ist, wird Wegner dann jedoch von Soldaten der deutschen Militärmission verhaftet. Da auch ein Vorgehen türkischer Behörden zu erwarten ist, wird er Anfang Dezember 1916 nach Deutschland zurückgeschickt, wo ihn bereits seine neue Breslauer Dienststelle erwartet.

Doch kann er sich dem Militärdienst vorerst durch einen achtwöchigen Urlaub entziehen, um dann eine Zurückstellung für weitere zwei Monate zu erwirken. Gleichzeitig wendet er sich in Bittbriefen an seine Vorgesetzten, ihm für seine Tätigkeit als Sanitätssoldat eine türkische Auszeichnung, den Eisernen Halbmond, zu verleihen. Er bekommt den Orden und wird Anfang März 1917 als Rekrut zur Feldartillerie eingezogen, kann sich ihr jedoch wieder aufgrund einer Intervention seiner Mutter entziehen. Ende April erhält er erneut Urlaub, wird nach seiner Rückkehr vom Rekrutendienst befreit und der »journalistischen Abteilung der Aufklärungsabteilung des stellv. Generalkommandos VI. A.K.«[50] zugeteilt.

Dort arbeitet Wegner als »Propagandist« und Journalist und wirbt in Schriften wie *Mit dem Stabe des Feldmarschalls von der Goltz nach Mesopotamien* (entstanden 1917) und *Der Kampf um die Allmacht des Goldes* (entstanden ca. um die Jahreswende 1917/18) für die sittliche Höherwertigkeit der deutschen Kriegsführung im Gegensatz zu der der Alliierten.[51] Allerdings bekommt

48 Vgl. Tamckes Erklärung für Wegners Eintreten für die Armenier ebd., S. 116.

49 Vgl. den Brief *An die Mutter* in Wegner: Der Weg ohne Heimkehr 1920, S. 91ff.

50 Wegner: Militärische Laufbahn. In: Rooney: Leben und Werk Armin T. Wegners 1984, Bl. 2.

51 Siehe Nachlass Wegner: Der Kampf um die Allmacht des Goldes (Signatur: HS 000 981 269). Nachdem Wegner nacheinander Russland »Hunger nach Land« (S. 4), Großbritannien »nackte Habgier« (S. 5) und den USA »Sucht nach dem Golde« (S. 8) vorgehalten hat, erklärt er im Fall des Deutschen Reichs ebd., S. 10: »Aber wenn wir nun von unseren Feinden fort unsere Blicke auf Deutschland richten, so ergreift warme Verehrung unser Herz und heilige Inbrunst tritt auf unsere Lippen, so können wir es ohne Ueberhebung, so müssen wir es in stolzer Demut sagen: Deutschland hat nie den Kampf um die Allmacht des Goldes geführt, ja es ist fast der einzige unter den grösseren Staaten Europas, bei denen nur ein Gedanke immer im Vordergrunde seines Wollens und Strebens steht: das sittliche Prinzip.« Wegner folgert daraus ebd., S. 11f.: »Unterliegt Deutschland, so unterliegt das sittliche Prinzip, die Weltmacht des Geistes ist vernichtet, die blinde Allmacht des

er Schwierigkeiten, als sein im Frühjahr 1917 erschienener Lyrikband *Das Antlitz der Städte* trotz positiver Gutachten von Richard Dehmel, Thomas und Heinrich Mann, Hermann Stehr und Carl Hauptmann wegen »Verherrlichung pervers-homosexueller Beziehungen«[52] verboten wird.[53] Er muss eine Geldstrafe wegen Verbreitung unsittlicher Schriften zahlen und verliert seine Stelle in der Aufklärungsabteilung.

Dem erneut drohenden Militärdienst kann sich Wegner dadurch entziehen, dass er sich beim Auswärtigen Amt meldet und erfolgreich für den in Berlin ansässigen *Neuen Orient* rekrutieren lässt, wo er Anfang Juli 1917 mit journalistischen Tätigkeiten betraut wird. Das Blatt besitzt wegen seiner Beziehungen zum Auswärtigen Amt und zum Generalstab einen halbamtlichen Charakter und ist im Orient, im neutralen Ausland und im Deutschen Reich für die Propaganda zuständig. Es vertritt grundsätzlich eine protürkische Linie und hält einen engen Kontakt zu den Lagern der muslimischen Kriegsgefangenen, die es für ein »panturanisches Reich« gewinnen möchte, in dem sämtliche turkstämmigen Völker zusammengeschlossen werden sollen.[54] Wegner schreibt dabei bis Kriegsende Artikel wie *Der Beiram der Verbannten*, *Hakki Pascha*, *Dschambolat Bej* und *Beim Khediven von Aegypten*, die die deutsch-türkische Waffenbrüderschaft bekräftigen und ihre politisch-militärischen Ziele unterstreichen.

Nach dem Ende des Krieges und der Aufhebung der Zensur nutzt er die Möglichkeit, sich offen für die Interessen der Armenier einzusetzen. Seine Vorgehensweise mag allerdings nicht nur aus Nächstenliebe erfolgen. Er scheint damit auch ein anderes Ziel anzuvisieren: Mit seinem Eintreten für sie könnte er sich – möglicherweise mit dem englischen Dichter Lord George Byron (1788-1824) als Vorbild, der fast genau einhundert Jahre vorher am griechischen Unabhängigkeitskrieg teilnimmt – nicht nur zu einem ihrer

---

Goldes triumphiert. Darin liegt die weltgeschichtliche Sendung Deutschlands in diesem Kriege, siegt Deutschland, geht es lebend aus diesem Kampfe hervor, so ist Europa gerettet!« Unterstreichung von Wegner.

52 Nachlass Wegner: Brief an Richard Dehmel vom 3.10.1918. Zitiert nach Tamcke: Armin T. Wegner und die Armenier 1996, S. 157.

53 Wegner selbst glaubt im Rückblick, dass der wahre Grund für das Verbot seines Gedichtbandes ein anderer sei. Er sieht in dem Prozess einen Racheakt des Vorsitzenden eines deutsch-türkischen Vereins in Breslau, der ihm die Schilderung seiner Eindrücke im Osmanischen Reich bei einem Vortrag für den Verein Übel genommen habe, für die Wegner viel Zuspruch seitens der Zuhörer erhalten habe. Vgl. das Gespräch zwischen Armin T. Wegner und Martin Rooney 1986, S. 19.

54 Vgl. den Abschnitt *Die »Nachrichtenstelle für den Orient«* in Bihl: Die Kaukasus-Politik der Mittelmächte. Teil I 1975, S. 101-112.

Verteidiger und Wortführer machen, sondern seine Bekanntheit und Popularität auch für einen künftig guten Absatz seiner Publikationen nutzen wollen.

So veröffentlicht er im Februar 1919 einen *Offenen Brief an den Präsidenten der Vereinigten Staaten von Nord-Amerika Herrn Woodrow Wilson über die Austreibung des armenischen Volkes in die Wüste* und hält dazu einen Monat später in der Berliner Urania einen Lichtbildvortrag. Dieser löst allerdings nicht nur einen Tumult unter Türken und Armeniern, sondern auch einen Skandal in der deutschen Öffentlichkeit aus, da Wegner die Mitverantwortung Deutschlands an den Vertreibungen und Deportationen der Armenier im Osmanischen Reich betont.[55]

Eine weitere Konsequenz seines Vortrags ist, dass er die Schriftleitung des *Neuen Orients* abgeben muss. Dafür gewinnt er die Sympathie der evangelischen Armenierfreunde und avanciert aufgrund seiner Augenzeugenschaft zum allgemein anerkannten Experten für den Orient.[56] Doch kurze Zeit nach dem Auftritt in der Urania bekommt Wegners positives Bild einen Riss: Er muss eingestehen, während des Vortrags nicht nur eigene Fotografien gezeigt, sondern sich auch einer ganzen Reihe von Bildern bedient zu haben, die von anderen Augenzeugen stammen und zudem teilweise noch die Ausschreitungen gegen die Armenier im Jahr 1909 zeigen. Ferner hat er eigene Erlebnisse mit Berichten aus Martin Niepages *Ein Wort an die berufenen Vertreter des deutschen Volkes* (1916) und aus Johannes Lepsius' *Bericht über die Lage des Armenischen Volkes in der Türkei* (1916) angereichert. Dadurch leidet Wegners Glaubwürdigkeit als Augenzeuge so sehr, dass in der bürgerlichen Presse für ihn die Bezeichnung »Scharlatan« aufkommt.[57]

Angesichts der schweren Anfeindungen seitens der deutschen Medien gibt Wegner im April 1919 die Stelle als Herausgeber der Zeitschrift *Der Osten*, die er seit April/Mai 1918 im Auftrag der *Litterarischen Vereinigung Breslauer Dichterschule* zusätzlich innehat, ebenfalls ab und konzentriert sich auf die Herausgabe zweier Sammlungen von Briefen und Tagebuchnotizen sowie auf die eines Bandes mit Erzählungen. So erscheinen nacheinander *Der Weg ohne Heimkehr. Ein Martyrium in Briefen* (1919), *Im Hause der Glückselig-*

55 Vgl. den Abschnitt *68. Kurdischer Reiter* in Wegner: Die Austreibung des armenischen Volkes in die Wüste 2001, S. 114f. Den hier verwendeten Ausdruck »tal el alman«, übersetzt etwa »Lehre der Deutschen«, hat Wegner wahrscheinlich übernommen von Niepage: Eindrücke eines deutschen Oberlehrers aus der Türkei 1919, S. 7. Anmerkung: Bei Niepages Buch *Eindrücke eines deutschen Oberlehrers aus der Türkei* (1919) handelt es sich um eine erweiterte Neuauflage seines Berichts *Ein Wort an die berufenen Vertreter des deutschen Volkes* (1916).

56 Vgl. Tamcke: Armin T. Wegner und die Armenier 1996, S. 180ff.

57 Vgl. Tamcke: Armin T. Wegners »Die Austreibung des armenischen Volkes in die Wüste« 2001, S. 67ff.

keit. Aufzeichnungen aus der Türkei (1920) und *Der Knabe Hüssein. Türkische Novellen* (1921). Besonders in den beiden ersten Büchern stellt sich Wegner als Orientkenner, Pazifist und Verfechter der Völkerverständigung dar.[58]

Zur Wahrnehmung Wegners als Humanisten tragen auch seine nach der Novemberrevolution veröffentlichten Aufrufe wie *Der Ankläger* (1919) und *Die Mobilisierung der Menschheit* (1919) bei. Als Mitglied im *Politischen Rat geistiger Arbeiter*, der aus dem seit 1914 unter der Führung Kurt Hillers bestehenden *Bund der Aktivisten* hervorgegangen ist und analog zu den *Arbeiter- und Soldatenräten* wirken möchte, verurteilt Wegner jede Art von Krieg und fordert unter dem Eindruck der Russischen Revolution zusammen mit anderen im *Programm der Gegenwart* radikale soziale Umwälzungen in der deutschen Gesellschaft.[59]

Die veränderte Haltung, die nach dem Ersten Weltkrieg bei Wegner erkennbar wird, erklärt sich dadurch, dass es ihm nach der Aufhebung der Zensur Ende 1918 zum einen möglich wird, die von der offiziellen Politik vorgeschriebene Haltung, die ihn als Propagandisten betroffen hat, aufzugeben. Seine Positionierung auf dem literarischen Markt wird zum anderen dadurch erschwert, dass nach dem Krieg die politischen und kulturellen Veränderungen in Deutschland plötzlich eine große Dynamik gewinnen. So treten nach vier Jahren eingeschränkter Meinungsäußerung zahlreiche Schriftsteller und Künstler mit einer Vielfalt an neuen Programmen an die Öffentlichkeit, an denen sich auch Wegner abarbeitet und zu orientieren versucht. Dies ist hauptsächlich der Grund, weshalb es mitunter schwer fallen kann, seine nach dem Ersten Weltkrieg entstandenen, stark vom Expressionismus beeinflussten Schriften einzuordnen. Sie sind alle zusammengenommen Ausdruck seiner Suche nach politischem und literarischem Halt in einer Zeit, die stark von gesamtgesellschaftlichen Umbrüchen geprägt ist.

Seine Position im türkisch-armenischen Konflikt trübt auch das Verhältnis zum Auswärtigen Amt. Daher tritt Wegner 1920 aus der Redaktion des *Neuen Orients* aus. Der Verlust der Stellung lässt sich für ihn allerdings verkraften. Der mittlerweile berühmt gewordene Schriftsteller erhält Hilfe von mehreren Seiten. So wird er von Verlagen, Zeitschriften und Zeitungen mit Aufträgen überhäuft und von Dichterkollegen und Journalisten besprochen. Auch die evangelischen Theologen der proarmenischen Bewegung in Deutschland und wohlhabende Exilarmenier fördern ihn, indem sie ihm zu zahlreichen öffentlichen Vorträgen verhelfen, seine Veröffentlichungen in großen Mengen kaufen, für deren weitere Verbreitung sorgen und ihm schließlich hohe Summen für

58 Vgl. Zweig: Der Weg des jungen Armin T. Wegner 1974, S. 154.

59 Vgl. Wegner: Programm der Gegenwart 1919, S. 118.

einen von ihm geplanten Roman mit dem Titel *Die Austreibung* zur Verfügung stellen.[60]

3.3 *Im Hause der Glückseligkeit. Aufzeichnungen aus der Türkei* (1920)

> Dies ist auch der Scheideweg für den Abendländer, der um die Seele des Orients wirbt und, von seiner Buntheit berauscht, selten gewillt ist, sich von den Erinnerungen an das Buch von Tausendundeiner Nacht zu trennen. So muß er notwendig der Enttäuschung anheimfallen, oder die unlösbare Verbindung von Schönheit und Schrecken wird ihn noch tiefer verstricken, weil die Mystik des Todes das Bewußtsein des Lebens erhöht.
>
> Armin T. Wegner: *Das Zelt* (1926)[61]

Einleitung

Im Hause der Glückseligkeit, das laut Angaben Wegners 1915/16 auf türkischem Boden geschrieben worden ist[62] und seinen ersten Aufenthalt im Osmanischen Reich von April bis August 1915 umfasst, stellt eine Sammlung von Reisefeuilletons, Prosaskizzen und Briefen an verschiedene Empfänger dar. Wahrscheinlich ist, dass er für den Aufbau seiner *Aufzeichnungen aus der Türkei* zwei kurz zuvor erschienene Bücher als Vorbilder genommen hat: Zum einen die aus tagebuchähnlichen Notizen und Aufrufen, Briefen und Dokumenten bestehende Sammlung *La Turquie Agonisante/Die sterbende Türkei* (1913) des französischen Reiseschriftstellers und Romanciers Pierre Loti (1850-1923), der sich darin mit den Ursachen der politischen und militärischen, wirtschaftlichen und sozialen Krise im Sultanat auseinandersetzt, zum anderen das aus Prosaskizzen und Essays zusammengestellte *Pera und Stambul* (1915) des

60 Vgl. Tamcke: Armin T. Wegner und die Armenier 1996, S. 203ff. So verweist Tamcke in einer Anmerkung darauf, dass ein Herr Guderian anläßlich eines Vortrags von Wegner in Leipzig im Februar 1920 für 6336 Reichsmark Bücher vom Autor gekauft habe. Vgl. ebd., S. 184. Bereits davor bringen nach Deutschland emigrierte Armenier Wegners erstmals Anfang Februar 1919 erschienenen *Offenen Brief an den Präsidenten der Vereinigten Staaten von Nord-Amerika Herrn Woodrow Wilson über die Austreibung des armenischen Volkes in die Wüste* als Sonderdruck in Buchform heraus.

61 Wegner: Einleitung 1926, S. 12f.

62 Vgl. Wegner: Im Hause der Glückseligkeit 1920, [S. III]. Hinweis: Im Folgenden wird der Text der Erstausgabe durch Stellenangaben in Klammern zitiert.

Schweizer Journalisten Max Rudolf Kaufmann (1886-1957), der wie Wegner einige Zeit Mitarbeiter der Nachrichtenstelle für den Orient gewesen ist.[63]

Der Schwerpunkt der *Aufzeichnungen aus der Türkei* liegt auf der Schilderung der verschiedenen Stationen, die Wegner[64] während seines Sanitätsdienstes in Kleinasien durchläuft. So werden in einem ersten Schritt nacheinander, beginnend mit dem Abschnitt *Die Verführung des Frühlings* und mit *Der Scheiterhaufen der Armut* endend, seine Reise an den Bosporus, der Aufenthalt in Istanbul, die Versetzung an die Dardanellen, der Einsatz auf Gallipoli und Umgebung und schließlich die Rückkehr in die Hauptstadt des Osmanischen Reichs beschrieben. Dabei werden seine Eindrücke über Land und Leute im (Kriegs-)Alltag, ihre Eigenheiten und Verhaltensweisen genauso thematisiert wie die Gemeinsamkeiten und Unterschiede, die Wegner durch den Kontakt mit Türken, Armeniern und Arabern erfährt.

---

63 Vgl. Bihl: Die Kaukasus-Politik der Mittelmächte. Teil I 1975, S. 105. Ein eindeutiger Beleg für die Annahme, dass Wegner Kaufmanns Veröffentlichungen rezipiert hat, findet sich zwar nicht, doch die Ähnlichkeiten in den behandelten Themen, im Aufbau sowie im Umfang beider Bücher lassen stark vermuten, dass *Pera und Stambul* das Vorbild für *Im Hause der Glückseligkeit* gewesen ist. Schließlich zeigen Eintragungen in Wegners Kriegstagebüchern und Briefen 1915 bis 1917, dass er zahlreiche, über das Osmanische Reich publizierte Werke westlicher wie auch übersetzter türkischer Schriftsteller, Journalisten und Wissenschaftler rezipiert hat. Vgl. Nachlass Wegner: Wegner an Gerd Maurer in einem am 21.1.1917 in Wernigerode geschriebenen Brief, Bl. 1. Zu den von Wegner rezipierten, Vorderasien behandelnden Texten gehören auch die von Ernst Jaeckh (1875-1959), einem der Befürworter einer engen deutsch-türkischen Zusammenarbeit, in der *Deutschen Orient-Bücherei* publizierten Bücher. In dieser Reihe erscheint 1915 auch Kaufmanns *Pera und Stambul*. Verstärkt wird die Vorbildfunktion von *Pera und Stambul* dadurch, dass sich Wegner scheinbar bei der Auswahl des Titels für sein 1920 erschienenes Orientbuch von Kaufmann inspirieren ließ. Vgl. Kaufmann: Pera und Stambul 1915, Vorwort. Ähnlich wie der Schweizer hat Wegner eine, in seinem Fall literarische Umschreibung für »Konstantinopel« gewählt: »Haus der Glückseligkeit« ist eine Übersetzung des arabischen Beinamens »Dar-i saadet« für Istanbul. Daneben wurde die Hauptstadt in der Osmanenzeit auch »Der-i saadet«, »Pforte der Glückseligkeit«, genannt. Siehe auch Wegner: Einleitung 1926, S. 15: »›Dear i sadet‹ – Pforte der Seligkeit – haben die Araber Konstantinopel genannt [...].«

64 Hinweis: Da es sich beim Ich-Erzähler in Wegners *Im Hause der Glückseligkeit* um eine autonome, männliche, jedoch nicht näher identifizierbare Figur handelt, wird ihr im Folgenden behelfsweise der Name des Verfassers Wegner gegeben. Eine Gleichsetzung des Ich-Erzählers in dem stilisierten Orientbericht mit dem realen Schriftsteller Wegner, das sei noch angemerkt, ist damit allerdings nicht beabsichtigt.

In einem zweiten Schritt zieht Wegner in *Der Tod am Bosporus* das Resümee seines ersten längeren Aufenthalts im Orient und analysiert in vier *Briefen an einen politischen Freund* die gesamtgesellschaftliche Entwicklung des Osmanischen Reichs mit der Machtübernahme des *Komitees für Einheit und Fortschritt* 1908 und dem Kriegseintritt der Hohen Pforte auf Seiten der Mittelmächte im November 1914. Im dritten Teil folgen eine Reihe von Prosaskizzen, die, scheinbar während Wegners zweitem Aufenthalt entstanden, eigentlich zum Themenkreis von *Der Weg ohne Heimkehr* (1919) gehören und sich mit der Lage der Armenier im Osmanischen Reich beschäftigen. Abgeschlossen wird *Im Hause der Glückseligkeit* durch ein *Nachstück*, einem Brief *An die »weißen Ärzte« von Tekir-Dagh*, in dem Wegner einen Eindruck davon gibt, wie er auf seinem Heimaturlaub in Deutschland aufgenommen worden sei.[65]

Noch im Osmanischen Reich hält Wegner erste Lesungen ab und setzt diese nach seiner Rückkehr in die Heimat im Dezember 1916 fort.[66] Doch ist an eine Publikation von *Der Weg ohne Heimkehr* wie auch von *Im Hause der Glückseligkeit*, an denen er weiterhin feilt, nicht zu denken.[67] Zwar ist es ihm möglich, einzelne Abschnitte während des Krieges in einigen Zeitschriften zu veröffentlichen,[68] doch erst die deutsche Kapitulation und damit die Auf-

---

65 Insgesamt besteht *Im Hause der Glückseligkeit* aus 23 Abschnitten: *Die Verführung des Frühlings* (S. 1-10), *Ewige Heimkehr* (S. 11-14), *Die Straße der gelben Laternen* (S. 15-22), *Den Eseln Istanbuls* (S. 23-25), *Das Sterben der Steine* (S. 26-33), *Reise nach den Dardanellen* (S. 34-46), *Tekir-Dagh* (S. 47-61), *Die Steppe* (S. 62-69), *An meinen Bruder im Tode* (S. 70-72), *Meine Straße segelt* (S. 73-81), *Türkische Leute* (S. 82-94), *Die Katzen von Tschanak-Kale* (S. 95-100), *Der Hafen des weißen Hauptes* (S. 101-113), *Briefe im Kaffeehause* (S. 114-118), *Der Weg nach Keschan* (S. 119-128), *Ich fahre über die Weintraubenbrücke* (S. 129-137), *Der Scheiterhaufen der Armut* (S. 138-150), *Der Tod am Bosporus. Briefe an einen politischen Freund* (S. 151-184), *Einer armenischen Mutter* (S. 185-188), *Der Teppich* (S. 189-192), *An ein Weib in der Morgendämmerung* (S. 193-195), *Der Erhängte* (S. 196-201) und das *Nachstück* mit dem Titel *An die »weißen Ärzte« von Tekir-Dagh* (S. 205-210).

66 Vgl. Tamcke: Armin T. Wegner und die Armenier 1996, S. 158ff.

67 Siehe Wegner in einem am 8.1.1917 geschriebenen Brief an den in Bagdad stationierten Stabsarzt Dr. Schmidt ebd., S. 158: »›Das eine, ›Der Weg ohne Heimkehr‹, eine Sammlung von Bagdader Briefen, kann allerdings während des Krieges nicht erscheinen, das andere, ›Im Hause der Glückseligkeit‹, Erlebnisse und Aufzeichnungen im Sommer und Herbst 1915, werde ich vielleicht mit grösseren Streichungen veröffentlichen können.‹«

68 Hierzu drei Beispiele: Vgl. Wegner: Im Hause der Glückseligkeit. Aufzeichnungen eines Sanitätssoldaten aus der Türkei. In: Westermanns Monatshefte 62 (1918). H. 737, S. 543-547. Hierin enthalten sind *Türkische Leute* und *Der Teppich* mit einigen Fotoaufnahmen Wegners von Orientalen. Vgl. ferner Wegner: Ewige Heimkehr.

hebung der Zensur erlauben es Wegner, sich an die Herausgabe beider Bücher zu machen. Von der Kritik werden sie positiv aufgenommen.[69]

3.3.1 »Alles Bewußtsein war ausgelöscht. Traumhaft schwebte ich.« Die Ankunft im Osmanischen Reich

Im Frühling des ersten Kriegsjahrs erreicht Wegner die Hauptstadt des Osmanischen Reichs, wo er mit der Arbeit beginnt. Er erscheint als ein sensibler und mitfühlender Sanitäter, den nach der anfänglichen Freude über die Entsendung in den Orient jedoch schon bald die Wirklichkeit einholt.[70] Sie lässt ihn an seine Erlebnisse an der deutsch-russischen Front in Polen denken und jede Verführung durch Landschaft oder Jahreszeit angesichts der unzähligen Toten als eine frevelhafte Tat erscheinen (S. 2).[71]

Nach der Ankunft in Istanbul übermannt ihn ein Gefühl großer Traurigkeit, gleichzeitig aber auch ein ungeheurer »Hunger nach Leben«.[72] Beide Empfindungen werden, typisch für die *Aufzeichnungen aus der Türkei*, in einem pathetischen Ton mitgeteilt: »Mein Herz war nicht bei mir. Sturm hatte es in die Lüfte gerissen. Mit den Vögeln wanderte es über die Dächer« (S. 3f.). Und an einer anderen Stelle heißt es: »Meine Seele hing in zahllosen Fetzen aufgespießt auf den Spitzen der Minarette« (S. 10).[73] Wegner quält, so scheint es, angesichts des Massensterbens die Tatsache der Gleichzeitigkeit von Leben und Sterben, Genießen und Leiden. Verstärkt wird seine »depressive« Stimmung durch die Ruhe, die am Bosporus herrscht. Denn von Krieg, so wie er ihn an der Ostfront kennengelernt habe, sei hier nichts zu

In: Jugend 23 (1918). Nr. 21, S. 376. Vgl. schließlich Wegner: Den Eseln Stambuls. In: Jugend 23 (1918). Nr. 23, S. 416.

69 Vgl. N.N.: Armin T. Wegner 1921, S. 30.

70 Vgl. Wegner: Der Weg ohne Heimkehr 1920, S. 5f.

71 Wieder aufgegriffen wird hier eine Entwicklung, die Wegner seit dem Beginn seiner schriftstellerischen Tätigkeit beschäftigt und die im Gedichtband *Das Antlitz der Städte* ihren Höhepunkt findet. Es handelt sich um den Prozess der Reduzierung und Zerstörung der Naturlandschaft im Zuge der Expansion von (Groß-)Städten, kurz um Verstädterung und Industrialisierung. Der Krieg führt nicht nur zu einer Beschleunigung dieses Prozesses, sondern gewissermaßen auch zu ihrer Pervertierung, weil zur Vernichtung der (Groß-)Stadt und damit der Lebensgrundlage des modernen Individuums. Vgl. Wegner: Der Zug der Häuser. In: Wegner: Das Antlitz der Städte 1973, S. 24, 2. Strophe, Vers 1-13.

72 Vgl. den Abschnitt *Leben* in Anz: Literatur des Expressionismus 2002, S. 49-60.

73 Vgl. Rooney: Leben und Werk Armin T. Wegners 1984, S. 214ff.

spüren. Der »Zauber des alten Orients«[74] lasse keine Unruhe bei den Einwohnern aufkommen. Wegner gelingt es scheinbar nur schwer, mit dieser Feststellung umzugehen (S. 3).[75]

Dabei geht er in einem Hospital einer ägyptischen Prinzessin seiner Arbeit nach. Diese lenkt ihn von den »blutigen Erinnerungen Polens«[76] jedoch nicht ab, sondern verstärkt seine »Instabilität«, sodass er, kaum angekommen, zusammenzubrechen droht (S. 5).[77] Zugleich macht sich wieder seine Einsamkeit bemerkbar: »Liebe erfüllte mich, diese gestachelte Sehnsucht. Ich war eine Katze, die gestreichelt sein will. Von tausend Begierden geschwächt, erwachte ich am Morgen aus bewußtlosem Schlaf, als wäre ich mit Stricken an das Lager gefesselt. Ein schmerzhafter Drang nach Blühen erfüllte mich« (S. 5f.).[78] Es fällt ihm nicht leicht, eine Frau zu finden und mit ihr gemeinsam seine freie Zeit zu verbringen. Schließlich befindet er sich in einem konservativen und sittenstrengen Umfeld, in dem sich die muslimischen Frauen in der Öffentlichkeit nur verschleiert zeigen dürfen. So sind seine Tage angefüllt mit dem Dienst in den Sälen des Kriegsministeriums und auf den Lagerplätzen des Roten Halbmonds, für die er Medikamente und medizinische Ausrüstung beschaffen muss. Die schöne Jahreszeit vergeht, ohne dass er sich das Recht einräumt, sie zu genießen (S. 9).

Andererseits bedauert er es nicht, in den Orient gekommen zu sein. In einem Brief an einen väterlichen Freund[79] spricht er von seiner »Sehnsucht nach fremden Ländern« (S. 11) und der »unbezwinglichen Begierde zu reisen« (S. 11). Dabei fühlt er bei seinen Erlebnissen, »daß ich all diese Dinge

74 Loti: Die sterbende Türkei 1913, S. 8.

75 Dass Leben und Tod, die Wegner als Gegensatzpaar empfindet und deren Gleichzeitigkeit ihm unerhörte Qualen zu bereiten scheint, im Orient nicht als solche, sondern im Gegenteil als zusammengehörig empfunden werden, erfährt er im Verlauf seines Aufenthalts im Osmanischen Reich. Vgl. Wegner: Einleitung 1926, S. 12f.

76 Wegner: Der Weg ohne Heimkehr 1920, S. 39.

77 Eine Erklärung für dieses Verhalten findet sich später in Wegner: Begierde 1928, S. 29: »Eine ewige Unruhe ist in mir; dieser plötzliche Wechsel des Klimas, das Überspringen der Jahreszeit, der jähe Tausch einer nüchternen und winterlichen Landschaft mit der Buntheit dieser heißen, taumelnden Stadt, haben mich in einen Zustand peinlichen Schmerzes versetzt.«

78 Vgl. dasselbe Bedürfnis nach Liebe und sexueller Befriedigung beschreibend ebd., S. 30.

79 Der Schriftsteller Carl Hauptmann (1858-1921) wird in dem hier zitierten Brief, der den gesamten Abschnitt *Ewige Heimkehr* darstellt, zwar nicht namentlich erwähnt, doch erlaubt ein mit derselben Anrede eröffneter und an Hauptmann gerichteter Brief in Wegners *Der Weg ohne Heimkehr* diese Annahme. Vgl. Wegner: Der Weg ohne Heimkehr 1920, S. 27.

schon einmal im Herzen trug« (S. 11), und stellt die Frage, ob es sich in diesem Fall nicht um ein Wiedersehen handle. Erinnerungen an seine Kindheit und an die Lektüre von *Tausendundeiner Nacht* steigen in ihm auf. Er selbst nennt sich »Sindbad der Seefahrer, der in die Vaterstadt heimkehrt zum hundertsten Mal!« (S. 14). Gleichzeitig betont er, dass sich das Gefühl des Wiedererkennens nicht auf Istanbul beschränke, sondern dass ihn die in seinem Charakter angelegte Rastlosigkeit dazu zwinge, alle ihm durch Lektüre bekannten Länder (wieder) aufzusuchen (S. 13f.). So steht scheinbar auch für Wegner weniger die Arbeit als Krankenpfleger im Vordergrund als vielmehr der Wunsch, das früher Angelesene und Angeeignete durch den Aufenthalt im Orient auf seinen Wirklichkeitsgehalt zu überprüfen.

3.3.2 »Hier war das Paradies.« Das Antlitz Istanbuls

Nach einem erst kurzen Aufenthalt am Goldenen Horn erhält Wegner den Befehl, sich auf die Dardanellen zu begeben, um sich der Pflege der türkischen Soldaten zu widmen, die seit Ende April 1915 die Meerengen gegen die alliierten Truppen verteidigen. Da ihm dadurch nur wenige Tage in der Metropole bleiben, entschließt er sich, die Hauptstadt samt ihrer Umgebung zu erkunden.[80] Istanbul hat sich zu dieser Zeit aus einem besonderen Anlass festlich geschmückt: Die Thronbesteigung des neuen Sultans wird gefeiert (S. 7f.).[81] Fasziniert von der exotischen Stadt, durchstreift er ihre Be-

---

80 Siehe Wegner: Begierde 1928, S. 27: »Vier Monate hatte ich auf den Schlachtfeldern Polens unter Verwundeten und Sterbenden in einer Erdhöhle gelegen; jetzt blinzelte ich wie eine Ratte. Mit Mühe hatte ich mich meines Auftrages entledigt, hatte zwölf deutsche Schwestern glücklich über den Balkan bis in die Krankenhäuser von Konstantinopel gebracht. Nun wartete ich hier, durch einen sinnlosen Befehl zu jener Untätigkeit festgehalten, die nur der Soldat kennt, den man wie ein Tier in einen Stall stellt, um es im gegebenen Augenblick wieder hervorzuziehen, und irgendwo in einen gleichgültigen Tod zu senden.«

81 Siehe die Gleichzeitigkeit von Lebenslust und Massensterben betonend ebd., S. 40: »Unbekümmert aber *raste* die Stadt in ihren *Vergnügungen* fort, auf den hohen Türmen brannten die Lichter, die Minarette trugen Armspangen blitzender Diamanten an den marmornen Handgelenken, man *feierte* das Fest der Thronbesteigung des Sultans. Auf allen Plätzen drängte sich Volk, aus den Musikgärten *schallten* Flöten und Geigen wie *tropische* Nachtigallen. Konstantinopel, *vom Tode bedroht, tanzte, lachte und wälzte sich taumelnd in einem ewigen Kirmesfest.*« Kursivierungen von B.S. Vgl. im Gegensatz zu Wegner an ein längst vergangenes, stilles und durch den Glauben gesänftigtes Leben in einem beschaulichen, geradezu märchenhaften Istanbul erinnernd Loti: Die sterbende Türkei 1913, S. 7.

zirke und gerät zufällig in den alten Basar von Stambul, der mit dem »tausendstimmigen Lärm des Reichtums« (S. 12) ganz den Klischees vom Orient entspricht.[82]

Weiter in Pera, dem europäischen Teil Istanbuls, findet er in der *Straße der gelben Laternen* die Möglichkeit, mit Frauen zusammenzukommen (S. 15f.). Wie viele andere Expressionisten entdeckt und beschreibt auch Wegner die Dirnen.[83] Hier sind es »ungarische, polnische, bulgarische und rumänische Mädchen, braunhäutige Christinnen aus Syrien und die schwarzhaarigen Frauen der Levante« (S. 22).[84] Wegner fühlt sich besonders zu einem armen jüdischen Mädchen aus Galizien hingezogen. Es sei aber nicht Liebe, wie er dann selbst zugibt, sondern eher Mitleid und der Wunsch nach Selbsterhöhung: »Mir war, als strömte eine reinigende Liebe von mir aus« (S. 21).[85]

Stehen die auf der westlichen Seite der Stadt lebenden Prostituierten gewissermaßen für das intensiv genossene *Leben*, sucht Wegner beizeiten Orte auf der östlichen Seite auf, die den *Tod* symbolisieren.[86] Er wird Zeuge, wie alte Friedhöfe gemäß der Tradition umgepflügt und noch nicht zu Staub zerfallene Knochen zusammengetragen werden, um die Erde für neue Tote freizumachen. Er sieht, wie gefallene Soldaten zwischen die Gräber gelegt werden, und spürt sogleich den »Atem der Verwesung« (S. 30), der die Luft erfüllt und der Szene eine morbide Atmosphäre verleiht. Dabei wird er bei einem Begräbnis von den Verwandten des Toten scharf ins Visier genommen

82 Vgl. durch die Stadt schlendernd und die Bäcker, Kunsthändler und Handwerker bei ihrer Arbeit beobachtend Wegner: Begierde 1928, S. 28f.

83 Vgl. den Abschnitt *Dirnenlyrik* in Täuber: Der häßliche Eros 1997, S. 83-88.

84 Siehe zur Multikulturalität in Istanbul Loti: Aziyadeh 1983, S. 115. Der Protagonist des Romans spricht nach einem Besuch in Pera von einem »unvorstellbare[n] kosmopolitischen Gewimmel, wobei das griechische Element überwog.«

85 Siehe dagegen Wegner: Begierde 1928, S. 29: »Auf dem Rückwege mache ich einen kurzen Gang durch die Freudenstraße von Galata. Ich wage kaum aufzusehen. Wie gut kenne ich diese lieblose Sucht nach Geld, diese billige Art, ein leicht durchsichtiges und schlecht geübtes Handwerk gegen wucherische Bezahlung zu treiben. Mich ekelt, als ginge ich durch ein Leichenschauhaus.«

86 Vgl. ebd., S. 41. Das Vorbild für die Darstellung des Friedhofs ist möglicherweise Kaufmann: Pera und Stambul 1915, S. 104: »Aiub! Zypressen und Marmorstelen. Eine Gräberstadt. Ein schlecht gepflasterter Weg führt hinauf zum Hügel, von dessen Höhe das Auge eine der wundersamsten Fernsichten genießt. Nichts hemmt den Blick. Über den Vorort Aiub hinaus, in dessen Mitte die platanenumrauschte heilige Moschee steht, verliert sich der Blick, über das Goldene Horn bis hinunter nach Stambul gleitend, in der unbegrenzten Bläue. Hier oben ist die Heimstätte der ewigen Ruhe. Niemals wird sie gestört. Heilige und Dichter träumen hier ihren letzten, ewigen Traum. Hier lassen die Lebenden sie schlafen.«

und ist von den anklagenden Blicken tief getroffen. Sein eigenes »Leiden«, das auch von einem Gefühl der Machtlosigkeit zeugt, nimmt kein Ende: »Und ich Ärmster, der ich in dieses Land gekommen war, um Liebe zu schenken, zu schwach um ihre Wunden zu heilen – fühlte mich schuldig« (S. 32).[87]

3.3.3 »Der Tod ist eine harte Arbeit.« Der Sanitätsdienst

An Deck eines Torpedobootes verlässt Wegner Istanbul und erreicht auf einem Dampfschiff zusammen mit dem »gutmütige[n] Volk der türkischen Krankenpfleger« (S. 35) die Küste Gallipolis, wo er seinen Dienst während der Kämpfe zwischen den osmanischen und alliierten Verbänden fortführt.[88] Er erlebt gleich zu Beginn die Angriffe schwerer britischer Artillerie, die darauf abzielen, den Weg in die osmanische Hauptstadt freizumachen, um damit die Hohe Pforte als Kriegsakteur auszuschalten.[89]

Nach seinen Schilderungen bietet die Landschaft ein Bild der Zerstörung: Wie die Hafenstädte, so seien auch die kleinen Gemeinden auf der Halbinsel ununterbrochen heftigen Bombardements ausgesetzt (S. 38). Die leeren und verfallenen Ortschaften, die permanent unter Beobachtung der gegnerischen Streitkräfte stünden, erschienen in ihrer Verlassenheit wie unwirkliche Kulissen. Wiederum ist die Sprache der *Aufzeichnungen* äußerst bildlich: »Die weißen Arme der Scheinwerfer fegten, Speichen eines ungeheuren Rades, von der Höhe der Berge herab und begannen tastend das Schiff, jedes Haus, jeden Baum des Ufers zwischen die Spitzen ihrer schmalen Finger zu nehmen« (S. 40).

Wer von den Bewohnern in der Lage ist, flieht vor dem alles vernichtenden Krieg. Dieser bringt nicht nur alles Leben zum Erliegen, indem er die,

---

87 Die Situation mit Wegner als einer hilflosen und unschuldigen, sich für die Geschehnisse aber dennoch verantwortlich fühlenden Figur findet sich auch in anderen Texten des Schriftstellers. Vgl. Wegner: Die Austreibung des armenischen Volkes in die Wüste 2001, S. 116. Vgl. ferner Wegner: Der Weg ohne Heimkehr 1920, S. 164f.

88 Vgl. Wegner: Begierde 1928, S. 46.

89 Siehe zur politischen und militärischen Bedeutung des Dardanellen-Einsatzes auch für den Aufstand der Araber gegen die Türken den Briten Lawrence: Die sieben Säulen der Weisheit 2005, S. 35: »Ein Aufschub trat ein, da die Alliierten nicht in Alexandrette, sondern an den Dardanellen landeten. Faisal ging selbst nach Gallipoli, um sich an Ort und Stelle genau über die Lage zu unterrichten, da ein Zusammenbruch der Türkei das Signal für den arabischen Aufstand geben würde. Dann folgte die Stockung während der Monate der Dardanellenkämpfe. In diesem blutigen Ringen wurde ein guter Teil der besten osmanischen Truppen aufgerieben.«

von Wegner, aber auch von anderen Expressionisten öfter thematisierte Zerstörung der städtischen und landwirtschaftlichen Infrastruktur fördert und den Individuen damit die Lebensgrundlage raubt. Die gewaltigen Explosionen, aber auch der Bau von Gefechtsstellungen und Bunkern haben auch die Verwüstung der Flora und Fauna zur Folge, sodass lediglich ein »baumloses Land[]« (S. 43) übrig bleibt, »das grau [ist] wie zerfallene Asche« (S. 43).[90]

Zurück bleiben die Infanteristen, die in ein »schmutziges Bündel zerrissener Uniformen gehüllt, die mageren Gesichter schmerzleidender Menschen« (S. 41) besitzen und in Massen auf das Lazarettschiff gebracht werden, auf dem Wegner seinen Dienst verrichtet. Erstaunt blickt er den »gleichgültigen und schicksalergebenen Leibern der Soldaten« (S. 41) entgegen,[91] die »willenlos bis in die letzten Nerven und Muskeln des Körpers« (S. 42) dennoch die Kraft besitzen, aufzustehen und zu beten: »Mühsam erhoben sich die Verwundeten vom Lager, um im fahlen Dämmerlicht ihr Morgengebet zu verrichten, mit einem schwermütigen Gesang die langsamen Bewegungen des Körpers begleitend, daß ich, betroffen, nicht wußte, ob es Schmerz oder Andacht war, was ihre Lippen bewegte« (S. 43).

Zu ihnen werden alliierte Gefangene gelegt, die »blondhaarigen Gesichter Englands, die braunhäutigen Soldaten Indiens, mit schmalen Köpfen und dunklen beweglichen Vogelaugen« und »tierhaften Bewegungen« (S. 45).[92] Beim Anblick der vielen aus den unterschiedlichsten Regionen der Welt stammenden Männer überkommt Wegner plötzlich der Gedanke an die große historische Bedeutung der Meerengen, dass nämlich

90 Siehe Rooney: Leben und Werk Armin T. Wegners 1984, S. 219. Was dieser für *Der Weg ohne Heimkehr* feststellt, gilt auch für *Im Hause der Glückseligkeit*: »Der Krieg erscheint als das erbarmungslose Wüten eines zerstörerischen Ungetüms, das überlieferte Natur- und Kulturwerte, ja sogar ein ganzes Volk ins Verderben reißt.« Bei Wegner, heißt es an gleicher Stelle weiter, »weitet sich dieses ›Vorüberziehen unsäglicher Schrecken‹ zum tragischen Symbol einer untergehenden Zeit aus. Zwischen Vergangenheit und Zukunft versinkt die morgenländische Gegenwart in blutiger Kluft«.

91 Vgl. die Beschreibung türkischer Soldaten in Lawrence: Die sieben Säulen der Weisheit 2005, S. 41f. Wegner wird diesen »Typ Mensch« später in der Figur des anatolischen Bauern Osman in der gleichnamigen Erzählung des Novellenbandes *Der Knabe Hüssein* darstellen.

92 Vgl. die Beschreibung der Inder in den Abschnitten *(97. Gefangene Inder beim Kochen)* und *(98. Gefangener Indier beim Wasserholen)* in Wegner: Mit dem Stabe des Feldmarschalls von der Goltz in Mesopotamien 2003, S. 361.

> an diesen Ufern, wo sich Europa von Asien riß, wo beide Erdteile seit Urzeiten im Kampfe standen, um in immer neuen verzweifelten Schlachten wider sich vorzudringen, die Völker des Abend- und Morgenlandes in unheilvollen, widernatürlichen Bündnissen verschwistert, miteinander im Kriege lagen. (S. 44f.)[93]

Und solch eine schicksalhafte Stunde sieht er mit dem Ersten Weltkrieg wieder für gekommen. Er resümiert gewissermaßen prophetisch: »[M]ir war, als wäre dieses die Stunde, in welcher der Untergang Europas begann« (S. 46).[94] Davor gibt Wegner den Deutschen eine große Mitschuld an der Entwicklung in Europa. Die Türken dabei negativ darstellend, weil eines angeblich »greisen Hass[es]« (S. 46) gegenüber den Europäern bezichtigend,[95] meint er,

> [d]aß deutsche Seeleute und Heerführer, mit der Lammfellmütze und den Orden des Sultans geschmückt, den greisen Haß der Osmanen aus nie entschlafener Ruhe ans Licht rufend, den Jahrtausende alten Inhalt der Weltgeschichte umzustürzen drohten, durch das Werkzeug ihrer blinden, unnachgiebigen Hände das Blut ihrer nördlichen Brüder vergießend. (S. 45f.)[96]

Nach wiederum nur kurzer Tätigkeit auf dem Lazarettschiff wird Wegner zusammen mit deutschen Ordensschwestern, die dem Roten Kreuz angehören, nach Tekir-Dagh, einem kleinen Küstenort in Ostthrakien, versetzt. Der Ort, der »erbarmungslos mit griechischen Flüchtlingen vollgestopft« (S. 48) ist, beherbergt ein Hospital, gegen das ein großer Strom von Verwundeten

93 Vgl. die Darstellung der Dardanellen als Trennungslinie zwischen Europa und Asien in Abschnitt *(2. Aufbruch im goldenen Horn)* ebd., S. 329.

94 Angespielt wird hier möglicherweise auf Spenglers *Untergang des Abendlandes* (1918/22). Wegner beschäftigt sich eingehend mit dem Werk. Vgl. die Besprechung in Wegner: »Der Untergang des Abendlandes« 1920, S. 36ff.

95 Der Schriftsteller erneuert diese Behauptung später in Wegner: Einleitung 1926, S. 12. Dort erinnert er an den ersten Balkankrieg vom Oktober 1912, als die Bulgaren auf Istanbul marschierten. Den Willen der Osmanen, ihre Hauptstadt zu halten, verwechselt Wegner dabei – wohl nicht unbewusst – mit einem angeblichen »Haß gegen das christliche Europa, der lieber das eigene Heiligtum entweiht, als daß er es dem drohenden Einzug der Feinde überläßt, [...]«

96 In seinem Lichtbildvortrag *Mit dem Stabe des Feldmarschalls von der Goltz in Mesopotamien* zeichnet Wegner noch ein positives Bild der in türkischen Diensten kämpfenden Deutschen. Vgl. den Abschnitt *(1. Bildnis des Generalfeldmarschalls von der Goltz)* in Wegner: Mit dem Stabe des Feldmarschalls von der Goltz in Mesopotamien 2003, S. 328f.

anschwillt, die wie »wilde Tiere, die man in der Schlinge gefangen hat« (S. 48), angstvoll und unsicher um sich blicken.[97]

Der tägliche Umgang mit den Infanteristen, der für das Pflegepersonal zwar eine große emotionale Belastungsprobe darstellt und mit Erschöpfung, Nervosität und eigenem Kollaps verbunden ist,[98] bedeute, so legt es Wegner aus, andererseits einen hohen Gewinn, da er die Menschen einander näher bringe. So ist Wegner tief beeindruckt von der Keuschheit und Reinlichkeit der türkischen Soldaten (S. 49f.).[99] Negativ dagegen zeichnet er die türkischen Amtsträger wie den Kommandanten, den Apotheker und Lazarettverwalter als »Spione, die uns belauschen« (S. 51). Er resümiert: »Mißgünstig betrachten sie unsere Arbeit, und sie senden uns die unheilbaren Verwundungen ihrer Hospitäler, damit sie sagen können, sie wären in unseren Händen gestorben« (S. 53).[100]

Wegner lässt sich von diesem Misstrauen nicht beeindrucken.[101] Im Gegenteil findet er trotz des ihn umgebenden, allgegenwärtigen Leidens und Sterbens und im Gegensatz zu der Zeit in Istanbul die Kraft, »leuchtende Farben, Tiefen von Sonne und Licht« (S. 53f.), die Schönheit der Jahreszeit und der noch nicht verwüsteten Landschaft zu genießen. Ähnlich wie zuvor in der Hauptstadt kommt es zu einem Stimmungswechsel – diesmal allerdings umgekehrt. Wird die Szene nämlich anfangs beherrscht vom Tod, so nimmt er das Wiederaufleben der Natur im Frühling wahr und fühlt, wie in der Hauptstadt, »Hunger nach Leben« in sich aufsteigen: »Ich habe das Gefühl der Schwere verloren. Regen zerfurcht mein Gesicht, mich bis in die Seele durchflutend. Ich schreie, ich bebe vor Lust« (S. 66).

Hinzu kommt, dass ihm, so wird behauptet, die Liebe und Treue seiner Umgebung, insbesondere der Soldaten, großen Trost und Sicherheit spendeten. Wegner, der sich spätestens nach dem ihn »schockierenden« Erlebnis auf dem Friedhof von Skutari zum Ziel gesetzt hat, den Leidenden und Hilfsbedürftigen seine ganze Kraft zu widmen,[102] erkennt während seines Aufenthalts an den Dardanellen, dass seine Tätigkeit sinnvoll sei: »Wieder fühle ich die

97 Vgl. auch von einem Besuch in einem türkischen Lazarett berichtend Lawrence: Die sieben Säulen der Weisheit 2005, S. 833f.

98 Vgl. Tamcke: Armin T. Wegner und die Armenier 1996, S. 38f.

99 Vgl. wegen der Reinlichkeit der Türken auch Kaufmann: Pera und Stambul 1915, S. 57.

100 Vgl. auch Loti: Die sterbende Türkei 1913, S. 37.

101 Vgl. Tamcke: Armin T. Wegner und die Armenier 1996, S. 39ff.

102 In einem Brief mit dem Titel *An meinen Bruder im Tode*, der einen eigenen Abschnitt im *Hause der Glückseligkeit* darstellt, äußert sich Wegner auf pathetische Weise über die Hilfe, die er den verwundeten türkischen Soldaten leisten möchte. Vgl. ebd., S. 70.

Dankbarkeit dieser Menschen« (S. 56). Trotz des Zuspruchs von allen Seiten, hat er bei seiner Tätigkeit – und hier stilisiert er sich erneut zu einem Leidenden – ständig ein schlechtes Gewissen. Wie auf dem Friedhof in Istanbul fühlt er sich schuldig, weil seiner selbst nicht sicher.[103] Eher wehleidig, fällt es ihm schwer, die vielen ihn aufrüttelnden Erlebnisse zu verarbeiten:

> [I]hre hilflosen Blicke heften sich mir an Kopf und Schultern, klebrige Fäden einer Spinne. Ich schleppe diese Blicke mit mir die Treppe hinunter, verwickle mich, stolpere, und eine Schwäche befällt mich in den Knien. Ich bin in ihr unentrinnbares Netz verstrickt wie in ein schmerzvolles Kleid, das ich mit mir durch die Tage schleife, von dem ich mich am Abend mühsam befreie. (S. 58)

3.3.4 »Diese Bilder kindlicher Schwäche und Sanftmut...« Ein Porträt türkischer Leute

Während seines Sanitätsdienstes an den Dardanellen hat Wegner nicht nur die Gelegenheit, die türkischen Soldaten besser kennenzulernen. Sein Aufenthalt in den Städten hinter der Front wie in Tekir-Dagh ermöglicht es ihm, auch mit der Zivilbevölkerung der Halbinsel Kontakt aufzunehmen. Wie in Istanbul verbringt er hier seine freie Zeit damit, die Gegend zu erkunden und die Menschen bei ihren Tätigkeiten zu beobachten. Wegner ist vom Anblick der Straßen mit ihren Händlern, Verkäufern und Derwischen und den ausgestellten Waren mit ihrer »Fülle und [dem] Behagen jener bunten Habseligkeiten« (S. 75) begeistert. Doch es ist nicht nur das Exotische, das ihn anlockt, sondern auch das Verhalten der Türken, das ihn erstaunt und rührt. Er erfährt die Herzlichkeit der Leute wie eines Kaffeehausbesitzers, den er öfter besucht: »Täglich bewirtet er mich mit ungezählten Schalen von gesüßtem Kaffee, den ich niemals bezahlen darf; er begleitet mich, kommt mir lächelnd entgegen, bringt mir Blumen« (S. 76).[104]

Wie bereits während des Sanitätseinsatzes bei den Soldaten an der Front, macht Wegner auch im Hinterland unter der Bevölkerung die Entdeckung, dass es sich bei den Türken um einen vollkommen anders gearteten Men-

---

103 Vgl. in einem anderen Kontext Tamcke: Armin T. Wegner und die Armenier 1996, S. 92ff.

104 Vgl. die Fürsorge der Türken für die Armen und Schwachen, Greisen und Unmündigen und ihren Respekt vor den Eltern hervorhebend Loti: Die sterbende Türkei 1913, S. 42. Vgl. ferner Bogdal: Maschinen im Märchenland 2007, S. 340.

schenschlag als bei den Europäern handelt.[105] Was ihm auf- und gefällt, ist ihre »unverdorbene menschliche Art, die aus der ungewohnten Verkleidung zu mir aufsah« (S. 82). Er registriert ihre Geduld und Toleranz gegenüber Fremden, ihre »stille Genügsamkeit« (S. 83), ihr »bescheidenes Auftreten« (S. 83) und besonders ihre Gastfreundschaft (S. 84f.).[106]

Dass er vom Verhalten der Türken gerührt ist, passiert öfter, vor allem wenn er an die »nördliche Strenge« (S. 88) der deutschen Militärs denkt, die als Ausbilder bei der osmanischen Armee tätig sind, aber mit der Andersartigkeit der Einheimischen nicht zurecht kommen und mit ihrem eigenen Verhalten eine »unüberwindliche Schranke« (S. 88) zwischen sich und den Türken errichten:[107]

---

105 Später führt Wegner die Andersartigkeit der im Folgenden negativ, weil als bedrohlich dargestellten Türken auf ihren Lebensraum, die Steppe, zurück. Siehe Wegner: Einleitung 1926, S. 16: »Trotz seiner hohen schneegebleichten Scheitel ist das Land mit seinen bald kahlblauen, bald rosig flimmernden Ebenen ein Steppen- und Wüstenreich. Ein Volk von Reitern und Hirten waren auch die waffenbewehrten *Horden*, die einst wie der Glutwind selbst, der sich in den Sattel geworfen, aus den Steppen von Turkestan in Kleinasien *einbrachen*, um *niedersengend* bis in das Herz Europas zu *fegen*. Aus dieser Herkunft von der S t e p p e, der großen Mutter aller Orientalen, die mehr verbindend als trennend jedem, der sie berührte, ihre eigene Kraft gibt, erklärt sich auch heute noch der besondere Charakter der arabisch-türkischen Völker, dessen richtige Erfassung dem abendländischen Menschen so schwerfällt.« Hervorhebung von Wegner. Kursivierungen von B.S. Vgl. auch Şölçün: Literarische Entdeckung türkischer Mentalität 2007, S. 284.

106 Die letztere Eigenschaft der Türken sieht Wegner in den geographischen Gegebenheiten des von ihnen bewohnten Raumes wurzeln. Siehe Wegner: Einleitung 1926, S. 18f.: »Während bei uns das Wort ›elend‹, das heißt: ›außer Landes‹, als der bitterste Ausdruck des Schicksals, das einen Menschen treffen kann, längst seinen alten Sinn verlor, hat der Nachfahre ehemaliger Hirten zu keiner Stunde vergessen, daß er in einem Lande obdachloser Weiten der Tugend der Gastfreundschaft fast seine Selbsterhaltung verdankt. Sie ist ihm zu einer Stimme des Blutes geworden, der er mit heiterer Selbstverständlichkeit folgt, voll freigiebiger Aufopferung gegen seinen Gast, dem er gerne schenkt, was seine Blicke nur bewundernd berühren. So lebt er in dem Vertrauen, daß überall, wohin er den Fuß setzt, die gleiche Freigiebigkeit die Matte der Freundschaft unter sein Haupt breitet.«

107 Siehe ebd., S. 18: »Ein vielgenanntes Sprichwort der Türken sagt, daß Eile eine Gabe des Teufels sei, und die Gefahren einer heißen Erdzone haben den Orientalen zu jener in Europa so oft mit Unrecht gescholtenen Langsamkeit geführt, die wenigstens in ihrem Ursprung nicht ein Übel, sondern eine Weisheit ist. In der Unendlichkeit der Ebenen, in denen selbst der Schritt des Reiters zu dem einer Ameise schrumpft, verfügt der Einsame stets über einen verschwenderischen Schatz von Zeit. Die nie ausgefüllte Leere der Stunden schenkte ihm die Weltbetrachtung der b e s c h a u l i c h e n R u h e und hat ihn zu jener Fülle umständlicher

> Stets, wenn ich es erlebte, daß deutsche Offiziere mit ihren Dienern, Vorgesetzten oder Untergebenen in Streit gerieten, schien mir der Grund darin zu liegen, daß sie diese Seelen, die sich nur ungern fremdem Menschentum öffnen, mit dem Maßstab ihrer eigenen Heimat zu vergewaltigen drohten. (S. 89f.)[108]

Er empfiehlt den Deutschen ihren Hochmut gegenüber den Türken um ihrer guten politischen Stellung im Orient auch in der Zukunft wegen aufzugeben und stattdessen Neugierde und Respekt vor der östlichen Kultur und Mentalität zu entwickeln, um einen Ton zu finden, der beide Seiten einander näher bringe. Gleichzeitig warnt er seine Landsleute, vor allem die beim Militär, vor den Konsequenzen einer groben, weil nicht einfühlsamen Behandlung türkischer Soldaten. Denn so herzlich, geduldig und gastfreundlich die Türken auch seien, fühlten sie sich bei der Missachtung ihrer Wesensart, bei Mangel an Takt- und Mitgefühl schnell beleidigt und wollten zuweilen Rache nehmen (S. 90f.).[109]

---

gesellschaftlicher Gebräuche geführt, jener beispiellosen Beherrschung der Form, die das Wesen jedes Osmanen ausmacht.« Hervorhebung von Wegner.

108 Siehe Wegner: Die Neugestaltung unserer Orientpolitik 1918, S. 103: »[W]ir haben Fehler im Orient wie anderswo begangen, wir sind herrisch und selbstbewußt gewesen, viele von uns haben den preußischen Feldwebel auch im Orient gespielt, dort, wo es am falschesten war. Wir haben geglaubt, Erziehungsmethoden anwenden zu können, wie sie vielleicht auf einem deutschen Kasernenhofe ertragen wurden und die uns fremden Seelen orientalischer Staaten mit unseren eigenen Erziehungsmitteln vergewaltigt. Wir Deutsche waren zum größten Schaden unserer Entwicklung ein u n p o l i t i s c h e s V o l k. Wenn wir in fremde Länder gingen, so kannten wir nur zwei Wege: entweder unsere völkische Eigenart aufzugeben oder die Bürger der anderen Staaten durch plumpe Uniformierung nach deutschem Muster schulmeisterlich zu belehren.« Hervorhebung von Wegner. Das schwierige Verhältnis von deutschen Militärausbildern und türkischen Soldaten wird auch in Wegners Novelle *Osman* thematisiert.

109 Siehe Wegner: Einleitung 1926, S. 22: »Ehre ist ein inneres Feuer, das aufreizt, ein erworbener Schatz, den wir nur in der Meinung anderer genießen; die Würde aber ein ererbtes Gut, sie besteht für sich, ist ein kostbarer Mantel, der ihren Träger schützt und verbirgt. Unter seiner Decke ist das Ich mit seinen wilden Begierden kaum noch spürbar, aufgegangen in dem Ganzen der Welt, wie der einzelne in der unendlichen Steppe verschwindet, die ein Sinnbild des Alls ist. Sie hat dem Gesicht des morgenländischen Menschen jene rätselhafte Unbewegtheit verliehen, die dem Abendländer so leicht als eine undurchdringliche Maske der Falschheit erscheint. Denn all jene uns überraschenden Triebe der Bestechlichkeit, der Verbitterung oder Grausamkeit, die oft unvermutet daraus hervorbrechen wie ein Tier aus der Höhle, ruhen nicht weniger dahinter verborgen als seine Tugenden, die uns

Stärker jedoch als all das beeindruckt Wegner die »stille Ergebenheit dieser Menschen in ihr Schicksal« (S. 91). Er ist von der demütigen Art, mit der die Türken ihr Leben annehmen, ergriffen, da er in ihr die Ursache für die intensivere, weil unmittelbarere Erfahrung des Daseins mit seinen Freuden und Leiden sieht:

> Die schlichte Selbstverständlichkeit, mit welcher der Bauer und Handwerker den Verlust seiner Habe, Flucht und Vertreibung, der Soldat Krankheit und Tod empfing, gehören zu den erschütterndsten Bildern, die immer in mir lebendig bleiben werden, bewundernswerter als aller Zorn gegen Schicksal und Unvernunft, denen wir daheim in den Städten so oft begegnen. Mag auch in dieser Ergebenheit die Ursache kraftloser Zufriedenheit, der müßige Schlaf vieler gesunder Wünsche und der Grund des Stillstandes dieser Völker liegen, so dürfen wir doch nie vergessen, daß sie auch die Ursache ihres Glückes, die Überwindung des Leidens, Heiterkeit und Unschuld bedeutet. (S. 91f.)[110]

entzücken.« Und ferner ebd., S. 34: »Es ist jener vielgestaltete plötzlich ausbrechende Wille des duldenden östlichen Menschen, der nicht Träger seiner Gedanken ist, sondern in dem diese unvermittelt ihr losgelöstes Dasein führen, und der als ein dienender Teil des Weltganzen, wie er sich leichter dem Tode hingibt, auch leichter tötet. Hier zeigt sich von neuem jenes seltsame Nebeneinander in der morgenländischen Seele, in der Würde, Adel, Entsagung, Eltern- und Menschenliebe neben Eifersucht, Rache, Blutdurst, Erpressung in voller Gleichwertigkeit ruhen, um oft nach Jahren plötzlich aus scheinbarem Schlaf zu erwachen, in dieser rätselhaften morgenländischen Seele, die nicht wie die unsere ein architektonischer Aufbau, sondern ein breitgewebtes Muster, die nicht ein Individuum, sondern ein Kosmos ist.«

110 Siehe ebd., S. 20f.: »Die besinnliche Natur des Türken, seine liebenswürdige Ruhe und Mäßigung, die nicht gern aufrührerische Kräfte verschwendet, begegneten sich hier mit einer anderen Glaubensformel Mohammeds, dem K i s m e t, dem Glauben an die Vorherbestimmung, die Unabwendbarkeit alles Schicksals. [...] Es ist die Sammlung eines gereiften Lebens, das Kämpfe, Schmerzen und zarte Genüsse einer vieldurchkosteten Welt in ruhiger schlagenden Herzen zu mildem Einklang brachte. Aber was dem Abendländer erst das Ergebnis weisen Denkens ist und nur wenigen Geistern als Frucht eines langen Ringens zufällt, wurde hier zum selbstverständlichen Besitz einer ganzen Rasse, die mit stiller Größe keine nutzlosen Klagen dem einmal Gegebenen zuwendet und für die selbst der Tod seinen Stachel verlor. ›Wer gesunden Leibes ist und ruhig im Gemüte, ohne Sorge für das tägliche Brot, der ist so, als hielte er die Welt in seiner Hand.‹ Diese Ergebung und die genügsame Selbstzufriedenheit gegenüber irdischen Schätzen hat selbst dem Mann im Volke eine erstaunliche Gesetztheit und das edle Maß der Bewegungen verliehen, die das ganze Leben des Orientalen mit jener Würde umkleiden, die sich von

Auch für Wegners eigene Haltung gegenüber dem Leben, der Annahme und Bewältigung von Schicksalsschlägen, ist die Beobachtung und »Deutung der türkisch-orientalischen Seele«[111] von allergrößtem persönlichen Nutzen:

> Ich für meinen Teil halte es für einen der köstlichsten Schätze, die ich aus den Ländern des Ostens in die Heimat trug, daß ich es lernte, den jähen Veränderungen des Lebens mit jener Ruhe gegenüberzutreten, die an das einmal Geschehene keine unfruchtbaren Kräfte verschwendet und sich in den Kreis jener überschauenden Muße einschließt, die weniger das Glück und die Forderung aller geistig Schaffenden ist. Ich meine auch, daß es frevelvollem Hochmut gleichkommt, wenn wir Völker des nördlichen Erdteils mit unserer raschen, alle Weiten der Gegenwart so schnell überwuchernden Nützlichkeit, die dem Wachstum einer Balsamie nicht unähnlich ist, auf diese Enkel uralter Kulturen herabschauen. (S. 92f.)[112]

Bei einem Vergleich zwischen der Kultur und Mentalität der Türken und der der »Völker des nördlichen Erdteils« (S. 92) kommt Wegner schließlich zu der Überzeugung, dass das Dasein der Türken trotz oder gerade wegen ihrer politischen, wirtschaftlichen und militärischen Rückständigkeit und Langsamkeit mit ihrer Güte und Wärme, Ruhe und Gastfreundschaft, Demut und Ergebenheit, ein sehr viel bewusster geführtes und darum reicheres sei als das der zwar fortschrittlichen und nützlichkeitsorientierten, aber dafür unausgeglichenen und ungeduldigen Europäer. Dabei spiele ein Umstand, der bisher noch nicht genügend betont wurde, für das Selbstverständnis der Türken eine zentrale Rolle, und zwar ihre Religiosität:

---

den Begriffen unserer abendländischen Ehre so sehr unterscheidet.« Hervorhebung von Wegner.

111 Der Untertitel der Einleitung *Die Entzauberung des Ostens* in Wegners Buch *Das Zelt*.

112 Stattdessen empfiehlt Wegner seinen Landsleuten vorurteilslos und geduldig an die Entdeckung des Orients zu gehen. Vgl. ebd., S. 34f. Siehe Rooney: Leben und Werk Armin T. Wegners 1984, S. 224f.: »Die Erschließung von Seele und Wesen des Morgenlandes ist Thema dieses Buches [*Im Hause der Glückseligkeit*; B.S.], das eine Fülle von Beispielen enthält, an denen gezeigt wird, wie der Abendländer im Orient mit den Augen des Morgenländers sehen lernt. Friedenserziehung als Erziehung zur Verständigung setzt voraus, daß man in der schwierigen Kunst gebildet wird, gewissermaßen mit den Augen des anderen zu sehen und die Leistungen anderer Völker anzuerkennen.«

> Wenn inmitten lärmender Zeltlager, im Gewühl der Basare, auf dem Deck menschenerfüllter Schiffe, der Lastträger, der Soldat, der Karawanenführer, seinen Mantel entfaltet und allein von dem Gefühl seiner Seele getrieben in die Kniee fällt, so scheint mir diese Gebärde selbstloser Hingabe zwingender zu sein, als jedes laute Bekenntnis vaterländischer Überzeugung. (S. 93)[113]

3.3.5 »War dieses nicht ein ewiger Bagger des Bluts?« Der moderne Krieg als totaler Krieg

So beeindruckt Wegner von den Türken ist, so pessimistisch gestimmt ist er, wenn er daran denkt, in welche Lage der seit November 1914 auch in Vorderasien tobende Weltkrieg das Osmanische Reich und seine Völker gestürzt hat (S. 95). Denn der Preis für die Beteiligung der Hohen Pforte am großen europäischen Konflikt ist verknüpft mit der politischen, wirtschaftlichen und militärischen Einkreisung des ottomanischen Herrschaftsbereichs durch die Russen im Kaukasus und in Persien, die Briten in Persien und Mesopotamien, Palästina und auf Gallipoli, die Franzosen im Mittelmeerraum und die Beduinen auf der arabischen Halbinsel. Er ist ferner verbunden mit der Verwüstung und Zerstörung von Stadt und Land, der Flucht und Vertreibung der Bevölkerung aus den angestammten Gebieten und der Auflösung uralter sozioökonomischer und kultureller Strukturen. Während seiner kurzen, aber intensiven Dienstzeit an den Dardanellen wird Wegner Zeuge der destruktiven Kraft des modernen Krieges. Im und rund um den Küstenort Tschanak-Kale erlebt er den Tod der Einwohner und die Zerstörung der Stadt und der sie umgebenden Landschaft (S. 95).

---

113 Laut Wegner kann sich Religiosität gepaart mit einer fatalistischen Lebenseinstellung allerdings auch negativ auswirken. Siehe Wegner: Einleitung 1926, S. 24: »Darum entbehrt es nicht eines tragischen Zuges, daß gerade in dieser Seite des türkischen Wesens, der inneren Ergebung, diesem Kern seines Glaubens, auch der Keim seiner Schwäche liegt. Denn sein Glaube an die Unabwendbarkeit des Schicksals mußte unter der Übung vieler Geschlechter schließlich zur T r ä g h e i t werden, seine Hingabe zur allgemeinen Gleichgültigkeit, den verhängnisvollen Ursachen seines Niederganges. Was einst die Frucht weiser Erkenntnis war, wurde zum schädlichen Fluch, und wie der schöpferische und beglückende Trieb der Arbeit sich bei uns in dem Strudel nie rastender Eile zur tödlichen Geißel verwandelt hat, erstickte er hier in müder Unlust. Das gläubige Denken der Menschen, ständig in die engen Gefäße strenger Vorschriften gefangen, erlosch zu einer toten Formel, einem Zustand kalter Inbrunst, den man mit einem treffenden Ausdruck ›gefrorenen Fanatismus‹ genannt hat.« Hervorhebung von Wegner.

Was sich die Einheimischen in mühevoller Arbeit aufgebaut haben, vernichtet der Krieg binnen kurzer Zeit und führt die Menschen bei längerer Dauer in einen permanenten Krisenzustand, in »namenlose[s] Elend« (S. 99), Hilflosigkeit und Angst. Diejenigen, die dem Tod entkommen, geraten in die Fänge des Stellungskrieges, wo »mordendes und wieder gemordetes Leben sein verstecktes Dasein« (S. 102f.) fristet.[114] Die Soldaten kriechen in die »Öffnungen in die Erde gegrabener Wohnräume« (S. 103) und bekämpfen einander von dort. Dabei ruinieren sie im wahrsten Sinne des Wortes mit der ständigen Bombardierung der Landschaft neben der durch die Einheimischen aufgebauten Infrastruktur auch die Rohstoffe der Natur und die »kulturellen Bodenschätze«. Übrig bleibt ein Land, dessen Städte verwüstet und verlassen sind und dessen umgepflügte Erde gedüngt ist mit den Leichen getöteter Menschen. Das Ungeheuerliche dieser Erfahrung versucht Wegner wiederum durch eine bildreiche Sprache auszudrücken:

> War dieses nicht ein e w i g e r B a g g e r d e s B l u t s, der in die erbarmungswürdigen Tiefen der Armut Stambuls hinunterstieg, in die Häuser einsamer Frauen, die wie schwarze Gespenster aus den verlassenen Räumen ihrer Holzhütten zusahen, wie ihre Männer in einer feindlichen Welt entschwanden, und der bis in die entlegenen Dörfer Anatoliens hinunter mußte, in die Felsenkammern von Armenien und Kurdistan, in die Lehmhütten, zu den Bauern des Libanon, deren Pflüge verwaist auf den Ackern standen, in nie versiegender Flut das Blut der Tausende aus den Tiefen des Elends heraufzuführen, das der steinige Grund dieser Erde verschluckte wie ein leerer und ausgetrockneter Schwamm? (S. 111)[115]

Der moderne Krieg ist aufgrund der Erfassung aller Lebensbereiche ein totaler geworden.[116] Seine Mechanisierung und Rationalisierung führt zu vielfa-

114 Vgl. über das Soldatenleben sinnierend Lawrence: Die sieben Säulen der Weisheit 2005, S. 816f.

115 Hervorhebung von Wegner.

116 Siehe Lawrence: Die sieben Säulen der Weisheit 2005, S. 216: »Ich hatte den Anfang einer brauchbaren Theorie gefunden, mußte aber nun noch zu einer klaren Entscheidung über Sinn und Mittel des Krieges kommen. Der unsrige schien nicht mit den Lehren übereinzustimmen, deren Hauptvertreter Foch war, und ich rief ihn mir ins Gedächtnis zurück, um einen Wesenszug zwischen ihm und uns festzustellen. In seinem modernen Krieg – dem absoluten Krieg, wie er ihn nannte – stellten zwei Völker, die unvereinbare Weltanschauungen vertraten, die Entscheidung darüber der Probe der Gewalt anheim. Philosophisch gesehen war das ein Unsinn, denn, während man über Meinungen streiten konnte, sollten Überzeugungen mit

chem Tod und der Verwüstung weiter Landstriche. Inmitten dieser entvölkerten Gegend und »ausgebrannten« Landschaft befindet sich Wegner, das »kosmopolitische[] Känguruh« (S. 116), wie er sich selbst einmal nennt. Er sehnt sich nach Ruhe und Frieden, »sonst reißt ihm der Beutel, in den es so viele gegensätzliche Dinge sammelte; es ist seiner Sprünge über die Grenzen eine Zeitlang müde« (S. 116). Er, der wegen der Stellungskämpfe zwischen den alliierten und osmanischen Truppen auf Gallipoli pausenlos hinter der Front im Einsatz ist, um bei Gefechtseinstellungen Medikamente zu besorgen, geht allmählich an der »gifterfüllten Luft übervölkerter Hospitäler« (S. 122) zugrunde. Bei einem Aufenthalt in den Latrinengruben der Stadt Keschan packt ihn das Fieber. In einer Vision erlebt er seinen eigenen Tod (S. 126f.).[117]

Er träumt und mischt Kindheitserinnerungen mit Kriegserlebnissen aus Polen, prophezeit erneut den Untergang der Welt und sieht die »Stadt, ihr Vieh, ihre Menschen zwischen gefräßigen Kiefern [...] zermalmen und als grauen Staub im Winde [...] verwehen« (S. 128). Der Kranke wird zur Genesung nach Tekir-Dagh zurückgefahren und erfährt dort wieder die Hilfsbereitschaft der deutschen Krankenschwestern, der Einheimischen und der früher von ihm gepflegten Flüchtlinge und Soldaten, sodass er bald wieder genesen ist. Die Nachricht von seiner Rückberufung nach Istanbul bereitet ihm ein tiefes Glücksgefühl. Bei der Abfahrt kommt eine große Anzahl von Mitarbeitern, Freunden und Bekannten, um Abschied von ihm zu nehmen. Die Skizze endet pathetisch: »[I]ch habe nicht gewußt, daß ich so geliebt worden war« (S. 137).

Kanonen entschieden werden; und der Kampf konnte nur dann zu Ende kommen, wenn der eine Vertreter eines immateriellen Prinzips keine materiellen Verteidigungsmittel mehr gegen den Vertreter des anderen besaß. Das sah wie eine Erneuerung der Religionskriege im zwanzigsten Jahrhundert aus, deren logischer Ausgang die völlige Vernichtung des einen Bekenntnisses war, und deren Verkünder glaubten, daß Gottes Urteil den Ausschlag geben würde.«

117 Ein ähnliches Schicksal erfährt Wegner fast genau ein Jahr später in Bagdad. Während der Pflege des an Fleckfieber erkrankten Feldfeldmarschalls von der Goltz infiziert er sich im April 1916 selbst damit und entgeht nur knapp dem Tod. *Der letzte Brief* [Wegners; B.S.] *an die Eltern, Brüder, Freunde, Mitmenschen und Geliebten* vom 18. April 1916 legt auf pathetische Weise Zeugnis davon ab. Vgl. Wegner: Der Weg ohne Heimkehr 1920, S. 84.

3.3.6 »Und das alles staute sich, [...] der ganze minderwertige Hausrat Europas.« Die wirtschaftliche und kulturelle Eroberung des Osmanischen Reichs

Nach seiner Rückkehr in die Hauptstadt im Juni 1915 verbringt Wegner die nächsten Monate in einem Krankenhaus, um sich vom Frontalltag zu erholen und vom Typhus zu genesen.[118] Es ist in dieser Phase der Rekonvaleszenz, dass er die nötige Zeit findet, um seine vielfältigen, aber noch ungeordneten Eindrücke zu sammeln und ein Resümee der politischen und wirtschaftlichen, militärischen und gesellschaftlichen Situation des Osmanischen Reichs zu ziehen.[119] Abgesehen von den zahlreichen Erfahrungen, die er mit türkischen Offizieren und Soldaten auf Gallipoli an und hinter der Front gemacht hat, bietet sich ihm auch am Goldenen Horn die Gelegenheit, die türkische Gesellschaft in der scheinbaren Ruhe des Hinterlandes besser kennenzulernen.

So erlebt er bei einem Spaziergang an einem »hellen, durchsichtigen Sommertage« (S. 138) durch Pera einen der berüchtigten Feuersbrünste in Istanbul und ist erstaunt über das Verhalten der Einwohner, die anstatt die Brände zu löschen,[120] eher Augen für ihr Eigentum hätten und alles andere um sich herum vergessen würden.[121] Er ist verblüfft, die Türken, die er bisher als ruhig und gelassen gekannt habe, plötzlich so außer sich zu sehen. Denn während sich das Feuer weiter durch den aus Holzhäusern bestehenden Stadtteil frisst und alte Gebäude zerstört, verlässt die Einwohner ihre Unruhe nicht. Im Gegenteil ergreifen sie in »wahnsinniger Hast einen gleichgültigen Gegenstand, um damit wieder auf die Straße zu stürzen« (S. 143).[122]

---

118 Vgl. die Daten bei Tamcke: Armin T. Wegner und die Armenier 1996, S. 239.

119 In dieser Vorgehensweise lehnt sich Wegner im letzten Teil von *Im Hause der Glückseligkeit* an Kaufmanns *Pera und Stambul* an, das, 1911 bis 1914 entstanden und 1915 erschienen, neben Reiseskizzen und Kurzprosa auch eine Analyse der sozioökonomischen und kulturellen Lage des Osmanischen Reichs mit Beginn des Türkisch-Italienischen Kriegs 1911/12 bis zum Ausbruch des Ersten Weltkriegs im Orient liefert. Vgl. insbesondere die Abschnitte *Pera und Stambul*, *Das türkische Haus und seine Bewohner*, *Aiub Ansari*, *Totenfeier in Stambul*, *Mohadschir*, *Das Erwachen des türkischen Nationalismus* und *Der Heilige Krieg*.

120 Berüchtigt, weil zahlreich sind die Brände, die Istanbul im Lauf der Zeit, vor allem in den Jahrzehnten vor dem Ersten Weltkrieg, immer wieder heimsuchen. Vgl. Loti: Die sterbende Türkei 1913, S. 7ff.

121 Möglicherweise bezieht sich Wegner in seiner Beschreibung von Pera und der von ihm als materialistisch gezeichneten Einwohner auf Kaufmann: Pera und Stambul 1915, S. 7f.

122 Im Zusammenhang mit der »Verwandlung« der »türkisch-orientalischen Seele« bezieht sich Wegner auch später auf den Islam und stellt ihn negativ, weil als eine

So schaut Wegner zu, wie das »Pera der armen Leute, das Pera der Witwen, der Handeltreibenden, der Amtsschreiber, der Straßenverkäufer, der kleinen Beamten« (S. 149) den Flammen zum Opfer fällt. Das »Pera der Stille und der Genügsamkeit, das sich mit Gärten und freundlichen Hütten über die Hügel bis an den Bosporus hinunterzieht« (S. 149), existiert nicht mehr. Übrig bleibt ein »Scheiterhaufen der Armut« (S. 138) mit seinen »Baracken des Elends, des Hungers, der Scham und der Erniedrigung« (S. 150). Bei der Frage, um was es sich bei den geretteten Gegenständen handelt, die die Einheimischen aus den Flammen gerettet haben, findet er keine Kostbarkeiten. Er entdeckt eher gewöhnliche Sachen wie »Lehnstühle, Fliegenspinde, Phonographen, Betten, Truhen, Matratzen, Vogelbauer [und] Küchengeräte« (S. 143). Doch anstatt darin den Versuch der Armen zu sehen, den letzten Rest ihrer Besitztümer vor der Zerstörung zu retten, glaubt Wegner in ihrer Vorgehensweise eher Habgier zu erkennen. Dabei sei dieser Umstand einer von zahlreichen negativen Auswirkungen der europäischen Einflussnahme im Orient, nämlich der Herstellung künstlicher Bedürfnisse bei den als kauflustig geschätzten Orientalen – und zwar durch die Überschwemmung des hiesigen Marktes mit billiger westlicher Ware:

> Und das alles staute sich, ein hoher Wall, vor den Mauern und in den Vorgärten, der ganze minderwertige Hausrat Europas, den der gewissenlose Unternehmer auf den fremdländischen Markt wirft, mit dem

Religion dar, die auf alle Lebensbereiche im Osmanischen Reich einengend und lähmend gewirkt habe. Damit habe der Islam das Anheimfallen der Türken an die Verlockungen der westlichen Zivilisation Wegners Meinung nach begünstigt. Siehe Wegner: Einleitung 1926, S. 25: »Aber seine [des Türken; B.S.] am Wert aller irdischen Werke zweifelnde Muße mußte ihm in dem Augenblick gefährlich werden, als mit dem Eindringen europäischer Zivilisation ein neuer Pulsschlag an seinen Grenzen erwachte und der Wettkampf aller Völker gegen ihn aufstand, die nicht zu dem gleichen Gotte beteten wie er. Die schlafähnliche Ruhe, in welche die Glaubenssätze seiner Religion ihn versetzten, hielt allmählich sein ganzes Leben, Staatswesen, Gesellschaft, Recht, Erziehung wie in einem Starrkrampf gefesselt, in dem noch die natürlichsten Bewegungen und Bedürfnisse des Körpers sich willenlos nach ewig vorherbestimmten Formeln vollzogen. Selbst die Familie, in der jeder einzelne ohne selbständiges Sein in der Gemeinschaft des häuslichen Lebens unterging (während sich der abendländische Mensch oft gerade im Gegensatz zu ihr entwickelt), wurde von dieser Ohnmacht ergriffen, die als ein stets erneutes Opiat alle Adern des Volkskörpers lähmte. Wie eine Sturmflut brach in diese Stille der Weltentfremdung die eifersüchtige und habgierige Zivilisation E u r o p a s ein. Scholle auf Scholle riß sie von dem seelischen Festland des Volkes.« Hervorhebung von Wegner.

die Geldmänner Frankreichs, Englands und Deutschlands die Städte des Orients wie mit einer Sündflut verwüsten. (S. 143f.)[123]

3.3.7 »Denn Europa hat dieses Land von Grund aus vergiftet...« Die politische und militärische Durchdringung des Osmanischen Reichs

Mit dem zunehmenden ökonomischen und kulturellen Einfluss des Westens im Osten, der auf eine Schwächung des orientalischen Wirtschaftslebens und möglicherweise auch der kulturellen Eigenarten zu zielen scheint, geht eine politische, ideologische und militärische Durchdringung Vorderasiens einher. In den Jahrzehnten vor dem Ersten Weltkrieg sind es die europäischen Großmächte Frankreich und Deutschland, die um die Gunst der Hohen Pforte buhlen, während Großbritannien und Russland ihre zahlreichen strategischen Interessen im Orient weniger hinter Freundschaftsbeteuerungen und Bündnisangeboten verbergen. Gerade das Deutsche Reich versucht aufgrund seiner wachsenden Isolation in Europa, am Goldenen Horn einen neuen Partner zu gewinnen, um aus seiner gefährlichen Einkreisung auszubrechen.

Der Besuch des deutschen Kaisers in Kleinasien und im Heiligen Land 1898 läutet eine neue Ära verstärkter Zusammenarbeit ein. Neben dem Bau der Bagdadbahn ab 1903 unter deutscher Leitung, verpflichtet sich das kaiserliche Militär zur Reorganisierung der türkischen Armee Ausbilder an den Bosporus zu schicken, wobei die Erneuerung der Streitkräfte freilich eher deutschen

123 Siehe auch Loti: Die sterbende Türkei 1913, S. 38: »Diesen Gläubigen rauben wir nach und nach ihr Gebet; diesen Träumern, denen die Ruhe Lebenselement ist, zwingen wir unsere törichte Unlust, unsere Schundwaren und unsern alten Eisenkram auf; überall stören wir das Gleichgewicht, indem wir die Begierden erregen und Mutlosigkeit erzeugen.« Siehe ferner Wegner: Einleitung 1926, S. 28f.: »Das fieberhafte Eindringen des europäischen Nützlichkeitsgeistes, seine Arbeits- und Handelsbräuche, Waren, Kleider, Gegenstände, die trotz alles Widerstandes wie eine Krankheit jeden anzustecken schienen, der sie berührte, haben den hohen handwerklichen Ausdruck des Ostens tief zerstört. Den seltenen Wert der Einzelheit, der selbst den Gegenstand des Alltags von seinem Nachbarn unterscheidet, beginnt der Grundsatz der M a s s e zu ersetzen; er hat jenen Mißton in den glänzenden Kreis des orientalischen Lebens gebracht, bei dessen Anblick der westliche Schwärmer so gern die Augen schließt, um das Traumbild seiner Gedanken vor nie heilender Enttäuschung zu bewahren.« Hervorhebung von Wegner. Die allmähliche Eroberung des osmanischen Marktes durch billige europäische Massenware schildert auch der Abschnitt *Das türkische Haus und seine Bewohner* in Kaufmann: Pera und Stambul 1915, S. 47-58.

als osmanischen Interessen dient.[124] Nach der Unterzeichnung des deutsch-türkischen Defensivbündnisses am 3. August 1914 und dem Eintritt des Osmanischen Reichs in den Ersten Weltkrieg auf Seiten der Mittelmächte Anfang November 1914 kommen immer mehr deutsche Truppen in das Osmanische Reich. Im Folgenden beschreibt Wegner die Schwierigkeiten, die einem Europäer durch die Versetzung in eine ihm unbekannte Umgebung noch nach mehreren Monaten oder gar Jahren begegnen können:

> Ich habe die Sphinx vor den Toren nicht erschlagen, habe das Rätsel nicht besser gelöst als andere, und mein Wissen von diesem Lande ist von Tag zu Tag kleiner geworden, so sehr ich auch an äußeren Bildern und Erlebnissen gewann. Aber das wundert mich heute nicht mehr, und wenn ich höre, daß Europäer und Deutsche, die hier geboren wurden, die, geistvoll und weltmännisch gebildet, ein ganzes Leben der Arbeit, des Handels, der Gesellschaft inmitten dieses Landes verbrachten, ihm trotz aller nahen Kenntnisse seiner Art und Menschen im Grunde mit der selben Fremdheit gegenüberstehen, begreife ich, daß unter der Oberfläche des Geschehens Sandbänke verborgen sein müssen, deren Gefahren wohl mancher erkannte, die aber keiner bisher zu überwinden vermag. (S. 151f.)

---

124 Siehe Wegner: Die Neugestaltung unserer Orientpolitik 1918, S. 102: »Die Völker gleichen in ihrem wirtschaftlichen und kulturellen Wachstum, das in dem natürlichen Wachstum und Wirkungskreise eines einzelnen Menschen sein bildnerisches Gleichnis findet, sich ausdehnenden Kreisen, deren Peripherien aufeinander zustreben. Da, wo sie sich schneiden, entstand bisher der Krieg. [...] Die wirtschaftliche Entwicklung läßt sich nicht aufhalten, und sie führt zur k a p i t a l i s t i s c h e n K o l o n i s a t i o n des Orients durch die europäischen Staaten. Solange die europäische Industrie gezwungen ist, nach Rohstoffen zu suchen – und das wird sie immer sein –, solange sie diese im Orient findet und solange der Osten noch nicht reif geworden ist, selbst für ihre Verwertung zu sorgen, und solange seine Märkte eines der gewaltigsten Absatzgebiete des europäischen Handels sind, wird auch der tiefe Einfluß nicht aufhören, den Europa und mit ihm Deutschland auf die Entwicklung des Orients hat. Die ungeheuren Bodenschätze des Orients rufen auch heute zu ihrer Erschließung nach den Zaubermeistern, den Technikern und Erfindern der europäischen Kultur. Aber hüten wir uns, diese Aufgabe, die Europa schon lange darin erblickt, den Orient zu kapitalistischer Wirtschaft zu führen, allzusehr zu preisen. Schon heute machen sich im Orient dieselben tiefen s o z i a l e n S c h ä d e n bemerkbar, die das kapitalistische System über Europa gebracht hat.« Hervorhebungen von Wegner.

Wegner betont, dass die westliche Denk- und Handlungsweise nicht dazu geeignet sei, die gleichen Erfolge wie Europa bei seiner Industrialisierung und Modernisierung auch in den vorderasiatischen Staaten zu erzielen. Zu sehr unterschieden sich Sitten und Gebräuche, um ohne Modifikationen im Orient angewandt zu werden. Daher empfiehlt er seinen Landsleuten, ab und an das »heitere und liebenswerte Gewand osmanischen Geistes« (S. 153) anzulegen, denn das »würde ihnen manche Enttäuschung, uns manche Feindschaft ersparen« (S. 153).[125]

Er macht es sich zum Ziel, seine Landsleute, die von »Begeisterung und Zukunftshoffnung wie mit Schießbaumwolle geladen« (S. 154) in das Osmanische Reich kommen, um dort ihren Dienst anzutreten, vor der »unheilbaren Schwermut« (S. 154) zu bewahren, die alle diejenigen befiele, die ohne ausreichende Aufklärung ausgeschickt werden würden. Eine Mitschuld für dieses Unwissen in den osmanischen Angelegenheiten gibt er in scharfen Worten jenen »commis voyageurs en politique turque« (S. 154), die den Menschen mit falschen Hoffnungen die Köpfe verwirrten – und zwar in »prophetischen Offenbarungen unserer patriotisch gescheitelten Presse, in der die öffentliche Meinung Deutschlands in den Konzentrationslagern unserer Zensurbehörden an Unterernährung dahinstirbt« (S. 154f.).

Wegner weiß die Deutschen zudem in dem Glauben, im Osmanischen Reich und im weiteren Orient im Gegensatz zu den anderen Großmächten beliebt zu sein. Entgegen der Propaganda, die die deutsch-türkische Partnerschaft im Ersten Weltkrieg in den höchsten Tönen lobt, ist die Wirklichkeit der beiderseitigen Beziehungen, wie sie Wegner in Istanbul und an den Dardanellen kennenlernt, gespannter als in der Heimat vermutet wird:

125 Siehe Loti: Die sterbende Türkei 1913, S. 66: »Wir kennen in unserem modernen Leben nichts mehr als Fabriken, Eisenbahnen, Weltmärkte, Schrapnells, Schnelligkeitsrekorde und sonstige Hetzereien. Neben diesen fragwürdigen ›Kulturgütern‹ aber, über die nur mittelmäßige Geister vor Freude außer sich sein können, und deren Besitz schließlich nur zu trostloser innerer Verarmung führt, gibt es doch auch noch die Gemütsruhe, die wie bis zu gewissem Grade uns bewahren müssen, und die geistige Sammlung und das stille Träumen. In dieser Beziehung würde die Türkei, die ländliche Türkei, die ehrbare, fromme Türkei als eine Oase inmitten des Wirbelwinds der modernen Kultur der Welt dieselben guten Dienste erweisen, wie jene großen Gärten, deren Notwendigkeit man mehr und mehr einsieht, sie unseren rastlosen, nervenzerrütteten Großstädten leisten.« Dass die Auseinandersetzung und das Einleben in eine fremde Kultur zu einem großen Erfolg, in diesem Fall für eine Kolonialmacht beitragen kann, zeigt Lawrence' eingehende Beschäftigung mit Sprache und Lebensart der Beduinen. Vgl. Lawrence: Die sieben Säulen der Weisheit 2005, S. 223f.

> Man glaube auch nicht, daß wir hier gern gesehene Gäste sind. Man empfängt uns mit der liebenswürdigen Freundschaft der Orientalen, mit einer Handbewegung, die einladend auf ein Polster weist – denn am liebsten nötigt man uns zur Ruhe; aber im Grunde mißtraut man dem Fremden. Uns liebt der anatolische Bauer, der, ausgesaugt und durch Kriege mißbraucht, sich nach Frieden sehnt; dem türkischen Soldaten aber, dem Offizier, dem Staatsmann, ist unsere nördliche Strenge ein Greuel. (S. 155)

Die Zurückhaltung der Hohen Pforte gegenüber den europäischen Großmächten scheint aus ihrer Sicht berechtigt, glauben die Türken doch, von den Westlern eher selten fair behandelt zu werden.[126] Das Osmanische Reich, hin und her gerissen zwischen dem Versuch der Erhaltung seiner Souveränität und der zunehmenden Einflussnahme durch die westlichen Staaten, nutzt die Uneinigkeit der miteinander im Osten konkurrierenden Mächte, um den größtmöglichen Vorteil für sich selbst herauszuschlagen.[127] Wegner spricht in diesem Fall vom »Mißtrauen eines Unwissenden, das uns überall begegnet, eines halb gezähmten Tieres, das in allem Unbekannten Gefahr wittert, weil es nie weiß, ob die dargebotene Hand ihm fressen bringt oder ein tödliches Messer in ihrem Rockärmel verbirgt« (S. 156).[128]

Umso mehr fordert er die Deutschen auf, sich nicht zu sehr auf den Anschein zu verlassen, da das Bild vom »germanisierten« Türken[129] über die Wirklichkeit im Osmanischen Reich hinwegtäusche. Er empfiehlt seinen Landsleuten ein genaueres Hinsehen[130] und rät ihnen des Weiteren, einen Blick auf die französische Politik zu werfen, die sich in diesem »Lande der Lässigkeit« (S. 157) den osmanischen Verhältnissen sehr viel besser angepasst habe, sodass der, von Wegner als schwach dargestellte, weil seiner Meinung nach »rückgratlose Orientale« (S. 158) ihr im Gegensatz zum deutschen Engagement nicht mehr

126 Vgl. Loti: Die sterbende Türkei 1913, S. 38f.

127 Vgl. das Kapitel *»Rettung der Türkei«? Die Frage der armenischen Reformen und der Aufteilung der asiatischen Türkei 1912–1914* in Schöllgen: Imperialismus und Gleichgewicht 1984, S. 359-365.

128 Vgl. auch Loti: Die sterbende Türkei 1913, S. 21f.

129 Nach dem Ende des Ersten Weltkriegs wird Wegner die »Germanisierung« der Osmanen tadeln und stattdessen ein Weltbürgertum der Deutschen einfordern. Vgl. Wegner: Die Neugestaltung unserer Orientpolitik 1918, S. 103f.

130 Die Verantwortung für die oberflächliche Verwestlichung des Osmanischen Reichs trage neben den Europäern auch die türkische Elite, die die Rückständigkeit der eigenen Bevölkerung kaschieren wolle. Vgl. Wegner: Einleitung 1926, S. 26f.

widerstehen könne.[131] Doch wer auch unter den europäischen Großmächten am Ende den größten Einfluss in der Region besitzen sollte – das Osmanische Reich bedarf nach Wegners Analyse des Willens zu einer eingehenden Erneuerung ohne Einwirkung von außen. Das Bild vom »kranken Mann am Bosporus«, das im 19. Jahrhundert in Umlauf kommt, nutzt Wegner nicht, dafür wählt er ein anderes symbolisches:

> Hier bedarf es der Kraft, Leben aus dem Tode zu erwecken; denn Europa hat dieses Land von Grund aus vergiftet. Das magnetische Paris, das diese ausschwärmenden Seelen an sich zog, gab ihnen auch seine Laster und Leidenschaften. Engländer, Franzosen, Amerikaner, Deutsche haben diese Stadt vergewaltigt, ein schönes und schwaches Mädchen, das den Verstand verlor. Ihre brennende Säfte haben eine Wiedergeburt aus eigenem Blute, die allein eine Zukunft dieses Landes bedeuten könnte, nicht in ihr erzeugt, haben die unfruchtbare nicht geheilt, sondern diese Stadt zur Kokotte gemacht, die, ihre tödliche Fäulnis hinter trügerischen Flittern verbergend, von allen Staaten begehrt und für das Gold aller Länder käuflich ist. (S. 158f.)[132]

3.3.8 »Wo blieb der junge Mut der wiedererwachten Türkei?« Aufstieg und Niedergang der jungtürkischen Bewegung

Der Verfall des Osmanischen Reichs führt um die Jahrhundertwende in den Kreisen der westlich geprägten türkischen Intelligenz zu der Überzeugung, nur noch durch Reformen in Verwaltung, Bildung und Armee den weiteren Zerfall des ottomanischen Herrschaftsbereichs aufhalten und zur Genesung des »kranken Mannes am Bosporus« beitragen zu können.[133] Als zu Beginn des 20. Jahrhunderts die Anzeichen für einen baldigen Untergang des Sultanats immer deutlicher werden – 1908 schließt sich Kreta Griechenland an, das ehemalige osmanische Fürstentum Bulgarien erklärt sich zum selbstständi-

---

131 Vgl. Loti: Die sterbende Türkei 1913, S. 82f. Vgl. ferner Bogdal: Maschinen im Märchenland 2007, S. 339.

132 Die Gleichsetzung Istanbuls mit einer Kokotte erinnert an die Bildsprache der expressionistischen Gedichte in Wegners *Das Antlitz der Städte*, in denen die moderne Großstadt mit der Hure Babylon verglichen wird. Vgl. Wegner: Die Stadt im Regen. In: Wegner: Das Antlitz der Städte 1973, S. 9, 5. Strophe, V. 1-10. Vgl. auch Anmerkung 122.

133 Vgl. zum historischen Hintergrund auch im Folgenden die erste Hälfte des Kapitels *6. Von der jungtürkischen Revolution zum Vertrag von Sèvres (1908-1920)* in Kreiser: Der osmanische Staat 2001, S. 47-49.

gen Königreich und Bosnien-Herzegowina wird von Österreich-Ungarn annektiert –, sammelt sich die Opposition im Osmanischen Reich im Protest gegen die autoritäre Regierung des seit 1876 regierenden Sultans Abdul Hamid II. (1842-1918) und gegen die für das Land ihrer Meinung nach bedrohliche Einmischung und Bevormundung durch ausländische Staaten. Offiziersgruppen wie das 1891 gegründete *Komitee für Freiheit und Fortschritt* und der 1905 in Damaskus gegründete Geheimbund Mustafa Kemals (1881-1938) vereinigen sich zur *Jungtürkischen Bewegung*. Sie organisieren 1908 einen Militäraufstand in Saloniki, mit dem es ihnen gelingt, die politische Macht zu übernehmen und ein Jahr später Abdul Hamid II. abzusetzen. Sie erzwingen die Wiedereinsetzung der 1878 vom Sultan suspendierten, erst zwei Jahre davor verabschiedeten Konstitution. Damit soll das Reich wieder in einen Verfassungsstaat umgewandelt werden, der allen Untertanen, Türken und Kurden, Griechen und Armeniern, Arabern und Juden, Gleichberechtigung und freies Wahlrecht garantiert.

Doch der Türkisch-Italienische Krieg 1911/12 mit der Abtretung Libyens und einiger ägäischer Inseln an Rom, die beiden Balkankriege vom Oktober 1912 und Juni 1913, der mit ihnen einhergehende fast vollständige Verlust der europäischen Besitzungen der Hohen Pforte, mehrere Aufstände unter den Beduinen der arabischen Halbinsel, der wachsende Nationalismus und die von den Alliierten unterstützen[134] Unabhängigkeitsbewegungen der im Reich verbliebenen nichtmuslimischen und nichttürkischen Völker begünstigen einen

134 Siehe Lawrence: Die sieben Säulen der Weisheit 2005, S. 42f.: »Wir erkannten, daß der Osten eines neuen Elements bedurfte, irgendeiner Macht oder Rasse, die den Türken an Zahl, Stoßkraft und geistiger Regsamkeit überlegen war. Geschichtliche Erfahrungen ermutigten keineswegs zu dem Gedanken, daß solche Eigenschaften fix und fertig aus Europa bezogen werden könnten. Die Bemühungen europäischer Mächte, in der asiatischen Levante festen Fuß zu fassen, sind alle fehlgeschlagen; und wir wollten keinem europäischen Volk so übel, daß wir es zu weiteren Versuchen verlockten. Die Lösung mußte aus dem Lande selber kommen; und glücklicherweise waren die nötigen Kräfte auch im Lande vorhanden. [...] Einige von uns meinten, daß genügend Kräfte in den arabischen Völkern schlummerten (dem größten fremden Volksteil im alten Osmanischen Reich), einer fruchtbaren semitischen Zusammenballung, außerordentlich stark im Religiösen, klug, geschäftstüchtig, politisch begabt, aber ihrer Anlage nach mehr ein Volk des Sichfügens als des Herrschens. Sie hatten fünfhundert Jahre unter türkischem Joch gestanden und begannen nun von Freiheit zu träumen. Als dann England sich mit der Türkei überwarf und der Krieg gleichzeitig im Osten wie im Westen ausbrach, begannen wir, die wir glaubten, die Anzeichen der Zukunft zu erkennen, Englands Bemühungen auf die Förderung der neuen arabischen Welt im Nahen Osten hinzulenken.«

Richtungswechsel innerhalb der jungtürkischen Regierung.[135] Die Veränderung wird deutlich in der Abkehr von dem Gedanken der politischen Partizipation aller im Reich lebenden Völker hin zu einer Bevorzugung der Türken und Muslime, was sich ideologisch in den Strömungen des *Pantürkismus* und *Panislamismus* ausdrückt.[136]

Die jungtürkische Regierung sorgt nach Wegners Meinung mit ihrer im Herbst 1914 erfolgten Entscheidung, auf Seiten der Mittelmächte in den Weltkrieg zu ziehen, dafür, ihr »Land, das ein vollkommenes Glück vieler Nationen, das den furchtbaren und blühenden Tod der Armut bedeuten könnte« (S. 162), in ein »ausgestorbenes, menschenverödetes« (S. 162) zu verwandeln. Sie erreicht für ihn ferner mit den Vertreibungen und Deportationen der Armenier, dass jene »unfassbaren Schätze [...], die dieses Land spät erkannter Begabungen in sich verborgen hielt« (S. 161), dem Reich verloren gehen.

Wegner stellt daraufhin die Frage, was aus den Zielen der jungtürkischen Bewegung geworden sei (S. 164), die sich anfangs mit den Anführern der Minderheiten im Osmanischen Reich verbunden habe, um Frieden und Freiheit, Ruhe und Sicherheit für alle Untertanen in ihrem Herrschaftsbereich durchzusetzen.[137] Wenn er dabei von den »Tugenden, die wir nicht ohne Mühe in das

---

135 Vgl. den Abschnitt *Skizze der führenden Persönlichkeiten* in Bihl: Die Kaukasus-Politik der Mittelmächte. Teil I 1975, S. 154-160. Angesichts des Ausgangs der beiden Balkankriege 1912/13 für die Hohe Pforte vgl. Loti: Die sterbende Türkei 1913, S. 39.

136 Vgl. auch Wegner: Einleitung 1926, S. 32. Siehe ferner die Aussage eines jungen Scheichs, der den Ursprung des türkischen Nationalismus im Westen sieht, gegenüber Johannes Lepsius in Werfel: Die vierzig Tage des Musa Dagh 2005, S. 665: »›Es ist wahr, Effendi. Du kannst es nicht leugnen, daß der Nationalismus, der heute bei uns herrscht, ein fremdes Gift ist, das aus Europa kam. Vor wenigen Jahrzehnten noch lebten unsre Völker treu unter der Fahne des Propheten, Türken, Araber, Kurden, Lasen und andre mehr. Der Geist des Korans glich die irdischen Unterschiede des Bluts aus. Heute sind auch schon die Araber, die sich wahrlich nicht zu beklagen haben, zu Nationalisten und unseren Feinden geworden.‹«

137 Im Gegensatz zu Wegner nennt Kaufmann einen der wichtigsten Gründe für die Stockung der jungtürkischen Reformen nach dem Machtantritt im Jahr 1908, indem er den Artikel eines ungenannten türkischen Intellektuellen zitiert. Siehe Kaufmann: Pera und Stambul 1915, S. 200: »Der bereits angeführte Artikel, diese Bekenntnisse eines jungen Osmanen, hat, soviel ich mich erinnere, bei dem Vergleich zwischen dem Gestern und Heute damals das Ergebnis gefunden, daß der Aufschwung, den das türkische Geistesleben in den letzten Jahren der Hamidischen Despotie genommen hatte, mit dem Augenblick nachließ, als das Ziel erreicht, die Verfassung wieder eingeführt, Hamid gestürzt und aus den Trümmern der alten eine neue Türkei hervorgegangen war. Nicht mit Unrecht wurde betont, daß die Konstitution die Kräfte ausgesaugt habe, die sich ehemals in den Dienst der

Herz dieser Menschen [der Türken; B.S.] gepflanzt haben« (S. 164), spricht, so fällt auf, dass sein Blick trotz seiner im *Hause der Glückseligkeit* geäußerten Empathie und Offenheit stark von der imperialistisch-kolonialistischen Denkweise seiner Zeit beeinflusst ist. So erscheint bei Wegner der Europäer/Deutsche gewissermaßen als Kulturbringer und Aufklärer bzw. moralischer Erzieher des Orientalen/Türken. Schließlich fühlt er sich in seiner Denkweise dadurch bestätigt, dass für ihn mit der Nutzbarmachung des Islam für die politischen Ziele die fehlende Integrität der Jungtürken endgültig bewiesen sei (S. 165f.).

Zwar unterscheidet Wegner in seiner Analyse zwischen der osmanischen Regierung und der türkischen Bevölkerung. So bestehe das Volk aus wahrhaft herzlichen und gastfreundlichen, bescheidenen und gläubigen Menschen, deren fatalistischer Glaube sie jedoch nicht nur demütig, sondern auch unterwürfig mache (S. 166).[138] Doch es wird an dieser Stelle auch deutlich, dass sich Wegner des tradierten Bildes vom Islam als einer Religion des Stillstands und der Unwissenheit – und demgegenüber des Christentums als einer Religion des Fortschritts und der Zivilisation – bedient und dieses festschreibt, wenn er nämlich davon spricht, dass die Türken »durch den Aberglauben der Väter verdunkelt, in der Finsternis dieses Labyrinths gefesselt liegen, in das sie der Koran gebannt hat« (S. 166).[139]

Mit dem Blick zurück auf die jungtürkische Regierung ist Wegner schließlich über ihren Versuch, mit dem traditionellen Bild vom Osmanischen Reich als einem märchenhaften Land voller Wunder und Reichtum die tatsächliche Lage zu verdecken bzw. den Anschein von politischer und militärischer, ökonomischer und kultureller Stabilität und Zuverlässigkeit gegenüber den ausländischen Freunden und Feinden wie auch der eigenen Bevölkerung zu bewahren, enttäuscht. Er vertritt die Meinung, dass das Sultanat, so wie es noch im Ersten Weltkrieg bestehe, nur noch ein Schatten seiner selbst sei und in Kürze untergehen werde (S. 167f.).[140]

guten Sache gestellt hatten. Neue Posten wurden frei und von den intellektuellen Jungtürken besetzt. Und diese vergaßen sehr bald, worin ehemals ihre Aufgabe bestanden hatte, fanden keine Zeit mehr, das begonnene Werk zu Ende zu führen und ließen so, als sie Staatsbeamte geworden waren, wiederum einen Niedergang in der geistigen Entwicklung eintreten.«

138 Die Unterscheidung bei der Beurteilung von osmanischer Regierung und türkischer Bevölkerung betont auch Loti: Die sterbende Türkei 1913, S. 86.

139 Vgl. auch Anmerkung 122.

140 Vgl. auch die Analyse von Lawrence: Die sieben Säulen der Weisheit 2005, S. 40f.

3.3.9 »Ich glaube, daß die Entzauberung des Orients kommen muß.« Ein Resümee

Kurz nach dem Eintritt des Osmanischen Reichs in den Ersten Weltkrieg wird deutlich, dass sich die Hohe Pforte mit dem Versprechen, dem deutschen Bundesgenossen im Fall eines Krieges militärisch zu Hilfe zu kommen, übernommen und den Niedergang des Sultanats nur noch mehr beschleunigt hat. Trotz der politischen und militärischen Unterstützung durch das kaiserliche Deutschland, das durch den Zweifrontenkrieg selbst in Bedrängnis geraten ist, sind die osmanischen Streitkräfte den Alliierten beinahe während des gesamten Krieges an Soldaten und Kriegsmaterial unterlegen.[141]

Ihre Überlegenheit erlaubt es Großbritannien, Frankreich und Russland, die osmanischen Armeen von allen Seiten, vom Kaukasus und Persien, von Mesopotamien und Palästina, vom Mittelmeer und der Ägäis, anzugreifen, langsam aufzureiben und zur Aufgabe zu bewegen. Zwar verbuchen die Osmanen mit Hilfe der Deutschen einige Erfolge: So wehren sie 1915 die Engländer, Australier und Neuseeländer an den Dardanellen ab, kesseln 1916 die Briten und Inder in Kut-el-Amara ein und zwingen sie zur Kapitulation, drängen die zaristischen Truppen nach dem Ausbruch der Russischen Revolution 1917 zurück und erobern bis 1918 die von den Russen verlassenen Gebiete in Ostanatolien, Iranisch-Aserbaidschan und im Südkaukasus. Doch mit der Dauer der Kampfhandlungen, der Kriegserklärung der USA an die Mittelmächte 1917 sowie mit der absehbaren Niederlage der Deutschen an der Westfront und der Österreicher und Bulgaren an der Balkanfront bricht auch der Durchhaltewille der Osmanen mit der Eroberung Palästinas und Syriens durch britisch-französisch-arabische Verbände zusammen. Der Bitte der Hohen Pforte nach einem Waffenstillstand kommen ihre Gegner Ende Oktober 1918 nach. Istanbul verliert nicht nur alle Besitzungen auf der arabischen Halbinsel, sondern muss bis zur Eröffnung der Versailler Friedenskonferenz im Januar 1919 alle noch besetzten Gebiete in Nordpersien und dem Kaukasus räumen. Der im Juni 1920 in Sèvres unterzeichnete, vom türkischen Parlament jedoch nicht ratifizierte Friedensvertrag bedeutet das endgültige Ende des Osmanischen Reichs in seiner bisherigen Form, da es auf sein Kernland Anatolien beschränkt wird.[142]

Wegner ist sich dieses nahen Endes während seines Aufenthalts in Istanbul bewusst, zuletzt bei der Beerdigung des deutschen Botschafters Hans Freiherr

141 Vgl. zu den Gründen der Probleme und Schwächen der osmanische Armee ebd., S. 144.

142 Wegner hat die spätere Aufteilung des Osmanischen Reichs Ende 1918 vorhergesehen. Vgl. Wegner: Die Neugestaltung unserer Orientpolitik 1918, S. 102.

von Wangenheim (1859-1915). Er glaubt mit dem toten Diplomaten auch seine eigenen Vorstellungen von einem zukünftig weiterhin türkisch dominierten Reich begraben zu müssen (S. 169f.).[143] Worin bestehen jene »vielfachen Hoffnungen und Entwürfe [...], die wir halb mit Lust, halb mit ängstlichem Herzen an die Zukunft dieses Landes geknüpft hatten« (S. 175)? Bei Wegner äußern sie sich in dem Wunsch, dass die von westlichem Gedankengut geprägten Jungtürken ihre vor dem Machtantritt versprochenen Zusagen wie die Gleichberechtigung aller osmanischen Untertanen »ohne Unterschied des Standes, des Glaubens, des Völkertums« (S. 171) in die Tat umsetzen und das im Krieg unterlegene Sultanat in einen modernen Staat umwandeln sollen, damit es sich gegen die Großmächte behaupten könne.

Wegner konzentriert sich daraufhin auf die Suche nach Möglichkeiten, den seiner Meinung nach zu konstatierenden Stillstand und das Desinteresse an Veränderungen im Osmanischen Reich zu überwinden. Eine solche Lösung sucht er im Islam, der eine Erneuerung anstoßen könne. Allerdings müsse er dafür selbst zuvor reformiert worden sein. Skeptisch schreibt er:

> [N]ur die frohe Botschaft eines islamischen Propheten, aus dem die Kraft wüchse, die Seele der Völker Muhammeds schaffend umzugestalten, wäre berufen, diesen Fluch nach jener neuen Lehre zu tilgen, deren obersten Grundsatz ein Franzose einmal im Gespräch mit mir in die Worte fasste: ›Ouvrez le harem et fermez le koran!‹ (S. 167)[144]

143 Als Redakteur des *Neuen Orients* versucht Wegner, die positiven Seiten der Niederlage der Deutschen im Ersten Weltkrieg zu betonen. Vgl. ebd., S. 101f.

144 Im Rückblick schreibt Wegner: Einleitung 1926, S. 27f: »So fand das betrachtende Wesen des morgenländischen Menschen sich plötzlich gegen das handelnde des Abendländers gestellt, den es aus der Empörung eines in seinem glücklichen Frieden gestörten Herzens mit Haß verfolgte. Nur eine tiefgehende Wandlung des Islam, auf dessen umdrohter Insel das Volk sich enger zusammenscharte, und die Öffnung des Frauenhauses hätten das Land aus dieser Verwirrung führen können, eine Wandlung, die wie die großen Umwälzungen des Abendlandes von den Propheten des Volkes selbst, nicht allein von seinen Heerführern getragen würde. Aber von diesem letzten, wichtigsten, vielleicht auch tödlichen Eingriff in das Glaubensgebäude des Koran scheuten sie, die seine Lehren leichtsinnig in den Abgrund geworfen hatten, damals zurück, den verzweifelten Widerstand des Volkes fürchtend, um es so jener unlösbaren Aufgabe zu überlassen, die Grundsätze des Islam mit den neuen Gedanken des Abendlandes zu vereinen. Wohin aber sollte das Volk irren, wenn es mit der Fessel erstarrter Überlieferung auch den inneren Halt verlor, um einem seelenlosen Triebwerk unter die Räder zu stürzen, dem es weder an Kenntnis noch Ausdauer gewachsen war?« Neben der Reformierung der Religion ist auch die Emanzipierung der osmanischen Frau, die Wegner anspricht, ein Thema in den Romanen und Reiseberichten anderer europäischer Orientbesucher.

Eine weitere Möglichkeit sieht Wegner zuweilen in der Intervention ausländischer Mächte, »vom Westen kommend, urplötzlich geisterhaft dem Erdboden entwachsen« (S. 180). Sollte das Land nämlich selbst zu geschwächt sein, um die notwendige Reformierung aller Lebensbereiche durchzuführen, müsse die Aufgabe von externen Kräften geleistet werden. Allerdings würde diese Variante, die durch die Landung britischer und französischer Streitkräfte in Istanbul Ende 1918 Wirklichkeit wird, mit der Aufhebung der Selbstständigkeit und Unabhängigkeit der Hohen Pforte einhergehen – was, laut Wegner, sein »Wunsch nie gewesen ist« (S. 180).[145]

Folgerichtig sei die selbstständige Erneuerung von Staat und Gesellschaft im Osmanischen Reich die unabdingbare Notwendigkeit für ein Weiterbestehen eines autonomen orientalischen Staates in Anatolien. So bestehe die Aufgabe darin, das vor dem Zusammenbruch stehende Land in die neue Zeit hinüberzuführen, was wiederum nicht anders als durch eine offene Auseinandersetzung mit den Auswirkungen der Modernisierung möglich sei. Hierfür müsse allerdings nicht etwa nur der Versuch unternommen werden, die Denk- und Lebensweisen im Orient mit denen im Westen zu verknüpfen und einen Ausgleich zwischen den Anforderungen der unterschiedlichen Kulturkreise zu erreichen.

Siehe Loti: Die Entzauberten 1912, S. 32: »Der Harem der Gegenwart ist ganz einfach der weibliche Teil einer ebenso zusammengesetzten Familie des Abendlandes und mit der gleichen Erziehung – ausgenommen: die klösterliche Absperrung, die schwarze Verpuppung für die Straße und die Unmöglichkeit für die Frauen, ein Gespräch mit einem Mann anzuknüpfen, der nicht ihr Vater, ihr Gatte oder Bruder ist. Ausnahmsweise wird ihnen noch zuweilen ein Gespräch mit einem ganz nahen Cousin gestattet, mit dem sie einst als Kind gespielt haben.« Siehe zur Erklärung des Werktitels eine junge Türkin ebd., S. 141: »›Man ist entzaubert vom Leben, wenn man gelebt hat; wir hingegen wünschen überhaupt erst zu leben!‹« Ferner ebd., S. 143f.: »›Erinnern Sie sich der schönen Legenden alter Zeiten: Die Walküre schläft in ihrer unterirdischen Burg; Dornröschen schläft im verzauberten Schloß, mitten im Walde. Aber die Verzauberung wird gelöst, und sie erwachen. – Nun wohl! Sie, die Muselmaninnen, schliefen seit Jahrhunderten in so ruhigem Schlummer, bewacht von den althergebrachten Gebräuchen und den Glaubenssätzen. Plötzlich aber ist der böse Zauberer, das heißt der Hauch des Abendlandes, bis zu ihnen gedrungen und hat den Zauber gelöst. Sie erwachen: zum Leiden des Lebens und des Bewußtseins!‹« Vgl. auch Anmerkung 122.

145 Mit der Kapitulation des Osmanischen Reichs Ende Oktober 1918 und der Besetzung der eingebüßten Gebiete durch Briten, Franzosen, Italiener, Armenier und Griechen geht freilich keine Beruhigung einher. Im Gegenteil sammelt sich ab 1919 eine türkische Bewegung unter Mustafa Kemal, die einen Staat in nationalen Grenzen fordert und in einem dreijährigen Krieg die an Griechen und Armenier verloren gegangenen Territorien zurückerobert.

Wegner geht so weit, eine vollkommene »Amerikanisierung« von Staat und Gesellschaft zu fordern. Seine Ausführungen lassen dabei ein bereits mehrfach angedeutetes Gegensatzpaar erkennen, das später im Novellenband *Der Knabe Hüssein* ähnlich wieder von ihm aufgegriffen wird: So stehe die Verwestlichung des Landes für künftigen Fortschritt und Rationalität, Erneuerung und Prosperität, während ein weiter hauptsächlich von türkisch-orientalischen Traditionen und Islam dominiertes Denk- und Lebensmodell gewissermaßen von Rückständigkeit, Dunkelheit und Armut gekennzeichnet sei. Sollte daher der stark von imperialistisch-kolonialistischen Diskursen seiner Zeit beeinflusste Vorschlag Wegners einer Übernahme westlicher Werte im verbliebenen Osmanischen Reich gelingen, freilich nur dann könne seiner Meinung nach das Land, wie er es auch im Titel seines Buches formuliert, zu einem »Hause der Glückseligkeit« werden. Symbolisiert wird die von ihm propagierte, scheinbar unhinterfragte Verwestlichung des Landes in dem von ihm erwähnten Wappen seines Siegelrings, »in dessen Felde sich ein Halbmond öffnet, von einem Schwerte durchstochen« (S. 181):

> [D]ieses Land bedarf neuer verwandelter Menschen, eines völlig veränderten und gesteigerten Zeitmaßes seiner Lebensführung; jener sonnigen Heiterkeit eines beruhigten Daseins, die der wechselnde Schimmer des Halbmonds nie über seine Felder ausgießen wird, um aus jahrzehntelanger Dämmerung die alte Vision Liszts endlich zum Licht und zur Vollendung zu führen. Vielleicht würde so das alte Wahrzeichen meines Siegels doch noch eine verheißungsvolle Auferstehung erleben. Denn ich glaube, daß die Entzauberung des Orients kommen muß, ich glaube an die Zukunft dieses neuen Amerika. (S. 182)[146]

146 Später stellt Wegner zwei Möglichkeiten der Entwicklung in der Türkei in Aussicht. Allerdings ist auch hier sein Bild von den Türken und den levantinischen, d.h. christlichen Orientalen geprägt von Bildern und Vorurteilen, die er bereits in *Im Hause der Glückseligkeit* einsetzt, um die Ethnien zu charakterisieren. So erscheint bei Wegner der »östliche Mensch« passiv und statisch, während der »westliche Mensch« als aktiv und fortschrittlich gezeichnet wird. Siehe Wegner: Einleitung 1926, S. 36f.: »Wird der Bauer Anatoliens, wird der östliche Mensch, der sich zum Diener der Dinge machte, in das Triebwerk Europas gespannt, die Tatkraft haben, dem Rhythmus dieses Zeitalters zu folgen, das mit der Monotonie seiner eisernen Gebete ihm nicht wie einst erhebende Erlösung schenkt, sondern als Staub den unter seinen Rädern zermalmt, der nicht den Weg findet, handelnd sich selber zu lenken? Oder wird eine neue morgenländische Rasse, ein gehobenes Levantinertum von amerikanischen Zügen mit den Pflanzgärten Kaliforniens die leeren Landräume füllen, die verheißen scheinen, die Tage des Paradieses wieder auf diese Erde zurückzuführen? Vielleicht wird die Unrast der westlichen Welt, die

Dass der Preis, den das Land für diese Utopie zahlen müsste, ein hoher wäre, das lässt Wegner freilich unausgesprochen. Nur unterschwellig wird deutlich, was er in diesem Zusammenhang mit der »Entzauberung des Orients« meint. Die Realisierung seines Vorschlags wäre, offen gesagt, nicht anders möglich als durch Selbstentfremdung und Assimilation oder, mit anderen Worten, durch die Aufgabe eines Großteils an politischer, wirtschaftlicher und sozialer, vor allem religiös-kultureller Selbstständigkeit der türkisch-muslimischen Bevölkerung im nach dem Krieg übrig gebliebenen Osmanischen Reich.

3.4 *Der Knabe Hüssein. Türkische Novellen* (1921)

> Mir fiel auf, daß er alle Erlebnisse auf sich bezog, daß jede Schilderung um sein Ich kreiste. Genoß er denn auch das Leiden und Entsetzen als dramatische Steigerung des Daseins, war er der Künstler, der als Betrachter sich immer selbst zuschaut?
>
> Lola Landau: *Vor dem Vergessen* (1987)[147]

Noch während des Krieges, nach seiner Rückkehr ins Deutsche Reich im Dezember 1916, findet Wegner Zeit, seine Erlebnisse und Erfahrungen auch novellistisch zu verarbeiten. So entstehen – auch unter dem Eindruck der Erzählungen und des Vortrags *Expressionismus in der Dichtung*[148] von Kasimir

auf ihrer Jagd ständig nach neuen Straßen ausschweift, noch einmal über die Völkerbrücke des Kaukasus den alten Handelsweg des Ostens nach Asien leiten, dessen Karawane statt auf den Steinwegen der Berge sich durch die Wolken bewegt und mit dem Schrei ihrer Propeller den Flügelschlag wandernder Kraniche übertönt. Nicht lange, und wo einst das Plätschern der Brunnen die schläfrige Muße stiller Gedanken begleitete, wird zwischen dem schwarzen Femgericht der Bohrtürme die Fontäne des Erdöls ihren regenbogenfarbenen Strahl erheben, werden Kanäle und Wasserschleusen das Land in ihr silbernes Netz reißen, wo heute noch das Loblied einsamer Schöpfbrunnen erklingt. Uns ziemt nicht, rückwärts gewendet, zu klagen, daß diese Wandlung sich mit dem Untergang vieler uns liebgewordener Güter vollzieht, die schon lange die große Dämmerung des Sterbens bestrahlte, wenn unter den gewaltigen Atemstößen der Zeit sich der große Ausgleich der Erde und die Entzauberung des Ostens vollendet.« Hervorhebung von Wegner. Vgl. Şölçün: Literarische Entdeckung türkischer Mentalität 2007, S. 288f. Vgl. ferner Bogdal: Maschinen im Märchenland 2007, S. 341.

147 Landau: Vor dem Vergessen 1987, S. 115. Lola Landau (1892-1990), deutsch-jüdische Schriftstellerin, ist von 1920 bis 1939 mit Armin T. Wegner verheiratet.

148 *Expressionismus in der Dichtung* wird von Edschmid als Rede Mitte Dezember 1917 vor dem *Bund Deutscher Gelehrter und Künstler* und der *Deutschen Gesellschaft 1914* gehalten. Als gedruckter Text erscheint der Vortrag 1918 in der Märzausgabe

Edschmid (1890-1966) – vier *Türkische Novellen*, in denen zwei türkische (*Der Knabe Hüssein* und *Osman*), ein armenisches (*Der Bankier*) und schließlich ein türkisch-armenisches Schicksal (*Der Sturm auf das Frauenbad*) im Ersten Weltkrieg und bei den Ausschreitungen 1894/96 geschildert werden.[149]

Dabei unterscheiden sich die Novellen nicht nur formal, sondern auch qualitativ von *Der Weg ohne Heimkehr* und *Im Hause der Glückseligkeit*. Denn Wegner schreibt nicht mehr Kriegsmemoiren oder Reiseaufzeichnungen aus der Perspektive eines stark auf sich selbst bezogenen Ich-Erzählers, sondern Novellen, die jeweils den Lebens- und Leidensweg eines osmanischen Untertanen mit unterschiedlicher ethnischer, sozialer und religiöser Herkunft, und zwar aus der Sicht eines personalen Erzählers, thematisieren. Das stellt in der Hinsicht eine Weiterentwicklung für den Schriftsteller dar, weil ihm dadurch die Möglichkeit gegeben wird, Selbsterlebtes anhand fiktiver Figuren zu verarbeiten, dieses aber auch mit Erlebnissen anderer, beispielsweise von Flüchtlingen, deren Augenzeugenberichte er gesammelt hat, zu vermischen. Der größere zeitliche Abstand zu den Geschehnissen schafft zudem eine gewisse Distanz und gibt ihm die Chance, in den Novellen stärker als in den beiden Orientbüchern über das Erlebte zu reflektierten.

Ähnlich wie im Fall von *Der Weg ohne Heimkehr* und *Im Hause der Glückseligkeit*, kann auch der Erzählband aufgrund der Zensur in Deutschland erst nach dem Krieg erscheinen.[150] Die Sammlung wird von der Kritik ebenfalls

---

der *Neuen Rundschau*. Da die Rede stellenweise wirkt, als hätte sie Wegner wie eine Anleitung zum Verfassen seiner *Türkischen Novellen* verwendet, soll sie bei entsprechenden Textstellen in seinen Erzählungen zum Vergleich herangezogen werden.

149 Vgl. Rooney: Leben und Werk Armin T. Wegners 1984, S. 224. Betrachtet man Aufbau und Inhalt, ist es möglich, dass sich Wegner mit dem Novellenband *Der Knabe Hüssein* neben den Arbeiten Edschmids erneut an eine Arbeit von Max Rudolf Kaufmann angelehnt hat. So kann es im Fall der Novellen der vom Schweizer Journalist und Übersetzer zusammengestellte und 1916 erschienene Band *Türkische Erzählungen* sein, in dem die Prosa zeitgenössischer osmanischer Schriftsteller einem größeren Publikum im deutschsprachigen Raum vorgestellt wird, der Wegner bekannt gewesen sein dürfte und weitere Anregungen für seine Arbeit geliefert haben mag. Die *Türkischen Erzählungen* behandeln das Alltagsleben von groß- und kleinbürgerlichen Türken, von westlich ausgerichteten und wohlhabenden Leuten wie auch in ärmlichen Verhältnissen lebenden Gläubigen, die schwierige Lage der Frauen in Stadt und Land, das Dasein der Haussklaven und das Schicksal von Soldaten in Kriegszeiten.

150 Bis auf *Osman* erscheinen die Novellen vorab in diversen Zeitschriften. Vgl. Wegner: Der Bankier. Novelle. In: Paul Kellers Monatsblätter »Die Bergstadt« 8 (1919/20). Bd. 2, S. 373-384 und S. 457-466. Vgl. ferner Wegner: Der Knabe Hüssein. In: Der neue Merkur 4 (1920/21). H. 10, S. 669-684. Vgl. schließlich Wegner:

positiv aufgenommen.[151] Im Folgenden werden die vier Erzählungen vorgestellt und untersucht. Dabei liegt der Schwerpunkt auf der Analyse der Sprache, der Thematisierung des Krieges sowie der Darstellung der Türken und Armenier, Araber und Kurden.

3.4.1 *Der Knabe Hüssein*

Die Härte und Wucht des Krieges, ihre Gewalt und Intensität wie auch ihre Auswirkungen auf das Leben der Menschen – Erfahrungen, die Wegner während seines Sanitätsdienstes macht und die als wichtige Bestandteile in seine Reisebücher über das Osmanische Reich einfließen – werden in seinen *Türkischen Novellen* von 1921 zum zentralen Thema.[152] Dabei wird dies anhand des Schicksals der aus dem Osmanischen Reich stammenden, exemplarisch ausgewählten Protagonisten[153] in einer expressionistisch gefärbten, pathetischen und bilderreichen Sprache skizziert.[154] So geht es in der Titelgeschichte des Buches um drei Jahre aus dem Leben des in Ostthrakien geborenen Knaben Hüssein, der durch den Ersten Balkankrieg im Oktober 1912 nicht nur seine Eltern verliert und zum Vollwaisen, sondern durch die Zerstörung seiner Lebenswelt und der Flucht auch aus seiner Heimat – zwei einschneidende

Der Sturm auf das Frauenbad. In: Berliner Tageblatt. September bis Oktober 1921 in Fortsetzungen.

151 Vgl. Carsten: Armin T. Wegner: Der Knabe Hüssein 1921/22, Sp. 689. Vgl. ferner Loerke: Armin T. Wegner. Der Knabe Hüssein 1965, S. 113-114.

152 Siehe Edschmid: Expressionismus in der Dichtung 1918, S. 364: »Die Erde ist eine riesige Landschaft, die Gott uns gab. Es muß nach ihr so gesehen werden, daß die unverbildet zu uns kommt. Niemand zweifelt, daß das Echte nicht sein kann, was als äußere Realität erscheint. Die Realität muß von uns geschaffen werden. Der Sinn des Gegenstands muß erwühlt sein. Begnügt darf sich nicht werden mit der geglaubten, gewöhnten, notierten Tatsache, es muß das Bild der Welt rein und unverfälscht gespiegelt werden. Das aber ist nur in uns selbst.«

153 Siehe ebd., S. 364: »Die große Musik eines Dichters sind seine Menschen. Sie werden ihm nur groß, wenn ihre Umgebung groß ist. Nicht das heroische Format, das führte nur zum Dekorativen, nein groß in dem Sinne, daß ihr Dasein, ihr Erleben teil hat an dem großen Dasein des Himmels und des Bodens, daß ihr Herz, verschwistert allem Geschehen, schlägt im gleichen Rhythmus wie die Welt.«

154 Siehe Rooney: Leben und Werk Armin T. Wegners 1984, S. 232: »Der Sinn der erzählten Ereignisse besteht hauptsächlich darin, alles in sprachlichen Aufruhr umzusetzen. Die Vorliebe für eruptive Affekte, das Sprunghafte des Erzählduktus und die grelle Symbolik in der Handlungsverknüpfung gehen mit Wegners Abneigung gegen reflektierende Exploration einher.«

Erlebnisse, die Wegner in den Novellen wiederholt aufgreift – auch beraubt und entwurzelt wird.

Doch ist Hüssein nicht der einzige, der aufgrund der schweren Niederlagen der Osmanen auf den südosteuropäischen Kriegsschauplätzen seine Heimat verlassen und mit den eigenen Einheiten in Richtung Kleinasien flüchten muss. Der Krieg, erfährt der Junge unterwegs, bedingt mit der Verwüstung der Infrastruktur auch den Niedergang ganzer Familien und ihrer zum Teil Jahrhunderte alten Regeln und Traditionen. Was bis vor kurzem noch undenkbar schien, Tod und Vertreibung, Hunger und Elend, Krankheit und Leid, wird plötzlich zum Alltag (S. 3f.).[155]

Der Krieg, der in den letzten Jahrzehnten des Sultanats aufgrund der militärischen Auseinandersetzungen der Hohen Pforte mit mittleren und kleineren europäischen Mächten in Tripolitanien und der Ägäis, auf dem Balkan und der arabischen Halbinsel zu einem Stück Normalität im Bewusstsein der ottomanischen Völker wird, beherrscht auch das Leben und Denken des Knaben. Der Waise wird von osmanischen Soldaten mit in das Lager von Tschataldscha im verbliebenen europäischen Teil des Osmanischen Reichs genommen und mit der Pflege der Lasttiere beauftragt. Im Frühling 1913 folgt er den Infanteristen nach Stambul und verbringt 20 Monate bei den Rekruten der Taximkaserne.

Trotz aller Gewöhnung und Abhärtung durch das Zusammensein mit Soldaten, die freundliche Aufnahme bei ihnen und in der Hauptstadt kann er das plötzliche, mit dem Tod der Eltern und dem Verlust der Heimat einhergehende Ende seiner Kindheit nur schwer verkraften. So sehr der Krieg auch für ihn alltäglich geworden ist, er leidet unter der Verdrängung und gleichzeitig an der Unmöglichkeit einer Verarbeitung seiner Erlebnisse. Immer wieder kommt er auf das Ungeheuerliche des Erfahrenen, den Verlust seines früheren, behüteten Lebens zurück:

> Der dumpfe Donner, den er einen Winter lang in den Gräben von Tschataldscha gehört hatte, klang ihm vertraut wie einst die Stimme der Mutter, die nach dem Brunnen ging, oder das Klappern des Getreideschlittens, mit dem sein Vater über den Hof fuhr. Doch diese Erinnerung war ein finsteres Zimmer, in das er hineinlief, ohne wieder herauszufinden. (S. 8)[156]

---

155 Vgl. Wegner: Der Knabe Hüssein. Türkische Novellen 1921, S. 3f. Hinweis: Im Folgenden wird der Text der Erstausgabe durch Stellenangaben in Klammern zitiert. Vgl. zum historischen Hintergrund auch den Abschnitt *Balkan* in Kreiser: Der osmanische Staat 2001, S. 49.

156 Siehe Edschmid: Expressionismus in der Dichtung 1918, S. 365: »Keine blonde Bestie, kein ruchloser Primitiver, sondern der einfache, schlichte Mensch, sein

Nach dem Kriegsausbruch 1914 wird der Junge aufgrund der Landung alliierter Truppen auf Gallipoli im April 1915 mit seinem Regiment – hier folgt er Wegner – an die Dardanellen geschickt. Hüssein, der zur Arbeit in der Küche der Offiziere geschickt wird, fällt bald dem Kommandanten auf. Der junge arabische Hauptmann Ali Reschad Bey macht ihn zu seinem Diener, unterrichtet den Jungen und zeigt ihm, dass er auch ein körperliches Interesse an seinem Untergebenen hat (S. 14).[157] In der Folgezeit beginnt der Junge über die Halbinsel zu streifen. Das »heisere Bellen türkischer Batterien« (S. 16) macht ihm genauso wenig Angst wie die »kleine[n] Küstenboote, flache Schildkröten, mit den gelben Uniformen englischer Soldaten gefüllt« (S. 16f.). Hüssein dringt nachts hinter die feindlichen Linien, tötet gegnerische Soldaten, entwendet ihnen Waffen, Kleider und Zigaretten und versteckt diese hinter den Gräben (S. 28).

Die Brutalität des Krieges bleibt nicht ohne Einfluss auf ihn. Er lernt Überleben durch Töten und Stehlen, verliert seine Hemmungen, »verwildert« und sieht das Leben gewissermaßen wie ein Tier nur noch im Hier und Jetzt.[158] Die

---

Herz atmet, seine Lunge braust, er gibt sich hin der Schöpfung, von der er nicht ein Stück ist, die in ihm sich schaukelt, wie er sie wieder spiegelt. Sein Leben reguliert sich ohne die kleinliche Logik, ohne Folgerung, beschämende Moral und Kausalität lediglich nach dem ungeheuren Gradmesser seines Gefühls.«

157 In der Figur des jungen homosexuellen arabischen Hauptmanns verarbeitet Wegner eigene, in Mesopotamien gemachte Erfahrungen. Siehe den Eintrag Wegners vom 25.9.1916 in sein Kriegstagebuch von 1916 in Tamcke: Armin T. Wegner und die Armenier 1996, S. 70f.: »Der junge taubstumme Araber, schön gewachsen, flink, von dem ich mir kochen und helfen lasse... Seine ungeheure Fähigkeit sich durch Gesten verständlich zu machen und selbst zu verstehen schneller als ein Sprechender. Seine Gurgellaute. Abends nach dem Essen. Als er Wasser holen geht folge ich ihm nach dem Fluß. Er versteht gleich, was ich will, nachdem ich beim Baden schon Andeutungen machte. Wir küssen uns im Dunkel hinter der Mauer des Chan. Die bronzene Süße seines Körpers.« Siehe ferner unter dem 11.10.16 ebd., S. 71: »Um 3 erwartete er mich im Chan. Wir gingen durch den warmen Tag in eine kleine Seitenstraße. Das Tor schloß sich.« Siehe zur Homosexualität im Orient Lawrence: Die sieben Säulen der Weisheit 2005, S. 280: »Sie [zwei Araber; B.S.] waren ein Musterbeispiel orientalischer Knabenliebe, die eine unvermeidliche Folge der strengen Absonderung der Frau ist. Derartige Freundschaften führten oft zu männlicher Liebe von einer Kraft und Tiefe, die von der sich unsere einseitig auf das Erotische eingestellte Anschauung keinen Begriff machen kann. Im Stande der Unschuld waren diese Freundschaften von einer unbefangenen Leidenschaftlichkeit. Trat das Geschlechtliche hinzu, so verwandelten sie sich in eine rein sinnliche Beziehung des Gebens und Nehmens gleich einer Ehe.«

158 Siehe Edschmid: Expressionismus in der Dichtung 1918, S. 265f.: »Mit diesem Ausbruch seines Inneren ist er allem verbunden. Er begreift die Welt, die Erde steht

Zerstörungen, die die Kämpfe in den Städten und auf dem Land verursachen, gehen einher mit physischen und psychischen Verletzungen der Individuen, oft auch ohne dass diese die dadurch ausgelösten Veränderungen in ihrem Verhalten bemerken. So ist es auch bei Hüssein, dessen andauernder »Erfolg« bei seinen Gängen in das feindliche Lager für eine große Popularität unter seinen Kameraden sorgt und ihn in seinem Vorgehen weiter bestärkt. Derart ermutigt und durch die Kämpfe berauscht, setzt der Knabe seine nächtlichen Aktionen, die er stets spielerisch auffasst,[159] fort. Bei einem Sturmangriff der Osmanen auf die alliierten Stellungen auf Gallipoli wird er allerdings schwer verwundet. Doch anstatt den Kampf zu meiden, geht er nach seiner Genesung wieder an die Front. Ihn locken die Anspannung, Gefahr und Lust, als den er den Krieg empfindet.[160]

Doch es ist nicht nur der Rausch und das Glücksgefühl, das den zum Unteroffizier ernannten Knaben mit Krieg und Militär verbindet, sondern auch die Tatsache, dass er in der Armee eine neue Familie gefunden hat und von seinen Kameraden als ihresgleichen behandelt wird. Dabei wird ihre Anerkennung noch durch den im Islam vorgeschriebenen Ritus der Beschneidung (S. 40f.), wodurch er in die Gemeinschaft der männlichen Erwachsenen aufgenommen wird, unterstrichen. Die Kameradschaft und Treue, Ordnung und Disziplin bilden ein wichtiges Moment bei der Entscheidung des Waisen, in Zeiten des

in ihm. Er steht auf ihr mit beiden Beinen angewachsen, seine Inbrunst umfaßt das Sichtbare und das Geschaute. Nun ist der Mensch wieder großer unmittelbarer Gefühle mächtig. Er steht da, so deutlich in seinem Herzen zu erfassen, so absolut ursprünglich von den Wellen seines Bluts durchlaufen, daß es erscheint, er trüge sein Herz auf der Brust gemalt. Er bleibt nicht mehr Figur. Er ist wirklich Mensch. Er ist verstrickt in den Kosmos, aber mit kosmischem Empfinden. Er klügelt sich nicht durch das Leben. Er geht hindurch. Er denkt nicht über sich, er erlebt sich. Er schleicht nicht um die Dinge, er faßt sie im Mittelpunkt an. Er ist nicht un-, sondern übermenschlich, er ist nur Mensch, feig und stark, gut und gemein und herrlich, wie ihn Gott aus der Schöpfung entließ. So sind ihm alle Dinge [...] nahe. Er wird nicht unterdrückt, er liebt und kämpft unmittelbar. Sein großes Gefühl allein, kein verfälschtes Denken führt ihn und leitet ihn.«

159 Vgl. Rooney: Leben und Werk Armin T. Wegners 1984, S. 231.

160 Siehe ebd., S. 234f.: »Wie stark der Krieg als Paradigma für vitale Intensität, für die Schilderung eines blutigen Kultes, für die Verschmelzung von Dynamik, Bewegung und Raserei wahrgenommen und gekostet wird, zeigt sich beispielhaft in ›Der Knabe Hüssein‹. Die Stilisierung des ›hässlichen Krieges‹ ist das Moment, mit dem die heroische Kriegsauffassung bekämpft werden soll. Das Motiv vom knabenhaften Soldaten, der weniger human wird als das Tier, das nur aus Hunger tötet, ist geeignet, den Krieg im pazifistischen Sinne als inhumanes Schicksal zu entlarven, ohne das größere intellektuelle aufklärerische Anstrengungen gemacht werden müssen.«

Krieges und des damit verbundenen Verlustes aller Sicherheiten beim Militär zu bleiben (S. 43f.). Nichts anderes kennt und besitzt er.

3.4.2 *Der Bankier*

Während in *Der Knabe Hüssein* das Schicksal eines jungen Türken aus Ostthrakien behandelt wird, geht es in *Der Bankier* um die Lebensgeschichte eines armenischen Geschäftsmannes aus Mesopotamien. Sein Schicksal spiegelt das ambivalente Verhältnis zwischen Türken und Armeniern im Osmanischen Reich in den Jahren vor und während des Ersten Weltkriegs, das von gegenseitigem Misstrauen, von Antipathie und Gewalt gekennzeichnet ist, in einer zuweilen stark pathetischen Sprache wieder.

Kann Wegner in *Der Knabe Hüssein* auf seine Erfahrungen als Sanitäter an den Dardanellen zurückgreifen,[161] verarbeitet er in *Der Bankier* nicht nur seine eigenen, während des zweiten Aufenthalts gesammelten Eindrücke. Wie im Fall seines Lichtbildvortrags von 1919 verwendet er scheinbar auch hier wieder Niepages *Ein Wort an die berufenen Vertreter des deutsches Volkes* (1916) und Lepsius' *Bericht über die Lage des armenischen Volkes in der Türkei* (1916).[162]

Wie beim »verwilderten« bzw. als animalisch dargestellten türkischen Kindersoldaten, so ist auch in *Der Bankier* das Geschehen auf den Protagonisten konzentriert.[163] Beide werden gewissermaßen einer harten Prüfung unterzogen und öfter in ihrem Leben mit Angst, Unsicherheit und Unvorhersehbarkeit konfrontiert. Der in Bagdad geborene Onigk Karribian, Sohn eines Handwerkers, wird mit sechzehn Jahren in die persische Hauptstadt geschickt, wo er als Banklehrling seine Ausbildung erhält. Zu dieser Zeit, in den Jahren 1894/96, erfolgen im Osmanischen Reich Ausschreitungen gegen Armenier (S. 67f.). Karribian erfährt in Persien davon und entscheidet sich daraufhin für die Untergrundarbeit: »Damals wurde er Mitglied der revolutionären Vereinigung ›Die Glocke klingt‹. Sie verbanden sich in ihren Plänen mit den Russen, die in Teheran eine Kosakenbrigade unterhielten« (S. 68).[164]

Zurück in Bagdad empfindet er angesichts des Todes männlicher Familienmitglieder eine »unverdiente Erniedrigung, zu der das Schicksal ihn

---

161 Vgl. Wernicke-Rothmayer: Armin T. Wegner 1982, S. 50.

162 Vgl. Lepsius: Bericht über die Lage des Armenischen Volkes in der Türkei 1919, S. 55, S. 62 und S. 148. Vgl. auch Niepage: Eindrücke eines deutschen Oberlehrers aus der Türkei 1919, S. 6.

163 Vgl Tamcke: Armin T. Wegner und die Armenier 1996, S. 232.

164 Vgl. zum historischen Hintergrund auch den Abschnitt *Armenischer Widerstand* in Kreiser: Der osmanische Staat 2001, S. 46.

verurteilt« (S. 70) habe. Sie erfüllt ihn mit »Scham und der ohnmächtigen Begierde, das erlittene Unrecht zu vergelten« (S. 70), und zwar dadurch, dass er Reichtum anhäuft und die Stadt und ihre Bewohner nach seinem Willen lenkt: Er betreibt das Geschäft des Wechslers und kann wegen seiner Strenge und Genauigkeit ein kleines Vermögen machen. Er besticht Richter, gewinnt Prozesse und erhält die Unterstützung der einheimischen – für Wegner ungewöhnlich, weil negativ gezeichneten – Juden, wofür er sich an ihren Unternehmungen beteiligt. Er fährt wieder nach Teheran, wo während seines Aufenthalts die *Konstitutionelle Revolution* ausbricht. Diese richtet sich nicht nur gegen den despotisch regierenden Mohammad Ali Schah (1872-1924), sondern auch gegen die »starken Fortschritte der Russen in Persien« (S. 80), deren Kosaken dort ein »Leben vollkommener Willkür« (S. 80) führen. Derweilen trifft Karribian einen armenischen Freund namens Ephraim Badian und erklärt sich bereit, mit den Russen zusammenzuarbeiten:

> Seitdem sandte Onigk regelmäßig mit seinen Handelsbriefen Nachrichten über die Unternehmungen der türkischen Regierung nach Teheran, die in einer geheimen Chiffre verfasst waren. Als der Krieg ausbrach, häuften sich diese Briefe, und er verfolgte mit Eifer das Vordringen der russischen Truppen, von deren Einzuge er die endliche Befreiung seines Volkes erwartete. (S. 80)

Gleichzeitig ziehen er und seine jüdischen Geschäftspartner sämtliches Gold aus dem Handel und sorgen dafür, dass in kurzer Zeit der Wert der Papiernoten bis fast auf die Hälfte fällt. Während die Verbitterung in der Bevölkerung steigt, suchen sie nach neuen Möglichkeiten, die durch Krieg und Seeblockade instabile politische, wirtschaftliche und militärische Lage der Türken in Mesopotamien weiter zu verschärfen. Schließlich haben sie den Einfall, Getreide, Zucker und andere Lebensmittel, die für die Ernährung der Truppen unentbehrlich sind, nicht in den Handel kommen zu lassen (S. 81).

Eines Tages jedoch beendet ein Vorfall Karribians konspirative Aktionen. Aufgrund von Briefen mit Geheiminformationen über die aktuelle Situation im Reich, die den örtlichen Behörden zugespielt worden sind, wird er verhaftet, in das Militärgefängnis überführt und wegen der Spionagetätigkeit zum Tod durch den Strang verurteilt. Einige Tage vor seiner öffentlichen Hinrichtung träumt er von einer endlosen Reihe gelber Särge, die sich vor ihm öffnen und aus denen ums Leben gekommene Armenier auferstehen (S. 96ff.).[165]

165 Die Auferstehung der Armenier thematisiert Wegner bereits in seinem Lichtbildvortrag *Die Austreibung des armenischen Volkes in die Wüste*. Vgl. ebd. die Abschnitte *Gottesdienst im Lager* und *Steinwüste*, S. 121-122 und S. 129-130.

Auf Befehl des Stadtkommandanten wird er mit einer Papptafel um den Hals – von Wegner zu einer Kreuzigung Christi stilisiert – durch die Straßen von Bagdad hin zur Hinrichtungsstätte geführt.[166] Der von ihm mit verursachte Hunger in der Stadt sorgt dafür, dass sich die »ungeheure Erregung« (S. 102) der – an dieser Stelle wie später auch in der Novelle *Der Sturm auf das Frauenbad* von Wegner negativ, weil als fanatisch und brutal gezeichneten – muslimischen Bevölkerung, ihre Wut und Verzweiflung über die herrschenden Verhältnisse an Karribian selbst entladen. Er wird beschimpft, nach der Hinrichtung entkleidet und sein Leichnam misshandelt (S. 109). Schließlich wird nach seinem Tod sein Besitz konfisziert und der Rest seiner Familie in ein Beduinendorf am Euphrat ausgewiesen (S. 115).

3.4.3 *Osman*

Wie *Der Knabe Hüssein* beruht auch *Osman* auf Erfahrungen Wegners als Krankenpfleger, diesmal allerdings sehr viel stärker auf denen, die er während seines zweiten Aufenthalts im Zweistromland gemacht und im seinem Lichtbildvortrag *Mit dem Stabe des Feldmarschalls von der Goltz in Mesopotamien* und dem ersten Orientbuch *Der Weg ohne Heimkehr* verarbeitet hat. Betrachtet man Wegners Reiseweg in den späteren Irak, die Eindrücke von den Armeniern, seinen Sanitätsdienst in Bagdad, die dort erlittene, nochmalige Erkrankung an Typhus, schließlich auch hier seine Beobachtungen zu dem unwirtlichen Land und der armen, vom Krieg arg gebeutelten, dabei aber gastfreundlichen Einheimischen, kann man mit Blick auf *Osman* davon sprechen, dass der Autor das von ihm Erlebte wiederum von einem Orientalen durchleiden lässt, jedoch mit dem Unterschied, dass die gleichnamige Hauptfigur fatalistisch (re-)agiert.[167]

Wegner betont so einen freilich von ihm aufgegriffenen, scheinbaren Gegensatz zwischen zwei seiner Protagonisten bzw. unterstreicht eine im Zeitalter des Imperialismus und Kolonialismus gängige Vorstellung der Westlern von ihren östlichen Nachbarn: Karribian, der sein Schicksal nicht hin-

166 Vgl. Matthäus 27, 15-56, Markus 15, 6-47, Lukas 23, 13-49 und Johannes 19, 1-37.

167 Siehe Edschmid: Expressionismus in der Dichtung 1918, S. 366: »Doch sind diese Menschen nicht töricht. Ihr Denkprozeß verläuft nur in andere Natur. Sie sind unverbildet. Sie reflektieren nicht. Sie erleben nicht in Kreisen, nicht durch Echos. Sie erleben direkt. [...] Diese Menschen machen nicht den Umweg über eine spiralenhafte Kultur. Sie geben sich dem Göttlichen preis. Sie sind direkt. Sie sind primitiv. Sie sind einfach, weil das Einfache das Schwerste ist und das Komplizierteste, aber zu den größten Offenbarungen geht.«

nimmt, sondern im Geheimen dagegen ankämpft, repräsentiert den Typ des »aktiven«, wirtschaftlich erfolgreichen und um seine Freiheit kämpfenden Europäers bzw. Christen. Bei Osman, dem Protagonisten der gleichnamigen Novelle – dessen Name *typisch* sein und signalisieren soll, dass er wie *der Knabe* Hüssein und *der Bankier* Karribian stellvertretend für eine bestimmte Gruppe steht[168] –, handelt es sich dagegen um einen jungen Anatolier, der sein Dasein gewissermaßen als gottgewollt ansieht und keinen Versuch unternimmt, es selbstständig zu gestalten. Ähnlich wie der Knabe Hüssein repräsentiert auch Osman den von Wegner eher negativ gezeichneten Typus des »passiven«, statischen und seine Unfreiheit annehmenden Orientalen bzw. Muslim. Geboren als Sohn eines anatolischen Bauern und gleich den Vorfahren »schwerfällig wie eine Schildkröte« (S. 119), gehorcht er der Tradition der Familie, die ein »starkes Geschlecht [und] erfüllt von Frömmigkeit« (S. 119) ist, und wird Landwirt (S. 119f.).[169]

Mit 19 Jahren wird er von seiner Mutter verheiratet. Der Ausbruch des Weltkriegs beendet die arbeitsreiche, aber unbeschwerte Zeit. Der Bauer wird, da er nicht genug Geld besitzt, um sich loszukaufen, zum Militärdienst eingezogen und, wie der Knabe Hüssein, zur Ausbildung nach Istanbul geschickt, wo er erstmals eine große Stadt betritt. Er lernt die Prügelstrafe kennen und dass die »Schläge weniger schmerzen, wenn man den Gendarmen zwei Piaster gibt« (S. 125). Zu den Ausbildern gehören auch Deutsche, die sich wegen ihres herrischen Tons keiner großen Beliebtheit erfreuen (S. 127f.) und Konflikte mit den Einheimischen verursachen, bei denen Osman aber niemals auffällt.[170] Nach dem Befehl zum Aufbruch geht es mit der Bagdadbahn bis Aleppo. Der Krieg und die daraus resultierende allgemeine Not, Armut und der Hunger stellen für die einheimische Bevölkerung genauso eine extreme Situation dar wie für die durchziehenden Soldaten und die armenischen Flüchtlinge (S. 133f.).

Osman sieht die Flüchtlinge und gibt ihnen zu essen, ist aber nicht in der Lage, das Erlebte sich selbst zu erklären. Er folgt den Befehlen seiner Offiziere und nimmt das Kommende fatalistisch an: »Nie dachte er über das Schicksal nach, das ihn erwartete« (S. 131). Gemeinsam mit seiner Einheit zieht er über Bagdad nach Kut-el-Amara, wo er nach einem Gefecht in die Hände von Beduinen fällt. Erst nach drei Monaten flieht er mit einem anderen

168 Vgl. wegen des »Typischen« den Abschnitt *Wortkunst und Abstraktion* in Anz: Literatur des Expressionismus 2002, S. 155-159.

169 Vgl. das ländliche Leben romantisierend Loti: Die sterbende Türkei 1913, S. 42.

170 Den konfliktreichen Umgang miteinander infolge der Unterschiede zwischen Deutschen und Türken thematisiert auch Lawrence: Die sieben Säulen der Weisheit 2005, S. 220.

Türken zurück nach Kut und wird dort als Unteroffizier nach Bagdad beordert. Da er sich langweilt und nach Liebe sehnt, lässt er sich in eine Beziehung mit einer jungen, allerdings syphilitischen Araberin ein. Geschlechtskrankheiten, Typhus, Fleckfieber und Dysenterie sind zu jener Zeit nicht ungewöhnlich. Krieg, mangelnde Ernährung und schlechte hygienische Verhältnisse sorgen neben dem heißen Klima für Epidemien unter der einheimischen Bevölkerung wie auch den stationierten Truppen (S. 167).[171]

Osman nimmt an weiteren Schlachten gegen die stärkeren britisch-indischen Einheiten teil, wobei er sich durch Mut und Tapferkeit auszeichnet: »Stumm und mit zusammengebissenen Zähnen verfolgte er das Ziel, das irgendwo in der Ferne lag und das Gott ihnen verheißen hatte« (S. 171). Der Kriegseinsatz endet für ihn nach einer schweren Verletzung, bei der ihm sein linkes Bein amputiert werden muss, und nach einem Fieberanfall mit einem Erholungsurlaub in Bagdad. Nach der Entlassung kehrt er schließlich heim und erfährt, dass seine Frau nach seiner Todesmeldung wieder geheiratet und ein zweites Kind geboren habe. Der Invalide ist traurig und enttäuscht, nimmt aber das Geschehene an: »›Ich ging in der Wüste umher und litt viel Schmerzen. Ich dachte an euch und den Tag der Heimkehr; aber Allah hat es anders gewollt, und es war nur ein Irrtum. Gepriesen sei, der niemals irrt!‹« (S. 197).

Er akzeptiert das Angebot eines Kaufmanns, der für geringes Geld die Bettler und Krüppel seiner Gegend anwirbt, vermietet ihm sein »verstümmeltes Bein« (S. 198) und zieht nach Stambul, wo er sich an Festtagen vor Moscheen stellt und um Spenden bittet. Und auch noch zu diesem Zeitpunkt, nachdem er Haus und Hof, Frau und Kind, Gesundheit und Glück verloren hat, bleibt Osman passiv und nimmt sein Schicksal klaglos an. Trotz seiner vielfältigen Erlebnisse hat er kein Bewusstsein dafür entwickelt, dass er wie Millionen anderer Opfer eines Krieges geworden ist, der das Leben der Individuen in ein Schrecken mit Hunger und Elend, Krankheiten und Epidemien, Flucht und Vertreibung verwandelt hat.

---

171 Siehe bezüglich der Situation der türkischen Soldaten im Ersten Weltkrieg auch ebd., S. 42: »Die ärztliche Untersuchung mehrerer türkischer Gefangenenschübe ergab, daß fast die Hälfte von ihnen mit widernatürlich erworbenen Geschlechtskrankheiten verseucht war. Über Lues und dergleichen war man dortzulande nicht unterrichtet; und die Ansteckung lief von einem zu andern durch das ganze Bataillon, in dem die Eingezogenen sechs bis sieben Jahre lang dienten, bis am Ende dieser Zeit die Überlebenden, wenn sie aus anständigem Hause stammten, sich schämten heimzukehren und in den Polizeidienst eintraten oder als vernichtete Existenzen in den Städten zu Gelegenheitsarbeitern wurden. So ging die Geburtenziffer ständig zurück. Die türkische Bauernschaft in Anatolien starb an dem Militärdienst dahin.«

Dafür, dass er nicht umgekommen ist, zahlt er einen hohen Preis: Er leidet physisch und psychisch an den Folgen der Politik einer für ihn stets anonym und unerreichbar gebliebenen Macht. Und auch in Istanbul beginnt er nicht, sich Gedanken über sein bisheriges Leben zu machen. Er lässt sich von den Passanten, die ihm kein Almosen geben, auf das Jenseits vertrösten. In das geduldige Warten setzt er seine letzte Hoffnung (S. 199f.). Bis zum Ende wird er auf diese Weise als statische Figur dargestellt, die fatalistisch und unkritisch lebt und denkt. So wird ihm auch nicht bewusst, wie stark ihn Politik und Krieg letztlich inner- und äußerlich »verformt« haben.[172]

3.4.4 *Der Sturm auf das Frauenbad*

Während bei den ersten drei Erzählungen der Erste Weltkrieg die Folie bietet, vor dem sich die Schicksale der jeweils im Mittelpunkt der Novellen stehenden Protagonisten abspielen und die größtenteils auf Wegners eigenen Kriegserlebnissen beruhen, ist die vierte und letzte Novelle des Bandes, für die der Autor auf der deutschen Botschaft in Istanbul Recherchen angestellt haben soll,[173] wie teilweise *Der Bankier* in die letzten Oktobertage des Jahres 1895 verlegt, während denen Ausschreitungen gegen die Armenier stattfinden. Das geschieht auch im ostanatolischen Erzerum, wo *Der Sturm auf das Frauenbad* angesiedelt ist.

Betrachtet man diesen Text genauer, so stellt er im Grunde eine Aneinanderreihung grausamer Szenen dar, die sich, viel stärker als in den vorangegangenen Novellen, auch und vor allem in der Sprache der Erzählung ausdrückt. Ähnlich wie in *Der Bankier* zeichnet Wegner auch im *Sturm auf das Frauenbad* ein negatives Bild der Türken und Kurden: »Die Köpfe mit gierigen Augen reckten sich auf den abgemagerten Hälsen, während sie durch die erstarrten Stadtviertel marschierten« (S. 207).[174] Dabei wird von Anfang an ihre Zugehörigkeit zum muslimischen Glauben betont. Und so werden auf diese Weise sowohl die beiden Volksgruppen als auch der Islam in ein durchweg schlechtes

172 Siehe auch Loerke: Armin T. Wegner. Der Knabe Hüssein 1965, S. 114: »Der Bauer Osman verliert unter der zermalmenden Militärmaschinerie alles, was er hatte, und gewinnt nichts als ein bitteres Geschick. Nichts verdammend, nichts verherrlichend, ist er ganz und gar Verdammung des Krieges, weil er darin Verherrlichung des Friedens ist. Der Sinn der Ereignisse, die ihm zustoßen, ist kein anderer, als daß sie sein Ereignis werden.«

173 Vgl. Wernicke-Rothmayer: Armin T. Wegner 1982, S. 50f.

174 Die negative Darstellung der Türken und Kurden erinnert an diejenige der Russen in Wegners *Eine Nacht in Czenstochau. Kriegsbilder aus Russisch-Polen*. Vgl. Anmerkung 23.

Licht gerückt: »Der Vorhang der Moschee, von Wachen umstellt, schlug auseinander; eine gelbe Menschenflut spritzte über den Platz« (S. 203). Das im Westen tradierte Bild vom Islam als einer angeblich unfriedlichen und gewaltbereiten Religion wird, mit anderen Worten, bewusst eingesetzt und so fortgeschrieben: »Der Turm der Zitadelle von Erzerum streckte seine grüne Fahne heraus wie eine giftige Zunge.« (S. 209)

Was die Sprache von Wegners Novellen betrifft, lässt sich besonders an *Der Sturm auf das Frauenbad* der Einfluss der expressionistischen Erzählbände *Das rasende Leben* (1915), *Die sechs Mündungen* (1915) und *Timur* (1916), wie auch des Vortrags *Expressionismus in der Dichtung* (1918) von Kasimir Edschmid aufzeigen. Zwar übernimmt Wegner die »inhaltliche Grausamkeit« wie auch die sprachliche »Inbrunst« der Schriften seines jüngeren Kollegen,[175] doch im Gegensatz zu Edschmids Texten hat die Energie, die der Krieg in Wegners Novellenband in den Menschen freisetzt, fast durchweg nur negative Auswirkungen.[176]

Wendet man sich von der Sprache, die wie die Geschehnisse von einem Furor beherrscht zu werden scheint, zum Inhalt der vorliegenden Erzählung, so ist zu vermuten, dass Wegner wie im Fall seines Lichtbildvortrags von 1919 auch für diese Novelle Lepsius' *Bericht über die Lage des Armenischen Volkes in der Türkei* (1916) als Quelle genutzt hat.[177] Wegner zielt im *Sturm auf das Frauenbad* darauf ab, die »Verwilderung« der Individuen durch die »Entfesselung der Triebe« darzustellen. Die unterschiedliche Darstellung der Türken und Armenier rekurriert dabei, und das ist in dieser Novelle besonders auffällig, auf bestimmte Bilder, Klischees und Stereotypen, die Wegners scheinbare Absicht unterstreichen sollen, bestimmte emotionale Reaktionen beim Rezipienten hervorzurufen.

Dabei gibt es in dieser Novelle mit Lutfi einen Türken, den Wegner zwar als vorbildlich zeichnet, an dem zugleich aber auch der starke Einfluss der vom Imperialismus und Kolonialismus geprägten Diskurse auf ihn um die Jahrhundertwende in Europa deutlich wird, nach dem der Christ und Abendländer als Kulturbringer den im »Dunkeln« lebenden Muslim und Orientalen Licht,

---

175 Vgl. Rooney: Leben und Werk Armin T. Wegners 1984, S. 221ff.

176 Siehe ebd., S. 232: »Nicht der Krieg wird in erster Linie dargestellt, sondern ein rauschhafter Gefühlsausbruch, wobei mit Maschinen und Gerätschaften, Landschaft und Feuer, Leichen und Geräuschen die optischen und akustischen Eindrücke ins Immense gesteigert werden.« Siehe ferner Nickisch: Armin T. Wegner 1982, S. 78: »Gerade an den erregenden Stellen ist der Stil gekennzeichnet durch eine kühne bis grelle Metaphorik und Syntax, die die Rasanz und Grässlichkeit des Geschehenden nur mühsam bändigt.«

177 Vgl. drei Stellen bei Lepsius: Bericht über die Lage des Armenischen Volkes in der Türkei 1919, S. 12f., S. 54f. und S. 116.

Fortschritt und Zivilisation bringen würde. So scheint nach Wegners an tradierten Klischees und Vorurteilen anhaftende Denk- und Darstellungsweise der von französischen Mönchen erzogene Lutfi gewissermaßen erst als »europäisierter« Türke Moral zu haben und zivilisiert zu sein. Der bleichfarbene Sohn mit dem »bartlose[n] Gesicht« (S. 210) versucht bei seinem Vater, dem als brutal und »lüstern« gezeichneten Gouverneurs Schakir Pascha, der die Ausschreitungen organisiert, zu intervenieren. Nicht nur wegen seiner ablehnenden Haltung stellt Lutfi im Vergleich zu den anderen, durchgehend grob gezeichneten türkischen und kurdischen Novellenfiguren eine Ausnahme dar, sondern auch durch seine Liebesbeziehung zu der Armenierin Sirpuhi Garmyrrhian, die seit dem Tod ihres Ehemannes allein mit ihrem Sohn lebt.

Auf der Suche nach ihr bieten sich ihm eine Reihe beinahe »rauschartig« inszenierter Bilder (S. 217f.).[178] Der Sohn des Gouverneurs wird Zeuge, wie eine erregte Menge und Soldaten zum Frauenbad eilen. Lutfi folgt der Menge und entdeckt zufällig seine Geliebte. Sein Vater, der selbst erscheint, schenkt sie ihm und sorgt so für ihre Rettung (S. 222). Nach ein paar Tagen in einem Versteck kann das Liebespaar Sirpuhis gestorbenen Sohn, den Lutfi gefunden hat, begraben und aus der Stadt flüchten (S. 229). So endet die Novelle mit der Flucht von Lutfi und Sirpuhi in Richtung Mossul.

Angesichts der hier auf diese Weise dargestellten Geschehnisse mutet die von Wegner geäußerte Hoffnung auf eine gemeinsame Zukunft der beiden – und damit der ihrer beiden Völker – mehr als schwierig an.[179] Die gewünschte Verständigung zwischen beiden Seiten erscheint auch deshalb nicht leicht, weil der Autor besonders in *Der Bankier* und *Der Sturm auf das Frauenbad* durch seine jeweils spezifische Darstellung der Türken und Armenier Unterschiede zwischen beiden Seiten eher betont als abbaut, und zwar indem er die unterschiedlichen Verhaltens- und Vorgehensweisen jeweils an die ethnische Herkunft und Religion koppelt. Es bleibt daher fraglich, ob die Novellen tatsächlich der Absicht dienen sollen, eine Annäherung zu fördern, scheinen die Türken und Kurden als Orientalen in Wegners Darstellung doch einer Religion anzugehören, die Gewalt und Intoleranz, Fatalismus und Stillstand propagiere, während die Armenier gewissermaßen als »vorderasiatische Euro-

178 Siehe Rooney: Leben und Werk Armin T. Wegners 1984, S. 237f.: »Hier wird die Disposition der Menschen für den Terror, den Schrecken, die Barbarei vorgeführt, so als wollte Wegner den Spruch Mohammeds, den er seinen türkischen Novellen als Motto vorangestellt hat, beglaubigen: ›Ja, der Mensch ist wider sich selber ein Zeugnis‹.« Angesichts der Darstellung der Türken/Muslime kann die Frage gestellt werden, ob es Wegner nicht eher um eine angebliche spezifische Disposition dieser Orientalen geht.

179 Siehe ebd., S. 240. Rooney spricht in diesem Zusammenhang von der Liebe als »völkerverbindende[m] Element«.

päer« einem Glauben dienten, der für das Gegenteil stehe, nämlich seiner Ansicht und Zeichnung nach für Gewaltlosigkeit und Toleranz, Fortschritt und Zivilisation.

Im Hause der Glückseligkeit und *Der Knabe Hüssein*. Ein Resümee

Betrachtet man zusammenfassend Wegners Orientbuch *Im Hause der Glückseligkeit*, so kann die Darstellung der negativen Auswirkungen des Ersten Weltkriegs auf das gesamte, noch stark traditionell geprägte Leben im Osmanischen Reich auf den ersten Blick auf zwei verschiedene Arten gelesen werden: Einerseits als eine eindringliche, weil die Umwälzung der orientalischen Lebensbedingungen aufzeigende Aufklärungsschrift, andererseits als eine pathetische, den Krieg eher als Hintergrund betrachtende Selbstdarstellung des Autors, in der er seine Utopie für eine friedvolle Zukunft des nach dem Ersten Weltkriegs verbliebenen Osmanischen Reichs teilweise offen, teilweise unterschwellig mit tradierten westlichen Bildern, Klischees und Vorurteilen gegenüber den Orientalen untermauert.[180]

Dabei verstärkt eben diese jeweils besondere Darstellung der Orientalen, d.h. in diesem Fall der Türken und Armenier die Frage nach der Intention des Verfassers. Sieht Wegner beide Ethnien bzw. ihre »einfache« Bevölkerung als Opfer des modernen Krieges, worauf er vor allem im *Hause der Glückseligkeit* andeutet? Und ist die Art und Weise seiner Darstellung in diesem Zusammenhang auch eine Folge des Versuchs, die zwei Seiten, die protürkischen und proarmenischen Stimmen in Deutschland zufrieden zu stellen? Oder zielt Wegner, wie es seine Novellensammlung *Der Knabe Hüssein* durchklingen lässt, eher auf eine unterschiedliche Wahrnehmung und Beurteilung der beiden Völker? Was überwiegt, seine tatsächliche Überzeugung oder möglicherweise ein politisch-literarisches »Kalkül«? Die Analyse der beiden hier untersuchten Texte ergibt eine Verknüpfung der zwei Thesen. Für die erste spricht, was Wegner 1926 in einer neuen Veröffentlichung über den Orient schreibt: »Nicht zu verurteilen gilt es für uns, sondern zu begreifen«.[181]

Das Gebot, das er für das Verstehen der Ereignisse während des Ersten Weltkriegs im Orient aufstellt und seinen Lesern als Voraussetzung für die *Deutung der türkisch-orientalischen Seele* mit auf den Weg gibt, mag einerseits als eine Forderung nicht nur seiner mit dem Titel *Die Entzauberung des Ostens* versehenen Einleitung zum 1926 erschienenen Auswahlband *Das Zelt*, sondern auch für *Im Hause der Glückseligkeit* gelesen werden. Vielfältig

180 Vgl. auch Bogdal: Maschinen im Märchenland 2007, S. 341.

181 Wegner: Einleitung 1926, S. 34.

und ambivalent nämlich sind Wegners Erfahrungen mit den Orientalen, ihre »guten« und »schlechten« Seiten scheinen zu sehr ineinander verschlungen, als dass eine schnelle Be- und Verurteilung möglich und angemessen wäre. Allerdings gilt Letzteres bei der insgesamt eher negativen Darstellung der Türken und Kurden für die Novellensammlung *Der Knabe Hüssein* (1921) nur in eingeschränktem Maße.

Was Wegner in *Die Entzauberung des Ostens* schreibt, gilt auch für *Im Hause der Glückseligkeit*: Wegner lernt dort die »erschreckende Nähe, mit der bunteste Farbenpracht und die Schwärze des Todes nebeneinanderstehen«[182], durch seine Erlebnisse im Osmanischen Reich während des Ersten Weltkriegs kennen, ohne allerdings ganz hinter ihr Geheimnis zu kommen. Es gelingt ihm aber dennoch, das »seltsame Nebeneinander in der morgenländischen Seele«[183], in der seiner Meinung nach »Würde, Adel, Entsagung, Eltern- und Menschenliebe neben Eifersucht, Rache, Blutdurst, Erpressung in voller Gleichwertigkeit ruhen«[184], für sich dadurch erklärbar zu machen, dass er sie unter anderem auf die geografischen und klimatischen Gegebenheiten der anatolischen Landschaft zurückführt. Schließlich verknüpft er beide Entdeckungen und kommt zu dem Ergebnis, dass sich die Gegensätze in den Verhaltensweisen der Orientalen durch die schockartige, weil rasante und unvorbereitete Modernisierung nicht etwa aufhöben, sondern im Gegenteil zusätzlich verstärkten.

So zeigt das 1920 erschienene Orientbuch den Versuch Wegners, während seines Aufenthalts in Vorderasien die Einheimischen der verschiedenen Ethnien und Glaubensgemeinschaften in ihrem Charakter zu verstehen. Er beobachtet die Soldaten und Zivilisten in ihrem Alltag, macht ihre Bekanntschaft und lernt nach längerem Umgang mit ihnen ihre Lebens- und Denkweise besser einzuordnen.[185] Dabei lässt Wegner das heikle Thema der türkisch-armenischen Beziehungen freilich nicht aus, sondern macht sich Gedanken über die Ursachen des Konflikts. Seine Überlegungen führen zu einer Entwicklung, die sowohl im *Hause der Glückseligkeit* wie auch beispielsweise in der Novelle *Der Bankier* ein wichtiges Thema darstellt und die er nach der Aufhebung der Zensur 1918/19 auch in Artikeln wie *Die Neugestaltung unserer Orientpolitik* diskutiert.

Es handelt sich um die seit Mitte des 19. Jahrhunderts zunehmende Einflussnahme der europäischen Politik, Wirtschaft und Kultur auf die inneren Angelegenheiten des Osmanischen Reichs. Diese äußern sich unter anderem in

182 Ebd., S. 12.
183 Ebd., S. 34
184 Ebd., S. 34.
185 Vgl. Rooney: Leben und Werk Armin T. Wegners 1984, S. 224f.

dem schwierigen Verhältnis der in ihrem Herrschaftsbereich lebenden muslimischen und christlichen Völker zueinander. Die politische und ökonomische, militärische und kulturelle Unterstützung der auf dem Balkan, in Anatolien und auf der arabischen Halbinsel lebenden nichtmuslimischen und nichttürkischen Völker in ihrem Kampf für die Unabhängigkeit und auch die immer offenere Behandlung der Frage einer Aufteilung des Sultanats durch die europäischen Großmächte bedingen ab den 1890er-Jahren die Anwendung neuer Strategien bei der Hohen Pforte.

So kommt es unter Abdul Hamid II. zu einem stärkeren Rückgriff auf den Islam. Durch ihn soll die Unterstützung insbesondere der muslimischen Bevölkerung für das Reich und seine weitere Existenz gestärkt werden. Nach der Jahrhundertwende versucht die von der jungtürkischen Bewegung dominierte Führung darüber hinaus, auch die religiöse Oberhoheit des Sultans als Kalif aller sunnitischen Muslime zu nutzen. Dieser Prozess intensiviert sich nach dem Kriegseintritt im November 1914, als das Ziel gesetzt wird, die Glaubensbrüder auch außerhalb des Osmanischen Reichs für den Heiligen Krieg gegen die Alliierten zu gewinnen. Parallel kommt es zur Entwicklung eines eigenen, türkischen Nationalismus, der die Pflege der türkischen Sprache, Kultur und Geschichte im Reich fördern, später aber auch der Entstehung eines Großreichs aller Turkvölker unter osmanischem Patronat dienen soll. Folgerichtig werden die Strömungen des *Panislamismus* und *Pantürkismus* im Ersten Weltkrieg gebündelt und für die politische Arbeit genutzt.

Die rasante Veränderung des stark von Religion und Tradition geprägten orientalischen Lebens durch den modernen, aus Europa importierten Nationalismus, die gegenseitige Bekämpfung und die daraus resultierende Dezimierung von Minderheiten oder ganzer Bevölkerungsteile durch Krieg, Flucht und Vertreibung sind schließlich die Themen der vier *Türkischen Novellen*. In ihnen verarbeitet Wegner seine Erlebnisse an den verschiedenen Kriegsschauplätzen mit den vielfältigen, positiven wie negativen Erfahrungen mit den Orientalen. Untersucht man seine Novellen auf die Darstellung der Türken und Armeniern genauer, entsteht der Eindruck, dass es Wegner in ihnen allerdings weniger darum geht, Gemeinsamkeiten zu betonen als eher Gegensätze zwischen ihnen stärker hervorzuheben.

Die Beschreibung des »Moderneeinbruchs« mit all seinen Folgen für das vorderasiatische Leben wird in den vier Novellen mit der jeweils spezifischen Darstellung beider Ethnien in der Weise verknüpft, dass, von Wegner nicht unbeabsichtigt, offen bleibt, worin die Verhaltens- und Vorgehensweisen begründet liegen – in dem um 1900 im Orient aufgekommenen Nationalismus der Völker und im Ersten Weltkrieg oder gewissermaßen in ihrem »Nationalcharakter« und der Zugehörigkeit zu einer bestimmten Religion. Das Spielen mit Vorurteilen und Bildern wie dem »passiven, rückständigen und gewalttätigen Orientalen/Muslim« und dem »aktiven, fortschrittlichen und friedfertigen Europäer/Christen« sowohl in *Im Hause der Glückseligkeit* als auch in den Novellen schadet Wegners Intention, ein Vermittler zwischen den Kulturen im Osten als auch denen in Ost und West zu sein.[186]

Positiv an den Novellen ist dagegen, dass in ihnen nicht ein imaginierter, märchenhafter Orient wie aus *Tausendundeiner Nacht* dargestellt wird, in dem die Europäer das wiederfinden, was sie in ihrer Heimat immer mehr vermissen, nämlich Natürlichkeit und Einfachheit sowie Exotik und Erotik. Der Orient in Wegners Novellen hat sich durch den modernen und allgegenwärtigen Krieg in das Gegenteil des westlichen Wunschbildes verkehrt. Das Leben vollzieht sich dort nicht mehr in Frieden und Freiheit, Ruhe und Ordnung, sondern durch die andauernde Krisensituation sind Unsicherheit und Unberechenbarkeit, Hunger und Armut, Flucht und Vertreibung alltäglich geworden.[187] Noch eindringlicher als *Im Hause der Glückseligkeit*, weil anhand fiktiver Figuren exemplifiziert, machen die Novellen aber auch deutlich, dass alle Völker im Osmanischen Reich unter den negativen Auswirkungen der Modernisierungsprozesse leiden. Sie zeigen ferner, wie sehr Vorderasien an politischer und ökonomischer, vor allem aber an kultureller Eigenständigkeit verloren hat.

Unterschiede gibt es in der Art und Weise, wie die Figuren in den Novellen auf diese Extremsituation reagieren: Der in Ostthrakien geborene Knabe Hüssein und der aus Anatolien stammende Soldat Osman nehmen das Geschehene, wie Wegner sie charakterisiert, als »passive Orientalen« klaglos und unreflektiert als ihr Schicksal an und bemerken nicht, wie der Krieg sie allmählich entmenschlicht. Der eine wird gewissermaßen animalisch, tötet und bestiehlt gegnerische Soldaten. Der andere wird durch den Fronteinsatz nicht nur zum Kriegsinvaliden, sondern verliert auch sein seelisches Gleichgewicht. Dagegen setzen sich der von Wegner als »aktiv« gezeichnete armenische Bankier Karribian und der freilich durch die Erziehung bei französischen Mönchen »europäisierte« Gouverneurssohn Lutfi auf unterschiedliche Art gegen Krieg und Verfolgung zur Wehr. Während der Geschäftsmann versucht, die toten Familienmitglieder dadurch zu rächen, dass er mit den Russen zusammenarbeitet, dafür aber festgenommen und hingerichtet wird, gelingt es dem türkischen Offizier, seine armenische Geliebte zu retten und mit ihr zu fliehen.

Der Novellenband endet mit der Zuversicht, dass ein Neubeginn für das Paar und damit auch für die beiden sich in dieser Epoche gegnerisch gegenüber stehenden Völker möglich sei. Dabei ist das Werk insgesamt gekennzeichnet von dem Gefühl der Ohnmacht und auch Sinnlosigkeit alles Geschehenen. Denn die Kräfte, die durch den Krieg entfesselt werden, haben beinahe nur

186 Vgl. Bogdal: Maschinen im Märchenland 2007, S. 341.

187 Vgl. Rooney: Leben und Werk Armin T. Wegners 1984, S. 225.

negative Auswirkungen auf die Individuen. In diesem Sinne ist auch das Motto, das den vier *Türkischen Novellen* vorangestellt ist, zu verstehen: »Ja, der Mensch ist wider sich selbst ein Zeugnis.«[188] Von Staat und Militär, Wirtschaft und Presse gewissermaßen zu gefügigem »Menschenmaterial« erzogen, würden die Individuen in der (Kriegs-) Maschinerie als »Kanonenfutter« zum Einsatz kommen. Sie wären gezwungen, wollten sie überleben, selbst zu töten und verlören dabei ihre Hemmungen und Moral.[189]

Durch die Darstellung des modernen Krieges als totaler Krieg, der durch die Zerstörung des Altüberlieferten das Antlitz der Erde nach und nach verändert und die Individuen sich selbst entfremdet, zielen die vier Novellen – denn auf eine solche Weise kann man sie letztlich auch lesen – auf eine kritischere Haltung gegenüber der herrschenden Macht wie auf eine Sensibilisierung gegen Gewalt.[190] Es soll dem Rezipienten bewusst werden, dass Resignation und Selbstaufgabe bzw. die Hingabe an Rausch und Todeslust im Krieg nicht die richtigen Antworten seien, persönliche oder gesellschaftliche Probleme zu bewältigen, sondern den Prozess der Selbstentfremdung und -entmachtung im Gegenteil weiter verstärkten.

So äußert Wegner schließlich in *Im Hause der Glückseligkeit* die Hoffnung auf eine politische, wirtschaftliche und vor allem kulturelle Erneuerung des Osmanischen Reichs. Allerdings soll seiner Meinung nach nicht etwa nur der Versuch unternommen werden, die östliche Denk- und Lebensweise allmählich mit der westlichen in ein Gleichgewicht zu bringen. Wegner geht weiter. Er schlägt eine »Entzauberung des Ostens« vor und meint damit die Modernisierung von Staat und Gesellschaft im Sinne einer »Amerikanisierung«. Er wünscht, mit anderen Worten, eine künftig (noch) stärkere gesamtgesellschaftliche Ausrichtung des Landes nach dem Westen – und das auch in religiöser Hinsicht, was allerdings von ihm nur angedeutet wird. Dadurch soll dem verbliebenen Osmanischen Reich geholfen werden, ein »Haus der Glückseligkeit« für seine Bewohner zu werden. Dabei spricht Wegner allerdings nicht offen darüber, dass diese Entwicklung zwangsläufig nicht anders als mit Assimilation bzw. mit dem Verlust eines Großteils an politischer, wirtschaftlicher

---

188 Der Satz stammt aus dem Koran: Die Auferstehung, Sure 75, Vers 14. Siehe auch das Motto, das *Im Hause der Glückseligkeit* vorangestellt ist. Es handelt sich um einen ebenfalls aus dem Koran stammenden Spruch. Sure 2, Vers 30: »›Als Dein Herr zu den Engeln sprach: ›Ich will auf Erden einen Statthalter setzen‹, da sagten sie: ›Willst du hinsetzen einen, der zerstörend darin wütet und Blut vergießt? Wir aber singen Dir Lob und heiligen Dich.‹« Als »Statthalter« wird hier Adam eingesetzt und für höher als die Engel erklärt. Vgl. Der Koran 1998, S. 30.

189 Vgl. die Rezension von Carsten: Armin T. Wegner: Der Knabe Hüssein 1921/22, Sp. 689.

190 Vgl. Rooney: Leben und Werk Armin T. Wegners 1984, S. 230ff.

und sozialer, vor allem aber religiös-kultureller Selbstständigkeit der türkisch-muslimischen Bevölkerung einhergehen würde.

Was so letztlich von Wegners Orientbuch *Im Hause der Glückseligkeit* wie auch seiner Novellensammlung *Der Knabe Hüssein* bleibt, ist ein ambivalenter Eindruck. Dieser entsteht zum einen durch die unentschiedene Art, wie der Ich-Erzähler im Orientbuch erscheint, agiert und argumentiert, nämlich einerseits politisch versiert, zielgerichtet und hilfsbereit, andererseits aber auch naiv, unsicher und ohnmächtig. Zum anderen resultiert die Widersprüchlichkeit des Orientbildes aus der Intention, die Wegner mit beiden Büchern verfolgt. Er ist offen und interessiert, empathisch und mitfühlend, jedoch zugleich auch stark beeinflusst von den imperialistisch-kolonialistischen Diskursen seiner Zeit. Deren Einfluss schließlich äußert sich bei ihm insbesondere in der von tradierten westlichen Bildern und Klischees behafteten, unterschiedlichen Darstellung von Ethnien und Religionen des Vorderen Orients.

4 Annemarie Schwarzenbach – »Flucht in den Osten«

Keiner entrinnt der Zeit, welcher er angehört.
Annemarie Schwarzenbach: *Lob der Freiheit* (1931)[1]

Einleitung

Die Reise hatte Modellcharakter. Betrachtet man die Vorgeschichte, den Verlauf und die literarische Verarbeitung der von Oktober 1933 bis April 1934 dauernden Orienttour Annemarie Schwarzenbachs, kann man feststellen, dass sie den von ihren späteren Reisen bekannten Kreislauf von (Er-)Fahren und (Er-)Leben, (Er-)Leiden und (Be-)Schreiben hier nicht nur erstmals erprobt, sondern sogleich ästhetisiert, professionalisiert und kommerzialisiert. Dies gelingt ihr, indem sie den temporären Zustand des Reisens in einen dauerhaften umwandelt, eigenes und fremdes Leben verknüpft und je nach Textgattung mal mehr (in den dichterischen Arbeiten) und mal weniger (in den journalistischen Texten) thematisiert.

Schließlich schreibt sie bereits während der ersten Reise durch die Türkei und Syrien, den Libanon und Palästina, den Irak und Persien kurze Reise- und Bildberichte für Schweizer Zeitungen und Illustrierte.[2] Einen Großteil arbeitet sie nach ihrer Rückkehr um und veröffentlicht ihn im Herbst 1934 im Reisebuch *Winter in Vorderasien. Tagebuch einer Reise*. Ebenfalls während des ersten Aufenthalts versucht sie sich an kleinen Novellen wie *Vor Weihnachten* (entstanden Dezember 1933) oder *Die Überlegenen* (entstanden März/April 1934).[3] Doch da die Fertigstellung des Orientbuchs im Frühjahr 1934

1 Schwarzenbach: Lob der Freiheit 2005, S. 15.

2 Eine genaue Auflistung der Orient-Beiträge in Zeitungen, Zeitschriften und Sammelwerken für die hier untersuchten Jahre 1933 bis 1936 findet sich in der Schwarzenbach-Bibliografie in Fähnders/Rohlf (Hrsg.): Annemarie Schwarzenbach 2005, S. 316ff.

3 Die Novellen *Vor Weihnachten* und *Die Überlegenen* befinden sich im Nachlass von Schwarzenbach im Schweizer Literaturarchiv (SLA) in Bern. Der erste Text ist inzwischen erschienen. Vgl. Annemarie Schwarzenbach: Vor Weihnachten. Aus dem Nachlaß hrsg. von Walter Fähnders und Helga Karrenbrock. In: Dazwischen. Reisen – Metropolen – Avantgarden. Festschrift für Wolfgang Asholt. Hrsg. von Wolfgang Klein/Walter Fähnders/Andrea Grewe. Bielefeld 2009, S. 69-79. Vgl. Anmerkung 442.

Priorität besitzt, kommt Schwarzenbach erst im Sommer dazu, neue Novellen zu schreiben. Diese und andere während der zweiten und dritten Reise in den Orient im Herbst 1934 und Sommer 1935 entstandene Erzählungen fasst sie später unter dem Titel *Der Falkenkäfig* zusammen. Ihre Veröffentlichung kommt allerdings aus publizistischen wie politischen Gründen nicht zustande. Erst 1989 werden die erhaltenen Teile des Bandes um zwei weitere Texte erweitert und unter dem neuen Titel *Bei diesem Regen* herausgegeben.

So ähnlich die vier Orientaufenthalte Schwarzenbachs – die letzte Reise findet 1939/40 zusammen mit der Genfer Reiseschriftstellerin Ella Maillart (1903-1997) statt – ausfallen, so sind auch die Ursachen für die Reisen mehr oder minder dieselben wie bei ihrer ersten »Flucht in den Osten«. Es handelt sich bei ihr um ein ganzes Bündel von Motiven persönlich-familiärer wie allgemein-politischer Art, die sie veranlassen, der Heimat für eine bestimmte Zeit den Rücken zu kehren.

Wie Schwarzenbach die erste Reise im Einzelnen vorbereitet, unternimmt und literarisch verwertet, hat die Forschung bisher kaum oder gar nicht behandelt. Das ist nicht weiter erstaunlich, wenn man einen Blick auf die bisherige Schwarzenbach-Rezeption wirft: Für die Publikationen, die seit der Wiederentdeckung der Autorin Mitte der 1980er-Jahre zu Leben und Werk erschienen sind, lässt sich konstatieren, dass sich das Interesse auf das Leben der mit 34 Jahren verunglückten Weltreisenden konzentriert.

Zwar machen auch die Neuerscheinungen zum 100. Geburtstag 2008 diese Schräglage in der Rezeption von Leben und Werk deutlich,[4] doch hat seit kurzem in der Forschung eine intensivere textorientierte Auseinandersetzung eingesetzt.[5] Ein wichtiger Grund für die späte, anfangs nur schleppende

---

4 So sind 2008 allein vier biografische Arbeiten erschienen: 1. Alexandra Lavizzari: Fast eine Liebe. Annemarie Schwarzenbach und Carson McCullers. Berlin 2008. 2. Charles Linsmayer: Annemarie Schwarzenbach. Ein Kapitel tragische Schweizer Literaturgeschichte. Frauenfeld/Stuttgart u.a. 2008. 3. Dominique Laure Miermont: Annemarie Schwarzenbach. Eine beflügelte Ungeduld. Biographie. Aus dem Französischen von Susanne Wittek. Zürich 2008 [EA 2004]. 4. Alexis Schwarzenbach: Auf der Schwelle des Fremden. Das Leben der Annemarie Schwarzenbach. München 2008. Zur Werkrezeption ist lediglich ein literaturwissenschaftlicher Sammelband veröffentlicht worden: Sofie Decock/Uta Schaffers (Hrsg.): inside out. Textorientierte Erkundungen des Werks von Annemarie Schwarzenbach. Bielefeld 2008. Vgl. auch Samsami: Ausgraben und Erinnern. Zu zwei Sammelbänden mit textorientierten Erkundungen des Werks von Annemarie Schwarzenbach: www.literaturkritik.de/public/rezension.php?rez_id=12400&ausgabe=200811 (9.12.2008).

5 Den Anfang der werkorientierteren Auseinandersetzung markiert die Veröffentlichung von: Annemarie Schwarzenbach. Autorin – Reisende – Fotografin. Dokumentation des Annemarie-Schwarzenbach-Symposiums in Sils/Engadin vom 25. bis

Werkrezeption liegt in der prekären philologischen Situation der Schwarzenbach-Publikationen.[6] Ihre Texte erscheinen verstreut in diversen Verlagen, Zeitschriften und Sammelbänden – und das nur in größeren Abständen. So liegt eine ganze Reihe ihrer Arbeiten wie der Roman *Das Wunder des Baums* oder das Prosagedicht *Marc* – von den ca. 7000 Fotografien ganz abgesehen – noch unveröffentlicht in ihrem Nachlass im Schweizer Literaturarchiv in Bern.

Dennoch hat das Erscheinen anderer, früher entstandener Texte wie *Flucht nach oben*, *Pariser Novelle* oder *Yelinda* mit dazu beigetragen, dass sich die Forschung mittlerweile nicht mehr nur auf zwei Texte, nämlich *Das glückliche Tal* (1940) und *Tod in Persien* (1995), beschränkt. Sie erstreckt sich – verstärkt durch das zunehmende mediale Interesse – allmählich auch auf andere Texte. Es ist zu beobachten, dass ein Teil der neuesten Studien den Fokus auf die Aufdeckung und Darstellung bisher verborgener intertextueller Bezüge in Schwarzenbachs Werk richtet.[7]

Auffällig ist allerdings, dass die Rezeption nicht nur von *Winter in Vorderasien* – auch nach der Neuauflage 2002 – noch sehr gering ausfällt.[8] Auch für die orientalischen Novellen des *Falkenkäfigs* fehlt es bisher an einer größeren Untersuchung.[9] An dieser Stelle setzt die vorliegende Studie ein. In ihr geht

---

28. Juni 1998. Hrsg. von Elvira Willems. Pfaffenweiler 1998. Für eine breitere Wahrnehmung und Beschäftigung mit den Texten steht der von Walter Fähnders und Sabine Rohlf herausgegebene Sammelband Annemarie Schwarzenbach. Analysen und Erstdrucke. Mit einer Schwarzenbach-Bibliographie. Bielefeld 2005.

6 Vgl. Fähnders: Die Vierzig Säulen der Erinnerung 2008, S. 27.

7 Vgl. beispielsweise Kolo/Müller: Annemarie Schwarzenbachs *Tod in Persien* und Gertrude Bells *Persian Pictures* 2008, S. 103-130. Vgl. ferner Rohlf: Über die Probleme einer ›weiblichen‹ Frau 2008, S. 259-279.

8 Allerdings zeigt sich das Desinteresse an *Winter in Vorderasien. Tagebuch einer Reise* bereits an der im Basler Lenos Verlag erschienenen Neuauflage. Sie ist kein identischer Nachdruck der Originalausgabe von 1934. So sind nicht nur laut einer editorischen Notiz des Verlags »Satzzeichenfehler sowie einige stilistische Mängel korrigiert« worden. Es wurden auch die beiden Kapitel *II. Syrien* und *III. Irak* aufgehoben und als *Syrien* und *Irak* den übrigen 17 Abschnitten gleichgestellt. Ferner fehlen die 16 Fotoaufnahmen, die Schwarzenbach dem Reisebuch beigegeben hat. Schließlich ist der Orientreisebericht auch nicht wie die bisherigen Neuauflagen oder Erstdrucke der Autorin von Roger Perret in der Reihe ihrer *Ausgewählten Werke* publiziert worden, sondern ohne die Angabe eines Herausgebers und auch ohne ein Nachwort mit Hindergrundinformationen zur Entstehungsgeschichte, Textstruktur und Rezeption erschienen.

9 Tatsächlich gibt es bisher keine größere Abhandlung zu Schwarzenbachs Reisebuch *Winter in Vorderasien. Tagebuch einer Reise*. Eine Ausnahme bildet lediglich Teres Dällenbachs Lizentiatsarbeit »Wir reisen, um uns selbst zu finden«. Drei Frauenreiseberichte zu Beginn des 20. Jahrhunderts in den Orient. »Turkestan solo« von

es darum, die bisher unbeantworteten Fragen nach der Vorbereitung, Durchführung und literarischen Verwertung der ersten Reise Schwarzenbachs in den Orient ausführlich zu analysieren.

Bevor dies geschieht, wird, wie in den vorangegangenen Kapiteln auch, in einem ersten Abschnitt eine Einführung in das Leben und Werk von Schwarzenbach bis zur ersten Asienfahrt vorausgeschickt. Es wird geklärt, welche Texte sie interessieren, was sie in ihren ersten Arbeiten thematisiert und ob auch bei ihr ein frühes Interesse für den Orient festzustellen ist. Die Analyse der religiösen Motive in den frühen Texten gerade in Bezug auf die Frage nach ihrem Verhältnis zu Vorderasien spielt dabei eine wichtige Rolle.[10] Ferner ist entscheidend, welche Bedeutung ihre Freundschaft mit Erika und Klaus Mann hat – beide ebenfalls literarisch und gesellschaftlich Unbehauste, für die das Reisen zur Lebensform geworden ist – und was Schwarzenbach schließlich 1933 veranlasst, für mehrere Monate zu verreisen.

Diese Fragen leiten über in den zweiten Abschnitt, in dem ihr Orientaufenthalt untersucht wird. Nach einer kurzen Zusammenfassung der Entstehungsgeschichte von *Winter in Vorderasien* werden die im *Tagebuch einer Reise* geschilderten Stationen der Tour unter ganz bestimmten Fragestellungen beleuchtet, nämlich wie sich die Wahrnehmung und Darstellung der

---

Ella Maillart. »Winter in Vorderasien« von Annemarie Schwarzenbach. »Die Südtore Arabiens« von Freya Stark. Untersuchung und Vergleich. Universität Freiburg i.Ue. 2006 [Masch.]. Ansonsten liegen eher kürzere wissenschaftliche Aufsätze über bestimmte Aspekte des Reiseberichts vor. Vgl. Barbara Stempel: Winter in Vorderasien – ein Reisebuch von Annemarie Schwarzenbach. In: Printed Matter. Fotografie im / und Buch. Hrsg. von Barbara Lange. Leipzig 2004, S. 79-93. Auch im Fall der Novellen des *Falkenkäfigs* sind bisher eher kleinere Untersuchungen erschienen. Vgl. diesbezüglich Helga Karrenbrock: Nomadische Bewegung. Annemarie Schwarzenbachs »Falkenkäfig«. In: Walter Fähnders und Sabine Rohlf (Hrsg.): Annemarie Schwarzenbach. Analysen und Erstdrucke. Mit einer Schwarzenbach-Bibliographie. Bielefeld 2005, S. 99-121. Vgl. ferner den Abschnitt *Annemarie Schwarzenbachs Werk* in Decock/Schaffers: Einleitung 2008, S. 10-17.

10 Mit der Erörterung der religiösen Motive im Frühwerk Schwarzenbachs wird ein Hinweis von Sabine Rohlf aufgenommen, der eine solche, für die Schwarzenbach-Forschung bisher fehlende Untersuchung vorschlägt. Ein wichtiges Argument, das Rohlf dafür liefert, ist die Sehnsucht nach »Gnade«, die sich in vielen ihrer Texten finden ließe. Vgl. Rohlf: Über die Probleme einer ›weiblichen‹ Frau 2008, S. 264. In der vorliegenden Studie soll ein erster Versuch einer derartigen Analyse geleistet werden. Darüber hinaus wird in einem zweiten Schritt die Möglichkeit einer Verbindung zwischen dem religiösen Motivkreis und der Orientrezeption der Schriftstellerin diskutiert. Die literarischen »Auswirkungen« dieser Verknüpfung sollen schließlich anhand von *Winter von Vorderasien* und der Novellen des *Falkenkäfigs* vorgestellt werden.

Landschaften und Menschen mit ihren traditionellen Lebens- und Denkweisen durch Schwarzenbach gestaltet und wie diese die rasante Modernisierung auch im Orient beurteilt. Ferner geht es darum, wie sie deren Auswirkungen auf die noch unberührte Natur sowie auf die noch zahlreichen Bauern und Nomaden wahrnimmt und mit welchen Empfindungen Schwarzenbach den von ihr aufgesuchten, geschichtsträchtigen Stätten aus der Antike und dem Mittelalter begegnet. Schließlich wird gefragt, was sie an die Ausgrabungsstätten und zu den Archäologen zieht und wie sie das Benehmen der in zunehmender Zahl reisenden westlichen Touristen im Orient bewertet.

Das Auftreten der Touristen, überhaupt das Leben von Europäern wie Amerikanern im Orient in den krisenreichen 1930er-Jahren ist Gegenstand des dritten Abschnitts dieses Kapitels. Nach der Zusammenfassung der Entstehungs- und Editionsgeschichte sowie der Kontextualisierung der orientalischen Novellen wird auch *Der Falkenkäfig* unter bestimmten Fragestellungen analysiert. Thematisiert wird zum einen der Orient als Auffangbecken westlicher Flüchtlinge, zivilisationsmüder Reisender und Abenteurer. Geklärt wird, was konkret die Gründe für ihren Aufenthalt sind und wie ihre Erwartungen für das Leben dort aussehen. Im Anschluss an ihre Lebensläufe wird das Schicksal derjenigen Westler beleuchtet, die seit Längerem dort wohnen und arbeiten, und in diesem Zusammenhang auch untersucht, wie sie in diesem für sie fremden Kulturkreis zurechtkommen.

Diese Fragen leiten zu der nach ihrer Erfahrung der orientalischen Natur, nämlich welche Assoziationen die Westler angesichts der Weiten der Landschaften, ihrer Öde und Stille haben und ob diese positiv oder negativ sind. Es wird auch der Aufenthalt von europäischen Frauen, die ohne männliche Begleiter im Orient leben oder reisen, thematisiert. Geklärt wird, wie sie von den Einheimischen und den Westlern wahrgenommen werden und auch, ob sie sich mit ihrem Lebensstil durchsetzen können oder an die Grenzen ihrer Möglichkeiten stoßen. Schließlich werden die aus dem Umkreis des *Falkenkäfigs* stammenden Novellen *Vor Weihnachten* und *Die Überlegenen* vorgestellt und untersucht. Dabei wird der Fokus, wie auch im Fall der anderen Erzählungen, auf die besondere politische Brisanz, die sie besitzen, gerichtet. Abgeschlossen wird der dritte Abschnitt des Kapitels wie die vorherigen mit einer Zusammenfassung.

4.1 *Das Märchen von der gefangenen Prinzessin.* Kindheit und Jugend der Annemarie Schwarzenbach

Mutter, denkt man (wie der Name zum Weinen verhilft!) – ich habe irgend etwas, ganz am Anfang, falsch gemacht.
Annemarie Schwarzenbach: *Tod in Persien* (1995)[11]

Auf den ersten Blick scheint es wie in einem Traum zu sein. Denn die Voraussetzungen, die die beiden Familien durch ihren Wohlstand und ihr hohes Ansehen der am 23. Mai 1908 in Zürich[12] geborenen Annemarie Schwarzenbach für ein unbeschwertes Leben schaffen, sind ideal.[13] So garantiert der liberal eingestellte Vater Alfred Emil Schwarzenbach (1876-1940) als einer der reichsten Industriellen der Schweiz mit Seidenwebereien im In- und Ausland nicht nur die langfristige wirtschaftliche Absicherung seiner Familie, sondern sorgt als Mitglied verschiedenster Körperschaften in Staat und Finanzwelt auch für eine jahrzehntelange Einflussnahme seiner Familie in der Schweizer Politik.[14] Die konservative, deutschnational gesinnte Mutter Renée Marie (1883-1959), Tochter einer geborenen Gräfin von Bismarck und des Generals Ulrich von Wille (1848-1925), der im Ersten Weltkrieg an der Spitze der Schweizer Armee steht, sieht ihre Aufgabe darin, die den beiden Familien Schwarzenbach und Wille zugänglichen Netzwerke zu verbinden. Sie empfängt in ihrem Haus in Zürich und nach dem Umzug 1912 auf Gut Bocken politische Würdenträger, hohe Militärs, Finanzmagneten und Künstler, veranstaltet und finanziert Musikfestivals und stärkt so durch ihr gesellschaftliches Engagement das Ansehen ihrer Familie.[15]

In dieser großbürgerlichen, hauptsächlich vom Militär geprägten Welt[16] wachsen Annemarie und ihre Geschwister Robert-Ulrich (der aufgrund einer schweren Aphasie ab 1910 außer Haus in Pflege gegeben wird), Suzanne, Alfred-Friedrich und Hans auf. Die Mutter hat einen wesentlich größeren Einfluss auf die Erziehung und Entwicklung ihrer Kinder als ihr Ehemann – vor

11 Schwarzenbach: Tod in Persien 2003, S. 39.

12 Vgl. den »Lebenslauf« in Schwarzenbach: Beiträge zur Geschichte des Oberengadins im Mittelalter und zu Beginn der Neuzeit 1931, S. [187].

13 Vgl. Meienberg: Die Welt als Wille und Wahn 1987, S. 109. Vgl. ferner Schwarzenbach: Auf der Schwelle des Fremden 2008, S. 10f.

14 Vgl. Linsmayer: Leben und Werk Annemarie Schwarzenbachs 1989, S. 169.

15 Vgl. Müller/Grente: Der untröstliche Engel 1995, S. 22f. Vgl. ferner Schwarzenbach: Auf der Schwelle des Fremden 2008, S. 23.

16 Vgl. Miermont: Annemarie Schwarzenbach 2008, S. 30.

allem auf die ihrer Lieblingstochter Annemarie.[17] Laut Suzanne soll sich ihre Mutter als Mädchen sehnlichst gewünscht haben, ein Junge zu sein: »›[D]iese Wünsche übertrug sie wohl unbewußt auf meine Schwester, in der sie von Anfang an ihr Ebenbild sah, das Kind, das ihr entsprach.‹«[18] Betrachtet man Fotografien von Renée, erkennt man bei ihr das Bestreben, nicht weiblich, sondern durch Kleidung und Frisur maskulin zu erscheinen.[19]

Es erstaunt nicht zu erfahren, dass Renée ihre Tochter zu bestimmten Anlässen als Jungen in Lederhosen, im Pagendress, in Soldatenuniform oder als Rosenkavalier verkleidet, vorführt und fotografiert.[20] Bewusst weckt und stärkt sie, die während ihrer Ehe mit mehreren Frauen Beziehungen eingeht, die gleichgeschlechtlichen Neigungen bei ihrer Tochter.[21] Später sanktioniert sie sie zwar, aber nicht, weil sie »unnatürlich« und nicht gesellschaftskonform seien, sondern weil ihre Tochter beginnt, sich langsam von ihr zu lösen.[22]

Es scheint Eifersucht zu sein, die Renée dazu bewegt, ihre Lieblingstochter sowohl außer- wie auch innerhalb der Familie von den anderen zu trennen.[23] Als sich diese 1916 von einer schweren Scharlacherkrankung nicht recht

---

17 Vgl. auch im Folgenden Linsmayer: Leben und Werk Annemarie Schwarzenbachs 1989, S. 169f.

18 Ebd., S. 170. Suzanne Öhman, geborene Schwarzenbach, äußert dies während eines Gesprächs mit dem Biografen Charles Linsmayer, das er am 24.2.1987 mit ihr führt.

19 Vgl. die Fotografien von Renée in Schwarzenbach: Bilder mit Legenden 2005.

20 Vgl. Schwarzenbach: »Der Anfang aller Dinge« 2005, S. 28.

21 Siehe einen Auszug aus dem Bericht von Dr. Oscar Forel (1891-1982) an Dr. Theodor Hämmerli (1883-1944) über ihre gemeinsame Patientin vom 20.12.1935 in Schwarzenbach: Auf der Schwelle des Fremden 2008, S. 255. Darin wird Schwarzenbach folgendermaßen zitiert: »Sie [Renée; B.S.] hat mich wie einen Buben erzogen, und wie ein Wunderkind. Sie kennt jede meiner Regungen wie ihre eigenen, die sie nie ausgelebt hat. Aber sie hat sie schlecht ausgelebt, seitdem ich dreizehn Jahre, nicht mehr ihr Page war. [...] Sie hat mich absichtlich allein gehalten, um mich bei ihr zu halten, sodass sie mich damit schließlich weiter weg trieb, als es – vielleicht – nötig gewesen wäre, will sie nicht wissen. Sie hat mich früh für ›lesbisch‹ gehalten – und mir als ich noch von ganzem Herzen das Wort *Reinheit* liebte, einen unvergesslichen Schrecken mit ihrer eigenen Todesangst eingejagt.« Kursivierung von B.S.

22 Vgl. Linsmayer: Leben und Werk Annemarie Schwarzenbachs 1989, S. 173.

23 In der vermutlich Anfang 1929 entstandenen *Pariser Novelle* gibt Schwarzenbach, die von der Mutter den bezeichnenden Spitznamen »Zwerg« erhält, in einer Rückwendung eine Szene wieder, die – autobiografisch gelesen – aufzeigt, wie sich dieses für die Tochter zuerst angenehme, später qualvolle Spiel der Mutter mit ihr in Wirklichkeit abgespielt haben könnte. Siehe Schwarzenbach: Pariser Novelle 2003, S. 28: »Früher als ich noch sehr klein war, kamen schöne Frauen auf Besuch

erholt, lässt ihr die Mutter sieben Jahre zuhause Privatunterricht bei einem Fräulein Zweifel in Schreiben, Rechnen und Musizieren erteilen. Freilich kann Schwarzenbachs Enthusiasmus für die Musik als eine erste »Überlebensstrategie« verstanden werden, mit der sie versucht, ihre *Einsamkeit*, die der fehlende Kontakt zu anderen Kindern hervorruft, zu kompensieren.[24]

Die Mutter verstärkt das Alleinsein der Tochter durch ihre besitzergreifende Liebe, indem sie versucht, die Beziehung zu Suzanne zu untergraben. Das gelingt ihr, indem sie die Unterschiede ihrer beiden Charaktere und Begabungen betont, was dazu führt, dass die ältere Tochter sich durch die Heirat mit einem schwedischen Ingenieur der Kontrolle der Mutter entzieht.[25] Die Vermutung liegt nahe, dass sich durch Suzannes Flucht die mütterliche »Liebe« nur noch stärker auf die Lieblingstochter konzentriert und dieser die Möglichkeit einer eigenständigen Lebensgestaltung deutlich erschwert. Ihrer Freundin Erika Mann (1905-1969) schreibt Schwarzenbach über ihre Wahrnehmung dieses Missverhältnisses später: »Meine Mutter hat ganz einfach zuviel Initiative u. Energie für sich gepachtet, u. man fühlt sich überhaupt nicht veranlasst, selbst noch etwas davon aufzubringen.«[26] Ihrer bemächtigt sich

in unser Haus. Sie sassen bei Mama und tranken Thee aus blauen Tassen. Wenn ich hinein ging um guten Tag zu sagen, zogen sie mich zu sich heran, und streichelten mich. Und ihre weissen Hände dufteten – zart und süss, der Duft bleibt noch eine Weile in meinem Kinderzimmer hängen und ich sass still und atmete ihn ein. Damals kamen nur schöne Frauen zu Mama, ich kann mich an keine erinnern die hässlich war. Aber später, als viele Besuche in unser Haus kamen, hatten die meisten Frauen gleichgültige Gesichter hinter matten Farben und es war nur eine die schön war und das geheime Lächeln war nur in einem Gesicht. Diese Frau streichelte mich auch, zog mich an sich heran und sah mir ins Gesicht. Und da ich nun schon grösser war, konnte ich bleiben und blieb neben ihr die manchmal meine Hand hielt, während sie mit den fremden Besuchen sprach. Aber immer wandte sie sich zu mir zurück, redete selbst zu mir und lächelte, während sie mein Haar streichelte. Ich errötete und sah zu Mama hinüber, die mich rief und mich mit Aufträgen hinausschickte. Aber darin fühlte ich etwas Ungerechtes, und ich weinte heimlich darüber. Immer wenn man schöne Frauen traf, begann das Ungerechte und Unrechte.« Siehe ferner Perret: »Ernst, Würde und Glück des Daseins« 1999, S. 106: »Das Gefühl, von der Mutter für etwas bestraft worden zu sein, was diese im Grunde vorbereitet hatte, irritierte A.S. bis an ihr Lebensende und weckte ihr Misstrauen.«

24 Vgl. auch im Folgenden Müller/Grente: Der untröstliche Engel 1995, S. 35f. Vgl. ferner Miermont: Annemarie Schwarzenbach 2008, S. 31ff.

25 Vgl. ebd., S. 29f. Vgl. ferner Schwarzenbach: Nachwort. In: Schwarzenbach: Bilder mit Legenden 2005, S. 165.

26 Schwarzenbach in einem am 27.3.1932 geschriebenen Brief an Erika Mann. In: »Wir werden es schon zuwege bringen, das Leben« 2001, S. 76.

eine Passivität und Traurigkeit, die aus dem Eingesperrtsein resultieren und zum Rückzug in einen von der Mutter noch nicht besetzten Raum führen, in die Einsamkeit der »inneren Emigration«.[27]

Da die Kommunikation mit der (außer-)familiären Umgebung behindert wird, findet Schwarzenbach im *Schreiben* einen Weg, sich auszudrücken, im poetischen Selbstgespräch sich selbst zu finden und dadurch ein Stück weit von der alles überragenden Mutter abzugrenzen.[28] Sie verfasst kleine Geschichten, Märchen und Sagen, in denen sie auf ihre Weise von familiären Begebenheiten erzählt.[29] Bis auf wenige Ausnahmen, ist von der frühen Produktion nichts mehr erhalten.[30] Im Gegensatz dazu sind die Arbeiten, die sie Mitte der 1920er-Jahre für den *Wandervogel*, die Zeitschrift der gleichnamigen Jugendbewegung, schreibt, erhalten geblieben.[31]

---

27 Vgl. Müller/Grente: Der untröstliche Engel 1995, S. 36. Siehe ferner die vorsichtige Einschätzung von Linsmayer: Leben und Werk Annemarie Schwarzenbachs 1989, S. 173: »Ob ihre abgrundtiefe Traurigkeit, ihre Lebensangst, ihre Beziehungsschwierigkeiten und die Furcht vor dem Alleinsein direkt oder indirekt eine Reaktion auf die Anforderungen des Elternhauses waren, ob sich ihre Rebellion also sozusagen nach innen wandte, ist schwer zu beurteilen.«

28 Siehe Perret: »Ernst, Würde und Glück des Daseins« 1999, S. 113: »Im Schreiben fand A.S. *das* Mittel, ihre Identität und die Welt zu entdecken und – wenigstens scheinhaft (eine ›Illusion des Dauernden‹) – zu bewahren. Von der Mutter in männliche Rollen gezwängt und vielfach Projektionsfläche für die anderen, konnte sie im Schreiben endlich einmal selbst die Fäden in der Hand halten und Rollen nach Belieben verteilen [...]« Kursivierung von Perret. Vgl. ferner Uhlenhaut: »Das ist das Geheimnis: ich weiß nicht, was außerhalb von mir existiert.« 1995, S. 273.

29 Siehe Schwarzenbach: Interview ohne Reporter 1995, S. 11: »›Schon als Kind hatte ich die Neigung, alles aufzuschreiben, was ich sah, tat, erlebte und empfand. Mit neun Jahren schrieb ich in ein liniertes Heft meinen ersten Roman; da ich wußte, dass Neunjährige von den Erwachsenen nicht ernstgenommen werden, liess ich den Helden elf Jahre alt sein.‹« Vgl. auch Linsmayer: Leben und Werk Annemarie Schwarzenbachs 1989, S. 174.

30 Vgl. Müller/Grente: Der untröstliche Engel 1995, S. 38. Erhalten und bisher unveröffentlicht sind freilich später entstandene Texte wie *Gespräch* (1928), *Michael* (1929/31; Fragment ohne Titel), *Das Märchen von der gefangenen Prinzessin* (1929), *Der Hut. Eine Episode aus dem Leben der Familie Schwarzenbach auf Bocken* (1930), *Der Fluss* (1931/32) oder *Römische Skizze* (undatiert). Sie befinden sich im Schwarzenbach-Nachlass im SLA.

31 Es handelt sich um vier Texte mit den Titeln *Über die Freundschaft*, *Zur Mädchenfrage*, *Gavan's Erlebnis* und *In Erinnerung*. Vgl. die Bibliografie der Schriften von Annemarie Schwarzenbach in Fähnders/Rohlf (Hrsg.): Annemarie Schwarzenbach 2005, S. 315.

Neben dem Schreiben sind das *Wandern* und das *Reisen* ihre liebsten Beschäftigungen.[32] Versucht sie sich mit dem Schreiben von der Mutter abzugrenzen und einen eigenen Standpunkt zu finden, ist der Eintritt in den *Wandervogel* 1924 ein weiterer Schritt der äußeren Selbstfindung und vorsichtigen Emanzipation. Ein Jahr zuvor hat Schwarzenbach Aufnahme in die Privatschule Götz-Azzolini gefunden,[33] wo sich ihr neben der Jugendbewegung endlich die Möglichkeit eröffnet, die Bekanntschaft mit Altersgenossen zu machen und sich der mütterlichen Kontrolle zu entziehen. Bei einem Ausflug mit dem Wandervogel lernt sie einen Mann kennen, der in der Folge ein enger Freund und Ratgeber wird:[34] Ernst Merz (1896-1977).[35]

Gegenüber dem homosexuellen Geistlichen kann sie im Gegensatz zu ihrer Familie offen über ihre alltäglichen Sorgen, ihre literarischen Arbeiten und vor allem über ihre Liebe zu Frauen sprechen.[36] Sie vertraut ihm in Briefen die »sie quälenden Fragen von *Reinheit* und Schönheit an und meint, wohl nur die Kraft der Persönlichkeit könne das Gefühl der Sünde überwinden.«[37] Sie schickt ihm ihre Texte und freut sich, dass Merz, der sie mit den Büchern von Stefan George (1868-1933) und Ludwig Klages (1872-1956) bekannt macht,[38] den Sinn ihrer Arbeiten begreift:

32 Vgl. Merz: Tradition und Einkehr 1985, S. 84.

33 Vgl. den »Lebenslauf« in Schwarzenbach: Beiträge zur Geschichte des Oberengadins im Mittelalter und zu Beginn der Neuzeit 1931, S. [187].

34 Vgl. Perret: »Ernst, Würde und Glück des Daseins« 1999, S. 100.

35 Über ihr erstes Zusammenkommen und die gemeinsame Zeit schreibt im Rückblick Merz: Tradition und Einkehr 1985, S. 84: »Es war an einem strahlenden Herbsttag des Jahres 1924, als sie zu einer Jugendtagung nach Rein bei Brugg kam. Ich hielt vor diesem aufgeschlossenen Kreis einen Vortrag unter dem Titel ›Einsamkeit, Freundschaft und Gemeinschaft‹. Meine Worte müssen die 16-Jährige begeistert haben, und spontan äußerte sie den Wunsch, von mir unterrichtet und konfirmiert zu werden. Ich erteilte ihr den gewünschten Religionsunterricht [...] Diese Stunden gehören mit zum Schönsten meiner pädagogischen Wirksamkeit. Meine Schülerin nahm mit einer Lebendigkeit und Aufgeschlossenheit sondergleichen die Lebensfragen in Angriff und suchte, wobei die Rollen gelegentlich ein wenig vertauscht wurden, noch die kleinsten Dinge zu ergründen.«

36 So schreibt sie Merz über ihre Homosexualität ebd., S. 89: »›Weil ich weiss, [...] dass Du nicht so denkst wie die andern, kann ich Dir sagen, dass ich warme, starke Zuneigung, brennendes Freundschaftsgefühl, alle jungen glühenden Kräfte in mir nie anders als einer Frau gegenüber empfunden habe und dass ich nur Frauen mit wirklicher Leidenschaft lieben kann.‹«

37 Ebd., S. 85. Kursivierung von B.S.

38 Vgl. Schwarzenbach in einem am 6.1.1929 geschriebenen, bisher unveröffentlichten Brief an Ernst Merz. Als Kopie befindlich im SLA.

›Es ist merkwürdig, dass ausser Ihnen niemand das in meinen Schriften versteht, was mir Freude macht: die Art, der Klang, die Schönheit des Wortes. Ich schreibe fast nie einer Idee zu Liebe, sondern ein irgendwann aufgetauchter Gedanke ist nur die Grundlage und gibt mir die Mittel, schreiben zu dürfen. Der Inhalt ergibt sich von selbst, aber zu schreiben, zu formen – langsam, gleichsam musizierend zu schreiben: das gibt mir ein ungeheures Glücksgefühl.‹[39]

In einem anderen an Merz gerichteten Brief ist das Thema weniger erfreulich.[40] Schwarzenbach schreibt über eine erste große Auseinandersetzung mit ihrer Mutter. Es handelt sich bei der Geschichte um eine unglückliche Liebe zu einer anderen Frau. Diesmal, so scheint es, ist die 17-Jährige in den Augen der Familie zu weit gegangen.[41] Die Eltern beschließen, sie auf das hochalpine Töchterinstitut Fetan im Unterengadin zu schicken, wo sie 1927 die Matura mit höchster Auszeichnung besteht. Nach ihrem Abschluss schwankt sie lange, was sie tun soll. Nach Überlegungen, eine Tanzschule zu gründen, zur Bühne oder zur Musik zu gehen, erhält sie eine Stelle bei der *Neuen Zürcher Zeitung*. Im Herbst immatrikuliert sie sich an der Universität Zürich und wählt als Hauptfach Geschichte und als Nebenfach Literaturgeschichte.[42]

39 Merz: Tradition und Einkehr, S. 85.

40 Vgl. im Folgenden Schwarzenbach: »Der Anfang aller Dinge« 2005, S. 37f.

41 Siehe den Kommentar von Alexis Schwarzenbach ebd., S. 42: »Sobald Annemarie aber in die Pubertät kam und ihre Zuneigung auf andere Frauen als Renée auszurichten begann, sich von ihrer Mutter entfernte, nahm ihr das die eifersüchtig gewordene Renée sehr übel und bezeichnete sie als ›lesbisch‹. Damit traf sie Annemaries wunden Punkt, denn Renée dürfte gewusst haben, dass Annemarie schwere Schuldkomplexe plagten. Die erste grosse Liebe Annemaries zu einer anderen Frau musste daher 1925 zu einer Krise führen.«

42 Vgl. Merz: Tradition und Einkehr 1985, S. 86.

4.2 Von den Quellen der Einsamkeit und Reinheit. Über den Konnex von Weiblichkeit und Homosexualität mit Ursprünglichkeit und dem »Osten«

Sie wissen nicht, wie gefährlich die mongolischen Mädchen sind.
Annemarie Schwarzenbach: *Eine Frau zu sehen* (2008)[43]

›Deine Mutter wird nie begreifen, dass Du frei leben sollst. Du kannst nicht arbeiten, wenn Traditionen um Dich sind. Verstehst Du denn nicht? Du erstickst dort, vor lauter Rücksicht. Es nimmt Dir Dein Bestes. Und das kann eine Mutter nicht verstehen.‹[44]

Diese Worte, die ein älterer Freund namens Hochberg an Ursula, die Ich-Erzählerin der *Pariser Novelle*, richtet, können wie eine Rechtfertigung für die Entscheidung der Verfasserin gelesen werden, nach zwei Semestern die Universität Zürich zu verlassen und für ein Jahr an die Sorbonne nach Paris zu gehen, um dort neben Geschichte hauptsächlich Philosophie und Psychologie zu hören.[45] Mit zwei ihrer Cousinen reist sie im Oktober 1928 in die französische Hauptstadt und macht bald nicht nur die Bekanntschaft von Studenten, sondern auch russischer Emigranten und aller Art Bohemiens.[46]

Ihren Niederschlag finden die Pariser Erlebnisse in mindestens drei Prosaarbeiten:[47] Die bereits zitierte und Anfang 1929 entstandene *Pariser Novelle*, ein im März/April 1930[48] geschriebener Text mit dem Titel *Paris III* und der Roman *Freunde um Bernhard*, der ebenfalls nach der Rückkehr in der Schweiz entsteht. Bleibt man bei der *Pariser Novelle* und analysiert sie, tauchen in ihr alle Themen auf, die nicht allein nur Schwarzenbach in diesen Jahren beschäftigen und die bestimmend sein werden für ihre später entstan-

43 Schwarzenbach: Das glückliche Tal 2006, S. 137.

44 Schwarzenbach: Pariser Novelle 2003, S. 26.

45 Vgl. den »Lebenslauf« in Schwarzenbach: Beiträge zur Geschichte des Oberengadins im Mittelalter und zu Beginn der Neuzeit 1931, S. [187].

46 Vgl. Müller/Grente: Der untröstliche Engel 1995, S. 54. Vgl. ferner Fähnders: »Die Geschichte die ich erzählen will« 2003, S. 39. Es ist durchaus möglich, dass Schwarzenbach ihre in Paris gemachten Erfahrungen mit russischen Emigranten wie mit der fünf Jahre älteren Tanja Doukohvetzky später im Novellenband *Der Falkenkäfig* verarbeitet hat. Es geht in der darin enthaltenen Erzählung *Eine Bekanntmachung* um das Schicksal einer während der Russischen Revolution im Jahre 1917 nach Persien entflohenen Ukrainerin namens Katharina Petronova.

47 Vgl. Fähnders: »Die Geschichte die ich erzählen will« 2003, S. 39.

48 Vgl. die editorische Notiz zu den Erstdrucken in Fähnders/Rohlf (Hrsg.): Annemarie Schwarzenbach 2005, S. 343.

denen Werke.[49] Es widmen sich auch andere Texte wie *The Well of Loneliness* (1928) von Radclyffe Hall (1880-1943) oder *Orlando* (1928) von Virginia Woolf (1882-1941) den Auswirkungen sozioökonomischer und kultureller Umwälzungen, die im engen Zusammenhang stehen mit der Rekrutierung der Frauen für den Dienst an der »Heimatfront« im Ersten Weltkrieg und mit ihrer damit einhergehenden »Aufwertung« und Emanzipierung von konventionellen bürgerlichen Lebensentwürfen.[50]

In der *Pariser Novelle* geht es um die Auseinandersetzung mit hetero- und homosexueller Liebe, um die Infragestellung der Geschlechterrollen und gesellschaftlicher Normen, um die Definition von Jugend und Generation, die Begriffsbestimmung ihres Verständnisses von Literatur und untergeordnet um die Erfahrung der Stadt, in diesem Fall um die von Paris.[51] Zwei Themenbereiche sollen im Folgenden näher untersucht werden, da sie im Hinblick auf die ab 1933 unternommenen Orientreisen und im Anschluss daran entstandenen Texte Schwarzenbachs wichtige Erkenntnisse über ihre Vorstellungen und Erwartungen von Vorderasien liefern.

Der eine Komplex behandelt die Infragestellung der Geschlechterrollen, genauer die Übertretung bürgerlicher Konventionen.[52] Zwei junge Frauen werden in der *Pariser Novelle* einander gegenübergestellt. Da ist zum einen die Ich-Erzählerin Ursula, Studentin an der Sorbonne. Durch ihre gesamte Erziehung gehemmt, fällt es ihr schwer, ihre Gefühle für Frauen auszudrücken und auszuleben. Als sie eines Tages den Schritt wagt und eine Freundin namens Jaqueline mit in die Schweiz nimmt, verwehrt ihr der Großonkel die Zweisamkeit in seinem Haus. Ursulas Liebe scheitert an den gesellschaftlichen Konventionen. An einer Beziehung zu Hochberg hat sie als Homosexuelle kein Interesse.[53] Das Verhältnis zu ihrer Umgebung ist insgesamt von der Angst geprägt, nicht wirklich um ihrer selbst willen geliebt zu werden. Sie hat

---

49 Siehe Perret: »Ernst, Würde und Glück des Daseins« 1999, S. 105: »Die frühen Texte – ›Pariser Novelle I und II‹ (1929) und ›Paris III‹ (1930) – entpuppen sich als Exerzierfeld für die Identitätssuche der A.S.«

50 Vgl. Schwarzenbach: Nachwort. In: Schwarzenbach: Eine Frau zu sehen 2008, S. 74ff. Alexis Schwarzenbach äußert die Vermutung, dass seine Großtante wenn nicht *Orlando*, so doch *The Well of Loneliness* in der 1929 erschienenen deutschen Übersetzung gekannt haben mag.

51 Zum letzten Punkt sei nur angemerkt, dass Schwarzenbach während ihres Paris-Aufenthalts Rilkes Roman *Die Aufzeichnungen des Malte Laurids Brigge* (1910) liest. Vgl. Müller/Grente: Der untröstliche Engel 1995, S. 75.

52 Vgl. Fähnders: »Die Geschichte die ich erzählen will« 2003, S. 53.

53 Vgl. Perret: »Ernst, Würde und Glück des Daseins« 1999, S. 105f. Vgl. ferner Fähnders: »Die Geschichte die ich erzählen will« 2003, S. 55f.

eher das Gefühl, von mächtigeren Partnern gefangen gehalten zu werden und somit ewig einsam, traurig und leidend bleiben zu müssen.[54]

Da entdeckt sie eine junge Frau, die ihr großes Interesse auf sich zieht, weil sie Ursula mit ihrer so ganz »anderen« Art eine alternative Lebensform anbietet: Die Tänzerin Lena.[55] Während es der Ich-Erzählerin nicht gelingt, sich aus dem engen Korsett ihrer bürgerlich-konservativen Familie zu befreien und ein ihrem Charakter und Neigungen entsprechendes (Liebes-)Leben zu führen, hat sich die im Vergleich ältere polnische Jüdin bereits in frühester Kindheit von ihrem orthodoxen Milieu abgesetzt und für ein Leben als Künstlerin in der großen Stadt entschieden:

> Das war nämlich ihr grösstes Talent – Ihr hättet Lena tanzen sehen sollen! Das war als sei ein Stück Urtrieb wach geworden, Bezauberung der Erde war darin, die heimlichen Kämpfe der Raubtiere und böse, entzückende Geister des mütterlichen Schosses. Die Männer staunten Lena an und erschraken heimlich. Denn Zivilisation ist feige: Sie lässt nur einen Teil des Menschen bestehen, der andere verkrüppelt und drängt sich nachher als hässlicher *Zwerg* hervor. Seine entstellte Form der niederen Begehrlichkeit verseucht alle diese seltsamen Zivilisationsgebilde, beherrscht sie in schwachen Augenblicken, facht ihre halberloschene Glut an, so wie Lena es tat… Aber Lena war schön: Sie war neu und ungezähmt aus einer noch jungen Erde gedrungen, nichts war entstellt

54 Siehe Schwarzenbach: Pariser Novelle 2003, S. 30: »Ach, warum sehnen wir uns nach dem Zweisein, Jaqueline, wenn wir doch allein geboren sind: Warum lassen wir uns täuschen vor den Werken und Handlungen, solcher die wir lieben, warum glauben wir über grosse Lügen hinweg – Auf einen solchen Menschen habe ich gehofft, Jaqueline, und es war eine Täuschung. Denn ich hatte vergessen, dass es nur ein Zweisein gibt durch *Angehören*. Wie kann ich meine Seele verschenken, Jaqueline – es war als nehme man mir die Luft zum Atmen, und das Licht zu sehen. Die Freiheit des Herzens wurde mir genommen, Jaqueline… Nichts war ich mehr ohne ihn. Mein Gefühl war nichts ausser wenn es ihm gehörte, mein Glaube war nichts, wenn sein Urteil ihn bestätigte. – Und ich lächelte unter seinen Augen, aber ringsum stark die Welt – Jaqueline, darf man eine Welt töten, um daraus eine neue zu erbauen? Es gibt Frevel die uns nicht verziehen werden.« Kursivierung vom Herausgeber. Im Typoskript von Schwarzenbach unterstrichen. Vgl. Fähnders: Pariser Novelle. Editorische Notiz 2003, S. 34.

55 In der im März/April 1930 entstandenen Prosaarbeit *Paris III* gibt es ein ähnliches Gegensatzpaar. Der knabenhaften Ich-Erzählerin steht die impulsive Russin Madeleine gegenüber. Vgl. Schwarzenbach: Paris III 2005, S. 197ff.

> an ihr, Geist und Sinne durchwittert von einer Lebenskraft die die Reihe ihrer blassen Verehrer erschauern liess.[56]

Was Ursula an der »kleine[n] Zigeunerjüdin«[57], die wohl auch an Mignon aus Goethes *Wilhelm Meisters Lehrjahre* (1795/96) anspielt, fasziniert, ist die Ursprünglichkeit, Wildheit und Unberechenbarkeit, aber auch *Reinheit* und Unschuld der aus dem Osten stammenden Jüdin. Diese steht im Gegensatz zu der Steifheit und Mattheit ihrer aus dem Westen stammenden bürgerlichen Umgebung.[58] Es kann an dieser Stelle von einer Gleichsetzung von Ursprünglichkeit mit dem »Osten« bzw. von »Unnatürlichkeit« mit dem »Westen«

56 Schwarzenbach: Pariser Novelle 2003, S. 15. Kursivierung von B.S. Angemerkt sei, dass Schwarzenbach nicht die einzige Autorin ist, die sich für das Schicksal der Tänzerin Lena Amsel (1898-1929) interessiert. Ruth Landshoff-Yorck erwähnt die polnisch-jüdische Künstlerin nicht nur in ihrem 1930 veröffentlichten Erstlingswerk *Die Vielen und der Eine*, sondern macht sie in der erst 2002 erschienenen *Roman einer Tänzerin* sogar zur Protagonistin. Klaus Mann widmet ihr 1929 einen Nachruf mit dem Titel *In Memoriam Lena Amsel* und lässt sie später als Greta Valentin in seinem Roman *Treffpunkt im Unendlichen* (1932) auftreten. Vgl. Fähnders: »Die Geschichte die ich erzählen will« 2003, S. 40ff.

57 Schwarzenbach: Pariser Novelle 2003, S. 15.

58 Vgl. Fähnders: »Die Geschichte die ich erzählen will« 2003, S. 44f. Später wird Schwarzenbach die Figur der aus dem Osten stammenden wilden und leidenschaftlichen, dabei bodenständigen und anziehenden jungen Frau noch mehrfach aufgreifen. Siehe Schwarzenbach: Eine Frau zu sehen 2008, S. 7: »Dann kam die kühle Winternacht uns entgegen, Lange ging neben mir und sprach in unbeholfenem Deutsch. ›Es ist schade um Sie‹, sagte er, ›Sie wissen nicht, wie gefährlich die mongolischen Mädchen sind‹, das war Li, und ich nickte, obwohl Li nicht gefährlich ist, ein zuckendes Porzellangesichtchen unter schmal rasierten Brauen, weiße Hände, auch sie unaufhörlich zuckend auf den Schultern der Männer, die sie durch das Gewühl der Tanzenden trugen.« Siehe ferner Schwarzenbach: Ruth 1932, S. 59: »Du gleichst den nomadischen Hirten, die ich am Rand der Wüste sah. [...] Dein Gesicht ist von der Sonne der Wüste gebräunt und Dein Haar duftet nach wilden Kräutern. Ich liebe Deine Füße, die kräftig und schlank sind, und wenn Du schläfst, lege ich meine Wange in die warme Höhlung Deiner Sohle, und meine Lippen werden herb von der Herbe Deiner dunklen und gestrafften Haut. Ich nenne Dich RUTH, denn dieser Name, den ich in der Bibel las, erweckt Wildheit und Frömmigkeit und eine große Strenge.« Hervorhebung von Schwarzenbach. Vgl. Bischoff: »Du verlangst eine Liebe, die mit unseren gegenwärtigen Begrenzungen nicht vereinbar ist.« 1998, S. 47ff. Siehe schließlich wegen der Beschreibung der Protagonistin in Schwarzenbach: Yelinda 2005, S. 216: »›Breite slavische Backenknochen, breite Hüften, grosse Brüste. Bleiche Haare, sie sollte sie in Zöpfen geflochten tragen. [...] Eine wendische Bäuerin, [...] Auswanderertypus, schwer und gesund. Sie würde prächtige Söhne haben.« Siehe Rohlf: Über die Probleme einer

gesprochen werden. Steht Lena für das strotzende und ungebundene, keinem außer sich selbst verantwortliche Leben, erscheint die Ich-Erzählerin als ein innerlich verkrüppelter, unsicherer und strauchelnder »Zwerg«.[59] Ursula sehnt sich danach, durch den Kontakt mit dieser für sie fremden, nicht »deformierten« und zivilisierten Lebenswelt zu »gesunden« und ihre durch strenge Erziehung verlorene Lust und Freude, Unbeschwertheit und Unschuld wieder zu erlangen.[60] Es gilt für sie, was Schwarzenbach später in einer germanistischen Hausarbeit über den Schriftsteller Georg Trakl (1887-1914) schreibt:

›weiblichen Frau‹ 2008, S. 272. Rohlf erinnert die Beschreibung von Yelinda an das »Wirklichkeitsideal reaktionärer Heimatliteratur«.

59 Die Sehnsucht, den Zustand der Reinheit zu erreichen, ist von zentraler Bedeutung bei der Untersuchung der Frage nach der Anziehung Schwarzenbachs durch den »Osten«. Siehe Miermont: Annemarie Schwarzenbach 2008, S. 44f.: »Woher bezieht sie diese Vorstellungen? Großenteils aus ihrer religiösen Erziehung und noch direkter aus der Lektüre der Bibel, von der sie sich häufig in ihren Büchern inspirieren läßt, und zwar sowohl in der Form als auch im Inhalt. Im Mittelpunkt ihrer persönlichen Ethik steht die Sünde, und ihr Schuldgefühl ist so überwältigend, daß es jede Fähigkeit zum Glück zerstört. Annemarie kann sich faktisch nicht gestatten, glücklich zu sein. [...] Denn wie kann man glücklich sein, wenn man den Weg zur Erlösung nicht gefunden hat? [...] Die große Frage, die ihrem Leben eine entscheidende Orientierung gibt, lautet: *Wie kann man über die Sünde triumphieren und die ursprüngliche Reinheit wieder erlangen?*« Kursivierung von B.S.

60 Siehe Schwarzenbach in einem am 12.2.1926 geschriebenen, bisher unveröffentlichten und als Kopie im SLA befindlichen Brief an Merz: »[E]s gibt, glaube ich, nur einen Weg, die Sünde zu überwinden: Den der Kraft. Ein starker Mensch ist groß, und dann muss doch endlich, endlich die Sünde verschwinden!« In diesem Zusammenhang soll aufmerksam gemacht werden auf einige Parallelen zwischen der Figur der Ursula und der Protagonistin Lena in dem Roman *Good-bye, Stranger/Fremd wie mein Geliebter* (1926, dt. 1930) der von Schwarzenbach geschätzten und in ihrem Reisebuch *Winter in Vorderasien* (1934) erwähnten englischen Schriftstellerin Stella Benson (1892-1933). So handelt es sich bei Bensons Lena um eine 37-jährige, während einer Welttournee in einem missionarischen Vorposten in China weilende Musikerin und Tänzerin, die dort stets über ihre schwache Konstitution klagt. In der Person von Clifford Cotton, einem mit einer Amerikanerin verheirateten Briten, begegnet sie einem Menschen voller Vitalität und Lebenslust, der sich in sie verliebt, der ihr gleichzeitig aber auch unbewusst den Spiegel vorhält. Siehe Lenas Selbstporträt in Benson: Fremd wie mein Geliebter 1930, S. 123: »›Sie [Daley, Cliffords Ehefrau; B.S.] sind zum Glück ein so natürliches Kind geblieben, daß es für Sie kein großes Leid geben kann – *Urwüchsigkeit ist der beste Schutz im Leben*. Ein Mann ist für Sie immer nur ein kleiner Junge. Sie kennen keinen herzzerreißenden Kummer, bestenfalls eine laue prickelnde Erregung. Ich mußte leider im Leben alle naturgewachsene Ursprünglichkeit einbüßen. Ich muß immer erst überlegen, welche Haltung ich im Augenblick einnehmen soll. Ich muß

> Die Neigung zum Primitiven, zu den elementar Fühlenden findet sich häufig vereint mit der intensiven, leicht zu erschütternden Psyche überfeinerter Naturen. Es ist als ahnten sie die Notwendigkeit einer Heilung, ihre gespannten Nerven sehnen sich nach Ruhe und natürlicher Einfachheit. Das ›Zurück zur Natur‹ Jean Jacques Rousseaus klingt hier in gewandelter Form an.[61]

Schwarzenbachs »Rückkehr zur Natur« und zu sich selbst ist trotz ihrer Bemühungen vergeblich – auch wegen der Übermacht der Mutter und des Wissens um die eigene Flucht. So werden ihre Eigeninitiative und kontinuierliche Weiterentwicklung nicht nur durch Renées Dominanz behindert, sondern auch von eigenen Schuldgefühlen, die in ihrer ambivalenten Haltung zur eigenen Homosexualität begründet liegen.[62] Daher verfolgt Schwarzenbach unterschiedliche Strategien, um die eigene »Natürlichkeit« zu erreichen. Sowohl in ihren zwischen 1925 und 1929 verfassten Briefen an Ernst Merz aus Bocken, Fetan und Paris als auch in Texten wie den Wandervogel-Beiträgen *Über die Freundschaft* (1925), *Zur Mädchenfrage* (1925), *Gavan's Erlebnis* (1925), *In Erinnerung* (1926), und später in *Gespräch* (1928), *Das Märchen von der gefangenen Prinzessin* (1929), *Michael* (1929/31) oder der undatierten *Römischen Skizze* werden verschiedene Strategien zur Befreiung aus dem erstarrten bürgerlichen Dasein ausprobiert. Es wird scharfe Kritik an den häuslichen Verhältnissen geübt und die Emanzipierung von den vorgegebenen Verhaltensweisen mit Vehemenz gefordert. So heißt es in *Gespräch*:

> Mit Vorsicht wollt ihr leben. Was, glaubt Ihr, kommt aus der Vorsicht. Nur Vorsicht. Sklaven werdet Ihr Eurer Vorsicht. Wohin, glaubt Ihr, führt sie Euch – sie umgeht die gefährlichen Wege (habt Ihr nicht gesehen dass sie am höchsten führen) Sie bleibt fern von gefährlichen Menschen, Ihr aber vergesst, dass alle Tiefe gefährlich ist. *Flach wird Eurer Leben durch die Vorsicht*. Flach auch Ihr. Seht ich zeige Euch die breite Strasse der Tugendschaften: geht sie und denkt an Eure Vorsicht: denn glaubt Ihr nicht, dass die meist begangenste der Strassen die Sicherste ist?

---

immer befürchten, Fehler zu begehen und Misserfolg zu haben, und ich versage eben, weil ich nicht ursprünglich handeln kann. Ich muß immer denken. Ich denke, bevor ich etwas tue, ich denke die ganze Zeit, während etwas geschieht, und ich denke über jede Sache selbst hinterher nach.« Kursivierung von B.S.

61 Schwarzenbach: Georg Trakl 2004, S. 64.

62 Vgl. die aufschlussreichen Auszüge aus dem Bericht von Dr. Oscar Forel an Dr. Theodor Hämmerli vom 20.12.1935 über Schwarzenbach, die sich im Herbst 1935 zur Kur in der Klinik von Prangins aufhält. In: Schwarzenbach: Auf der Schwelle des Fremden 2008, S. 254ff.

> Die Tugendhaften sind es die sie gehen. Wisst aber welches diese Tugend ist: Ihre Mutter ist die Furcht, ihr Vater das kleinliche Denken. [...] *Ich will aber kein Sklave sein.* Glaubt mir: zuerst müssen wir Ketten zerbrechen. Die Ketten der Menschen und Dinge. Zuerst müssen wir die breite Strasse verlassen und Irrwege gehen. Zuerst müssen wir auf die Vorsicht verzichten, um hilflos zu werden: so dass Raum in uns sei, denn die neue Tugend ist nicht bescheiden. sie brennt in uns als ein grosses Feuer. Sie ergreift uns, in nackter Hilflosigkeit sind wir vor ihr.
> Je innerlicher ein Mensch, umso ferner Seele bleiben die Andern. Alle Expansion kostet Blut, ist ein gewalttätiger Schnitt, einer Operation gleich. *Die Seele trägt es lautlos, weil Expansion sie erst lebensfähig macht, sie sehnt sich ja mit unverständlicher Stärke nach Mitteilung und Hingabe, es kann geschehen dass sie sich gewaltsam öffnet wie ein Bach, der plötzlich ein Weiler durchbricht, und sie stürzt sich selbst rauschähnlich, durstig nach Vergehen und Auflösen, dem Fremden entgegen –*
> Ihn Bruder zu nennen ist Ihre Sehnsucht, in seinen Augen das eigene Spiegelbild zu sehen, ein Druck seiner Hände, in seinem Lächeln, seinem eisigen gespannten Gesicht zuhören, entnehmen Verstehen zu finden.[63]

Als zweite Strategie unternimmt sie den Versuch, das in der Grenzüberschreitung begründete, schlechte Gewissen durch den Verzicht auf »Expansion«, den Rückzug ins Innere und die verstärkte Frömmigkeit zu beruhigen und die begangenen »Sünden« durch die Suche und Erfahrung Gottes quasi »abzusühnen«. So äußert sich die Ich-Erzählerin im Prosastück *Michael* über ihre »defensive« Vorgehensweise:

> Aber eine Ahnung ist darin, die mich in jenes Getrübtsein von allen Menschen führt, und in Gottes Nähe. Dort war *Demut*: ein Knien vor den Wundern der Welt die vor mir ausgebreitet lagen und die ohne Verwirrung der Nacht und dem Tag und den Gesetzen des Wandels folgen, in schöner *Harmonie*, wovor unsere Unruhe klein wird – Ja, ich war demütig weil ich mich aufgenommen fühlte in diesen grossen und stillen Weg des Geschehens. *Ich war allein. Aber dort war Gottes Nähe.*[64]

63 Schwarzenbach: Gespräch, S.7f. Abschnitt V.-VI. Unveröffentlichtes, im Original titelloses Typoskript mit handschriftlichen Korrekturen. Befindlich im SLA. Unterstreichung von Schwarzenbach. Kursivierungen von B.S.

64 Schwarzenbach: Michael. Briefpapier mit der Aufschrift *Suvretta House St. Moritz.* Unveröffentlichtes, im Original titelloses Manuskript mit handschriftlichen Korrekturen. Befindlich im SLA. Kursivierungen von B.S.

Die dritte Variante besteht in der vollkommenen Hingabe der Protagonistin nicht an Gott, sondern an den Geliebten. Die hier imaginierte Beziehung der beiden Partner ist allerdings nicht so sehr als eine sexuelle, sondern vielmehr als eine platonische zu verstehen, da die gegenseitige Tröstung eine größere Bedeutung besitzt. Das wird insbesondere im *Märchen von der gefangenen Prinzessin* deutlich, wenn die Ich-Erzählerin ihren Geliebten Raoul in einem Selbstgespräch – ähnlich wie im Prosagedicht *Ruth* – anredet:

> Liebling ich weiss Du hast Dich nach mir gesehnt. Auf der Falkenjagd [!] hast Du an mich gedacht, und ich habe Deinen Gruss gehört. Warum zitterst Du, fühlst Du nicht, dass meine Hände nahe bei Dir sind, ich streichle Dein Gesicht und es wird kühl davon. Wie schön Du bist, Raoul: ich will das Licht brennen lassen, die kleine rote Ampel, um Dich eine Weile sehen zu können. Sei ganz ruhig jetzt Raoul. Die Nacht ist so still. Ich höre Deinen Atem. Wenn ich mein Haupt auf Deine Brust lege. *Wie braun du bist: manchmal, wenn ich Dich ansehe, denke ich an ein junges Tier...* Ich will das Du jetzt schläfst. Hörst Du: sprich nicht mehr. Lehne Dich an meine Schulter. Bleibe ganz still und fühle dass ich bei Dir bin.[65]

Schwarzenbach verknüpft alle drei Strategien, wobei aufgrund ihrer starken Stimmungsschwankungen jeweils eine der drei Komponenten den Ausschlag gibt. Während ihres Aufenthalts in Berlin wird sie die erste, oben beschriebene Vorgehensweise, die Missachtung von Regeln, die ihr großbürgerliches Leben in der Schweiz bestimmen, bevorzugen und die Grenzüberschreitungen bewusst in Kauf nehmen: »Sie geniesst die Weltstadt in vollen Zügen, gibt sich ganz der Fülle neuer Eindrücke hin, schliesst dutzendweise neue Bekanntschaften und besucht nur mit einem gewissen Widerwillen die Vorlesungen, die ihrer Phantasie wenig bieten.«[66] Sie steht während dieser Zeit offen zu ihrer Homosexualität und spielt mit ihrer androgynen Erscheinung, die auch stets Eindruck auf ihre Umgebung macht:

> Alle Leute waren sofort von ihr entzückt, obwohl sie keineswegs brillant war und manchmal überhaupt nicht den Mund aufmachte, sondern

65 Schwarzenbach: Das Märchen von der gefangenen Prinzessin, S. 11. Unveröffentlichtes, im SLA befindliches Typoskript. Kursivierung und Hervorhebung von B.S. Es ist möglich, dass Schwarzenbach mit der Falkenjagd auf die berühmte »Falkennovelle« (Fünfter Tag, neunte Geschichte) aus dem ca. 1350/53 entstandenen *Decamerone* von Giovanni di Boccaccio (1313-1375) anspielt. Vgl. zur Falkenthematik auch die Anmerkung 469ff.

66 Merz: Tradition und Einkehr 1985, S. 86.

> nur still dasaß und ihren eigenen verträumten Gedanken nachsann. Ihre Schönheit war auch nicht brillant, sondern engelhaft, liebenswert. Und fast alle Leute, die sie kennenlernten, waren sofort um sie besorgt.[67]

Nach ihrer Heimkehr nach Zürich im Oktober 1929 hält es sie nicht mehr lange bei ihren Eltern aus. Durch den Paris-Aufenthalt neugierig geworden, hat sie Geschmack am Reisen, an der Fremde und an der für sie gesunden Distanz zur alten Umgebung gefunden. Ihre Suche nach sich selber – die, wie gesagt, auch immer eine Flucht vor sich selbst, der Mutter, der Familie, dem Bekannten, dem Starren und Toten darstellt[68] – wird komplettiert durch ihr Schreiben, das eines mit ganz bestimmten Zielen und Formen ist. Es handelt sich um ein »musizierendes Schreiben«, bei dem es eher um die Form als um den Inhalt geht.[69] In der *Pariser Novelle* heißt es dazu:

> [I]ch liebe nur die Sprache eines Buches. Es können triviale Dinge darin stehen, oder besser: gar nichts. Ich will keine Protokolle. Auch Taten sind gleichgültig. Die will ich erleben oder selber tun. [...] Glauben Sie nicht, dass es tatenlose Bücher geben kann? Auch solche Bücher liebe ich nicht, in denen steht: er *fühlte* Schmerz, er *war* einsam, er *hatte Sehnsucht* nach seiner Freundin. Das ist alles so grob und ungeschickt. Denn Fühlen ist unsere Sache, dies des Schreibenden, es hervorzubringen. Musik ist ganz ohne Geschehen und dennoch lassen wir uns erschüttern. Ich möchte ein Buch schreiben, das man langsam und laut lesen könnte, und jeder Satz, selbst zusammenhanglos, wäre klangvoll und schön, so ungefähr wie im Kornett.[70]

---

67 Landshoff-Yorck: Annemarie Schwarzenbach 1997, S. 163. Vgl. ferner Linsmayer: Leben und Werk Annemarie Schwarzenbachs 1989, S. 172.

68 Siehe Schwarzenbach: Stellung der Jugend 2005, S. 13: »Wir wissen, dass nichts Einseitiges und Erstarrtes für uns taugen kann, sondern nur das, was zugleich Körper ist und Seele, zugleich bewegt und ewig, zugleich stark und hingegeben. Dieses Wissen haben wir nicht lernen können, wir mussten es erfahren. [...] Wir lieben das Leben, unsere Liebe ist inbrünstig und unsere Hingabe leidenschaftlich und ohne Grenze.«

69 Vgl. Uhlenhaut: »Das ist das Geheimnis: ich weiß nicht, was außerhalb von mir existiert.« 1995, S. 274f.

70 Schwarzenbach: Pariser Novelle 2003, S. 13f. Kursivierungen von Schwarzenbach. Siehe Fähnders: Die literarischen Anfänge von Annemarie Schwarzenbach 2005, S. 48: »Sprachkrise und Sprachkritik verweisen auf die literarischen Anfänge Annemarie Schwarzenbachs Ende der Zwanziger Jahre, also knapp eineinhalb Jahrzehnte vor Abschluß ihres letzten Romans. In ihrem Literaturwissenschaftsstudium ist sie mit der deutschen und europäischen Moderne bekannt geworden, so

Nachdem die Ich-Erzählerin beschrieben hat, wie ihr Werk beschaffen sein soll, erklärt sie anschließend die Art der Vorgehensweise und das angestrebte Ziel ihrer Schriftstellerei. Nach der Reinheit ist Harmonie der Zustand, den sie wenn schon nicht im alltäglichen Leben, so doch zumindest in ihrem Schreiben erreichen möchte:

> Denken Sie sich eine Legende: süss und rein von zartester Farbe. Eigentlich ist das ja gar nicht auszudrücken mit unseren Worten, eigentlich würde ja die Legende in einen Zeitungsbericht verwandelt. Und ein Künstler vermag es, eine Legende zu schreiben. Ich weiss nicht, wie er die Worte verwandelt: Er formt sie bis sie an die sanften Hände einer Heiligen erinnern, er fügt sie kunstvoll zusammen bis sie wie ein Orgelspiel tönen, oder von fern herab, wie die Stimmen kleiner Engel und endlich entsteht daraus ein Gebilde ohne Fehler und im Lesen beginnt unsere Seele mitzuschwingen, berührt von der sanften *Harmonie*.[71]

4.3 Zürich – Paris – Berlin oder *Auf der Suche nach einem Weg*

> Ich erhielt das Geschenk einer fürchterlichen Freiheit...
> Annemarie Schwarzenbach: *Das glückliche Tal* (1940)[72]

Das Wissen um das Glück und den Trost, den ihr die Schriftstellerei bereitet,[73] führt dazu, dass das Schreiben immer mehr in den Mittelpunkt ihres Lebens rückt und sie sich schließlich nicht mehr vorstellen kann, etwas anderes zu

---

durch einschlägige Lehrveranstaltungen des einflussreichen Hochschullehrers und Schriftstellers Robert Faesi an der Universität Zürich.«

71 Schwarzenbach: Pariser Novelle 2003, S. 14. Kursivierung von B.S. Siehe Fähnders: Die literarischen Anfänge von Annemarie Schwarzenbach 2005, S. 54: »Vielmehr soll der Schreibakt, der Prozeß der Produktion von Literatur, aus der Klammer der Rationalität gelöst und das Intuitive aufgewertet werden. Handlung und Sujet werden dem nachgeordnet, und ein Blick auf ihre frühen Erzählungen und Romane zeigt, daß sie diesem ihrem Schreibprogramm durchaus gefolgt ist – ist doch ihre Erzählprosa durch Handlungsarmut und den Primat von Stimmungen, Gesten und Gesprächen, durch die Wiedergabe von menschlichen Beziehungen und weniger von Aktion, Handeln, Taten gekennzeichnet. Die Handlung ist auffällig minimiert.«

72 Schwarzenbach: Das glückliche Tal 2006, S. 137.

73 Siehe Perret: »Ernst, Würde und Glück des Daseins« 1999, S. 114: »Mit der Sprache hatte sie ein stets zu erreichendes Mittel zur Verfügung, ein Narkotikum, das süchtig (nicht nur nach seinem Trost), aber nicht krank macht. Diese Sucht, sich mit Worten zu berauschen, scheint etwas mit ihrem Begriff der Sprache als einer Art musikalischer Bewegung zu tun zu haben.«

werden als eine Dichterin.[74] So arbeitet Schwarzenbach parallel zu ihrer Ende April 1931 abgeschlossenen Dissertation mit dem Titel *Beiträge zur Geschichte des Oberengadins im Mittelalter und zu Beginn der Neuzeit*, an ihrem ersten Roman *Freunde um Bernhard*. Die im Frühling desselben Jahres erschienene Prosaarbeit thematisiert die Erfahrungen, die Schwarzenbach in ihrer Familie, auf dem Töchterinstitut in Fetan und während der Studienzeit in den Kreisen der Boheme von Paris gesammelt hat. Doch werden nicht nur eigene Erlebnisse verarbeitet, der Roman rückt auch die künstlerisch tätigen Jugendlichen von 1930 mit ihren Sorgen und Nöten, Wünschen und Hoffnungen in den Mittelpunkt des Blickfelds.[75]

Freilich liefert Schwarzenbach in dem ein Jahr zuvor in der *Neuen Zürcher Zeitung* erschienenen Essay *Stellung der Jugend* bereits alle Schlagworte, die dabei weniger ihre Altersgenossen als sie selbst charakterisieren. Da ist von Unsicherheit und Unkenntnis ihrer selbst[76] die Rede, vom Misstrauen »gegenüber einer Generation, die, mit allen Schwächen der Nachkriegszeit behaftet, nicht nur ihren Eltern fragwürdig sein muss, sondern auch sich selbst.«[77] Schwarzenbach spricht, stark von Stefan George und seiner Vorstellungen von einem »Neuen Reich« inspiriert, von der »Sehnsucht nach Gemeinschaft«[78] und der Suche nach Wert und Wahrheit[79] in einer Zeit der politischen Instabilität, der weltwirtschaftlichen Krise und »transzendentalen Obdachlosigkeit« (Georg Lukács):

> Man wirft uns vor, wir seien es, die die Welt entgötterten, weil wir ohne Ehrfurcht seien. Dies wollen wir nicht anerkennen. Wir sind ehrfürchtig, aber man hat uns nichts zu verehren gegeben, was bestand. Trotzdem glauben wir an das Göttliche, und so suchen wir jetzt nach einem neuen Gott, und in unserer heimlichsten Hoffnung wissen wir, dass er sich offenbaren wird. In welcher Form das auch geschehen mag, wir wollen bereit sein, ihn zu empfangen.[80]

---

74 Vgl. Schwarzenbach in einem am 19.8.1932 geschriebenen Brief an Erika Mann. In: »Wir werden es schon zuwege bringen, das Leben« 2001, S. 57.

75 Vgl. Heintz-Gresser: Annemarie Schwarzenbach als Thomas-Mann-Gestalt 1998, S. 79-92. Vgl. ferner Mayer: Queere Freunde um Bernhard 2005, S. 63-77.

76 Vgl. Schwarzenbach: Stellung der Jugend 2005, S. 9.

77 Ebd., S. 9.

78 Ebd., S. 9.

79 Vgl. ebd., S. 11.

80 Ebd., S. 12. Neben dem Einfluss der jüngsten deutschen Literatur ist in diesem Essay auch derjenige Stefan Georges zu spüren. Seine beiden Werke *Der Stern des Bundes* (1914) und *Das Neue Reich* (1928) lernt Schwarzenbach über Ernst Merz kennen. In beiden Büchern, insbesondere im zweiten Gedichtband wird Kritik

Sie zeichnet das Bild von Jugendlichen »auf der Suche nach einem Weg«[81] und stellt einen unüberbrückbaren Gegensatz zwischen der Generation der Eltern und der ihren fest: »Sie sind, noch immer, die Starken und Gewordenen. Ihr Leben hat Form, Gestalt und Würde. [...] Sie haben sich ein Recht erworben, ein *Heimatrecht* in einer Welt, die sie sich so und nicht anders eingerichtet haben.«[82] Im Gegensatz dazu seien ihre Kinder recht-, wurzel- und *obdachlos*:

> [W]ir dagegen sind Fremde und Landstreicher, völlig unsicher, völlig haltlos, ohne Mass und Grösse. Wir fühlen selbst dieses Verdächtige unserer Haltung, dieses Überall und Nirgends, dieses Alles und Nichts unserer Traditionslosigkeit. Wir fühlen uns selbst noch heimatlos, und davon werden wir traurig wie verlassene Kinder.[83]

Auf zweierlei Art reagiert Schwarzenbach auf diese »Ratlosigkeit und Not«[84]. Sie wertet die Zustände positiv um und sieht die »ersten Anzeichen der neuen Zeit«[85]. Zudem findet sie Stabilität und Sicherheit im Schreiben und in der rastlosen Reisetätigkeit, die bis zu diesem Zeitpunkt von ihr auf ihre Tauglichkeit als Lebensform noch nicht kritisch hinterfragt worden ist:

> Man fragt uns, ob wir glücklicher würden durch unsere Art zu leben. Aber uns ist das nicht so wichtig; selbst wenn wir kein Ziel haben. [...] Und selbst wenn wir kein Glück kennen, so wissen wir doch, dass Glück der Ruhe auch Stillstand, auch Spannungslosigkeit ist. Uns muss das Leben Bewegung sein, unser Körper, unser Geist immer in Sehnsucht

---

geübt an der Moderne und die Abwendung von ihr propagiert. Erreicht werden soll die Abkehr durch eine auserwählte Gruppe von jungen Menschen, in diesem Fall von Männern, die mit Hilfe eines seherischen Dichters, d.i. George, ein neues Reich begründen. Darin sollen ein naturnahes, aber hochgeistiges Leben, die permanente Suche und Einsamkeit sowie der Dienst und die Hingabe ans Göttliche das alltägliche Dasein bestimmen. Vgl. auch Mann: Stefan George 1931, S. 121ff.

81 Titel einer 1931 erschienenen Aufsatzsammlung von Klaus Mann (1906-1949).

82 Schwarzenbach: Stellung der Jugend 2005, S. 12f. Kursivierung von B.S.

83 Ebd., S. 13. Vgl. zu Schwarzenbachs Landschaftsmetaphorik den Abschnitt *Straßen, Wege* in Fähnders: »Wirklich, ich lebe nur wenn ich schreibe« 2007, S. 46-49. Ob Schwarzenbach zu diesem Zeitpunkt bereits Klaus Manns drei dasselbe Thema behandelnde Essays *Fragment von der Jugend* (1926), *Unser Verhältnis zur vorigen Generation* (1926) und *Heute und Morgen. Zur Situation des jungen geistigen Europas* (1927) kennt, ist nicht sicher. Vgl. Perret: »Ernst, Würde und Glück des Daseins« 1999, S. 116.

84 Schwarzenbach: Stellung der Jugend 2005, S. 13.

85 Ebd., S. 13.

> und Tätigkeit sind uns wortloser Beweis dafür. Wir vertrauen uns, unserer Verständnislosigkeit, unserem Dasein, selbst ohne es zu verstehen.[86]

Schwarzenbach wird sich nach ihrer Rückkehr in die Schweiz auf ihrer Suche zwei ihrer Vorbilder anschließen. Im September 1930 schreibt sie Erika Mann und besucht sie in München.[87] Zu ihr und dem Bruder Klaus (1906-1949) entwickelt sich eine enge, jedoch in der Folge immer einseitigere Freundschaft,[88] die der Studentin anfangs nicht nur das Haus des Nobelpreisträgers öffnet, sondern ihr auch den Eintritt in das locker-bohèmehafte, freizügige und mondäne Milieu, in dem sich das Geschwisterpaar bewegt, gestattet.[89] Sie fasst schnell Vertrauen zur Familie Mann und führt einen regen Briefwechsel mit den beiden ältesten Kindern des »Zauberers«.[90]

Dabei wirbt sie in zahlreichen Briefen vergeblich um die Liebe der drei Jahre älteren Schauspielerin, schreibt ihr von ihren alltäglichen Sorgen mit ihrer Familie, ihrer Schriftstellerei und ihren Plänen für die Zukunft[91] und gibt Erika Mann so viel Einfluss wie niemandem außer Renée.[92] Die Mutter ist dann auch eifersüchtig und sieht in dieser Freundin eine Rivalin. Tatsächlich begibt sich Schwarzenbach durch die enge Beziehung zu Erika in ein doppeltes Abhängigkeitsverhältnis, das in den folgenden Jahren für eine Reihe

---

86 Ebd., S. 14. Siehe Mann: Woher wir kommen – und wohin wir müssen 1931, S. 380f.: »Ununterbrochene Bemühung des Aufnehmens, des Wählens, Einordnens und Verwertens. Unterwegs sein, diese Welt kennenlernen, von der wir mit unverständigem Anspruch verlangen, daß sie auch uns kenne. In Bewegung bleiben, auch wenn wir noch nicht genau wissen, wohin es geht. Die Form der Liebe, die die unsere ist, erleiden, zu Ende leben, erfüllen bis zur äußersten, schmerzhaftesten Konsequenz. Keiner Liebe ausweichen, jede mit weitgeöffnetem Herzen hinnehmen, sich nichts schenken. Dabei immer dankbarer werden für das Rätsel und die Gnade: da zu sein.«

87 Vgl. die Aussage von Erika Mann nach dem Angriff auf die *Pfeffermühle* vom 20.11.1934 in Schwarzenbach: Auf der Schwelle des Fremden 2008, S. 225, Bl. 2.

88 Vgl. Linsmayer: Leben und Werk Annemarie Schwarzenbachs 1989, S. 176.

89 Vgl. ebd., S. 174.

90 Siehe von der Lühe: »Welch störrischer Unglücksengel« 2001, S. 199: »Die Gegenbriefe Erika [und Klaus; B.S.] Manns sind nicht erhalten, denn Annemarie Schwarzenbachs Mutter hat sie nach dem Tod der Tochter vernichtet.«

91 Siehe ebd., S. 199: »Es handelt sich um höchst monologische Briefe, um Selbstgespräche in Briefform, mit denen der Abstand zwischen Zürich und München oder Berlin und der Riviera überbrückt werden soll; es sind erzwungene Bekenntnisse, ausgelöst von dem Wunsch, nach Unmittelbarkeit und Nähe, nach der Gemeinsamkeit an einem Ort, dem wirklichen Gespräch, der Liebe. Als Liebesbriefe sind sie ebenso Ausdruck wie ›Ersatz‹ der Liebe, als Selbstbekenntnisse sind sie vor allem Eingeständnis einer verzweifelten Existenznot.«

92 Vgl. Schwarzenbach: Die Geborene 2004, S. 258.

von Auseinandersetzungen zwischen Mutter und Tochter sorgen wird.[93] Der zunehmend angespannteren Atmosphäre auf Bocken versucht sie durch einen Ortswechsel zu entkommen. Im Sommer 1931 entscheidet sie sich, für einige Zeit nach Berlin zu gehen, wo »vorläufig ›neutraler Boden‹«[94] sei.

4.4 »Ich finde, dass man Europa für ein Weilchen verlassen sollte...« Zur Entstehung der Reisepläne für Vorderasien

> Wenn man stehen bleibt, stöhnt man vor Einsamkeit.
>
> Annemarie Schwarzenbach: *Yelinda* (2005)[95]

> Er wusste dass in ihm nichts mehr fruchtbar werden konnte, und so wurde seine Betriebsamkeit bald zu einer zerfahrenen Unruhe, die das Gefühl seines Ungenügens betäuben sollte.
>
> Annemarie Schwarzenbach: *Römische Skizze* (undatiert)[96]

> Ich schwanke, in meiner jetzigen harmlosen Existenz, zwischen Entschliessungen der extremsten Art – zuweilen fühle ich mich gleichsam blind u. lebe als sei alles ringsum von grosser Gleichgültigkeit dabei regt sich irgendwo eine merkwürdige Aktivität – man sollte vielleicht doch ›sein Leben einsetzen dürfen‹ dürfen. Aber für was –[97]

Diese wenigen Worte, die Schwarzenbach auf einer Zwischenstation auf dem Weg nach Berlin an Erika Mann richtet, kennzeichnen treffend ihre Stimmungslage nach dem Abschluss ihres Studiums im Frühjahr 1931. Als sie sich sechs Monate später dafür entscheidet, in die deutsche Hauptstadt zu ziehen, geschieht dies, um ihre Karriere als Schriftstellerin voranzutreiben,[98] wobei die Tatsache, dass Berlin zu diesem Zeitpunkt ein Zentrum der homosexuellen Welt ist, keine geringe Rolle spielt.[99]

---

93 Vgl. Müller/Grente: Der untröstliche Engel 1995, S. 94.

94 Schwarzenbach in einem, Mitte September 1931 geschriebenen Brief an Erika Mann. In: »Wir werden es schon zuwege bringen, das Leben« 2001, S. 59.

95 Schwarzenbach: Yelinda 2005, S. 219.

96 Schwarzenbach: Römische Skizze, S. 5. Unveröffentlichtes, im SLA befindliches Typoskript.

97 Schwarzenbach in einem am 21.9.1931 geschriebenen Brief an Erika Mann. In: »Wir werden es schon zuwege bringen, das Leben« 2001, S. 61.

98 Vgl. Schwarzenbach: Die Geborene 2004, S. 253.

99 Vgl. Müller/Grente: Der untröstliche Engel 1995, S. 101. Vgl. ferner Curt Morecks 1931 erschienenen *Führer durch das ›lasterhafte‹ Berlin*.

Doch diese Gründe können nicht darüber hinwegtäuschen, dass sie kein rechtes Lebensziel besitzt, dem sie sich ganz widmen könnte. So teilt sie ihrem früheren Universitätsprofessor und neben Eduard Korrodi (1885-1955) und Carl Seelig (1894-1962) wichtigsten Förderer, dem Historiker Carl Jacob Burckhardt (1891-1974),[100] kurz vor ihrer Übersiedlung nach Deutschland mit, dass es ihr eine große Erleichterung bedeuten würde, ihn ebenfalls in Berlin zu wissen und mit seiner Hilfe den Stoff zu einer Biografie zu finden.[101] Es verwundert nicht, dass sie sich, kaum in der deutschen Metropole angekommen, dem Nachtleben hingibt, um ihrer Einsamkeit, Ziellosigkeit und ihrem Schwermut zu entfliehen. Allerdings wird sie dieses Mal nicht von Familienangehörigen begleitet und bewacht. Sie hat alle Freiheiten der Welt – mit denen sie allerdings schlecht umzugehen weiß:

> Zum ersten Mal in ihrem jungen Leben war sie ganz ohne Schutz, das heißt, niemand verbot ihr etwas und niemand befahl. [...] Sie lebte gefährlich. Sie trank zuviel. Sie ging nie vor Sonnenaufgang schlafen. Sie war sehr zugetan einem kühl zynischen Mädchen, das in einer Bar Getränke servierte und auf schmollende, aber endgültige Weise rücksichtslos gegen Nebenmenschen war. Auch gegen Annemarie. Dann fing sie an, ihre Kollegen zu entdecken, die Schriftsteller ihrer Zeit. Und erlaubte einigen, sie als Thema zu verwenden oder sich in sie zu verlieben, Wilhelm Speyer zum Beispiel. Ich besuchte sie. Neben ihrem Manuskript stand eine Flasche Vermouth. Das schockierte mich. Sie ließ Grammophonplatten spielen, während sie schrieb. Das schockierte mich noch mehr. Damals fand ich, es sei nicht aufrichtig zu schreiben, wenn man betrunken war oder abgelenkt durch Musik. Ich mußte allerdings zugeben, daß das, was sie schrieb, wahrhaftig klang.[102]

Handelt es sich bei dem Manuskript, an dem Schwarzenbach laut ihrer Freundin Ruth Landshoff-Yorck (1904-1966) arbeitet, um die *Lyrische Novelle*? Schwarzenbach ist jedenfalls gerade etwas mehr als einen Monat in Berlin, als sie ihre Erfahrungen in diesen Text einfließen lässt, der nach einer unglücklichen Liebesgeschichte mit einer Frau Ende 1931 in Rheinsberg und Berlin entsteht.[103] Beschrieben werden das exzessive (Nacht-)Leben des gut situierten

100 Vgl. Tobler: Einleitung zu den Briefen Schwarzenbachs an Carl Jacob Burckhardt 2005, S. 229.

101 Vgl. Schwarzenbach in einem am 13.9.1931 geschriebenen Brief an Burckhardt. In: Fähnders/Rohlf (Hrsg.): Annemarie Schwarzenbach 2005, S. 248.

102 Landshoff-Yorck: Annemarie Schwarzenbach 1997, S. 164.

103 Vgl. Perret: »Ernst, Würde und Glück des Daseins« 1999, S. 136.

männlichen Protagonisten, seine Bekanntschaften und Liebesbeziehungen in den bürgerlichen Kreisen und der Demimonde. Dem gegenüber gestellt wird sein Rückzug aufs Land, wo er über sein bisheriges Leben nachdenkt und sich seiner Schwächen und Sehnsüchte bewusst wird. Wichtige Aspekte sind das Gefühl einer allgegenwärtigen Fremdheit und Isoliertheit, die Bürde einer großen Freiheit und Schuld und der Wunsch nach Heimat und Zugehörigkeit, wobei diese mit Gottvertrauen und Frömmigkeit konnotiert werden. Diese Gedankenverknüpfung erinnert an den Roman *Markens Grøde/Segen der Erde* (1917) von Knut Hamsun (1859-1952), dessen Werke Schwarzenbach in diesen Jahren liest:[104]

> Ich komme von den Feldern zurück. Die Erde klebt an meinen Schuhen, darum gehe ich langsam, wie ein Bauer. Manchmal vergesse ich, warum ich hier bin, auf der Flucht sozusagen, und bilde mir ein, schon lange hier gelebt zu haben. Aber wenn ich ein wirklicher Bauer wäre, wüsste ich, was auf diesen Feldern gesät, wieviel geerntet wird und welcher Boden der fruchtbarste ist. Das weiss ich alles nicht. *Ich denke manchmal, dass den Bauern ihr Wissen vom Himmel kommt, weil sie fromm und von den Gewalten des Himmels abhängig sind.* Ich gehe wie ein Fremder über die Felder und bin nur geduldet. Jetzt hasse ich mich plötzlich, weil ich ohne Verpflichtung bin. Hier, auf dem Lande, verstehe ich Gides ›Immoraliste‹ und bin ihm verwandt, mit gleicher Sünde beladen, einer feindlichen, imaginären und fruchtlosen Freiheit ausgeliefert. – Die Leute wissen ja nicht, was Sünde ist. – Ja, nun schäme ich mich vieler Dinge und würde gern Gott um Verzeihung bitten. Wenn ich nur fromm wäre.[105]

---

104 Vgl. Mann: Zwei kleine Bücher, S. 33. Wahrscheinlich ist, dass sie auch ein anderes, nach seiner Veröffentlichung auf dem deutschsprachigen Markt erfolgreiches Buch der »Heimatliteratur« gelesen hat, nämlich *Brot* (1930) von Karl Heinrich Waggerl (1897-1973).

105 Schwarzenbach: Lyrische Novelle 1999, S. 16. Kursivierung von B.S. Woran es dem Protagonisten in der *Lyrischen Novelle* mangelt, wonach er sich aber sehnt, ein einheitliches, in sich ausgeglichenes Lebens bzw. eine Verwurzelung und Heilung durch die Erfahrung der Natur, die ihm Stabilität verleiht, ist in *Der Fluss* durchaus gegeben. Siehe Schwarzenbach: Der Fluss, S. 6f. Unveröffentlichtes, im SLA befindliches Typoskript: »Heitere Stille empfing uns. Der Boden wurde fruchtbarer, einzelne Bäume warfen ihre Schatten, die Wiesen waren dicht und weich wie Moosgründe in den Wäldern, ungezählte Blumen verbreiteten einen herben und süssen Duft. Ueber lockeres Geröll stiegen wir abwärts. Ein Ziegenhirt führte uns zu dem Hain von Oelbäumen in dessen Schatten er und seinesgleichen schlafen, *denn der Boden ist heilig und seine Berührung erweckt die Kräfte der glücklichen*

Es sind hier Assoziationen erkennbar, die bereits anhand der Figuren der Tänzerin Lena in der *Pariser Novelle* und der Ruth im gleichnamigen Prosagedicht exemplifiziert wurden und die später eine bedeutende Rolle für die Entscheidung spielen, nach Vorderasien zu reisen.[106] Es handelt sich um die Verschränkung von Naturnähe und Zufriedenheit, Einfachheit und Reinheit, Gläubigkeit und Glück, aber auch Ursprünglichkeit und Erhabenheit, Wildheit und Unnahbarkeit – Schlagworte, die bei Schwarzenbach allesamt mit dem Orient in Verbindung gebracht werden.[107]

Dabei deutet die Textpassage aus der *Lyrischen Novelle* an, woher Schwarzenbach diese Orient-Konstruktion übernommen hat, nämlich von André Gide (1869-1951), konkreter aus seinem Roman *L'Immoraliste/Der Immoralist* (1902):[108] Michel, ein junger, nach innen gekehrter Archäologe, erkrankt während seiner Hochzeitsreise in Französisch-Nordafrika an Schwindsucht. Die Zeit der Rekonvaleszenz verbringt er mit jungen Einheimischen, deren Schönheit und Gesundheit er studiert und bewundern lernt, sowie mit der Erkundung der rauen, aber fruchtbaren Natur, die ihn zugleich erschreckt und fasziniert. Seine Genesung geht einher mit einer Art Wiedergeburt bzw. mit einem neuen, sinnlichen Lebensgefühl, das sich zwar allein auf seine Ehefrau Marceline richtet, ihm später jedoch seine Homosexualität bewusst werden lässt. Zurück in Frankreich muss er kennen, dass die künstlerische Kultur eines

Jugend. Selbst aus der Ebene steigen edle Jünglinge herauf und schlafen eine Nacht auf der blossen Erde damit ihr Herz von ihr berührt werde. Sie erwachen wie nach einer Liebesnacht, erschöpft und selig erheitert, von Mut und neuer Begierde brennend.« Kursivierung von B.S. Siehe ferner ebd., S. 9: »Wir haben Gebirge und Waldbezirke hinter uns gelassen. Die Zungen der Gletscher krochen zurück, Wasser floss unter Schneebrücken und tobte abwärts. Die Getreidefelder liegen hinter uns, die Weiden mit unzählbaren Herden, braunem Vieh, Rücken an Rücken, Schafe zusammengepfercht, Pferde ausbrechend. Reiche Gärten mit Treppen die zum Wasser hinabführten, Schwäne, Schlinggewächs, violette Blumen, Fruchthaine und Landhäuser, Lustschlösser auf den Anhöhen, Städte zu ihren Füssen, von Kanälen durchzogen, wimmelnd von Lastkähnen und den schmalen Booten der Jünglinge. Marktplätze mit Turm und Rathaus und löwentragender Säule.«

106 Vgl. Bischoff: »Du verlangst eine Liebe, die mit unseren gegenwärtigen Begrenzungen nicht vereinbar ist.« 1998, S. 47ff.

107 Vgl. Karrenbrock: Nomadische Bewegung 2005, S. 101. Karrenbrock spricht auch von der Faszination, die der Orient als *Wiege des Abendlandes* bzw. der Mythos vom Ursprung der Menschheit in Asien möglicherweise auf Schwarzenbach ausgeübt haben mag.

108 Der Einfluss der Schriften Gides – neben *Der Immoralist* vor allem von *Les Faux-Monnayeurs/Die Falschmünzer* (1925) und *Le Retour de l'enfant prodigue/Die Rückkehr des Verlorenen Sohnes* (1907) – auf Schwarzenbachs Werk sei an dieser Stelle nur angedeutet.

»zivilisierten« Volkes früher oder später »erstarrt, hart wird, sich jedem vollkommenen Kontakt des Geistes mit der Natur widersetzt, unter dem beharrlichen Anschein von Leben eine Minderung des Lebens verbirgt und eine Hülle formt, unter welcher der eingeengte Geist erschlafft, bald verkümmert und dann abstirbt.«[109]

Den Gegensatz zu dem auf Sicherheit und Ordnung bedachten, aber blutleeren und oberflächlichen bourgeoisen Lebensmodell der westlichen Welt bildet für Michel das »östliche« Dasein, das er mit Naturnähe und Einfachheit, Gelassenheit und Zufriedenheit, aber auch mit Lebenslust und Erlebnisintensität, Amoralismus und Barbarei assoziiert.[110] Darum macht sich Michel wieder nach Nordafrika auf. Die Suche nach dem Ursprünglichen des Orients ist gleichzeitig der Versuch einer (Wieder-)Entdeckung und Rückkehr zu seinen Wurzeln – der Arbeit des Archäologen nicht unähnlich:[111]

> *Dies* wollte ich von nun an entdecken: das eigentliche Wesen, den ›alten Menschen‹, wie ihn das Evangelium nicht mehr wollte; den alles um mich, Bücher, Lehrer, Eltern, und den ich selbst erst zu unterdrücken versucht hatte. Schon wegen dieser Überfrachtung schien es mir schwieriger und heikler, aber auch um so nützlicher und wertvoller, ihn zu entdecken. Ich verachtete von da an dieses zweitrangige, erlernte Wesen, das die Bildung darauf gepfropft hatte. Es galt die Überfracht abzuwerfen. Ich verglich mich mit den Palimpsesten; ich kostete die Freude des Gelehrten, der auf demselben Papier unter der neueren Schrift einen sehr alten und unendlich kostbareren Text entdeckt hatte. Wie lautete dieser verborgene Text? Mußte man nicht, um ihn lesen zu können, erst die jüngeren Texte auslöschen?[112]

Ähnlich ergeht es auch dem Protagonisten der *Lyrischen Novelle*, der nach seiner Flucht aufs Land in die Großstadt zurückkehrt, wo ihm in Gesprächen mit Freunden deutlich wird, dass auch er trotz aller seelischen »Verkrüpplung« durch die Zivilisation imstande ist, sein Glück zu machen:

> Er [Erik, ein Bekannter aus Schweden; B.S.] sagte mir, dass man gewisse Lebensnotwendigkeiten einsehen müsse. Mit gesellschaftlichen Vorurteilen habe das nicht das geringste zu tun, sagte er, sondern es

109 Gide: Der Immoralist 2001, S. 72. Vgl. diesbezüglich auch den Abschnitt *Die Wüste als hypothetischer Raum: L'Immoraliste*. In: Lindemann: Die Wüste 2000, S. 183-185.

110 Vgl. Theis: Zu *Der Immoralist* 2001, S. 138f.

111 Vgl. Benjamin: Ausgraben und Erinnern 1972, S. 400f.

112 Gide: Der Immoralist 2001, S. 43f. Kursivierung von Gide.

> habe mit unserer Seele zu tun, mit unserer Bezogenheit auf Gott. [...] Er sagte, es gäbe keine andere Sünde, als seine Kräfte von Gott abzulenken und sie ins Leere zu werfen. Keine Willensäußerung und kein Opfer sei berechtigt, wenn es nicht dem Ganzen diene und der Erfüllung der persönlichen Form.[113]

Der Ich-Erzähler äußert später:

> ›Zuerst kommt unsere Beziehung zu Gott. Alles Persönliche ist ohne Bedeutung. Du [Sibylle; die Freundin des Ich-Erzählers; B.S.] musst deiner Form gemäss leben. Alles, was dich davon ablenkt, ist Sünde. Es gibt keine andere Sünde, als sich von Gott ablenken zu lassen.‹[114]

Sich nicht von Gott ablenken lassen... Schwarzenbach erkennt selbst, dass ihre bisherige Lebensweise – »viel unmässige physische Anstrengungen, Alkohol u. Nächte ohne Schlafen«[115] – diesem Ideal entgegensteht. Und auch die politische Instabilität, die bürgerkriegsähnlichen Zustände, die schlechte wirtschaftliche Situation, in dem sich Deutschland befindet, Entwicklungen, die besonders in Berlin in Erscheinung treten, tragen mit dazu bei, dass Schwarzenbach auch sonst nicht die Ruhe findet, die sie für ihre Erholung benötigt.[116] Bereits Anfang 1932 schlägt sie daher Erika Mann vor, »dass man Europa u. die alten Wege für ein Weilchen verlassen sollte, hier verlangt man zu wenig u. zu viel Geduld von uns.«[117]

Einige Monate später schaut sie sich mit Klaus Mann und einer Freundin, der Schriftstellerin und Kunsthistorikerin Hanna Kiel, den von Victor Turin (1895-1945) gedrehten Dokumentarfilm *Turksib* (1929) an, in dem über den Bau eines Schienenwegs berichtet wird, der den Mittleren Osten durchqueren und einen Zugang zu den Weizen- und Baumwollfeldern Turkestans eröffnen soll.[118] In diesem Zusammenhang ist es möglich, dass Schwarzenbachs Faszination für den Orient auch durch Josef von Sternbergs Spielfilm *Morocco*

---

113 Schwarzenbach: Lyrische Novelle 1999, S. 85f.

114 Ebd., S. 92.

115 Schwarzenbach in einem am 30.10.1931 geschriebenen Brief an Erika Mann. In: »Wir werden es schon zuwege bringen, das Leben« 2001, S. 66.

116 Vgl. Perret: »Ernst, Würde und Glück des Daseins« 1999, S. 133.

117 Schwarzenbach in einem am 3.1.1932 geschriebenen Brief an Erika Mann. In: »Wir werden es schon zuwege bringen, das Leben« 2001, S. 73.

118 Vgl. Schwarzenbach in einem am 23.6.1932 geschriebenen Brief an Erika Mann ebd., S. 78.

(1930)[119] und speziell ihr Interesse für Persien durch den Dokumentarfilm *The Grass – A Nation's Battle for Life* (1925)[120] der späteren Macher von *King Kong* (1933), Merian C. Cooper (1893-1973) und Ernest B. Schoedsack (1893-1979), weiter angeregt worden ist.

Daneben liest sie Bücher über Mexiko und Südamerika, über den Balkan, Griechenland und Persien, besucht in Berliner Museen die Sammlungen archäologischer Funde aus Asien, studiert Kartenwerke und erhält nach der Zusage der Geschwister Mann sowie des gemeinsamen Freundes Ricki Hallgarten einige Empfehlungsschreiben für die Türkei und den Iran.[121] Der Termin für die Reise der vier per Auto auf den Balkan wird für den 5. Mai 1932 angesetzt. Den Ausschlag, bis nach Vorderasien zu reisen, könnte die gemeinsame Begegnung mit dem Schriftsteller und Soziologen Leo Matthias (1893-1970) und die Lektüre seines Buches *Griff in den Orient. Eine Reise und etwas mehr* (1931) gegeben haben.[122] Im Fall von Schwarzenbach dürfte ferner die Rezeption der

---

119 *Morocco*: US-Spielfilm aus dem Jahre 1930 nach dem Roman *Amy Jolly. Die Frau aus Marrakesch* (1927) von Benno Vigny alias Benoit Philippe Wilfried Weinfeld (1889-1965), unter der Regie von Josef von Sternberg (1894-1969). In den Hauptrollen: Gary Cooper (Tom Brown), Marlene Dietrich (Amy Jolly) und Adolphe Menjou (La Bessiere). Dass die Schriftstellerin den Spielfilm bzw. den Roman rezipiert hat, deutet insbesondere ihre Erzählung *Die Entführung* an. Vgl. die Anmerkung 407.

120 In dem 1924 gedrehten Stummfilm macht sich eine US-Amerikanerin in der damals neuen türkischen Hauptstadt Angora/Ankara auf, um über das Taurus-Gebirge und durch die Syrische Wüste nach Mesopotamien zu gelangen, von wo sie schließlich in den Südiran reist. Auf ihren jeweiligen Stationen erkundet sie die Einheimischen in ihrer Lebenswelt. In der Türkei besucht sie eine Karawanserai, wo sie herzlich empfangen wird, im späteren Irak entdeckt sie mitten in der Wüste ein Fort, wo ihr zu Ehren Beduinen einen Tanz aufführen. In Persien trifft sie auf den nomadischen Stamm der Bakhtiari, der sich aufgrund der knappen Futtermittel entschließt, seine Herden auf dem Weg über die schneebedeckten Bergregionen des Landes auf die andere Seite der Gebirge vorwärts zu treiben, um frisches Weideland zu erreichen und so die Tiere vor dem Verhungern zu bewahren. Schwarzenbach wählt später nicht nur fast dieselbe Route wie der Film, sondern sie sucht auch, wenn möglich, dieselben Orte, Gegenden und Gruppen auf.

121 Siehe Schwarzenbach in einem am 4.8.1932 geschriebenen Brief an Claude Bourdet. In: Schwarzenbach: Lettres à Claude Bourdet 2008, S. 132: »Aber während meines Studiums der Archäologischen Funde komme ich zu immer anderen, überraschenden Gedanken. Sie wissen dass ich den Nationalismus nicht liebe, wohl aber die gemeinsame europ. Kultur. *Wo findet man sie heute noch ausser in ihren Grundlagen?* Und es sind sehr gewaltige u. hinreissende Zeugnisse von Mykene u. Knossos bis zu Ur, Kisch oder Tell Halaf.« Kursivierung von B.S.

122 Vgl. Perret: »Ernst, Würde und Glück des Daseins« 1999, S. 134. Siehe Mann: Der Wendepunkt 1981, S. 308f.: »Die Persien-Reise, die wir damals planten, war nur

Kleinasiatischen Reise (1925) ihres Mentors Carl J. Burckhardt und von Klaus Manns *Alexander. Roman einer Utopie* (1929)[123] eine bedeutende Rolle spielen.[124] Für alle vier gilt als Grund für die große Tour in den Orient neben dem Wunsch, für einige Zeit das unruhige Europa zu fliehen, auch Neugierde und Abenteuerlust sowie die Hoffnung, Material für neue Bücher zu sammeln.[125]

Doch einen Tag vor der geplanten Abfahrt nimmt sich Ricki Hallgarten das Leben. Die Orientreise wird aufgegeben – allerdings nur vorläufig. Denn dem »widerlichen Betrieb« in Europa möchte Schwarzenbach weiterhin entkommen und gerne eine »reinere Arbeit leisten«[126]. Sie kann sich vorstellen, sich in einem wissenschaftlichen Institut in Berlin auf Forschungsexpeditionen oder Ausgrabungen im Nahen Osten vorzubereiten. Trotz der großen Sehnsucht nach einer neuen Herausforderung kehrt sie nach Reisen mit Erika und Klaus Mann nach Venedig, Schweden und Finnland zum Schreiben zurück. Sie arbeitet, nach dem Vorbild des 1931 erschienenen Reisebuchs der Geschwister Mann über die *Riviera*, an Beiträgen zu einem zweibändigen Reisewerk mit dem Titel *Das Buch von der Schweiz*, das 1932 und 1933 in der Reihe *Was nicht im Baedeker steht* erscheint.

Sie gibt sich aber auch dem Trinken hin und hat erneut eine Anzahl unglücklicher Liebesbeziehungen. Durch die Bekanntschaft von Dorothea »Mopsa« Sternheim (1905-1954) im Herbst 1932 tritt zudem mit dem Morphium eine neue Droge in ihr Leben, von der sie sich nicht lösen kann.[127] Und auch ein anderes Ereignis, freilich politischer Art, verändert ihr Leben entscheidend: Durch die Ernennung Hitlers zum Reichskanzler im Januar 1933 und der Etablierung eines nationalsozialistischen Systems in Deutschland solidarisiert sich Schwarzenbach mit ihren ins Exil geflohenen Freunden Erika und Klaus Mann. Sie schlägt sich zu ihnen auf das Lager der NS-Gegner und zu denjenigen, die für eine gemeinsame europäische Kultur eintreten. Denn, so schreibt sie dem ältesten Sohn Thomas Manns,

---

eine unserer Listen, dazu bestimmt, den Ricki von seiner Todespuschel abzulenken. Es sollte eine Expedition in zwei Automobilen werden, durch den Balkan und Kleinasien zum weitentfernten, lockend exotischen und kolossalen Perserland. Annemarie S., das ›Schweizerkind‹, würde mit von der Partie sein, als vierte, neben Erika, Ricki und mir. Es war eine großartige Idee, nicht wahr? Neue Eindrücke! Abenteuer! Weg vom deutschen Mief, der europäischen Enge!«

123 Vgl. Mazzucco: La gabbia dei falconi 2007, S. 171f.

124 Vgl. Tobler: Einleitung zu den Briefen Schwarzenbachs an Carl Jacob Burckhardt 2005, S. 231.

125 Vgl. Perret: »Ernst, Würde und Glück des Daseins« 1999, S. 134.

126 Vgl. Schwarzenbach in einem am 15.5.1932 geschriebenen Brief an Burckhardt. In: Fähnders/Rohlf (Hrsg.): Annemarie Schwarzenbach 2005, S. 254f.

127 Vgl. Müller/Grente: Der untröstliche Engel 1995, S. 112f.

> [s]ich abwenden ist eigentlich so gut wie Selbstaufgabe und Selbstmord. Wir müssen ja leben, und wir gehören ja dem deutschen Kulturkreis an. Bekennt man sich zur Opposition – und was können wir Anderes tun – so muss das im Bewusstsein geschehen, diesen Vorgängen nicht entrinnen zu können, weil wir eben im Kern unserer Existenz mitbetroffen werden. Auch die Opposition hat ihre Aufgabe. Ich meine: von Deutschland kann man sich nicht abwenden, das hiesse die Freiheit des Individuums zu überschätzen. Opposition wäre also nicht Flucht oder Abkehr oder gar pharisäische Verachtung, sondern Pflege der geistigen Werte an die man glaubt, bis zur besseren Stunde.[128]

Schwarzenbach bleibt noch bis April 1933 in Berlin, um das Erscheinen ihrer *Lyrischen Novelle* im Rowohlt Verlag abzuwarten. Diese wird tatsächlich ausgeliefert, auch wenn die »Stimmung der Zeit« dafür »nicht eben günstig«[129] ist. Anschließend beginnt für sie eine Phase rastlosen Umherirrens, die in den nächsten Jahren anhalten und bis zu ihrem Lebensende nicht mehr aufhören wird.[130] Da Deutschland durch die »Machtergreifung« der Nationalsozialisten als »neutraler Boden« wegfällt, unternimmt sie, vor allem wegen politischer Meinungsverschiedenheiten mit ihrer von Anfang an mit der Hitler-Bewegung sympathisierenden Mutter immer wieder Reisen.[131] Parallel arbeitet sie an einem neuen Roman mit dem Titel *Flucht nach oben*, den sie Mitte Mai 1933 vorläufig abschließt,[132] um anschließend ihre journalistische Jungfernfahrt zu erleben. Angeregt durch den Roman *The Sun also rises/Fiesta* (1926) von Ernest Hemingway (1899-1961) und das *Pyrenäenbuch* (1927) von Kurt Tucholsky (1890-1935), fährt sie mit der befreundeten Fotografin Marianne Breslauer (1909-2001) im Auftrag einer Berliner Presseagentur für eine

---

128 Schwarzenbach in einem am 8.4.1933 geschriebenen Brief an Klaus Mann. In: »Wir werden es schon zuwege bringen, das Leben« 2001, S. 102. Siehe auch Schwarzenbach in einem wahrscheinlich im April 1933 geschriebenen Brief an Bourdet. In: Schwarzenbach: Lettres à Claude Bourdet 2008, S. 135f.: »Hier ist es schwer zu leben. Und unmöglich, darüber zu schreiben. Alles was man äussert, ist zu leichtfertig gegenüber der ungeheuer tragischen u. schwer zu begreifenden Wirklichkeit. Das Privatleben bleibt nicht verschont, j'en souffre beaucoup – aber vielleicht lernt man viel, wird ›klüger‹, nachdenklicher, fatalistischer u. skeptischer. Jede Oberflächlichkeit, jede spontane Reaktion ohne Rechenschaft rächt sich.« Unterstreichung von Schwarzenbach.

129 Mann: Zwei kleine Bücher 1993, S. 31.

130 Vgl. Vilas-Boas: Ein fremder Blick durch Sprache 2003, S. 51.

131 Vgl. Schwarzenbach: Die Geborene 2004, S. 270.

132 Vgl. Perret: »Die Sinnlosigkeit, die Unwegsamkeit, die tastende Spur« 2005, S. 211f. Vgl. ferner Pellin: Mit dampfendem Leib 2008, S. 64f.

Fotoreportage nach Spanien.[133] Es herrscht eine klare Arbeitsteilung. Zu den Aufnahmen, die ihre Freundin macht, schreibt Schwarzenbach die Texte. So entstehen vier Berichte, die im Spätsommer und Herbst 1933 veröffentlicht werden.[134]

Doch die Reise ist zu kurz und der anhaltende, durch das Exil zeitweise sehr intensive Kontakt zur mittlerweile in der Schweiz lebenden Familie Mann sowie ihr politisches und finanzielles Engagement für die von Klaus Mann herausgegebene Exilzeitschrift *Die Sammlung* verschärfen die angespannte Atmosphäre im deutschnational gesinnten Elternhaus.[135] Als Schwarzenbach schließlich im Spätsommer angeboten wird, eine Gruppe von Archäologen in den Orient zu begleiten,[136] ist ein Anlass gefunden, »Europa u. seinen entsetzlich quälenden Geschehnissen einmal aus dem Wege zu gehen«[137]. Doch sie sieht in der Reise mehr als eine bloße Flucht aus der ihr bekannten, mittlerweile zu eng und überdrüssig gewordenen Umgebung. Für sie bedeutet der Winter in Vorderasien »die erste objektive Leistung«[138] ihres Lebens:

> [D]er Orient wartet nicht. Wenn ich diese Unternehmung richtig durchführe, so ist es weil ich fühle: es ist Zeit für mich, etwas ganz allein zu tun, sachlich zu tun, ja, auch – einen ›Erfolg‹ zu haben. Es ist der psychologische Moment dafür, auch äusserlich – weil ich gerade mich von Berlin trenne, gerade meine ungeheure Abhängigkeit spüre – (ma dependance de vous, de mes amis!) – u. deshalb allein sein will.[139]

---

133 Vgl. zur Bekanntschaft und gemeinsamen Spanien-Reise der beiden das Kapitel *Veränderungen während einer Reise* in Feilchenfeldt: Bilder meines Lebens 2001, S. 129-141.

134 Vgl. Sykora: »Ein Bild ist erst gut, wenn sein Gehalt dem Betrachter sozusagen ›in die Augen springt‹« 1993, S. 81ff. Vgl. ferner Sykora: Außer Kurs 1998, S. 209ff. Vgl. Miermont: Annemarie Schwarzenbach 2008, S. 124ff.

135 Vgl. Meienberg: Die Welt als Wille und Wahn 1987, S. 113ff.

136 Vgl. Müller/Grente: Der untröstliche Engel 1995, S. 115.

137 Schwarzenbach in einem am 19.9.1933 geschriebenen Brief an Burckhardt. In: Fähnders/Rohlf (Hrsg.): Annemarie Schwarzenbach 2005, S. 258. Vgl. Dällenbach: »Wir reisen, um zu uns selbst zu finden« 2006, S. 68. Dällenbach stellt Schwarzenbachs Reise in den Orient auch als Flucht vor dem Untergang der sehnsüchtig beschworenen europäischen Kultur dar.

138 Schwarzenbach in einem am 23.8.1933 geschriebenen Brief an Bourdet. In: Schwarzenbach: Lettres à Claude Bourdet 2008, S. 142.

139 Schwarzenbach in einem am 28.8.1933 geschriebenen Brief an Bourdet ebd., S. 142.

Am 12. Oktober 1933 bricht sie mit dem Bekannten Alfred Pasternak[140] zu einer Reise auf, die aufgrund ihrer finanziellen Absicherung[141] sieben Monate dauern und sie in die Türkei und nach Syrien, in den Libanon und nach Palästina, in den Irak und nach Persien führen wird. Dabei nutzt sie zum Erreichen ihrer Ziele unterschiedliche Transportmittel, nämlich die Eisenbahn, das Auto, das Flugzeug und den Dampfer.[142] Vor ihrer Abfahrt vereinbart sie noch, Schweizer Zeitungen und Zeitschriften regelmäßig Berichte und Fotos[143] zu schicken. So markiert diese Reise auch den Beginn ihrer Laufbahn als (Foto-)Journalistin.[144]

Annemarie Schwarzenbachs »Flucht in den Osten«. Ein erstes Resümee

> Aber ich glaube, wir müssen immer durch viele Strassen wandern, und oftmals Abschied nehmen bis wir zu unserem wahren Leben gelangen. Es zu finden ist eine Gnade, die Opfer wert.
>
> Annemarie Schwarzenbach in einem Brief an Ernst Merz[145]

Die Orientreise, die Schwarzenbach im Oktober 1933 antritt, ist ein weiterer Versuch, nach Aufenthalten in Paris (1928/29) und Berlin (1931/32), sich dem Einfluss der Familie zu entziehen. Dabei spielen zwei Faktoren eine wichtige Rolle für die Entscheidung, in den Orient zu gehen: Da ist das Moment

140 Vgl. Georgiadou: »Das Leben zerfetzt mich in tausend Stücke.« 1995, S. 117. Vgl. ferner Miermont: Annemarie Schwarzenbach 2008, S. 132. Bereits im Sommer 1933 bietet sie einem anderen Freund eine gemeinsame Orientreise an. Siehe Schwarzenbach in einem, wahrscheinlich im Juli 1933 geschriebenen Brief an Bourdet. In: Schwarzenbach: Lettres à Claude Bourdet 2008, S. 141: »Wirst Du Journalist bleiben? (Es ist eine gute Zeit dafür) Oder: was tun diesen Winter? Du hast nicht, zufällig, Lust mit mir als copain gegen Osten zu fahren, Angora – u. dort Ausgrabungen zu photographieren u. Abenteuer zu bestehen?«

141 Vgl. Dällenbach: »Wir reisen, um zu uns selbst zu finden« 2006, S. 28ff. Im Gegensatz zu Ella Maillart, deren Turkestan-Reise im Jahre 1932 sich in einem engen finanziellen Rahmen abspielt, was bedeutet, dass sie ihre Reisekasse stets aufbessern muss, sind Geldsorgen für Schwarzenbach während ihrer Orientreise kein Thema. In *Winter in Vorderasien* äußert sie sich interessanterweise kein einziges Mal zu diesem Thema.

142 Vgl. wegen der Transportmittel ebd., S. 32.

143 Vgl. Sykora: Außer Kurs 1998, S. 219.

144 Vgl. Dieterle: Nachwort, S. 329. Vgl. Perret: »Die Sinnlosigkeit, die Unwegsamkeit, die tastende Spur« 2005, S. 212ff.

145 Schwarzenbach in einem am 6.1.1929 geschriebenen, bisher unveröffentlichten Brief an Ernst Merz. Bl. 1. Als Kopie befindlich im SLA.

der Flucht vor Auseinandersetzungen mit dem großbürgerlich-konservativen Clan um ihren unkonventionellen, ihre Homosexualität nicht camouflierenden Lebensstil sowie um den Umgang mit Bohemiens und Linksintellektuellen wie Erika und Klaus Mann. Schwarzenbach verknüpft mit dieser Reise zudem die Hoffnung, durch eine längere Abwesenheit ihre eigene Person aus dem Blickfeld des Elternhauses zu ziehen und dadurch eine Entspannung in den Beziehungen zwischen beiden Seiten zu erreichen.[146]

Neben den familiären Faktoren gibt es noch eine Reihe persönlicher Gründe, die sie in die Ferne führen. So ist sie, die als erste Frau des Schwarzenbach-Wille-Clans den Doktortitel erwirbt, nicht bereit, die Existenz als Schriftstellerin, Journalistin und Fotografin aufzugeben, um dem Wunsch ihrer Familie zu entsprechen und standesgemäß zu heiraten. Vor dieser »Verpflichtung« sträubt sie sich nicht nur aufgrund ihrer gleichgeschlechtlichen Neigungen, sondern weil sie große Hoffnungen in ihre, freilich nicht finanzielle Unabhängigkeit setzt. Ferner hat sie hohe, seit der Kindheit genährte Erwartungen vom Orient, die auf ihrer ersten Reise zu den Stätten der griechisch-römischen und jüdisch-biblischen Antike, der christlich-mittelalterlichen Kreuzfahrer und der persisch-arabischen Märchenwelt von *Tausendundeiner Nacht* erfüllt werden sollen.

Schwarzenbach ist, wie sie später in ihrem Reisebuch *Winter in Vorderasien* schreiben wird, im Orient auf der Suche nicht nur nach ihren »Erinnerungen« und Traumbildern von Scheherezade und ihren Erzählungen, sie ist auch auf der Suche nach der »Vergegenwärtigung« antiker und mittelalterlicher, aus ihrem Geschichtsstudium ihr bekannter Historie und auf der nach Spuren ihr vorausgegangener, abenteuerlustiger wie wagemutiger weiblicher Reisender wie Regula Engel und Gertrude Bell, Marga von Etzdorf und Stella Benson. Mindestens genauso bedeutend ist die Suche nach der »Welt« des Alten und Neuen Testaments, welche sie ebenfalls bereits in frühester Kindheit kennenlernt und die ihr Denken stark beeinflusst. Dabei verstärkt die Rezeption von Autoren wie Knut Hamsun und Stefan George, André Gide und Ernest Hemingway die religiös-spirituelle Komponente ihres lyrisch-musikalischen Schreibens. Sie stellt eine zumindest mit Gide zusammenhängende, für Schwarzenbach wichtige Verknüpfung der Selbsterkenntnis und -annahme mit der Welt des Orients her. Homosexualität wird so mit stets mit dem »Osten« in Verbindung gebrachten Eigenschaften wie Ursprünglichkeit, Reinheit und vor allem Vitalität konnotiert.

Anders ausgedrückt, heißt das, dass Schwarzenbach neben Abenteuerlust und Neugierde, aber auch neben dem Wunsch, sich selbst zu beweisen, nach

146 Vgl. auch im Folgenden den Abschnitt *Jenseits der Alterität?* in Ueckmann: Gebrochene Bilder 2007, S. 229-231.

Vorderasien fährt, um die seit frühester Kindheit rezipierten Märchen aus *Tausendundeiner Nacht* und die in ihrer eigenen Dichtung wie in *Ruth* verarbeiteten biblischen Geschichten in ihrer Ursprungsregion (wieder) zu entdecken. Schließlich reist sie, um, ähnlich wie ein Archäologe, in die Frühgeschichte der Menschheit vorzustoßen und deren imaginierten Anfangszustand, die tradierte »Reinheit« und »Wahrhaftigkeit«, Demut und Gottesfurcht an den Orientalen nachzuprüfen und auf diesem Weg auch Reste der eigenen, verschütteten Vergangenheit bzw. der als paradiesisch empfundenen Kindheit aufzufinden, auszugraben und sich ihrer zu erinnern.

Verstärkt werden die persönlich-familiären Motive für Schwarzenbachs erste Orienttour durch die politischen Entwicklungen in Europa zu Beginn der 1930er-Jahre, und zwar in erster Linie durch die Machtübergabe an die Nationalsozialisten im Januar 1933. Durch die Freundschaft mit Erika und Klaus Mann, zwei entschiedenen Gegnern der Hitler-Bewegung, sensibilisiert, schlägt sie sich im Frühjahr desselben Jahres auf die Seite der Antifaschisten, verlässt die Reichshauptstadt und regt unter anderem die Herausgabe der Exilzeitschrift *Die Sammlung* an.

Nach den Aufenthalten in Paris und Berlin macht sie sich auf die Suche nach einem neuen Arbeitsgebiet, in dem sie den ihr gemäßen Lebensstil als einer unverheirateten und berufstätigen Frau realisieren kann. Es soll nicht unerwähnt bleiben, dass ihr aufgrund ihrer Staatsangehörigkeit und der positiven Einstellung ihrer Familie zum Nationalsozialismus eigentlich keine Gefahr im Deutschen Reich droht. Schwarzenbach schafft sie sich jedoch durch ihr politisches Engagement für die Emigranten, erhöht die bereits große Spannung in den Beziehungen zu ihren Eltern und versucht schließlich dadurch eine Deeskalation der ganzen Situation zu erreichen, indem sie den Orient als den ihr gemäßen »Lebensraum« bzw. als Exil entdeckt, den sie dann immer wieder bereist und in ihren Texten dichterisch wie journalistisch verwertet.

Andererseits sieht sie wie viele ihrer politisch wachsamen Zeitgenossen in der Übergabe der Regierungsgeschäfte an die NSDAP einen weiteren Schritt auf dem Weg des mit dem Ersten Weltkrieg eingesetzten politischen, militärischen und wirtschaftlichen, vor allem aber kulturellen »Unterganges des Abendlandes« (Oswald Spengler). Durch die Entfernung vom krisengeschüttelten und weltkriegsgefährdeten Europa verstärkt sich der Fluchtcharakter von Schwarzenbachs Reise in den (scheinbar) ruhigen, harmonischen und konfliktfreien Orient auch und gerade dadurch, dass ihr Aufenthalt unter anderem der Besichtigung, Erforschung und Ausgrabung antiker Stätten gewidmet ist.

In diesem Zusammenhang ist an den französischen Philosophen Henri Massis (1886-1970) und seine Forderung einer »Défense de l'Occident« aus seinem gleichnamigen, 1927 erschienenen Buch zu erinnern, die er durch eine Rückbesinnung des Westens auf sein griechisch-römisches wie auch christlich-mittelalterliches Erbe zu erreichen hofft. Daher ist es kein Zufall, dass die Figur des Alexander von Makedonien (356-323 v. Chr.) als »Verteidiger« der westlichen Zivilisation, vor allem aber – und da steht Schwarzenbach konträr zu Massis – als Vermittler und Einer der westlichen und östlichen Welt in *Winter in Vorderasien* immer wieder auftritt – und zwar vor allem dann, wenn Schwarzenbach von ihm eroberte, zerstörte oder (neu-)erbaute Städte aufsucht, beschreibt und sich so »vergegenwärtigt«.

4.5 Auf der Suche nach der verlorenen Zeit. *Winter in Vorderasien. Tagebuch einer Reise* (1934)

> Ich möchte nichts anderes als wandern – von Welt zu Welt – und nicht aufhören, bis ich endlich Gottes Verzeihung erlange und den Quell der Reinheit finde.
>
> Annemarie Schwarzenbach in einem Brief an Ernst Merz[147]

> [H]ier heisst Sichhingeben zugleich heimkehren zu sich selbst, zu den Ursprüngen, aus denen man hervorging.
>
> Annemarie Schwarzenbach: *Georg Trakl* (2005)[148]

Mitte Juni 1933 schreibt Annemarie Schwarzenbach an Charles Clerc (1882-1958), Professor für französische Sprache und Literatur und selbst auch Schriftsteller, eine Antwort auf seine Kritik an ihrer kurz zuvor erschienenen *Lyrischen Novelle*. Darin findet sich ein wichtiger Hinweis darauf, wie sie ihre nächste Arbeit, das Reisebuch *Winter in Vorderasien*, gestalten wird:

> ›Ich glaube, dass man jetzt schwerer schreiben wird, die Zeit ist zu schwer, als dass man es noch wagen würde, oder auch nur Spass daran hätte, sich leichtfertig zu äussern. So hoffe ich auch, dass meine nächste Arbeit abgerückter und unpersönlicher, aber auch kräftiger und sicherer die Abseitsstehenden vertreten wird.‹[149]

---

147 Schwarzenbach in einem am 12.2.1926 geschriebenen Brief an Merz. In: Merz: Tradition und Einkehr 1985, S. 85f.

148 Schwarzenbach: Georg Trakl 2004, S. 65. Der Satz steht dort freilich in einem anderen Kontext. Siehe ebd. S. 65: »Beinahe mit Notwendigkeit wendet sich die Neigung [Georg Trakls; B.S.] der eigenen Schwester zu. Hier ist das qualvolle Schwanken zwischen Hingabe und Begeisterung aufgeben, hier heisst Sichhingeben zugleich heimkehren zu sich selbst, zu den Ursprüngen, aus denen man hervorging.«

149 Schwarzenbach in einem am 15.6.1933 geschriebenen Brief an Charles Clerc. In: Perret: Nachwort. In: Schwarzenbach: Bei diesem Regen 1996, S. 221.

Klaus Mann lobt den an Hamsun, Rilke und Hemingway geschulten Stil, in dem die »Geschichte dieser hoffnungslosen, bitter-süßen Liebe« erzählt wird, lehnt aber »seine fast penetrante Atmosphäre sozialer Sorglosigkeit«[150] ab. Darauf reagiert Schwarzenbach, indem sie versucht, in dem mit dem, freilich ihrer Intention eher widersprechenden, Untertitel[151] *Tagebuch einer Reise* versehenen Orientbuch sehr viel weniger über sich selbst und über die politisch und gesellschaftlich, vor allem innerlich »Abseitsstehenden« ihrer Generation zu sprechen. Vielmehr schreibt sie über das in Vorderasien Erlebte, wozu auch die in der *Lyrischen Novelle* fehlende soziale Komponente gehört.[152]

Ebenfalls eine Neuerung in ihrer Arbeitsweise ist die Verwendung von eigenen Fotografien[153] in *Winter in Vorderasien*.[154] Soll das Werk in Anlehnung an Carl J. Burckhardts Türkei-Buch ursprünglich den Titel *Reise durch Kleinasien* tragen,[155] lehnt sich Schwarzenbach schließlich nicht nur mit dem Untertitel, sondern auch mit der Struktur des Buches an Leopold Weiss' *Unromantisches Morgenland. Aus dem Tagebuch einer Reise* (1924) an.[156] Dabei schreibt die

150 Mann: Zwei kleine Bücher 1993, S. 33.

151 Vgl. Willems: »Neugierig, wissensdurstig, ungeduldig, unterwegs – allein.« 2002, S. 21. Siehe ferner Stempel: Winter in Vorderasien 2004, S. 79: »Gegensätze sind es, die Annemarie Schwarzenbachs Reisebuch Winter in Vorderasien prägen. Schon der Untertitel ›Tagebuch einer Reise‹ ist verwirrend, wenn man dem weiteren Textverlauf folgt. Normalerweise betont ein Tagebuch das sehr persönliche Erlebnis, doch zwingt sich Schwarzenbach in diesem Falle nach eigenem Bekunden zu besonderer Objektivität.«

152 Vgl. Perret: Nachwort. In: Schwarzenbach: Bei diesem Regen 1996, S. 221.

153 Neben den in *Winter in Vorderasien* publizierten Fotografien hat Schwarzenbach auf ihrer ersten Orientreise noch eine große Anzahl weiterer Aufnahmen gemacht. Einen kleinen Teil dieser Fotos, die nicht in das *Tagebuch einer Reise* aufgenommen wurden, hat sie bereits in Bildberichten verwendet, die sie während und nach der Tour durch den Orient verfasst hat. Der andere, große Teil befindet sich, bisher unveröffentlicht, in ihrem Nachlass im SLA. In diesem Zusammenhang ist zu erwähnen, dass die Aufnahmemotive die zentralen Themen des Reisebuchs, die im Folgenden vorgestellt und analysiert werden sollen, vielfältig widerspiegeln bzw. dass bestimmte Bildszenen ähnlich im Reisetext wieder auftauchen.

154 Vgl. Vilas-Boas: »Alles ist ein Fortgehen.« 1995, S. 345.

155 Vgl. Tobler: Einleitung zu den Briefen Schwarzenbachs an Carl Jacob Burckhardt 2005, S. 231f.

156 Ein Hinweis auf Leopold Weiss alias Muhammad Asad (1900-1992), der als Reporter der *Frankfurter Zeitung* Anfang der 1920er-Jahre Ägypten sowie die britischen wie französischen Mandatsgebiete im Nahen Osten bereist, und auf sein 1924 erschienenes *Unromantisches Morgenland* findet sich bei Schwarzenbach zwar nicht, doch die Auswahl des Untertitels, die Gestaltung des Titelblattes, die Beschreibung derselben besuchten Orte sowie die Verwendung von mit Unterschriften versehenen

Ende April 1934 in die Schweiz zurückgekehrte und seitdem an ihrem Reisemanuskript arbeitende[157] Autorin im Zusammenhang mit der formalen Gestaltung ihres Buches – hier speziell zur Montage von Bildern – an ihren Verleger Max Rascher (1883-1962) skeptisch:

> ›Sie wissen ja, wie verwöhnt heute das Publikum gerade auf dem Gebiet der photographischen Illustration ist – und da ich selbst als Photograph einigermassen ehrgeizig bin, möchte ich das Buch keinesfalls mit Bildern sehen, die nicht das Maximum der erhofften Wirkung erreichen. Ich glaube auch, dass es dem Buch nur schaden würde – und ich frage mich, ob das Buch nicht ohne Bilder, als hübscher kleiner Band auf schönem Papier und in grossem Druck, sich vielleicht besser machen würde? Ich weiss dass Sie dagegen sind – *aber eigentlich ist es doch gar kein reines Reisebuch*, etwa im Sinne Ihrer neuen Führer – *sondern es hat einen lyrischen Einschlag* und braucht die Photographien nicht notwendig. Denken Sie etwa an das Buch von Carl J. Burckhardt ›Kleinasiatische Reise‹! – [...] Ich hatte übrigens immer die Absicht, das Manuskript ohne Bilder anzubieten – und bin nun wieder überzeugt, dass dies richtig ist, falls man nicht einen ganzen Bild[t]eil in grossem Format machen kann. Das Buch würde ohne die kleinen Bilder im Text einen viel geschlosseneren und ›literarischeren‹ Eindruck machen...‹[158]

Winter in Vorderasien besteht, als es schließlich im Herbst 1934 veröffentlicht wird, aus 19 Texten. Die Autorin hat die Texte für die Buchausgabe aus Reisefeuilletons und Bildreportagen, die sie seit Oktober 1933 in Schweizer Zeitungen und Zeitschriften publiziert hat, ausgewählt, überarbeitet und miteinander verbunden.[159] Ergänzt und illustriert werden diese, von ihr

---

Fotografien mit teilweise denselben Motiven deuten auf eine mögliche Rezeption von Weiss' *Aus dem Tagebuch einer Reise* durch Schwarzenbach.

157 Siehe Schwarzenbach in einem am 4.5.1934 geschriebenen Brief an Bourdet. In: Schwarzenbach: Lettres à Claude Bourdet 2008, S. 156: »Ich habe viel zu arbeiten. Mein Reise-Manuskript soll möglichst rasch ein Buch sein.« Siehe ferner Schwarzenbach in einem am 22.5.1934 geschriebenen Brief an Bourdet ebd., S. 157: »Und dann, nachmittags in Bocken, mein Reise-Manuskript korrigieren u. ›verbessern‹. Gott sein Dank, seit gestern bin ich damit fertig!«

158 Schwarzenbach in einem am 19.7.1934 geschriebenen Brief an Max Rascher. In: Fähnders/Rohlf (Hrsg.): Annemarie Schwarzenbach 2005, S. 232. Kursivierungen von B.S.

159 Die Textgestaltung von *Winter in Vorderasien* ist uneinheitlich: Die Abschnitte, die die Türkei behandeln, das sind *Istanbul* (S. 5-10), *Ankara* (S. 11-20), *Ritt auf den Hussein Gazi* (S. 21-25), *Kaiserie* (S. 26-34) und *Konya* (S. 35-44), sind zwar

stärker stilisierten Reiseimpressionen von 16 ganzseitigen Bildertafeln.[160] Dabei erscheint das Buch in einer zum Großteil von Schwarzenbach selbst finanzierten Auflage von 2000 Exemplaren. Der finanzielle Erfolg des von Carl Seelig lektorierten *Tagebuchs einer Reise*[161] bleibt wie bei den voran gegangenen Werken *Freunde um Bernhard* und *Lyrische Novelle* aber aus. Von dem Reisebericht werden im Zeitraum von 1934 bis 1940 lediglich 340 Stück

---

datiert, aber nicht nummeriert und haben zudem keinen Obertitel. Der nächste Teil trägt den Titel *II. Syrien* und besteht aus *Syrien* (S. 45-58), *Baghras* (S. 59-64), *Beirut* (S. 65-77) und *Blick auf Palästina* (S. 78-84). Wie der Türkei-Abschnitt *Konya* sind auch die Unterkapitel *Baghras* und *Beirut* zweigeteilt, wobei ihnen jeweils im ersten Teil jedoch eine Datierung fehlt. Gänzlich undatiert ist das Unterkapitel *Blick auf Palästina*. Das nächste Kapitel trägt den Titel *III. Irak*. Es besteht aus vier Unterkapiteln, die alle datiert sind: *Irak* (S. 85-88), *Ur, Erech und Babylon* (S. 89-109), *Hillah, Birs Nimrod, Kerbela, Ukhaidar, Nejaf, Kufah, Babylon* (S. 110-129) und *Schakaljagden* (S. 130-134). Der letzte Teil von Schwarzenbachs Reisebuch ähnelt dem ersten und besteht aus sechs Abschnitten, die den Iran behandeln: *Persien. Die Reise nach Teheran* (S. 135-142), *Teheran* (S. 143-145), *Die Kaspischen Tore* (S. 146-149), *Mazanderan* (S. 150-155), *Ab-i-Germ* (S. 156-161), *Persepolis* (S. 162-174). *Persien. Die Reise nach Teheran* ist zweigeteilt und zweifach datiert. *Die Kaspischen Tore* und *Mazanderan* sind gänzlich undatiert. *Persepolis* ist ebenfalls zweigeteilt, aber wie im Fall von *Baghras* und *Beirut* fehlt dem ersten Teil eine Datierung.

160 Siehe Stempel: Winter in Vorderasien 2004, S. 81: »Die Tafeln sind in relativ regelmäßigen Abständen in den Text eingebunden und stimmen inhaltlich deshalb nicht unbedingt mit der gegenüberliegenden Textseite überein. Die Abbildungen entsprechen in den meisten Fällen dem Originalnegativ, sind grundsätzlich nicht retuschiert und nur dann beschnitten, wenn aufgrund des Layouts Veränderungen nötig waren. Die Bildtafeln tragen jeweils oben rechts die topographische Bezeichnung der Gegend des Landes. Sie sind chronologisch dem tatsächlichen Reiseverlauf folgend angeordnet. Diese Reihenfolge wird nur dann unterbrochen, wenn es darum geht, Motivgruppen zu bilden. Natürlich weist jedes Bild eine eigene Unterschrift auf, was meist einer weiteren räumlichen Einordnung entspricht oder das Dargestellte näher erläutert. Dabei bleibt es weitestgehend bei einer bloßen objektiven Beschreibung. Zusätzlich lassen sich nahezu allen Bildern konkrete Textstellen zuordnen. Insgesamt ergibt sich keine gleichmäßige Dokumentation des Reiseverlaufes. Obwohl sich Schwarzenbach ungefähr jeweils sechs Wochen in jedem Land (Türkei, Syrien, Irak, Persien) aufhielt, überwiegen Fotografien aus Persien beträchtlich. Ob sich dieser Umstand vielleicht damit in Verbindung bringen läßt, dass Persien als das Märchenland aus 1001 Nacht am weitesten – und damit im doppelten Sinne – von Europa entfernt lag, die meisten Klischees lieferte und am ursprünglichsten zu sein schien, ist eine reine Vermutung.«

161 Vgl. Tobler: Einleitung zu den Briefen Schwarzenbachs an Carl Jacob Burckhardt 2005, S. 229.

verkauft.[162] Dagegen ist die Kritik dieses Mal wohlwollender. Klaus Mann lobt das Orientbuch in einer Besprechung der *Sammlung*, die von der Autorin gerade so betonte poetische Seite des Werks stellt er jedoch in Abrede:

> Was dem Reisetagebuch an lyrischem Schwung fehlt, ersetzt es durch kluge und genaue Beobachtung, durch eine Fülle des gescheit und belehrend geordneten Materials. Die Arbeit ist in einem gelassenen Ton geschrieben – übrigens in einem bemerkenswert guten Deutsch –, und gibt sehr interessante, gründliche Berichte über die Türkei und Persien, Palästina und Syrien; über Ausgrabungen, Märkte, Höhlen, Moscheen, Kirchen und Paläste; über Ruinen, Neubauten; über Tag- und Nachtreisen; über allerlei Menschen, Landschaften, Tiere und Pflanzen; über die grossen Städte mit den zaubervollen Namen: Stambul, Jerusalem, Bagdad, Babylon.[163]

4.5.1 Reise durch Kleinasien oder »Vom Eindruck des Zeitlosen, Ungewissen und Preisgegebenen«

Am Anfang des mit *Istanbul* betitelten Abschnitts steht ein Wort, das auf der Durchreise durch Südosteuropa erfahren, während des Winteraufenthalts von Schwarzenbach in Vorderasien vorherrschend ist und die Grundstimmung auch ihres Reisebuchs ausmachen wird. Es handelt sich um *Melancholie*:[164]

> Der Balkan war voll davon – nur eine Ahnung ließ uns die flüchtige Durchfahrt von Ländern, Grenzen, Gebirgen und Hauptstädten – aber welche unerlöste Folge von Stunden, welch langsamer Abend, welches Einschlafen unter dem Druck dieser grauen Berge und bräunlichen Ebenen! Schafherden weideten überall, die Maisfelder standen in herbstlicher

162 Vgl. Müller/Grente: Der untröstliche Engel 1995, S. 126.

163 Mann: Annemarie Schwarzenbach. Winter in Vorderasien 1935, S. 390f. Ebenso lobt auch der anonyme Rezensent der Schweizer *National-Zeitung* das Reisebuch. Siehe N.N.: Reisen und Abenteuer 1934: »Unsere Leser wissen, wie Annemarie Schwarzenbach mit feinen Farben Landschaft zu malen versteht, wie ihr Auge aufmerksam in das Volksleben der durchstreiften Gegenden eindringt und wie sie weite tote Gefilde mit den Gestalten der Geschichte zu erfüllen vermag. Wer die Ausschnitte aus ihrem Reisetagebuch in unserer Zeitung mit Interesse verfolgte, wird nun dieses ganze Tagebuch, das reichlich mit Photographien ausgestattet ist, mit Gewinn und Genuss lesen.«

164 Vgl. Schlieker: Frauenreisen in den Orient zu Beginn des 20. Jahrhunderts 2003, S. 166.

> Dürre. Die Bauern sandten unverständlich schweigsame Blicke unserer verschlossenen Wagenreihe nach, die Frauen verbargen ihre vorgewölbten Leiber unter dickgefütterten Jacken, ihre zerfurchten Klagegesichter unter dunklen Kopftüchern.[165]

Es ist zu vermuten, dass diese Schwermut weniger dem Balkan, seinen Landschaften und Menschen als vielmehr Schwarzenbachs[166] Gemütszustand zuzuschreiben ist. So fühlt sie sich im Bewusstsein der nur kurzzeitigen und also fragmentarischen Erfahrung des Unbekannten nicht nur fremd, sondern auch »traurig und verloren« (S. 5).[167] Dieser Eindruck verstärkt sich, je weiter sie in den Osten dringt, sodass bereits in Istanbul ein starkes *Heimweh* einsetzt, denn »hinausblickend wußte man: unendlich weit jenes geliebte Europa und fühlte sich wehmütig angerührt« (S. 6).[168]

---

165 Schwarzenbach: Winter in Vorderasien 1934, S. 5. Hinweis: Im Folgenden wird der Text der Erstausgabe durch Stellenangaben in Klammern zitiert.

166 Hinweis: Da es sich beim Ich-Erzähler in Schwarzenbachs *Winter in Vorderasien* um eine autonome, weibliche, jedoch nicht näher identifizierbare Figur handelt, wird ihr im Folgenden behelfsweise der Name der Verfasserin Schwarzenbach gegeben. Eine Gleichsetzung der Ich-Erzählerin in dem stilisierten Reisebericht mit der realen Schriftstellerin Schwarzenbach, das sei noch angemerkt, ist damit allerdings nicht beabsichtigt. Siehe anders Stempel: Winter in Vorderasien 2004, S. 79. Stempel entscheidet sich bei der Bezeichnung für die Erzählerin nicht für »Schwarzenbach«, sondern für »Erzählfigur«: »Dass sie [die Erzählfigur; B.S.] aus der Schweiz kommt, erschließt sich durch mehrere landschaftliche Parallelen, die der Text zieht, aber schon, dass sie eine Frau ist, wird nur an einer einzigen Stelle deutlich.« Diese befindet sich im Abschnitt *Kaiserie*. Siehe Schwarzenbach: Winter in Vorderasien 1934, S. 33f.: »Es wurde warm im Zimmer, *wir* tranken Tee und packten unsere Kurdendecken zusammen. Raschid stand an der Türe. – ›Ist der Wagen schon?‹, fragten wir. ›Der Arab wartet‹, sagte Raschid, und während er Decken und Mäntel auf den Arm nahm: ›*Madame*, ich möchte, daß Sie mich nach Ankara mitnehmen.‹« Kursivierungen von B.S. – Siehe ferner Schwarzenbach: Georg Trakl 2004, S. 69. Was Schwarzenbach in ihrer Hausarbeit über Georg Trakl schreibt, gilt im Fall ihres Reisebuchs auch für sie selbst: »[E]s ist ein ›Sich wiedererkennen‹ in den Dingen, eine Hingabe des Persönlichen an die Welt aus einer letztlich ich-bezogenen Haltung.« Siehe ferner ebd., S. 71: »Das Bewegungsmotiv – so können wir es nennen – steht in naher Beziehung zur ›Verlebendigung‹ der Welt und der Dinge.« Vgl. Euchner: Krankheit als Orientalismus in Annemarie Schwarzenbachs *Tod in Persien* 2008, S. 132.

167 Vgl. Vilas-Boas: »Alles ist ein Fortgehen.« 1995, S. 343.

168 Siehe Weiss: Unromantisches Morgenland 1924, S. 5f.: »Ich trete die Reise an. Ich trete aus Europa heraus in ein Gebiet, dessen ›Differenz‹ nicht überschaubar ist dem unseren gegenüber. Wir wollen aus den Sicherungen unseres allzu

Der Grund für ihre Melancholie ist, dass sich Schwarzenbach plötzlich in einer ihr völlig »neuen, urfremden Landschaft« (S. 5) wieder findet, der sie solange hilf- und verständnislos ausgesetzt ist, bis sie sich einen neuen Orientierungsrahmen aufgebaut hat.[169] Dieser erst kann ihr helfen, die große Fülle von Eindrücken und Informationen richtig einzuordnen und zu verstehen. So wird sie, die den heimischen Kontinent mit seinen lauten und ruhelosen Städten verlassen hat, um »weit genug von alledem entfernt« zu sein, »was heute ›Aktualität‹ darstellt u. unserem Gefühl auf jeden Fall unverständlich u. zuwider ist«[170], in den Straßen der ehemaligen Hauptstadt des Osmanischen Reichs vom genauen Gegenteil, dem »Eindruck des Zeitlosen, Ungewissen und Preisgegebenen überfallen wie von einer Versuchung« (S. 6).[171]

Hier an der »Grenze Asiens« (S. 6), wo ihr in Stambul ein »Kindheits-Traum-Bild« (S. 6) wahr wird, macht sie eine weitere Erfahrung. Sie sieht in den Moscheen, Basaren und Handwerksvierteln »all das Längstbekannte: den farbigen Orient« (S. 7). Gleichzeitig ist ihr aber auch bewusst, dass es sich dabei um das für sie »Nie-ganz-zu-Erfahrende« (S. 7) handelt. Die Reise verläuft nicht etwa zu schnell, als dass ein anderer als oberflächlicher Einblick in diese orientalische Welt getaucht werden, als dass mehr »aus den Nischen leuchten« (S. 7) könnte als Messingtöpfe, Lampen und Schwertklingen. Schwarzenbach sieht im großen Basar alte Männer neben zerlumpten Knaben sitzen, »deren Augen wie Tieraugen glühten« (S. 8), blättert in alten Büchern und betrachtet Antiquitäten, »in Farben gemalt, die man heute nicht mehr finden würde« (S. 8). Sie geht herum auf dem »großen, grasbewachsenen Platz der Suleimanye« (S. 8) und atmet die starken Gerüche in der Handwerkerstadt ein, »so durchdringend, daß mir beinahe übel wurde« (S. 9).[172]

---

einheitlichen Umkreises, in dem es wenig Ungewohntes und nichts Überraschendes gibt, herauskommen in die ungeheuerliche Fremdheit dieser ›anderen‹ Welt, die nicht die unsere ist. Unüberbrückbar fremd. Vereinsamend fremd – und in sich geschlossen.«

169 Vgl. Lehnert: Die Darstellung der Fremde in der Prosa Annemarie Schwarzenbachs 1998, S. 112.

170 Schwarzenbach in einem am 23.6.1932 geschriebenen Brief an Erika Mann. In: »Wir werden es schon zuwege bringen, das Leben« 2001, S. 78.

171 Siehe Vilas-Boas: »Alles ist ein Fortgehen.« 1995, S. 346. Vilas-Boas betont bei dieser Gegenüberstellung auch das orientalisch »Ungenaue, Geheimnisvolle im Vergleich zur europäischen Präzision.«

172 Siehe Weiss: Unromantisches Morgenland 1924, S. 149f.: »In diesen Gassen hier lärmen nur Menschen. Es ist ein Fischmarkt, durchdringende Gerüche, schlickernde Pfützen in den Löchern des Gehwegs. [...] Dann komme ich in eine noch stillere Welt; in hölzernen Buden hängen tausenderlei Gegenstände aus rostigem Eisen – Ketten, Räder, Stangen, Kurbelwellen, Werkzeuge ... Warum muß ich unter allen

Schließlich besucht sie eine kleine Moschee, wo um die Abendstunde arme wie wohlhabende Männer ungestört nebeneinander »in tiefer Ruhe ihre mannigfachen Gebetsübungen« (S. 10) verrichten. Schwarzenbach sieht, hört, fühlt und schmeckt den Orient mit einer »großen Neugier und ebenso viel Sensibilität für die leisen Zwischentöne und feinen Nuancen«[173]. Sie ist fasziniert von der Stagnation und Zeitlosigkeit,[174] verängstigt durch die Andersartigkeit der bisher erfahrenen Landschaft und melancholisch wegen der Undurchdringbarkeit des hiesigen Lebens, das ihre aus Europa mitgebrachte Einsamkeit und Verlassenheit inmitten der Fremdheit noch verstärkt: »Niemand beachtete uns« (S. 10).[175]

Hinsichtlich der politischen, wirtschaftlichen und kulturellen Entwicklung der modernen Türkei aufschlussreich ist der folgende, mit *Ankara* überschriebene Bericht über ihre Erlebnisse auf der Fahrt in die neue Hauptstadt bzw. während des Aufenthalts dort. Da steht von Anfang an der Gegensatz zwischen dem agrarisch geprägten Kleinasien mit seiner Natur und Langsamkeit, Gelassenheit und Frömmigkeit und dem westlich ausgerichteten und mit der Industrialisierung des Landes beschäftigten Staatsapparat, dem ihm eigenen Aktivismus,[176] welcher von den mit *Anatolien* betitelten Abbildungen

---

Dingen Konstantinopels gerade diese Gassen als erste erblicken? Mein Auge huscht über die Haufen von altem Eisen hinweg. Aber wie sie so nachlässig und verbraucht ein geheimnisvolles und scheinbar unnützes Leben führen, weiß ich: hier kann – vielleicht – das Herz Konstantinopels sein. In den unbedachten Dingen – vielleicht.«

173 Willems: »Neugierig, wissensdurstig, ungeduldig, unterwegs – allein.« 2002, S. 21.

174 Vgl. Vilas-Boas: »Alles ist ein Fortgehen.« 1995, S. 348.

175 Siehe Miermont: Annemarie Schwarzenbach 2008, S. 133: »Annemarie erlebt diesen Eintritt in eine vollkommen fremde Welt wie ein Eintauchen ins Zeitlose und Ungewisse, aber nimmt alles wahr, was um sie herum ist, auch die Blicke – die Blicke der Tiere und der Männer, die Blicke der Frauen und Kinder, die Blicke voller Weisheit, frei von Spott, gelassen dank der Erfahrung von Leiden.« Über ihre Eindrücke von der Stadt am Bosporus siehe auch Schwarzenbach in einem am 1.11.1933 geschriebenen Brief an Bourdet. In: Schwarzenbach: Lettres à Claude Bourdet 2008, S. 146: »Lass mich kurz alles rekapitulieren: Da war Stambul – ville de merveille – wo das Leben wie ein Rausch war u. mich gefährlich bannte – Ein sehr charmanter Onkel Pozzi [von Claude Bourdet; B.S.], sehr mit Damen u. mit Antiquitäten beschäftigt – fleissiges Studium im ruhigen deutschen Institut (ganz ohne Luxus, deutsche Kleinstadt – Bibliothek u. Universitätsluft).«

176 Vgl. Georgiadou: »Das Leben zerfetzt mich in tausend Stücke.« 1995, S. 118. Vgl. auch Schwarzenbach: Die neue landwirtschaftliche Hochschule in Ankara 1933, S. 2. Vgl. ferner Schwarzenbach: Die Reorganisation der Universität von Stambul 1933, Bl. 8. Vgl. schließlich Schwarzenbach: Türkei neuzeitlich. Die landwirtschaftliche Hochschule von Ankara 1934.

noch unterstrichen wird.[177] Von zentraler Bedeutung für Schwarzenbach ist der Umgang der Einheimischen mit der Natur. So schreibt sie im Fall der umherziehenden Kamelkarawanen und ihrer Treiber, die sich in ihrem Tun dem Wechsel der Jahreszeiten und damit den Bedingungen des Wetters unterwerfen:

> Ein Aufbruch ohne Kalender, dem Zug der Vögel vergleichbar und den Wanderungen der Tierherden. Denn solche Völker, umgeben von einer kargen und übermächtigen Natur, *bewahren sich das Gefühl für Notwendiges und die fromme Abhängigkeit von den Mächten der Erde und des Himmels*. Da wird das einzelne Leben geringer bewertet, man handelt ohne Eile und Ehrgeiz; was aber mit den größeren, von natürlichen Bedürfnissen vorgeschriebenen Handlungen zusammenhängt, tut man ernst und unwandelbar, wie einen religiösen Akt. (S. 12)[178]

Hier tritt eine Verbindung auf, wie sie bereits in ähnlicher Form in der *Lyrischen Novelle* erschienen ist. Es geht um die Herrschaft der Natur über den Menschen und seine Anpassung, Demut und Geduld: »Hier ist die Natur immer gegenwärtig und stets stärker als die Menschen« (S. 19). Dem gegenüber steht der Wunsch der Staatsführung nach einer raschen Modernisierung des Landes, für den die Zurückdrängung der Natur in Kauf genommen wird. Wichtigstes Prestigeprojekt ist der schnelle Aufbau der neuen Hauptstadt, die der Form nach schon vorhanden ist und gewissermaßen nur noch mit Leben gefüllt werden muss:

---

177 Vgl. Stempel: Winter in Vorderasien 2004, S. 83f. Vgl. auch Schwarzenbach: Ausflug nach Anatolien 1933, S. 1f. Vgl. ferner Schwarzenbach: Gegensätze 1933, S. 1644. Vgl. schließlich Schwarzenbach: Ritt auf den Hussein Gazi 1933, Bl. 4.

178 Kursivierung von B.S. Siehe Boveri: Ein Auto, Wüsten, blaue Perlen 1939, S. 49f.: »Ich dagegen begann zu erkennen, daß hier ein anderer Gott herrscht als bei uns, ein unerforschlicher, wetterwendischer Gott. Ursprünglich waren sie wohl nahe verwandt, der christliche und der islamische Gott, aber im Westen sind so viele Wellen von Vernunft und Aufklärung und Verstand über den Christengott weggegangen, schon im Mittelalter, und immer öfter und intensiver mit Humanismus, Naturwissenschaften und Erfindungen, daß er von Jahrhundert zu Jahrhundert rationaler geworden ist. Nicht Wunder sind heute seine Stärke, sondern Gesetzmäßigkeit; und seine Künder schrecken nicht mehr vor Darwinismus und Sozialismus zurück. Hier im Osten aber hat sich der Gott seine ursprüngliche Frische erhalten, seine Fähigkeit, Unerwartetes geschehen zu lassen, Irräsonables: Erdbeben und Überschwemmungen, Krankheitsepidemien, Rettungen, Wunder. Und die Antwort der Völker auf solches Irräsonable ist das Sichfügen in die Unerforschlichkeit der Geschicke, der geschickten Dinge. Wir sind gewohnt, diese Antwort, diese geistige Haltung Fatalismus zu nennen.«

> Unten aber wächst die Stadt in die Ebene und erobert sie, Straßen laufen asphaltiert und ohne Ziel und verlieren sich als Feldwege in den Hügeln; eine Promenade führt, kilometerweit, in das Regierungsviertel, wo das Innenministerium Holzmeisters breit die Front beherrscht; davor wird ein Forum entstehen, man wird Obelisken aufrichten, links davon sollen, in kurzer Zeit, die Ministerien von Handel, Industrie, Landwirtschaft ihre Plätze einnehmen. Unheimlich ist das alles, sinnlos, imponierend wie die Ereignisse einer Film-Wochenschau. Der Mensch greift ein... (S. 13f.)[179]

Die hier von ihr beschriebene Veränderung der Türkei resultiert aus einer Politik der Verwestlichung des Landes, seiner Technisierung, Rationalisierung und Säkularisierung, die nach dem Ersten Weltkrieg in allen vorderasiatischen Staaten und Mandatsgebieten angestrebt wird. Gerechtfertigt werden die Reformen auch und vor allem nach dem Ausbruch der Russischen Revolution mit der Angst vor dem Übergreifen weniger des Kommunismus als eher des *Sowjetimperialismus* auf die Nachbarstaaten des zunehmend wirtschaftlich mächtigeren Russland.[180] Die aus dem politisch und wirtschaftlich geschwächten und immer mehr »im Zeichen der Diktatur«[181] stehenden Europa kommende Schwarzenbach sieht sich daher in einem Land, »welches an seine Zukunft glaubt und an die Güter der Vernunft, der Zivilisation und des Fortschritts, die man in Europa so erniedrigend preisgibt« (S. 18).[182]

---

179 Siehe ebd., S. 43. Boveri beschreibt den Unterschied zwischen der archaischen Natur Anatoliens und der westlich geprägten neuen Hauptstadt kurz und knapp: »Es ist wirklich, als kämen wir vom Mond plötzlich in die zivilisierte Welt.«

180 Siehe Matthias: Griff in den Orient 1931, S. 161f.: »Es kann niemandem einfallen, die Bedeutung Rußlands im Orient zu unterschätzen. Aber – und dies ist das große Aber –: der politische Einfluß geht mit dem wirtschaftlichen n i c h t parallel. Einmal: weil Rußland als Kaufmann nicht zahlt, sondern tauscht und in keinem Sinn, auch nicht in diesem primitiven, ein Geldgeber ist; und dann – und vor allem –: weil Rußland im Orient die Revolution nicht von unten aufbaut, aus der Masse, sondern es in der Regel genau so macht wie alle anderen Mächte, also mit jener Macht verhandelt, die neben der legalen die stärkste ist. Man verhandelt unter Umständen sogar mit der legalen Macht selbst, gesetzt, daß die gemeinsamen Interessen in der gleichen Richtung gehen, also gegen Europa.« Hervorhebung von Matthias. Vgl. ferner das Kapitel *Die alten Staaten in neuer Form* in Boveri: Vom Minarett zum Bohrturm 1938, S. 293-354.

181 Schwarzenbach: Lob der Freiheit 2005, S. 17.

182 Es ist möglich, dass Schwarzenbach zur Vorbereitung ihres Aufenthalts in der Türkei die 1932 erschienene, sehr erfolgreiche Biografie *Grey Wolf. An Intimate Study of a Dictator* des Briten Harold Courtenay Armstrong (1891-1943) liest. 1933 erscheint im S. Fischer Verlag eine von Gotthard Jäschke (1894-1983), einem damals in Berlin

Höchstwahrscheinlich ist es diese Verzweiflung, die sie im Hinblick auf die durch Faschismus und Nationalsozialismus von einem neuen Weltkrieg bedrohte Heimat dazu treibt, die politischen Verhältnisse in der modernen Türkei unter Mustafa Kemal Atatürk – übrigens ähnlich, allerdings nicht derart krass wie Lion Feuchtwanger im Fall der Sowjetunion nach seiner Moskaureise 1937 – aufzuwerten, wenn sie davon spricht, dass das Land von einer »Auswahl geistig hochstehender Männer regiert [wird], von aufrichtigen Demokraten, die kein anderes Ziel kennen, als ihr Volk möglichst bald mündig zu machen« (S. 18f.).[183]

Gegen den »amerikanisch« anmutenden Enthusiasmus der Türken setzt sie die Angst und Skepsis der im Orient angestellten westlichen Aufbauhelfer, wenn sie schreibt: »[D]ie Europäer, die man beruft, um an dieser Aufgabe mitzuwirken, dürfen glauben, daß sie bald überflüssig sein werden. Keiner zweifelt an dem Land, am Volk. Jeder zweifelt an seiner Aufgabe. Das ist die Furcht...« (S. 19) Jeder zweifelt an seiner Aufgabe, weil er den in aller Eile betriebenen Aufbau der Infrastruktur und Wirtschaft, vor allem aber die Aufrüstung des Militärs in Europa hat einst einmünden sehen in den Ersten Weltkrieg. Auch Schwarzenbach muss ihre Meinung nach der Ankunft in Konia, der Hauptstadt Kappadokiens, im November 1933 etwas revidieren. Denn durch die Bekanntschaft mit J. Bey, dem Direktor der Eisenbahnen dieses Distrikts, die im Abschnitt *Kaiserie* beschrieben wird, gewinnt sie vor allem angesichts der Zukunfts- und Technikgläubigkeit, aber auch des »Jugendkults« einen sie

lehrenden Turkologen, mit Anmerkungen versehene deutsche Ausgabe unter dem Titel Der *Graue Wolf. Das Leben des Diktators Mustafa Kemal*.

183 Siehe Boveri: Vom Minarett zum Bohrturm 1938, S. 323. Auch hier wird ein Unterschied zwischen West und Ost festgestellt, wobei die Vergleichsmöglichkeiten mit Feuchtwanger ebenfalls frappant sind: »Das Volk soll lernen, in seiner eigenen Sprache selbständig zu denken. Wenn unser Weg in Europa vom rein Verstandesmäßigen wegzuführen scheint, so führt der türkische Weg in umgekehrter Richtung. Er führt von starren religiösen Bindungen zur Vernunft. Nichts ist falscher, als auf diesem Gebiet Parallelen zu ziehen. Gewiß, die moderne Türkei ist vor allem ein Nationalstaat, Kemal Atatürk Nationalist, seine Regierung autoritär. Will man aber in der Türkei von einer Diktatur reden, dann nur von einer Diktatur des Rationalismus.« Interessanterweise wird Schwarzenbach knapp zehn Jahre, im erstmals am 10.4.1941 in der *Thurgauer Zeitung* veröffentlichten Reisetext *Offener Himmel über Lissabon* – freilich im Angesicht des Zweiten Weltkriegs – im Fall der portugiesischen Regierung unter António de Oliveira Salazar (1889-1970) ähnlich argumentieren. Siehe Schwarzenbach: Offener Himmel über Lissabon 2005, S. 247f.: »Das in Schlaf gesunkene Küstenland Portugal [...] hat den Übergang von der Monarchie der Braganças zur Republik erfahren; es lebt unter dem demokratischen, jedoch autoritären und weisen Regime von Salazar, den man keinen ›Diktator‹, sondern einen ›demokratischen Vermeider der Diktatur‹ nennen kann.«

eher pessimistisch stimmenden Eindruck von der politisch-ideologischen Neuausrichtung der Türkei:[184]

> Er ist ein Vertreter jener türkischen Generation, die der neue Staat einerseits zu opfern gewillt ist – denn was geschieht, gilt der Jugend – und die sich in den Dienst dieses Staatsdogmas mit bereitwilliger Begeisterung gestellt hat. Ihn und seinesgleichen unermüdlich das Wort ›Zivilisation‹ wiederholen zu hören, dazu die Flut von Programmpunkten, Neuerungen, Fortschrittsseligkeiten, ist für uns so ernüchternd wie das Schauspiel des Defilés in Ankara am Tag der Republik; J. Bey aber empfindet daran das aufrichtigste Vergnügen. (S. 26)[185]

Schließlich meint Schwarzenbach einen Unterschied zwischen den Versprechungen und Zielen der Staatsführung und der Wirklichkeit des politischen Alltags in der modernen Türkei zu sehen: »Was uns erschreckt, ist die Form, die

184 Diese pessimistische Haltung unterstreicht auch ein am 1.11.1933 geschriebener Brief Schwarzenbachs an Bourdet. In: Schwarzenbach: Lettres à Claude Bourdet 2008, S. 146f.: »Dann, mit Prof. Holzmeister [Clemens Holzmeister (1886-1983), einem mit der Gestaltung und dem Aufbau des Regierungsviertels in Ankara betrauten Wiener Architekten; B.S.] – den Du lieben würdest, nach Ankara gefahren. (Zuerst Fieber u. schlimme Träume) Misstrauen gegen die nationale Stadt, aber es ging mir ähnlich wie Dir in Österreich. Das Programm Kemals ist generös, männlich, aufrichtig. Würde man in die Lage versetzt, sich diesem Mann zu ergeben, man könnte es ohne Scham mit ganzer Seele tun. Aber, Claude: Sans que je le voulais – presque sans m'en apercevoir – tout mon cœur se tourne contre ce ›programmisme‹ – soit sovjet, soit nazi out turque – Dieses dauernde Verkünden, Auferlegen, Betonen, Aufrufen – diese Bearbeitung der Seelen durch Plakat Rede Kino Radio Défilé Musik und Presse – ich schrieb es heute in einem Artikel: ›Die Begeisterung, zum Programm erhoben, wird Oede‹ –«

185 Ähnliches äußert Schwarzenbach auch während ihres Besuchs in der sowjetischen Hauptstadt wenige Monate nach ihrem Aufenthalt in Vorderasien. Siehe Schwarzenbach: Notizen zum Schriftstellerkongress in Moskau 1995, S. 39: »Auch der Ehrgeiz hat in Russland ein anderes Vorzeichen. In Amerika rivalisieren hochbezahlte Berufssportler, es geht um Geld, um ein reines Geschäft. Hier sind die Leute – oft in kindlicher Form – besessen davon, beim Aufbau mitzuarbeiten. Sie kennen, auch als einzelne, keinen anderen Ehrgeiz. Es wäre von uns Europäern sehr überheblich, hier das platte Wort vom ›seelenlosen Materialismus‹ in den Mund zu nehmen. *Für uns hat der enthusiastische Glaube an die Technik etwas Naives, weil wir ihr Desaster erlebt haben*; die Russen hingegen teilen mit den Amerikanern die primitive Freude an der Maschine, am Tempo, am technischen Fortschritt.« Kursivierung von B.S.

Propaganda, die Massenverführung. Aber was gefordert wird, ist Aufklärung, Weitherzigkeit, Vernunft« (S. 26).[186]

Dies alles gilt jedoch nicht mehr, wenn sich Schwarzenbach auf dem Weg zwischen zwei Städten befindet. Denn dann fährt sie durch die Weiten und »Abseitigkeiten«[187] der anatolischen Landschaft und erkennt die Ursprungsgründe der Menschheit, die sie an die Lektüre des Alten Testaments und an eigene literarische Texte wie *Ruth* erinnern müssen. So entdeckt sie Dörfer mit Hügeln »von unregelmäßigen, rohen Grabsteinen bedeckt« (S. 14)[188] und begegnet »biblischen Brunnen« (S. 16). Von weither tönt der »geduldige Gesang der Ochsenkarren seit hundert und tausend Jahren auf allen Wegen des großen Landes« (S. 16), auf denen die Menschen »stumm und eilig [...] dem heiligen Land« (S. 16) zuziehen. Schwarzenbach besichtigt ferner ein *Sultan Han*, eine festungsartige Karawanserai, die umgeben ist von einer ganzen Gruppe von Lehmbauten:

> [D]ie Kinder, nackt, nur mit einem Hemd bekleidet in der schneidenden Kälte... die Burschen, groß, kräftig, traten aus den Häusern, [...] man brachte uns blonde, kurdische Kinder, herbei, die sich schreiend an die weiten Hosen ihrer Mütter klammerten. Diese waren große, kräftige Frauen, den Männern ebenbürtig, ihre Augen blitzten unter den gestreiften Tüchern, und sie lachten, laut und voll. (S. 29f.)

---

186 Siehe ähnlich Boveri: Vom Minarett zum Bohrturm 1938, S. 326: »Die Demokratie soll aktiv werden. ›Regierung durch das Volk und für das Volk‹ ist einer der ersten Grundsätze Kemals. Der einzelne soll Anteil nehmen. Der erste Versuch auf diesem Wege mißlingt. Es ist die Einrichtung einer Oppositionspartei, die der bisher einzigen Partei, der Republikanischen Volkspartei, das Gewicht halten soll. Das führt zu Tumulten und blutigen Schlägereien, aber zu keiner sachlichen Arbeit. Noch herrscht der alte Grundsatz: es gibt nur eine Partei, die regiert, und sie hat, weil sie regiert, immer und überall recht. Es kann nicht geleugnet werden, daß Kemal Atatürks erste Erziehungsmethode der strengen Vorschriften, mit der das Dringendste bewältigt werden mußte, beigetragen hat, den alten Grundsatz zu stützen. Das Gewicht seiner Persönlichkeit und seines tatsächlichen Rechthabens in allen entscheidenden Situationen trägt weiter dazu bei.«

187 Siehe Schwarzenbach: Auf der Schwelle des Fremden 2008, S. 123: »Im Bestreben, ihren Lesern längst Bekanntes zu ersparen, versuchte Annemarie stets hinter die Kulissen zu schauen, Dinge zu entdecken, die ›nicht im Baedeker stehen‹. Die Suche nach der anderen Seite, ein Thema, das in ihren Texten in unzähligen Variationen wiederkehrt, prägt bereits die Artikel der ersten Orientreise.«

188 Siehe ebd., S. 124: »Mit den Bildern des anatolischen Dorffriedhofs setzt Annemarie ein weiteres Thema, das sich durch ihr gesamtes fotografisches Schaffen ziehen wird: Der Tod als die andere Seite des Lebens.«

Die Beschreibung von Land und Leuten in der Türkei nimmt einen großen Raum in Schwarzenbachs Reisebuch ein und wird durch vier Abbildungen mit den Untertiteln *Ein anatolisches Dorf, eine Stunde von Ankara, Ein Höhlenhaus im Dorf Uergüb, Der Erdschias Dagh bei Kaiseria* und *Das Tal von Görema* unterstrichen.[189] Immer wieder beschreibt und stilisiert sie zugleich die Archaik und Kargheit der Natur und setzt sie gegen die »Künstlichkeit« in den »zivilisierten« Regionen des Landes.[190] So fühlt sie sich während der Fahrt zwischen Kaiserie und Konia wie auf einen anderen Planeten versetzt, nämlich in die »Welt der zwanzigtausend Pyramiden; so von den Alten genannt, von uns Mondlandschaft« (S. 30). Bei diesem Erlebnis fühlt sie sich besonders ergriffen – ähnlich wie Peter Schlemihl, »als er seinen Schatten aufgerollt zu seinen Füßen fand« (S. 33)[191]. Der Anblick der geheimnisvollen Gegend aller-

189 Vgl. Schlieker: Frauenreisen in den Orient zu Beginn des 20. Jahrhunderts 2003, S. 167. Siehe Stempel: Winter in Vorderasien 2004, S. 84: »Neben dieser Suche nach Gegenüberstellungen lassen sich die Bilder und Texte Schwarzenbachs unter verschiedenen thematischen Gesichtspunkten fassen. Einen Komplex bilden dabei Überlegungen zu Weite, Entfernung, Zeit und Geschichte, was die Autorin besonders mit den Metaphern der Wüste und der Berge umschreibt.«

190 Vgl. Georgiadou: »Das Leben zerfetzt mich in tausend Stücke.« 1995, S. 117. Vgl. ferner Vilas-Boas: »Alles ist ein Fortgehen.« 1995, S. 348.

191 Nicht zufällig fällt dieser Vergleich mit Chamissos berühmtem Antihelden, der seinen Schatten für ein Säckelchen, aus dem unendlich viel Gold sprudelt, verkauft, dieses Geschäft jedoch kurze Zeit später bereut. Das Angebot des »Mannes im grauen Rock«, seinen Schatten im Tausch für seine nach dem Tod frei gewordene Seele zurück zu erhalten, lehnt der »Pechvogel« nach einigem Zögern ab. Stattdessen unternimmt er mit Siebenmeilenstiefeln bis zu seinem Lebensende rastlos eine Unzahl von Forschungsreisen, die ihn um die ganze Welt führen. Zu seinem Heim kürt er schließlich den Orient [!], genauer eine Höhle in der Thebaischen Wüste, dort, wo einst christliche Einsiedler ein meditatives, allein auf Gott ausgerichtetes Dasein führten. Vgl. auch Schwarzenbach: Schrecken der orientalischen Landstraßen 1936, S. 121f. Siehe auch Schwarzenbach: Die Vierzig Säulen der Erinnerung 2008, S. 118: »Ich sagte mir, dass eine jede Reise jeder anderen Prüfung gleicht, – man muss es nur überstehen, – und ebenso nutzlos sein kann wie alle Fährnisse, denen wir begegnen, – denn worauf kommt es an, – auf Siebenmeilenstiefel, schwindenden Horizonten nachzujagen? – Daran kann man sterben, wie an irgendeiner Krankheit, – und dann zählt nur noch die aus wolkenfreier Höhe sich neigende, beschwichtigende, zu versöhnendem Gruss ausgestreckte Hand.« Siehe mit Blick auf *Tod in Persien*, wo die Siebenmeilenstiefel ebenfalls auftreten, D'Agostini: »Opposition zur hellen Welthälfte der Tatsachen« 2005, S. 129: »Reisen ist nicht mehr die Welt erfahren, es ist kein Erkenntnisprozeß, in dem Informationen über fremde Völker und Sitten gesammelt werden. Was hier die Protagonistin erlebt, sind vielmehr Empfindungen, die als ›*negativer Exotismus*‹

dings scheint die Grenze zwischen Realität und Fantasie zu verwischen und die Möglichkeiten des Mediums Sprache gelegentlich zu überfordern:[192]

> Da lag das Mondland zu unseren Füßen, ganz in wallende Nebel und blaßgelbe Lichtstreifen getaucht, ganz und gar unwirklich, ein erstarrter Wald aus Kegeln, Türmen, Nadeln und Pyramiden, manche aufgereiht wie Orgelpfeifen, manche einzeln und gigantisch, manche vereist und bärtig, gleichsam taumelnd, nach vorn geneigt, im Sturz aufgefangen und nun gramvoll erstarrt, stumme Ankläger einer ausschweifenden Natur. (S. 32)[193]

Bevor sich ihr Aufenthalt in Anatolien – dargestellt im Abschnitt *Konya* – seinem Ende zuneigt, fährt Schwarzenbach auf ihrem Weg über diese Stadt und das Taurusgebirge hin zur türkisch-syrischen Grenze zu einem Kloster. Dieses hat bereits Schwarzenbachs Mentor und literarisches Vorbild Carl J. Burckhardt besucht und in seiner *Kleinasiatischen Reise* auf poetische Weise beschrieben. Seine Studentin folgt ihm, sucht das nach der Auflösung der Derwischorden 1925 in ein Museum umgewandelte Anwesen auf und lässt sich alle seine Schätze zeigen. Hier begegnet ihr die zuletzt in Istanbul erfahrene orientalische Pracht wieder. Diese kommt auch in der Sprache ihres Buches zum Ausdruck:

> Man zeigte uns alles: die Bücher und die Gewänder und die herrlichen Stoffe aus Persien, die Seidentische aus Brussa, die großen, mattfarbigen aus Smyrna, die gestickten Mäntel der Jürücken, die geschnitzten Türen, die Kelims und die Gebetstreifen. Man hätte sich vor einer gemalten Seite eines Buches vergessen können wie beim Anhören von Musik. Ja, nicht anders war die sanft auflösende und hinreißende Wirkung jener

---

bezeichnet wurden, und zwar: die Bewußtheit, daß der Orient kein Paradies gegen die Zivilisationsmüdigkeit darstellen kann.« Kursivierung von B.S.

192 Vgl. freilich allgemeiner Dällenbach: »Wir reisen, um uns selbst zu finden« 2006, S. 44.

193 Vgl. ferner Schwarzenbach: Das Tal der zwanzigtausend Pyramiden 1934, S. 736f. Siehe auch Boveri: Ein Auto, Wüsten, blaue Perlen 1939, S. 63. Boveri nennt dieses Tal die »phantastischste Landschaft [...], die wir je gesehen haben.« Siehe ferner Schwarzenbach: Dreimal der Hindukusch 2002, S. 60f.: »Im grossartigen und wechselvollen Gemälde des Hindukusch fehlt mir das junge Grün, der sanfte Wind, der rührende Gesang des Frühlings. Aber man bestimmt seine Träume nicht, und ich wagte es nicht, mich umzublicken nach den versinkenden Schneegipfeln, als ich in die Ebene einbog: Es ist nicht an mir, Gruss und Abschied zu bestimmen und die Grenze zu ziehen zwischen Wirklichkeit und Vision. Mir bleibt die Magie, der Name, das wunderbar berührte Herz.«

> Goldranken im blauen Grund, jener Knospen in wunderbarer Verteilung, jenes Auf und Nieder, jener Verschlingung... oder auch: nur Gold auf dem matten Pergament... Aber da, wo sich die Derwische gedreht haben, liegen helle große Teppiche mit weniger und einfacher dunkelgrauer Zeichnung. (S. 37)[194]

Die schwingende Schönheit dieses »musizierenden Schreibens« verklingt nach dem Verlassen des der Gegenwart scheinbar entrückten ehemaligen Klosters der Derwische immer mehr, je weiter sich Schwarzenbach dem Mittelmeer und der neuen, vor einem guten Jahrzehnt gezogenen, aber heftig umstrittenen Grenze zwischen der Türkei und dem französischen Mandatsgebiet Syrien nähert. Die Freude über das Ende der baumlosen Hochebene und den Anblick des weiten Meeres wird getrübt durch einen Zwischenfall, der Schwarzenbach wieder »entzaubert«. Denn er führt ihr den großen Einfluss der europäischen Politik vor Augen, der bis in die kleinsten Winkel Vorderasiens reicht: Als der Zug[195] an der letzten Station auf türkischer Seite Halt macht, steigt ein dun-

194 Siehe wegen der lyrischen Sprache Burckhardt: Kleinasiatische Reise 1937, S. 116f.: »Und nochmals wurden wir zu dem Meister des Ordens gerufen; diesmal in den Grabraum selbst, wo er seine Andacht verrichtet hatte; und nochmals wollte er uns Schätze zeigen, diesmal in dem hohen, schwarz und silbern ausgeschlagenen Raume die geheimsten, die er besaß; plötzlich hatte er es anbefohlen, mit Scheu und Staunen gehorchten die Mönche. Die köstlichen Lampen Harun al Raschids wurden uns gezeigt, Teppiche seltenster Arbeit, unzählige, unvergleichlich schöner als die ersten. Dann aber zuletzt der tausendjährige Teppich, vor tausend Jahren aus Bagdad geschenkt. Die Macht, die einem Anblick über unser Gemüt gegeben ist, wurde mir bei diesem Gebilde klar. Die unsägliche Schönheit der sanften Farben beugte einen bis zur Rührung, darüber gänzlich erfüllt aber war das Wunder der Bewegung: die ehrfürchtige Gebundenheit orientalischer Zeichen war hier zum ersten Male gelöst, das Gesetz war in seinem enthüllten Wandel ergriffen und hier bewahrt, es zogen die Gestalten der Welt gefiedert schwebend über wiegenden Pflanzen wunderbare Kurven entlang, ein unendliches Wechseln, Ineinandergreifen, Sinken und Steigen war hier vor unseren Blicken, mir war als müsse es klingen; so nahe war hier die Schönheit, daß man meinte, die Gestalten ihres blendenden Reigens, einzeln, nach geheimer Vorschrift ihre seligen Schritte schreiten zu sehen.«

195 Weshalb die Reisende vom Auto auf den Zug wechselt, begründet sie in Schwarzenbach: Schrecken der orientalischen Landstraßen 1936, S. 123f.: »Aber schließlich waren wir dort unten, und die Höhlen [von Ürgüb und Göreme; B.S.] tauchten vor uns aus dem Nebel. Gegen Abend gab es Sonne, die die Lehmerde ein wenig trocknete. Wir brauchten sehr lange für die Heimfahrt, aber wir hatten keine Angst mehr. Ja, am liebsten wären wir, zwei Wochen später, mit einem Fordwagen über den alten Taurus-Paß gefahren, der in tausend engen Windungen das wunderbare Grenzgebirge Kleinasiens überwindet. Aber das erwies sich, zu dieser Jahreszeit

kelhaariger Jugendlicher, ein sephardischer Jude aus Spanien mit jugoslawischem Pass, ein, der illegal nach Palästina einreisen möchte, um dem wachsenden Antisemitismus in seinem alten Heimatland zu entfliehen und sich eine neue Existenz in *Erez Israel* aufzubauen. Doch bereits an der Grenze wird der Flüchtling wie viele andere schon vor ihm von französischen Passbeamten entdeckt und aufgrund seines Transitvisums für Persien dorthin geschickt.[196] So erreichen die Reisende und ihre Mitfahrer ohne den Jungen mit Aleppo die erste größere Stadt auf syrischer Seite. Die Reise durch Kleinasien ist zu Ende.

4.5.2 Zwischen Geschichte und Gegenwart. Der Aufenthalt in Syrien, dem Libanon und Palästina

Ein Erlebnis prägt den im zweiten Teil *Syrien* beschriebenen Aufenthalt in den ehemaligen osmanischen Provinzen Syrien, Libanon und Palästina: Es handelt sich – und das stärker als in der Türkei – um das Nebeneinander von Vergangenheit und Gegenwart respektive um die Gleichzeitigkeit von Ungleichzeitigkeiten. Nirgends auf ihrer Orientreise wird Schwarzenbach diesen Gegensatz derart krass erleben wie in den drei genannten alliierten Protektoraten, so bereits auf ihrer ersten Station in Aleppo, wo sie Anfang Dezember 1933 eintrifft. Das orientalische Stadtbild täuscht: »Eine fast europäische Geschäftigkeit herrscht am Tag« (S. 48). Von der alten Ruhe und Beschaulichkeit des alten osmanischen Haleb ist im modernen, zum Drehkreuz zwischen West und Ost, Nord und Süd gewordenen syrischen Aleppo wenig übrig geblieben. Ende 1933 ist der Ort

> eine Grenzstadt: wo sich Türken und Araber hassen, vertriebene Armenier sich aufhalten und Juden, die nach Palästina wollen: Kaufleute zwischen Japan und Rußland, Irak und Türkei, afrikanische Soldaten und französische Offiziere – alle unfreiwillig hier, alle bereit über die Grenze zu wechseln, nach Beirut oder Ägypten zu fahren. Ja selbst die bunten Mädchen werden aus Beirut für kurze Zeit nach Aleppo geschickt und

---

[Anfang Dezember; B.S.], als absolut unmöglich – und so fuhren wir eben mit dem Taurus-Expreß in das warme, reiche, gesegnete Syrien hinüber…«

196 Dieses Erlebnis verarbeitet Schwarzenbach später mehrfach. Zum ersten Mal tritt der jüdische Flüchtling auf in Schwarzenbach: Winterfahrt durch den Taurus 1933, Bl. 9. Ferner wird seine Geschichte thematisiert in Schwarzenbach: Das Transitvisum 1936, S. 1628f. Schließlich wird sein Schicksal Gegenstand der Novelle *Ein Auswanderer* aus der Sammlung *Der Falkenkäfig*.

> kehren in jene mildere und reichere Stadt zurück, wenn sie genug Geld verdient haben. (S. 48)[197]

In Aleppo wird Schwarzenbach von Europa und seinen aktuellen Krisen, von der westlichen Zivilisation und Globalisierung mit all ihren »Krankheiten« wieder eingeholt.[198] Sie besichtigt die Stadt mit ihren Moscheen und dem Basar. Sie besucht einen reichen Textilunternehmer und lässt sich die in aller Welt eingekauften Waren vorführen.[199] Sie entdeckt einen Wollhändler, der neuerdings Geschäfte mit den Sowjets macht und die bei ihm beschäftigten Beduinenfrauen unter härtesten Bedingungen arbeiten lässt – für Geld, das sie ihren Männern bringen müssen. Möglicherweise spielt sie in diesem Moment an die Lebens- und Arbeitsbedingungen der für die Schwarzenbachs tätigen Menschen an. Jedenfalls äußert sie sich nicht direkt dazu, vielleicht aus Angst, damit dem Ansehen des Familienunternehmens zu schaden, oder einfach aufgrund des Vorsatzes, Persönliches so weit wie möglich auszuklammern.[200]

Stattdessen berichtet sie von den Abenden in den Clubs der Stadt, wo sich die arabischen Nationalisten versammeln und die französische Sprache verpönt ist. Dabei fällt eines Abends, als sie mit ihren Bekannten Jacques und dem blonden Mädchen Maria bei Ibor sitzt,[201] der Name einer kleinen Station

---

197 An dieser Stelle werden gebündelt viele verschiedene Themen genannt, die während und nach Schwarzenbachs Orientreise in Novellen ausgearbeitet werden und die – außer im Fall der Erzählung *Vor Weihnachten* – erstmals in der Sammlung *Bei diesem Regen* erscheinen: Es handelt sich um die drei Texte *Bei diesem Regen*, *Der Abschied* und *Auf der Heimreise*...

198 Siehe Matthias: Griff in den Orient 1931, S. 47: »Auto, Hotel, Flugzeug, Grammophon – wie überall beginnt die Übernahme der euramerikanischen Zivilisation mit den letzten Errungenschaften und also von rückwärts. Haleb-Aleppo, eine der drei großen Städte Syriens, hat noch keine Wasserleitung. Jerusalem, Bagdad, Teheran – Hauptstädte! – auch nicht. Die Zivilisation beginnt beim i-Punkt. Man legt größeren Wert auf einen guten Hut als auf das, was er bedeckt.«

199 Siehe Miermont: Annemarie Schwarzenbach 2008, S. 134: »Hinter der exotischen Oberfläche nimmt sie die harte soziale Realität wahr.«

200 Da sie es nicht wagt, tut es später ein anderer. Vgl. Meienberg: Die Welt als Wille und Wahn 1987, S. 112. Später, auf ihren beiden Reportagereisen in den Süden der USA in den Jahren 1936/37 wird sie von den schlechten Lebens- und Arbeitsbedingungen der Menschen ausführlich berichten. Der Besuch einer 1920 errichteten, familieneigenen Weberei in Alabama wird ihr verwehrt. Vgl. den Abschnitt *Jenseits von New York* in Schwarzenbach: Auf der Schwelle des Fremden 2008, S. 146-175.

201 Die hier genannten Personen und Etablissements bzw. ihren Aufenthalt in Aleppo wird Schwarzenbach im Dezember 1933 auch in ihrer Novelle *Vor Weihnachten* verarbeiten.

namens Mußlimie. Schwarzenbach erinnert sich an das tragische Ende der deutschen Flugpionierin Marga von Etzdorf (1907-1933). Dieser werden dann noch andere außergewöhnliche, weil genauso unkonventionell lebende und arbeitende Frauenfiguren – »Abseitsstehende« wie Schwarzenbach selbst – in *Winter in Vorderasien* folgen:

> Dort ist eine junge Fliegerin gestorben – sie landete, ihre Maschine erlitt einen kleinen Unfall, die Offiziere stürzten herbei, halfen ihr heraus, nichts war ihr geschehen. ›Drei Tage Reparatur‹, sagte man ihr. Sie scherzte und ging scherzend mit den Offizieren zur Baracke, man trug ihr Gepäck in ein kleines Zimmer und ließ sie allein. Gleich darauf hörte man zwei Schüsse. Sie hatte sich getötet. (S. 46f.)[202]

Als Schwarzenbach die Stadt mit all ihrem Lärm, ihrer Geschäftigkeit und Öde jedoch zu viel wird, bricht sie ihren Aufenthalt ab und fährt nach Rihanie, einem Dorf zwischen Aleppo und Antiochia.[203] Dort lernt sie aufgrund ihrer guten Kenntnisse der vorderasiatischen Geschichte in den nächsten Wochen als Gast einer amerikanischen Expedition das, was sie als Vorbereitung für die Zeit im Orient 1932 in Berlin lernen wollte: Die Anfangsgründe der praktischen Archäologie.[204] Die Unterweisung in den Techniken des Ausgrabens,

---

202 Vgl. Mazzucco: La gabbia dei falconi 2007, S. 179f. Vgl. ferner den Abschnitt *Marga von Etzdorf* in Zegenhagen: »Schneidige deutsche Mädel« 2007, S. 166-176. Marga von Etzdorf selbst hat 1931 ein Buch mit dem Titel *Kiek in die Welt. Eine deutsche Fliegerin über drei Erdteilen* veröffentlicht. Ihr Leben und Werk sind auch Thema des 2008 erschienenen Romans *Halbschatten* von Uwe Timm.

203 Siehe Kolo/Müller: Annemarie Schwarzenbachs *Tod in Persien* und Gertrude Bells *Persian Pictures* 2008, S. 107f.: »Rihanija befindet sich unweit des Dorfes Harim, in dem Gertrude Bell seinerzeit längere Zeit stationiert gewesen war. Beide Dörfer liegen ungefähr in der Mitte zwischen Aleppo und Antiochia. Auch an anderen Orten berühren sich die Reisewege der beiden Autorinnen im Vorderen Orient gelegentlich (so beispielsweise in Aleppo, Damaskus und Jerusalem), ohne einander jedoch offenkundig zu folgen.«

204 Ihre Erlebnisse rund um die Ausgrabungsstätte in Rihanie verarbeitet Schwarzenbach in mehreren Reisefeuilletons. Vgl. Schwarzenbach: Markt in Rihanie 1934, S. 1. Vgl. ferner Schwarzenbach: Syrische Weihnachtstage 1934, S. 1. Vgl. dann Schwarzenbach: Eine Fahrt nach Damaskus 1934, S. 4. Vgl. schließlich Schwarzenbach: Die Tempel von Baalbek 1934, S. 499. Vgl. Georgiadou: »Das Leben zerfetzt mich in tausend Stücke.« 1995, S. 119. Über ein positives Resultat ihrer Orientreise schreibt Schwarzenbach in einem am 20.12.1933 in Rihanie geschriebenen Brief an Bourdet. In: Schwarzenbach: Lettres à Claude Bourdet 2008, S. 149: »Gleich nach Weihnachten fahre ich nach Beyrouth, für Neujahr noch hierher zurück. Ich denke an Europa wenig, u. lebe. I simply enjoy life.«

Sammelns und Zuordnens schärfen ihren Sinn für das Zeitlos-Ewige der Region und sensibilisieren ihren Umgang mit den historischen Stätten, wie sie ihr in Syrien zuhauf begegnen und in einer Abbildung mit dem Untertitel *Syrische Ausgrabungsstätte während der Arbeit* dokumentiert werden.[205] So äußert sie sich nach einem eher ernüchternden Nachmittag in der Hauptstadt Damaskus:

> Wir hielten uns nicht auf; eine herrliche Gebirgslandschaft führte uns hinüber in das große Tal von Baalbek. Daran hatten wir vielleicht den ganzen Tag gedacht – aber Baalbek gehört zu jenen heroischen Namen, die man nicht leichtfertig ausspricht, zu den Evokationen, den Anrufungen in der Wüste unserer Zweifel. Viele sind nachher enttäuschend, wie die Stadt Damaskus, andere werden gewaltsam profaniert und beraubt und sind anklägerisch wie geschändete Heilige... Ich glaube, daß für die üblichen Reisenden Baalbek schon zu den Plätzen gehört die man gesehen haben muß – Palmyra, weit draußen in der Wüste, ist besser geschützt. (S. 51f.)[206]

Mit dem letzten Satz setzt sie sich von den modernen Touristen ab, die nach dem Ende des Ersten Weltkriegs und der politischen und ökonomischen Wirren in Europa und Vorderasien in den 1920er- und 1930er-Jahren in immer größerer Anzahl auf Reisen gehen.[207] Schwarzenbach lässt sich im Gegenteil sehr viel Zeit, versucht einzutauchen in die sie umgebende Welt und akzeptiert, dass

---

205 Die bei den Ausgrabungen in Syrien und später im Irak sowie in Persien gemachten Erfahrungen fließen ebenfalls in kurze Prosastücke, die erstmals in dem Novellenband *Bei diesem Regen* zusammengefasst wurden. Es handelt sich dabei um die Erzählungen *Verklärtes Europa, Fast dasselbe Leiden, Vans Verlobung* und *Eine Frau allein.*

206 Siehe Fähnders: »Wirklich, ich lebe nur wenn ich schreibe« 2007, S. 51: »Die topographischen Störungen und die raumzeitlichen Transgressionen erfordern und ermöglichen die Suche nach einer neuen Sprache: Annemarie Schwarzenbach betreibt Sprachreflexion, die sich auf die Tradition der großen Sprachkrise-Debatten um 1900 zurückführen lassen. [...] In Schwarzenbachs Orienttexten wird die Frage nach der Benennbarkeit von Orten, nach ihren Namen, werden aber auch Fragen der Namenlosigkeit auffällig oft gestellt, und dies führt zurück zum Problem ihres Schreibens.« Siehe ferner Vilas-Boas: Das Wiedererkennen und das Erinnern in den Reisetexten Annemarie Schwarzenbachs 2008, S. 164: »Eine andere Art von Erinnerung hat mit dem Gebrauch von Namen zu tun. Sie sind eine Art Omen bei Annemarie Schwarzenbach, eine Chiffre für etwas, was nicht immer erklärbar ist. Sie repräsentieren ein Vorwissen, das entweder neutral oder affektbeladen ist und das dann kontextbedingt wieder auftaucht.«

207 Vgl. den Abschnitt *Reisereflexion* in Fähnders: »Wirklich, ich lebe nur wenn ich schreibe«. 2007, S. 38-42.

es nicht möglich ist, das Fremde völlig zu verstehen und zu durchdringen:[208] »Ich hatte, wie jedermann, Photographien von Baalbek gesehen. Aber man kann Dimensionen nicht photographieren und Erlebnisse der Schönheit und der Vollkommenheit nur unvollkommen vermitteln« (S. 52).[209] Sie belässt es bei der Betrachtung und Beschreibung der hiesigen Landschaften, wobei diese sie öfter an ihr aus Europa bekannte Regionen erinnern.[210] Überhaupt sieht sie eine Verbindung zwischen der Beschaffenheit der natürlichen Gegebenheiten eines Landes, der Art seiner Einwohner und ihrer geschichtlichen Entwicklung.[211] Im Fall von Syrien versucht sie diesen Zusammenhang durch einen Vergleich mit der Türkei zu erläutern:

> Mir scheint dieses Land bei weitem gefährlicher als Anatolien, weil es gemischter und empfänglicher ist – gleichsam weiblich, eine Versuchung und Verführung des Geistes. Dort oben, in der rauheren Landschaft, herrschte eine durchaus männliche Kraft, eine, die sich widersetzte und sich nicht besiegen ließ. Alle Durchziehenden, Eroberer und wandernde Völker, mußten dem Boden einen Tribut zahlen; die, welche blieben, veränderten sich und empfingen ihrerseits das Siegel Kleinasiens. [...] Was sich dort oben zutrug, war stets Kampf, Besiegung, Unterwerfung; Syrien aber war der große Raum der Umarmung und eines sonderbar faszinierenden Liebesspiels zwischen den Elementen der alten Kulturen. (S. 55)[212]

208 Vgl. Henke: »Wie von Asche bedeckt.« 2005, S. 143. Siehe ferner Schwarzenbach in einem am 15.5.1932 geschriebenen Brief an Burckhardt. In: Fähnders/Rohlf (Hrsg.): Annemarie Schwarzenbach 2005, S. 255: »Ich hasse die Mischung aus Vergnügungsreisendem und neugierigem Literaten.«

209 Vgl. Vilas-Boas: »Alles ist ein Fortgehen.« 1995, S. 343. Vilas-Boas spricht in diesem Zusammenhang davon, dass das Fremde nicht nur fragmentarisch erlebt, sondern dass das Fragmentarische seinerseits auch nur fragmentarisch wiedergegeben werden kann.

210 Vgl. ebd., S. 348.

211 Siehe Schwarzenbach: Graubünden. In: Schwarzenbach und Schmid: Das Buch von der Schweiz. Ost und Süd 1932, S. 172: »Jedes Volk paßt sich notwendig seinem Boden an; von einer so ausgesprochenen und zugleich abgeschiedenen Landschaft wie dem Engadin gilt das in besonderem Maße, die Leute leben, einem natürlichen Gesetz unterworfen, in Übereinstimmung mit der Erde, sie haben ihren Hof, ihren Nachbarn, ihren täglichen Kampf mit der Natur, damit ist es genug.«

212 Siehe ähnlich Boveri: Ein Auto, Wüsten, blaue Perlen 1939, S. 101: »Nicht als ob Syrien eine einheitlich durchlaufende Geschichte gehabt hätte, obwohl es geographisch aufs schärfste abgegrenzt ist: durch die Wüste Sinai gegen Ägypten, durch Wüsten und Steppen gegen Innerarabien, durch das Amanusgebirge gegen Anatolien, durch das Mittelmeer gegen Europa. Nur zweimal in einer Geschichte

Und sie beendet den Gedanken mit Worten, die nicht nur an ihre Suche nach der in Europa verlorenen, im Orient jedoch scheinbar noch vorhandenen Ursprünglichkeit und Natürlichkeit, Reinheit und Bescheidenheit erinnern, sondern auch an eine Hoffnung, die sie ebenfalls zu hegen pflegt, nämlich die gegenseitige, geistige Durchdringung von westlicher und östlicher Welt:

> Später kam die fruchtbare und leidenschaftliche Vermischung griechischen und orientalischen Geistes, aus der eine Quelle der Lieblichkeit entstand: griechische Anmut mit der religiösen *Inbrunst* des Ostens gepaart, und die schmalen geneigten Jünglinge vertauschten die lächelnde Trauer ihrer halboffenen Lippen mit der nach innen gekehrten *Weisheit* des östlichen Antlitzes. *Symbol jener liebenden Eroberung ist immer Alexander*. (S. 55f.)[213]

Ob Schwarzenbach bei dieser Gegenüberstellung auch traditionelle Bedeutungsmuster wie verführend/weiblich und unterwerfend/männlich reproduziert,[214] ist an dieser Stelle nicht so wichtig wie die Tatsache, dass sie sich genauso wie die von ihr beschriebenen Durchreisenden wie der Herrscher von Makedonien von den »Verlockungen« in Syrien selbst verführen lässt. Bei einem Besuch in Baghras im gleichnamigen Abschnitt, wo sie das alte, auch fotografisch festgehaltene Schloss Pagrae, welches die große Karawanenstraße und den Eingang von Antiochia bewacht, besichtigt, begegnet ihr eine andere Geschichte dieser Region, und zwar die der Kreuzritter, die sich vor knapp tausend Jahren anschickten, das Heilige Land für ihren Glauben zu erobern.

Betrachtet man ihre Taten und ihr zur Schau getragenes Verhalten, »so fragt man sich, ob hier überhaupt noch von einem geistigen Impuls die Rede sein kann?« (S. 60) Plötzlich scheinen die vielen Jahrhunderte zwischen den Rittern und Schwarzenbach zusammenzuschrumpfen, da die Reisende trotz aller inneren und äußeren Entfernung eine gemeinsame Antriebskraft mit jenen zu teilen glaubt:[215] »Ich wußte nicht recht, ob ich mich der ritterli-

---

von viertausend Jahren haben die Fürsten der großen vorderasiatischen Reiche ihre Hauptstadt in Syrien gehabt: die Seleukiden, die Nachfolger Alexanders des Großen, in Antiochia, die Omayaden in Damaskus –, beide Reiche von Landfremden gegründet. Sonst aber kamen zu allen Zeiten die Eroberer von außen: die Ägypter von Süden, die Hettiter und Türken von Norden, die Assyrer und Perser von Nord und Ost, Griechen und Römer und Kreuzritter von Westen, Araber von Südosten.«

213 Kursivierungen von B.S.

214 Vgl. Schlieker: Frauenreisen in den Orient zu Beginn des 20. Jahrhunderts 2003, S. 164.

215 Vgl. Müller/Grente: Der untröstliche Engel 1995, S. 119.

chen Verteidiger von Baghras, der Normannen, Franken, Italiener als Helden erinnern sollte, oder ob es schon damals eine Art von Europa-Flucht gab« (S. 62). Wahrscheinlich nicht unbewusst, gibt sie mit dieser Äußerung erstmals in ihrem Reisebuch indirekt zu, Europa entflohen zu sein.

Auch ist es kein Zufall, dass sie genau an dieser Stelle eine Notiz aus der *Time* zitiert, in der vom Tod der 41-jährigen Britin Stella Benson (1892-1933) berichtet wird, die – Schriftstellerin und Reisende wie die Verfasserin von *Winter in Vorderasien* – auf ihren sechs Weltumkreisungen stets nach »›wit, learning, strangeness, loneliness‹« (S. 63) gestrebt habe. Doch es ist nicht nur das Motiv der Flucht, sondern auch das des Abenteuer- und Außenseiterdaseins, was Schwarzenbach fasziniert, an so außergewöhnlichen Frauen wie Marga von Etzdorf, Stella Benson oder der »schweizerische[n] Obristin Egli« (S. 64) Regula Engel (1761-1853)[216] reizt und dazu bewegt, sich selbst auf eine Fahrt in den Orient zu begeben. Diese Frauen werden ihr zu Vorbildern,[217] in denen sie sich spiegeln kann, gerade wenn es um das zentrale Moment ihres eigenen Reisens geht, was sie freilich auch für die drei anderen weiblichen Abenteuerlustigen in Anspruch nimmt.[218] Es handelt sich um eine »Flucht ins

---

216 Vgl. auch Bär: Einleitung 1904, S. 7f. und Schlussbemerkung, S. 160ff. Regula Engel-Egli wird am 5.3.1761 in Fluntern (heute zu Zürich gehörig) geboren. Ihr Vater, ein ehemaliger Offizier der preußischen Armee trennt sich drei Jahre nach der Geburt der Tochter von seiner Frau. 1778 heiratet Regula Florian Engel, einen Graubündner Söldner-Offizier eines Schweizer Regiments in der späteren napoleonischen Armee. Mehr als zwanzig Jahre begleitet sie ihren Mann auf seinen Zügen durch ganz Europa. Sie wird Mutter von 21 Kindern und kämpft oft auch selbst in Uniform. In der Schlacht von Waterloo 1815 fallen ihr Mann und zwei Söhne. Sie selbst überlebt nur schwer verwundet. Nach der Rückkehr in die Schweiz gerät sie in finanzielle Bedrängnis und ist auf die Hilfe von Verwandten und Bekannten angewiesen. Um ihren Lebensunterhalt zu finanzieren, veröffentlicht sie 1821 ihre Memoiren. Aufgrund des Erfolgs verfasst sie einen zweiten Teil, der 1828 erscheint. Trotz der guten Verkaufszahlen fristet sie einen Lebensabend mit Geldsorgen. Engel-Egli stirbt am 25.6.1853 im hohen Alter von 92 Jahren in einem Zürcher Spital. – Es ist möglich, dass Schwarzenbach neben den Erstausgaben von Engels Memoiren auch auf spätere, freilich bearbeitete Ausgaben gegriffen hat, so auf die 1904 von Fritz Bär herausgegebene *Schweizerische Amazone* oder die 1914 von S. D. Steinberg veröffentlichte *Lebensbeschreibung der Witwe des Obrist Florian Engel*.

217 Vgl. Perret: Nachwort. In: Schwarzenbach: Bei diesem Regen 1996, S. 231ff.

218 Interessanterweise setzt Schwarzenbach den bisher genannten drei Frauen genauso viele Männer entgegen. Diese scheitern jedoch allesamt mit ihren Plänen: Sie erwähnt einen nicht genau identifizierbaren europäischen Abenteurer namens Bringolf. Ferner ist die Rede von einem General Suter, d.i. Johann August Sutter (1803-1880), der 1834 nach Kalifornien auswandert, wo er Ländereien erwirbt, die

Unerreichbare [...], die uns zwingt, Unbequemlichkeit und Einsamkeit auf uns zu nehmen und das gewohnte Leben willkürlich an einer Stelle abzubrechen, ohne dafür einen vernünftigen Grund angeben zu können« (S. 64).[219]

Die Ursache dafür, dass Schwarzenbach die amerikanische Expedition in Rihanie Anfang Januar 1934 verlässt und nach Beirut weiterfährt, ist ihre Melancholie. Diese spiegelt sich auch in den schlechten Wetterverhältnissen: So herrscht dort nicht nur Kälte, sondern es fällt auch schwerer Regen.[220] Schwarzenbachs Niedergeschlagenheit resultiert aus der Feststellung, dass Europa-Flucht keine moderne Erscheinung sei, was als Entschuldigung für ihr Verhalten gelten könne, sondern ein beinahe ebenfalls zeitloses Phänomen darstelle. Dagegen genießt sie im Libanon den milden Winter, nutzt aber auch einen plötzlichen Schneefall zum Skifahren,[221] bereist und fotografiert die sie an die Côte d'Azur erinnernde Mittelmeerküste. Sie besucht die zum Abschluss des Ramadan abgehaltenen Feierlichkeiten, die trotz ihrer Vermischung mit den »abgeschmacktesten Neuerungen des europäischen Vergnügungsmarktes« (S. 72) noch »fremdartige Spuren« (S. 72) einer Zeit aufweisen, zu der sie keinen Zugang findet. Dennoch erinnert die Stelle aufgrund der Verknüpfung von Weiblichkeit mit Homosexualität und Ursprünglichkeit mit dem »Osten« an einige von Schwarzenbachs Texten – an die Lena-Amsel-Szenen aus der *Pariser Novelle* und an ihr Prosagedicht *Ruth*:

---

landwirtschaftlich genutzt werden sollen. Jedoch verliert er diese durch die Abtretung Kaliforniens an die USA nach dem Mexikanisch-Amerikanischen Krieg von 1846 bis 1848 und durch den Goldfund in der Gegend. Ihm gelingt vor Gericht die Durchsetzung eines Rechtsanspruchs auf Schadenersatz, aber zu dessen tatsächlicher Erfüllung kommt es nicht. Schließlich wird der durch die Novelle von Heinrich von Kleist (1777-1811) bekannt gewordene Michael Kohlhaas, eigentlich Hans Kohlhase (ca. 1500-1540), genannt. Dieser lebt als Kaufmann im Brandenburgischen Cölln an der Spree. Am 1.10.1532 begibt er sich auf eine Reise zur Leipziger Messe. Auf dem Weg werden ihm auf Geheiß des Junkers Günther von Zaschwitz zwei seiner Pferde als Pfand für die Durchreise nach Dresden abgenommen. Kohlhase versucht juristisch dagegen vorzugehen, jedoch vergeblich. Aus diesem Grund erklärt er 1534 die Fehde und brennt Häuser in Wittenberg nieder. Auch ein mahnender Brief Martin Luthers kann ihn nicht zur Aufgabe bewegen. Er wird schließlich ergriffen und am 22.5.1540 in Berlin öffentlich durch Rädern hingerichtet.

219 Vgl. Dällenbach: »Wir reisen, um zu uns selbst zu finden« 2006, S. 119f. Dällenbach macht darauf aufmerksam, dass sich Schwarzenbach in *Winter in Vorderasien* so gut wie gar nicht mit orientalischen Frauen und Aspekten der Ehe und Geburt beschäftigt, sondern sich eher für europäische Reisende wie Gertrude Bell und deren Tätigkeiten im Orient interessiert.

220 Das Motiv des Regens im Zusammenhang mit Traurigkeit und Heimweh wird später in den orientalischen Novellen eine wichtige Rolle spielen.

221 Vgl. Schwarzenbach: Skiausflug im Libanon 1934, S. 1.

> Am dritten Tag des Festes sah ich Beduinen tanzen. *Die Jünglinge* trugen ihre Haare halblang oder in vielen kleinen Zöpfen geflochten. Die blaugeschminkten Augen erhöhten noch den *Eindruck des Mädchenhaften* in ihren schönen Zügen. Da sie sich *so wild* gebärdeten, so stampften, als gelte es die Erde einzutreten, und ihre springenden, vor- und zurückweichenden Schritte ausführten, als fürchteten und besiegten sie einen dämonischen Widerstand gegen *ihre Besessenheit* – so wirkte *diese weibliche Schönheit*, die Blässe der Haut, umrahmt von bläulichschwarzem Haar, noch sonderbarer und ganz aus einer fremden Welt. (S. 71)[222]

Mehrere Tage hintereinander verbringt Schwarzenbach auf dem Rummelplatz, angezogen von den einheimischen Besuchern in »tausend phantastischen Kopfbedeckungen« (S. 69), fasziniert von Schwertkämpfern, Zauberern und Tänzern, die allesamt das »sonderbarste Gefühl von Verzauberung« (S. 72) bei ihr erwecken und Erinnerungen – auch an die Kindheitslektüre der Märchen von *Tausendundeiner Nacht* – wachrufen: »Miniaturen tauchten auf, Gestalten junger Gaukler und Prinzen, die träumerisch unter göttlicher Eingebung handelten...« (S. 72).

Mehr als beeindruckt ist sie auch von den Sehenswürdigkeiten in Byblos, wo ihr die unterschiedlichen, einst in diesem Land herrschenden Kulturen begegnen. In der Nähe eines Kreuzritterturms findet sich nicht nur die Ruine eines gerade freigelegten römischen Amphitheaters, sondern auch eine phönizische Stadt an der Küste mit den Trümmern importierter ägyptischer Statuen und den Grabkammern der Könige. Betrachtet man diese Gemengelage, »so erhält man hier gleich den Eindruck der Jahrtausende, die den Boden bewohnt haben, und Schicht um Schicht zeigt sich eine würdige Vergangenheit« (S. 73).

Angesichts der vielfältigen, ihre Erwartungen erfüllenden Erlebnisse in diesem Land erinnern Schwarzenbachs Äußerungen an dieser Stelle an die Carl J. Burckhardts, der in seiner *Kleinasiatischen Reise* schreibt, dass er die Grenze kenne, »wo die Schönheit schwer erträglich wird«[223]. So entdeckt sie auf ihrer Weiterfahrt in diesem ihr fremden Land plötzlich ein kleines Gotteshaus namens Saint-Jean, wo eine »Erinnerung erwachte und zehrendes Heimweh« (S. 74),[224] da diese sie an einen Sommerabend in der Kirche

222 Kursivierungen von B.S.

223 Burckhardt: Kleinasiatische Reise 1937, S. 8.

224 Siehe Vilas-Boas: Das Wiedererkennen und Erinnern in den Reisetexten Annemarie Schwarzenbachs 2008, S. 154: »Bei Annemarie Schwarzenbach sind es häufig Landschaften oder Ereignisse in der Ferne, die Erinnerungen evozieren. Erinnerungen bedeuten nicht nur Doppelzeitigkeit (oder Mehrzeitigkeit), also ein Früher und ein

des steiermärkischen Wallfahrtsortes Wies[225] gemahnt.[226] Sie erlebt die Schönheit der Mittelmeerküste in der Nähe einer breiten Landstraße nach Tripolis, wohin sie zum Schwimmen hinausfährt: »Es war ein vollkommener Platz, dem Paradies benachbart« (S. 74).[227] Verstärkt wird der Eindruck durch einen Mann von »übernatürlicher Größe« (S. 74) auf einem Küstenfelsen, der stark an literarische Vorlagen wie Isak aus Hamsuns Roman *Segen der Erde* (1917) oder Simon aus Waggerls Erstlingswerk *Brot* (1930) erinnert: »Lange stand er dort, ein arabischer Bauer, der sein Feld bestellt hatte und nun über das Meer blickte, der erste Mensch...« (S. 75).

Doch ist es auch während ihres fast dreiwöchigen Aufenthalts im Libanon, dass Schwarzenbach wieder beginnt, Rauschmittel zu nehmen und sich zu vergiften.[228] Dass die Reise sie »ziemlich, aber nicht übermässig in Anspruch nimmt«[229], kann nicht der Grund für ihren neuen Drogenkonsum sein. Er liegt wohl in der längeren Verweildauer in und um Beirut begründet, wo sie sich von den Strapazen der Tour erholen und Reflexionen über das in den letzten Monaten im Orient Erlebte anstellen kann – auch über das Wesen des Reisens selbst.[230] Dabei vergeht Schwarzenbach die Freude und es bemächtigt sich

---

Heute: Sie werden zu konstitutiven Teilen der jetzigen Wirklichkeitskonstruktion. Erinnerungen werden sozusagen neu gerahmt, sie werden zu einem ›Jetzt‹.«

225 In *Winter in Vorderasien* ist zwar lediglich von der »Kirche Wies« (S. 74) die Rede, doch ist es wahrscheinlich, dass der bekannte österreichische Pilgerort mit seinem Gotteshaus *Zum Gegeißelten Heiland auf der Wies* gemeint ist. Ein anderer Ort desselben Namens findet sich in der Nähe von Freiburg im Breisgau im Landkreis Lörrach in Baden-Württemberg.

226 Siehe Vilas-Boas: Das Wiedererkennen und Erinnern in den Reisetexten Annemarie Schwarzenbachs 2008, S. 162: »In den Reisetexten Schwarzenbachs finden wir oft Ausdrücke des Heimwehs. Bei Heimweh handelt es sich um eine sehr spezifische Art von Erinnerung, es ist ein ›Sich-an-die-Wurzeln-klammern‹, in denen man sich sicher gefühlt hat – oder zumindest wie man es sich jetzt aus der räumlichen und zeitlichen Entfernung heraus vorstellt. Heimweh ist eine Art Erinnerung an eine idealisierte Vergangenheit, an die verklärte Zeit der Kindheit.«

227 Siehe Weiss: Unromantisches Morgenland 1924, S. 137: »Ein Städtchen [Dschunije; B.S.] an der gleichnamigen Bucht, in der Nähe von Beirût. Ein Städtchen ohne großen Verkehr, dafür aber mit großer Stille beschenkt; ein Ausruhen ohne Heute und Morgen, ohne Zeit; es ist, als ob man sich auf jeden Ernst besinnen müßte, und sollte alle Wirklichkeiten aus der Stille erkennen.«

228 Vgl. Schwarzenbach in einem im Januar 1934 in Beirut geschriebenen Brief an Klaus Mann. In: »Wir werden es schon zuwege bringen, das Leben« 2001, S. 106.

229 Ebd., S. 106f.

230 Vgl. Georgiadou: »Das Leben zerfetzt mich in tausend Stücke.« 1995, S. 119. Es sei noch erwähnt, dass sich Schwarzenbach in Beirut von ihrem Reisebegleiter Fred Pasternak trennt. Vgl. Schwarzenbach: Das glückliche Tal 2006, S. 72.

ihrer eine Hoffnungslosigkeit und Melancholie, wie sie ganz am Anfang der Fahrt auf dem Balkan und noch in Istanbul dominierend gewesen sind:

> Dies ist überhaupt die größte Gefahr einer langen Reise: da man beständig aufbricht oder die Zeit möglichst nützlich und ohne allzu große Entmutigung ausfüllt bis zum nächsten Aufbruch und dann jedesmal wieder abrechnet, als sei es endgültig, so ist man sich beständig bewußt, daß Tage derart vergehen und dann Monate, und daß das ganze Leben nur aus einer kleinen Zahl solcher Unternehmungen besteht. – Ja, diese ganze, auf einer Reise verbrachte Zeit zeigt nur ein wenig unverkleideter und zusammengedrängt, wie wir unser ganzes Dasein verbringen: *anfangs überschwenglich und mit zahlreichen und großen Absichten, bald zufrieden mit den Realisationen am Wege, selten mit einem festumrissenen Ziel, noch seltener sicher über dessen Wert*; auf unsere innere und äußere Würde bedacht und darüber hinaus auf *Harmonie* mit dem, was wir lieben – und dies zu erreichen, ist schon viel. (S. 76f.)[231]

Diese pessimistische Einstellung fördert ihre fortwährende Schwermut und Passivität. Es ist Schwarzenbach, die sich die Unmöglichkeit, (große) Ziele erreichen zu können, einredet und zur Bescheidenheit zwingt, um nicht zu sagen, zu Unsicherheit und Angst, überhaupt etwas zu wollen, was außerhalb von ihr selbst liegt. Sie kann nicht glücklich sein, da sie sich den Herausforderungen des Lebens nicht stellt, auftretende Konflikte und Krisen meidet und am Liebsten aufgibt, wenn sie kaum begonnen hat.[232] Sie umgeht die Probleme und Widrigkeiten ihres Daseins, indem sie zu Reisen aufbricht. Dabei bereitet ihr der Augenblick des Aufbruchs den höchsten Genuss, nämlich den der Befreiung.[233] Und um den öfter auszukosten, bricht sie immer wieder

---

231 Kursivierungen von B.S.

232 Siehe Schwarzenbach in einem am 11.11.1930 geschriebenen Brief an Erika Mann. In: »Wir werden es schon zuwege bringen, das Leben« 2001, S. 28f.: »[I]ch war im Argumentieren immer eher schwach, u. die Niederlage fürchtend, kapituliere ich deshalb ›freiwillig‹, was meinem Selbstgefühl zuträglicher ist!« Siehe ferner Schwarzenbach in einem am 14.5.1938 geschriebenen Brief an Klaus Mann ebd., S. 166: »[M]eine Labilität und Instinktlosigkeit gegenüber meinen Kräften, meine ohnedies schwache Vitalität, der nicht sehr kräftige Wille zur Selbsterhaltung [...]«

233 Siehe Schwarzenbach: Therapia 2002, S. 16f.: »Die Reise verlangt von uns keine Entscheidungen und stellt unser Gewissen vor keine einzige Wahl, die uns schuldig und reuig, demütig und trotzig macht, bis wir an aller Gerechtigkeit verzweifeln und meinen, dieses Leben sei uns zum Irrgarten bestimmt, zur unseligen Prüfung. Der Aufbruch ist die Befreiung – o einzige Freiheit, die uns geblieben ist! – und verlangt nur den ungebrochenen, den täglich erneuerten Mut...«

auf,[234] so dass ihr Leben zu einem Kreislauf aus Leiden, Reisen und Schreiben wird, aus dem sie nicht ausbrechen kann und möchte.[235] Es wird verständlich, dass es ihr schwerfällt, ein bürgerliches Leben zu führen. Was sie braucht und antreibt, sind Ruhelosigkeit, Intensität und Spannung:[236]

> Im gewöhnlichen Leben, welches sich oft jahrelang wiederholt und forthilft, scheint natürlich alles fester und nicht vorübergehend; das Bewußtsein des ›Episodenhaften‹ verliert sich, man glaubt leichter, daß jeder Tag zu einer Zukunft beitrage und man vergißt, daß diese Zukunft eines Tages oder Nachts ihr unwiderrufliches Ende hat. Wer aber weiß, was dann noch zählt! (S. 77)[237]

---

234 Siehe Schwarzenbach in einem am 6.4.1935 geschriebenen Brief an Klaus Mann. In: »Wir werden es schon zuwege bringen, das Leben« 2001, S. 128: »Zurückdenkend, zerfetzt sich mir das Leben der letzten Jahre in lauter kleine Episoden, die dem Ganzen mit unheimlicher Deutlichkeit das Provisorische einprägen. Nichts dauert, nichts rundet sich, nichts ist zu halten – u. genau so wird, zum allerletzten Mal zurückdenkend, das Sterben sich präsentieren. – Ich glaube, was wir sind: Wir könnten einfach nicht mehr sesshaft sein u. die Illusion des Dauernden, zu einem Ziel Führenden, aufrecht erhalten?«

235 Siehe Uhlenhaut: »Das ist das Geheimnis: ich weiß nicht, was außerhalb von mir existiert.« 1995, S. 273f.: »Das Moment der Selbststabilisierung als zentrales Anliegen an die Literatur wird eingebunden in ein ästhetisches Konzept: Das Schreiben wird nicht nur gegen die ›Traurigkeit‹ gesetzt – es nährt sich auch aus ihr. Es geht dann nicht mehr nur darum, das Leiden zu überwinden, es zu hinterfragen, sondern auch und gerade, es als Produktionsgrundlage des schriftstellerischen Schaffens ›fruchtbar‹ zu machen. Daß dieses Schreib- beziehungsweise auch Lebensmodell, in dem das Leiden fortgesetzt werden muß, keinen oder nur wenig Raum läßt für die Betrachtung der Außenwelt, liegt auf der Hand.«

236 Siehe Schwarzenbach in einem am 10.3.1940 geschriebenen Brief an Burckhardt. In: Fähnders/Rohlf (Hrsg.): Annemarie Schwarzenbach 2005, S. 262: »Ich glaube immer, dass die ›Erlösung‹ etwa im buddhistischen Sinne uns in diesem Leben nicht bestimmt, sondern dass die Spannung unser eigentliches Element u. unsere Triebkraft ist.« Siehe ferner Schwarzenbach in einem am 23.7.1940 geschriebenen Brief an Klaus Mann. In: »Wir werden es schon zuwege bringen, das Leben« 2001, S. 178: »Und vielleicht ist es wirklich so, dass ich ›unglücklich sein will‹, d.h. die Spannungen von aussen brauche, und darum schon wieder auf die Landstrasse möchte.«

237 Siehe Schwarzenbach: Die Steppe 2002, S. 31f.: »›Unser Leben gleicht der Reise…‹, und so scheint mir die Reise weniger ein Abenteuer und Ausflug in ungewöhnliche Bereiche zu sein als vielmehr ein konzentriertes Abbild unserer Existenz: ansässig in einer Stadt, Bürger eines Landes, einem Stand oder Gesellschaftskreis verpflichtet, einer Familie und Sippe angehörig und verwachsen mit den Pflichten eines Berufs, den Gewohnheiten eines aus allen diesen Gegebenheiten gewobenen ›täglichen Lebens‹, fühlen wir uns oft allzu sicher, glauben unser Haus für alle Zukunft

In der Art und Weise des bürgerlichen Daseins besteht laut Schwarzenbach die Gefahr, dass die scheinbare Stabilität der ewig gleichförmigen Tage das Bewusstsein jedes Einzelnen für die Kürze und Brüchigkeit des Lebens vermindere und damit die Wahrnehmung der Umgebung auf sich selbst und auf die eignen Bedürfnisse reduziere. Doch gerade dadurch – und dabei macht sie aus ihrer Not eine Tugend –, dass sie selbst ein unbürgerliches, d.h. unstetiges, unbequemes und relativ unabhängiges Leben führe, gelinge es ihr die »Zeichen der Zeit«, insbesondere den erstarkenden Faschismus und Nationalsozialismus besser zu deuten – und darum jeden konfliktfreien Moment in und um sich selbst zu genießen:

> Es liegt am Zustand der Welt, daß man sich der Gefährdungen, Zufälligkeiten, Beschränkungen, die sich in den Ablauf eines kurzen Lebens mischen, so bewußt ist: man weiß, daß sich die Welt unausweichlichen und großen Veränderungen nähert, aber man weiß nicht, wie man sie überstehen wird. Deshalb ist man für jede ungestörte und leidlich friedlich überstandene Episode dankbar. (S. 77)[238]

In keiner anderen Region des Orients der 1930er-Jahre sind die von ihr angedeuteten großen Veränderungen so mit den Händen zu greifen wie in Palästina, dem letzten Aufenthaltsort vor der Rückkehr nach Syrien und der Weiterfahrt in den Irak. Nirgends sonst treffen Ost und West, Tradition und Moderne so unmittelbar aufeinander.[239] In diesem mit *Blick auf Palästina* überschrie-

---

gebaut, sind leicht verführt, an eine Beständigkeit zu glauben, die dem einen das Altern zum Problem macht, dem andern jede Veränderung äusserer Umstände als Katastrophe erscheinen lässt. Wir vergessen, dass es sich um einen Ablauf handelt, dass die Erde in beständiger Bewegung ist und dass wir von Flut und Ebbe, Erdbeben und Ereignissen weitab von unserem sicht- und greifbaren Umkreis mitbetroffen werden: Bettler, Könige, Figuren des gleichen, grossen Spiels. Wir vergessen es, vorgeblich um unseres Seelenfriedens willen, der denn auch auf rieselnden Sand gebaut ist. Wir vergessen es, um uns nicht fürchten zu müssen. Und die Furcht macht uns hartnäckig; wir nennen Wirklichkeit nur, was wir mit Händen greifen können und was uns direkt betrifft und leugnen die Gewalt des Feuers, wenn es schon im Nachbarhaus brennt, aber nicht bei uns.«

238 Der Ausspruch erinnert an den Schluss von Rilkes *Requiem für Wolf Graf von Kalckreuth* aus dem Jahr 1908. In: Rilke: Gedichte 1996, S. 426: »Die großen Worte aus den Zeiten, da / Geschehn noch sichtbar war, sind nicht für uns. / Wer spricht von Siegen? Überstehn ist alles.«

239 Siehe Matthias: Griff in den Orient 1931, S. 29: »Bagdad wird als eine alte Stadt bezeichnet. Tel-Aviv, die bekannteste Stadt der Zionistenkolonie in Palästina, als eine neue. Aber es ist nichts neu hier, als daß diese Stadt eben neu erbaut ist. Im

benen Abschnitt reist Schwarzenbach von Beirut über Haifa nach Jerusalem und entdeckt neben antiken und mittelalterlichen Ruinen und Ortschaften inmitten von arabischen Dörfern moderne jüdische Siedlungen. Diese sind gegründet worden von freiwillig aus aller Welt nach Palästina eingewanderten oder vor den Nationalsozialisten aus Deutschland geflüchteten Juden. Ihre Präsenz ist vor allem in Jerusalem zu spüren, wo Schwarzenbach, »[a]usgehungert nach Musik« (S. 80), ein Konzert mit Werken von Brahms und Beethoven unter der Leitung des polnisch-jüdischen Musikers Bronisław Hubermann (1882-1947) hört. Sie solidarisiert sich mit den Juden und verteidigt ihre Rückkehr nach Palästina nicht als eine »romantische Schwärmerei der Zionisten« (S. 80), sondern als ein Recht dieses Volkes, in das Land zurückzukehren, mit dem es *Erinnerung* und Herkunft, Kult und Geschichte, Legende und vor allem die *Sprache* verbindet:

> Kein Land außer Palästina kann den Gedanken des jüdischen Volkes tragen: daneben scheint das arabische Problem gering. Und nirgends als in Jerusalem ist jene Hochstimmung und Aktivität denkbar, die *den so bitter notwendigen Optimismus gegenüber den sich häufenden Schwierigkeiten* aller Art erzeugt. Wer unbefangen ist, möchte glauben, daß in dunkler Zeit, während auf unsrem Kontinent tatenlose Resignation und hysterische Betriebsamkeit sich schrecklich ergänzen, hier die Zukunft mit Mut und gutem Glauben vorbereitet werde. (S. 80f.)[240]

Die Verbundenheit Schwarzenbachs mit den jüdischen Einwanderern liegt hauptsächlich in dem Umstand des Antisemitismus in Europa, vor allem

---

übrigen gibt es wenig zu sehen. Man sieht eine europäische Kleinstadt, der jedoch jeder Reiz fehlt. Tel-Aviv ist eine wüste Ansammlung von zwei- oder dreistöckigen Häusern, die ebenso gut in Odessa wie New York, Sydney wie Sofia stehen könnten. Jeder Zionist hat hier hingebaut, was ihm in seiner früheren Heimat gefiel, und das scheint ausnahmslos das Schlechte gewesen zu sein. Von einer nationalen Architektur ist nichts zu bemerken. Der Bau der zionistischen Universität in Jerusalem, der das Gegenteil beweisen soll, und auf den man mit einem gewissen Stolz hinweist – er vereinigt europäische und orientalische Elemente –, bringt einen Stil, der den Italienern bereits seit langem bekannt ist. Halb Rhodos wurde in diesem Stil erbaut. – Alles Neue in Palästina ist häßlich. – Aber auch alles Neue in Syrien ist häßlich. Alles Neue im Irak, in Arabien, in Persien, in Indien – im ganzen Orient. Es steht überall eine Architektur, die man in Europa zwischen 1870 und 1910 für schön hielt.«

240 Kursivierung von B.S. Vgl. wegen den Anstrengungen zur Ansiedlung und Erziehung insbesondere zionistischer Siedler in *Erez Israel* die 1922 erschienene *Reise in das jüdische Palästina* von Arthur Holitscher.

dem der judenfeindlichen Äußerungen und Aktionen der seit Anfang 1933 in Deutschland regierenden Nationalsozialisten begründet. Sie weiß aus eigener Anschauung um die Zwangslage dieser von dem heimischen Kontinent Geflohenen. Daher gehört ihnen ihre Sympathie, gerade auch weil sie weiß, dass sich deren Situation in Europa nicht verbessern, sondern im Gegenteil noch sehr viel mehr verschlechtern wird und diese daher eine neue Heimstatt benötigen.[241]

Die (palästinensischen) Araber rücken bei ihr damit jedoch nicht in den Hintergrund des Interesses und Verständnisses. Zurück in Damaskus besucht sie den Enkel eines mit Ibn Saud verwandten Scheichs der Anezi und stellt fest, dass »hier eine Welt sich bewahrt, seit Jahrtausenden von den gleichen Kräften der Wüste, des Stammes, des Nomadengesetzes genährt« (S. 83). Doch ist sie skeptisch, ob es möglich sein wird, dass sich solch ein freiheitsgewohntes Volk längerfristig dem »Einbruch« der Moderne in den Nahen Osten und den daraus resultierenden Veränderungen ihrer Lebenswelt wie den neuen Grenzziehungen wird entziehen können.[242]

4.5.3 »Man lernt hier die einfachen Gesetze der Menschheit wie aus einem Bilderbuch.« Die Reise durch Mesopotamien

Der Aufenthalt in Syrien, im Libanon und in Palästina macht Schwarzenbach die unterschiedlichen Auswirkungen europäischer Politik in Vorderasien, die

241 Siehe Schwarzenbach in einem am 25.1.1934 in Jerusalem geschriebenen Brief an Klaus Mann. In: »Wir werden es schon zuwege bringen, das Leben« 2001, S. 107: »[E]s ist ein kompliziertes Leben! Uebrigens begibt sich hier mehr als man so denkt, denn eine Besiedlung in einem angestammt arabischen Land, u. inmitten einer grossen nationalen Bewegung der Araber die ihre Ausläufer bis Indien hat – dies ist keine Kleinigkeit. Man spürt sogleich eine nervöse Spannung, auch eine grosse, fast freudige u. sympathische Energie auf jüdischer Seite – aber man wagt nicht an die Möglichkeit zu denken, dass der Hass der Anderen sich hier austobte, denn die Juden sind ja gänzlich wehrlos. Auch hier.« In ihrer Novelle *Das gelobte Land* wird Schwarzenbach später das Schicksal vieler deutscher Juden, die Flucht aus der alten und die Ankunft in der neuen Heimat Palästina verarbeiten.

242 Gewissermaßen parallel zu *Das gelobte Land* steht die Erzählung *Beni Zainab*, in der Schwarzenbach in einem Nebenstrang die Bemühungen der Briten und Franzosen beschreibt, die arabischen Nomaden in ihrer jeweiligen Mandatsgebieten allmählich sesshaft zu machen. Vgl. Schwarzenbach: Bei einem Beduinenfürsten 1934. Vgl. ferner Schwarzenbach: Im Innern Syriens 1935, S. 1. Vgl. dann Schwarzenbach: Die Beduinen 1935, S. 1f. Vgl. schließlich Schwarzenbach: Schrecken der orientalischen Landstraßen 1936, S. 124ff.

zunehmende Verwestlichung des Orients, seine Industrialisierung, Rationalisierung und Entfremdung von eigener Kultur und Tradition, den erstarkenden arabischen Nationalismus angesichts der anhaltenden britisch-französischen Fremdherrschaft sowie der vermehrten Einwanderung insbesondere deutscher Juden ins Heilige Land mehr als deutlich. Das Land, in das sie sich Ende Januar 1934 als nächstes begibt, ist der ebenfalls erst nach dem Ersten Weltkrieg geschaffene und 1932 von London in die Unabhängigkeit entlassene Irak. Dieser gibt ihr dagegen die Möglichkeit, wieder Abstand zu dem tagespolitischen Geschäft in West und Ost zu gewinnen, nämlich durch den Besuch antiker Stätten und muslimischer Pilgerorte, die ihr eine weitere Reise in die Vergangenheit dieses Weltteils ermöglichen.

Doch so ganz lässt sich die neue Zeit auch im *Irak* betitelten dritten Teil des *Tagebuches einer Reise* nicht meiden, möchte sie trotz aller Sehnsucht nach Ruhe und Ablenkung als »widerwilliger« Tourist dennoch schnell und zügig vorwärts kommen. Mit dem Flugzeug als dem ihrer Zeit modernsten und luxuriösesten Verkehrsmittel reist sie in wenigen Stunden von Damaskus aus über die »ungeborene Welt, die Wüste« (S. 86) nach Bagdad,[243] wo sich ihr an den Ufern des Euphrat sogleich ein Bild freilich stilisierter, zeitloser Schönheit präsentiert:

> [E]s gab wieder Hügel und breite Einschnitte wie von alten Flussbetten, in ihnen dunklere Erde und schönbearbeitete kleine Äcker den Rändern entlang. Nomadenzelte, von einem Wall aus Dornengesträuch umgeben, bildeten fremdartige Siedlungen. Kamele lagerten zwischen den Anwesen, Rauch stieg auf, Eselreiter zogen alten Spuren nach in der Richtung des lebenspendenden Flusses. Rechts lag der See. An seinen salzigen Ufern sah man Schafherden, dann Reiter, pflügende Fellachen hinter weißen Ochsen, Flussufer, mit Palmen bestanden, eine Brücke, eine kleine Stadt. Überall regte sich Leben, ländliche Tätigkeit, die Kultur der Ebene. Es war ein wunderbares Panorama, ein friedlicher Anblick, wie er sich seit fünftausend Jahren an diesem Ufer bietet... (S. 87f.)[244]

243 Vgl. über die modernisierte irakische Hauptstadt Schwarzenbach: Baghdad 1934, S. 2f.

244 Siehe Matthias: Griff in den Orient 1931, S. 12f.: »Die älteste Kultur, von der wir eine Überlieferung haben, war eine Kultur des Wassers. Priester und Ingenieure waren die Schöpfer Mesopotamiens. Das alte mesopotamische Kanalsystem, in Bruchstücken noch heute vorhanden, ist sogar, mit Ausnahme des kalifornischen, das größte der Welt geblieben. Die Hauptkanäle mit allen Verzweigungen waren Tausende von Kilometern lang, und die Schachtungen entsprachen einer Arbeit, die dem Bau des Panamakanals gleichkommt. Ein Gebiet, nur wenig kleiner als

Fasziniert vom Gegensatz zwischen der Wüste, die weite Teile des Irak umfasst, und dem fruchtbaren Zweistromland zwischen Euphrat und Tigris, wird Schwarzenbach in ihren Feuilletons noch mehrmals auf die Bedeutung des Wassers für die größtenteils noch bäuerlich und nomadisch lebenden Einwohner des Landes aufmerksam machen, da deren Existenz in hohem Grade von diesem im Orient aufgrund generell geringer Niederschläge kostbaren Gut abhängt.[245] Dabei erinnert sie dieses Abhängigkeitsverhältnis des Menschen zur Natur gerade an der »Wiege der menschlichen Zivilisation« an die biblische Vorstellung vom Paradies, das einer Oase gleich ein Stück fruchtbare Erde inmitten wüsten Landes darstellt:

> Wir folgten eine Strecke weit dem Flußufer und fuhren durch große Gärten und Palmenwälder. Außerhalb des Flusses ist hier Wüste, aber die Ufer des Euphrats und die der großen Kanäle sind liebliche, gesegnete Straßen; das Leben findet sich hier zusammen, es gibt hellgrüne Grasflächen und braune, frischgepflügte Äcker; man sieht Esel und Büffel weiden, und die großen Segelboote tauchen zwischen den Palmen auf und fahren langsam flussabwärts. Es ist ein Bild wie aus den Frühzeiten der Erde, und ich will nicht zweifeln, daß die Menschen, die aus der Wüste zu diesen schönen Ufern kamen, sich so und nicht anders den Garten des Paradieses vorstellten. (S. 92)[246]

Holland, wurde hier Jahrtausende vor Christus künstlich Acker für Acker bewässert. Durch die Kunst der Ingenieure wurden ungefähr zehn Millionen Menschen, beinahe doppelt soviel wie in Holland, ernährt.«

245 Vgl. auch Schwarzenbach: Nachtflug über die Wüste 1934, S. 1. Siehe Matthias: Griff in den Orient 1931, S. 11: »Die Engländer, die das Mandat über den Irak ausüben, haben bei Hindiyah eine riesige Schleuse bauen müssen, weil der Euphrat wieder einmal Neigung hat, abzuwandern. Man muß ihn festhalten mit Schleusen, Beton, Dämmen, Maschinen. Das Leben von ein paar hunderttausend Menschen hängt daran, daß der Euphrat sich nicht bewegt. Sie haben seit seiner letzten Wanderung ihre Dattelbäume dorthin gepflanzt, wo Wasser war. Wenn er jetzt seinen Lauf ändert, gehen die Dattelbäume zugrunde, verfallen die Häuser, verrosten die Pumpen, betteln die Menschen. Die Hindiyahschleuse ist für alles, was südlich der Höhe von Babylon lebt, der einzige Halt neben Allah und dem Propheten. Was weiß man bei uns vom Wasser?«

246 Siehe Nathusius: Im Auto durch Persien 1926, S. 161: »Ich sah von den Bergen hinunter. Vor mir lag die Ebene im Sonnenuntergang mit zarten rosa Wolken am Horizont, um die der Himmel sich tiefgelb färbte. Diese Ebene, verklärt von zauberhaften Himmelsfarben, war Mesopotamien, das Land ältester Geschichte, ältester Kultur. Jetzt wurde die Bibel so richtig lebendig. Abrahams Geburtsstätte, das alte Ur, mußte irgendwo von Bagdad stromabwärts liegen. Ninive, Semiramis, der Turm zu Babel, Babylon, Belsazar und vor allem die Stadt Harun al Raschids ... das

Wie bereits zuvor auf der Reise, besucht Schwarzenbach auch während ihres gut einmonatigen Aufenthalts im Irak zahlreiche Ausgrabungsstätten. Sie wird meist von dort arbeitenden westlichen Wissenschaftlern begleitet.[247] Gleich ihr erster Ausflug, der sie in das südlich von Bagdad gelegene Babylon führt, ist »außerordentlich, ein Erlebnis, welches ein Stück Europa-Hochmut in Stücke schlug« (S. 89). Sie ist überwältigt von der Fertigkeit der einst hier waltenden Kräfte, beschreibt den *Löwen von Babylon* und die ihm zugrunde liegenden »tiefen Gesetze[] der religiösen Offenbarungskunst« (S. 90). Sie gedenkt und wandelt wie in Syrien (S. 55f.) und später noch in Persien (S. 136ff. und S. 162ff.) – sich gewissermaßen mit ihm identifizierend – auf den Spuren Alexanders von Mazedonien, der hier einst seine Hochzeit wie die seiner Offiziere feierte, später aber »seinem *europäischen* Schicksal [erlag]: verstrickt in ein Abenteuer, welches über seine Kräfte ging« (S. 91).[248]

Weniger erfreut ist sie über die »wachsende[] ›Profanierung‹ der Weltstadt« (S. 91) durch die ständig steigende Zahl von westlichen Reisenden, die auch die antiken Ruinen immer mehr als Ausflugsziel für sich entdecken und massenweise dorthin fahren, weniger aus tiefem Interesse als vielmehr um ihre »Touristen-Neugier« (S. 91) zu befriedigen.[249] Über diese für sie unglückliche Entwicklung äußert sie:

> [Es] ist schade, daß diese Ruine so leicht erreichbar geworden ist. Nun fahren Scharen von Ausflüglern dorthin, mit Picknickkörben und englischem Geplauder, durchschreiten Babyl und treiben sich respektlos auf dem Pflaster vor Nebukadnezars Prozessionsstraße herum, erkennen erfreut die schönen, klugschreitenden Fabeltiere am älteren Ischtar-Tor, die bescheidenen Geschwister der späten, blauglasierten, welche man vorher im Museum von Bagdad gesehen hat, und der Löwe, den Miß

alles blühte nun, mächtiges Erleben, in meiner Seele auf. Wie oft hatte mir Max Kirsch [Nathusius' Begleiter; B.S.] von seinen Ritten durch die Oasen Mesopotamiens erzählt, von Bakuba mit seinen üppigen Palmenhainen, wo einst das biblische Paradies der Menschen war, und von den Ruinen Samarras, vom Bogen bei Ktesiphon, vom Diala und Kazimen, der heiligen Stadt…«

247 Vgl. auch Schwarzenbach: Ukheidir 1934, S. 1f. Vgl. ferner Schwarzenbach: Ausgrabungen in Irak 1934, S. 2f. Vgl. dann Schwarzenbach: Uruk-Wurka 1934. Vgl. schließlich Schwarzenbach: Ukhaidar. Ein Schloß in der Wüste 1934, S. 1338.

248 Kursivierung von B.S. Vgl. Schwarzenbach: Auf der Schwelle des Fremden 2008, S. 128f.

249 Möglicherweise ist Schwarzenbachs Abneigung gegenüber den westlichen Touristen im Orient deshalb so groß, weil Schwarzenbach selbst gelegentlich – wenn auch wider Willen – eine touristische Perspektive einnimmt. Vgl. Dällenbach: »Wir reisen, um zu uns selbst zu finden« 2006, S. 115.

> Bell auf ein Postament aufstellte, damit er leichter photographiert werden kann, hält langmütig dem täglichen Ansturm der Kodak und Leicas stand. Aber ich vermute, daß es ihm nicht viel anhaben kann; er späht über alles hinweg nach der Ebene, während der Mensch unter ihm sich verzweifelt auflehnt und mit den klobigen Händen in seine Mähne greift; man sieht schon: vergebens. (S. 89f.)[250]

Genannte Miss Bell, Gertrude Bell (1868-1926), ist neben Marga von Etzdorf, Stella Benson und Regula Engel die vierte Frau, die in *Winter in Vorderasien* Erwähnung findet und die auf der Reise ebenfalls ein Vorbild bzw. eine Folie zur Identifikation (als Außenseiterin) für Schwarzenbach bietet.[251] Auch auf den Spuren der durch Reisebücher wie den *Persian Pictures* (1892) berühm-

250 Siehe Zweig: Reisen oder Gereist-Werden 1987, S. 261: »Noch von uralten Zeiten her umwittert das Wort Reise ein leises Aroma von Abenteuer und Gefahr, ein Atem von wetterwendischem Zufall und lockender Unsicherheit. Wenn wir reisen, tun wir's doch nicht nur um der Ferne allein willen, sondern auch um des Fortseins vom Eigenen, von der täglich geordneten ausgezählten Hauswelt, um der Lust willen des Nicht-zu-Hause-Seins und deshalb Nicht-sich-selbst-Seins. – Wir wollen das bloße Dahinleben durch Erleben unterbrechen. Jene aber, die so gereist werden, fahren nur an vielem Neuen vorbei und nicht ins Neue hinein, alles Sonderbare und Persönliche eines Landes muß ihnen notwendig entgehen, solange sie geführt werden und nicht der wahre Gott der Wanderer, der Zufall, ihre Schritte lenkt. Diese Amerikaner und Engländer bleiben auf dem Massenautomobil eigentlich immer in England und Amerika, sie hören die fremde Sprache nicht, fühlen (weil jede Reibung fehlt) nicht Eigenart und Sitte des Volks. Sie sehen das Sehenswürdige, gewiß, aber alle zwanzig Wagenladungen im Tag, alle dasselbe Sehenswürdige, jeder erlebt das gleiche und noch mehr dadurch, daß es der gleiche Mann ihnen erklärt. Und keiner erlebt es in der Tiefe, weil er in Gesellschaft, im Geschwätz und Gerede den erlesensten Werten und Welten nahekommt, nie allein schauend, nie allein das Wunderbare fromm an sich ziehend: was er heimbringt, ist nichts als der sachliche Stolz, diese Kirche, jenes Bild tatsächlich vor Augen gehabt zu haben – ein Rekord mehr sportlicher Art als Gefühl innerer Bildung und kultureller Bereicherung.«

251 Vgl. auch im Folgenden Perret: Nachwort. In: Schwarzenbach: Bei diesem Regen 1996, S. 231f. Siehe auch Kolo/Müller: Annemarie Schwarzenbachs *Tod in Persien* und Gertrude Bells *Persian Pictures* 2008, S. 106: »Manches deutet darauf hin, dass Gertrude Bell für Annemarie Schwarzenbach ein Rollenmodell – vielleicht sogar ein Idol – war, mit dem sie sich mental und spirituell intensiv auseinandersetzte und dem sie nachstrebte, wobei sie Bells Spuren zeitweilig in geographischem wie in existentiellem Sinne folgte.«

ten Engländerin,[252] die später aufgrund ihrer Kenntnisse über die Region in britischen (Geheim-)Diensten tätig ist und nach dem Ersten Weltkrieg Einfluss in der irakischen Politik besitzt,[253] besucht sie die mit Bells Namen in Verbindung stehenden Ausgrabungsstätten. Hierbei ist zu erwähnen, dass Schwarzenbach neben ihren Reisefeuilletons einen, freilich nicht mehr erhaltenen Artikel über die Archäologin schreibt, den sie Klaus Mann und der *Sammlung* anbietet,[254] um ihn dann später wieder zurückziehen.[255]

Nach dem Aufenthalt in Babylon geht es weiter nach dem noch südlicher gelegenen Ur, wo Schwarzenbach in Begleitung des Leiters der archäologischen Expedition, Charles Leonard Woolley (1880-1960),[256] die Zikkurat, die

---

252 Vgl. Willems: »Neugierig, wissensdurstig, ungeduldig, unterwegs – allein.« 2002, S. 10.

253 Vgl. Sackville-West: Passenger to Teheran 1926, S. 58ff. Vgl. wegen der Doppelfunktion der Orientalisten als Wissenschaftler und Sonderagenten auch Said: Orientalism 1979, S. 222ff.

254 Siehe Schwarzenbach in einem am 2.3.1934 in Bagdad geschriebenen Brief an Klaus Mann. In: »Wir werden es schon zuwege bringen, das Leben« 2001, S. 109: »Lieber Klaus, ich frage mich, was Du von der Persönlichkeit von Miss Bell halten willst – sicher errätst Du gleich, dass sie für mich sehr viel Anziehung besass, deshalb schrieb ich auch, nach soviel trockenen und buntschildernden Artikeln [...] – also, da erlaubte ich mir ein Atemholen, eine kleine Freude, einen poetischen Ausflug – daraus wurde der Aufsatz der doch eine zärtliche Feder verrät.« Siehe Kolo/Müller: Annemarie Schwarzenbachs Tod in Persien und Gertrude Bells Persian Pictures 2008, S. 108: »In Mesopotamien bzw. im Irak hingegen widerhallen die Orte, die Annemarie Schwarzenbach auf ihrer ersten Reise nach Persien besuchte, von den Schritten ihrer Vorgängerin. Annemarie Schwarzenbach nahm sich Zeit, viele der Orte zu besuchen, die auch Gertrude Bell besichtigt hatte: u.a. Babylon, Kufa, Hilla, Kerbala, Najaf, Hay, Warka, Kut, Ur, Tell, Asmar und Bagdad.«

255 Siehe Schwarzenbach in einem am 7.5.1934 in Bagdad geschriebenen Brief an Klaus Mann. In: »Wir werden es schon zuwege bringen, das Leben« 2001, S. 109: »Ich glaube, es war sehr lieb und vorsichtig von Dir, mein Stückchen über die männliche Miss Bell zurückzubehalten. Nun musst Du es, leider, aber noch mehr und länger zurückstellen – oder ich kann in Persien nicht mehr bei meiner Frau von B[...] wohnen, – es würde dem Minister, ihrem Mann, ganz einfach die Stellung kosten.« Zur Erklärung der Sachlage: Während ihres ersten Aufenthalts in Teheran wohnt Schwarzenbach in der deutschen Gesandtschaft. Botschafter ist zu dieser Zeit Wipert von Blücher (1883-1963). Vgl. auch dessen Memoiren in *Zeitenwende in Iran. Erlebnisse und Beobachtungen* (1949).

256 Es ist in diesem Zusammenhang möglich, dass Schwarzenbach zur Vorbereitung ihres Aufenthalts im Irak Woolleys bis dahin auf Deutsch erschienene Bücher *Vor 5000 Jahren. Die Ausgrabungen von Ur und die Geschichte der Sumerer* (Stuttgart 1929), *Ur und die Sintflut. Sieben Jahre Ausgrabungen in Chaldäa, der Heimat Abrahams* (Leipzig 1930) und Mit Hacke und Spaten. *Die Erschließung versunkener*

archaischen Königsgräber und das *Haus Abrahams* besichtigt und feststellt, dass der Massentourismus auch diesen Ort erreicht habe: »Alles, was man in Ur sieht, ist schon ein Programm geworden« (S. 96). Anders ist es dagegen im nahe gelegenen Warka. Dort in der Einsamkeit der Wüste findet sie von aller Welt isolierte deutsche Wissenschaftler vor, »die sich in einem wahren Fieber der Arbeit befinden und sich ganz ihrer Aufgabe bemächtigt haben – oder vielmehr, die Arbeit hat von ihnen Besitz ergriffen« (S. 99). Ihr wird diese »gefährliche Intensität [...], der man sich wahrscheinlich nicht entziehen kann, wenn man sich erst einmal mit den Jahrtausenden einläßt« (S. 99), selber noch mehrmals im Irak und später in Persien begegnen. Diese Intensität wird auch mit einer der Gründe dafür sein, weshalb Schwarzenbach nach dem Ende ihrer Orientreise im April 1934 bereits im Herbst desselben Jahres wieder nach Vorderasien aufbricht.[257]

Kulturen (Leipzig 1932) gelesen hat. Neben dem Briten lernt sie noch eine ganze Reihe anderer Archäologen kennen. So fährt sie gemeinsam mit dem deutschen Direktor des irakischen Antiken-Departments – und späteren Mitarbeiter des Reichspropagandaministeriums – Julius Jordan (1877-1945) nach Babylon (S. 89), trifft in Warka (S. 99) auf die deutschen Wissenschaftler Ernst Heinrich (1899-1984) und Adam Falkenstein (1906-1966). In Tell Asmar (S. 108) nimmt sich der niederländische Orientalist Henri Frankfort (1897-1954) Zeit, ihr und der am irakischen Hof angestellten englischen Gouvernanten Muriel Lucie-Smith ausführlich die Grabung zu erklären. Schließlich erwähnt Schwarzenbach später im Fall der Wiederentdekkung der Festung Ukhaidar (S. 119) den mit Thomas Edward Lawrence (1888-1935) bekannten Franzosen Louis Massignon (1883-1962) sowie den deutschen Architekturhistoriker Oskar Reuther (1880-1954). Es ist ebenfalls möglich, dass Schwarzenbach zur Vorbereitung ihres Aufenthalts im Irak Massignons *Mission en Mésopotamie (1907-1908)*, primär den ersten Band *Revelés Archéologiques* (1910), rezipiert hat. Einen aufschlussreichen Einblick in die Landes- und Arbeitsverhältnisse der von deutschen Archäologen durchgeführten Ausgrabung gewähren schließlich die Briefe, die der Ausgrabungsleiter Arnold Nöldeke (1875-1964) von 1931 bis 1939 an seine Ehefrau und Tochter schreibt. Während Schwarzenbachs Anwesenheit ebendort befindet sich der Wissenschaftler in Deutschland, da die Leitung der Grabung für die Winterkampagne 1933 auf -34 ausnahmsweise Ernst Heinrich übertragen worden ist. Vgl. Nöldeke: Briefe aus Uruk-Warka 2008, S. 332.

257 Siehe Schwarzenbach in einem am 3.4.1934 in Teheran geschriebenen Brief an Klaus Mann. In: »Wir werden es schon zuwege bringen, das Leben« 2001, S. 111: »Ja, im Übrigen komme ich gerade aus Rage, einer grossen Stadtruine welche die Mongolen im 13. Jahrhundert übrig liessen – u. wo nun die Amerikaner unter der Leitung von Dr. Erich Schmidt, einem sehr reizenden Mann, ausgraben. Mir scheint, ich habe mich fast entschlossen, dort im Herbst 3 Monate zu arbeiten. Wundert es Dich sehr? Aber, wenn es auch noch besprochen u. mit Euch erwogen sein will: Ich kann, wenn ich an Europa denke, nichts finden was mich dort hielte oder mir

Doch bis dahin ist es noch eine lange Zeit. Schwarzenbach kehrt gewissermaßen aus der Antike zurück in die Gegenwart und widmet sich während ihres restlichen Aufenthalts in Mesopotamien einer anderen Erscheinung des Orients, nämlich der Religiosität: »Ich hatte mir immer gewünscht, in die Heiligen Städte der Schiiten zu kommen« (S. 110), schreibt sie Mitte Februar 1934 und berichtet von ihren Besuchen in den wichtigsten schiitischen Wallfahrtsorten, die sie – siehe die Abbildung *Wüstenfriedhof der heiligen Stadt Nejag* – auch fotografisch festhält.[258] Nach einem eher enttäuschenden Tag in dem vor den Toren der Hauptstadt liegenden Kadimein[259] geht es in den Süden nach Kerbela vorbei an Autos voller Pilger, die auf dem Weg nach Mekka das Grab des Imam Hussein, des Sohnes des Propheten Ali, aufsuchen und dessen Ermordung durch gegnerische Truppen in der Nähe der Stadt betrauern. Es ist dieses Ereignis, das den zentralen Moment des schiitischen Glaubens ausmacht. Schwarzenbach äußert sich dazu auffällig reserviert bis ablehnend:

---

auch nur recht erträglich schiene – ausser unseren Sommerfreuden u. Etlichem, was wir etwa gemeinsam tun könnten. Daran allerdings halte ich fest – aber, wie Du der ›Sammlung‹ viel Zeit u. Arbeit widmest, so meine ich, ich muss meine Arbeit finden. Ich würde in Rage hauptsächlich Schädel messen u. die Absurdität der deutschen Rassen-Idioten an iranischen Beispielen kund tun, das allein kommt mir verführerisch vor.« Unterstreichung von Schwarzenbach.

258 Vgl. auch Schwarzenbach: Das Rösslitram in der Wüste 1935, S. 8. Siehe Stempel: Winter in Vorderasien 2004, S. 89: »Erst das Gräbermeer erschließt der Besucherin die Stadt, ihre Geschichte, ihren Charakter, ihre düstere Erscheinung und die erlebte fanatische schiitische Religiosität. Auch hier wird durch die Wahl des Ausschnitts und den weiten Horizont Weitläufigkeit und Unendlichkeit suggeriert, was einerseits von der Weite der Landschaft und andererseits von uralter Geschichte und Religion spricht.«

259 Siehe mit einem ganz anderen Eindruck Nathusius: Im Auto durch Persien 1926, S. 173: »Doch ganz in der Nähe von Bagdad strahlte das gleiche Wunder wie die heilige Stadt Koum hoch in den iranischen Bergen: die heilige Stadt Kazimên. [...] Die Riesenkuppeln, die vier schlanken Minaretts lagen da, wie Gold auf einem Türkis. Wir hielten an und blickten hinüber, während ernste Männer in Kefije und Abbas mit gleichgültigen Blicken auf die Fremden sahen. Vor diesem Strahlen sanken die Pilger in die Knie und schlossen die Augen. Sie wußten: ihre Sehnsucht hatte dieses Wunder geschaffen, ihre Sehnsucht füllte die Moschee mit den Schätzen der Welt. Es gibt Worte, die erschüttern und Welten erschließen, es gibt Töne, die plötzlich die Seele öffnen, es gibt Bilder, die ein Siegeszug von Geschichten sind um eines Volkes innerstes Leben. Hier war ein solches. Gläubige Meisterhände, gläubige Herzen hatten ihre alten, heiligen Bilder in Gold gebaut, weil sie wußten: über diesen Glanz ging nichts hinaus. Das Erschütternde, Starke, Strahlende in Asien: der unbezwingliche Glaube – Europa weiß nichts mehr davon.«

> Es gibt in der düsteren Religion der Schiiten kaum einen Tag der Freude, aber unendliche Bußfeste und den schrecklichen Monat Moharam mit seinen Passionsspielen und ekstatischen Prozessionen. Heute noch geiseln sich fromme Unglückliche und schlagen sich mit Ketten bis zum Verbluten. (S. 114)[260]

In diesen Gläubigen begegnet ihr erstmals auf ihrer Reise eine Gruppe von Orientalen, die sich im Gegensatz zu vielen ihrer Landsleute nicht hat »anstecken« lassen vom Enthusiasmus der Modernisierung und auch nicht vom Willen zu Reformen, insbesondere durch eine Säkularisierung des bis dato streng traditionell islamisch geprägten Lebens. Ganz im Gegenteil pochten sie auf die strenge Beibehaltung ihrer Bräuche und lehnten strikt jede Erneuerung ab. Sie seien, so hört Schwarzenbach liberale Abgeordnete des irakischen Parlaments sagen, die »›Geisel‹ des Landes« (S. 115):

> Jedenfalls sind sie die Feinde jedes Fortschritts und hassen nicht nur die Europäer, sondern alles, was auf Veränderung und Bewegung hinweist, denn ihre Religion verlangt ja den ewigen Rückblick, die fruchtlose Anklage, den Zustand der Feindschaft und Verschließung. Fanatischer als die Iraker sind die Perser – und Kerbela ist fast eine persische Stadt. (S. 115f.)

Schwarzenbach ist dieses starre Festhalten an Glaubenssätzen wenig sympathisch, da es für sie keinen vernünftig erklär- und vertretbaren Konservatismus darstellt, sondern die rein »negative Macht des Geistes, der sich verschließt« (S. 116). Doch mildert sie ihre Aussage, wenn sie schreibt, dass dieser Dogmatismus in Europa, wo er auch existiere, »stets ausarten und schreckliche Formen annehmen« (S. 116)[261] müsse, wogegen er hier »eine Möglichkeit unter den tausendundeiner des Orients« (S. 116) darstelle und wenn, dann eine Insel in Form einer Heiligen Stadt entstehen lasse und nicht über den Gürtel ihrer Palmenwelt hinausgreife.

Allerdings scheint sie im Fall der persischen Pilger auch von Vorurteilen geprägt zu sein. Diese erscheinen ihr als ein »unheimliches Volk. Bleich,

260 Siehe auch Wegner: Am Kreuzweg der Welten 1930, S. 244: »Dieses religiöse Schauspiel, in dem das Martyrium und der Tod des schiitischen Helden in der Wüste in realistischer Weise zur Darstellung kommen, wird zu gleicher Zeit in fast allen Städten und Dörfern des schiitischen Islam gespielt. Aber nirgends wird es großartiger, nirgends fanatischer wiedergegeben als in Kerbela selber, dem Ort der Ermordung Husseins.«

261 Vgl. Miermont: Annemarie Schwarzenbach 2008, S. 139.

düster, schwarzbärtig, bieten sie den Anblick von Menschen, die um jeden Preis die Realität verleugnen und ihr entfliehen wollen. Schwäche umwölkt sie und der Einfluß des Opiums.« (S. 116).[262] Dieser Satz korrespondiert mit einer anderen Aussage, in der sie bei der Schilderung der Verhältnisse in Kerbela von einer »merkwürdige[n], wenn auch leicht erklärliche[n] Mischung aus Verderbtheit und Heiligkeit auf einem so von Leidenschaften getränkten Boden« (S. 114) spricht.[263]

Dieser Gegensatz, der sich Schwarzenbach in der Stadt kundzutun und für sie ein wesentlicher Zug im Charakter der Perser zu sein scheint, wird sie später nicht davon abhalten, den Iran noch mehrmals zu besuchen. Doch bevor es so weit ist, reist sie noch über Hillah und Nedschaf zurück nach Bagdad, um sich von ihren Ausflügen zu den antiken Stätten, von denen die nach Hai und Kut, Ktesiphon und Tell Asmar, Khafaje und Ukhaidar – letztere übrigens als einzige fotografisch festgehalten – nur am Rande erwähnt seien. Ein harter Rückfall in den Wüstenwinter hält sie ungewollt einige Zeit länger als geplant in der irakischen Hauptstadt, wo sie die Tage mit Arabischlernen,[264] Schakaljagden und der Besichtigung der Reste von Harun al Raschids Residenz verbringt. Ende Februar 1934 geht es schließlich weiter nach Persien.

262 Siehe ähnlich Matthias: Griff in den Orient 1931, S. 89: »Die Schiiten leben immer in einer zweiten Welt, einer Hinterwelt, Traumwelt, in die sie sich jederzeit zurückziehen können und in der sie unangreifbar sind.«

263 Siehe Schlieker: »Nach Osten! Anderen Himmeln entgegen!« 2005, S. 177: »Die Autorin reproduziert hier die zentralen Klischees des orientalischen Lebens: Karawanen, d.h. Kamele, die durch die Straßen ziehen, Opium in Wasserpfeifen und religiöser Fanatismus. *Sie entwirft oder bestätigt damit ein Menschenbild, das sich ausschließlich durch negativ besetzte Merkmale konstituiert* – der willensschwache, reaktionäre, realitätsferne und genusssüchtige Orientale – und zugleich als normativer Gegensatz zum fortschrittlichen, zielstrebigen und disziplinierten Europäer erscheint.« Kursivierung von B.S.

264 Vgl. Schwarzenbach in einem am 8.2.1934 in Bagdad geschriebenen Brief an Bourdet. In: Schwarzenbach: Lettres à Claude Bourdet 2008, S. 151.

4.5.4 »Ich glaubte, daß wir jeden Augenblick am Ende der Welt sein würden...« Der Abschluss der Orientreise in Persien

Drei Themenbereiche beherrschen den letzten, dabei unnummerierten und mit *Persien. Die Reise nach Teheran*[265] überschriebenen Teil von *Winter in Vorderasien*. Es handelt sich um die Fortsetzung der bereits in Mesopotamien begonnenen Charakterisierung der Perser, um die Beschreibung der auch hier besuchten antiken und mittelalterlichen Stätten und um die landschaftlichen Besonderheiten in diesem »uralte[n] Königs- und Hirtenland« (S. 135), das Schwarzenbach gleich nach ihrer Einreise Anfang März 1934 durch die »Überraschung seiner unvergänglichen Gebirge« (S. 135) empfängt.[266]

Wie jeder andere Persien-Besucher, der von Bagdad kommend direkt nach Teheran fahren möchte, muss sie an den irakischen Ölfeldern von Khanikin vorbei über das iranische Hochland mit Zwischenstationen in Kermanshah und dem östlicher gelegenen Hamadan reisen.[267] Die aus der Heimat mit hohen Gebirgslandschaften seit ihrer Kindheit vertraute Schwarzenbach, die nach der Abfertigung an der Grenze die alte Königsstraße der Achämeniden, auf der die Perser einst gegen Griechenland zogen, betritt, ist trotz aller Erfahrung mit der Bergwelt tief beeindruckt von der wilden und ursprünglichen Natur des Landes:

> Der langsame, kurvenreiche Aufstieg des Peitak-Passes begann. Wir ließen die gelben Hügel hinter uns und die tiefen Stromländer. Ein neuer Blick von herber Größe öffnete sich und erfüllte mit Jubel und jähem Staunen. Berge schienen sich in die Ewigkeit fortzusetzen; breite Täler lagen noch schneebedeckt zu ihren Füßen, da flossen Bäche zwischen niedrigen Ufern, und Weiden wiegten sich im leichten Bergwind. (S. 135)[268]

---

265 Der Untertitel *Die Reise nach Teheran* kann als Anspielung Schwarzenbachs auf den 1926 erschienenen Reisebericht *A Passage to Teheran* der seinerzeit mit Virginia Woolf (1882-1941) liierten, englischen Schriftstellerin Vita Sackville-West (1892-1962) gelesen werden.

266 Siehe Byron: The Road to Oxiana 1937, S. 42: »At Kasr-i-Shirin we stopped another hour, while the police gave us a permit for Teheran. Then indeed the grandeur of Iran unfolded. Lit from behind by the fallen sun, and from in front by the rising moon, a vast panorama of rounded foothills rolled away from the Sasanian ruins, twinkling here and there with the amber of villages; till out of far distance rose a mighty range of peaks, the real ramparts at last. Up and down we sped through the fresh tonic air, to the foot of the mountains; then up and up, to a pass between jagged pine-tufted pinnacles that mixed with the pattern of the stars.«

267 Vgl. auch Schwarzenbach: Der Weg nach Teheran 1934, S. 1f.

268 Siehe Matthias: Griff in den Orient 1931, S. 26: »Man bekommt erst eine Vorstellung von Asien, wenn man sich in einer Höhe von 2000 Metern befindet. Erst auf

Hier lernt Schwarzenbach jene Landschaft kennen, die sie in der Folgezeit immer wieder in den Iran ziehen wird. Es sind die Weite und die »tödliche Grösse des Landes«[269], die sie faszinieren.[270] Unfassbar und unergründlich scheinen sowohl die archaische Natur als auch die Überreste vormals großer Städte, Paläste und Denkmäler wie der Felsenreliefs von Taq-i-Bustan aus der Sassanidenzeit oder der von den Achämeniden stammenden von Bisutun – letztere Stelle das »›Tor von Asien‹« (S. 139)[271] genannt. Etwas Geheimnisvolles umgibt in dieser rauhen und abgelegenen Gegend auch das Leben der Einheimischen.[272] Wie ihre Vorfahren leben die Kurden als Nomaden und Bauern in den Bergen, der Natur ergeben, jedoch nicht dem seit Mitte der 1920er-Jahre herrschenden, von Großbritannien unterstützten Reza Shah

---

der Höhe fasst man das Ganze. Denn was man unten sieht – das l i e g t dort unten. Man sieht die Erde, nackt, unkultiviert, und der Ausfall der paar Häuser und Äcker und selbst die Winzigkeit einer Stadt scheinen nicht das Ergebnis einer Perspektive zu sein, sondern eher das eines Zauberers, durch den die Bedeutung aller vom Menschen geschaffenen Dinge auf jenes Maß gebracht wird, das ihnen in Asien zukommt. Die Kultur verschwindet und die Ewigkeit bleibt.« Hervorhebung von Matthias.

269 Schwarzenbach: Tod in Persien 2003, S. 39.

270 Siehe Sackville-West: Passenger to Teheran 1926, S. 71: »A savage, desolating country! but one that filled me with extraordinary elation. I had never seen anything that pleased me so well as these Persian uplands, with their enormous views, clear light, and rocky grandeur. This was, in detail, in actuality, the land labelled ›Persia‹ on the maps. Let me be aware, I said; let me savour every mile of the way. But there were too many miles, and although I gazed, sitting in the front seat, the warm body of the dog pressed against me, the pungent smell of the sheepskin in my nostrils, it is only the general horizon that I remember, and not every unfolding of the way. This question of horizon, however; how important it is; how it alters the shape of the mind; how it expresses, essentially, one's ultimate sense of country! That is what can never be told in words: the exact size, proportion, contour; the new standard to which the mind must adjust itself.«

271 Die Bezeichnung *Tor von Asien* kann auch als Anspielung Schwarzenbachs auf eine 1920 erschienene, großformatige und im Anhang mit zahlreichen Abbildungen versehene Monografie mit dem Titel *Am Tor von Asien. Felsdenkmale aus Irans Heldenzeit* des deutschen Archäologen Ernst Herzfeld (1879-1948) gelesen werden.

272 Siehe Schwarzenbach: Auf der Schwelle des Fremden 2008, S. 124: »Mit Vergänglichkeit, dem Drang, immer wieder von Neuem ins Ungewisse aufzubrechen und dabei uralten Spuren zu folgen, hing auch Annemaries Faszination mit den Nomaden zusammen, die oft auf denselben Straßen wie sie selber unterwegs waren. Den Beduinen Arabiens und den zahlreichen nomadischen Stämmen Persiens fühlte sie sich als Reisende nahe, war sich aber der unüberbrückbaren Kluft durchaus bewusst, die sie als moderne Europäerin von ihnen trennte.«

Pahlevi (1878-1944), der mit seiner Politik der rasanten Modernisierung auch eine Zentralisierung der Macht und damit eine Schwächung der nationalen Minderheiten wie der Aserbaidschaner und Kurden, Araber und Belutschen in Persien anstrebt.[273]

Die Kurden leisten aktiven Widerstand gegen die Schwächung ihrer politischen und wirtschaftlichen Stellung sowie gegen die Unterdrückung ihrer Kultur, da alle Sprachen mit Ausnahme der amtlichen persischen unterdrückt werden und die traditionelle Kleidung außer der nach westlichem Vorbild eingeführten verboten worden sind.[274] Finanziert wird der Kampf gegen Reza Shah durch den Anbau von Mohn und den Verkauf von Opium. Und wie bereits zuvor in Anatolien verlässt Schwarzenbach auf der Fahrt von Kermanshah nach Hamadan, dem alten Ekbatana, auch hier die »ausgetretenen« Wege und begibt sich in abgelegene Dörfer, wo sie die Einheimischen, die sie in ihrem Reisebuch abbildet, auf der Suche nach der Ursprünglichkeit, Reinheit und Bescheidenheit der ihrer Ansicht nach in Harmonie mit der Natur lebenden Nomaden beobachtet:

> Ihre Frauen gehen unverschleiert und tragen den schweren, turbanähnlichen Hut wie die Kurdinnen Anatoliens. Stolz kennzeichnet sie auch hier. Die Jünglinge sind schön und anmutig, die Frauen zeigen sich mit ihren schmalen und gebräunten Gesichtern herb und beinahe männlich. (S. 137f.)[275]

---

273 Vgl. die Hauptziele der Politik von Reza Shah Pahlevi auch im Folgenden in Boveri: Vom Minarett zum Bohrturm 1938, S. 344ff. Vgl. ferner die Kapitel *Der Beginn der großen Reformen* und *Der neue Staat* in der den persischen Herrscher geradezu verherrlichenden Biografie von Essad Bey: Reza Schah 1936, S. 159-167 und S. 193-204.

274 Siehe Rosen: Persian Pilgrimage 1937, S. 27: »Shah Pahlavi's aim was to rouse feelings of nationalism in the people, to awaken their pride, their patriotism. He was trying to bind together all those warlike nomad races by giving them an ideal common to them all, namely the creation of a strong and great Persia. He wished to show them that the rest of the world had a deep admiration for their national heroes, and he chose wisely when he began by celebrating the memory of Firdausi, the warlike saga poet.«

275 Vgl. auch Schwarzenbach: Kurdistan 1935, Bl. 1. Siehe Schlieker: »Nach Osten! Anderen Himmeln entgegen!« 2005, S. 179: »In *Winter in Vorderasien* wird die weibliche Bevölkerung der Reiseländer nahezu ausgespart.« Auf ihrer vierten und letzten Orientreise wird Schwarzenbach das Leben von mohammedanischen Frauen stärker thematisieren. Vgl. den Abschnitt *Die Frauen von Kabul* in Schwarzenbach: Auf der Schattenseite 1995, S. 49-71.

Die Kurden sind für Schwarzenbach hart und rau wie die Landschaft, in der sie leben. Anders lernt sie die Perser kennen, die sich auf dreierlei Weise aufgegeben hätten: Nicht nur hätten sie sich in Anbetracht der weiten, zum Teil extrem lebensfeindlichen Räume, die sie bewohnen, den Gegebenheiten des Landes, seiner Trockenheit und Dürre, ergeben.[276] Sie hätten sich als Schiiten auch das ewige Angedenken des Todes auferlegt. Bei so viel (selbst-)auferlegtem Leiden und scheinbar fehlendem Trost sei es nicht verwunderlich, dass die Perser die Hoffnung verlören, fatalistisch würden und die Gottgewolltheit alles Bestehenden akzeptierten.

Allerdings gibt Schwarzenbach – vielleicht aus Unkenntnis – die Ursachen nicht an, die erklärten, weshalb sich die Perser so verhielten, wie sie die Reisende wahrnimmt und darstellt. Es handelt sich dabei um die lang anhaltende Krisensituation im Land und um die politische Gewalt des Staates. Die besonderen Herrschaftsverhältnisse haben es den Bewohnern erschwert, den Glauben an eine Veränderbarkeit ihrer Lage hin zum Besseren, ihren Kampf für Meinungs- und Pressefreiheit, für bessere Lebensbedingungen und die allmähliche Säkularisierung des nach wie vor islamisch geprägten öffentlichen Lebens aufrecht zu erhalten.[277] Zwei Ereignisse spielen dabei eine entscheidende Rolle, die Niederschlagung des Volksaufstands zur Einführung und Beibehaltung der Konstitutionellen Verfassung 1906/09 durch die von Großbritannien und Russland unterstützte Regierung und zum anderen die Machtübernahme des früheren Kosakenführers Reza Khan Anfang der 1920er-Jahre und der damit verknüpfte Aufbau eines autoritär, nationalistisch und militärisch geprägten Staates.

Die Folge einer solchen gefühlten Ohnmacht ist der Rückzug in das Privatleben und eine Abschottung vor den als unbeeinfluss-, weil unveränderbar empfundenen Ereignissen in der Politik, was sich schließlich in der hohen

---

276 Siehe Matthias: Griff in den Orient 1931, S. 3: »Man hat von diesen leeren Räumen keine Vorstellung. Man glaubt, jede Wüste müsse wie die Sahara aussehen, sandig und gelb, und entfernt an einen Badestrand erinnern, dessen Vorzug, groß zu sein, nur ins Sinnlose verkehrt ist. Aber es ist alles ganz anders. In der Wüste zwischen Syrien und dem Irak ist der Boden hart; und man bekommt es hart zu spüren, wenn man reitet; und in der Tharr Indiens gibt es Büsche. Jedes Land hat seine eigene Wüste. Ausgenommen Persien. – Persien hat die Wüsten aller Länder und noch einige mehr.«

277 Vgl. auch Schwarzenbach: Städter, Bauern und Nomaden in Iran 1935. Vgl. ferner die Abschnitte *Die Kâdschâren, Der Staat der Kâdschâren, Die Schia im 19. Jahrhundert, Von der Konstitutionellen Revolution zu den Pahlavi* und *Die Pahlavi* in Gronke: Geschichte Irans 2006, S. 85-90, S. 90-92, S. 92-95, S. 95-99 und S. 99-105.

Wertschätzung von Familie und Verwandtschaft kundtut.[278] Eine weitere Auswirkung der oben genannten, jedes selbst bestimmte Leben erschwerenden Faktoren ist die Flucht in den teilweise durch Drogen wie Opium geschaffenen »unbenennbare[n] Zustand des ›Khef‹, der die Grenzen zwischen angenehmen und unangenehmen Empfindungen verwischt, den schwachen Willen des Individuums auslöscht und ihm eine körperlose Hand aus den Wolken leiht« (S. 145).[279] Die hier nur angerissenen Gründe für die Verhaltensweise freilich nicht aller Perser erfährt Schwarzenbach während ihres sechswöchigen Iran-Aufenthalts und fasst sie in einer weiteren klischeehaften Charakterisierung folgendermaßen zusammen:

278 Siehe Boveri: Vom Minarett zum Bohrturm 1938, S. 329: »Es sind keine Traditionen gerechter Staats- und Verwaltungsführung da. Oder vielmehr: die aus alter Zeit überkommenen Traditionen haben sich wie Eigengewächse verselbständigt, sie wuchern. Es ist wohl keine Übertreibung, zu sagen: nur eine feste und beständige Tradition hat sich erhalten, die der Mißwirtschaft. Dies bezieht sich, das muß betont werden, nur auf die Angelegenheiten des Staats. Gerade in Ländern, die unterdrückt und ausgebeutet werden, bildet sich ja eine merkwürdige Zwischensphäre heraus, in der Traditionen persönlicher Lebensführung und Kultur gepflegt werden – eine unfaßbare ›private‹ Sphäre, die jedem staatlichen und behördlichen Druck nachgibt und der es zur Gewohnheit wird, auszuweichen, ohne sich zu ergeben. So ist es auch im Iran. Das führt zu dem Charme und der Höflichkeit des persischen Privatmanns, der im 19. Jahrhundert von allen gerühmt wird, die in Persien lebten und Freundschaften schlossen. Das Ganze ist wie eine Art Schutzimpfung, die dem Friedsamen erlaubt, nach seiner Art weiterzuleben, immer in der leisen Furcht vor dem, was der nächste Tag ihm an Gewalttaten bringen mag, immer daran zweifelnd, ob Ehrlichkeit und echter, guter Wille in Dingen des öffentlichen Lebens möglich sind.«

279 Siehe Matthias: Griff in den Orient 1931, S. 87: »Es ist im Orient sehr viel schwerer, dem Reiz dieser Opiate zu widerstehen, als in Europa. Wollte man jedoch auf Anhieb sagen, w a s eigentlich hier so stark nach unten zerrt, man käme wahrscheinlich in große Verlegenheit. Es ist das gleiche wie überall. Aber es ist auch wiederum nicht das gleiche, denn es hat ein ganz anderes Gewicht. Es ist bereits ein Unterschied, ob man eine Zigarette in Berlin raucht oder am Äquator. Es ist ein sehr viel größerer Unterschied, ob man hier oder dort ein Glas Alkohol trinkt, und eine Vergleichsmöglichkeit hört beinahe ganz auf, wenn das Reizmittel stärker als Alkohol ist. Der Körper reagiert anders. Und was noch entscheidender ist: der Hunger nach Reizmitteln ist stärker. Ein Mensch, gleichviel, ob Europäer oder nicht, der sich aus irgendeinem Sumpf herausziehen möchte, aus einer Einsamkeit, aus einer Trauer, wirtschaftlichem Elend, irgendeinem Zweifel, hat nicht wie in der zivilisierten Welt die Möglichkeit der tausend kleinen Ablenkungen, vom Theater bis zum Telephon. Man kann es nicht zuerst einmal damit versuchen. Der Genuß läßt sich nicht zusammenpflücken. Es gibt immer nur einen einzigen Weg: Alkohol, Spiel, Opium, Frauen, Jungen, Heroin oder Kokain.« Hervorhebung von Matthias.

> Die Perser sind ein sehr dichterisches Volk, doch ihre Begabung ist unstät und schwankend, rauschartig, verführerisch, leicht ausartend in Plattheit. Sie hält die Mitte nicht ein zwischen Genußsucht und sublimem Geschmack, plumpem Lob der Trunkenheit und den bezauberndsten Zuständen von Entzücken, Realitätsflucht und Sternen-Nähe. Niemanden, der das Werk ihrer Dichter kennt, wird ihre Empfänglichkeit für die Verführungen des Opiums wundernehmen. Auch die dünne Luft ihrer Hochebenen, die gleichsam unwirkliche Fernsicht, das Übermaß in allen Dingen mag dazu beigetragen haben, sie zu Kindern und Träumern zu machen: zu Menschen, die auf den Zehenspitzen gehen und um keinen Preis der Not ihres Daseins anders zu Leib rücken als durch grenzenlose, täglich erneuerte Flucht ins Wunderbare. (S. 137)[280]

Was die »täglich erneuerte Flucht« ins Wunderbare betrifft, gilt dies auch für Schwarzenbachs gesamte Orientreise und speziell für ihren Persien-Aufenthalt. Und so ist vielleicht neben der Begeisterung, die die Natur bei ihr auslöst, auch eine gewisse Identifikation mit den Iranern der Grund, weshalb sie sich besonders zu diesem Land und seinen Einwohnern hingezogen fühlt.[281] Wie in den Texten zum Balkan, in denen sie die Melancholie auf die südosteuropäische Landschaft überträgt, geschieht dies in anderer Weise auch in den Passagen über den Iran.[282] So herrscht auf den Bergen, die Hamadan umgeben,

280 Siehe auch den iranischen Schriftsteller Hedayat: Die blinde Eule 2006, S. 7: »Es gibt im Leben Wunden, die wie die Lepra, langsam, in der Einsamkeit an der Seele zehren. Diese Qualen kann man niemandem mitteilen. Denn die andern glauben an solche Leiden nicht oder halten sie für etwas Absonderliches. Und wenn sie einer beschreibt oder von ihnen spricht, dann versuchen sie, weil die Konvention oder ihre Launen es so wollen, diese Schilderungen mit einem zweifelnden, spöttischen Lächeln zu übergehen. Denn die Menschen haben gegen diese Qualen noch kein Mittel gefunden. Da hilft einzig das Vergessen im Wein und im künstlichen Schlaf, wie er durch Opium und andere Drogen erzeugt wird. Doch leider ist die Wirkung dieser Mittel nur von kurzer Dauer. Statt sich zu beruhigen, kehren die Schmerzen nach einer Weile um so heftiger wieder. Wird man je das Geheimnis dieser übernatürlichen Erfahrungen, diese Schattenbilder der Seele ergründen können, die im Zustand der Ohnmacht, in der Ödnis zwischen Schlaf und Wachen gemacht werden?«

281 Siehe Schwarzenbach: Auf der Schwelle des Fremden 2008, S. 128: »Dass es ausgerechnet Persien war, an das Annemarie Schwarzenbach ihr Herz verlor, hatte viele Gründe. Hier gab es verlassene Städte mit zauberhaften Namen und Nomadenstämme mit betörend schönen Frauen, neue Straßen, die alten Pfaden folgten, und neben unübersehbaren Zeichen der Moderne wie zum Beispiel die omnipräsenten Firmenschilder der British Petroleum, auch jede Menge Verlierer.«

282 Vgl. Georgiadou: »Das Leben zerfetzt mich in tausend Stücke.« 1995, S. 125.

eine »schier furchterregende Einsamkeit« (S. 140) oder es tauchen Bergketten dunkel und unverbunden aus der Tiefe auf und stehen »am Ende aller Dinge wie Tod und Verklärung« (S. 140).

Nach der Abreise aus dem früheren Ekbatana wird jedoch die Umgebung freundlicher: »Wir kamen wieder ins Gebirge, der laue Wind, der Anblick des Frühlings, der silbernen Stämme an aufgebrochenen Ufern setzte sich fort. In diesem Land, in dieser Jahreszeit feierte das europäische Herz.« (S. 141). Im Gegensatz zum Zweistromland ist Persien »nicht urweltlich, sondern präsentiert sich als alter, geschichtlicher Boden und weckt abwechselnd Ehrfurcht und Neugier« (S. 143). Neugierde zeigt Schwarzenbach im Abschnitt *Teheran* insbesondere infolge des Geheimnisvollen, das das Land beherrschen würde. Denn, was auch im Iran passiert, »jedes Geschehnis muß hier einen gleichsam übernatürlichen Charakter erhalten« (S. 143). Ehrfurcht für die Kraft der Natur kommt bei ihr auf, wenn sie daran denkt,

> dass dieses den irdischen Maassen entrückte Land der Schauplatz aller riesenhaften und furchtbaren, zuweilen auch erhabenen menschlichen Geschehnisse wurde, gerade, als ob die Menschen der Nähe des Himmels nicht gewachsen wären und in taumelnde Selbstüberhebung gerieten. (S. 144)[283]

Von der früheren Ausstrahlung Persiens ist dann auch außer einigen wenigen, von Schwarzenbach besuchten Ruinen wie dem antiken Persepolis oder dem mittelalterlichen Rhages südlich der Hauptstadt nicht viel übrig geblieben.[284] Und auch die Perser »verraten heute eine Genügsamkeit, wie sie Völker eigen ist, die eine große Aufgabe hatten und ihre Rolle erfüllten, und

283 Siehe Schwarzenbach: Tod in Persien 2003, S. 11: »Ganz nahe grenzt das Unmenschliche an das Übermenschliche – und Asiens desperate Grösse ist übermenschlich: ›Nicht einmal feindlich, nur zu gross.‹ Was bedeutet es dort, wenn ein Mensch stirbt? Und wir kennen doch keinen hilfloseren Aufschrei als dieses ›Ein Mensch stirbt!‹«

284 Vgl. auch Schwarzenbach: Imamzade Haschim 1934, S. 1. Vgl. ferner Schwarzenbach: Feiertags-Expedition in Persien 1934, Bl. 1. Vgl. schließlich Schwarzenbach: Die Furt 1934, Bl. 1. Siehe Bell: Persian Pictures 1928, S. 17f.: »[D]ay after day rises upon the same silence, the same solitude, and at length the watcher turns away impatiently, with the conviction that he has been gazing with futile expectation upon the changeless features of the dead. The pageant has long since swept over the land – swept onward. Mother of human energies, strewn with the ruins of a Titanic past, Persia has slipped out of the vivid world, and the simplicity of her landscape is the fine simplicity of death. ›Alas, poor Yorick!‹ says Hamlet, yielding, in an exceptionally unpremeditated moment, the natural tribute of pity from the

nun bereit sind, in den großen Schoß der Geschichtslosigkeit zurückzukehren« (S. 144f.).[285]

Geschichts- bzw. Zeitlosigkeit kennzeichnet auch ihren restlichen Aufenthalt. Zwischen den Ausflügen in die beiden alten Hauptstädte des früheren Persischen Reichs begibt sie sich, »lange beschlossen und sorgfältig vorbereitet« (S. 150), in die im Norden liegende Provinz Mazanderan: »Man fühlte die alte Ergriffenheit auf den Wegen, die über ein Gebirge und eine Passhöhe hinüberführen in eine neue Welt« (S. 150). Unterwegs beobachtet sie die Bauarbeiten zur Transpersischen Eisenbahn. Ihre Kritik an der Zurückdrängung und »Versündigung« an der Natur erinnert an ihre Äußerungen zum rasant betriebenen Aufbau der neuen türkischen Hauptstadt Ankara (S. 13f.):[286]

---

living to the dead. Persia in such an aspect may be pitiful enough, but it is not admirable.«

285 Siehe einen Perser zitierend Rosen: Persian Pilgrimage 1937, S. 56: »›Learn to know us in our history! Persia and its inhabitants have suffered immeasurably from military expeditions and invasions by other nations. She has had to endure inhuman cruelty, starvation, and poverty. By means of her sufferings, endured for thousands of years, she has become a nation of real philosophers. A Persian prefers to enjoy the present rather than fear the future. He builds, lives, loves, for the day and does not give the morrow a thought. For who knows whether an enemy chieftain, an old inherited enemy, or a despotic king, may not deprive him of his home and his life before the sun has gone down. His religion and his philosophy have taught him to put his trust in Providence and fate. If a great misfortune overtakes him he becomes neither depressed nor bitter, but shrugs his shoulders, saying that so it must be for so it was written in the stars. We are so different from you. Europe loves activity, we enjoy contemplation.‹«

286 Auffällig in diesem Abschnitt von *Winter in Vorderasien* ist die Erinnerung bzw. der wiederholte Vergleich des in der Provinz Mazanderan Gesehenen mit dem in der Türkei und Europa Erlebten: »[A]m Abhang schichten sich Häuser, halbe Höhlenwohnungen, und erinnern an die Totenwohnstätte Anatoliens« (S. 150), »ihr Hirt, ein Turkmene, trug einen schwarzen Filzmantel, wie die Reiterhirten Anatoliens, und eine geschliffene Axt auf der Schulter« (S. 156) und »Wir erblickten die Dächer, hohe, strohgedeckte Pyramiden, manche breit, friesisch und aargauisch, andere steil aufragend wie die Steinbilder von Göreme« (S. 157). Siehe Vilas-Boas: Das Wiedererkennen und das Erinnern in den Reisetexten Annemarie Schwarzenbachs 2008, S. 158f.: »Der Mensch lebt mit sich je nach Kontexten ständig verändernden Erinnerungen an frühere Erlebnisse. Dass der Anteil der Erinnerungen in *Winter in Vorderasien* geringer ist als in späteren Werken, liegt daran, dass die Textreisende noch keinen großen Vorrat an Erinnerungen an dieses Gebiet besitzt, höchstens an Reisen, die sie früher mit Klaus und Erika Mann oder Marianne Breslauer gemacht hat, natürlich auch an ihr Leben in der Schweiz, in Paris und Berlin. Sie kann sich in den letzten Teilen der Reise an Augenblicke, die am Anfang der Reise stehen, erin-

»[E]in kühnes Unterfangen, eine richtige Aufgabe für unsere Zeit, welche es liebt, die Natur nicht zu fürchten und nicht anzubeten, sondern mit ihr und gegen sie Hand anzulegen« (S. 151).[287]

Doch nach der Überschreitung der Klimascheide ist dies vergessen, denn sie befindet sich in einem ihr bekannt anmutenden Tal, »welches den Voralpen der Schweiz vergleichbar ist« (S. 151), in dem aber auch eine fremde Natur beginnt, die den »Charakter des Urwalds« (S. 152) besitzt. So ist sie von dieser Region, in der der »Wald alle wuchernden, maß- und formlosen Gestalten der Tropen« (S. 154) hat und in dem die überschwemmten Reisfelder »lauter Herde des Malariafiebers« (S. 155) darstellen und sich dadurch vollkommen von den anderen, größtenteils wüsten Gebieten des Landes unterscheidet, von Anfang an begeistert. Schwarzenbach dokumentiert dies in ihrem Reisebuch mit fünf Abbildungen auf der Tafel zu *Mazanderan*.[288] Vielleicht ist ein Grund für ihre Anziehung darin zu sehen, dass die »tropische Landschaft am Kaspischen Meer«[289] ihrer Vorstellung vom Urzustand der Welt am Nächsten kommt.[290] Ihr gefällt die hiesige Landschaft aufgrund der Ähnlichkeit zu ihrer

nern, tut es aber eher selten, wie z.B. als sie sich in Firus-Kuh, in Persien befindet und an die Totenwohnstätte Anatoliens erinnert.«

287 Ihre Beobachtungen zu den Bauarbeiten der Transpersischen Eisenbahn verarbeitet Schwarzenbach später in der Novelle *Drei Tage Morgendämmerung*. Vgl. auch Schwarzenbach: Spuren des alten Persien 1936, S. 1f.

288 Vgl. auch Schwarzenbach: Kleiner Hafen am Kaspischen Meer 1934, S. 1. Vgl. ferner Schwarzenbach: Mazanderan und Gilan 1934, Bl. 3. Vgl. dann Schwarzenbach: Mazanderan 1934, S. 1702. Vgl. schließlich Schwarzenbach: Teufelsanbeter in Persien 1936, Bl. 1.

289 Erläuternder Satz der Überschrift *Mazanderan*. Die Unterschriften der einzelnen Abbildungen lauten: *Strohhäuser*, *Viehkral*, *Arbeitersiedlung*, *Turkmenischer Hirt im Urwald* und *Bäuerinnen*. Siehe Schwarzenbach: Tod in Persien 2003, S. 24: »Wunderbar ist der Klang dieses Namens: Mazanderan – Tropenland am Kaspischen Meer. Dort herrscht Dschungel, Urwald, Feuchtigkeit, Malaria. In Gilan, der westlichen Nachbar-Provinz, werden die Reisfelder trocken gelegt, und Chinesen lehren die Malaria-Bauern die uralte Kunst der Teekultur. In den kleinen Küstenorten leben die russischen Kaviarfischer.«

290 Siehe Schwarzenbach: Flucht nach oben 2005, S. 14: »Südamerika, Traumland – Hafenstädte voller Neger und breithüftiger Mulatinnen, Strassen ins unermessliche Innere, den blauen Bergketten zu, die wie Rauch am Ende der Welt sich erheben. Grassteppen, Viehherden, tausendköpfige Scharen brüllender Rinder. Urwald, stehende Flüsse, giftgrün, voll Schlamm und Fieberdunst, Geschrei der Affen, Fussspuren der gutherzigen Indios.« Siehe ebd., S. 159: »Ach, Südamerika, Traumland. Er [Franz von Ruthern; B.S.] hatte vieles vergessen, aber nicht die nächtlichen Gerüche der Pflanzen, nicht den trägen Gifthauch über stehendem Gewässer, nicht das zottige, vom Schmutz harte Fell der schwarzen Stiere. Und sie

Heimat,[291] die – nicht unbedeutend – in Europa wegen ihres alpinen Charakters seit ca. 1800 ihrerseits als irdisches Paradies bzw. wegen ihrer noch größtenteils unberührten Natur als Hort ursprünglicher gesellschaftlicher Zustände gilt.[292] Ende März 1934, wenige Wochen vor Abschluss der Vorderasienreise, äußert Schwarzenbach dazu:

> Ich befinde mich in einem engen Tal zwischen dichtbewaldeten Hügeln; die kühle Feuchtigkeit der Nacht, der Geruch von Gras, Laub und Moos, die Frische des Morgens entströmen dem Boden. Der Bach fließt über große Steinblöcke, über Geröll und Kiesel. Am Ende des Tales, zwischen leicht gefärbten Wolken, treffen die ersten Sonnenstrahlen einen schneebedeckten Berg, einen Torhüter. Ringsum herrscht Stille. Dies alles könnte in einem Tal Graubündens sein, die waldigen Hänge, Schnee an ihrem Ende und das frische Gebirgswasser, läge nicht zu den Füßen, zwischen den Bäumen sichtbar, das Kaspische Meer: ein unendlicher und stiller Horizont. (S. 156)[293]

---

standen noch immer dort, auf den grossen Weiden, die Beine in die Erde gebohrt, und sahen mit glasigen Augen zu den Gebirgen.«

291 Siehe Opitz: Die gnadenlose Reise 2008, S. 183. Hier gilt, was Opitz für *Winter in Vorderasien* im Allgemeinen konstatiert, dass nämlich die Realitätskonstrukte noch weitgehend von medialen Schemata geprägt seien, deren Sinnhaftigkeit das Erlebnis präfiguriere: »Der Rekurs auf Kupferstiche, Landschaftsbilder und Fotos distanziert und domestiziert die bedrohliche Natur.«

292 Vgl. Wagner: Die Alpen 1981, S. 67ff.

293 Siehe Wanner/Breslauer: »Wo ich mich leichter fühle als anderswo« 1997, S. 39: »Parallelen zwischen der Gebirgslandschaft Persiens und jener des Engadins tauchen immer wieder auf.« Vgl. ferner Euchner: Krankheit als Orientalismus in Annemarie Schwarzenbachs *Tod in Persien* 2008, S. 134. Siehe mit ihrer eigenen Heimat Devonshire vergleichend Sackville-West: Passenger to Teheran 1926, S. 165: »After Kasvin the road was unfamiliar, and the character of the landscape changed with surprising abruptness. We were no longer on the roof; the high, arid plateaus were gone; the vegetation became lush and green, the climate changed from the clear air of four thousand feet to the mild, steamy atmosphere of sub-tropical sea-level. We had dropped from over four thousand feet in a few hours, down a precipitous road into the valley of the White River. The scenery was fine, in its way; groves of trees descended the steep slopes to the banks of the river, and between the trees could be seen green meadows, as green as Devonshire, with cows peacefully grazing, or – an odd effect – camels grazing in this Devonshire landscape, as who should come upon a herd of camels in the meadows above the Dart; the valley of the White River had its beauty, but it was Persia as I understood it, and I resolved that I would never bring any one into Persia for the first time by that road, but would subject them to the rigours of the plains and passes of Kermanshah and Hamadan.«

Bei einem Ausflug an die Küste erinnert sie der Anblick der Dünen und des Strandes an ihre Kindheitslektüre *Nils Holgerssons wunderbare Reise durch Schweden* (1906/07), ein Roman der schwedischen Schriftstellerin Selma Lagerlöf (1858-1940). Anschließend fährt sie wieder ins Landesinnere von Mazanderan.[294] In Ab-i-Germ, einem Ort der heißen Wasser und Schwellenquellen, wo ein »Sanatorium mit Badehaus und Ziergarten« (S. 155) steht, entfernt sie sich von der üblichen Route der Touristen und wandert im Gebirgstal. Der Aufstieg in diese ihr bekannt vorkommende, anderseits wieder völlig fremde Welt ist ihr unheimlich, »wie ein Traumbild, welches sich verdichtet und strebt, die graue Wand des Schlafs zu durchbrechen« (S. 158). Die »sumpfige Ebene, das gefährliche Land« (S. 156) übe dabei eine rauschhafte Wirkung auf die Menschen, die in dieser Provinz leben oder sie aufsuchen, aus. Sie trifft auf einen turkmenischen Hirten, der ihr wie im Schlaf zu wandeln scheint: »Er stand und sah uns zu, seltsam reglos und fast unnatürlich abgekehrt« (S. 156).[295] Schließlich nähert sie sich einem Dorf,

> welches wir sofort das ›Verwunschene‹ nannten. Es war fünf Uhr, eine neblige Dämmerung. Wir erblickten die Dächer, hohe, strohgedeckte Pyramiden, manche breit, friesisch und aargauisch, andere steil aufragend wie die Steinbilder von Göreme, so reihten sie sich, bildeten Gruppen, standen hinter Gartenzäunen, tauchten da und dort aus dem Nebel. Schließlich war es eine weitverstreute Gesellschaft, ein großes Dorf oder die Erscheinung eines solchen. (S. 157)[296]

---

294 Die Erinnerung an den Protagonisten von Selma Lagerlöfs Roman kehrt bei Schwarzenbach später wieder: So begegnet die Ich-Erzählerin in *Tod in Persien* am letzten Tag ihres ersten Aufenthalts in Persien in Pahlevi einem dänischen Ingenieur mit Spitznamen Shanghai-Willy, der vorgibt, sie zu kennen. Sein Assistent, den die Ich-Erzählerin kurze Zeit später kennenlernt, heißt ebenfalls Nils. Siehe Schwarzenbach: Tod in Persien 2003, S. 68: »[E]in zwanzigjähriger Schwede mit rötlicher Haut, einem blonden Schopf, einem grossen Kindermund.«

295 Siehe Weiss: Unromantisches Morgenland 1924, S. 46: »In diesem Raum [der Grabeskirche in Jerusalem; B.S.] war mehr Dämmerung als Licht. Dann in einer der vielen Höhlenkapellen Mönche, Franziskanermönche an braunen Betpulten unter hohen wächsernen Kerzen. Hier führen sie ein schönes Leben in Stille und Nachdenken. Ein weißbärtiger Alter hatte sein Kinn über dem Tisch auf beide Hände gestützt und sah uns mit einem starren reglosen Blick an.«

296 Siehe Schwarzenbach: Flucht nach oben 2005, S. 14: »Und die Pflanzungen! Er [Franz von Ruthern; B.S.] würde Zuckerrohr und Kakao pflanzen, Maiskolben, süsse Kartoffeln, Matetee und Grapefruits. Die Bäume würden sich biegen, die Zweige krachen, die Früchte leuchten unter dunklem Laub. Maschinen würde er kaufen, mächtige garbenbindende, grasstreuende, bodenaufwühlende Maschinen. Und

Ist es in den Passagen über den Balkan und Istanbul die plötzliche Fremdheit der Landschaft und ihrer Bewohner, die sie traurig stimmt, weil »unendlich weit jenes geliebte Europa« (S. 6) ist, so ist es im Fall von Mazanderan genau umgekehrt. Gerade weil die Provinz an die Heimat erinnert, ist Schwarzenbach fasziniert von der bekannten und doch urfremden Natur und bekommt Heimweh nach der Schweiz. Die nordiranische Region stellt für sie schließlich den »Inbegriff der Schwermut«[297] dar.

Lange soll es auch nicht mehr dauern, bis sie wieder nach Hause kommt. Doch noch einmal unternimmt sie einen Ausflug in den Süden des Landes. Sie interessiert sich für und beschreibt nicht so sehr die später aufgesuchten Städte wie Isfahan,[298] Schiras oder die Überreste von Persepolis, auch wenn sie sie mit zwei Abbildungen[299] würdigt, sondern vielmehr ihr persisches Begleitpersonal. Nach den Nomaden und Frauen sind es wiederum Außenseiter der Gesellschaft, so ein Opium rauchender und im zerrissenen Rock fahrender Chauffeur und ein bei ihm angestellter Junge, das »›verwahrloste Kind‹« (S. 162), das jener regelmäßig ärgert und verprügelt.[300] So sehr der »Junge mit dem Mongolengesicht« (S. 161) auch unter der Tyrannei seines Arbeitgebers leide, gelinge es ihm zu Schwarzenbachs Verwunderung dennoch, sich immer wieder an kleinen Dingen zu erfreuen:

> Er war vielleicht dreizehn Jahre alt, vielleicht schon siebzehn. Er hatte schwarze Augen und weinte oft. Unbeschreiblich zerrißen waren seine Kleider. Er band die Hose, oder was von ihr übrig war, mit einer Schnur zusammen, und aus den Schuhen sahen seine mit Lappen umwickelten Zehen heraus. (S. 162). [...] Er war sehr häßlich. Er hatte lange Affenarme, eine breite Nase, eine niedrige Stirn. Aber er verstand es, ergreifend zu lächeln. [...] Ich warf ihm, sobald es zu regnen begann, meine Kurdendecke nach vorn. Er wickelte sich hinein und zog sie über

---

dann: weiter, den Bergen zu. Kordilleren hiessen sie, Lamas gingen wiegend auf gefährlichen Wegen, die Indios sassen im Bergwind, kauten giftige Blätter und träumten. Rauschähnlich verlief das Leben in der hohen dünnen Luft; auf Hochebenen grub man nach alten Indianerstädten und wohnte in den prunkvollen Palästen spanischer Vizekönige.«

297 Schwarzenbach: Tod in Persien 2003, S. 67. Siehe ebd., S. 67: »Ich sah das Ufer des Kaspischen Meeres, Dschungel und Reisfelder, Zebus am sturmgepeitschten Strand, Strohdächer unter dem schweren Regen, turkmenische Holzfäller und Hirten, und die grossen, leeren Plätze der Provinzstädte Rascht und Babol.«

298 Vgl. auch Schwarzenbach: Isfahan 1934, S. 1.

299 Die Untertitel der Abbildungen lauten *Meidan-i-Shah, der Poloplatz in Isfahan* und *Landschaft bei Persepolis*.

300 Vgl. auch Schwarzenbach: Wie reist man in Persien? 1934, S. 1472f.

den Kopf und saß wie in einem Zelt. Es stimmte ihn fröhlich, vor dem Regen geschützt zu sein, er sang heiter und lachte manchmal ganz ohne Grund. (S. 162f.)[301]

Schließlich wendet sich Schwarzenbach ein allerletztes Mal dem Süden des Landes zu. Von Teheran kommend, fährt sie über Isfahan ins Gebirge und gelangt in ein grünes Tal nach Jäzdi Chast.[302] Von dort ist es nicht mehr weit zum »Dach von Persien« (S. 164f.), wo sie Trostlosigkeit und Einsamkeit, Ödnis und Kahlheit beschreibt: »Ich glaubte, daß wir jeden Augenblick am *Ende der Welt* sein würden« (S. 165).[303] Der Weg führt hinunter nach Persepolis und von dort nach Schiras, das ihr »wie die Stadt Florenz [erscheint], heiter und kunstsinnig, voll von Gärten und Brunnen« (S. 166). Eher spontan fährt sie eines Nachts, denn die »Begriffe der Zeit waren [ihr] abhanden gekommen« (S. 166), nach Naksch-i-Rustem, wo sie die antiken Felsenreliefs und die »Berge am Rand der Welt« (S. 167) bewundert. Auf der Landstraße nach Pasargadae erkennt sie die alte Königsstraße der Achämeniden,[304] begibt sich aber nochmals zum Startpunkt ihrer letzten Rundfahrt im Südiran, nach Isfahan. Dort besichtigt sie – wie zu Beginn ihrer Orientreise in Istanbul und damit gewissermaßen den Kreis schließend – die Altstadt, die schönen Moscheen mit den »zarten und köstlich gerankten Ornamenten« (S. 170), ihren Gartenanlagen wie den »Cihil Sutun«[305] und den Basar der ehemaligen Residenz des

301 Vgl. auch Schwarzenbach: Kinderschicksale im Orient 1934, S. 984f. Eine Abbildung vom »Prügelknaben des Chauffeurs« befindet sich in Schwarzenbach: Auf der Schwelle des Fremden 2008, S. 142. Überhaupt stehen arme, hart arbeitende und verwahrloste Kinder immer wieder im Mittelpunkt von Schwarzenbachs Fotografien (nicht nur) aus dem Orient. Vgl. ebd., S. 123: *Bagdad. ›Hamals‹, kurdische Lastenträger, 1934*. Vgl. ebd., S. 134: *Ankara. Zigeunerin, 1933*. Vgl. ebd., S. 142: *Persien. Auf der Fahrt nach Persepolis, 1934*. Vgl. ferner Schwarzenbach: Auf der Schattenseite 1995, Abb. 3: *In den Ruinen von Kayseri/Türkei, November 1933*. Vgl. ebd., Abb. 10: *Mädchen aus der Hügelvorstadt in Ankara/Türkei, 1933*. Vgl. ebd., Abb. 11: *Auf dem Weg nach Tiflis in Georgien/Sowjetunion, 1934*.

302 Vgl. auch Schwarzenbach: Jesdegad 1934, S. 863.

303 Kursivierung von B.S. Das Pendant zu diesem Tal findet Schwarzenbach auf ihrer dritten Persien-Reise 1934/35 im Lahr-Tal am Fuße des im Norden von Teheran gelegenen Demawend. Ihre dortigen (Natur-)Erfahrungen verarbeitet sie im 1935/36 entstandenen »unpersönlichen Tagebuch« *Tod in Persien* und in der 1938/39 umgeschriebenen und 1940 erschienenen Fassung mit dem Titel *Das glückliche Tal*.

304 Vgl. auch Schwarzenbach: Alexanders Eroberung von Persien 1936, S. 623ff.

305 Während ihres vierten und letzten Orientaufenthalts greift Schwarzenbach die »Cihil Sutun« nochmals auf und widmet ihnen ein gleichnamiges Feuilleton. Ende 1939 verfasst sie eine ganze Reihe von Texten, die ihre Reiseerfahrungen in der Türkei, in Persien und in Afghanistan reflektieren, wobei der letzte erst 1940

Schah mit ihren Kunsthandwerkern, den Kupfer- und Silberschmieden, den Lack- und Miniaturmalern. Dann kehrt sie über Kum nach Teheran zurück und fährt Mitte April 1934 über Kaswin nach Pahlevi ans Kaspische Meer, von wo es schließlich mit dem Schiff nach Baku, in den sowjetischen Teil von Aserbaidschan, gehen soll. An dieser Stelle endet Annemarie Schwarzenbachs *Winter in Vorderasien.*[306]

Winter in Vorderasien. Tagebuch einer Reise. Ein Resümee

> Es kam vor, dass Fassung und Gleichgewicht ausbrachen wie scheugewordene Pferde. Ratlos und entfremdet stand man vor seinem nach Zeit und Kräften begrenzten Dasein... Dafür trat eine vage Hoffnung ein, dass man sich welttragenden- und bewegenden Mächten getrost überlassen dürfe. Sie zu erkennen, gab zuerst das Gefühl einer großen Freiheit, doch bald war man ermattet und sonderbar enteignet – wie konnte das zugehen? Ja, man sah bald ein, dass es galt, Verführungen zurückzuweisen und sich mannhaft zu behaupten: denn wie sollen wir sonst den Kreis unseres Daseins überstehen, der sich am Ende schließt? (S. 169)

Diese Passage, die, als Fazit betrachtet, *Winter in Vorderasien* beschließt, ist eine der wenigen Stellen im *Tagebuch einer Reise*, in der Schwarzenbach ihre eigene Situation relativ offen reflektiert. Doch auch ohne explizit auf sie einzugehen, sagt schon die Wahl ihrer Themen bereits Einiges über sie und ihre Haltung aus. So handelt es sich bei den Themen um die Wahrnehmung und Beschreibung des Gegensatzes zwischen Tradition und Moderne, um den zwischen den politisch und ideologisch motivierten Zielen der vorderasiatischen Regierungen und der orientalischen Wirklichkeit. Es geht um die Darstellung von gesellschaftlichen Außenseitern, »Abseitsstehenden« wie den verschiedenen Nomadenstämmen, muslimischen Frauen und wehr- und hilflosen Kindern, aber auch Abenteurerinnen und Pionierinnen wie Marga von Etzdorf und Stella Benson, Regula Engel und Gertrude Bell. Wichtig für die Analyse sind

verfasst wird und die Eindrücke ihrer Abfahrt schildert. Unter dem Titel *Die Vierzig Säulen der Erinnerung* werden sie zusammengestellt, aber erst 2008 in dieser Form publiziert: 1. *Cihil Sutun*, 2. *Trabzon, der Abschied vom Meer*, 3. *Der Ararat*, 4. *Der persische Gartenteich*, 5. *Die Steppe*, 6. *Lob des Gesangs im Freien*, 7. *Der Winterabend*, 8. *Der Aufbruch, die nie bereute Stunde*, 9. *Die menschliche Landschaft* und 10. *Die Bucht von Bandra*. Vgl. Fähnders: Die Vierzig Säulen der Erinnerung 2008, S. 34f.

306 Vgl. auch Schwarzenbach: Fahrt nach Baku 1934, S. 1.

schließlich die zuweilen lyrische, dann wieder knapp gehaltene, geradezu szenische Sprache[307] genauso wie die besondere Auswahl der Abbildungen.

So hat Schwarzenbach auf diese Weise versucht, sich nach den eher negativen Besprechungen ihrer *Lyrischen Novelle*[308] an ihr Versprechen gegenüber Charles Clerc zu halten, die »nächste Arbeit abgerückter und unpersönlicher«[309] zu schreiben. Im Reisebuch ist es ihr allerdings schwer gefallen, sich nicht über sich selbst zu äußern. Das Ergebnis ist daher eine »seltsam unbeteiligte Schreibweise«[310]. Der Grund für ihre sich selbst aufgezwungene Zurückhaltung bei der Darstellung und Analyse der eigenen Gefühlswelt, die ihre Arbeiten bis dahin dominiert haben, aber auch der ihrer nächsten Umgebung während des Aufenthalts im Orient,[311] liegt nicht so sehr in den schlechten Kritiken und Verkaufszahlen von *Freunde um Bernhard* und der *Lyrischen Novelle* als vielmehr in Schwarzenbachs Rücksichtnahme auf die Gefühle und Interessen ihrer Familie begründet. Schließlich beobachtet nicht nur die Mutter »mit interessiertem Misstrauen«[312] die ihrer Meinung nach kompromittierenden Werke der Tochter, die sie am liebsten zurückhielte, so wie ihr dies möglicherweise

307 Siehe zu Schwarzenbachs Verhältnis zu der Zeit Vilas-Boas: Ein fremder Blick durch Sprache 2003, S. 55: »[E]inerseits erscheint ihr die Zeit in diesen Gegenden stillgestanden zu sein, andererseits hat sie es immer eilig, meistens scheint sie keine Zeit zu haben, um eine Landschaft (und die dort lebende Bevölkerung) zu verinnerlichen. [...] Das beeinflusst die Qualität der Texte: die Beschreibungen von Fahrten haben nicht immer einen grossen literarischen Reiz, im Gegensatz zu jenen Passagen, wo sie Zeit hat, wo sie sich auf ihre Umgebung einlässt, wo sie augenblicklich vergisst, dass sie auch auf der Flucht/Fahrt ist. [...] Wo sie reflektiert, werden die Textstellen literarisch eindeutig interessanter, auch persönlicher und unterscheiden sich deutlich von denen anderer Reiseschreiberinnen.« Vgl. auch Opitz: Die gnadenlose Reise 2008, S. 185.

308 Vgl. Schwarzenbach in einem am 7.7.1934 geschriebenen Brief an Rascher. In: Perret: Nachwort. In: Schwarzenbach: Bei diesem Regen 1996, S. 221.

309 Schwarzenbach in einem am 15.6.1933 geschriebenen Brief an Clerc ebd., S. 221.

310 Stempel: Winter in Vorderasien 2004, S. 79. Vgl. ferner Vilas-Boas: Ein fremder Blick durch Sprache 2003, S. 54.

311 Vgl. Dällenbach: »Wir reisen, um zu uns selbst zu finden« 2006, S. 37. Dällenbach betont, dass es im Fall von *Winter in Vorderasien* stets ungewiss bleibe, wer die anderen, Schwarzenbach umgebenden Personen seien. Die Reisebegleiter würden weder mit Namen genannt noch mit einer Erklärung im *Tagebuch einer Reise* vorgestellt.

312 Schwarzenbach in einem am 4.2.1938 geschriebenen Brief an Arnold Kübler. Zitiert nach Perret: »Die Sinnlosigkeit, die Unwegsamkeit, die tastende Spur« 2005, S. 221.

bereits im Fall des in der ersten Hälfte des Jahres 1933 entstandenen Romans *Flucht nach oben* gelungen ist.[313]

Daher kann *Winter in Vorderasien* auch als ein Kompromiss betrachtet respektive als ein Versuch der als linksintellektuell einzuschätzenden Autorin gelesen werden, den Wünschen ihrer konservativ und deutschnational gesinnten Familie entgegenzukommen und für eine Entspannung in den Beziehungen zu ihrer Mutter zu sorgen. Freilich kann Schwarzenbach ihren Kampf gegen den Nationalsozialismus einstweilen nicht mehr offen und publizistisch austragen. Allerdings unterminiert sie die Verabredung bereits Ende November 1934 dadurch, dass sie im *Pfeffermühle*-Skandal mit ihrer Parteinnahme für Erika Mann in der Öffentlichkeit wieder eindeutig politisch Stellung bezieht und die Beziehung zum Elternhaus auf eine neue (Belastungs-)Probe stellt. Mit der Kompromisslösung, die Mitte 1933 erzielt worden ist, kann sie aber bis zum Skandal weiterarbeiten – und das mit der »Absicht, etwas Unanfechtbares zu schreiben«.[314] Ein erster Versuch in diese Richtung erfolgt schon im Mai 1933 mit der Fahrt in die spanischen Pyrenäen, wo sie sich auf den Reisejournalismus verlegt, der vom Genre her schon geeignet ist, sich im Distanznehmen zu üben.[315]

Und Distanz hat Schwarzenbach nötig. Nach einem gut anderthalb Jahre währenden Aufenthalt in Berlin, bei dem sie sich aufgrund eines exzessiven (Nacht-)Lebens seelisch und körperlich erschöpft hat, geben ihr die nach der Machtübergabe an die Nationalsozialisten begangenen Untaten der »uniformierten Strassenräuber und Landsknechte mit ihrer barbarischen Verwilderung«[316] die Möglichkeit, ihre Kräfte und Fähigkeiten künftig zu Gunsten des antifaschistischen Kampfes einzusetzen. So bekennt sie sich nach der Emigration ihrer Freunde Erika und Klaus Mann zur Opposition und unterstützt die Attacken gegen Hitler publizistisch und finanziell. Sie regt die Gründung einer nazikritischen, von Exilierten mitgetragenen Zeitschrift an, aus der später *Die Sammlung* hervorgeht, hält sich jedoch aus Rücksicht auf ihre Familie im Hintergrund und verzichtet wie Claude Bourdet auf die Herausgebertätigkeit.[317] Dabei nimmt sie vorerst die Verschlechterung des Verhältnisses zu ihrem »Clan« bewusst in Kauf. Um jedoch den Konflikt zu entschärfen und

313 Vgl. ebd., S. 219ff.

314 Schwarzenbach in einem am 7.7.1934 geschriebenen Brief an Rascher. In: Perret: Nachwort. In: Schwarzenbach: Bei diesem Regen 1996, S. 221.

315 Vgl. Karrenbrock: Nomadische Bewegung 2005, S. 103.

316 Schwarzenbach in einem am 8.4.1933 geschriebenen Brief an Klaus Mann. In: »Wir werden es schon zuwege bringen, das Leben« 2001, S. 103.

317 Vgl. das Kapitel *Die schwarze Wolke (1933)* in Miermont: Annemarie Schwarzenbach 2008, S. 105-128, in dem Schwarzenbachs Bemühungen um die spätere *Sammlung* erstmals umfassender dargestellt und gewürdigt werden.

ihre auch ansonsten konservative Familie wieder friedlich zu stimmen, entscheidet sie sich, für längere Zeit in den Orient zu fahren.[318]

Betrachtet man schließlich die während der Tour entstandenen und im Reisebuch zusammengefassten Erlebnisse und Beobachtungen, kann man Klaus Manns Urteil Recht geben, dass *Winter in Vorderasien* – sowohl im Vergleich zu ihren bis dahin veröffentlichten Arbeiten als auch zu den gleichzeitig erschienenen Orientberichten anderer Schriftsteller und Journalisten – zu den Reisebüchern gehört, die relativ »sachlich über das durchreiste Land, seine natürlichen und sozialen Eigenheiten berichten«[319]. Das »objektiv Belehrende«[320] der Arbeit überwiegt das lyrisch Subjektive. Damit verdient diese Arbeit eher als das 1935/36 entstandene *Tod in Persien* die von der Autorin dafür gewählte Bezeichnung »Ein unpersönliches Tagebuch«[321]. Auch im Vergleich zu anderen Reiseberichten wie *Passenger to Teheran* (1926) von Vita Sackville-West, *Im Auto durch Persien* (1926) von Annemarie von Nathusius, *Insh' Allah. Upplevelser och äventyr under en Resa i Persien/Persian Pilgrimage. Being the Story of a Journey through Persia with its Experiences and Adventures* (1935/37) von Maud von Rosen, *Frauen im Osten. Vom Matriarchat bis zu den Fliegerinnen von Baku* (1938) von Fannina W. Halle oder *Ein Auto, Wüsten, blaue Perlen. Bericht über eine Fahrt durch Vorderasien* (1939) von Margret Boveri, findet man das, freilich von der Autorin selbst sich auferlegte Objektive im *Tagebuch einer Reise* stärker betont.

Worum geht es in *Winter in Vorderasien*, wenn nicht um Schwarzenbachs Gefühlswelt? Sichtlich unter dem Eindruck von Carl J. Burckhardts *Kleinasiatischer Reise* (1925), deren lyrische Sprache und Stimmung Schwarzenbachs Reisebuch übernimmt, Leo Matthias' *Griff in den Orient. Eine Reise und etwas mehr* (1931), dessen soziologische Beobachtungs- und Untersuchungsweise nachgeahmt wird, und schließlich Leopold Weiss' *Unromantisches Morgenland. Aus dem Tagebuch einer Reise* (1924), dessen Aufbau das formale Vorbild des Reisebuchs zu sein scheint, nimmt Schwarzenbach einerseits sehr genau *Gegenwärtiges* wahr. Sie stellt dies primär anhand der von den Regierungen im Orient zügig vorangetriebenen Verwestlichung und bewusst in Kauf genommenen Zurückdrängung der Natur, aber auch der jeweiligen politischen und militärischen, wirtschaftlichen und kulturellen Eigenarten dar.

Sie bleibt aber nicht dabei stehen, sondern blickt auf »die andere Seite« des Aktuellen. So sucht und beschreibt sie immer auch Land und Leute auf

318 Vgl. Schlieker: Frauenreisen in den Orient zu Beginn des 20. Jahrhunderts 2003, S. 166.

319 Mann: Annemarie Schwarzenbach. Winter in Vorderasien 1935, S. 390f.

320 Ebd., S. 391.

321 Schwarzenbach: Tod in Persien 2003, S. 73.

dem Balkan, in der Türkei und in Syrien, im Libanon und in Palästina, im Irak und in Persien. Sie benennt deren für sie selbst teilweise erklärlichen, teilweise unverständlichen geografischen und klimatischen Besonderheiten und menschlichen Verhaltensweisen, aber auch die Eindrücke, die die vielen Erfahrungen und Erlebnisse bei ihr hinterlassen. Schließlich thematisiert sie, wie die Orientalen mit den gewaltigen Veränderungen ihrer Lebensumwelt umgehen, ob sie die Umwälzungen offensiv angehen, d.h. die Modernisierung annehmen und für sich nutzen möchten, oder defensiv bleiben, sie also ablehnen.[322] Was Schwarzenbach und ihre Haltung zu dem Beschriebenen angeht, wird diese in den allermeisten Fällen nicht direkt ausgesprochen, sondern durch die Art der Darstellung erkennbar, sodass für die Analyse ihrer Position das Augenmerk beständig auf die Themenauswahl wie auch auf die *Sprache des Buches* gerichtet sein muss.[323]

Kontrastiv zum Themenbereich des *Gegenwärtigen* steht in *Winter in Vorderasien* der zweite große Schwerpunkt, die *Geschichte* des Orients. Im *Tagebuch einer Reise* geht es um den Besuch antiker und mittelalterlicher Stätten, um die Begegnung mit historischen Figuren wie Alexander von Makedonien, aber auch mit kulturhistorisch »aufgeladenen« Topoi wie der »Wiege der menschlichen Zivilisation«, deren Existenz in Form einfachen und bescheidenen, der Natur ergebenen und ruhigen Dahinlebens erkannt und reflektiert, deren allmähliches Verschwinden ebenfalls registriert und bedauert wird. Von Bedeutung für Schwarzenbachs Betrachtung des westlichen Asien sind sowohl ihre Stilisierungen als auch der oft erfolgte Vergleich alles Gesehenen, insbesondere der Landschaften und der Menschen nicht nur mit den Gegebenheiten in Europa – und hier insbesondere in der Schweiz –, sondern in der Folgezeit verstärkt auch unter den verschiedenen orientalischen Regionen.

Es gibt zwar Ähnlichkeiten, doch überwiegen eindeutig die Unterschiede zwischen dem heimischen Kontinent und dem Orient.[324] Schwarzenbach empfindet und zeichnet die »unberührten« Landschaften Vorderasiens als ursprünglich und archaisch, wild und unbezwingbar, als über- und unmenschlich, die »authentischen«, d.h. die (noch) nicht »europäisierten« Orientalen dagegen als hart und rau, mutig und unerbittlich, aber auch als ruhig und ernst, demütig und gastfreundlich. Die weiten und wüsten Räume des Orients verursachen ihrer Meinung nach ein Gefühl von Zeitlosigkeit, Unerreichbarkeit und

322 Vgl. Willems: »Neugierig, wissensdurstig, ungeduldig, unterwegs – allein.« 2002, S. 21.

323 Vgl. Schlieker: Frauenreisen in den Orient zu Beginn des 20. Jahrhunderts 2003, S. 162f.

324 Vgl. Vilas-Boas: »Alles ist ein Fortgehen.« 1995, S. 345.

Unbeherrschbarkeit, die »einfachen« Menschen das von Geschichtslosigkeit und Fatalismus, Fremdheit und Undurchdringlichkeit.

Schwarzenbach gewinnt dort schnell Anschluss, wo der Prozess der Verwestlichung des Orients im Sinn einer Modernisierung von Wirtschaft und Handel, Alltags- und Kulturleben fortgeschritten ist. Dabei missfällt ihr, die auf der Suche nach der Ursprünglichkeit des Lebens und dem »›Quell der Reinheit‹«[325] ist, die rasante Europäisierung Vorderasiens aufgrund der schlechten Erfahrungen, die der Westen mit der Industrialisierung und Militarisierung, Rationalisierung und Monotonisierung im Lauf der letzten Jahrzehnte, insbesondere aber während des Ersten Weltkriegs gemacht hat.

Die Folgen dieser Entwicklung, vor denen Schwarzenbach aus Europa geflohen ist, begegnen ihr auch hier und korrigieren teilweise ihre »Kindheits-Traum-Bild[er]« (S. 6) vom Orient aus *Tausendundeiner Nacht*: Ungeduld und Ruhelosigkeit infolge der Schnelligkeit der Aufbauleistungen, Hochmut gegenüber der Natur und Intoleranz gegenüber den Kräften, die sich den Veränderungen nach westlichem Vorbild entgegenstellen, andererseits die Übernahme moderner, antidemokratischer bzw. totalitärer Politiken in die Staatsdoktrin wie die Zentralisierung und Monopolisierung der politischen Gewalt oder auch die Uniformierung und Ideologisierung der Gesellschaften.

Gerade bei den sie »entzaubernden« – entzaubernd, weil sie sich bewusst wird, dass sie die gesuchte Ursprünglichkeit und »Reinheit« des Ostens kaum mehr erahnen, geschweige denn mit nach Hause nehmen kann – Erfahrungen kann es vorkommen, dass Schwarzenbach trotz der persönlichen und politischen Missstände, die sie bewogen haben, ihre Heimat für einige Monate zu verlassen, zuweilen Heimweh nach der Schweiz und dabei nach den Orten ihrer Kindheit bekommt. So verstärken sich ihre Schwermut und Resignation,[326] die auch *Winter in Vorderasien* beherrschen,[327] weiter und lassen sie nicht das erreichen, was ihr das Höchste aller Ziele zu sein scheint, nämlich die »Harmonie mit dem, was wir lieben« (S. 77).

Doch schon auf der Reise erklärt Schwarzenbach in einer Reflexion über das Wesen des Reisens, dass auch die Tour ihr nicht helfen könne, ihre Probleme zu lösen und glücklich zu sein. Sie selbst spricht einmal von einer »Flucht ins Unerreichbare« (S. 64). So fängt sie während des Aufenthalts im Libanon wieder an, die vor der Reise abgesetzten Drogen zu konsumieren, und versucht zudem, sich der traurigen Erkenntnis durch die Weiterreise in den Irak

325 Schwarzenbach in einem undatierten Brief an Merz. In: Merz: Tradition und Einkehr 1985, S. 86.

326 Vgl. Schlieker: Frauenreisen in den Orient zu Beginn des 20. Jahrhunderts 2003, S. 166.

327 Vgl. Campanile: Mit einem Blick, der von weither zu kommen scheint 1998, S. 104.

zu entziehen bzw. zumindest eine Zeit lang zu vergessen. Der Drogenkonsum wird freilich nicht im Reisebuch erwähnt,[328] sondern ausgeklammert und dem Freund Klaus Mann, mit dem sie während der ganzen sieben Monate in engem Kontakt steht, wie andere Privatangelegenheiten in zahlreichen Briefen mitgeteilt.[329] Dennoch thematisiert Schwarzenbach in *Winter in Vorderasien* auch Persönliches.[330] Denn ihr *Tagebuch einer Reise* ist nicht unbedingt deshalb sachlich, weil sie darin Eigenbezeichnungen wie »Ich« eher meidet und stattdessen lieber ein »Wir« verwendet. So verleiht sie ihrer Stimmung an einigen wenigen Stellen offen Ausdruck. Doch auch durch die Inszenierung bzw. die gewissermaßen »negative« Ausdrucksweise – d.h. durch die Wahl der Themen und die Art und Weise des Schreibstils – erfährt der Leser einiges über die Stimmung, in der sich Schwarzenbach befindet.[331]

So geschieht dies, wenn sie Land und Leute beschreibt und durchklingen lässt, dass diese sie gleichzeitig anziehen und erschrecken. So ist es im Fall von Persien, dessen extrem gegensätzliche Natur sie tief beeindruckt und ängstigt, zugleich aber auch als Spiegel ihres eigenen Gemütszustands wirkt. Schließlich sind es seine Einwohner, mit denen sie nicht nur die »täglich erneuerte Flucht ins Wunderbare« (S. 137), sondern auf eine gewisse Weise auch Schwermut und Zweifel an allem, was beständiges Glück zu versprechen vermag, gemeinsam zu haben scheint. Derselbe Zweifel ist es aber auch, der ihr am Ende Kraft gibt, die orientalischen »Verführungen zurückzuweisen[,] sich mannhaft zu behaupten« (S. 169) und so diese Reise ohne größere Zwischenfälle zu beschließen.

---

328 Siehe Schwarzenbach in einem am 7.7.1934 geschriebenen Brief an Rascher. In: Perret: Nachwort. In: Schwarzenbach: Bei diesem Regen 1996, S. 221: »›[W]as zu persönlich werden wollte, liess ich weg oder unterdrückte es einfach.‹«

329 Vgl. Müller/Grente: Der untröstliche Engel 1995, S. 123f.

330 Vgl. Euchner: Krankheit als Orientalismus in Annemarie Schwarzenbachs *Tod in Persien* 2008, S. 138. Allerdings muss Euchner zugestimmt werden, wenn sie schreibt, dass die ansonsten für Schwarzenbachs Werke typischen Krankheitsberichte in ihrem Reisebuch *Winter in Vorderasien* durch Abwesenheit auffallen.

331 Vgl. Dällenbach: »Wir reisen, um zu uns selbst zu finden« 2006, S. 97. Dällenbach spricht davon, dass Schwarzenbach ihre Reisebeschreibung zwar im »klassischen Stile« zu halten versuche, es aber auch manchmal vorkomme, dass sich die Ebene eben dieser Beschreibung sowie der Bezug zur kulturellen Fremde vom zentralen Thema zum bloßen »Instrumentarium der Bewusstseinsprozesse« der Autorin reduzierten.

4.6 *Der Falkenkäfig. Novellen* (1934/35)

> Man weiß, daß sich die Welt unausweichlichen und großen Veränderungen nähert, aber man weiß nicht, wie man die überstehen wird.
> Annemarie Schwarzenbach: *Winter in Vorderasien. Tagebuch einer Reise* (1934)[332]

4.6.1 *Der Falkenkäfig* oder über die Entstehungs- und Editionsgeschichte von Annemarie Schwarzenbachs orientalischer Novellensammlung

> Ich schreibe hier, wenn ich nicht Zeitung lese, emsig wie eine Biene. Doch bin ich fast ängstlich, es gehe zu leicht von der Hand – Es werden kurze Geschichten, die sich aber, da Personen und das Expeditionshaus alles verbinden, fast zu einem Roman lockerer Art zusammenreimen – [...] Die kleinen Geschichten sind alle harmlos, so richtig packend und erschütternd wird nichts vorkommen, nicht einmal eine Liebesgeschichte – kann man das den Lesern bieten? Natürlich ist der Grundton *syrisch und daher schwermütig und einsam*, und das von Europa Gelöste drückt sich etwa darin aus, dass die jungen Leute sich wie ›meuternde Soldaten‹ fühlen – und alles ein wenig bitter belächeln und hassen und auch wieder lieben, was von dort kommt.[333]

Diese Worte, die Schwarzenbach Anfang Juli 1934 während eines Aufenthalts in Bad Gastein an Klaus Mann richtet, enthalten eine ziemlich genaue Charakterisierung der Arbeit, mit der sie sich nach Beendigung der Korrekturen an *Winter in Vorderasien* beschäftigt. Dabei beeilt sie sich mit dem »unfertigen, lückenhaften, launenhaften Manuskript« ihres *Tagebuchs einer Reise* »soviel als möglich«, da sie sehr viel »[l]ieber einen neuen Roman

332 Schwarzenbach: Winter in Vorderasien 1934, S. 77.

333 Schwarzenbach in einem am 4.7.1934 in Bad Gastein geschriebenen Brief an Klaus Mann. In: »Wir werden es schon zuwege bringen, das Leben« 2001, S. 117. Kursivierung von B.S. Siehe ferner Schwarzenbach in einem am 14.6.1935 in Farmanieh geschriebenen Brief an Bourdet. In: Schwarzenbach: Lettres à Claude Bourdet 2008, S. 173: »J'écrits mes nouvelles, et mon manuscript sera fini en quinze jours ou avant. Je le trouve assez bien – tu sais, toujours dans une limite étroite, ou voudrait faire mieux, et quelquefois on sent qu'on a des possibilités. Il y a trop de choses qui empêchent – et je m'étonne que, à la fin, on fasse seulement quelque chose d'à peu près satisfaisant. *Ce sera un livre sur la Syrie et sur la Perse, et ce sera triste, parce que je me sens triste ici.* [...] Toutes les nouvelles sont ainsi: sur des Européens égarés dans ces pays. Ce sont des pays dangereux.« Kursivierung von B.S.

schreiben«[334] möchte. Ein solcher entsteht zwar nicht, dafür aber kommen Novellen zustande, die thematisch und vor allem örtlich mit *Winter in Vorderasien* zusammenhängen.[335]

Diese schickt Schwarzenbach, nachdem sie die Erzählungen Erika Mann zum Durchsehen gegeben hat, im August 1934 an ihren Verleger Rascher. Anschließend reist sie mit Klaus Mann zum *Ersten Sowjetischen Schriftstellerkongress* nach Moskau. Von dort geht es zum zweiten Mal nach Persien in das südlich von Teheran gelegene Rhages, wo sie unter der Leitung des deutschen Archäologen Erich F. Schmidt (1897-1964) an Ausgrabungen einer amerikanischen Expedition teilnimmt und nebenbei ein »paar traurige Stückchen«[336] schreibt. Diese Tätigkeiten nehmen ein Ende, als Schwarzenbach vom *Pfeffermühle*-Skandal hört, bei dem den Nationalsozialisten ideologisch nahe stehende Schweizer Frontisten, darunter auch ihr Cousin James Schwarzenbach (1911-1994), Mitte November 1934 ein Gastspiel des von Erika Mann im Jahr zuvor gegründeten Kabaretts in Zürich stören. Hinter der gesamten Aktion wird die auf Erika eifersüchtige und zudem den Nazis freundlich gesinnte Renée Schwarzenbach-Wille als Drahtzieherin vermutet.[337] Mitte Dezember ist Schwarzenbach wieder zurück in der Schweiz und schlägt sich sogleich auf die Seite der Familie Mann. Sie veröffentlicht eine Stellungnahme zugunsten der *Pfeffermühle* und nimmt an Aktionen gegen die Frontisten teil. Schließlich geht sie noch einen Schritt weiter und trägt ihrer Familie »offen all [ihre] bitteren Anklagen«[338] vor, stellt aber gleichzeitig in Abrede, dass diese den ganzen Skandal verursacht habe.

Freilich scheitert sie mit der Strategie, beide Seiten zufrieden zu stellen. Ihr Vorgehen verschlimmert sogar die gesamte Situation, da sich Erika Mann infolge von Schwarzenbachs Vorgehen von ihr distanziert. Diese weiß darauf keinen anderen Rat mehr als wiederum zu Drogen zu greifen und Mitte Januar 1935 einen Selbstmordversuch zu unternehmen.[339] Er misslingt, führt aber zu einer Annäherung, wenn auch nicht zu einer Versöhnung mit den Eltern. Das Verhältnis zur Freundin Erika bleibt in der Folge kühl und gewinnt die alte

---

334 Schwarzenbach in einem am 7.5.1934 auf dem Bocken geschriebenen Brief an Klaus Mann. In: »Wir werden es schon zuwege bringen, das Leben« 2001, S. 113.

335 Vgl. auch im Folgenden Perret: Nachwort. In: Schwarzenbach: Bei diesem Regen 1996, S. 231ff.

336 Schwarzenbach in einem am 4.11.1934 im persischen Rhages geschriebenen Brief an Klaus Mann. In: »Wir werden es schon zuwege bringen, das Leben« 2001, S. 116.

337 Vgl. auch im Folgenden Linsmayer: Leben und Werk Annemarie Schwarzenbachs 1989, S. 185f.

338 Schwarzenbach in einem am 21.12.1934 geschriebenen Brief an Klaus Mann. In: »Wir werden es schon zuwege bringen, das Leben« 2001, S. 122.

339 Vgl. auch im Folgenden Schwarzenbach: Die Geborene 2004, S. 289ff.

Innigkeit nicht mehr zurück. Trotz der vielen turbulenten und nervenaufreibenden Erlebnisse in den letzten Monaten gelingt es Schwarzenbach dennoch, ihren Gesundheits- und Gemütszustand wieder zu stabilisieren. Kraft schöpft sie zum einen aus der Entscheidung, einen im Iran tätigen französischen Diplomaten namens Claude Achille Clarac (1903-1999) zu heiraten, zum anderen – und vielleicht wichtiger – aus ihrer Schriftstellerei.

Bereits im Februar 1935 nimmt sie die Arbeit an ihren liegen gelassenen Erzählungen wieder auf.[340] An Rascher schreibt sie einen Monat später: »Es sollen noch einige Novellen dazu kommen, die, wie die ersten, auf Ausgrabungen u. in orientalischen Städten spielen. Es wird ein Buch von etwa 250-300 Seiten.«[341] Die Niederschrift der Prosastücke setzt sie ein zweites Mal im Orient fort, wohin sie Mitte April desselben Jahres zum dritten Mal aufbricht, um Clarac zu heiraten. Nach einer Schifffahrt von Triest aus holt dieser sie in Beirut ab, von wo sie mit einem Wagen über Palmyra in Syrien, Erbil in Irakisch-Kurdistan, Urmia sowie Täbriz in Iranisch-Aserbaidschan in die persische Hauptstadt gelangen und dort vom französischen Botschafter Jean Pozzi (1884-1967), dem Onkel ihres Freundes Claude Bourdet (1909-1996), getraut werden. Durch die Ehe erhält Schwarzenbach automatisch die Staatsbürgerschaft ihres Ehemannes.[342]

Nun ist diese dritte Orientreise insofern wichtig, als dass Schwarzenbach in ihrem Verlauf Personen begegnet und von Ereignissen hört, die sie in der Folgezeit nicht nur in einigen Reisefeuilletons und Bildberichten thematisiert,[343] sondern auch in einer Reihe neuer Novellen verarbeitet.[344] Im Juli schließt sie

340 Vgl. auch Schwarzenbach in einem am 28.1.1935 in Samaden geschriebenen Brief an Otto Kleiber. In: Fähnders/Tobler: Briefe von Annemarie Schwarzenbach an Otto Kleiber 2006, S. 368.

341 Schwarzenbach in einem am 6.3.1935 geschriebenen Brief an Rascher. In: Perret: Nachwort. In: Schwarzenbach: Bei diesem Regen 1996, S. 212.

342 Vgl. auch im Folgenden Miermont: Annemarie Schwarzenbach 2008, S. 177f.

343 Vgl. die Beiträge in Zeitungen, Zeitschriften und Sammelwerken für 1935/36 in der Schwarzenbach-Bibliographie in Fähnders/Rohlf: Annemarie Schwarzenbach 2005, S. 319-321.

344 Wie auf ihrer ersten Orientreise so macht Schwarzenbach auch während ihres dritten Aufenthalts im Orient zahlreiche Aufnahmen. Dabei stammt der überwiegende Teil der Fotografien allerdings nicht aus dem Libanon, aus Syrien oder dem Irak, sondern aus Persien. Ähnlich wie 1933/34 verwendet sie auch 1935 einen kleinen Teil ihrer Aufnahmen für ihre Bildberichte. Der andere, große Teil, der in ihrem Nachlass im SLA aufbewahrt wird, ist – von einigen Ausnahmen abgesehen – bisher ebenfalls unveröffentlicht. Und auch in ihrem Fall gilt, dass die Aufnahmemotive die zentralen Themen des Novellenbuchs, die im Folgenden vorgestellt und ana-

das Manuskript, »dem [sie] soviel Liebe zugewandt [hat]«[345], ab und schickt den 18 Erzählungen[346] umfassenden Novellenband mit dem Titel *Der Falkenkäfig*[347] und unter dem Namen *Annemarie Clark*[348] nicht an Rascher, sondern an den Leiter der deutschsprachigen Abteilung des Amsterdamer Querido-Verlags Fritz Landshoff (1901-1988) mit der Hoffnung auf eine Publikation im kommenden Herbst.

Doch mit ihrer Sammlung hat sie kein Glück. Zwar ist die Frage, weshalb die Veröffentlichung bei den drei in Frage kommenden Verlagen Querido, Rascher und Reichner scheitert, derzeitig nicht definitiv zu klären,[349] doch gibt es verschiedene Deutungsmöglichkeiten, die hier kurz angerissen werden sollen. Im Fall von Querido, der zusammen mit dem anderen Amsterdamer Verlag Allert de Lange nach der Machtübernahme der Nationalsozialisten 1933 einen Großteil der exilierten deutschsprachigen Schriftsteller publiziert, jedoch im Gegensatz zu Allert de Lange ein politischeres Profil hat,[350] könnte der geringe Bekanntheitsgrad der Autorin[351] genauso eine Rollen spielen wie

---

lysiert werden sollen, vielfältig widerspiegeln bzw. dass bestimmte Bildszenen ähnlich in den Erzählungen wieder auftauchen.

345 Schwarzenbach in einem am 8.7.1935 im persischen Farmanieh geschriebenen Brief an Klaus Mann. In: »Wir werden es schon zuwege bringen, das Leben« 2001, S. 134.

346 Vgl. wegen des Inhaltsverzeichnisses der Novellensammlung Karrenbrock: Nomadische Bewegung 2005, S. 106: *Der Falkenkäfig, Eine Frühlingserscheinung, Der Abschied, Ein trauriger Ort, Verklärtes Europa, In Eskischehir, Bei diesem Regen, Reise nach Baalbek, Das Gelobte Land, Beni Zainab, Die Beduinen, Eine Bekanntmachung, Drei Tage Morgendämmerung, Fast dasselbe Leiden, Sehr viel Geduld, Eine Frau allein, Vans Verlobung* und *Auf der Heimreise*.

347 Bei der Frage, ob es sich im Fall von *Der Falkenkäfig* um eine eigene Erzählung oder um die Titelwiederholung handelt, vgl. Fähnders/Tobler: Briefe von Annemarie Schwarzenbach an Otto Kleiber 2006, S. 368. Fähnders und Tobler erwähnen einen Brief Schwarzenbachs an Otto Kleiber (1883-1969), den langjährigen Feuilleton-Redakteur der *National-Zeitung*, vom 28.1.1935, aus dem hervorgehe, dass eine solche eigene Erzählung existiert habe.

348 Vgl. wegen des Titelblattes des maschinenschriftlichen Textkonvoluts Karrenbrock: Nomadische Bewegung 2005, S. 105f.

349 Vgl. ebd., S. 105.

350 Vgl. Delabar/Schlieckau: »Der große Klaus Mann rühmte den großen Hermann Kesten.«, S. 10. Den Autoren sei für die Erlaubnis, diesen unpublizierten Aufsatz zu verwenden, gedankt.

351 Siehe Klaus Mann in einem am 15.6.1936 in Bandol-sur-Mer geschriebenen Brief an Stefan Zweig. In: Mann: Briefe und Antworten 1975, S. 269: »Annemarie Schwarzenbach ist – durch eigene schriftstellerische Leistung und durch den Klang ihres Familiennamens – vor allem in der Schweiz bekannt, etwa noch in Österreich

der Umstand, dass das Buch für Querido zu »unpolitisch«[352], gewissermaßen zu wenig »›emigrantenhaft‹«[353] geschrieben sei. Für den Zürcher Rascher ist nach den Erfahrungen mit dem schlechten Absatz von *Winter in Vorderasien* eine Publikation des *Falkenkäfigs* nur mit einer erneuten, diesmal noch höheren Kostenbeteiligung der Verfasserin, was diese aber ablehnt, überhaupt erst vorstellbar.[354] Abgesehen davon ist bedeutsam, dass die Themen der Erzählungen, ihre Personen und Schauplätze, in der gerade aufkommenden Atmosphäre der *Geistigen Landesverteidigung* in der Schweiz,[355] im nationalsozialistischen Deutschland und auch im ständestaatlich regierten Österreich den Erfolg des Erzählbands erschweren.

Im Gegensatz zu Querido und Rascher gibt für den Wiener Verlag von Herbert Reichner (1899-1971) weder die Unbekanntheit der Schriftstellerin noch der schlechte Absatz des Reisebuchs den Ausschlag, von einer Veröffentlichung abzusehen, sondern das Politische des *Falkenkäfigs*. Klaus Mann schreibt über Reichner: »Er fürchtet, mit irgendwelchen Kleinigkeiten im Dritten Reich anzustoßen und verlangt zahlreiche Korrekturen – die er obendrein selber vornehmen möchte.«[356] Da Schwarzenbach nur einige wenige Veränderungen akzeptiert, Reichner jedoch ein Verbot fürchtet und zögert, forciert sie in der Folge die Publikation nicht.

Denn zur selben Zeit, im Sommer 1936, beginnt ein neuer Lebensabschnitt in ihrem Leben. Sie entscheidet sich, mit der Journalistin Barbara Hamilton-Wright, die sie während ihres dritten Persien-Aufenthalts von April bis Oktober 1935 kennengelernt hat, eine mehrmonatige Autotour durch die nördlichen Industriestädte der Vereinigten Staaten von Amerika zu unternehmen und wie auf ihrer Orientreise Berichte zu verfassen und Fotos zu schie-

---

(durch die Verbindungen Reichners) und Holland (durch eine gewisse Propaganda, die wir dort für das Buch machen könnten).«

352 Klaus Mann in einem am 15.6.1936 in Bandol-sur-Mer geschriebenen Brief an Zweig ebd., S. 268. Dass Schwarzenbachs Novellenbuch entgegen der obigen Behauptung Klaus Manns in der Tat ein politisches ist, wird im Folgenden näher erläutert.

353 Perret: Nachwort. In: Schwarzenbach: Bei diesem Regen 1996, S. 220.

354 Siehe den Rascher Verlag in einem am 16.10.1935 geschriebenen Brief an Schwarzenbach ebd., S. 213f.: »›Sie werden begreifen, dass wir [...] Ihren neuen Novellenband ›Der Falkenkäfig‹, von denen uns einige ganz ausserordentlich gefallen, nicht auf unser Risiko herausbringen können. Die Absatzverhältnisse sind, wie Sie wissen, gegenwärtig nicht die besten, und ein Absatz in Deutschland ist heute auch ausserordentlich schwierig.‹«

355 Vgl. ebd., S. 216.

356 Klaus Mann in einem am 15.6.1936 in Bandol-sur-Mer geschriebenen Brief an Zweig. In: Mann: Briefe und Antworten 1975, S. 268.

ßen.[357] So bleiben die Novellen des *Falkenkäfigs* zu ihren Lebzeiten bis auf *Die Beduinen* und *Eine Frühlingserscheinung* unveröffentlicht.[358] Erst im Zuge der Wiederentdeckung Schwarzenbachs in den 1980er-Jahren werden die Erzählungen, von denen im Lauf der Jahre vier verloren gehen,[359] von Roger Perret 1989 in einer neuen Anordnung und um zwei Texte erweitert[360] unter dem Titel *Bei diesem Regen* erstmals herausgegeben.[361] 2007 erscheint eine von der Schwarzenbach-Biografin Melanie G. Mazzucco ins Italienische übersetzte Ausgabe des *Falkenkäfigs* mit dem Titel *La gabbia dei falconi. Tredici racconti orientali (1934-35)*. Allerdings ist für diese Ausgabe weder die ursprüngliche Reihenfolge der erhalten gebliebenen Novellen wiederhergestellt noch die Anordnung der Erstausgabe von 1989, sondern eine dritte Variante der Textauswahl und -zusammenstellung gewählt worden.[362]

---

357 Vgl. Linsmayer: Leben und Werk Annemarie Schwarzenbachs 1989, S. 194ff.

358 Die Novelle *Die Beduinen* erscheint am 15.4.1935 in der Schweizer *National-Zeitung*. Der zweite Text mit dem Titel *Eine Frühlingserscheinung* wird am 5.9.1938 in der *National-Zeitung* publiziert. Vgl. Mazzucco: La gabbia dei falconi 2007, S. 229.

359 Vgl. Perret: Nachwort. In: Schwarzenbach: Bei diesem Regen 1996, S. 235. Bei den verloren gegangenen Novellen handelt es sich um *Der Falkenkäfig*, *Ein trauriger Ort*, *In Eskischehir* und *Reise nach Baalbek*.

360 Vgl. ebd., S. 235. Die hinzugenommenen Texte, die ebenfalls 1934/35 entstanden sind, heißen *Ein Auswanderer* und *Die Mission*. Hinweis: Beide Texte werden, da sie ursprünglich nicht zu den Novellen des *Falkenkäfigs* gehören, in der vorliegenden Untersuchung im Fall von *Ein Auswanderer* nur kurz angerissen bzw. im Fall von *Die Mission* wegen der Klassifizierung des Textes als Aufsatz nicht behandelt. Vgl. in diesem Zusammenhang ebd., S. 237. Siehe wegen der Reihenfolge in *Bei diesem Regen* Karrenbrock: Nomadische Bewegung 2005, S. 106f.: »Weniger plausibel erscheint die von Perret veränderte Reihenfolge der Texte, die nun zwar der Chronologie der Reiseorte folgt, aber eher nach dem Rhythmus von ›gelungenen‹ und schwächeren Texten zu funktionieren scheint. So ist es nicht nur das Problem der fehlenden Texte, sondern auch die veränderte Anordnung, die die Rekonstruktion eines möglichen inneren Zusammenhangs der Sammlung erschwert.« Die Anordnung der Novellen in *Bei diesem Regen* lautet: *Das gelobte Land*, *Ein Auswanderer*, *Verklärtes Europa*, *Bei diesem Regen*, *Der Abschied*, *Beni Zainab*, *Auf der Heimreise...*, *Sehr viel Geduld...*, *Die Mission*, *Drei Tage Morgendämmerung*, *Fast dasselbe Leiden*, *Vans Verlobung*, *Eine Bekanntmachung* und *Eine Frau allein*.

361 Eine Ausnahme bilden die beiden Novellen *Verklärtes Europa* und *Fast dasselbe Leiden*. Sie erscheinen 1988 in einer von Anna Rheinsberg herausgegebenen Textsammlung mit dem Titel *Bubikopf. Aufbruch in den Zwanzigern*. Vgl. Schwarzenbach: Verklärtes Europa 1988, S. 165-170 und Schwarzenbach: Fast dasselbe Leiden 1988, S. 170-175.

362 Die *tredici racconti orientali* in *La gabbia dei falconi* sind wie folgt angeordnet: L'emigrante (dt. *Ein Auswanderer*), L'addio (*Der Abschied*), Europa trasfigurata

4.6.2 »Man spricht nur von unangenehmen Dingen, sogar vom nächsten Weltkrieg.« Der Orient als Auffangbecken westlicher Flüchtlinge, zivilisationsmüder Reisender und Abenteurer

Ist es im Fall von *Winter in Vorderasien* die Melancholie, die die Stimmung des *Tagebuches einer Reise* ausmacht und sich insbesondere anhand der Landschaftsbeschreibungen ausdrückt, so sind es in *Der Falkenkäfig* vor allem (Selbst-)Zweifel – auch wegen der negativen politischen Entwicklung im Europa der 1930er-Jahre, die sich in den vierzehn Novellen immer wieder auf unterschiedliche Weise kundtut. Pessimismus und Traurigkeit, Hoffnungslosigkeit und Angst sind die Kennzeichen der Sammlung, die in einer Epoche, in der Europa nach den Jahren der Weltwirtschaftskrise mit Hilfe von Faschismus, Nationalsozialismus und Kommunismus eine neue Zukunft zu erreichen hofft, bereits auf die *Schattenseiten* der ideologisch totalitären Politiken verweist.[363]

In einer Zeit, in der in Europa die Demokratien von Diktaturen abgelöst werden,[364] in der staatlich verordneter Klassen-, Rassen- und Jugendwahn herrschen, in der der (Wieder-)Aufbau von Wirtschaft und Militär betrieben und die Opferbereitschaft für Volk und Vaterland propagiert werden, übt Schwarzenbach auf eine defensive Art und Weise Kritik – defensiv deshalb, weil sie die totalitären Politiken nicht direkt attackiert, sondern auf die mehr oder minder katastrophalen Folgen dieser Herrschaftspraktiken aufmerksam macht. Das sind die erzwungene Flucht von »rassisch« Verfolgten wie den Juden, die Emigration von Oppositionellen wie Kommunisten und Sozialdemokraten, Intellektuellen und Künstlern, andererseits eine verstärkte »Zivilisationsmüdigkeit« bei Literaten und Wohlhabenden, die Abenteuerlust und Hoffnung auf neue Arbeitsmöglichkeiten bei Wissenschaftlern, Technikern und Arbeitern.[365]

(*Verklärtes Europa*), Con questa pioggia (*Bei diesem Regen*), Beni Zainab, Sulla via del ritorno (*Auf der Heimreise...*), Il fidanzamento di Van (*Vans Verlobung*), Una donna sola (*Eine Frau allein*), La terra promessa (*Das gelobte Land*), Moltissima pazienza... (*Sehr viel Geduld...*), Tre giorni d'alba (*Drei Tage Morgendämmerung*), Un annuncio (*Eine Bekanntmachung*) und Quasi lo stesso dolore (*Fast dasselbe Leiden*).

363 Vgl. Perret: Nachwort. In: Schwarzenbach: Bei diesem Regen 1996, S. 223f. Vgl. ferner Decock/Schaffers: Einleitung 2008, S. 12.

364 Vgl. Schwarzenbach: Lob der Freiheit 2005, S. 15-18.

365 Vgl. Karrenbrock: Nomadische Bewegung 2005, S. 108.

In »kurze[n] Geschichten«[366] gibt die Autorin anhand knapp angerissener Biografien einen Einblick in den Gemütszustand von aus den unterschiedlichsten Gründen und Anlässen aus Europa (inklusive Russland) und Nordamerika in den Orient geflüchteten Menschen, den »Abseitsstehenden«[367], wie sie sie einmal nennt. Sie greift damit eine Entwicklung auf, die der von ihr geschätzte Ernest Hemingway (1899-1961)[368] bereits in den 1920er-Jahren mit seinen Reportagen aus Europa und Vorderasien,[369] mit Kurzgeschichten wie in *In our Time/In unserer Zeit* (1924; dt. 1932) und *Men without Women/Männer ohne Frauen* (1927; dt. 1929) und mit Romanen wie *The Sun also rises/Fiesta* (1926; dt. 1928) und *A Farewell to Arms/In einem andern Land* (1929; dt. 1930; verfilmt 1932[370]) für die »Lost Generation«[371], zu der er als amerikanischer Kriegsfreiwilliger an der Italienfront selbst gehört, thematisiert: Die Erfahrung des Ersten Weltkriegs mit seinem Massensterben, die Infragestellung und Auflösung nicht nur der bisher geltenden Weltordnung, sondern überhaupt von bürgerlichen Normen und Werten, die Schwierigkeiten der Reintegration bzw. die Entwurzelung, damit verbunden die freiwillige Auswanderung respektive Flucht und der Versuch eines Neubeginns in der Fremde, der ein Scheitern nicht ausschließt.[372]

---

366 Schwarzenbach in einem am 4.7.1934 in Bad Gastein geschriebenen Brief an Klaus Mann. In: »Wir werden es schon zuwege bringen, das Leben« 2001, S. 117.

367 Schwarzenbach in einem am 15.6.1933 geschriebenen Brief an Clerc. In: Perret: Nachwort. In: Schwarzenbach: Bei diesem Regen 1996, S. 221.

368 Vgl. ebd., S. 224.

369 Vgl. unter anderem die Artikel *Influx of Russians to All Parts of Paris/Paris ist voller Russen* (25.2.1922), *Fascisti Party Now Half-Million Strong/Faschistische Partei hat halbe Million Mitglieder* (24.6.1922), *»Pot-Shot Patriots« Unpopular in Italy/ Italiens Schwarzhemden* (24.6.1922), *Constantinople, Dirty White, Not Glistening and Sinister/Konstantinopel: Schmutzigweiss, weder strahlend noch finster* (18.10.1922) und *Night Life in Europe a Disease: Constantinople's Most Hectic/ Europäisches Nachtleben: Eine Krankheit* (15.12.1923) in Hemingway: Reportagen 1990, S. 100-101, S. 149-152, S. 153-156, S. 198-202 und S. 297-307.

370 *A Farewell to Arms*: US-Spielfilm aus dem Jahr 1932 nach dem gleichnamigen Roman von Ernest Hemingway unter der Regie von Frank Borzage (1894-1962). In den Hauptrollen: Gary Cooper (Leutnant Frederic Henry), Helen Hayes (Catherine Barkley) und Adolphe Menjou (Major Rinaldi).

371 Vgl. den Abschnitt *Une Géneration Perdue* in Hemingway: Paris – ein Fest fürs Leben 1993, S. 24-30. Laut Hemingway stammt der Ausdruck von Gertrude Stein (1874-1946).

372 Vgl. die drei Kapitel *Geschichte und Ewigkeit, Betrachtungen über den Prediger* und *In einem andern Land* in Astre: Ernest Hemingway 1964, S. 39-58, S. 59-72 und S. 73-80.

So gesehen, sind auch die Novellen des *Falkenkäfigs*, die vom Stil her an Hemingways *Short Stories* erinnern, keineswegs so »unpolitisch«[373], wie es Klaus Mann in einem Brief an Stefan Zweig zum Ausdruck bringt, sondern äußerst brisant.[374] Denn sie konfrontieren den Leser nicht nur mit den verheerenden Auswirkungen der totalitären Politiken auf sämtliche Lebensbereiche, sondern sie stellen auch den neuen Enthusiasmus und Glauben an die (wieder-)gewonnene Sicherheit des (klein-)bürgerlichen Lebens in Frage, indem sie deren Kurzlebigkeit und Brüchigkeit anhand der dargestellten Schicksale wieder und wieder vor Augen führen.

Es ist daher nicht weiter verwunderlich, dass Reichner die »Gefahr«, die in den Erzählungen »lauert«, erkennt und auf Korrekturen besteht. In ihrer ursprünglichen Form scheinen sie nach Ansicht des Wiener Verlegers den Leser dauernd darauf aufmerksam zu machen, dass sein Glück nur ein scheinbares ist, dass ein neuer Krieg – so wie er ab Juli 1936 in Spanien tobt – auch für den Rest Europas droht, und schließlich, dass das eigene Leben beständig und der Arbeitsplatz nur sicher sind auf Kosten von Individuen, die den politischen, ideologischen oder »rassischen« Anforderungen der totalitären Machthaber nicht entsprechen und darum keinen Platz in der neuen »Volksgemeinschaft« mehr finden und verstoßen werden.[375]

Ein solches Schicksal schildert die Novelle *Das gelobte Land*. Billy, eine knabenhafte junge Frau, die zum Vergnügen eine Schiffstour in den Nahen Osten unternimmt, lernt während der Fahrt einen Mann kennen, der sich im

---

373 Klaus Mann in einem am 15.6.1936 in Bandol-sur-Mer geschriebenen Brief an Zweig. In: Mann: Briefe und Antworten 1975, S. 268.

374 Siehe Karrenbrock: Nomadische Bewegung 2005, S. 103f.: »Im Reisebericht findet die Überprüfung der orientalischen Hoffnung in der Bewegung von Ort zu Ort statt, der eigentliche Tenor des *Falkenkäfigs* ist dagegen die ›kräftigere Vertretung der Abseitsstehenden‹, der Heimatlosen und Exilierten – ein Thema, dessen Anstößigkeit Annemarie Schwarzenbach sehr wohl bewußt war und das sie in Revision, vielleicht ja Politisierung ihrer oben skizzierten Oppositionshaltung dennoch als ihr persönliches weiterverfolgte.«

375 Dass sich Schwarzenbach nicht erst im Lauf der Arbeiten zum *Falkenkäfig* mit dem Schicksal der seit der »Machtergreifung« der Nationalsozialisten aus den unterschiedlichsten Gründen in Deutschland unerwünschten Personen interessiert und engagiert, zeigt ihre Tätigkeit für die Gründung der späteren *Sammlung*. Siehe zu ihrem Inhalt Schwarzenbach in einem am 16.4.1933 in Hamburg geschriebenen Brief an Bourdet. In: Schwarzenbach: Lettres à Claude Bourdet 2008, S. 137: »Beiträge: 1) aus unserem Lager (gross genug!) – 2) irgendwelche alte für uns wichtige Aufsätze wiedergegeben (der Teil der ›Ehrung des Überkommenen‹) 3) Aufsätze von Leuten für die jetzt in Deutschl. etc kein Raum ist: z.B. einer jüd.-kommunist. Krankenschwester die nach Palästina auswandert – 4) Film – Buch – Theaterbesprechungen.« Unterstreichung von Schwarzenbach.

Gegensatz zu ihr nicht auf der Suche nach Zerstreuung befindet, sondern auf der nach einer neuen Heimat für sich und seine Tochter:

> Er hiess Dr. Levy und war in Freiburg Professor der Chemie gewesen. Er kannte Palästina ganz gut, aber jetzt brachte er seine Tochter hinüber, und sie würden dort bleiben. Sie würde nicht in Deutschland aufwachsen, sondern in Palästina, und was die Nazis ihrem Vater getan hatten, würde sie nicht mehr angehen als die Pogrome in Bessarabien. Sie würde eine glückliche Kindheit in Palästina haben.[376]

Während der Weiterfahrt des Schiffes von Jaffa nach Haifa fällt Billy auf, dass die ungleiche Behandlung von Juden und Nichtjuden, vor der Menschen wie Dr. Levy oder ein knapp sechzehnjähriger Jude aus Rumänien, dessen Einreiseversuch ins Heilige Land in der Novelle *Ein Auswanderer* geschildert wird, geflohen sind, sich auch im Orient fortsetzt. Denn die Flüchtlinge, viele jung und meist unvermögend, sind im britischen Mandatsgebiet Palästina alles andere als willkommen. Insbesondere die Araber fürchten, von einer zunehmend größeren jüdischen Gemeinde eingekreist und aus ihrer Heimat vertrieben zu werden. Der arabisch-jüdische Konflikt, der durch die unentschiedene Politik der Engländer, die beiden Seiten im Lauf des Ersten Weltkriegs Garantien für einen selbstständigen Staat gegeben haben, zusätzliche Sprengkraft erhält, schwillt so in den 1920er- und 1930er-Jahren mehr und mehr an – vor allem infolge der Diskriminierung der deutschen Juden durch die Nationalsozialisten. Jene setzen ihre gesamten Hoffnungen daher auf das »Gelobte Land«:

> [Billy] begann, um das Deck herumzugehen, in die Touristenklasse hinüber, und wieder nach vorn, an den offenen Fenstern des Salons vorbei. Der Salon war leer. Sie ging zurück, aber man hatte die Touristenklasse durch ein Seil abgesperrt, und hinter dem Seil standen die Auswanderer mit ihren Handtaschen und Rucksäcken und warteten, dass man sie an Land gehen liess. Es waren lauter Juden, und die meisten von ihnen waren junge Juden aus Deutschland. (S. 11)

---

376 Schwarzenbach: Bei diesem Regen, S. 8. Hinweis: Im Folgenden wird der Text der 1996 erschienenen zweiten Auflage der Erstausgabe von 1989 zitiert. Siehe die Stellenangaben in den Klammern. Die Emigration der Juden aus Deutschland thematisiert Schwarzenbach später auch in der 1938 veröffentlichten Reportage *Nichtskönner*. Vgl. Schwarzenbach: Kleine Begegnungen in Deutschland 1995, S. 101-111, hier S. 106f.

Rechtsextremismus und Antisemitismus, Verfolgung und Entrechtung sind die Gründe, die die europäischen Juden in zunehmendem Maße dazu bewegen, Schutz auch in den orientalischen Staaten zu suchen. Die massenweise Einwanderung dorthin ist ein relativ neues Phänomen, stellte diese Region im Ersten Weltkrieg doch selbst einen Kriegsschauplatz dar. Dabei setzt Anfang der 1920er-Zwanziger Jahre nicht nur eine neue Einwanderungswelle von jüdischen Siedlern nach Palästina ein. Auch die Machtübernahme der Kommunisten in Russland bedingt Migrationsbewegungen. So entscheiden sich zahlreiche »Weiße«, Gegner der Bolschewiki, die sie sich der neuen Ordnung in der Heimat nicht beugen wollen, Russland bzw. die im Dezember 1922 gegründete Sowjetunion zu verlassen und ins Exil zu gehen.

Dass dieses durchaus auch in Vorderasien sein kann, zeigt die Novelle *Eine Bekanntmachung* anhand der Flucht der Ukrainerin Katharina Petronova nach Persien. Dort versucht sie sich durch Heirat und Niederlassung eine neue Existenz aufzubauen.[377] Freilich scheitert die Ehe der verarmten und – wie der aus *Tod in Persien* und dem *Glücklichen Tal* bekannte russische Fotograf Jan Bibenski – aus Kiew stammenden Emigrantin mit einem vergleichsweise gut verdienenden, aber charakterlich schwachen Österreicher namens Rudolph Kraitner. Aufgrund zahlreicher Meinungsverschiedenheiten weiß sie sich nicht anders zu helfen als zum Islam überzutreten, was nach muslimischem Recht automatisch die Scheidung beider Eheleute zur Folge hat:

377 Vgl. die Kapitel *Die Flucht aus dem Tollhaus*, *Die Armee im Exil* und *In Konstantinopel* in Essad Bey: Das weiße Russland 1932, S. 45-49, S. 50-57 und S. 58-64. Im Fall von Katharina Petronova ist es möglich, dass Schwarzenbach in dieser Figur neben eigenen Erfahrungen auch die ihres Bekannten, Jan Bibenski, verarbeitet hat. Ähnlich wie Petronova, die freilich im Gegensatz zu Schwarzenbach wegen der Russischen Revolution aus ihrer Heimat flieht, versucht die Schriftstellerin durch die Heirat mit Claude Clarac eine Flucht vor den Erwartungen ihrer heimischen Umgebung bzw. einen Neuanfang in einem ihr fremden Land. Siehe Schwarzenbach in einem am 23.2.35 in Schiethalde geschriebenen Brief an Klaus Mann. In: »Wir werden es schon zuwege bringen, das Leben« 2001, S. 125f.: »Dafür [für die Ehe mit Claude Clarac; B.S.] spricht aber so Manches. Die Schweiz ist ein kleines Land, u. wenn ich hier unverheiratet bliebe, in Sils zu Hause, selbst wenn meine Familie sich dazu neutral u. freundlich zeigte (wie eben jetzt die Reinhardts in Sils) – so wäre doch immer die Sorge, der Unwille, der Hass der Fronten, die Sensationslust der ›society‹ bliebe auf mich gerichtet, stosse mich entweder übermäßig weg, oder kümmere sich zu sehr: [...] Rein äusserlich aber würde diese Heirat ganz u. gar genügen, um meine Familie im engen u. weiten Sinn zu beruhigen. Ich habe schon Proben davon, dass sie mich dann ganz freisprechen würden – von diesem Frieden verspreche ich mir viel, weil er fortwirkend dazu führte, *das Interesse von mir, einer Ausländerin, Schriftstellerin die in einem anderen Kreise lebt, abzulenken.*« Unterstreichungen von Schwarzenbach. Kursivierung von B.S.

> Sie, Katharina Petronova, aus Kiew, der Stadt der vielen Klöster und der vielen Kirchen und der brausenden Glocken. Nein, die Glocken aus Kiew waren tot, dachte sie, und sie brauchte sich deswegen nicht zu beunruhigen. Drei Jahre war sie verheiratet gewesen, zwölf Jahre in Persien. Als sie glaubte, es nicht mehr aushalten zu können, griff sie zu dem Ausweg und wurde Mohammedanerin. (S. 169)[378]

Freilich bleibt sie nach der Trennung nicht lange allein. Denn sie kehrt zu ihrem früheren Geliebten, einem in Teheran lebenden russischen Mechaniker, der der leibliche Vater ihres Sohns Rupert ist, zurück:

> Immer, wenn sie mit Iwan zusammen war, fiel es ihr schwer, an etwas anderes zu denken. Es fiel ihr, beispielsweise, schwer, sich zu erinnern, dass sie mit einem Mann namens Rudolph Kraitner verheiratet war. *Alles Fragwürdige und Ungewisse ihrer Existenz* schien wie weggeblasen, wenn sie mit Iwan zusammen war, aber das Zusammensein mit ihm war einfache, fraglose Wirklichkeit. (S. 172)[379]

Das Schicksal der Ukrainerin ist nur eins von vielen Flüchtlingsgeschichten, die sich nach dem Ersten Weltkrieg zutragen. Schließlich erhöht sich mit jeder neuen Diktatur im Westen, insbesondere nach der Machtübernahme der Faschisten in Italien 1922 und der der Nationalsozialisten in Deutschland elf Jahre später auch die Anzahl unfreiwillig ausgewanderter Europäer in Vorderasien. Gleichzeitig fahren immer mehr westliche Touristen in den Orient. Die Öffnung der Wege nach dem Krieg sowie die kurzfristige wirtschaftliche Erholung in den *Goldenen Zwanzigern* erlauben es in erster Linie wohlhabenden

---

378 Die Behauptung, dass Bibenskis Biografie, also seine Herkunft, Flucht aus Russland aufgrund der Revolution und der darauf folgende langjährige Aufenthalt im Iran als Vorbild für die Konstruktion von Petronovas Lebensweg gestanden haben könnten, bekräftigen – zumindest im Rückschluss – der kurze Rückblick auf seine Vita wie auch seine Erinnerungen an die Zeit vor dem Exil in Schwarzenbach: Das glückliche Tal 2006, S. 161: »Russischer Emigrant, gewesener Kadett des Zaren, seit zwanzig Jahren in Persien, heute wohlbestallter Expeditions-Photograph.« Siehe ferner ebd., S. 164f.: »›Einmal, während des Osterfestes, habe ich die Glocken von Kiew gehört. Ich werde das nie vergessen. Glocken von allen Hügeln, bunte Kuppeln und weisse Kirchen über der Stadt, und über dem schimmernden Fluss weitgespannte Brücken.‹ [...] ›Die Glocken von Kiew! Die brausenden Glocken von Kiew! Jetzt sind sie verstummt‹, fuhr er fort, ›schon seit zwanzig Jahren. Aber eines Tages werden sie wieder anheben, ja, sie werden den Tag einläuten, und ich werde sie hören. Darauf warte ich.‹«

379 Kursivierung von B.S.

und »zivilisationsmüden« Westlern wieder, ihre trotz des Friedens von Krisen geplagte Heimat eine Zeit lang hinter sich zu lassen und der sie beherrschenden Angst vor der Zukunft, aber auch ihrer inneren Leere und Langeweile zu entfliehen.[380] In der Novelle *Verklärtes Europa* ist der Wunsch eines vermögenden Italieners namens Neno, zusammen mit seiner jungen Frau Bianca durch eine Abenteuerreise in der Fremde eine Ablenkung zu finden, der Grund für seine Reise nach Syrien:[381]

> ›Europa, ein armes, müdes Land. Man spricht von der Arbeitslosigkeit, bei uns in Italien vom Faschismus. Man spricht nur von unangenehmen Dingen, sogar vom nächsten Weltkrieg, obwohl es doch gar keinen Zweck hat‹. [...] ›Wissen Sie‹, sagte er, ›mir war es einfach zuviel geworden. Es hing mir einfach zum Hals heraus, deshalb kamen wir hierher‹. [...] ›[D]ort habe ich mich gelangweilt. Alles war so gut organisiert, obwohl die Pessimisten behaupten, es sei eine falsche Ordnung. Ich habe dort nur halb gelebt‹. (S. 32ff.)[382]

Die Äußerungen des jungen Italieners geben wieder, wie die Stimmung im Europa der Zwischenkriegszeit entgegen der Propaganda in den totalitär gelenkten Staaten tatsächlich ist. So höre man in Deutschland und andere Staaten zwar den »›ganzen Tag von der Judenfrage [...] sprechen‹« (S. 34)

380 Siehe Weiss: Unromantisches Morgenland 1924, S. 5: »Es erweist sich, daß wir in dem ›einheitlichen Geist‹ [von Europa; B.S.] eingelullt und gesichert sind wie in Wattebäuschen; daß wir das Seiltänzerische unserer Vorzeit verlernt haben, das Haschen nach den ungreifbaren Wesentlichkeiten; vielleicht nannte man sie in jener anderen Zeit: ungreifbare Möglichkeiten – aber es war immer nur die Jagd nach dem eigenen Leben. Auch wir in der Gegenwart suchen dieses eigene Leben – nur wollen wir es sichern, bevor es gefunden ist. Und wir ahnen die Sünde. Es ist schwer zu sagen, aber viele Europäer fühlen es heute unbewußt: die furchtbare Gefahr des Ungefährlichen.«

381 Hier gilt, was Decock und Schaffers für die orientalischen Novellen des *Falkenkäfigs* feststellen. Siehe Decock/Schaffers: Einleitung 2008, S. 14: »Die Protagonisten halten sich auf ihrer Flucht und ihrer Suche nach einem alternativen Leben von Zeit zu Zeit an Orten auf, die als relativ friedliche Begegnungszonen dieser Kontinente topographiert und daher, mit einem Begriff von Michel Foucault, als Heterotopien bezeichnet werden können.«

382 Siehe als eine andere Fassung von *Verklärtes Europa* auch Schwarzenbach: Besuch im Orient 1935, S. 1: »›Es ist dort immer wieder das Gleiche‹, sagte der Junge, ›Die gleichen Hotels in allen Städten, die gleichen Leute in St. Moritz und am Lido.‹ [...] ›[I]ch habe mich dort so gelangweilt, weil es immer wieder dasselbe ist. *Man hat es zu leicht dort*. Alles ist zu gut organisiert, und man lebt nur halb.‹« Kursivierung von B.S.

und davon, dass das Leben »›öde, langweilig und nicht einmal ungefährlich‹« (S. 36) sei, doch beruhigt sich andrerseits der Italiener selbst, indem er den Faschisten und Nationalsozialisten jegliche wirkliche politische Präsenz und Gefährlichkeit abspricht. So behauptet er gegenüber seinen Zuhörern: »›[W]enn man nicht wollte, brauchte man sie gar nicht zu bemerken. Und wenn man wollte, kam man gut mit ihnen aus‹« (S. 34).[383]

Das ist ein Widerspruch von vielen, den die Europäer mit sich im Orient herumtragen, dabei freilich einer von Bedeutung für ihr Selbstverständnis. Denn das Bild, das diese »Abseitsstehenden« von ihrer Heimat besitzen, verträgt sich immer weniger mit der Wirklichkeit, je länger sie sich außerhalb des heimatlichen Kontinents aufhalten. Die Entfernung von der Familie und dem Freundeskreis, die hiesige Einsamkeit und Fremdheit bedingen tatsächlich ein »verklärtes« Europa, eines, das man aus der Kindheit und Jugend noch kennt oder zu kennen glaubt – ein Paradies ohne persönliche oder politische Konflikte. Fast sämtliche Europäer leben in der Hoffnung, eines Tages bei ihrer Rückkehr eben dieses »Traumland« wieder anzutreffen.[384] Dass sie sich ihr

---

383 Die Novelle *Verklärtes Europa* erinnert in ihrem Aufbau an zwei Kurzgeschichten von Hemingway aus seinem Erzählband *In unserer Zeit*: An *Schonzeit*, in der zu Beginn der Herrschaftszeit Mussolinis ein junger, wohlhabender Italiener zusammen mit seiner Ehefrau in Cortina Urlaub macht, sich aber mit ihr wegen seines illegalen Forellenfischens zerstreitet, wobei ein Konflikt zwischen den Eheleuten angedeutet wird. Zum anderen könnte *Verklärtes Europa* auch eine Anspielung auf *Mr. und Mrs. Elliot* sein, worin ein wohlhabender und puritanisch lebender, aber impotenter Amerikaner mit seiner Ehefrau zwecks Kinderzeugung nach Frankreich reist, sich nach einiger Zeit niederlässt, zu trinken beginnt und Gedichte schreibt, während seine anfangs ebenfalls religiöse Partnerin sich mit ihrer aus den USA eingeschifften Freundin vergnügt. In beiden Texten werden Hoffnungen auf eine Veränderung durch einen Ortswechsel gesetzt, die sich jedoch – wie in Schwarzenbachs Novelle – nicht erfüllen, sondern im Gegenteil durch eine »amoralische« Grenzüberschreitung bzw. durch Selbstbetrug zu einer Eskalierung der Situation führen.

384 Siehe Lehnert: Die Darstellung der Fremde in der Prosa Annemarie Schwarzenbachs 1998, S. 111f.: »Im Novellenband ›Bei diesem Regen‹ werden Langeweile, Europamüdigkeit, materielle Vorteile und die Flucht vor persönlichen und politischen Konflikten als Gründe für den Aufbruch der Protagonisten genannt.« Es handelt sich um den »Versuch einer Befreiung von behindernden Schranken, aus ungelösten Konflikten. In den Texten aber wird deutlich, daß sich die erhoffte Freiheit nicht einstellen will. Die Konflikte beanspruchen die Protagonisten noch immer, das Gefühl der Nicht-Zugehörigkeit, einer fehlenden Basis macht sie noch unsicherer in der fremden Umgebung. In ihrer Enttäuschung verschließen sie sich und richten den Blick zurück, wohl wissend, daß das Sehnen nach diesem Ort nie mehr mit der Wirklichkeit konfrontiert werden kann.« Vgl. Dällenbach: »Wir reisen, um zu uns

gegenwärtiges Dasein in Vorderasien selbst erschweren, indem sie an ihren Wunschfantasien festhalten, sich die Entwicklungen in Europa zurechtrücken und dem Orient kaum eine Möglichkeit geben, ihnen eine neue Heimat zu sein, lässt diejenigen, die sich, ob nun freiwillig eingewandert oder zur Flucht gezwungen, jedenfalls längerfristig hier aufhalten, immer mehr in Widerspruch zu ihrer Umwelt geraten.[385]

In der Novelle *Vans Verlobung* schildert die im Iran als Archäologin tätige Ich-Erzählerin eine solche Entwicklung des »Dazwischenbleibens« am Beispiel eines jungen amerikanischen Kollegen namens Van. Dieser hat sich in den Orient abgesetzt, um der Enge und »Endgültigkeit« des konservativen christlich-bürgerlichen Lebens im heimatlichen Arkansas zu entfliehen (S. 146).[386] Doch

---

selbst zu finden« 2006, S. 68. Was Dällenbach für Schwarzenbach feststellt, gilt auch für die Figuren der orientalischen Novellen, nämlich dass die Heimat deshalb so verklärt werde, weil sich die Europäer des Untergangs der europäischen Kultur bewusst seien.

385 Vgl. Lehnert: Die Darstellung der Fremde in der Prosa Annemarie Schwarzenbachs 1998, S. 113. Vgl. ferner Karrenbrock: Nomadische Bewegung 2005, S. 112.

386 Vgl. wegen der Vorbilder für die hier auftretenden Novellenfiguren George Gordon, Van und den namenlosen Russen Mazzucco: La gabbia dei falconi 2007, S. 206ff. Vgl. ferner M. T.: George Carpenter Miles 1977, S. 113. Nach Mazzucco verbirgt sich hinter der Figur des George Gordon der US-amerikanische Wissenschaftler George Carpenter Miles (1904-1975), ein Spezialist auf dem Gebiet der islamischen Numismatik, der 1934 bis 1937 als Epigraf und stellvertretender Direktor an den US-amerikanischen Ausgrabungen in Rhages und in Luristan teilnimmt. Hinter der Figur des Architekten Van stehe ein gewisser Van W. Knox, über den jedoch keine genaueren Angaben zur Verfügung stehen. Bei dem namenlosen Russen handle es sich um den bereits erwähnten Fotografen Jan Bibenski. Alle drei Figuren erscheinen später übrigens auch in Schwarzenbach: Tod in Persien 2003, S. 62ff. Die Aufnahme amerikanischer Personen kann auch als eine Anspielung Schwarzenbachs auf Hemingway gelesen werden. Ein Gespräch über Heimatlosigkeit zwischen zwei Amerikanern in Paris, dem Schriftsteller Bill Gorton und dem als Journalist tätigen Ich-Erzähler Jacob Barnes, findet sich in Hemingway: Fiesta 1992, S. 94: »›Nichts mit dir los. Und du beanspruchst einen Ruf als Schriftsteller? Du bist nur ein Journalist. Ein heimatloser Journalist. Du müßtest schon ironisch aus dem Bett steigen. Du müßtest über und über voll Mitleid aufwachen. [...] Aber liest du denn nichts? Sprichst du denn mit keinem Menschen? Weißt du, was du bist? *Du bist ein Heimatloser*. Warum lebst du nicht in New York? Dann würdest du das alles wissen. Was soll man mit dir machen? Soll ich jedes Jahr herüberkommen, um dich auf dem laufenden zu halten? [...] Du bist ein Heimatloser. *Du hast den Kontakt mit der Erde verloren*. Du posierst. Trügerische europäische Normen haben dich ruiniert. *Du trinkst dich zu Tode*. Du bist vom Sex besessen. Du redest die ganze Zeit, statt zu arbeiten. Du bist ein Heimatloser, siehst du es ein? Du bummelst in Cafés herum. [...] Du arbeitest ja niemals. Manche behaupten, daß du dich von Frauen aushalten

auch in Vorderasien wird der Nordamerikaner nicht glücklich. Denn er unterlässt es, sich mit seinem Leben in seiner früheren Heimat, von der er sich nie ganz abnabeln konnte, wie auch mit seinem jetzigen Lebensmittelpunkt, wo er nie ganz angekommen ist, auseinanderzusetzen. So leidet er unter Einsamkeit und Fremdheit, Heimatlosigkeit und Hoffnungslosigkeit und wird dadurch – wie viele andere Figuren des Novellenbandes auch – krank (S. 149):

> Ich stelle mir vor, dass Van keine Ausnahme gemacht hat. Er war ganz der Typ des ›Passionné‹, des leidenschaftlichen Liebhabers, der auf etwas hofft und sich über seine Schwäche hinweghilft, über die Enttäuschung, die Wirklichkeit. Aber Van kannte keine Wirklichkeit von Persien. Er hielt sich an etwas anderes, an ein Traum-Persien, von dem er die Farben sah, die gewaltigen Gebirgsfalten, die leeren Flussbetten, die dünne, verwirrende Hochebenen-Luft. Und das Traum-Persien zehrte ihn langsam aus. Er war zuletzt wie ein Fieberkranker. (S. 147)[387]

4.6.3 »Wir haben so lange die Orientalen gedemütigt. Jetzt machen sie es ebenso mit unseren Leuten.« Das Leben der Europäer in Vorderasien

Schwarzenbach hat es in *Winter in Vorderasien* bereits thematisiert und am Beispiel der Türkei aufgezeigt: »[M]an lebt in einem Land, welches an seine Zukunft glaubt und an die Güter der Vernunft, der Zivilisation und des Fortschritts, die man in Europa so erniedrigend preisgibt.«[388] Dabei herrschen nicht nur in Anatolien, sondern im gesamten Orient ein bis dahin ungekannter Enthusiasmus und Optimismus vor. Nach den Wirren des Ersten Weltkriegs und den

läßt. Andere behaupten, du bist impotent.‹« Kursivierungen von B.S. Vgl. auch Anmerkung 396.

387 Was die Ich-Erzählerin über dieses Schweben Vans zwischen zwei Räumen schreibt, gilt ähnlich auch für sie selbst. Siehe Karrenbrock: Nomadische Bewegung 2005, S. 112: »Allerdings weist ihre differente Perspektive die Erzählerin gerade nicht als Protagonistin, sondern als protokollierende Berichterstatterin fremden Lebens und Erlebens aus, als eine Beobachterin auf der Schwelle zwischen Eigenem und Fremden, Europa und Orient, Antike und Gegenwart, Zeitlosigkeit und Fortschritt. Der Ort der Schreibenden ist ein grenzgängerisches ›Dazwischen‹, das sich vorschnellen Vereindeutigungen entzieht. Ihre ›Novellen‹, auch die personal/neutral erzählten, sind – unterschiedlich akzentuierte Suchbewegungen nach Möglichkeiten von ›abendländischer‹ Identität in fremden Räumen oder nach der Sprengkraft, die das Nomadische gerade angesichts faschistischer Territorialisierungen hat.«

388 Schwarzenbach: Winter in Vorderasien 1934, S. 18.

schweren politischen, wirtschaftlichen und militärischen Startbedingungen Anfang der 1920er-Jahre entwickelt sich Vorderasien wegen der Nachfrage nach Erdöl, der Erschließung vernachlässigter Landstriche durch eine verbesserte Infrastruktur und der Übernahme neuer Technologien aus dem Westen rasant weiter.[389]

Forciert wird die Modernisierung der Region von der Angst nicht so sehr eines ideologischen, sondern eines ökonomischen Übergreifens der Sowjetunion auf ihre südlichen Nachbarstaaten, ferner vom Willen der orientalischen Machthaber, ihre Länder politisch und wirtschaftlich so zu festigen, dass sie ihre Abhängigkeit von Europa überwinden und autarke Gebilde zwischen West und Ost bilden.[390] Besondere Bedeutung erhalten dabei westliche Ingenieure und Techniker, Ärzte und Wissenschaftler, die für viel Geld angeworben werden, eine Zeit lang an dieser Aufbauarbeit mitzuwirken. Und viele nehmen die für sie lukrativen Angebote an, die ihnen neben der finanziellen Entschädigung auch eine Abwechslung zu ihrem (Großstadt-)Leben im Westen bieten. Doch mit der Weltwirtschaftskrise, der politischen Instabilität und der Machtübernahme durch nationalkonservative und faschistisch-rassistische Parteien in immer mehr europäischen Staaten ändert sich die Situation dieser im Orient tätigen Spezialisten.

Für viele wird der anfangs begrüßte, freiwillige Aufenthalt in der Fremde durch die Veränderung der Machtverhältnisse in der Heimat oftmals aus politischen, »rassischen« oder persönlichen, aber auch finanziellen Gründen zu einem erzwungenen Exil. Je länger dieses dauert, stimmt es die meisten umso pessimistischer und melancholischer, einsamer und hoffnungsloser, was ihre eigene Zukunft wie auch die ihrer Heimat angeht: »Die Europäer fürchten sich in diesem Land. Keiner von ihnen wird heimisch; daran ändern Jahre nichts. Man stellt ihnen große Aufgaben, sie lösen sie, ohne daß der Erfolg sie zufriedener macht.«[391]

Das schreibt Schwarzenbach angesichts ihrer Erfahrungen in der Türkei, doch gilt diese Erkenntnis nicht nur für die westlichen Fachkräfte und Gastarbeiter in Anatolien, sondern für die im gesamten Orient. Dabei liegt das Problem, das diese Leute haben, nicht so sehr in dem jeweiligen Aufenthaltsort begründet als vielmehr in ihnen selbst, denn »[k]einer zweifelt an dem Land,

389 Vgl. wegen der Erdölausbeutung im Orient die Abschnitte *Im Lande des silbernen Löwen, Die Abenteuer des Herrn d'Arcy, Die persische Sensation, Geopolitisches Intermezzo, Mossul* und *Ein orientalisches Märchen* in Essad Bey: Flüssiges Gold 1933, S. 236-253, S. 254-262, S. 263-274, S. 298-302, S. 303-317 und S. 318-332.

390 Vgl. das Kapitel *Die alten Staaten in neuer Form* in Boveri: Vom Minarett zum Bohrturm 1938, S. 293-354.

391 Schwarzenbach: Winter in Vorderasien 1934, S. 18.

am Volk. Aber jeder zweifelt an seiner Aufgabe. Das ist die Furcht.«[392] Für sie ist die Infragestellung der Sinnhaftigkeit ihrer Arbeit und ihres Lebens in Vorderasien charakteristisch, da sie angesichts der politischen Entwicklung in Europa die Hoffnung auf längerfristigen Frieden und Wohlstand, auf Freiheit und Sicherheit für die Menschen dort verlieren.

Die aus dem Westen stammenden Ingenieure und Techniker, Ärzte und Wissenschaftler, die sich im Gegensatz zu den jüdischen Einwanderern keine dauerhafte Existenz in der Fremde aufbauen möchten, resignieren. Während sie den Orientalen beim Aufbau ihrer Verwaltung und Infrastruktur, Wirtschaft und Armee helfen, müssen sie mit ansehen, wie der eigene Kontinent durch die wachsende Kriegsgefahr einer neuen politischen und militärischen, ökonomischen und kulturellen Katastrophe entgegengeht. Daraus resultieren ihre Furcht und die fehlende Begeisterung für ihre Tätigkeit im Orient. Es stellt sich die Frage, was diese trotz aller Hiobsbotschaften an Heimweh leidenden Menschen motivieren soll, wenn nicht die Hoffnung auf eine baldige Rückkehr in die Heimat, zu ihren Familien und Freunden.

Das Wissen um die Unmöglichkeit, das einst abgebrochene Leben dort wieder aufzunehmen, wo man einmal zuhause gewesen ist, die Erkenntnis, dass der bisher geleistete Aufbau Vorderasiens einem Zweiten Weltkrieg zum Opfer fallen und damit sinnlos sein wird, versetzen die Westler in den Novellen des *Falkenkäfigs* in einen Zustand von Traurigkeit, Lethargie und Angst. Verschärft wird dieser durch ihre Weigerung, die Tatsache der äußeren und inneren Emigration zu akzeptieren, sich mit der Situation als »Gastarbeiter« und Hilfesuchender auseinanderzusetzen und auch durch ihre Unfähigkeit, den Orient als neuen Lebensmittelpunkt bzw. neue Heimat anzunehmen. Die notwendige Konsequenz eines solch passiven Verhaltens ist die Verweigerung der Wahrnehmung des Gegebenen, durch Rückzug in die Arbeit, in die in Vorderasien vorhandenen westlichen Enklaven, durch Betäubung (welcher Art auch immer) oder schließlich durch Krankheit.[393]

Eine solche Selbstaufgabe, die Ergebung in die Krankheit, schildert die namenlose und als Archäologin tätige Ich-Erzählerin in der Novelle *Bei diesem Regen* am Beispiel eines in Syrien stationierten jungen französischen Leutnants. Diesen entdecken sie und ihre Kollegen auf der Suche nach dem Hügel einer biblischen Stadt – bei regnerischem Wetter[394] – auf dem Weg zwischen

392 Ebd., S. 19.

393 Vgl. Lehnert: Die Darstellung der Fremde in der Prosa Annemarie Schwarzenbachs 1998, S. 113.

394 Regen und Schlamm, überhaupt schlechtes Wetter in Verbindung mit Krankheit und Tod sind Motive, die nicht nur in den orientalischen Novellen von Schwarzenbach vorkommen, sondern es ist zu vermuten, dass die Autorin sie von Hemingway übernommen hat. Siehe als besonders prägnantes Beispiel die Kurzgeschichte 2

Aleppo und Antiochia zufällig in einer Baracke in Begleitung eines arabischen Burschen.[395] Fieberkrank und am Ende seiner Kräfte empfängt der 23-Jährige mit dem »Schulknaben-Gesicht« (S. 43), der für die Vermessung der gesamten Gegend verantwortlich ist, die Gruppe der Wissenschaftler (S. 45). Noch in der gleichen Nacht wird der Leutnant in ein Militärspital eingeliefert und stirbt kurze Zeit später. Der junge Mann wird nicht so sehr das Opfer einer schwachen Konstitution, sondern eines schwachen Willens und einer Lebensmüdigkeit, die sich einem Überlebenskampf in der unwirtlichen Fremde nicht zu stellen vermögen, die ihn, wie er zugibt, im Gegenteil in die Wüste getrieben haben:

> ›Ich kenne alle Hügel‹, sagte er, ›*aber sie haben keine Namen*. Ich bin auch kein Archäologe.‹ Und fügte, nach Atem ringend, hinzu: ›Ich verstehe nichts von Hügeln, nichts von diesem Land. Es ist alles so schwierig…‹ [Später nähert er sich dann der Ich-Erzählerin mit der Überzeugung:] ›Ich werde nicht gesund‹, flüsterte er, ›ich habe die tropische Malaria, und *ich habe so viel getrunken*, dass ich es nicht mehr überstehen kann. Ich kann keine Chininspritzen überstehen. Ich werde – diesen Regen – nicht überstehen.‹ Er sah mich entsetzt an: ›Deshalb habe ich mich hierher versetzen lassen‹. (S. 45)[396]

in Hemingway: In unserer Zeit 1958, S. 11: »Über die schlammigen Niederungen hinweg ragten im Regen die Minaretts Adrianopels. Dreißig Meilen weit standen die Karren eingekeilt auf der Straße nach Karagatsch. Wasserbüffel und Rinder zogen Karren durch den Schlamm. Kein Ende und kein Anfang. Nichts als Karren, mit allem, was sie besaßen. Durchnäßte alte Männer und Frauen gingen hin und her und trieben das Vieh an. Die Maritza floß gelb beinahe in Höhe der Brücke. Karren waren auf der Brücke festgefahren, und Kamele bewegten sich schlingernd zwischen ihnen hindurch. Griechische Kavallerie trieb den langen Zug vorwärts. Frauen und Kinder lagen zwischen Matratzen, Spiegeln, Nähmaschinen und Bündeln auf den Karren. Eine Frau bekam ein Kind, während ein junges Mädchen eine Decke über sie hielt und weinte. Ganz krank vor Grauen vom Hinsehen. Es regnete während der ganzen Evakuierung.«

395 Siehe Perret: Nachwort. In: Schwarzenbach: Bei diesem Regen 1996, S. 223: »Die Sachlichkeit, das Unspektakuläre waren um so schwieriger zu erreichen, als die Erzählungen in einem von Legenden und Mythen geradezu wimmelnden geographischen Raum spielen: im Orient. Eine wesentliche Qualität der Texte besteht darin, dass sie den Orient nicht, wie sonst mehrheitlich in der abendländischen Literatur üblich, als Märchen- und Abenteuerwelt gestalten. Die Einheimischen, angeblich malerisch und ›verschleiert‹, von der Aura von Tausendundeiner Nacht umgeben, figurieren denn auch in den Texten zumeist als Staffage.«

396 Kursivierungen von B.S. Vgl. auch Anmerkung 386. Vgl. Euchner: Krankheit als Orientalismus in Annemarie Schwarzenbachs *Tod in Persien* 2008, S. 140. Was Euchner

Krankheit und Tod[397] umgeben auch die Protagonisten der Erzählung *Auf der Heimreise...* Weniger dramatisch, weil langsamer und schleichender ist hier der Prozess der Zermürbung von Europäern im Orient zu beobachten. Zwei ähnliche und doch unterschiedliche Schicksale werden beschrieben: Der erste Teil behandelt die Lebensgeschichte eines namenlosen französischen Hauptmanns, der seit sechs Jahren als Militärattaché in verschiedenen vorderasiatischen Staaten tätig ist und seine Heimat seitdem nicht mehr besucht hat. Die Opfer sind groß, die er im Dienst gebracht hat. So stirbt bereits kurze Zeit nach seiner Ankunft im Orient seine ihm frisch angetraute Ehefrau. Die Lücke, die sie hinterlässt, versucht der Diplomat mit Windhundezüchten und Reiten zu füllen. Doch wird ihm Letzteres verboten, als er sich Ende des Ersten Weltkriegs wegen Unterernährung eine in Vorderasien häufig auftretende Augenkrankheit, ein Trachom, zuzieht. Die Novelle, die fast ausschließlich

---

im Fall von *Tod in Persien* für die persische Landschaft konstatiert, dass diese mit ihrer Maßlosigkeit und Einsamkeit für Krankheit bzw. Kranksein stehe, gilt bei der Erzählung *Bei diesem Regen* im gleichen Maß für die syrische Natur. Es ist nicht ausgeschlossen, dass eine Szene aus Hemingways Roman *In einem andern Land* (1929) Schwarzenbach zu dieser Erzählung inspiriert hat: In ihr unterhalten sich der während des Ersten Weltkriegs als Leutnant in der italienischen Armee dienende amerikanische Ich-Erzähler Frederic Henry und seine Geliebte, die Krankenschwester Catherine Barkley, über ihre gemeinsame Zukunft. Siehe Hemingway: In einem andern Land 1974, S. 88f.: »›Und du wirst mich immer liebhaben, nicht wahr?‹ ›Ja.‹ ›Und der Regen hat nichts damit zu tun?‹ ›Nein.‹ ›Das ist gut. Weil ich Angst vor dem Regen habe.‹ [...] ›Ich weiß nicht, Liebling. Ich hab mich immer vorm Regen gefürchtet.‹ [...] ›Ich hab Angst davor, weil ich mich manchmal tot im Regen liegen sehe.‹ [...] ›Es ist alles Unsinn. Es ist nichts wie Unsinn. Ich hab keine Angst vor dem Regen. Ich hab keine Angst vor dem Regen. O Gott, ich wünschte, ich hätte keine Angst.‹ Sie weinte. Ich tröstete sie, und sie hörte auf zu weinen. Aber draußen regnete es weiter.« Schwarzenbachs Novelle *Bei diesem Regen* erinnert aber auch an die Erzählung *Eine Nacht / Une Nuit* (1928) des französischen Schriftstellers Georges Bernanos (1888-1948): Ein junger Franzose namens Carlos Darnetal entdeckt auf der Jagd im südamerikanischen Urwald eine Indianerin, die den aus Europa geflohenen Abenteuerlustigen zu der Hütte ihres sterbenskranken und fantasierenden Herrn Alahowigh Lelandais, einem Mischling, führt. Während der Nacht bleibt Darnetal bei dem Hilfebedürftigen, kann jedoch dessen letzte Bitte, von ihm noch das Sakrament der Taufe zu empfangen, nicht erfüllen, weil er die hierzu nötigen Worte nicht (mehr) kennt. So stirbt Lelandais gewissermaßen im doppelten Sinn des Nachts, da ihm – nach christlicher Auffassung – als Ungetauftem das »Reich Gottes« verschlossen bleibt und er somit im »Dunkel des Unglaubens« ausharren muss.

397 Vgl. Lehnert: Die Darstellung der Fremde in der Prosa Annemarie Schwarzenbachs 1998, S. 113.

aus Dialogen zwischen diesem Hauptmann, der namenlosen Ich-Erzählerin und ihrem (Ehe-)Partner Claude besteht, spielt in Beirut, wo das Paar den Offizier kennen- und bemitleiden lernt – bemitleiden deshalb, weil sie annehmen, dass seine orientalischen Erlebnisse ihn stumpf und gefühllos gemacht hätten. Dies ist nur scheinbar der Fall, denn später erkennen sie, dass sich hinter seiner ablehnenden, zynischen Haltung gegenüber den Verhältnissen in Europa eine tiefe Sehnsucht nach der alten Heimat verbirgt:

> ›Wissen Sie‹, sagte er zu Claude, ›man sollte sich Europa überhaupt aus dem Kopf schlagen. Dieses alte, traute, von Sentimentalitäten lebende Europa!‹ (S. 87)

Dann liefert er die Begründung:

> ›In Europa weigert man sich, der Wirklichkeit ins Gesicht zu sehen. All diese halb- und ganz konservativen Politiker möchten, dass Europa von ihren edlen Gefühlen lebt, von ihrer Pietät gegenüber der Vergangenheit, und von ihrem Glauben, dass Besitz, Klassenvorrechte und Erziehungsprivilegien ewig und unveränderlich seien‹. (S. 88)

Dagegen stellt er Vorderasien als Raum der Freiheit und Sicherheit dar:

> ›Der Orient ist frei von Gefühlen. Man kann hier lieben und trinken ohne Gefühl. Man kann hier, unbelastet von Gefühlen gegenüber der Vergangenheit, der Zukunft entgegenleben‹. (S. 89)

Dies sagt der Hauptmann und begrüßt Major Lesconte, der mit seiner Frau und seinen beiden Söhnen sowie deren Bonne kurz vor der Heimreise nach Europa steht. Im Gegensatz zum Militärattaché ist der Major in Bezug auf seine eigene Situation nicht derart wirklichkeitsresistent. Er sieht bald das Scheitern seiner Aufgabe ein, tritt aus der Militärmission, mit der er in der persischen Hauptstadt Teheran gewesen ist, aus und entschließt sich, nach dieser persönlichen »Niederlage« nach Frankreich zurückzukehren. Freilich muss auch er einen hohen Preis für seine freiwillige Meldung für den Orient zahlen. So stirbt sein Lieblingskind, ein kleines Mädchen, im Iran an Typhus. Gebrochen und entzaubert beendet Lesconte, was er einmal voller Enthusiasmus, aber auch mit einer Menge Illusionen begonnen hatte:

> ›Er kam aus einer langweiligen, kleinen Provinzgarnison und war dort grau geworden vor Langeweile. Nun glaubte er, es sei seine grosse Chance, und kam mit den Ideen eines europäischen Offiziers und mit

einem Haufen Energie, Tatkraft, gutem Willen – wie du es nennen willst‹. (S. 92)[398]

Die Ich-Erzählerin und ihr Begleiter sehen im Schicksal der beiden französischen Offiziere auch eine, den Männern selbst unbewusste Bestrafung für ihr anfänglich hochmütiges Verhalten gegenüber den im Nachhinein doch als stärker erkannten Gegebenheiten des Orients bzw. für die naive Einstellung, die, ohne jedes Interesse für die Andersartigkeit, einfach die eigenen Vorstellungen in der Fremde durchsetzen möchte. Die Ich-Erzählerin äußert dazu: »›Es kehrt sich eben alles um.‹ [...] ›Wir haben so lange die Orientalen gedemütigt. Jetzt machen sie es ebenso mit unseren Leuten‹« (S. 93).

Gedemütigt von ihren eigenen Landsleuten werden die Protagonisten der Novelle *Drei Tage Morgendämmerung*.[399] Es sind italienische Ingenieure und Arbeiter, die sich für die Teilnahme am Bau der Transpersischen Eisenbahn, eines der Prestigeprojekte von Reza Shah Pahlevi,[400] freiwillig haben engagie-

---

398 Siehe Karrenbrock: Nomadische Bewegung 2005, S. 107f: »[B]ei allen vorliegenden Erzählungen handelt es sich um Variationen von zivilisationsmüder oder aufgezwungener Europaflucht und um die Utopie eines anderen, besseren Lebens in einem anderen Land. Auf der Folie der Sehnsucht nach einem besseren Europa werden Über-Lebensversuche thematisiert, deren Protagonisten – Emigranten, höhere Chargen des Militärs und Diplomaten, Ingenieure und Archäologen – den Versprechungen des Mythos ›Orient‹ zunächst trauen, die dann aber erkennen müssen, daß ihnen in einem fremden und fremdbleibenden Land nur wenige Optionen bleiben: resignierte Rückkehr in die ihnen gleichermaßen fremd gewordene Heimat oder die imaginäre Rekonstruktion europäischer ›Kultur‹-Fassaden in den Enklaven der Botschaften; Tod oder gewollte und angenommene Heimatlosigkeit. Abseitsstehende, Heimatlose sind sie alle.« Der Tod des kleinen Mädchens erinnert an den der Tochter Katrin Hartmanns in der Novelle *Eine Frau allein*. Unterschiede ergeben sich in der Reaktion auf die Todesmeldungen: Während Lescontes Kind im Orient stirbt und er daraufhin nach Frankreich zurückkehrt, erfolgt der Tod von Hartmanns kleinem Mädchen im heimatlichen Europa. Auch reist sie nicht sofort ab, sondern bleibt nach der Entlassung aus dem Krankenhaus noch einige Zeit in Persien.

399 Der Titel *Drei Tage Morgendämmerung* könnte eventuell von Hemingways Kurzgeschichte *Drei Tage Sturm* aus dem Band *In unserer Zeit* inspiriert worden sein.

400 Siehe wegen der Behandlung europäischer Fachleute durch die Behörden des persischen Herrschers Boveri: Vom Minarett zum Bohrturm 1938, S. 341: »In welchem Lichte die ganze Episode dem Shah erschienen ist, zeigt sich aus seiner Politik während der letzten Jahre: forcierter Ausbau der Transiranischen Eisenbahnlinie, Wiedererweckung der alten Karawanenstraße nach Trapezunt, um die iranische Ausfuhr vom Sowjetdruck unabhängig zu machen. Anstellung von Ratgebern aus ›uninteressierten‹ Ländern, Deutsche, Österreicher, Schweizer, Schweden,

ren lassen. Ein Tierarzt namens Rieti, ebenfalls aus Italien stammend, aber schon seit vielen Jahren wegen seiner politischen Einstellung im Exil, sitzt in der letzten Urlaubsnacht seiner Landsleute vor der Wiederaufnahme der Arbeiten im Nordiran mit ihnen zusammen und fragt sie nach ihren Lebens- und Arbeitsbedingungen. Die Ingenieure, die anfänglich »›[a]uf die Gesundheit des Duce, und auf die Gesundheit seiner Untertanen vom Firuskuh-Pass‹« (S. 126) trinken und Sprüche wie »›Aber man stirbt gern fürs Vaterland. Pro Patria‹« (S. 126) aufsagen, äußern sich umso unzufriedener und kritischer, je mehr Alkohol sie konsumieren. Rieti hört sie von Fieber-Baracken und zahlreichen Malaria-Toten erzählen und auch, dass die italienischen Bauunternehmen alle anderen unterboten hätten, um die Aufträge der persischen Regierung zu erhalten – und zwar auf Kosten der Arbeiter. So sehr die Leute auch erzürnt sind, unter den mangelnden hygienischen Verhältnissen und den ungewohnten klimatischen Bedingungen[401] leiden und sich über die schlechte Bezahlung ärgern, vor einem Streik, wie ihn die Libanesen im Süden des Landes führen, schrecken sie zurück. Zu groß ist ihre Angst, nach der Rückkehr von den Faschisten zur Rechenschaft gezogen zu werden. Die schuldigen Bauunternehmer sind daher wieder schnell vergessen: »›Und übrigens kann man niemand dafür verantwortlich machen. Es ist auf der ganzen Welt so. Es ist, weil man niemand dafür verantwortlich machen kann‹« (S. 130).[402]

Dänen, – und vorsichtige Beschränkung ihrer Machtvollkommenheiten. Entlassung dieser Ratgeber, sobald auch nur das erste Anzeichen vorhanden ist, daß die neu eingelernten iranischen Beamten die Aufgaben vielleicht bewältigen können.«

401 Siehe Essad Bey: Reza Schah 1936, S. 177f.: »Zwanzigtausend Arbeiter, darunter fast tausend italienische Vorarbeiter, Ingenieure und Bauleiter, bewältigen die Nordstrecke. Dem Schlamme abgerungen, mit Betonpflöcken unterbaut, dem Meere zugewandt, den Rücken zur Steppe steht der Ausgangsbahnhof Bender-Schah. Durch den Buschwald, durch den Urwald, tausend Bäche und Flüsse überquerend, geht die Bahn im heißen feuchten Mazenderan gegen Schahi, die ›Königsstadt‹. Unweit von der heutigen Bahntrasse führte einst die von Schah Abbas dem Großen im sechzehnten Jahrhundert erbaute Karawanenstraße. [...] Parallel zur Abbas-Straße baut Reza Schah die Bahn. Durch dichtes Brombeergebüsch, das nur passierbar ist, weil tausende Bären Pfade ausgetreten haben, durch herrliche, aber von Fieber und Malaria durchseuchte Waldlandschaften führt die Bahn. Tausende sind dort der tropischen Malaria erlegen.«

402 Das Gespräch, das Rieti mit den Arbeitern führt, erinnert an eine Szene aus Hemingways Roman *In einem andern Land*, in der in Anwesenheit des Ich-Erzählers ein Streitgespräch zwischen einfachen Soldaten stattfindet, in der offen Kritik an Kampfeinheiten wie den Bersaglieri und Carabinieri, Granatieri und Alpini geübt wird, bis einer einschreitet. Siehe Hemingway: In einem andern Land 1974, S. 38: »›Sie sollten uns nicht so reden lassen, Tenente. Evviva l'esercito‹, sagte Passini sarkastisch. ›Ich weiß, wie ihr redet‹, sagte ich. ›Aber solange ihr fahrt und euch

Schließlich wird noch eine Novelle analysiert, die als Teil des *Falkenkäfigs* 1989 nicht in die Sammlung *Bei diesem Regen* aufgenommen worden ist: *Die Beduinen* unterscheidet sich vom Rest der Erzählungen, da es der einzige Text dieses Zyklus' ist, der nicht direkt Leben und Werk der im Orient weilenden Europäer in den Mittelpunkt stellt, sondern die Konsequenzen der Mandatspolitik von Großbritannien und Frankreich, die nach dem Ersten Weltkrieg in den früheren osmanischen Provinzen zahlreiche Ge- und Verbote aufstellen, um die Modernisierung und Verwestlichung der von ihnen verwalteten Gebiete voranzutreiben. Darunter leidet jedoch die politische und militärische, wirtschaftliche und kulturelle Eigenständigkeit der Araber.[403]

Deutlich wird dies an den drastischen Veränderungen im Leben der Nomaden, die je nach Jahreszeit eine Zeit lang in Syrien, in Transjordanien, im Irak und im späteren Saudi-Arabien verbringen. *Die Beduinen* zeigt auf, dass ihnen infolge der neuen Grenzziehungen die Jahrtausende alte Wanderung von Wüste zu Wüste unmöglich gemacht wird. Es ist nicht unwahrscheinlich, dass dies letztlich auch die Absicht der Briten und Franzosen ist, die scheinbar den Versuch unternehmen möchten, die Nomaden sesshaft zu machen, um sie damit besser kontrollieren zu können:

> Bald verbot man ihnen auch den Krieg, der die Quelle ihres unstäten Daseins war. Stammesfehden wurden untersagt. Manche Stämme versuchten, sich der neuen Welt anzupassen. Sie wurden Schafzüchter. Statt Krieg zu führen, den Nachbarn zu überfallen, und zu rauben, suchten sie Weideplätze auf und brachten im Frühjahr ihre Schafe nach Damaskus auf den Markt, und verkauften die Wolle in den Suks [arabischen Basaren; B.S.] von Aleppo.[404]

Doch da die Tiere in der kalten Jahreszeit massenhaft sterben, wenden sich ihre vormaligen Besitzer neuen Geldquellen zu und werden zu Wegelagerern und Straßenräubern. Dabei werden diese, wenn sie gefasst werden, genauso hart bestraft wie diejenigen, die sich den Verordnungen der Europäer widersetzen und weiterhin umherziehen und Fehden führen. Ein solcher

anständig benimmt – –‹. ›Und so redet, daß es kein anderer Offizier hört‹, beendete Manera. ›Ich finde, wir müssen durchhalten‹, sagte ich. ›Es würde den Krieg nicht beenden, wenn man auf der einen Seite zu kämpfen aufhörte. Es würde nur noch schlimmer sein.‹ ›Es könnte nicht schlimmer sein‹, sagte Passini respektvoll. ›Es gibt nichts Schlimmeres als Krieg.‹«

403 Die rapiden Veränderungen der Lebensbedingungen der Beduinen thematisiert Schwarzenbach später noch ein weiteres Mal, und zwar in ihrer Erzählung *Die Entführung*.

404 Schwarzenbach: Die Beduinen 1935, S. 1.

Fall wird in der zweiten Hälfte der Novelle geschildert: Der Stamm eines alten Scheichs[405] soll sich nach dem Willen der westlichen Behörden wie jeder andere den neuen Steuergesetzen fügen und zahlen. Dreimal wird ein Polizist zum Enkel des Scheichs in die Wüste geschickt, um die Abgaben einzuholen. Beim letzten Besuch wird der Beamte von den Beduinen erschossen, nachdem er ihnen Gewaltanwendung angedroht hat, wenn sie nicht zahlten. Die Antwort der Besatzungsmacht lässt nicht lange auf sich warten. Nach ein paar Tagen erscheinen »große[] Kampfvögel«[406], überfliegen das Lager inmitten der Wüste und werfen Bomben auf die Nomaden. Zahlreich sind die Toten und Verwundeten und groß der Schrecken und die Wut gegenüber den Fremden, die mit aller Macht ihren Willen durchsetzen wollen.[407]

4.6.4 »Die Natur ist hier so stark, dass sie einen tötet. Man müsste aufhören, ein Mensch zu sein.« Die Erfahrung des Fremden in Vorderasien

In den letzten beiden Kapiteln wurde es bereits angerissen: Die Gründe für das Unbehagen, das diejenigen Europäer und Nordamerikaner beherrscht, die sich nach dem Ersten Weltkrieg als Einwanderer oder Emigranten, Aufbauhelfer oder Gastarbeiter, Kolonialbeamte oder Militärs kurz- oder langfristig im Orient aufhalten, liegen nicht nur in der negativen politischen Entwicklung in

405 Es handelt sich um Nuri Cha'alan, den Scheich der Rouallas. Vgl. Schwarzenbach: Winter in Vorderasien 1934, S. 82. Vgl. ferner Schwarzenbach: Bei einem Beduinenfürsten. Nr. 240.

406 Schwarzenbach: Die Beduinen 1935, S. 1.

407 Hinsichtlich der Durchsetzung europäischer Interessen im Orient erscheint die Erzählung *Die Entführung* wie eine Variation von *Die Beduinen*. Darin entscheidet sich eine junge Engländerin namens Alix, die als Tänzerin in einem Nachtlokal in Damaskus arbeitet, dafür, aus ihrem bisherigen öden Leben auszubrechen und Fauas, dem Enkel eines wohlhabenden Beduinenscheichs, der sich in sie verliebt hat, zu folgen. Doch die gemeinsame Flucht in den Libanon scheitert bereits nach kurzer Zeit, da das britische Konsulat in der späteren syrischen Hauptstadt keine Beziehung zwischen einer Engländerin und einem Einheimischen duldet. Unterstützt von Beduinen, holen Polizisten die beiden ein, fahren Alix wieder zurück nach Damaskus und überlassen Fauas seinen Stammesleuten, die ihn im Auftrag seines Großvaters gefangen nehmen. Vgl. auch Mazzucco: La gabbia dei falconi 2007, S. 229. Die Figur der Alix erinnert an die Protagonistin des US-Spielfilms *Morocco*, Amy Jolly, die im französisch besetzten Marrakesch als Tänzerin und Sängerin arbeitet, nach ihrer Bekanntschaft mit dem Fremdenlegionär Tom Brown jedoch hofft, ihr bisheriges Dasein hinter sich lassen und mit dem Söldner ein neues Leben zu beginnen. Vgl. auch die Anmerkung 119.

Europa und Nordamerika nach der Weltwirtschaftskrise und dem persönlichen respektive beruflichen Scheitern der meisten Westler, sondern auch in der plötzlichen Erfahrung des Fremden in Vorderasien, des sozial, kulturell und insbesondere klimatisch ganz Anderen.

Die persönliche Begegnung mit dem realen Orient, das die allermeisten Westler als mythenumranktes und märchenhaftes Reich aus *Tausendundeiner Nacht* kennen, der Umgang mit den dortigen Gegebenheiten, den Menschen, ihren Sitten und Bräuchen, hauptsächlich aber mit seiner Natur, spielen eine zentrale Rolle in den Novellen des *Falkenkäfigs*. Schließlich bedeutet der Aufenthalt weit weg von der Heimat, so wie jede Reise, für den einzelnen auch eine persönliche Herausforderung, bei der er sich bewähren oder scheitern kann, bei der jedenfalls – wie in jeder ungewohnten und extremen Situation – seine wahren Charakterzüge zu Tage treten und ihn sich selbst und seiner Umgebung zu erkennen geben:

> Die Reise aber, die vielen als ein leichter Traum, als ein verlockendes Spiel, als die Befreiung vom Alltag, als Freiheit schlechthin erscheinen mag, ist in Wirklichkeit gnadenlos, eine Schule, dazu geeignet, uns an den unvermeidlichen Ablauf zu gewöhnen, an Begegnen und Verlieren, hart auf hart.[408]

In Schwarzenbachs Erzählungen sind die allermeisten Westler nicht so sehr den ihnen fremden sozialen oder kulturellen als vielmehr den als streng, hart und (lebens-)feindlich empfundenen klimatischen Verhältnissen Vorderasiens unterlegen. Sie scheitern oder geben auf, noch bevor sie sich den Herausforderungen, die die orientalische Welt an sie richtet, gestellt haben. Dabei dürfte es eine wesentliche Rolle spielen, dass sie nach der Entdeckung, dass der Orient nicht ihren fantastischen Vorstellungen entspricht, sofort die große Gegensätzlichkeit zwischen West und Ost betonen.[409] Dies geschieht derart stark, dass sie sich dadurch der Möglichkeit einer Auseinandersetzung und schließlich einer Vereinbarkeit des Fremden, das trotz allem seine Verlockungen behält, mit dem Eigenen selbst versperren.

So herrscht ein Gedanke in fast allen orientalischen Erzählungen vor, nämlich der zu fliehen. Doch der Aufwand, permanent der unangenehmen Wirklichkeit, der eigenen Heimatlosigkeit und Einsamkeit zu entkommen, zugleich aber die Illusion der baldigen Rückkehr in die Heimat aufrechtzuerhalten, fällt den meisten von ihnen zunehmend schwerer. Ihre Hoffnungen verwandeln sich mit der Zeit in Angst, ihre Freude kehrt sich um in Trauer und

408 Schwarzenbach: Die Steppe 2002, S. 34.

409 Vgl. Vilas-Boas: »Alles ist ein Fortgehen.« 1995, S. 350.

Verzweiflung und ihre Liebe wird zu Selbst- und Fremdenhass, den die Orientalen zu spüren bekommen.

Ein Beispiel für die letztere Verhaltenweise findet sich in *Der Abschied*. Aus Unmut darüber, dass man einen algerischen Soldaten zum Offizier der französischen Armee in Syrien befördert hat, behandeln ihn seine vom hiesigen Aufenthalt zermürbten Kameraden aus dem Mutterland von oben herab. Insbesondere ein gewisser Flieger namens Poiret, der »nicht sein Vorgesetzter [war], wenn er es sich auch anmasste, nur weil er Europäer war« (S. 47), beleidigt und demütigt den namenlosen Mohammedaner – nicht zuletzt aus Neid »wegen seiner offenbaren, strahlenden Schönheit« (S. 48).[410] Der gutmütige Algerier kann sich die Gründe für das schlechte Benehmen des Fliegers, mit dem er in ein- und derselben Armee dient, nicht erklären:

> Dieser Hochmut, dachte er, dieser unwürdige, dumme Hochmut! Er liebte Algier; Frankreich, in dessen Dienst er stand, kannte er nicht. Er wusste nicht, was Patriotismus war, und er konnte nicht verstehen, dass Liebe, die Liebe zum eigenen Land, als Hochmut auftreten sollte. Dass man ihm Verachtung zeigte, verstand er nicht: Diente das der Grösse Frankreichs? (S. 48)

Im Fall Poirets sind es der in der Heimat anerzogene Nationalismus und in den Schutz- und Mandatsgebieten gepflegte Chauvinismus, hinter denen sich die persönlichen Probleme und Defizite des Fliegers zu verstecken suchen. Diese werden ihm jedoch in der Begegnung mit dem ihm gleichgestellten Afrikaner immer wieder bewusst, stacheln seinen Jähzorn und Hass gegen den anderen und damit gegen sich selbst neu an und lassen ihn unaufhörlich um sich selbst drehen, sodass er nicht zur Ruhe kommt und Frieden in sich findet.[411]

Eine andere Art von Erschöpfung und auch Desillusionierung, jedoch nicht so sehr durch seine Landsleute als eher durch die orientalische Bürokratie verursacht, lernt der bereits eingeführte, homosexuelle Tierarzt Rieti in *Sehr viel Geduld...* kennen:[412] Der Italiener, der sein Heimatland als Revolutionär und

410 Vgl. wegen des Vorbilds dieser Figur Schwarzenbach: Winter in Vorderasien 1934, S. 47.

411 Vgl. wegen der Anspielung auf einen weiteren markanten Unterschied zwischen West und Ost bzw. zwischen dem das Fremde als bedrohlich empfindenden Abendland und dem das Andere tolerierenden Orient auch Matthias: Griff nach dem Orient 1931, S. 134ff.

412 Der homosexuelle Rieti erinnert an die Figur des italienischen Leutnant Rinaldi aus Hemingways *In einem andern Land*, der aus seiner Neigung zu Männern keinen Hehl macht. Vgl. das zehnte Kapitel des Ersten Buches in Hemingway: In einem andern Land 1974, S. 48-51.

Gegner Mussolinis verlässt, um seine Arbeit an einem Tropeninstitut im kenianischen Exil fortzusetzen, »eine Zeit, die er zuerst als Verbannung empfunden hatte – und dann waren es die glücklichsten Jahre seines Lebens geworden« (S. 101), entscheidet sich eines Tages, ein Angebot aus Persien anzunehmen und dort ein Mustergut zu leiten. Mit den in Europa eingekauften Versuchstieren reist er von Triest mit dem Schiff über das Mittelmeer in den Nahen Osten und schlägt nach der Landung im Libanon denselben Weg ein, den Schwarzenbach in *Winter in Vorderasien* nimmt, um nach Persien zu gelangen.[413]

Doch schon auf der Hinfahrt über Beirut, Damaskus und Bagdad verliert Rieti die Lust und ist »bereit, alles aufzugeben« (S. 100), da die Langsamkeit der orientalischen Polizisten, Grenzwächter und Sanitätskommissionen sowie der »Widerstand der unaufgeklärten Behörden« (S. 116) das Unternehmen mehrmals behindern, verzögern und dafür sorgen, dass zahlreiche Tiere den ungewohnten Anstrengungen und Krankheiten zum Opfer fallen. Und auch in der persischen Hauptstadt lässt man den Veterinärmediziner nicht zur Ruhe kommen und strapaziert seine Nerven mit der für ihn wenig trostreichen Beteuerung, »in diesem Lande lasse sich nichts erledigen ohne Geduld« (S. 104). Das ist zu viel für den nach einer erschöpfenden Reise zermürbten Italiener. Doch es bleibt ihm nichts anderes übrig, als sich den Verhältnissen anzupassen und in Geduld zu üben. Während er zwei Monate darauf wartet, eine Antwort auf seine Bitte nach einem neuen Gut zu erhalten, vertreibt er sich die Zeit in den Bars von Teheran, lernt eine italienische Sängerin kennen, erinnert sich an Nairobi, denkt an seinen dortigen Liebhaber, einen »Negerjungen« (S. 102) namens Charles und bekommt Heimweh: »Dort war alles selbstverständlich gewesen, selbst das Glück« (S. 106).[414]

413 Vgl. Decock/Schaffers: »...als ob ich dort etwas zu suchen hätte.« 2008, S. 1ff. Die beiden Autorinnen sprechen von einem »polykontinentalen Geflecht« (ebd., S. 1) in der Novelle, wobei es eine Nord-Süd-Achse Europa – Afrika wie auch eine West-Ost-Achse Europa – Orient gebe (ebd., S. 5). Es ist möglich, dass Schwarzenbach durch den bereits erwähnten Dokumentarfilm *The Grass – A Nation's Battle for Life* auch zur Niederschrift ihrer Novelle *Sehr viel Geduld...* inspiriert worden ist. Im Gegensatz zum Stamm der Bakhtiari, dem es gelingt, seine Herde auf dem Weg sicher über das schneebedeckte Bergland Persiens auf die andere Seite der Gebirge zu treiben, um frisches Weideland zu erreichen, sterben die allermeisten Tiere, die der Tierarzt Rieti aus Europa mit nach Persien bringt.

414 Vgl. auch Decock/Schaffers: »...als ob ich dort etwas zu suchen hätte.« 2008, S. 5. Die Bekanntschaft Rietis mit der italienischen Sängerin könnte auch von derjenigen des Fremdenlegionärs Tom Brown mit der Künstlerin Amy Jolly in *Morocco* inspiriert worden sein. Im Gegensatz jedoch zum homosexuellen Tierarzt, der gerade in Persien angekommen ist, befindet sich der heterosexuelle Soldat schon seit gut drei Jahren im Maghreb.

Währenddessen erkennt er nach Gesprächen mit anderen Europäern, dass »Geduld in diesem Land nicht Ausdauer, Sammlung, Ernst bedeutete, sondern Unterwerfung und bald Abstumpfung« (S. 108).[415] Diese Beobachtung lässt ihn den Orient sehr viel besser verstehen, da er glaubt, einen der wichtigsten Wesenszüge des Ostens erkannt zu haben. Ihm wird aber auch die Entwicklung seines Lebens seit seiner Emigration, sein permanentes Fliehen vor persönlichen und politischen Konflikten, zum ersten Mal bewusst. In melancholische Stimmung verfallen, beginnt er verzweifelt »seine Einsamkeit zu pflegen und zu lieben« (S. 109). Er verliert jede Freude an seiner Arbeit, da sie ihm seine »armselige, unselige Flucht« (S. 116) dauernd vor Augen hält. Verstärkt wird diese Stimmungslage dadurch, dass er weit weg von seiner Familie und seinen Freunden ist, die er glaubt, durch seinen Weggang aus Italien »verraten und bitter gekränkt« (S. 115) zu haben.

Doch weil er jede Auseinandersetzung scheut und es nicht wagt, sich seine Fehler offen einzugestehen und nochmals neu zu beginnen, ergibt er sich dem Schicksal und versucht lediglich, die Fassaden seines bisherigen Lebens mit aller Kraft aufrechtzuerhalten. Das hat zur Folge, dass er schließlich seine politischen Überzeugungen als Revolutionär verrät, um den faschistischen Gesandten Italiens in Persien um Hilfe zu bitten (S. 113ff.).

Während Rieti also durch die Bekanntschaft mit einer fremden Kultur und Mentalität im Orient an die Grenzen seiner Belastbarkeit stößt, wie zuvor Poiret durch die Begegnung mit dem Nordafrikaner an seine persönlichen Defizite erinnert wurde, behandelt *Fast dasselbe Leiden* eine dritte Fremdheitserfahrung der Westler in Vorderasien, und zwar die der dortigen Natur. Dabei spielen die Begegnung, der Umgang und die Beschreibung der orientalischen, insbesondere persischen Landschaften eine zentrale Rolle nicht nur in Schwarzenbachs *Winter in Vorderasien* und in ihrem Novellenband *Der Falkenkäfig*, sondern auch später in *Tod in Persien* und *Das glückliche Tal*.[416]

415 Siehe kurz Schwarzenbach: Tod in Persien 2003, S. 99: »›Wenn man in diesem Land erst einmal mit der Geduld anfängt, dann ist man verloren.‹«

416 Siehe Perret: Persien oder die »himmelweite, weltumspannende Fremde« 2003, S. 125f.: »Kein anderes Land übte auf Annemarie Schwarzenbach einen solchen Sog aus wie Persien. Es ist *die* Chiffre für ihr Leben und Schreiben. Schicksalhaft trieb es sie immer wieder dorthin, um den ›namenlosen Anfechtungen zu erliegen‹, um dem Geheimnis ihrer inneren und äusseren Unruhe schreibend auf die Spur zu kommen, [...]« Kursivierung von Perret. Siehe ferner ebd., S. 139: »Den geforderten Freiraum für ihr Schreiben bezeichnete Annemarie Schwarzenbach einmal mit dem ›Recht, wegzugehen‹ und sich ›in-die-Wüste-zu-begeben‹. Die damit assoziierte Verlassenheit, Öde, Stille und Leere fand sie in Persien, weil diese Merkmale wie keine anderen ihrem vereinsamten und entfremdeten Inneren entsprachen und dort ein Echo aus Worten auslösten. Um das von ihr ersehnte konzentrierte Schreiben zu

Furcht und Faszination prägen diese Erfahrung im Reisetagebuch und in den orientalischen Erzählungen. Es überwiegt das Erschrecken der Europäer und Nordamerikaner angesichts der weiten und öden, leeren und tristen Landstriche des Iran im Novellenband deutlich, wie das Beispiel von *Fast dasselbe Leiden* zeigt. Darin unterhält sich die namenlose, als Archäologin tätige Ich-Erzählerin während eines Diners bei einem westlichen Diplomaten in Teheran mit einer wohlhabenden US-Amerikanerin namens Mrs. Batten. Diese ist nach Persien gekommen, um »›zu lernen, zu malen, zu reisen‹« (S. 138).[417] Dabei interessiert sich die Touristin in erster Linie für die Wirkung, die dieses Land auf ihre jüngere Gesprächspartnerin ausübt, und entdeckt Gemeinsamkeiten, so, dass das, was sie am meisten bewunderten, sie zugleich auch am stärksten ängstige, nämlich die Weite der Natur, an die sie nicht gewöhnt und der sie daher auch nicht gewachsen seien:[418]

> ›Die Natur ist hier so stark, dass sie einen tötet. Man müsste aufhören, ein Mensch zu sein, an die menschlichen Bedingungen gebunden. Man müsste ein Stück Wiese und ein Stück Gebirge werden können, und ein Streifen Abendhimmel. Man müsste sich dem Land anvertrauen und darin aufgehen. *Dagegen* zu leben ist ein solches Wagnis, dass man vor Angst umkommt‹. (S. 137)[419]

---

erreichen, musste sie immer wieder Orte mit ähnlichen Eigenschaften aufsuchen, [...] In einer Art Selbst-Verbannung, die in extremis der ›weltumspannenden Fremde‹ – dem Namenlosen – glich, schien der Quell ihres Schreibens am besten zu fliessen.«

417 Siehe Schwarzenbach in einem am 14.6.1935 in Farmanieh geschriebenen Brief an Bourdet. In: Schwarzenbach: Lettres à Claude Bourdet 2008, S. 173: »Ta tante [Georgette Caloutas, eine Griechin aus Alexandria; B.S.] n'aime non plus, la pauvre. J'ai écrit une très courte histoire ›...Fast dasselbe Leiden‹. C'est sur tante et moi. Toutes les nouvelles sont ainsi: sur des Européens égarés dans ces pays. Ce sont des pays dangereux.« Vgl. auch die Anmerkungen der Herausgeberin ebd., S. 47 und 92. Während die namenlose Ich-Erzählerin ein Alter Ego von Schwarzenbach ist, ist die aus Istanbul stammende, griechisch sprechende Gattin des Gesandten wahrscheinlich eine Zeichnung der erwähnten Tante von Claude Bourdet, dessen Onkel Jean Pozzi zur Zeit der Niederschrift der Novellen französischer Botschafter in Teheran ist.

418 Siehe Lehnert: Die Darstellung der Fremde in der Prosa Annemarie Schwarzenbachs 1998, S. 113: »Aus Mitteleuropa, von der Natur fast noch niemals unfreiwillig beansprucht, ängstigen sie die enormen, ungegliederten Räume, die fehlende Struktur. Ihr lineares Zeitempfinden steht im Gegensatz zu der Vorstellung von einer sich stetig wiederholenden Abfolge, die durch den Rhythmus der Natur vorgegeben ist.«

419 Kursivierung von Schwarzenbach. Siehe Schwarzenbach: Die Vierzig Säulen der Erinnerung 2008, S. 110: »Darum wollte ich mich eines Tages lossagen, ich wusste nicht genau von welchem Schicksal, und glaubte nur zu begreifen, ich sei von

Für die westlichen Persien-Besucher gibt es zwei Möglichkeiten, auf die Wirkung, die das Land auf sie ausübt, zu reagieren. Entweder geben sie ihrer Willensschwäche nach, d.h. sie geben sich auf, oder sie verlassen das Land vor lauter Erschöpfung und Desillusionierung – so wie die Amerikanerin:

> ›Wie wollen Sie in diesem entsetzlichen Land an den Sinn von etwas glauben? [...] Die Leute, die hier geboren sind, tun nichts. Es ist rührend, sie an einem Bachufer oder unter einem Baum sitzen zu sehen, auf einem Teppich, den Samowar neben sich aufgestellt – ganz wie auf den alten Miniaturen, aber erloschen. [...] Auch in China raucht man Opium. [...] Aber dort ist es etwas anderes. Die Menschen haben dort das Land gemacht, die Menschen beherrschen die Kunst des Leidens, deshalb sind Armut und Leiden weniger schrecklich als hier. Mein Mann hat mir erlaubt, in Persien zu bleiben.‹ [...] ›Aber ich weiss jetzt, dass ich nicht bleiben kann. Oh, ich werde mich hüten. Ich werde es mit China versuchen. Hier ist es hoffnungslos‹. (S. 138)[420]

einem Unglück betroffen worden, wie es einen Jeden treffen kann, und müsse abseits stehen, schweigen. – Wie leben die Anderen, fragte ich mich, wie ertragen sie dieses Land und den morgigen Tag, wie ertragen sie es?«

420 Siehe Schwarzenbach in einem am 4.4.1934 in Teheran geschriebenen Brief an Bourdet. In: Schwarzenbach: Lettres à Claude Bourdet 2008, S. 152: »Ich war hier zuerst sehr müde, es ist fast zuviel: 6 Monate, immer rasche u. neue Eindrücke!« Unterstreichung von Schwarzenbach. Siehe ferner Schwarzenbach in einem am 4.11.1934 geschriebenen Brief an Klaus Mann. In: »Wir werden es schon zuwege bringen, das Leben« 2001, S. 120: »Ja, Klaus, ich sehne mich nach Euch u. ich muss nach Hause. Was es auch sei, es wächst mir über den Kopf. Das Land ist zu gross, das Leben hier draussen zu abseitig – tätig u. einförmig, das in den breiten Strassen der Hauptstadt wiederum zu menschenreich, zu verwirrend, zu ungegliedert.« Siehe auch Schwarzenbach in einem am 2.7.1935 in Teheran geschriebenen Brief an Burckhardt. In: Fähnders/Rohlf (Hrsg.): Annemarie Schwarzenbach 2005, S. 259: »Und lange hier zu leben, würde mir sicher gefährlich, wie den meisten Europäern, die dann einer Art von Nostalgie u. unheilbarer Gleichgültigkeit verfallen.« Siehe ferner Matthias: Griff nach dem Orient 1931, S. 91: »Jede Kraft hat ihre Lust darin, sich zu erschöpfen. Je größer die Kraft, desto tiefer dieser Wille zur Erschöpfung. Aber in Persien – und trotz des Sunnismus auch in anderen Ländern – liegen die Dinge anders. Die Kraft ist nicht da. Man zerbricht die Moral nicht – sondern man w i r d zerbrochen. Man kann einem Reiz nicht mehr widerstehen. Man erschöpft sich – weil man zu schwach ist.« Hervorhebung von Matthias. Siehe schließlich Hedayat: Die blinde Eule 2006, S. 10f.: »Ich habe mich von morgens bis abends mit Malen beschäftigt, ich bemalte Federkästen, trank Wein und rauchte Opium. Diesen lächerlichen Beruf hatte ich gewählt, um mich zu betäuben und die Zeit totzuschlagen.«

Es gibt aber auch die Möglichkeit, sich auf dieses Land einzulassen und zu versuchen, nicht gegen, sondern mit der übermächtigen Natur, die alles menschliche Dasein im Orient zu bestimmen scheint, zu leben. Dafür müsse man die eigene »Winzigkeit« und Hilfsbedürftigkeit in den unbekannten Räumen erkennen und einfach akzeptieren, dass den Fremden das Verständnis für die persischen Verhältnisse fehle – oder um wieder mit der amerikanischen Malerin zu sprechen: »›Wir sind so viel Grossartigkeit nicht gewöhnt. [...] In diesen Kreisen ahnt man natürlich nichts, das eigentliche Land, das Geheimnis bleibt ihnen verschlossen‹« (S. 139).[421]

Hinsichtlich der Erfahrung der orientalischen Natur durch die Westler soll noch die Erzählung *Eine Frühlingserscheinung*, die 1989 nicht in den Sammelband *Bei diesem Regen* aufgenommen, aber zum Erzählzyklus des *Falkenkäfigs* gehört, ebenfalls untersucht werden. Eine »kleine, ungemein zarte Dame«[422], Ehefrau eines nach dem Ersten Weltkrieg in Syrien stationierten französischen Oberst, der dagegen »fast ein Riese«[423] ist, erkrankt nach zehn Monaten Aufenthalt in einer Militärsiedlung in der Nähe eines Flusses an starkem Heimweh: »Sie hatte nicht gewußt, daß es in dieser schrecklichen Gegend Frühling gab. Und jetzt hielt sie es einfach nicht aus.«[424] Sie, die eine der wenigen Frauen dort ist, gibt vor, sich aus Angst vor den afrikanischen, syrischen und französischen Soldaten, Legionären und Beduinen nicht mehr hinaus zu trauen, worauf ihr Gatte auch hereinfällt. Doch ihr Versuch, sich trotz aller Enge und Eintönigkeit, Einsamkeit und Tristesse zusammenzureißen, misslingt. Und so ergibt auch sie sich dem Schmerz, der Hoffnungslosigkeit und der Krankheit, was ihren gefängnisartigen Aufenthalt noch verschärft:

> Wenn ich nur nach Hause dürfte, dachte sie weinend, wenn ich nur etwas tun könnte, damit man mich nach Hause läßt. Aber sie wußte wohl, daß sie nichts dergleichen tun konnte. Alles war vor ihr leer, wie ein großes Loch, in das man hineinschreien konnte. Und nichts kam wieder heraus. Es waren Tag und Nacht, die sich darin im Leeren verloren, und dann wieder ein Tag, und dann wieder viele Nächte. Es waren Monate. Es waren Jahre.[425]

Wie (lebens-)gefährlich es sein kann, die Flucht zu wagen, erfährt die Offiziersfrau kurze Zeit später, als ihr der Oberst von der Einlieferung eines

421 Vgl. Vilas-Boas: »Alles ist ein Fortgehen.« 1995, S. 350.
422 Schwarzenbach: Eine Frühlingserscheinung 1938, S. 118.
423 Ebd., S. 118.
424 Ebd., S. 118.
425 Ebd., S. 119.

Franzosen und eines Deutschen erzählt, die versucht hätten zu desertieren und zur Strafe darauf erschossen worden seien. Wie eine Warnung, sich dergleichen Vorstellungen nicht hinzugeben, müssen ihr seine Worte klingen, wenn er die Tat der Deserteure mit einem Wahnsinnsanfall erklärt:

> ›Es hatte sie eben gepackt‹, sagte der Oberst, ›es kommt im Frühling eben mal vor. Es ist, als seien sie darauf versessen, zu sterben. Sie wissen doch, daß man auf diese Weise... Aber ich möchte, daß du dich ein bißchen in Acht nimmst! [...] Ich weiß, daß du keine Angst hast‹, sagte der Oberst. ›Aber wenn es diese Leute mal packt, sind sie unberechenbar.‹[426]

4.6.5 »Sie tut alles, um die Leute verrückt zu machen.« Westliche *Frauen ohne Männer* im Orient

Im vorletzten Kapitel wird noch eine Entwicklung behandelt, die in Schwarzenbachs *Winter in Vorderasien* zwar Erwähnung findet, jedoch erst in ihren orientalischen Erzählungen, speziell in *Beni Zainab* und *Eine Frau allein* ausführlicher thematisiert wird. Es geht – gewissermaßen in Umkehrung von Hemingways Kurzgeschichtenband mit dem programmatischen Titel *Männer ohne Frauen* (1927) – um das »Phänomen« allein im Orient lebender und reisender Europäerinnen. Ihre Zahl steigt im ersten Drittel des 20. Jahrhunderts, vor allem nach dem Ersten Weltkrieg, aus mehreren Gründen sprunghaft an, und zwar wegen der besseren (Reise-)Infrastruktur, einer allgemein größeren Mobilität, eines gewissen Wohlstands in den *Goldenen Zwanzigern*, vor allem aber wegen eines veränderten Frauenbildes, das diesen erlaubt, freier über ihre Zeit und ihr Geld zu verfügen und sich dem bürgerlichen Frauendasein als »verhäuslichter« Ehepartnerin und Mutter zu entziehen.[427]

Freilich sind die Motive, die die Frauen zu den Reisen und Abenteuern in die Ferne treiben, dieselben wie bei ihren männlichen Kollegen, nämlich die

426 Ebd., S. 119. Schwarzenbachs Novelle erinnert an Hemingways »Dramolett« *Heute ist Freitag* aus dem Erzählband *Männer ohne Frauen*: Darin geht es um drei römische Soldaten, die in einer Schenke die eben stattgefundene Kreuzigung Jesu Christi auf zynische Art besprechen und seine »aufrechte« Haltung loben. Einer der drei fühlt sich jedoch unwohl und drängt die anderen zu gehen. Siehe Hemingway: Männer ohne Frauen 1958, S. 123: »Dritter Soldat: ›Los, wir wollen in die Baracke machen. Ich fühl mich heut verdammt schlecht.‹ Zweiter Soldat: ›Du bist schon zu lange hier draußen.‹ Dritter Soldat: ›Nein, das das ist es nicht allein. Ich fühl mich verdammt schlecht.‹ Zweiter Soldat: ›Du bist schon zu lange hier draußen. Das ist alles.‹«

427 Vgl. Dällenbach: »Wir reisen, um uns selbst zu finden« 2006, S. 102.

Neugierde nach dem ihnen Fremden, die Lust, das bekannte Leben eine Zeit lang hinter sich zu lassen, die Hoffnung auf Selbsterkenntnis und der Drang, sich zu beweisen und die eigenen Grenzen kennenzulernen.[428] Dabei scheint die Latte, die die Abenteuerinnen überwinden müssen, zumindest im Orient höher als die für die Männer zu sein. Aufgrund des noch überwiegend nomadisch-bäuerischen Lebens in der ersten Hälfte des 20. Jahrhunderts herrscht im Gegensatz zum Westen im vorderasiatisch-islamischen Kulturkreis noch ein strengeres Patriarchat, das den orientalischen Frauen eine bestimmte Rolle, und zwar die der Bäuerin bzw. Nomadin, Ehefrau und Mutter, zuschreibt und ihnen nur wenig Spielraum für ein eigen gestaltetes Dasein lässt.[429]

Allerdings besitzen die Europäerinnen einen besonderen Status in den Augen der Vorderasiaten, da sie als Fremde nicht zum eigenen Volk oder Stamm gehören, zudem Nichtmuslime sind, und sich auch in ihrem Verhalten von den orientalischen Frauen unterscheiden. Den Einheimischen flößen sie durch ihre als »männlich« angesehenen Eigenschaften wie Mut und Kühnheit, Neugierde und Abenteuerlust Respekt ein.[430] Vier solche Frauen, Marga von Etzdorf und Stella Benson, Regula Engel und Gertrude Bell, erwähnt Schwarzenbach in ihrem Reisebuch. Zwei weiteren, die sie während ihres zweiten Aufenthalts in Syrien und in Persien persönlich kennen lernt, die wohlhabende Französin Marga d'Andurin (1893-1948) und die schwedische Gräfin Maud von Rosen (1902-1988), widmet sie je eine eigene Novelle, nämlich die erwähnten *Beni Zainab* und *Eine Frau allein.*[431]

Bei den beiden, die in den Erzählungen Madame d'Elbros und Katrin Hartmann [!] heißen, handelt es sich um Außenseiterinnen – Frauen, die aus der eigenen Gesellschaft ausgestiegen sind und deren trotz aller positiven Veränderungen weiter bestehenden Konventionen hinter sich gelassen haben. Die dadurch entstandenen persönlichen, sozialen und auch finanziellen Probleme versuchen sie durch kurz- oder langfristige Aufenthalte im Orient zu kompensieren und geben sich allem mit einer derart großen Überschwänglichkeit hin, dass sie nicht nur ihre orientalische, sondern auch ihre westliche Umgebung in Erstaunen versetzen, ihre Nerven strapazieren und gelegentlich erzürnen, wenn sie die Grenzen des in der Fremde Gebotenen überschreiten[432] und sich in (Lebens-)Gefahr begeben. So reicht es der in Syrien lebenden Madame

428 Vgl. Georgiadou: »Das Leben zerfetzt mich in tausend Stücke.« 1995, S. 127.

429 Vgl. auch den Abschnitt *Orient* in Pelz: Reisen durch die eigene Fremde 1993, S. 166-207.

430 Vgl. Perret: »Das Staunen, die Abnützung und das Lied der Reise« 2003, S. 227. Vgl. auch Dällenbach: »Wir reisen, um zu uns selbst zu finden« 2006, S. 41f.

431 Vgl. Perret: Nachwort. In: Schwarzenbach: Bei diesem Regen 1996, S. 230.

432 Vgl. Karrenbrock: Nomadische Bewegung 2005, S. 114.

d'Elbros nicht, ein Hotel zu leiten, das mit *Zenobia* den Namen einer antiken Königin trägt, die einst große Teile Vorderasiens von Palmyra aus erobert hat. Die »›Dame aus den besten französischen Kreisen, die sich Zainab nennt‹« (S. 70f.), zieht es auch vor, nicht in der Stadt, sondern in der Wüste unter Nomaden zu leben, und zwar als deren Stammesführerin, denen sie ihre gesamte Fürsorge zukommen lässt:

> ›Jetzt habe ich fünfzehn Leute. Ich werde bald mehr haben. Ich sammle alle, die so arm sind, dass sie sich keine Schafe mehr halten können, und alle, die zu keinem Stamm mehr gehören. Ich leihe ihnen Geld, kaufe ihnen Zelte, Kleider und alles, was sie brauchen, und sie geben mir dafür jedes zehnte Schaf. Es ist ein gutes Geschäft, und ich kann ihnen dadurch helfen und habe meinen eigenen Stamm‹. (S. 68)

Die namenlose Ich-Erzählerin und ihr Begleiter Claude, die die Französin auf der Suche nach antiken Stätten in Palmyra[433] zufällig kennenlernen, erfahren von Freunden und Bekannten der Madame d'Elbros von einer ganzen Reihe ähnlich ungewöhnlicher Abenteuer dieser Frau. So tritt sie zum Islam über und heiratet einen Beduinen, um eine Wallfahrt nach Mekka unternehmen zu können. Auf dem Weg dorthin wird sie wegen Gattenmordes festgenommen und ins Gefängnis gebracht, um gesteinigt zu werden. Nur dem sofortigen Eingreifen des französischen Konsuls dort verdankt sie ihre Freilassung, doch vergilt sie es den Kolonialbeamten schlecht: »›Sie tut alles, um die Leute verrückt zu machen. [...] Sie schickt hundert Beschwerden ein. Man müsste auf dem Kommissariat eigens einen Mann anstellen, um damit fertig zu werden‹« (S. 72). Gleichzeitig hält sie sich nicht an Verabredungen, sich nicht in die Politik der Stämme einzumischen. Zudem lehnt sie Kritik an ihrer »unweiblichen« Lebensart, ihrem für viele aus ihrer europäischen Umgebung zu riskanten Verhalten, ihrer unvorsichtigen Vorgehensweise gegenüber den Einheimischen und deren primär durch das Nomadentum geprägten Bräuchen strikt ab: »›Ich lasse mich von hier nicht mehr vertreiben. Ich will da leben, wo es mir gefällt zu leben‹« (S. 76).

Dass Madame d'Elbros allerdings bei den Europäern und Orientalen nicht absichtlich für Unruhe sorgt, sondern diese im Zuge ihrer sehr emotionalen und direkten Art vielmehr unbewusst verursacht, erfahren die Ich-Erzählerin und ihr Begleiter in Gesprächen mit Freunden und Bekannten der »moder-

433 Vgl. auch Schwarzenbach: Palmyra 1935, S. 1.

nen Zenobia«[434]. Einer ihrer Freunde namens Bleuzon[435] sagt über sie: »›Ihre Motive sind grundanständig. Sie ist einer der grundanständigsten Menschen, die mir begegnet sind. Aber sie ist unvernünftig‹« (S. 82). Und genau diese Unvernunft sei es, die ihr früher oder später zum Verhängnis werden müsse:

> ›Man muss sie lassen‹, sagte Bleuzon, ›Es ist schrecklich, mit ihr befreundet zu sein, denn man kann sie vor nichts bewahren und kann gar nichts für sie tun. Sie wird noch viele Abenteuer haben, und vermutlich wird sie einmal wieder verschwinden, und dann wird man sich trotz allem fragen, warum man sie nicht halten konnte. Bisher hat sie bei allem immer noch ein bisschen Glück gehabt. Aber eines Tages wird es damit vorbei sein. Eines Tages wird sie endgültig verschollen sein, wenn man sie nicht einfach erfroren am Wegrand auffindet. Ich würde mich nicht darüber wundern‹. (S. 82f.)

Was im Fall der Französin durch das offene Ende der Erzählung als eine Möglichkeit für die Zukunft, ihr letztendliches Scheitern im Orient, nur in Betracht gezogen wird, wird für die Protagonistin der Novelle *Eine Frau allein*, die dänische Reiseschriftstellerin Katrin Hartmann, zur Wirklichkeit. Dabei lernt sie wie keine andere Frau in den Novellen des *Falkenkäfigs* Glanz und Elend des orientalischen Lebens kennen. Dies geschieht während eines Aufenthalts in Persien, wohin sie nicht auf eigene Initiative gelangt, sondern weil sie sich nach dem Verlust ihres gesamten Vermögens entschließt, den Vorschlag ihres Verlegers anzunehmen und ein Buch über den Iran zu verfassen: »Sie wusste nichts von diesem Land, aber das erleichterte es ihr vielleicht, den Vertrag zu unterschreiben und ihr Gut und ihre Kinder zu verlassen« (S. 178).[436]

---

434 So zumindest nennt Schwarzenbach das Vorbild der Madame d'Elbros, Madame d'Andurin, in einer am 20.11.1936 in der *Zürcher Illustrierten* erschienenen gleichnamigen Bildreportage. Vgl. Schwarzenbach: Eine moderne Zenobia 1936, S. 1451.

435 Vgl. Mazzucco: La gabbia dei falconi 2007, S. 182ff. und 202f. Nach Mazzucco verbirgt sich hinter der Figur des Bleuzon der Geliebte der realen Marga d'Andurin, der französische Archäologe Daniel Schlumberger (1904-1972). In den 1930er-Jahren ist dieser ein Mitarbeiter von Henri Seyrig (1895-1973), seit 1929 Direktor des Antikendienstes in Beirut. Schwarzenbach lernt ihn und seine Ehefrau Hermine de Saussure (1901-1984) auf ihrer ersten Orienttour 1933/34 ebendort kennen. Letztere ist eine Kindheitsfreundin von Schwarzenbachs späterer Reisegefährtin Ella Maillart (1903-1997). Vgl. ferner Miermont: Annemarie Schwarzenbach 2008, S. 135 und S. 439.

436 Katrin Hartmanns Vorbild, die Gräfin Maud von Rosen, veröffentlicht 1935 in schwedischer Sprache mit *Insh' Allah. Upplevelser och äventyr under en Resa i Persien*

In *Eine Frau allein* jedenfalls werden die Erlebnisse Maud von Rosens und Annemarie Schwarzenbachs, die während des Aufenthalts in Persien viel Zeit miteinander verbringen,[437] verwoben, fiktionalisiert und von der namenlosen Ich-Erzählerin wiedergegeben. Diese ist vom Wesen der Dänin, ihren Reitkünsten sowie ihrer großen Neugier sehr angetan. Und darin ist sie nicht die einzige. In relativ kurzer Zeit gewinnt diese »interessante Persönlichkeit« (S. 179) die Herzen der in Teheran lebenden Europäer wie auch die der Einheimischen. Dabei differiert der Eindruck, den die Skandinavierin bei den Menschen aus West und Ost hinterlässt, allerdings gänzlich, wie die Ich-Erzählerin in einem Gespräch mit einem persischen Diener und Spaßmacher namens Aghbar selbst bemerkt:

> ›Sie hat sich allerhand geleistet, sie ist mutig, sie kann es sich leisten, die ganze Stadt ist ja verrückt nach ihr! Vielleicht einfach, weil sie so schön ist...!‹, fügte ich hinzu und vergass, wer neben mir sass. Aghbar brach plötzlich in schallendes Gelächter aus. ›Schön!‹ schrie er, und liess, vor Lachen geschüttelt, das Steuer los und schlug sich mit den Fäusten auf die Brust, ›schön nennt ihr das? Das ist nicht schön, das ist ein halber Mann, ein Pferd ist das!‹ (S. 193f.)

Hartmann freundet sich in der iranischen Hauptstadt mit den Gattinnen westlicher Diplomaten genauso an wie mit einheimischen Adligen, besucht deren Häuser und Feiern, unternimmt Ausflüge auf Güter persischer Prinzen und zu Ausgrabungsstätten, wo die Ich-Erzählerin arbeitet, und erhält durch wagemutige Unternehmungen in der Art der Madame d'Elbros auch Einblick in ansonsten für Fremde verschlossene Welten wie in ein Bordell, ein Frauenbad oder ein Gotteshaus. Wie die Französin heiratet sie einen Einheimischen, um in die heilige Moschee von Abdul-Azim, die für Nichtmuslime verboten ist, zu gelangen. Doch das Volk erkennt sie als Ausländerin und zwingt sie den Wallfahrtsort zu verlassen, den hauptsächlich Iranerinnen aufsuchen, die an

tatsächlich einen Reisebericht über ihren Iran-Besuch von 1934/35. Zwei Jahre später erscheint eine englische Übersetzung mit dem Titel *Persian Pilgrimage. Being the Story of a Journey through Persia with its Experiences and Adventures.* Schwarzenbach findet hierin jedoch keine Erwähnung. Vgl. Perret: Nachwort. In: Schwarzenbach: Bei diesem Regen 1996, S. 230f. Vgl. ferner Mazzucco: La gabbia dei falconi 2007, S. 210ff.

437 Siehe Schwarzenbach in einem am 4.11.1934 in Persien geschriebenen Brief an Klaus Mann. In: »Wir werden es schon zuwege bringen, das Leben« 2001, S. 120: »Soviele Perser, die sonderbare Feste arrangieren, zu lange Bar-Nächte mit der Gräfin Rosen, die zwischen Maria u. Greta Garbo die Mitte haltend, schön wie ein Erzengel die Gemüter verwirrt – zuviel für mich jedenfalls.«

Unfruchtbarkeit leiden. Das Leid holt die Dänin bald selbst ein, denn die Nachricht, dass eines ihrer Kinder im Sterben liege, lässt sie, weit weg von Heimat und Familie, verzweifeln. Nach einer lustigen und ausschweifenden Zeit plagen sie Heimweh und ein schlechtes Gewissen gegenüber ihren Verwandten:

> ›Meine Mutter hält mich für eine Abenteurerin‹, sagte sie, ›sie glaubt mir nicht, dass ich weggegangen bin, weil wir Geld brauchen. Sie hat nie Geld gebraucht. Sie hat nie ihren Mann verlassen. Sie hält mich für eine schlechte Frau. Wenn ich nur Zeit hätte, nach Hause zu reisen! Ach, wenn ich nur Zeit hätte‹, klagte sie, ›aber mein Vertrag läuft ab, und der Verlag hat mir geschrieben, dass er mir kein Geld mehr schicken kann, bis ich das Buch abgeliefert habe, und ich habe noch keine Zeile geschrieben!‹ (S. 204)

Eine schwere Krankheit ist das Ergebnis ihrer Aufregungen, ihrer Zermürbung und Erschöpfung.[438] Im Gegensatz zu Madame d'Elbros, die immer wieder von neuem Glück hat und bei ihren Abenteuern relativ glimpflich davon kommt, stößt Katrin Hartmann in Persien an die Grenzen ihrer Belastbarkeit. Die Nachricht von der Krankheit eines ihrer Kinder, die Unmöglichkeit, diesem rasch zu Hilfe zu kommen, und das dadurch entstandene Gefühl der Ohnmacht offenbaren in dem darauf folgenden Ausbruch, was sie so lang hinter ihrem aktiven Wesen versteckt hat, nämlich Verzweiflung, Einsamkeit und Unsicherheit. Daher resultiert ihre Wut gegen dieses Land, das ihr die Wahrheit über sich selbst entdeckt und sich auch in ihrem Fall als der Stärkere erweist: »›Ich werde keine Zeile über dieses Land schreiben, ich hasse dieses Land, ich hasse meine Mutter, oh, ich hasse euch, ich hasse euch‹« (S. 204).[439]

---

438 Siehe Perret: Nachwort. In: Schwarzenbach: Bei diesem Regen 1996, S. 230f.: »Interessant ist der Vergleich der filmreifen Erzählung ›Eine Frau allein‹ mit Rosens Buch über ihren Aufenthalt in Persien, ›Persian Pilgrimage‹ (1937). Dieses Buch bemüht sich um eine ziemlich objektive Schilderung der Kultur und Gesellschaft Persiens. Es gibt uns einen aufschlussreichen Hinweis auf die Verfahrensweise der Schriftstellerin Annemarie Schwarzenbach. Fast alle der in ›Eine Frau allein‹ beschriebenen Erlebnisse ›Hartmanns‹ wie ihre Freundschaft mit einem persischen Prinzen, ihr Besuch in einem Bordell und in einer Moschee, ihr Aufenthalt im Spital und die verschiedenen Reisen entsprechen der Wahrheit, wenn man Rosens Bericht Glauben schenken darf. [...] Annemarie Schwarzenbach verändert in ihrem Text die Vorkommnisse leicht und dramatisiert sie vor allem, indem sie zum Beispiel den Tod des Kindes und die zeitweilige Verzweiflung von ›Katrin Hartmann‹ hinzufügt. Dies ist im Grunde ein Ausdruck von Annemarie Schwarzenbachs eigenen Konflikten in Persien.«

439 Ähnliches macht sie selbst durch. Siehe Schwarzenbach in einem am 27.7.1935 in Farmanieh geschriebenen Brief an Bourdet. In: Schwarzenbach: Lettres à Claude

Die Ich-Erzählerin macht sich nach dem Tod des Kindes den Vorwurf, die Freundin in ihrer Trauer zu sehr sich selbst überlassen zu haben, und das in einem Land wie Persien, das Fremden mit der Zeit gefährlich werden könne: »[I]n den grossen Hochländern werden Leute, die an ihre traumverwehte Grösse nicht gewöhnt sind, manchmal von Verzweiflung ergriffen, von einer namenlosen Traurigkeit« (S. 207). Das erinnert an den Fall des Doktor Rieti in der Novelle *Sehr viel Geduld...*, in der sich der Italiener nach Jahren des Exils erst im Iran der als Emigration verstandenen Flucht vor sich selbst und seiner Umgebung bewusst wird, in sich aber nicht die Kraft findet, einen Neuanfang zu wagen.[440]

Genauso erschrocken über ihre Selbsterkenntnis reagiert Katrin Hartmann, wenn sie nach ihrer Genesung sofort die persische Hauptstadt – ähnlich wie Major Lesconte nach dem Tod seiner kleinen Tochter in der Novelle *Auf der Heimreise...* – verlässt. Im Gegensatz zu dem französischen Offizier, der sich sein Scheitern eingesteht und heimkehrt, zieht sie sich jedoch »wie ein krankes Tier« (S. 208) auf das Gut ihres einheimischen Liebhabers zurück. Wieder überschwänglich und übermütig geworden, begibt sie sich in die Natur »zu den Nomadenhäuptlingen, zu den wilden Bergen, zu den Ziegenfilz-Zelten« (S. 209), um dort die Flucht vor der Wirklichkeit wieder aufzunehmen und – ähnlich wie Schwarzenbach selbst – den Kreislauf von Leiden, Reisen und Schreiben zu schließen.[441]

Bourdet 2008, S. 176: »Ich war ziemlich krank – hatte 2 Malariaanfälle, einmal eine Woche, u. jetzt wieder 3 Tage ganz hohes Fieber. Ich fühle mich sehr schwach u. ganz mutlos – ich fange an, dieses grosse u. prachtvolle Land zu hassen. Und die Hitze. Montag gehen wir ins Gebirge, mit englischen Freunden, Zeltlager. Ich hoffe, es geht dann besser.« Aufgrund der gebotenen Kürze können eine Reihe von Parallelen zwischen der Erzählung *Eine Frau allein* und dem 1935/36 niedergeschriebenen *Tod in Persien* nur angerissen werden: Es handelt sich dabei um die Erfahrung der übermächtigen Natur des Landes, die Erschöpfung und Erkrankung der jeweiligen Protagonistin, ihr Krankenhaus-Aufenthalt und die Trauer einmal um die verstorbene Tochter und im anderen Fall um die tscherkessische Geliebte Jalé.

440 Vgl. auch Decock/Schaffers: »...als ob ich dort etwas zu suchen hätte.« 2008, S. 2.

441 Siehe Georgiadou: »Das Leben zerfetzt mich in tausend Stücke.« 1995, S. 118. Georgiadou spricht davon, dass die in den orientalischen Erzählungen Annemarie Schwarzenbachs porträtierten Europäerinnen, welche sich in Vorderasien aufhalten, wie beispielsweise Katrin Hartmann, »trotz ihres persönlichen Mutes alle früher oder später an den gesellschaftlichen Verhältnissen dort scheitern«.

4.6.6 Nachgelassenes: Zwei Novellen aus dem Umkreis des *Falkenkäfigs*

Es gibt zwei erzählende Texte Schwarzenbachs, die während ihres ersten Aufenthalts im Orient entstehen, bei der Zusammenstellung des *Falkenkäfigs* von ihr aber nicht berücksichtigt werden und von denen der eine noch unveröffentlicht in ihrem Nachlass im Schweizer Literaturarchiv (SLA) liegt.[442] Da sie aufgrund ihrer zeitlichen wie thematischen Nähe zu *Winter in Vorderasien* und den orientalischen Novellen gehören, werden sie im Folgenden untersucht.[443]

Der erste der beiden Texte, *Vor Weihnachten*, ist im Dezember 1933 entstanden. Schwarzenbach befindet sich zu dieser Zeit auf ihrer zweiten Station in Syrien, konkret in Rihanie, wo sie als Gast der Expedition der Universität von Chicago in die Anfangsgründe der praktischen Archäologie eingewiesen wird.[444] *Vor Weihnachten* besitzt einen novellistischen Charakter weniger wegen seines Umfangs von 14 Typoskriptseiten als vielmehr aufgrund der darin auftretenden Figuren wie Tobby und Kade,[445] die auch in der Erzählung *Bei diesem Regen* erscheinen, oder wie der algerische Soldat, der der Protagonist von *Der Abschied* ist. In *Vor Weihnachten* beschreibt wiederum die namenlose Ich-Erzählerin ihren Lebens- und Arbeitsalltag als Archäologin in Aleppo und Umgebung. Zusammen mit ihren Kollegen Tobby und Kade sowie mit türkischen wie arabischen Mitarbeitern besucht sie Hügel, auf denen sie auf Spuren antiker Wohnanlagen, aber auch moderner Schützengräben aus der Zeit des Ersten Weltkriegs stößt – eine Erfahrung, die Schwarzenbach während ihrer Orientreise zumindest im Fall antiker und mittelalterlicher Anlagen selbst immer wieder macht und in *Winter in Vorderasien* beschreibt.

---

442 Die Novelle *Vor Weihnachten* ist mittlerweile veröffentlicht. Vgl. Anmerkung 3.

443 Zu erwähnen ist, dass sich die beiden hier untersuchten Texte, nämlich *Vor Weihnachten* und *Die Überlegenen*, trotz ihres novellistischen Charakters im Nachlass von Schwarzenbach im Schweizer Literaturarchiv nicht im Bereich der Prosa (Signatur A-2), sondern in dem der journalistischen Arbeiten (Signatur A-1) befinden.

444 Vgl. Schwarzenbach: Markt in Rihanie 1934, S. 1. Vgl. auch Schwarzenbach: Syrische Weihnachtstage 1934, S. 1.

445 Was die Figur des Kade betrifft, spricht Mazzucco davon, dass sich dahinter Schwarzenbachs Reisebegleiter während des ersten Teils ihrer Orienttour 1933/34, Fred Pasternak, verbirgt. Mazzuccos Vermutung stützt Schwarzenbach: Schrecken der orientalischen Landstraßen 1936, S. 126. Dort thematisiert sie ebenfalls ihre Erlebnisse während ihrer Tätigkeit bei der US-amerikanischen Expedition in Syrien. Ihre beiden westlichen Begleiter heißen hier nicht Tobby und Kade, sondern tragen ihre wahren Namen, »Bob«, der ein junger Amerikaner ist, und »Fred«, d.i. Pasternak. Neben *Bei diesem Regen* und *Vor Weihnachten* erscheint Kade noch in *Ein Auswanderer* und *Verklärtes Europa*. Vgl. Mazzucco: La gabbia dei falconi 2007, S. 174f.

Doch lange führen Tobby, Kade und die Ich-Erzählerin ihre Arbeit nicht durch, da die Kälte sie von den Hügeln nach Aleppo treibt, wo ihnen erst angesichts von kleinen brennenden Christbäumen bewusst wird, dass Heiligabend ist.[446] Alle drei eilen zum Telegrafenamt, wo sie sich ohne Rücksicht auf die anderen geduldig wartenden Orientalen vordrängeln, um Grüße in die Heimat zu senden. Anschließend suchen sie einen bereits aus der Novelle *Verklärtes Europa* bekannten (S. 31) Europäer namens Coco[447] auf, der sich trotz der Gesellschaft einiger junger Griechinnen einsam und verlassen vorkommt und sich darum sehr über den unerwarteten Besuch freut:

> Er setzte sich auf das Bett und bot uns Zigaretten und Schokolade an. ›Heute wollen wir uns einen lustigen Abend machen‹, sagte er. Der Kellner brachte den Thee und heissen Toast, und wir fingen sofort an zu essen und zu trinken. ›Ihr scheint ja ordentlich erfroren zu sein‹, sagte Coco, der uns zuschaute. ›Aber es ist nett dass Ihr gekommen seid. Es ist so öde hier, einfach nicht zum aushalten.‹ ›Sie haben doch die griechischen Damen‹, sagte Kade. Coco gähnte anschaulich.[448]

So verloren, wie sich die Figuren in der Fremde fühlen, so durchwandern sie auch die Straßen der Stadt auf der Suche nach einem passenden Lokal, wo sie den Abend verbringen können. Nirgends bleiben sie lange, weder im »Parisiana«, das auch in *Bei diesem Regen* auftaucht (S. 41), noch bei »Ibor«, das aus *Winter in Vorderasien* bekannt ist.[449] Auch in einem arabischen Kaffeehaus bleiben sie nicht lange, in dem eine unförmig dicke Frau, die an die italienische Sängerin aus *Sehr viel Geduld...* erinnert (S. 104), lasziv singt und tanzt, während die sie begleitende arabische Kapelle eine eintönige und traurige Melodie spielt.[450] Die Ich-Erzählerin erträgt die Vorstellung nicht und besucht

446 Siehe auch Schwarzenbach: Schrecken der orientalischen Landstraßen 1936, S. 125: »Wir wohnten damals in einem schönen, gut eingerichteten Expeditionshaus, eine Autostunde von Aleppo entfernt. Es regnete, die Ausgrabung unserer hettitisch-assyrischen Stadt mußte unterbrochen werden, außerdem waren es die Weihnachtstage, und wir waren in Ferienstimmung. Wenn wir uns langweilten, fuhren wir in unseren Ford-Station-Cars nach Aleppo – auch zweimal bis hinunter nach Beyrouth, welches uns großstädtisch, fröhlich, verführerisch vorkam.«

447 Vgl. Mazzucco: La gabbia dei falconi 2007, S. 177f. Mazzucco äußert im Fall von Coco, dass Schwarzenbach mit dieser Figur einen jungen Armenier namens Krikor nachzeichne, dessen Verwandten ein Hotel in Aleppo gehört habe, in dem die Autorin nach ihrer Ankunft Anfang Dezember 1933 abgestiegen sei.

448 Schwarzenbach: Vor Weihnachten 2009, S. 74.

449 Vgl. Schwarzenbach: Winter in Vorderasien 1934, S. 46.

450 Siehe auch Schwarzenbach: Schrecken der orientalischen Landstraßen 1936, S. 125: »Aber am liebsten waren wir doch in Aleppo, am Fuß der herrlichen arabischen

einen kleinen Laden, der einem bereits aus *Winter in Vorderasien* bekannten Armenier namens Leon[451] gehört:

> In seinem Lokal kam alles zusammen, was die Stadt Aleppo an sonderbaren und verschiedenen Schicksalen zu bieten hatte: die syrischen Händler, die türkischen Kutscher und Chauffeure, die Juden die sich einen Pass nach Palästina verschaffen wollen, die afrikanischen Soldaten und französischen Offiziere, die fleissigen, ängstlichen, ruhigen Armenier und die streitsüchtigen jungen arabischen Nationalisten.[452]

Bemerkenswert an dem Zitat ist, dass es Schwarzenbach gelingt, nicht nur eine ganze Reihe von Anfang der 1930er-Jahre im Orient hochpolitischer Konflikte zu benennen, denen sie sich in den später niedergeschriebenen Novellen des *Falkenkäfigs* einzeln widmet. Durch die besondere Aneinanderreihung der unterschiedlichen Ethnien bzw. Berufsgruppen erreicht sie es auch, das Aufeinanderprallen unterschiedlicher, nämlich europäischer, orientalischer, aber auch afrikanischer Lebenswelten und -konzepte und die daraus resultierende komplizierte Gemengelage, die nach dem Ersten Weltkrieg im Vorderen Orient herrscht, sichtbar zu machen – eine Feststellung, die den westlichen Protagonisten der Novelle freilich auch die letzte Möglichkeit raubt, ein besinnliches Weihnachtsfest zu feiern.

Es geht um die arabischen Kaufleute, die mit aller Welt Handel treiben, um die türkischen Arbeiter und Angestellten, die nach der Ablösung Syriens vom Osmanischen Reich im Land geblieben sind und sich mit den arabischen Nationalisten streiten. Diese wiederum lehnen die Anwesenheit der neuen Besatzer, der Franzosen, ab, die ihr Mandatsgebiet mit Offizieren aus

Zitadelle, in den Soldatenkaffees, wo Neger, Leute aus Algier in hellen Turbanen, Araber und Franzosen zuhörten, wie Sängerinnen aus Stambul und Kairo ihre traurigen Lieder vortrugen.« Der Besuch der Lokale mit ihrer internationalen Kundschaft – französischen Offizieren und Soldaten, arabischen Geschäftsleuten, Arbeitern und Beduinen sowie ab und an auch Archäologen und Touristen aus Europa und Nordamerika – erinnert an diverse Szenen aus dem US-Spielfilm *Morocco* (1930), in denen in eben solchen Etablissements Fremdenlegionäre, einheimische Arbeiter, Nomaden, aber auch Mitglieder der französischen Kolonialverwaltung den musikalischen Darbietungen von marokkanischen und europäischen Sängerinnen wie der Protagonistin Amy Jolly lauschen.

451 Vgl. Schwarzenbach: Winter in Vorderasien 1934, S. 48f. In Schwarzenbachs 1934 erschienenem Reisebericht findet sich der zweite Teil von *Vor Weihnachten*, der mit dem Besuch der namenlosen Ich-Erzählerin in Leons Laden einsetzt, in geraffter Weise wieder.

452 Schwarzenbach: Vor Weihnachten 2009, S. 76.

dem Mutterland und Truppen aus den afrikanischen Kolonien kontrollieren und dafür sorgen, dass jüdische Flüchtlinge aus Nazideutschland nicht nach Palästina kommen können, um sich eine neue Existenz aufzubauen. Ruhig und unauffällig zwischen diesen streitenden Gruppen leben die Armenier. Was alle Novellen so mit *Vor Weihnachten* gemeinsam haben, ist, dass es der Autorin auch hier gelingt, neueste Geschichte gewissermaßen in einzelne Lebensläufe zu übersetzen, sie anschaulich und (be-)greifbar zu machen.

Als nach kurzer Zeit ein Streit im Laden ausbricht, greift der hinzugekommene Algerier ein und sorgt sofort für Ruhe zwischen den verschiedenen Gästen. Gut gelaunt stellt er sich der Ich-Erzählerin, Tobby und Kade vor, wünscht ihnen fröhliche Weihnachten, spricht davon, dass sie alle Kameraden seien – »›Nous sommes tous camarades!‹«[453] – und begleitet die drei schließlich hinaus. Dort bekommen diese nach einem kurzen Besuch bei der Zitadelle von Aleppo durch Schüsse den Beginn des Ramadan, der ebenfalls gefeiert wird, mit. Die einheimischen Muslime verlassen daraufhin die Lokale und eilen nach Hause. Und so finden sich die drei plötzlich allein in der unbekannten, schlafenden Stadt wieder. Auf diese Weise endet *Vor Weihnachten*, wie die anderen Novellen des *Falkenkäfigs*, mit dem Gefühl einer tiefen Einsamkeit, Fremdheit und Zwiespältigkeit. Es ist dies die Konsequenz des Aufeinanderprallens der eigenen westlichen mit der östlichen Lebenswelt und -konzeption – und auch der Grund, weshalb die Europäer im Orient oft nicht zurechtkommen, an sich und anderen verzweifeln und so scheitern.

Der zweite Text trägt den Titel *Die Überlegenen* und ist im März/April 1934 entstanden – zu einer Zeit also, als sich Schwarzenbach auf der letzten Station ihrer ersten Orientreise, im Iran, befindet. Die Fahrt der namenlosen Ich-Erzählerin aus dem Irak nach Persien und der dortige Aufenthalt derselben sind dann auch das Thema dieses ebenfalls novellistischen Textes, der

---

453 Ebd., S. 78. Es ist nicht unwahrscheinlich, dass die beschriebene Szene bzw. die Figur des fröhlichen algerischen Soldaten inspiriert worden ist von einem Erlebnis des Ich-Erzählers mit einem Äthiopier in Weiss: Unromantisches Morgenland 1924, S. 68: »Eine wunderbare Menschenrasse sind die *Abessinier*, denen man in Jerusalem oft begegnet. Außerordentlich feine und bewegliche Gesichter, braungelb bis kaffeebraun, schlanke, meist hohe Gestalten – reiner äthiopischer Typus, der nichts mit dem Neger gemein hat; und sie tragen mit unglaublichem Schwung ihre groben Manteldecken über den weißen Gewändern. Unruhe scheint ihnen fremd zu sein, sie sind fern von unseren – auch den orientalischen – Besorgnissen und Strebungen. Ich sprach heute einen auf der Straße an. Er verstand nicht Arabisch und antwortete in einem schönen Französisch. Dann: ›Sie sind, wie ich glaube, aus Deutschland?‹ ›So ungefähr: aus Österreich.‹ ›Ah, Austrichien! Nous sommes des amis, je suis Abyssinien!‹ – Er schüttelte mir freudig die Hand.«

aufgrund zahlreicher Überschneidungen wie eine Variation des Abschnitts *Persepolis* aus *Winter in Vorderasien* erscheint.[454]

Da zu dieser frühen Jahreszeit so gut wie niemand die Autofahrt über den Peitakpass unternimmt, erklärt sich die Ich-Erzählerin einverstanden, gemeinsam mit einem deutschen Geschäftsmann namens Neumann zu reisen, obwohl sie von Anfang an eine Aversion gegen ihn hat:

> Ich bin mir nie darüber klar geworden, warum dieser grosse, dicke, unbeholfene Mensch sich ausgerechnet durch die Länder Vorderasiens jagen liess. Man braucht dort Abenteurer, feste Kerle, skrupellose Naturen – ganz gleich ob sie pharmazeutische Produkte, Desinfektionsmittel oder Material für den persischen Bahnbau an den Mann bringen sollen – und um dieses Letztere handelte es sich offenbar im Falle von Herrn Neumann.[455]

Sie wird nicht die einzige sein, die den Kaufmann, der wegen Verhandlungen um Eisenbahnschienen in den Iran fährt, unsympathisch findet. Die Ich-Erzählerin, die sich aufgrund von Ausgrabungsarbeiten in der Nähe von Teheran, vermutlich in Rhages, aufhält und schnell Anschluss an ihre, auch aus der Novelle *Vans Verlobung* bekannten Kollegen, den Architekten Van und George Gordon, findet, wird etwa Anfang April gebeten, in den Süden Persiens zu fahren, um sich die Paläste von Persepolis anzuschauen. Widerwillig reist sie wieder mit Neumann, der schon seit Längerem eine Tour dorthin geplant hat. Die Autofahrt mit dem aus *Winter in Vorderasien* bekannten Opium rauchenden Chauffeur und seinem Prügelknaben erweist als beschwerlich und lang, doch werden beide von einem Architekten namens Robert in der alten Hauptstadt des Persischen Reichs freundlich empfangen. Seine Beschreibung erinnert an den noch jugendlich wirkenden französischen Leutnant aus der Novelle *Bei diesem Regen*: »Er machte einen netten und höflichen Eindruck. Er war hellblond, und sah so jung aus, dass man ihm kaum zutraute, schon sein Diplom gemacht zu haben. Dabei hatte er schon vier Jahre Persien hinter sich!«[456]

In der Folge lernt die Ich-Erzählerin einen weiteren jungen Mann namens Franz Karl, von Schwarzenbach ursprünglich Fritz genannt, sowie den ebenfalls namenlosen Leiter der dortigen Expedition – es handelt sich bei ihm um den deutsch-jüdischen Archäologen Ernst Herzfeld (1879-1948) – kennen,

---

454 Vgl. den Abschnitt *Persepolis* in Schwarzenbach: Winter in Vorderasien 1934, S. 162-173.

455 Schwarzenbach: Die Überlegenen, S. 2. Unveröffentlichtes, im SLA befindliches Typoskript. Hinzufügung von B.S.

456 Ebd., S. 8.

der ihr imponiert. Doch auch hier ist es der Ich-Erzählerin nicht möglich, die Heimat und die negativen politischen Entwicklungen in Europa zumindest für eine kurze Zeit zu vergessen. Während eines Aufenthalts im nahe gelegenen Schiras kommt sie auf die Hitler-Herrschaft zu sprechen. Der folgende Abschnitt erinnert an die Novelle *Verklärtes Europa*. Im Gegensatz zu den Äußerungen des jungen italienischen Abenteuersuchenden Neno, werden die Aktionen der Nationalsozialisten gerade gegen die Juden in *Die Überlegenen* nicht klein geredet und verharmlost, sondern es wird offen und direkt – so wie an keiner anderen Stelle in den orientalischen Novellen von Schwarzenbach – Kritik an der totalitären Bewegung geübt:

> ›Ich sagte Robert, dass Schiras mich an Florenz erinnere, und wir fingen an, über Europa zu sprechen und erinnerten uns an lauter schöne Plätze und an nichts Unangenehmes. *Das war Heimweh...* Robert sagte, dass er gern nach Deutschland zurückgehen würde, aber nach dieser lästigen Revolution sei alles unsicher und undurchsichtig, und man wüsste nicht, welchem Löwen man dort in die Höhle laufe.‹ [...]
> – ›Ich erinnere mich, dass die Nazis eine Art von Strassenpöbel waren, die sich möglichst brutal benahmen und mit ihren Ideen einmal auf die Dummheit und ein anderes Mal auf das Elend der Leute spekulierten. Sie redeten in ihren Versammlungen so, dass ein anständiger Mensch sich genieren musste, etwas mit ihnen zu tun zu haben. Und jetzt regieren diese Leute Deutschland. Ich kann es mir eben nicht vorstellen.‹
> ›Bleiben Sie noch ein paar Jahre hier‹ sagte ich.
> ›Ein paar Jahre?‹ sagte er. ›Sehen Sie doch den Franz Karl an. Sehen Sie doch, wie weit man es hier bringt.‹
> Er konnte einem leid tun. Er wusste nicht einmal, ob es Heimweh war, was ihn fort trieb, oder die Angst, zu Hause etwas zu verfehlen. Die grosse Stunde...
> ›Sie werden den Doktor hinaussetzen‹ sagte er. ›Weil er nämlich Halbjude ist. Der grösste Mann, den wir auf diesem Gebiet haben. Begreifen Sie so etwas?‹[457]

Auffällig ist, dass Franz Karl, der über die Nationalsozialisten und ihr diskriminierendes Vorgehen gegen politische, ideologische und »rassische« Gegner genau Bescheid weiß, selbst dem Rassenhass verfällt. Er verknüpft sein Unbehagen über seinen ihn belastenden Aufenthalt in Persien mit seiner schwierigen, stets zwischen Bewunderung und Ablehnung pendelnden Beziehung zu dem nur für sein Fach lebenden und arbeitenden Expeditionsleiter. Und wider

457 Ebd., S. 14f. Kursivierung von B.S.

besseres Wissen macht er seinem Zorn mit antisemitischen Stereotypen wie dem »überlegenen Juden« Luft:

> ›– Mit diesen Juden weiss man nie, woran man ist – sagte Franz Karl.
> – Fang doch nicht mit solchem Aberglauben an – sagte ich. – Ausserdem ist er Halbjude –
> – Und Neumann? –
> – Ich weiss nicht was er ist –
> – Ist ja auch ganz gleich – sagte Robert. – Wirklich, Franz Karl, Du solltest nicht mit solchem Unsinn anfangen! –
> – Sie sind so, dass man sie beleidigen m u s s – sagte Franz Karl, – meinetwegen braucht es mit Juden und Nichtjuden nichts zu tun zu haben. Aber es ist so, man kraenkt sie, weil sie einem nicht gewachsen sind, wie dieser graessliche Neumann – oder sie sind einem ueberlegen, und dann muss man es bestaendig spueren und buessen dass man nicht so ist wie sie. –‹[458]

In vielleicht keiner der anderen orientalischen Novellen Schwarzenbachs wird der Einfluss Hemingways auf sie so deutlich wie in *Die Überlegenen*. Die Gleichsetzung von Juden mit »Überlegenen« findet sich zuerst und als ein zentrales Motiv in seinem Roman *Fiesta* (1926). Der impotente Ich-Erzähler Jacob Henry, seines Zeichens Schriftsteller, entschließt sich, mit zwei anderen US-Amerikanern namens Bill Gorton und Robert Cohn[459] – alle drei Teil der amerikanischen Exklave in Paris – zur Fiesta nach Pamplona zu fahren. Doch bereits vor und dann während des Aufenthalts in Spanien ist das Verhältnis der beiden ersteren zu dem New Yorker Juden gespannt. Immer wieder verweisen sie auf seine Konfession, wenn sie eigene Fehler kompensieren oder etwas an Cohns Charakter, der wie Neumann in *Die Überlegenen* auch sonst nicht sehr beliebt ist, auszusetzen haben.[460]

---

458 Ebd., S. 18. Hervorhebung von Schwarzenbach.

459 In Bezug auf Cohn ist ferner zu erwähnen, dass er möglicherweise Schwarzenbach zur Südamerika-Reise des Francis von Ruthern in ihrem Roman *Flucht nach oben* inspiriert hat. Tatsächlich plant der New Yorker Jude, der zu diesem Zeitpunkt eine Freundin namens Frances hat, eine Abenteuerreise als Flucht in Richtung Süden. In *Fiesta* wird erwähnt, dass Cohn *The Purple Land that England Lost. Travels and Adventures in the Banda Oriental, South America* (1885) des argentinisch-britischen Schriftstellers William Henry Hudson (1841-1922) gelesen habe. Möglicherweise hat Schwarzenbach selbst daraufhin das Buch rezipiert. Schließlich erscheint 1930 eine deutsche Ausgabe in einer Übersetzung von Ellinor Drösser unter dem Titel *Roman in Uruguay*.

460 Siehe Hemingway: Fiesta 1992, S. 79: Bill sagt zu Jacob über Cohn: »›Schön, aber daß er nicht wieder *überlegen und jüdisch* wird.‹« Kursivierung von B.S. Siehe ebd.,

Genauso wie Cohn, dem es nicht gelingt, die anderen für sich zu gewinnen, im Gegenteil eine Abfuhr bekommt und daraufhin nach Paris zurückfährt, ergeht es Neumann. Nachdem er die nicht direkt ausgesprochene Ablehnung der Ich-Erzählerin, mit ihm über Isfahan zurück nach Teheran zu reisen, begriffen hat, macht er sich allein auf den Weg. Zwar zwingt sie ihr schlechtes Gewissen, ihm nach Isfahan nachzufahren, doch hat er an ihrer Anteilnahme kein Interesse mehr. Dennoch vertraut er sich plötzlich ihr und den anderen an, spricht von seiner gescheiterten Ehe, von Einsamkeit und Traurigkeit. Hierauf trennen sie sich und sollen sich auch nicht mehr wieder sehen, denn es wird Neumanns letzter Aufenthalt in Persien sein. Von seiner »gleichgeschalteten« deutschen Firma wird er nicht mehr als Vertreter ins Ausland geschickt – und zwar deshalb, weil er Jude ist. Und was den leidenschaftlich arbeitenden Expeditionsleiter in Persepolis angeht, muss er seine Stelle ebenfalls aufgeben, da er den Nationalsozialisten als Halbjude nicht mehr genehm ist:

> Der Doktor verliess P. etwa zur selben Zeit. Undankbarkeit und Unverstand waren im Spiel, und er reiste ab wie ein Prophet der alles hinter sich laesst und den Staub von den Fersen schuettelt. Man liess einen neuen Direktor seine Stelle einnehmen, aber jeder wusste, dass er unersetzlich war. Franz Karl und Robert sind seither freie Leute. Robert wird versuchen, nach Deutschland zurueckzukehren. Aber Franz Karl ist schon zu lange in Persien. Fast ist es gerecht, dass der grosse Mann, in dessen Schatten er jahrelang gelebt hat, ihn nun noch an ein Land kettet, welches er selbst voller Bitterkeit verlassen hat, und in welchem Franz Karl sich nie glücklich fuehlen wird. –[461]

S. 82: Jacob denkt über Cohn: »Warum ich den Antrieb fühlte, ihn zu ärgern, weiß ich nicht. Natürlich weiß ich's. Ich war wahnsinnig eifersüchtig auf das, was er erlebt hatte. Die Tatsache, daß ich es als gegeben hinnahm, änderte daran nichts. Ich haßte ihn. Ich glaube, daß ich ihn zum erstenmal wirklich haßte, als er beim Essen so ein bißchen überlegen gewesen war, und dann, als er stundenlang sich beim Friseur verschönern ließ.« Siehe ebd., S. 84: Bill spricht zu Jacob über Cohn: »›Hast du ihn mir nicht vorigen Winter mit einem Brief nach New York geschickt? Gott sei Dank bin ich ein Reisefanatiker. Hast Du nicht noch mehr jüdische Freunde, die du mitnehmen könntest?‹ Er rieb sein Kinn mit dem Daumen, besah es sich und schabte dann wieder daran herum. ›Du hast ja selbst ganz reizende.‹ ›O, ja. Ich habe auch ausgesuchte, aber doch nicht mit diesem Robert Cohn zu vergleichen. Das Komische daran ist, daß er sehr nett ist. Ich mag ihn. Aber er ist eben einfach grauenhaft.‹« Siehe ebd., S. 131: Bill sagt schließlich zu Jacob: »›Dieser Cohn ist unerträglich‹, sagte Bill. ›Seine jüdische Überlegenheit ist so stark, daß er glaubt, daß er nichts als Langeweile von dem Kampf [der Stiere; B.S.] haben wird.‹«

461 Schwarzenbach: Die Überlegenen, S. 21. Unveröffentlichtes, im SLA befindliches Typoskript. Vgl. auch Mazzucco: La gabbia dei falconi 2007, S. 192.

Bemerkenswert an der Novelle ist, dass sie als einzige aus dem Umkreis des *Falkenkäfigs* die im Orient lebenden und arbeitenden Europäer nicht nur als Opfer der politischen, ideologischen und »rassischen« Verfolgung durch totalitäre Systeme wie den Nationalsozialismus darstellt. Sie zeigt auch auf, dass sich innerhalb der Exilierten Gruppen bilden, die kleinere Emigrantenkreise diskriminieren, indem sie ihre eigenen Sorgen unreflektiert mit Vorurteilen gegenüber bestimmten Minderheiten verknüpfen und sich damit nicht anders benehmen als diejenigen, die sie aus ihrer Heimat vertrieben haben und die sie doch im Grunde gemeinsam mit allen anderen Verfolgten bekämpfen – müssten. Bei der vorliegenden Novelle werden die Juden paradoxerweise von denjenigen als »Überlegene« bezeichnet und so nochmals gebrandmarkt, die genauso wie sie noch im Exil unter der menschenverachtenden Politik der totalitären Herrschaft in ihrer Heimat leiden. Jene wollen ihre eigene Notlage jedoch nicht anerkennen und suchen darum nach noch Schwächeren, auf die sie ihre verdrängten Probleme und Komplexe projizieren können. »Überlegen« ist unter den Verfolgten keine Gruppe. Alle sind sie Verlierer der negativen politischen Umwälzungen im Europa der Zwischenkriegszeit.

Der Falkenkäfig. Novellen. Ein Resümee

> Uns kam es manchmal so vor, als seien wir unendlich weit und seit unendlich langer Zeit von unserem heimatlichen Erdteil getrennt, ja, ohne darüber zu sprechen, fürchteten wir, nie mehr dorthin zurückkehren zu können. (S. 31f.)

Dieser Satz der namenlosen, in Vorderasien als Archäologin tätigen Ich-Erzählerin aus der Novelle *Verklärtes Europa* drückt ein Grundgefühl all derer aus, die in den 1930er-Jahren ein Leben im Orient führen. Ob es politische oder »rassische«, religiöse oder wirtschaftliche Ursachen sind, die sie aus Europa oder Nordamerika fortgezogen haben, die meisten kommen mit dem Leben im Exil nicht zurecht und schielen beständig nach dem heimatlichen Kontinent, der, je länger die Trennung andauert, umso fremder wird, in der Vorstellung der kurz- oder langfristig ausgewanderten Menschen jedoch den Charakter eines paradiesähnlichen, weil konfliktfreien Raumes annimmt.

Die Novellen des *Falkenkäfigs*, einer von zwei von Roger Perret in den Erzählband *Bei diesem Regen* aufgenommenen Texten, nämlich *Der Auswanderer* sowie die beiden, während der ersten Orientreise entstandenen Novellen *Vor Weihnachten* und *Die Überlegenen* stellen genau dieses Phänomen, das Leben der Westler im Orient am Vorabend des Zweiten Weltkriegs, anhand verschiedener Schicksale vor. Dabei werden die genannten Texte größtenteils durch die Person, den Beruf und die vielen Reisen der namenlosen Ich-Erzählerin miteinander verbunden und dadurch »fast zu einem Roman lockerer Art«[462] – ähnlich wie im Fall der Figur von Nick Adams in Hemingways Kurzgeschichtenband *In our Time* (1924).

Die Protagonisten sind jüdische Migranten, die vor dem wachsenden Antisemitismus aus ihrer Heimat fliehen (wie in *Das gelobte Land* und *Ein Auswanderer*), (weiß-)russische Oppositionelle, die nach der Revolution die neu gegründete Sowjetunion verlassen und sich wie die Juden in Vorderasien Schutz erhoffen (wie in *Die Bekanntmachung*). Sie sind westliche Fachkräfte und Gastarbeiter, die wegen lukrativer Angebote respektive aus persönlichen Gründen in den Orient kommen (wie in *Sehr viel Geduld…*, *Drei Tage Morgendämmerung* und *Vans Verlobung*). Hinzu kommen Militärs, die ihren Dienst ableisten und neue Herausforderungen suchen (wie in *Bei diesem Regen* und *Auf der Heimreise…*), und wohlhabende Touristen, die sich in Europa und Nordamerika langweilen und auf Abenteuer in für sie unbekannten Regionen aus sind (wie in *Verklärtes Europa* und *Fast dasselbe Leiden*). Und schließlich erscheinen in den Novellen selbstbewusste, allein lebende und reisende Europäerinnen, die ihre unbürgerliche Existenz im Orient fortsetzen und so manches Mal an die gesellschaftlichen wie auch an die persönlichen Grenzen stoßen (wie in *Beni Zainab* und *Eine Frau allein*).

So unterschiedlich die Motive der Europäer und Nordamerikaner auch sein mögen, gemeinsam ist ihnen allen die Flucht aus dem bisher sicher geglaubten Westen in den eher als Märchenland imaginierten Orient, die Flucht aus ihrem alten Leben, das ihnen wie gewohnt weiterzuführen durch die negative politische Entwicklung Europas unmöglich gemacht wird. Hierin liegt das Politische von Schwarzenbachs orientalischen Novellen:[463] Sie machen Mitte der 1930er-Jahre auf die Schattenseiten der ideologischen und totalitären Politiken der Links- und Rechtsextremisten aufmerksam, denen eine Vielzahl an Menschen aufgrund ihrer differierenden politischen oder religiösen Weltanschauung, »rassischen« Zugehörigkeit oder sexuellen Ausrichtung zum Opfer fällt. Die Erzählungen zeigen dies an einer Personengruppe, die von den herrschenden Faschisten, Nationalsozialisten und Kommunisten als Vaterlandsverräter diffamiert und bekämpft werden, nämlich an den Exilierten – und zwar an solchen, die im Orient Zuflucht suchen. Und das macht das Besondere, ja vielleicht sogar das Einzigartige, an ihnen aus, da die meisten Emigrantenromane wie Klaus Manns *Flucht in den Norden* (1934) oder *Der Vulkan* (1939)

462 Schwarzenbach in einem am 4.7.1934 geschriebenen Brief an Klaus Mann. In: »Wir werden es schon zuwege bringen, das Leben« 2001, S. 117.

463 Vgl. im Folgenden auch Karrenbrock: Nomadische Bewegung 2005, S. 112ff.

eher Flüchtlingsschicksale behandeln, die in West- und Nordeuropa, in den Niederlanden, in Frankreich und der Schweiz angesiedelt sind.[464]

Dass das Leben der in den Orient emigrierten Westler kein Märchen aus *Tausendundeiner Nacht* darstellt, wie sich dies viele in Europa gebliebene Menschen ausmalen, sondern von vielen unterschiedlichen Problemen belastet wird, zeigen die Schicksale deutlich auf. Diese präsentiert die Autorin in einer lakonischen Sprache, in knappen Dialogen und filmischen Szenen, die stark an Hemingways Kurzgeschichten aus *In our Time* (1924) und *Men without Women* (1927) erinnern.[465] Zwar werden die Schwierigkeiten, die die Fremden mit dem alltäglichen Leben im Orient haben, bereits im Reisebuch *Winter in Vorderasien*, »das wie ein Steinbruch für geschriebene und ungeschriebene Erzählungen ist«[466], angerissen, doch erst in den 1933/35 niedergeschriebenen Novellen werden sie ausführlicher thematisiert. Dabei kristallisiert sich bei den Exilierten eine dreifache Fremdheitserfahrung heraus:

Zum einen ist es das *Anderssein* der Orientalen in ihrer Lebens- und Arbeitseinstellung, das den Europäern und Nordamerikanern einen schnellen und reibungslosen Anschluss an sie erschwert. Damit verbunden ist ihre den Westlern fremde *Religion*, *Kultur* und *Geschichte*, die für das östliche Dasein andere Prioritäten wie Langsamkeit und Geduld, Bescheidenheit und Ergebung in das Schicksal setzt und auch von Hinzugereisten eingefordert wird. Diese sind nicht zuletzt aus den *geografischen und klimatischen Verhältnissen*, die in den 1930er-Jahren noch weitgehend das Leben der Einwohner in Vorderasien beherrschen, hervorgegangen. Die Gegebenheiten der Fremde sind es auch, die den Einwanderern und Exilierten, Fachkräften und Gastarbeitern, Beamten und Militärs, Touristen und Abenteurern beiderlei Geschlechts besonders arg zusetzen. Und so wie ihre Enttäuschung und Melancholie, Hoffnungslosigkeit und Verzweiflung wegen ihrer orientalischen Existenz, die sie sich anfangs euphorisch, aber auch vollkommen unrealistisch ausmalen, mit der Zeit zunehmen, verstärkt sich gleichzeitig auch das Heimweh – oder korrekter die Sehnsucht nach der Zeit vor der Emigration.

Die Konsequenzen sind, dass die Protagonisten der meisten Novellen die wahren Verhältnisse in West und Ost auf den Kopf stellen, den Okzident als Hort der Ruhe und den Orient als den der Unruhe betrachten und sich dauernd in einem Zustand des »Dazwischen« befinden, da sie sich innerlich weder ganz von ihrem früheren Zuhause lösen noch jemals in ihrem neuen ankom-

---

464 Vgl. auch Lachmann: »Exil« als literarisches Projekt 2007, S. 75ff.

465 Vgl. Perret: Nachwort. In: Schwarzenbach: Bei diesem Regen 1996, S. 224ff. Vgl ferner Mazzucco: La gabbia dei falconi 2007, S. 226f.

466 Siehe Perret: Nachwort. In: Schwarzenbach: Bei diesem Regen 1996, S. 231f.

men können.[467] Doch diese Absage an die Wirklichkeit der 1930er-Jahre, die sich bei ihnen auf unterschiedliche Weise fortsetzt und durch Flucht in die westlichen Enklaven, in Arbeit, Betäubung oder Krankheit ausdrückt, ist nur temporär. Dagegen ist das Wissen darum für viele das eigentlich Unerträgliche, weil sie als das einzig Sichere gilt, was die Emigranten in einer Welt der Unsicherheit und Ungewissheit besitzen – außer vielleicht der Ahnung, dass in Kürze in Europa ein neuer, totaler Krieg ausbrechen und mit der vollkommenen Zerstörung des Kontinents auch die letzten sichtbaren Denkmäler der »guten, alten Zeit« auslöschen wird. Eine Rückkehr in die Heimat, so wie sie einst vor dem Exil gewesen ist, wird dann nur noch in der Imagination möglich und die einmal angetretene »Flucht in den Osten« nicht mehr rückgängig zu machen sein.[468]

In diesem Zusammenhang wird schließlich auch der von Schwarzenbach gewählte, ursprüngliche Titel ihrer Novellensammlung *Der Falkenkäfig* erst verständlich. Dieses von der Schriftstellerin gewählte Bild[469] repräsentiert in mehrfacher Hinsicht, was sie mit ihren Novellen vermitteln möchte. Der Titel

---

467 Vgl. Karrenbrock: Nomadische Bewegung 2005, S. 112ff.

468 Vgl. auch Hendler: Texte ohne Gewicht 1999, S. 394.

469 Beim »Falkenkäfig« handelt es sich um keine Wortschöpfung der Autorin. Im dritten Band von Grimms *Deutschen Wörterbuch* (erschienen 1862) taucht das Wort zwar nicht auf. Vgl. Grimm: Deutsches Wörterbuch. Dritter Band, Sp. 1269ff. Doch findet es sich in einer von dem Indogermanisten Karl Brugman (1849-1919) angefertigten Übersetzung eines litauischen Märchens mit dem Titel *Von dem Dummbart und dem Wolf, der sein Freund war*. Siehe Litauische Volkslieder und Märchen 1882, S. 372: »Danach setzte sich der Dümmling auf den Wolf und ritt von dannen den Falken suchen. Sie kamen zu einem Königsschloss, da sprach der Wolf ›Geh hinein, da findest du viele Vögel, und da ist auch der Falke drunter, aber nimm dir ja keinen andern Vogel, auch den schönsten nicht; und des *Falken Käfig* musst du stehn lassen.‹« Kursivierung von B.S. Siehe auch Möller: Vögel in der Kulturgeschichte des Mittelalters 2008, S. 21: »Vögel hielt man aber nicht nur zum praktischen Nutzen. Der Adel fand Gefallen an ihrer Zierde und nutzte sie zudem als Jagdinstrument. Pfauen verschönerten die Innenhöfe von Burgen und Gütern. Erneut gibt das *Capitulare de villis* [die Landesgüterverordnung Karls des Großen; B.S.] Aufschluss, das die Haltung von Enten, Pfauen, Fasanen und Tauben zur Schaustellung vorgibt. Friedrich II. reiste samt seinen bärtigen Eulen und weißen Gerfalken umher, und der englische König hielt sich in Woodstock sogar Straußenvögel. Exoten wie diese galten als beliebte Geschenke unter Herrschern. *Im Spätmittelalter ahmten die Bürger der Städte den Brauch des Adels nach, Vögel zur Belustigung in Käfigen zu halten.* Die zierlichen Tiere wurden auch gern als Kinderspielzeug benutzt; an einer Schnur befestigt konnten sie immer wieder zurückgezogen und erneut fliegen gelassen werden.« Kursivierung von B.S. Vgl. schließlich in Bezug auf die Falkenthematik auch Anmerkung 65.

lässt an die aufwendige und kostspielige Aufzucht, Haltung und Verwendung dieses Tieres und also an die altbekannte Tradition der Falknerei denken, deren Bekanntschaft Schwarzenbach erstmals auf ihren Orientreisen in Syrien bei Emir Fauas Cha'alan und in Persien bei Prinz Firuz Mirza macht.[470] Es handelt sich, nicht unbedeutend, um eine Kulturtechnik, die die höheren Stände im Westen und Osten miteinander verbindet,[471] insbesondere nach ihrer Neubelebung in Europa infolge der Kreuzzüge, als schon einmal massenweise Westler in den Nahen Osten aufbrachen – und das im festen Glauben, dort ihr Seelenheil zu erlangen.

Es liegt nahe, mit dem Titel nicht nur den Stauferkaiser Friedrich II. (1194-1250) und sein von islamischen Falknereitraktaten beeinflusstes Werk *De arte venandi cum avibus/Von der Kunst mit Vögeln zu jagen* (um 1240 vollendet)[472] zu assoziieren. Der Titel lässt auch an die »Falkennovelle« (Fünfter Tag, neunte Geschichte) aus dem wahrscheinlich zwischen 1350 und 1353 entstandenen *Decamerone* von Giovanni di Boccaccio (1313-1375) denken, das in seiner Struktur als Novellensammlung durchaus als Vorbild für Schwarzenbachs Erzählband gelten kann, in dem der Orient den Rahmen für die Darstellung einer Vielzahl von unterschiedlichen Lebensläufen abgibt. Die Besonderheit

---

470 Vgl. Medrow: Falkenjagd in Arabien im 8.-13. Jahrhundert 2008, S. 15ff. Vgl. ferner Medrow: Falkenjagd im Mittelalter 2008, S. 18ff. Siehe Schwarzenbach: Bei einem Beduinenfürsten 1934, Nr. 240: »Ein Neger stand vor dem Tor und eilte uns voraus, um unsere Ankunft zu melden. Das große Auto des Emirs stand auf der Straße. In einem Vorzimmer neben dem Toreingang sahen wir mehrere Diener, die auf Bänken der Wand entlang lagen und schliefen. Ein schöner Jagdfalke saß neben dem Kopf eines der Schlafenden, mit kurzer Kette gefesselt.« In Schwarzenbachs Nachlass lagern im Fotoordner 6 mit dem Titel *Persienreise 1935, III, Iran/Persien* bisher größtenteils unveröffentlichte Fotografien, die ihre Teilnahme an einem Jagdausflug des Prinzen Firuz Mirza nach Scharis-Danek im Hochsommer 1935 dokumentieren. Ein Bild, das sie ebendort zeigt, trägt den Titel *Persien, Juli 1935: Im Jagdlager eines persischen Prinzen* und ist zu finden in Linsmayer: Leben und Werk Annemarie Schwarzenbachs 1989, S. 205. Vgl. Mazzucco: La gabbia dei falconi 2007, S. 223. Übrigens erwähnt Mazzucco, dass Schwarzenbach Klaus Mann eine im Frühjahr 1934 in Persien gefundene Münze von Alexander von Makedonien mit einem Jäger und seinem Falken im Sommer desselben Jahres zum Geschenk gemacht habe.

471 Vgl. auch ebd., S. 222f.

472 Vgl. Hewicker: Friedrich II. als Figur der Falknereigeschichte im deutschsprachigen Raum 2008, S. 137ff. Vgl. ferner Möller: Die Geschichte des Falkenbuches 2008, S. 29ff. Vgl. schließlich Menzel: Die Jagd als Naturkunst 2008, S. 51ff. Zu erwähnen ist, dass in *De Arte Venandi Cum Avibus* zwar nicht von Falkenkäfigen, aber doch von »Falkenhäusern« die Rede ist, die auch mehrfach dargestellt werden. Vgl. Friedrich II.: De Arte Venandi Cum Avibus 1969, fol. 96 r.

jeder einzelnen Novelle erinnert wiederum an die Definition der Gattung, an die »Falkentheorie«[473] von Paul Heyse (1830-1914) und Hermann Kurz (1813-1873), der zu Folge der »Erzähler auch bei dem innerlichsten Stoff sich zuerst fragen sollte, wo der ›Falke‹ sei, das Specifische, das diese Geschichte von tausend anderen unterscheidet.«[474]

Das Bild des *Falkenkäfigs* kann daher auch als eine Metapher für die in den orientalischen Novellen dargestellten, aus den unterschiedlichsten Gründen im Orient weilenden Europäer und Nordamerikaner verstanden werden.[475] So ist der Falke ein Jäger, der stets auf der Suche nach Beute seinen Käfig verlässt, um den Himmel zu durchstreifen. Nach seinem Rundflug kehrt er aber aufgrund seiner Abrichtung wieder zum Falkner zurück. »Übersetzt« heißt dies für die Figuren der in den 1930er-Jahren angesiedelten Erzählungen: Der Abendländer ist ein Sammler, der seine Heimat verlässt und in den Orient reist, wo er Abenteuer erleben und neue Entdeckungen zu machen wünscht. Nach seinem Aufenthalt fährt er schließlich wieder heim – und wenn ihm dies realiter nicht (mehr) möglich sein sollte, bleibt er im Orient und schafft sich eine imaginierte Heimat.[476]

473 Siehe Heyse/Kurz: Einleitung 1871, S. XVIf.: »Denn wie sehr auch die kleinste Form großer Wirkungen fähig sei, beweißt unseres Erachtens gerade die Novelle, die im Gegensatz zum Roman den Eindruck eben so verdichtet, auf Einen Punkt sammelt und dadurch zur höchsten Gewalt zu steigern vermag, wie es der Ballade, dem Epos gegenüber, vergönnt ist, mit einem raschen Schlage uns das innerste Herz zu treffen.« Siehe ferner Schwarzenbach: Filmregie und Filmmanuskript 2005, S. 30: »Kunst muß etwas zu sagen haben, wenn sie ergreifen soll.« Vgl. auch Karrenbock: Nomadische Bewegung 2005, S. 109f.

474 Heyse/Kurz: Einleitung 1871, S. XX. Siehe wegen der Unsicherheit über den Status des enigmatischen Titels oder der Titelgeschichte Karrenbock: Nomadische Bewegung 2005, S. 107: »Beim Stand der Dinge kann man über deren Bedeutung nur spekulieren: gut möglich, daß Annemarie Schwarzenbach im Laufe ihres literaturwissenschaftlichen Studiums mit der Novellentheorie des poetischen Realismus bekannt wurde, insbesondere mit der ›Falkentheorie‹ Paul Heyses [...].«

475 Vgl. Mazzucco: La gabbia dei falconi 2007, S. 223f. Mazzucco vertritt die Meinung, dass sämtliche Erzählungen von Figuren gekreuzt werden, die Schlafwandlern gleich, d.h. blind durch ihr Leben tappen, wobei ihr Leben gleichzeitig einem goldenen, bedrückenden Käfig gleicht, dem sie nicht entfliehen können.

476 Vgl. ebd., S. 223. Mazzucco erinnert hierbei daran, dass das Bild des Falken auch in der klassischen persischen Poesie auftritt. So könne die Rückkehr des Vogels auf den Arm des Falkners auch als eine Metapher für die Rückkehr der Seele zu ihrem Ursprung verstanden werden.

Nachwort

»Man nimmt sich mit, wohin man geht«[1], schreibt Ernst Bloch (1885-1977) zu Beginn seiner *Tübinger Einleitung in die Philosophie* und benennt damit eine der wichtigsten Begleiterscheinungen oder, wie es er bereits im Titel dieses Abschnitts seiner Vorlesung formuliert, eine der bedeutendsten »Erschwerungen«[2] sowohl des Reisens als auch seiner Beschreibung. Denn, so bleibt zum Schluss festzuhalten, die Wahrnehmung und Darstellung des Fremden ist nicht frei von Werten, Vorstellungen und (Vor-)Urteilen, sondern entspricht zum einen der Persönlichkeit des Reisenden, seiner Motivation, augenblicklichen Stimmung und den Erwartungen, die er gegenüber dem Anderen hegt. Zum anderen sind die Perzeption und Reproduktion des Fremden geprägt von den Einflüssen der eigenen Gesellschaft, ihres politischen, ökonomischen und kulturellen Zustands.

Daher fasst die Niederschrift der Erlebnisse in Form von Reiseberichten, -erzählungen und -gedichten nicht nur die Eindrücke vom Fremden, die der Reisende sammelt, anschaulich zusammen, sie gibt auch einen Einblick in die Entstehungszeit der Werke bzw. die Stimmung der jeweiligen Epoche wieder. Erkennbar wird, wie sehr das Persönliche und Allgemeine im Umgang mit *Alterität* zusammenspielen. Dabei besitzt das Andere stets eine bestimmte Funktion: Es dient als Spiegel respektive Kontrastfolie des Eigenen, das sich über die Begegnung mit dem Unbekannten – gewissermaßen als seiner eigenen »dunklen« Seite – selbst erkennen und bewusst werden möchte. In dieser Hinsicht wird das Andere als Teil des Eigenen akzeptiert und also *nostrifiziert*.

Wie weit diese »An-Eignung« des Fremden geht, das hängt von der Motivation, den Wünschen und Absichten des Reisenden ab. Andererseits wird deutlich, dass der *kulturellen Übersetzung und Übernahme* anderer Sitten und Gebräuche, Denk- und Lebensweisen aufgrund der Möglichkeit einer nur fragmentarischen Erfahrung und Erfassung des Gegenübers ganz bestimmte Grenzen gesetzt sind. In den meisten Fällen führt daher die Begegnung mit dem Anderen zunächst zu einer großen Enttäuschung des Reisenden – groß deshalb, da dieser nicht selten bis zu der Begegnung mit der anderen Kultur annimmt, die eigene bekannte Welt hinter sich lassen und in der fremden aufgehen zu können. Er muss wider Willen die durch allzu übertriebene Wunschfantasien entstandenen hohen Erwartungen aufgeben und sich mit dem zufrieden geben, was er in der Wirklichkeit der »neuen Welt« vor sich findet.

1 Bloch: Tübinger Einleitung in die Philosophie 1970, S. 20.

2 Ebd., S. 20.

Der Prozess der »Entzauberung des Fremden« führt daher im besten Fall nicht nur zu einem nüchterneren Umgang mit dem Anderen, sondern auch zu einer kritischeren Beobachtung und realistischeren Beurteilung des Eigenen.

Diese Entwicklung ist – freilich jeweils unterschiedlich stark – auch bei den hier ausgewählten drei Schriftstellern Hermann Hesse, Armin T. Wegner und Annemarie Schwarzenbach und ihren hier untersuchten Aufenthalten im Orient und den im Anschluss daran entstandenen Reiseberichten, -erzählungen und -gedichten zu beobachten.

So stellt der Osten für Hesse anfangs aus mehreren Gründen ein ideales Reiseziel dar: Wegen persönlicher Probleme, die in seiner Eigenwahrnehmung als »verbürgerlichter« Künstler gründen, aber auch aufgrund gesellschaftlicher Defiziterfahrungen wie der »transzendentalen Obdachlosigkeit« (Georg Lukács) als auch des erstarkenden Nationalismus, Chauvinismus und Militarismus in Europa am Vorabend des Ersten Weltkriegs, begibt er sich in der zweiten Hälfte des Jahres 1911 nach Südostasien. Doch seine hauptsächlich auf östlichen Religionen, Philosophien und Literaturen beruhenden Hoffnungen auf Natürlichkeit und Einfachheit, Harmonie und Ausgeglichenheit, Ruhe und Entschleunigung werden, wie sein aus den *Aufzeichnungen von einer indischen Reise*, den *Gedichten* und der Novelle *Robert Aghion* bestehendes Reisebuch *Aus Indien* (1913) deutlich macht, in der Konfrontation mit der Realität des durch den westlichen Expansionsdrang stark europäisierten Ostens enttäuscht. Sie führen bei ihm in der Folgezeit aber auch zu der entscheidenden Einsicht, dass sein Versuch, den Westen zu fliehen, von Anfang an zum Scheitern verurteilt war.

Er macht es sich nach der Rückkehr in die Heimat jedoch zur Aufgabe, die in Hinterindien gesammelten Eindrücke vom Fremden ins Eigene zu integrieren, die Erfahrungen mit der Geschichte, den Kulturen und den Religionen (Südost-)Asiens in seinem literarischen Werk zu verarbeiten und sich parallel eine eigene, »persönliche Religion« aus den unterschiedlichen Weltanschauungen von West und Ost zu schaffen. Schließlich wird es seine Bestrebung, zukünftig reflektierter mit persönlichen und gesellschaftlichen Krisensituationen umzugehen. Er wird später auf die Möglichkeit weiterer realer Reisen nach Asien verzichten und sich auf geistige »Morgenlandfahrten« wie in der »indischen Dichtung« *Siddhartha* (1922) beschränken.

Auch für Wegner bietet der durch die guten Beziehungen seiner Familie zum Militär ermöglichte Aufenthalt im Orient in den Jahren 1915/16 scheinbar die Chance, dem Stellungskrieg an der deutsch-russischen Front für eine Weile zu entfliehen. Der Kriegseintritt der Türken auf Seiten der Mittelmächte im Herbst 1914 bringt jedoch den modernen Krieg auch nach Vorderasien. Wie bereits in Europa, so beschleunigt der Erste Weltkrieg auch im Orient den Verfall zum Teil sehr alter Strukturen und Traditionen und mit ihnen der sie seit Jahrhunderten tragenden Staaten wie das Osmanische Reich. Er sorgt ferner für die Beschädigung und teilweise auch für die Zerstörung der noch im Aufbau befindlichen modernen Infrastruktur des Landes und verursacht in der Folge Armut und Hunger, Krankheiten und Epidemien, Flucht und Vertreibung.

Wegner nimmt sich dabei während seiner Dienstzeit in Vorderasien vor, sich mit den Auswirkungen der Modernisierung wie des neuen, totalen Krieges auf die Politik, die Wirtschaft und das Militär, vor allem aber auf die Gesellschaft und Kultur im Osmanischen Reich auseinanderzusetzen. Kurz nach dem Ersten Weltkrieg erscheinen dann die Resultate seiner literarischen Beschäftigung in Form seines Orientbuchs *Im Hause der Glückseligkeit* (1920) und seiner »türkischen« Novellensammlung *Der Knabe Hüssein* (1921). In ihnen – wie auch in seinen späteren Reiseberichten wie *Am Kreuzweg der Welten. Eine Reise vom Kaspischen Meer zum Nil* (1930) oder *Maschinen im Märchenland. Tausend Kilometer durch die mesopotamische Wüste* (1932) – macht er es sich zu einer seiner Aufgaben, den deutschsprachigen Lesern die unbekannte Welt des Orients mit seinen Licht- und Schattenseiten näher zu bringen. In ihren Aussagen allerdings wirken *Im Hause der Glückseligkeit* und *Der Knabe Hüssein* ambivalent.

Dieser Eindruck entsteht zum einen durch die unentschiedene Art, wie der Ich-Erzähler im Orientbuch erscheint, agiert und argumentiert, nämlich einerseits politisch versiert, zielgerichtet und hilfsbereit, andererseits naiv, unsicher und ohnmächtig. So plädiert er im Zuge der Erneuerung des nach dem Ersten Weltkrieg verbliebenen Osmanischen Reichs nicht etwa nur dafür, dort die östliche Denk- und Lebensweise allmählich mit der westlichen in ein Gleichgewicht zu führen. Wegner geht weiter und schlägt eine rasante Modernisierung von Staat und Gesellschaft im Sinne einer »Amerikanisierung« vor. Er wünscht, anders ausgedrückt, eine (noch) stärkere Verwestlichung des Osmanischen Reichs. Dabei bleibt freilich unausgesprochen, dass diese Entwicklung zwangsläufig mit dem Verlust eines Großteils an politischer, wirtschaftlicher und sozialer, vor allem aber religiös-kultureller Selbstständigkeit der türkisch-muslimischen Bevölkerung einhergehen würde.

Zum anderen resultiert die Widersprüchlichkeit, die dem Orientbild in seinen beiden Publikationen eigen ist, aus der Intention, die Wegner mit ihnen verfolgt. So ist er offen und interessiert, empathisch und mitfühlend, jedoch zugleich auch stark beeinflusst von den imperialistisch-kolonialistischen Diskursen seiner Zeit. Deren Einfluss äußert sich besonders in den Novellen, und zwar in der von tradierten westlichen Bildern und Klischees behafteten, unterschiedlichen Darstellung der Ethnien und Religionen des Vorderen Orients. Schließlich hat diese Art und Weise der Zeichnung zur Folge, dass Wegners Rolle als Vermittler zwischen den Kulturen in Frage gestellt wird bzw. neu überdacht werden muss.

Ähnlich wie bei Hesse und Wegner sind schließlich die Gründe für Schwarzenbachs Orientreise sowohl persönlicher als auch politischer Natur. Emotional wie finanziell von ihrer Familie abhängig, unternimmt sie nach dem Universitätsabschluss mehrere Versuche, aus ihrem schillernden und bequemen, aber wenig glücklichen, weil orientierungslosen Leben auszubrechen. Ihre Suche nach einem ausgefüllten, gleichzeitig konfliktfreien, d.h. natürlichen und ursprünglichen Dasein führt sie im Herbst 1933 in den Orient, wo sie nicht nur für Schweizer Zeitungen und Zeitschriften Berichte schreibt und Fotos schießt, sondern sich auch an archäologischen Ausgrabungen beteiligt und aus diesem Grund noch mehrmals dorthin zurückkehrt.

Bestärkt in ihrer Absicht, eine Zeit lang das hektische Europa zu verlassen und sich in den scheinbar friedlicheren und ruhigeren Vorderen Orient zu begeben, wird sie vor allem durch die seit der Weltwirtschaftskrise 1929 veränderte politische, ökonomische und soziale Situation auf dem heimischen Kontinent. Denn die Regierungsübernahme durch konservative, faschistische und nationalsozialistische Parteien in immer mehr europäischen Staaten erhöht nicht nur die Gefahr eines Krieges primär gegen die Sowjetunion, sondern bedingt auch die massenweise Migration politisch, »rassisch« oder religiös verfolgter Menschen in alle Regionen der Welt – auch in den Orient.

Aufgrund der Verflechtung von persönlicher und gesellschaftlicher Krisenstimmung erhalten der Nahe und Mittlere Osten im schriftstellerischen Werk von Schwarzenbach unterschiedliche Funktionen: Während in ihrem Reisebuch *Winter in Vorderasien* (1934) – freilich eingeflochten in ausführliche Schilderungen von Land und Leuten – die eigene Hoffnung nach Entspannung und Entschleunigung und also die Suche nach dem alten Morgenland als dem Ursprung Europas und seiner Zivilisation im Mittelpunkt ihres Interesses steht, thematisieren die 1934/35 entstandenen und mit dem Titel *Der Falkenkäfig* versehenen, größtenteils aber erst 1989 in der Sammlung *Bei diesem Regen* veröffentlichten Novellen die Schicksale zahlreicher, aus den verschiedensten Gründen aus Europa (inklusive Russland) und Nordamerika nach Vorderasien eingewanderter Menschen. Konkret werden vor dem Hintergrund der Radikalisierung des politischen Klimas in Europa und im Bewusstsein eines baldigen Zweiten Weltkrieges das abseitige Leben von Europäern und Nordamerikanern, die ihre ganze Hoffnung auf den Orient als ihre letzte Zufluchtsstätte setzen, mit der damit verbundenen Existenzangst, Einsamkeit und Trostlosigkeit geschildert.

Melancholisch geraten diese »biografischen Momentaufnahmen« nicht nur aufgrund des Wissens der Flüchtlinge um das vorläufige Ende der liberalen Epoche in Europa durch den Aufschwung links- und rechtsextremer Diktaturen, sondern auch wegen der Tatsache, dass der Orient, so wie ihn sich der

Westen seit der Antike als das »Land der Wunder und des Reichtums« imaginiert, ebenfalls immer mehr dem Untergang geweiht ist. Und auch der Wunsch nach einer neuen Aufgabe in einer möglicherweise neuen Heimat erfüllt sich nicht. Im Gegenteil holt die dargestellten Westler – genauso wie die Autorin selbst – auch in Vorderasien die Moderne mit ihren Schattenseiten in Form des verwestlichten und sich selbst entfremdeten Orients ein. Aufgrund dieser zerrissenen Existenz *zwischen* Orient und Okzident finden sie sich desillusioniert wieder und sind gezwungen, sich im Hinblick auf die Zukunft mit einem Leben in Angst und Ungewissheit, Perspektiv- und Hoffnungslosigkeit abzufinden.

In Schwarzenbachs eigenem Fall wird sie selbst trotz ihres Wissens um die Vergeblichkeit einer Flucht noch mehrere Male in den Orient reisen – allerdings nicht mehr so sehr, um einen konfliktfreien »Lebensraum« zu suchen, sondern um in den orientalischen, speziell iranischen Landschaften die eigene, schmerzhafte Erfahrung der Einsamkeit und Heimatlosigkeit widergespiegelt zu finden und diese in Texten wie dem 1935/36 entstandenen *Tod in Persien*, der überarbeiteten Fassung mit dem Titel *Das glückliche Tal* (1940) oder dem 2008 posthum veröffentlichten Erzählzyklus *Die Vierzig Säulen der Erinnerung* zu verarbeiten.

Letzten Endes ist die »Entzauberung des Ostens« im doppelten Sinne zu verstehen: Die hier untersuchten Orientreisen wie die im Zeitraum von 1910 bis 1940 entstandenen Reiseberichte, -erzählungen und -gedichte verknüpfen mit der durch die orientalische Wirklichkeit erzwungenen objektiveren Beobachtung und Darstellung des erlebten Fremden auch eine Korrektur der Selbstwahrnehmung und -beurteilung. Allen drei Schriftstellern wird in der Konfrontation mit dem Osten bewusst, dass eine Flucht sowohl vor den persönlichen als auch den gesellschaftlichen Defiziterfahrungen in die scheinbar heile und stabile Welt des Orients genauso unmöglich ist wie umgekehrt die vollständige Mit- und Übernahme der asiatischen Welt(-anschauungen) in das westliche Alltagsleben.

Der Mittelweg, so wird deutlich, ist die Verbindung von okzidentaler und orientalischer Denk- und Lebensweise bzw. der Versuch, die während und nach der Reise gewonnenen Erkenntnisse ins eigene Dasein zu integrieren, um den Anforderungen des modernen, d.h. des mechanisierten und beschleunigten, anonymen und konsumorientierten Lebens besser zu begegnen. So bietet die Tour in den Orient trotz oder gerade wegen der doppelten Entzauberung dem Westler durchaus etwas Neues und Unbekanntes an: Durch die erzwungene Veränderung seiner Betrachtungsweise der ihn umgebenden Welt kann sie ihm helfen, sein eigenes Dasein in neuem Licht zu sehen, sein Bewusstsein zu ändern und schließlich sein Leben neu zu ordnen. Freilich gelingt dies nur, wenn er bereit ist, den Orient als das zu akzeptieren, was aus ihm infolge der

Modernisierung geworden ist, nämlich ein mittlerweile selbst stark zwischen eigenen und fremden Denk- und Lebensformen pendelnder Bestandteil der globalisierten und damit normierten und entzauberten Welt.

Literaturverzeichnis

Für die vorliegende Studie wurde Nachlassmaterial von Armin T. Wegner und Annemarie Schwarzenbach verwendet. Die Rechte am Gesamtwerk von Armin T. Wegner liegen beim Wallstein Verlag, Göttingen. Für die hier abgedruckten Stellen liegt eine Genehmigung vor. Die Rechte am Nachlass von Annemarie Schwarzenbach liegen beim Schweizer Literaturarchiv in Bern (SLA). Für die hier abgedruckten Stellen liegt ebenfalls eine Genehmigung vor. Der Autor hat sich bemüht, alle Rechteinhaber ausfindig zu machen. Sollten trotzdem nicht alle Urheber genannt sein, wird um Nachricht beim Verlag gebeten.

1. Primärliteratur

1.1 Untersuchte Primärliteratur von Hermann Hesse, Armin T. Wegner und Annemarie Schwarzenbach

Hesse, Hermann: Aus Indien. Berlin 1913.

Schwarzenbach, Annemarie: Winter in Vorderasien. Tagebuch einer Reise. Mit 16 ganzseitigen Tafeln. Zürich 1934.

Schwarzenbach, Annemarie: Die Beduinen. In: National-Zeitung. 15.4.1935. Abendblatt. Nr. 176, S. 1-2 [Aus der Sammlung *Der Falkenkäfig*; nicht im Erzählband *Bei diesem Regen* enthalten].

Schwarzenbach, Annemarie: Bei diesem Regen. Erzählungen. Hrsg. und mit einem Nachwort von Roger Perret. Basel 1996 (= LP 63; Ausgewählte Werke 2) [Neuzusammenstellung von zwölf Novellen der 1934/35 entstandenen, ursprünglich 17 oder 18 Erzählungen umfassenden Sammlung *Der Falkenkäfig* mit zwei anderen Texten Annemarie Schwarzenbachs; EA dieser Kompilation 1989].

Schwarzenbach, Annemarie: Eine Frühlingserscheinung. In: Alexis Schwarzenbach: Auf der Schwelle des Fremden. Das Leben der Annemarie Schwarzenbach. München 2008, S. 118-119 [Aus der Sammlung *Der Falkenkäfig*; nicht im Erzählband *Bei diesem Regen* enthalten; EA in National-Zeitung, 5.9.1938 unter dem Namen *Annemarie Clark*].

Schwarzenbach, Annemarie: Vor Weihnachten. Aus dem Nachlaß hrsg. von Walter Fähnders/Helga Karrenbrock. In: Dazwischen. Reisen – Metropolen – Avantgarden. Festschrift für Wolfgang Asholt. Hrsg. von Wolfgang Klein/Walter Fähnders/Andrea Grewe. Bielefeld 2009, S. 69-79 [Entstanden in Syrien im Dezember 1933].

Schwarzenbach, Annemarie: Die Überlegenen. Unveröffentlichtes Typoskript mit handschriftlichen Korrekturen. 21 Bl. Im Nachlass von Annemarie Schwarzenbach im Schweizer Literaturarchiv in Bern (SLA) [Entstanden in Irak/Persien im März/April 1934; Journalistische Arbeiten. Signatur: A-1/31].

Wegner, Armin T.: Im Hause der Glückseligkeit. Aufzeichnungen aus der Türkei. Dresden 1920.

Wegner, Armin T.: Der Knabe Hüssein. Türkische Novellen. Dresden 1921.

1.2 Weitere Primärliteratur von Hermann Hesse, Armin T. Wegner und Annemarie Schwarzenbach

1.2.1 Weitere Primärliteratur von Hermann Hesse

Hesse, Hermann: Gesammelte Briefe. Erster Band 1895-1921. In Zusammenarbeit mit Heiner Hesse hrsg. von Ursula und Volker Michels. Frankfurt a.M. 1973.
Hesse, Hermann: Peter Camenzind. Erzählung. Frankfurt a.M. 1976 (= st 161) [EA 1904].
Hesse, Hermann: Der Europäer. In: Hermann Hesse: Märchen. Zusammengestellt von Volker Michels. Frankfurt a.M. 1976 (= st 291), S. 163-170 [EA in Neue Zürcher Zeitung. 4.8. und 6.8.1918].
Hesse, Hermann: Kurzgefaßter Lebenslauf. In: Hermann Hesse. Leben und Werk im Bild. Von Volker Michels. Mit dem ›Kurzgefaßten Lebenslauf‹ von Hermann Hesse. Frankfurt a.M. 1977 (= it 35), S. 7-25 [EA in Neue Rundschau 36 (1925) H. 8].
Hesse, Hermann: Von der Seele. In: Hermann Hesse: Mein Glaube. Eine Dokumentation. Auswahl und Nachwort von Siegfried Unseld. Frankfurt a.M. 1978 (= BS 300), S. 11-19 [EA in Wieland 3 (1917/18)].
Hesse, Hermann: Über die Einheit. In: Hermann Hesse: Mein Glaube. Eine Dokumentation. Auswahl und Nachwort von Siegfried Unseld. Frankfurt a.M. 1978 (= BS 300), S. 20-23 [Vier Textpassagen, die erste aus *Kurgast*; EA 1925 unter dem Titel *Psychologia Balnearia oder Glossen eines Badener Kurgasts*].
Hesse, Hermann: Siddhartha. Eine indische Dichtung. Frankfurt a.M. 1982 (= st 182) [EA des ersten Teils in Neue Rundschau 32 (1921) H. 7; EA als Buch 1922].
Hesse, Hermann: Anton Schievelbeyn's ohnfreywillige Reisse nacher Ost-Indien. In: Hermann Hesse: Der verbannte Ehemann oder Anton Schievelbeyn's ohnfreywillige Reisse nacher Ost-Indien. Handgeschrieben und illustriert von Peter Weiss. Mit einem erstmals veröffentlichten Opernlibretto von Hermann Hesse. Frankfurt a.M. 1987 (= it 260), S. 109-128 [Entstanden 1905; EA 1914 als bibliophil ausgestattete Broschur; In Buchform erstmals 1935 in *Fabulierbuch*].
Hesse, Hermann: In den Felsen. Notizen eines »Naturmenschen«. In: Materialien zu Hermann Hesses »Siddhartha«. Erster Band. Texte von Hermann Hesse. Entstehungsgeschichte in Selbstzeugnissen und Dokumenten. Hrsg. von Volker Michels. Frankfurt a.M. 1999 (= st 129), S. 294-302 [EA in März. 1.4.1908].
Hesse, Hermann: Ein Bibliotheksjahr. In: Materialien zu Hermann Hesses »Siddhartha«. Erster Band. Texte von Hermann Hesse. Entstehungsgeschichte in Selbstzeugnissen und Dokumenten. Hrsg. von Volker Michels. Frankfurt a.M. 1999 (= st 129), S. 77-78 [EA in Neue Zürcher Zeitung. 27.6.1915].
Hesse, Hermann: Künstler und Psychoanalyse. In: Materialien zu Hermann Hesses »Siddhartha«. Erster Band. Texte von Hermann Hesse. Entstehungsgeschichte in Selbstzeugnissen und Dokumenten. Hrsg. von Volker Michels. Frankfurt a.M. 1999 (= st 129), S. 341-346 [EA in Frankfurter Zeitung. 16.7.1918].
Hesse, Hermann: Aus der Rezension zu Otto Kümmels ›Die Kunst Ostasiens‹. In: Materialien zu Hermann Hesses »Siddhartha«. Erster Band. Texte von Hermann Hesse. Entstehungsgeschichte in Selbstzeugnissen und Dokumenten. Hrsg. von Volker Michels. Frankfurt a.M. 1999 (= st 129), S. 142-143 [EA in Vivos voco 2 (1921) H. 7].
Hesse, Hermann: Rezension von O.A.H. Schmitz' »Das Dionysische Geheimnis«. In: Materialien zu Hermann Hesses »Siddhartha«. Erster Band. Texte von Hermann

Hesse. Entstehungsgeschichte in Selbstzeugnissen und Dokumenten. Hrsg. von Volker Michels. Frankfurt a.M. 1999 (= st 129), S. 138-139 [EA in Wissen und Leben. 14 (1921) H. 6].

Hesse, Hermann: Chinesische Betrachtung. In: Materialien zu Hermann Hesses »Siddhartha«. Erster Band. Texte von Hermann Hesse. Entstehungsgeschichte in Selbstzeugnissen und Dokumenten. Hrsg. von Volker Michels. Frankfurt a.M. 1999 (= st 129), S. 150-151 [EA in Neue Zürcher Zeitung. 25.12.1921].

Hesse, Hermann: Mein Glaube. In: Materialien zu Hermann Hesses »Siddhartha«. Erster Band. Texte von Hermann Hesse. Entstehungsgeschichte in Selbstzeugnissen und Dokumenten. Hrsg. von Volker Michels. Frankfurt a.M. 1999 (= st 129), S. 370-374 [EA in *Dichterglaube. Stimmen religiösen Erlebens*. Hrsg. von Harald Braun Berlin 1931].

Hesse, Hermann: Ein Stückchen Theologie. In: Materialien zu Hermann Hesses »Siddhartha«. Erster Band. Texte von Hermann Hesse. Entstehungsgeschichte in Selbstzeugnissen und Dokumenten. Hrsg. von Volker Michels. Frankfurt a.M. 1999 (= st 129), S. 374-383 [EA in Neue Rundschau 43 (1932) H. 6].

Hesse, Hermann: Tagebuch 1920/21. In: Materialien zu Hermann Hesses »Siddhartha«. Erster Band. Texte von Hermann Hesse. Entstehungsgeschichte in Selbstzeugnissen und Dokumenten. Hrsg. von Volker Michels. Frankfurt a.M. 1999 (= st 129), S. 9-33 [EA 1932/72].

Materialien zu Hermann Hesses »Siddhartha«. Erster Band. Texte von Hermann Hesse. Entstehungsgeschichte in Selbstzeugnissen und Dokumenten. Hrsg. von Volker Michels. Frankfurt a.M. 1999 (= st 129) [EA 1975].

Hesse, Hermann: Franz von Assisi. In: Hermann Hesse: Jugendschriften. Hrsg. von Volker Michels. Frankfurt a.M. 2001 (= SW 1), S. 623-660 [EA 1904].

Hesse, Hermann: Taedium vitae. In: Hermann Hesse: Erzählungen 1907-1910. Hrsg. von Volker Michels. Frankfurt a.M. 2001 (= SW 7), S. 214-234 [EA in Neue Rundschau 19 (1908) H. 7].

Hesse, Hermann: Der Weltverbesserer. In: Hermann Hesse: Erzählungen 1907-1910. Hrsg. von Volker Michels. Frankfurt a.M. 2001 (= SW 7), S. 454-484 [EA in März 5 (1911) H. 4/5.].

Hesse, Hermann: Die Stadt. In: Hermann Hesse: Erzählungen 1907-1910. Hrsg. von Volker Michels. Frankfurt a.M. 2001 (= SW 7), S. 363-368 [EA in Licht und Schatten 1 (1910/11) H. 3].

Hesse, Hermann: Doktor Knölges Ende. In: Hermann Hesse: Erzählungen 1907-1910. Hrsg. von Volker Michels. Frankfurt a.M. 2001 (= SW 7), S. 369-375 [EA in Jugend 10 (1910) H. 10].

Hesse, Hermann: Das Haus der Träume. Ein Fragment. In: Hermann Hesse: Die Erzählungen 1911-1954. Hrsg. von Volker Michels. Frankfurt a.M. 2001 (= SW 8), S. 134-157 [Entstanden 1914; EA 1920 in Der Schwäbische Bund; In Buchform als Einzelausgabe erstmals 1936].

Hesse, Hermann: Unsterblichkeit. In: Hermann Hesse: Die Welt im Buch I. Rezensionen und Aufsätze aus den Jahren 1900-1910. In Zusammenarbeit mit Heiner Hesse hrsg. von Volker Michels. Frankfurt a.M. 2002 (= SW 16), S. 274-276 [EA in Neue Zürcher Zeitung. 11.12.1907].

Hesse, Hermann: Morgenländische Märchen. In: Hermann Hesse: Die Welt im Buch I. Rezensionen und Aufsätze aus den Jahren 1900-1910. In Zusammenarbeit mit Heiner Hesse hrsg. von Volker Michels. Frankfurt a.M. 2002 (= SW 16), S. 413-418 [EA in Frankfurter Zeitung. 23.12.1909].

Hesse, Hermann: Confucius deutsch. In: Hermann Hesse: Die Welt im Buch I. Rezensionen und Aufsätze aus den Jahren 1900-1910. In Zusammenarbeit mit Heiner Hesse hrsg. von Volker Michels. Frankfurt a.M. 2002 (= SW 16), S. 465-467 [EA in Münchner Zeitung. 6.7.1910].

Hesse, Hermann: Weisheit des Ostens. In: Hermann Hesse: Die Welt im Buch II. Rezensionen und Aufsätze aus den Jahren 1911-1916. In Zusammenarbeit mit Heiner Hesse hrsg. von Volker Michels. Frankfurt a.M. 2002 (= SW 16), S. 32-34 [EA in Münchner Zeitung. 24.5.1911].

Hesse, Hermann: Reisen und Abenteuer. In: Hermann Hesse: Die Welt im Buch II. Rezensionen und Aufsätze aus den Jahren 1911-1916. In Zusammenarbeit mit Heiner Hesse hrsg. von Volker Michels. Frankfurt a.M. 2002 (= SW 17), S. 49-52 [EA in Münchner Zeitung. 5.9.1911].

Hesse, Hermann: Chinas Verteidigung gegen europäische Ideen. In: Hermann Hesse: Die Welt im Buch II. Rezensionen und Aufsätze aus den Jahren 1911-1916. In Zusammenarbeit mit Heiner Hesse hrsg. von Volker Michels. Frankfurt a.M. 2002 (= SW 16), S. 78-79 [EA in März. 10.2.1912].

Hesse, Hermann: Knulp. Drei Geschichten aus dem Leben Knulps. Frankfurt a.M. 2002 (= st 1571) [EA 1915].

Hesse, Hermann: Die Plastik der Neger. In: Hermann Hesse: Die Welt im Buch II. Rezensionen und Aufsätze aus den Jahren 1911-1916. In Zusammenarbeit mit Heiner Hesse hrsg. von Volker Michels. Frankfurt a.M. 2002 (= SW 16), S. 473-475 [EA in Vossische Zeitung. 30.7.1915].

Hesse, Hermann: Demian. Die Geschichte von Emil Sinclairs Jugend. Frankfurt a.M. 2002 (= st 206) [EA 1919].

Hesse, Hermann: Gedanken zu Dostojewskijs »Idiot«. In: Hermann Hesse: Die Welt im Buch III. Rezensionen und Aufsätze aus den Jahren 1917-1925. In Zusammenarbeit mit Heiner Hesse und Marco Schickling hrsg. von Volker Michels. Frankfurt a.M. 2002 (= SW 18), S. 114-120 [EA in Vivos voco 1 (1920) H. 1].

Hesse, Hermann: Die Brüder Karamasoff oder Der Untergang Europas. Einfälle bei der Lektüre Dostojewskijs. In: Hermann Hesse: Die Welt im Buch III. Rezensionen und Aufsätze aus den Jahren 1917-1925. In Zusammenarbeit mit Heiner Hesse und Marco Schickling hrsg. von Volker Michels. Frankfurt a.M. 2002 (= SW 18), S. 125-140 [EA in Neue Rundschau 31 (1920) H. 3].

Hesse, Hermann: Die Sehnsucht unserer Zeit nach einer Weltanschauung. In: Hermann Hesse: Blick nach dem Fernen Osten. Erzählungen, Legenden, Gedichte und Betrachtungen. Hrsg. von Volker Michels. Frankfurt a.M. 2002, S. 410-415 [EA in Uhu 3 (1926)].

Hesse, Hermann: Die Nürnberger Reise. Frankfurt a.M. 2002 (= st 227) [EA 1927].

Hesse, Hermann: Der Steppenwolf. Frankfurt a.M. 2002 (= st 3372) [EA 1927].

Hesse, Hermann: Das Glasperlenspiel. Versuch einer Lebensbeschreibung des Magister Ludi Josef Knecht samt Knechts hinterlassenen Schriften. Frankfurt a.M. 2002 (= Sonderausgabe zum 125. Geburtstag) [EA 1943].

Hesse, Hermann: Die Gedichte. Hrsg. von Volker Michels. Frankfurt a.M. 2002 (= SW 10).

Hesse, Hermann: Unterm Rad. Roman. Frankfurt a.M. 2003 (= Gebundene Sonderausgabe) [EA 1905/6].

Hesse, Hermann: Legende vom indischen König. In: Hermann Hesse: Aus Indien. Aufzeichnungen, Tagebücher, Gedichte, Betrachtungen und Erzählungen. Neu zusammengestellt und ergänzt von Volker Michels. Mit zahlreichen Abbildungen. Frankfurt a.M. 2003 (= st 562), S. 265-268 [EA in Neue Rundschau 18 (1907) H. 1].

Hesse, Hermann: Gertrud. Roman. Frankfurt a.M. 2003 (= st 890) [EA 1910].

Hesse, Hermann: Reiselust. In: Hermann Hesse: Betrachtungen und Berichte I. 1899-1926. Hrsg. von Volker Michels. Frankfurt a.M. 2003 (= SW 13), S. 187-190 [EA in Neues Wiener Tageblatt. 23.1.1910].

Hesse, Hermann: Indische Schmetterlinge. In: Hermann Hesse: Aus Indien. Aufzeichnungen, Tagebücher, Gedichte, Betrachtungen und Erzählungen. Neu zusammengestellt und ergänzt von Volker Michels. Mit zahlreichen Abbildungen. Frankfurt a.M. 2003 (= st 562), S. 91-96 [EA unter dem Titel *Auf Ceylon* in Neues Wiener Tageblatt. 4.2.1912].

Hesse, Hermann: Die Braut. In: Hermann Hesse: Aus Indien. Aufzeichnungen, Tagebücher, Gedichte, Betrachtungen und Erzählungen. Neu zusammengestellt und ergänzt von Volker Michels. Mit zahlreichen Abbildungen. Frankfurt a.M. 2003 (= st 562), S. 269-277 [EA in Neues Wiener Tageblatt. 16.9.1912].

Hesse, Hermann: Chinesen. In: Hermann Hesse: Aus Indien. Aufzeichnungen, Tagebücher, Gedichte, Betrachtungen und Erzählungen. Neu zusammengestellt und ergänzt von Volker Michels. Mit zahlreichen Abbildungen. Frankfurt a.M. 2003 (= st 562), S. 197-200 [EA in Die Zeit. 31.7.1913].

Hesse, Hermann: Erinnerung an Asien. In: Hermann Hesse: Aus Indien. Aufzeichnungen, Tagebücher, Gedichte, Betrachtungen und Erzählungen. Neu zusammengestellt und ergänzt von Volker Michels. Mit zahlreichen Abbildungen. Frankfurt a.M. 2003 (= st 562), S. 201-204 [EA in März 8 (1914) H. 6].

Hesse, Hermann: Meisterwerke orientalischer Literaturen. In: Hermann Hesse: Aus Indien. Aufzeichnungen, Tagebücher, Gedichte, Betrachtungen und Erzählungen. Neu zusammengestellt und ergänzt von Volker Michels. Mit zahlreichen Abbildungen. Frankfurt a.M. 2003 (= st 562), S. 205-208 [EA in Der Tag. 26.6.1914].

Hesse, Hermann: Indische Märchen. In: Hermann Hesse: Aus Indien. Aufzeichnungen, Tagebücher, Gedichte, Betrachtungen und Erzählungen. Neu zusammengestellt und ergänzt von Volker Michels. Mit zahlreichen Abbildungen. Frankfurt a.M. 2003 (= st 562), S. 209-212 [EA in Der Bund. 8.11.1914].

Hesse, Hermann: Erinnerung an Indien. In: Hermann Hesse: Aus Indien. Aufzeichnungen, Tagebücher, Gedichte, Betrachtungen und Erzählungen. Neu zusammengestellt und ergänzt von Volker Michels. Mit zahlreichen Abbildungen. Frankfurt a.M. 2003 (= st 562), S. 213-220 [EA in O mein Heimatland 1918].

Hesse, Hermann: Zarathustras Wiederkehr. Ein Wort an die deutsche Jugend von einem Deutschen. In: Hermann Hesse: Zarathustras Wiederkehr. Ein Wort an die deutsche Jugend und andere Denkschriften gegen den Radikalismus von rechts und links. Hrsg. von Volker Michels. Frankfurt a.M. 2003 (= st 2228), S. 7-41 [EA anonym 1919; Ab 1920 unter Hesses Namen].

Hesse, Hermann: Keyserlings Reisetagebuch. In: Hermann Hesse: Aus Indien. Aufzeichnungen, Tagebücher, Gedichte, Betrachtungen und Erzählungen. Neu zusammengestellt und ergänzt von Volker Michels. Mit zahlreichen Abbildungen. Frankfurt a.M. 2003 (= st 562), S. 221-224 [EA in Vivos voco 1(1920) H. 11].

Hesse, Hermann: Die Reden Buddhas I. In: Hermann Hesse: Aus Indien. Aufzeichnungen, Tagebücher, Gedichte, Betrachtungen und Erzählungen. Neu zusammengestellt und ergänzt von Volker Michels. Mit zahlreichen Abbildungen. Frankfurt a.M. 2003

(= st 562), S. 232-233 [EA in Neue Rundschau 32 (1921) H. 10 und Neue Zürcher Zeitung. 18.6.1922].

Hesse, Hermann: Aus Brahmanas und Upanishaden. In: Hermann Hesse: Aus Indien. Aufzeichnungen, Tagebücher, Gedichte, Betrachtungen und Erzählungen. Neu zusammengestellt und ergänzt von Volker Michels. Mit zahlreichen Abbildungen. Frankfurt a.M. 2003 (= st 562), S. 231 [EA in Wissen und Leben 14 (1921) H. 9].

Hesse, Hermann: Besuch aus Indien. In: Hermann Hesse: Aus Indien. Aufzeichnungen, Tagebücher, Gedichte, Betrachtungen und Erzählungen. Neu zusammengestellt und ergänzt von Volker Michels. Mit zahlreichen Abbildungen. Frankfurt a.M. 2003 (= st 562), S. 241-244 [EA in Neue Zürcher Zeitung. 6.11.1922].

Hesse, Hermann: Exotische Kunst. In: Hermann Hesse: Aus Indien. Aufzeichnungen, Tagebücher, Gedichte, Betrachtungen und Erzählungen. Neu zusammengestellt und ergänzt von Volker Michels. Mit zahlreichen Abbildungen. Frankfurt a.M. 2003 (= st 562), S. 238-240 [EA in Neue Rundschau 33 (1922) H. 3].

Hesse, Hermann: Indisches. In: Hermann Hesse: Aus Indien. Aufzeichnungen, Tagebücher, Gedichte, Betrachtungen und Erzählungen. Neu zusammengestellt und ergänzt von Volker Michels. Mit zahlreichen Abbildungen. Frankfurt a.M. 2003 (= st 562), S. 245-246 [EA in National-Zeitung. 28.1.1923].

Hesse, Hermann: Hinduismus. In: Hermann Hesse: Aus Indien. Aufzeichnungen, Tagebücher, Gedichte, Betrachtungen und Erzählungen. Neu zusammengestellt und ergänzt von Volker Michels. Mit zahlreichen Abbildungen. Frankfurt a.M. 2003 (= st 562), S. 247-248 [EA in Neue Rundschau 34 (1923) H. 7].

Hesse, Hermann: Aus Indien und über Indien. In: Hermann Hesse: Aus Indien. Aufzeichnungen, Tagebücher, Gedichte, Betrachtungen und Erzählungen. Neu zusammengestellt und ergänzt von Volker Michels. Mit zahlreichen Abbildungen. Frankfurt a.M. 2003 (= st 562), S. 249-253 [EA in Berliner Tageblatt. 24.9.1925].

Hesse, Hermann: Sehnsucht nach Indien. In: Hermann Hesse: Indische Märchen. In: Hermann Hesse: Aus Indien. Aufzeichnungen, Tagebücher, Gedichte, Betrachtungen und Erzählungen. Neu zusammengestellt und ergänzt von Volker Michels. Mit zahlreichen Abbildungen. Frankfurt a.M. 2003 (= st 562), S. 254-258 [EA in Berliner Tageblatt. 12.12.1925].

Hesse, Hermann: Beim Einzug in ein neues Haus. In: Hermann Hesse: Autobiographische Schriften II. Selbstzeugnisse, Erinnerungen, Gedenkblätter und Rundbriefe. Hrsg. von Volker Michels. Frankfurt a.M. 2003 (= SW 12), S. 134-152 [EA 1931 als Privatdruck; In Buchform erstmals 1937 in *Gedenkblätter*].

Hesse, Hermann: Die Morgenlandfahrt. Eine Erzählung. Frankfurt a.M. 2003 (= st 750) [EA 1932].

Hesse, Hermann: Blick nach dem Fernen Osten. In: Hermann Hesse: Aus Indien. Aufzeichnungen, Tagebücher, Gedichte, Betrachtungen und Erzählungen. Neu zusammengestellt und ergänzt von Volker Michels. Mit zahlreichen Abbildungen. Frankfurt a.M. 2003 (= st 562), S. 261-262 [EA in Weltwoche. 30.10.1959].

Hesse, Hermann: Aus Indien. Aufzeichnungen, Tagebücher, Gedichte, Betrachtungen und Erzählungen. Neu zusammengestellt und ergänzt von Volker Michels. Mit zahlreichen Abbildungen. Frankfurt a.M. 2003 (= st 562) [EA 1980].

Hesse, Hermann: Biographische Notizen. In: Hermann Hesse: Autobiographische Schriften II. Selbstzeugnisse, Erinnerungen, Gedenkblätter und Rundbriefe. Hrsg. von Volker Michels. Frankfurt a.M. 2003 (= SW 12), S. 16-22 [Geschrieben 1923].

Hesse, Hermann: Lebenslauf. In: Hermann Hesse: Autobiographische Schriften II. Selbstzeugnisse, Erinnerungen, Gedenkblätter und Rundbriefe. Hrsg. von Volker Michels. Frankfurt a.M. 2003 (= SW 12), S. 69-71 [Geschrieben 1947 für das Nobelpreis-Komitee, Stockholm].

Hesse, Hermann: [Notizen von der Indonesienreise 4.9.1911-11.12.1911]. In: Hermann Hesse: Aus Indien. Aufzeichnungen, Tagebücher, Gedichte, Betrachtungen und Erzählungen. Neu zusammengestellt und ergänzt von Volker Michels. Mit zahlreichen Abbildungen. Frankfurt a.M. 2003 (= st 562), S. 127-194 [EA 1980].

Hesse, Hermann: Über mein Verhältnis zum geistigen Indien und China. In: Hermann Hesse: Aus Indien. Aufzeichnungen, Tagebücher, Gedichte, Betrachtungen und Erzählungen. Neu zusammengestellt und ergänzt von Volker Michels. Mit zahlreichen Abbildungen. Frankfurt a.M. 2003 (= st 562), S. 259-260 [Geschrieben 1922; EA 1980].

Hesse, Hermann: Roßhalde. Roman. Frankfurt a.M. 2004 (= st 312) [EA 1914].

Hesse, Hermann: Eine Bibliothek der Weltliteratur. Stuttgart 2004 (= RUB 7003) [EA 1927/29].

Hesse, Hermann: Narziß und Goldmund. Erzählung. Frankfurt a.M. 2004 (= st 274) [EA 1930].

Hesse, Hermann: Klingsors letzter Sommer. Erzählung. Frankfurt a.M. 2005 (= st 1195) [EA 1920].

Hesse, Hermann: »Die dunkle und wilde Seite der Seele«. Briefwechsel mit seinem Psychoanalytiker Josef Bernhard Lang 1916-1944. Hrsg. von Thomas Feitknecht. Frankfurt a.M. 2006.

1.2.2 Weitere Primärliteratur von Armin T. Wegner

Wegner, Armin T.: Zwischen zwei Städten. Ein Buch Gedichte im Gang der Entwicklung. Berlin 1909.

Wegner, Armin T.: Gedichte in Prosa. Ein Skizzenbuch aus Heimat und Wanderschaft. Berlin 1910.

Wegner, Armin T.: Italienische Reisebilder. In: Westermanns Monatshefte 55 (1911) H. 660, S. 914.

Wegner, Armin T.: Die Liebe und der Kapitalismus. In: Die Frau der Gegenwart 7 N.F. 2 (1912/13), S. 54-55.

Wegner, Armin T.: Memoiren einer Sozialistin. In: Die Frau der Gegenwart 7 N.F. 2 (1912/13), S. 115.

Wegner, Armin T.: Das proletarische Kind und die Probleme der Demokratie. In: Die Frau der Gegenwart 7 N.F. 2 (1912/13), S. 41-43.

Wegner, Armin T.: Zur politischen Bildung der Frau. In: Die Frau der Gegenwart 7 N.F. 2 (1912/13), S. 39.

Wegner, Armin T.: Am Rande der Stadt. Drei Tage zu Fuß um Berlin. In: Berliner Tageblatt. 21.11.13. Nr. 592. Abendausgabe, S. 1-2. 27.11.13. Nr. 603. Abendausgabe, S. 1-2. 8.12.13. Nr. 623. Abendausgabe, S. 1-2.

Wegner, Armin T.: Der Bahnhof. In: Jugend 19 (1914) Nr. 29, S. 912.

Wegner, Armin T.: Ein Lebendiger. Über die Werke des toten Lemonnier. In: Die Grenzboten 73 (1914), S. 414-418.

Wegner, Armin T.: Eine Nacht in Czenstochau. Kriegsbilder aus Russisch-Polen. In: Daheim 50 (1914) Nr. 48, S. 8a-8b.
Wegner, Armin T.: Gesang von den Straßen der Stadt. In: Der Osten 40 (1914) H. 4, S. 12-15.
Wegner, Armin T.: Katorga. Zu den Greueln in den russischen Gefängnissen. In: Die Bergstadt 3 (1914) H. 1, S. 75-78.
Wegner, Armin T.: Die Opfer von Czenstochau. In: Die Frau der Gegenwart 8 N.F. 3 (1914), S. 189-190.
Wegner, Armin T.: Russische Stadt. In: Die Frau der Gegenwart 8 N.F. 3 (1914), S. 43-44.
Wegner, Armin T.: Der Streik im Strafrecht. Unter besonderer Berücksichtigung des Vorentwurfs. Inauguraldissertation zur Erlangung der Doktorwürde der Juristischen Fakultät der Universität Breslau. Hannover o. J. [1914].
Wegner, Armin T.: 10. Juni 1915. In: Die Frau der Gegenwart 9 N.F. 4 (1915), S. 147-148.
Wegner, Armin T.: Das Antlitz der Städte. Nendeln 1973 (= Kraus Reprint) [EA 1917].
Wegner, Armin T.: Beim Khediven von Aegypten. In: Norddeutsche Allgemeine Zeitung. 7.8.1918. Nr. 400. Abend-Ausgabe, S. 1-2.
Wegner, Armin T.: Der Beiram der Verbannten. In: Der Neue Orient 4 (1918), S. 41-43.
Wegner, Armin T.: Brief an Carl Hauptmann. Zum sechzigsten Geburtstage des Dichters. In: Der Osten 1 N.F. 1 (1918) H. 1/3, S. 1-3.
Wegner, Armin T.: Hakki Pascha und Dschambolat Bej. In: Der Neue Orient 3 (1918), S. 425-427.
Wegner, Armin T.: Die Neugestaltung unserer Orientpolitik. In: Der Neue Orient 4 (1918). S. 101-104.
Wegner, Armin T.: Über ein Drama des ewigen Widerspruchs. In: Der Osten 1 N.F. 1 (1918) H. 1/3, S. 7-10.
Wegner, Armin T.: Brief an Karl Liebknecht. In: Der Osten N.F. 2 (1919), S. 15-17.
Wegner, Armin T.: Brief an Kurt Hiller. In: Der Osten N.F. 1 (1919), S. 113-118.
Wegner, Armin T.: Der Ankläger. Aufruf zum Bürgerkrieg! (Den 9. November 1918). In: Der Osten N.F. 2 (1919), S. 11-14.
Wegner, Armin T.: Dich meine ich. In: Die Weltbühne 15 (1919), B. II., S. 335.
Wegner, Armin T.: Einer armenischen Mutter. Erinnerung an den türkischen Feldzug. In: Frankfurter Zeitung. 23.2.1919. Nr. 145. Erstes Morgenblatt, S. 2.
Wegner, Armin T.: Die Forderungen der Armenier auf der Friedenskonferenz. In: Der Neue Orient 5 (1919). S. 215-216.
Wegner, Armin T.: Funkspruch in die Welt! In: Der Osten N.F. 1 (1919), S. 140.
Wegner, Armin T.: Genug vom Kriege! In: Das Ziel 3 (1919), S. 14-15.
Wegner, Armin T.: In den Dardanellen. Sonderdruck aus: Der Neue Orient. Bd. IV. H. 7/8. 1919 [Zwei Prosaskizzen – *Reisen nach den Dardanellen* und *Die Katzen von Tschanak-Kale* – veröffentlicht unter dem Pseudonym *Oemer Tarik*].
Wegner, Armin T.: Die Mobilisierung der Menschheit. Ansprache im politischen Rat geistiger Arbeiter, Berlin. In: Der Osten N.F. 1 (1919), S. 124-128.
Wegner, Armin T.: Programm der Gegenwart. In: Der Osten N.F. 1 (1919), S. 118-121 [Dieses Programm wurde nach mehrjähriger Richtung gebender Vorarbeit vom *Bunde der Aktivisten* Anfang November 1918 in Berlin aufgestellt].
Wegner, Armin T.: Regen am Tigris. In: 1914. Der Deutsche Krieg im Deutschen Gedicht. »Zweiter Band«. Ausgewählt von Julius Bab. Berlin 1919, S. 257 [Publiziert zusammen mit dem Gedicht *An mein Zelt* unter dem Titel *Gedichte aus Mesopotamien*; Erstveröffentlichung im *Berliner Tageblatt*; Datum?].

Wegner, Armin T.: Tod der Presse! In: Die Weltbühne 15 (1919), B. II., S. 210.
Wegner, Armin T.: Wie groß muß ein Land sein? In: Die Frau der Gegenwart 13 N.F. 8 (1919), S. 67-69.
Wegner, Armin T.: Offener Brief an den Präsidenten der Vereinigten Staaten von Nord-Amerika Herrn Woodrow Wilson über die Austreibung des armenischen Volkes in die Wüste. Berlin 1919.
Wegner, Armin T.: Rabindranath Tagores Botschaft an Japan. In: Der Neue Orient 5 (1919). S. 271-273.
Wegner, Armin T.: Zur Psychologie der Weltgeschichte. In: Die Frau der Gegenwart 13 N.F. 8 (1919), S. 35-37.
Wegner, Armin T.: Höre mich reden Anna-Maria. Eine Rhapsodie. Berlin 1920 [EA 1912].
Wegner, Armin T.: Menschenrecht. In: Das Ziel 4 (1920), S. 66 [EA 1919].
Wegner, Armin T.: Der Weg ohne Heimkehr. Ein Martyrium in Briefen. Dresden 1920 [EA 1919].
Wegner, Armin T.: Hymne an den Tod! In: Der Osten N.F. 3 (1920), S. 13-14.
Wegner, Armin T.: Russlands Funkspruch an die Arbeiter und Bauern von Persien. In: Der Neue Orient 6 (1920). S. 10-12.
Wegner, Armin T.: »Der Untergang des Abendlandes«. In: Der Neue Orient 6 (1920); S. 36-38.
Wegner, Armin T.: Die Botschaft an Asien. In: Die Tat 12 (1920/21) H. 8, S. 561-571.
Wegner, Armin, T.: Das Geständnis. Roman. Dresden 1922.
Wegner, Armin T.: Die Lyrik der Industrie. In: Kulturwille 3 (1926). Nr. 9, S. 190-191 [EA 1923].
Wegner, Armin T.: Der Schrei vom Ararat. An die siegreichen Völker. In: Die Weltbühne 19 (1923), S. 122-126.
Wegner, Armin T.: Am Rande des Kraters. In: Kulturwille 1 (1924) H. 8, S. 142-143 [Untertitel des Textes: *Ein Brief Armin T. Wegners an Henri Guilbeaux aus dem Jahre 1917, den die deutsche Zensurbehörde zurückhielt*].
Wegner, Armin T.: An die freien Europäer. In: Das Dreieck 1 (1924), S. 37-38 [Entstehungszeit angegeben mit *September 1914*].
Wegner, Armin T.: Die Straße mit den tausend Zielen. Dresden 1924.
Wegner, Armin T.: Torso des Lebens. In: Prospekt des Sibyllen-Verlags – Deutsche Verlagsanstalt Stuttgart. Stuttgart 1924, Bl. 2.
Wegner, Armin T.: Einleitung. Die Entzauberung des Ostens. Deutung der türkisch-orientalischen Seele. In: Armin T. Wegner: Das Zelt. Aufzeichnungen, Briefe und Erzählungen aus der Türkei. Eine Auswahl. Berlin 1926, S. 9-37.
Wegner, Armin T.: Das Zelt. Aufzeichnungen, Briefe und Erzählungen aus der Türkei. Eine Auswahl. Berlin 1926.
Wegner, Armin T.: Türkische Schattenspiele. In: Berliner Tageblatt. 26.2.1926. Nr. 96. Morgenausgabe, S. 2.
Wegner, Armin T.: Ich fasse die Erde an. Sonderdruck aus »Der Schünemann-Monat«. Deutsche Blätter für Kunst und Leben. Bremen 1927.
Wegner, Armin T. : Begierde. In: Armin T. Wegner: Wie ich Stierkämpfer wurde und andere Erzählungen. Berlin 1928 (= Weltgeist-Bücher 318), S. 27-46 [EA 1926/27].
Wegner, Armin T.: Wie ich Stierkämpfer wurde und andere Erzählungen. Berlin 1928 (= Weltgeist-Bücher 318).
Wegner, Armin T.: Moni oder Die Welt von Unten. Der Roman eines Kindes. Stuttgart/Berlin/Leipzig 1929.

Wegner, Armin T.: Am Kreuzweg der Welten. Eine Reise vom Kaspischen Meer zum Nil. Mit 22 Illustrationen nach Aufnahmen des Verfassers und einer Karte. Berlin 1930 (= Allgemeine Jahresreihe für die Mitglieder des Volksverbandes der Bücherfreunde 4).
Wegner, Armin T.: Jagd durch das tausendjährige Land. Berlin 1932.
Wegner, Armin T.: Maschinen im Märchenland. Tausend Kilometer durch die mesopotamische Wüste. Mit zwölf Abbildungen und einer Karte (= Orbis Scriptus). Berlin 1932.
Wegner, Armin T.: Die Silberspur. Wunder der Welt. Auf der Fahrt durch neun Meere. Mit Fotos von Hans Werner. Frankfurt a.M. 1952 [Veröffentlicht unter dem Pseudonym *Johannes Selbdritt*].
Wegner, Armin T.: Die Warnung, 1933. Sendschreiben an den deutschen Reichskanzler Adolf Hitler. In: Armin T. Wegner: Fällst du, umarme auch die Erde oder Der Mann, der an das Wort glaubt. Prosa-Lyrik-Dokumente. Wuppertal 1974, S. 186-195 [EA 1953; Überarbeitete Fassung des Briefes mit dem ursprünglichem Titel *Für Deutschland! Offener Brief an den Führer der erwachten Nation, zu Händen des Herrn Reichskanzlers Adolf Hitler, Berlin, zu Ostern 1933*].
Wegner, Armin T.: Die dreifache Wiederkehr. Ein Schriftsteller über sich selbst. In: Armin T. Wegner: Fällst du, umarme auch die Erde oder Der Mann, der an das Wort glaubt. Prosa-Lyrik-Dokumente. Wuppertal 1974, S. 128-136 [EA 1956].
Wegner, Armin T.: Die Feuerkugel. In: Arnin T. Wegner: Fällst du, umarme auch die Erde oder Der Mann, der an das Wort glaubt. Prosa-Lyrik-Dokumente. Wuppertal 1974, S. 17-20 [EA 1966].
Wegner, Armin T.: Berlin – Aufbruch, 1910. In: Armin T. Wegner: Fällst du, umarme auch die Erde oder Der Mann, der an das Wort glaubt. Prosa-Lyrik-Dokumente. Wuppertal 1974, S. 25-29.
Wegner, Armin T.: Wer war ich? In: Armin T. Wegner: Fällst du, umarme auch die Erde oder Der Mann, der an das Wort glaubt. Prosa-Lyrik-Dokumente. Wuppertal 1974, S. 137-145.
Wegner, Armin T.: Die Verbrechen der Stunde – die Verbrechen der Ewigkeit. In: Armin T. Wegner: Odyssee der Seele. Ausgewählte Werke. Hrsg. von Ronald Steckel. Wuppertal 1976, S. 208-234 [EA 1920].
Wegner, Armin T.: Die Schiene. In: Armin T. Wegner: Odyssee der Seele. Ausgewählte Werke. Hrsg. von Ronald Steckel. Wuppertal 1976, S. 174-180 [EA 1927].
Wegner, Armin T.: Fünf Finger über Dir. Aufzeichnungen einer Reise durch Russland, den Kaukasus und Persien 1927/28. Nachwort von Reinhold M. G. Nickisch. Wuppertal 1979 [Unveränderter fotomechanischer Nachdruck der Originalausgabe von 1930 mit dem Titel *Fünf Finger über Dir. Bekenntnis eines Menschen in dieser Zeit*].
Wegner, Armin T.: Lebendige Erde. Gedichte und Briefe im Faksimile. Mit Erinnerungen an den Dichter von Erich Fitzbauer. Wien 1998 (= 68. Publikation der Edition Graphischer Zirkel) [Die Auflage beträgt sechzig nummerierte und vom Herausgeber signierte Exemplare].
Wegner, Armin T.: »Die Austreibung des armenischen Volkes in die Wüste«. In: Martin Tamcke: Armin T. Wegners »Die Austreibung des armenischen Volkes in die Wüste«. Einführung zum unveröffentlichten Vortragstyposkript vom 19. März 1919 in der Urania zu Berlin. In: Martin Tamcke (Hrsg.): Orientalische Christen zwischen Repression und Migration. Beiträge zur jüngeren Geschichte und Gegenwartslage. Hamburg 2001 (= Studien zur Orientalischen Kirchengeschichte 13), S. 72-135.
Wegner, Armin T.: »Mit dem Stabe des Feldmarschalls von der Goltz in Mesopotamien«. In: Martin Tamcke: Armin T. Wegners erste Zeugnisse zum Völkermord an den

Armeniern in seinem Vortrag »Mit dem Stabe des Feldmarschalls von der Goltz in Mesopotamien«. In: Martin Tamcke (Hrsg.): Koexistenz und Konfrontation. Beiträge zur jüngeren Geschichte und Gegenwartslage der orientalischen Christen. Hamburg 2003 (= Studien zur Orientalischen Kirchengeschichte 28), S. 328-365.

1.2.2.1 Im Nachlass befindliche, bisher unveröffentlichte Arbeiten von Armin T. Wegner

Wegner, Armin T.: Tagebuch 1915. Unveröffentlichtes Kriegstagebuch im Nachlass von Armin T. Wegner im Deutschen Literaturarchiv in Marbach a. N. (DLA) [Datiert: 1.1.1915-4.1.1915; ein Notizbüchlein zur Zeit des Sanitäts-Retachements Dr. Rodenecker, Division von Westernhagen, IX. Armee; Signatur: HS 00 111 88 1X].

Wegner, Armin T.: Tagebuch 1915. Unveröffentlichtes Kriegstagebuch im Nachlass von Armin T. Wegner im Deutschen Literaturarchiv in Marbach a. N. (DLA) [Datiert: 1.1.1915-22.3.1915; ein Taschenkalender über den Feldzug in Polen, Rußland, Richtung Türkei; Signatur: HS 00 111 88 29].

Wegner, Armin T.: Tagebuch 1915 und 1916. Unveröffentlichtes Kriegstagebuch im Nachlass von Armin T. Wegner im Deutschen Literaturarchiv in Marbach a. N. (DLA) [Datiert: 1.9.1915-31.8.1916; ein Agenda-Buch mit Beilage. Das Agenda-Buch beginnt im September und wird dann im Januar mit 1916 fortgesetzt; Signatur: HS 00 111 88 38].

Wegner, Armin T.: Tagebuch 1916 und 1917. Unveröffentlichtes Kriegstagebuch im Nachlass von Armin T. Wegner im Deutschen Literaturarchiv in Marbach a. N. (DLA) [Datiert: 1.9.1916-31.8.1917; ein Agenda-Buch mit Beilage. Das Agenda-Buch beginnt im September und wird dann im Januar mit 1917 fortgesetzt; Signatur: HS 00 111 88 38].

Wegner, Armin T.: Tagebuch 1917. Unveröffentlichtes Kriegstagebuch im Nachlass von Armin T. Wegner im Deutschen Literaturarchiv in Marbach a. N. (DLA) [Ein Agenda-Buch. Ab 1917 Dienst in der Abteilung für Kriegsaufklärung; Signatur: HS 00 111 88 47].

Wegner, Armin T.: Der Glaube des deutschen Volkes. Eine Rede zur siebenten Kriegsanleihe. Ausgearbeitet on der Aufklärungsabteilung des stellvertretenden Generalkommandos VI.A.K. Unveröffentlichtes Typoskript 15 Bl. Im Armin T.-Wegner-Archiv von Johanna Wernicke-Rothmayer [Undatiert; Entstanden wahrscheinlich 1917].

Wegner, Armin T.: Der Kampf um die Allmacht des Goldes. Ausgearbeitet in der Aufklärungsabteilung des stellvertretenden Generalkommandos VI. Armeekorps. Unveröffentlichtes Vortragsmanuskript mit handschriftlichen Korrekturen. 24 Bl. Im Nachlass von Armin T. Wegner im Deutschen Literaturarchiv Marbach a. N. (DLA) [Datiert: Breslau, Januar 1918; Signatur: HS 000 981 269].

Wegner, Armin T.: Militarismus, Kolonien und Orient. Unveröffentlichtes Vortragstyposkript mit Korrekturen. 13 Bl. Im Armin T.-Wegner-Archiv von Johanna Wernicke-Rothmayer [Undatiert; Entstanden nach 1918].

Wegner, Armin T.: Armenien vor dem XI. deutschen Pazifistenkongress. Unveröffentlichtes Vortragstyposkript mit handschriftlichen Korrekturen. 4 Bl. Im Armin T.-Wegner-Archiv von Johanna Wernicke-Rothmayer [Undatiert; Handschriftlicher Vermerk: 1922].

Wegner, Armin T.: Der Mann, der sich Atam nannte. Unbetiteltes und unveröffentlichtes Typoskript bestehend aus zwei Kapiteln. 31 bzw. 14 Bl. Im Armin T.-Wegner-Archiv von Johanna Wernicke-Rothmayer [Undatiert].
Wegner, Armin T.: Deutschland und die Kemalisten. Unveröffentlichtes Typoskript mit Korrekturen. 5 Bl. Befindlich im Armin T.-Wegner-Archiv von Johanna Wernicke-Rothmayer [Undatiert].
Wegner, Armin T./Lola Landau: Wasif und Akif. Ein türkisches Puppenspiel. Musikalische Begleitung von Ernst Viebig. Typoskript. Im Nachlass von Armin T. Wegner im Deutschen Literaturarchiv Marbach a. N. (DLA) [EA 1925; Signatur: HS 001 751 862].
Wegner, Armin T.: Armenisches Totenlied. Flucht und Leiden des Knaben Mihran Hamparzun oder Der Untergang eines Volkes in der Syrischen Wüste. Unveröffentlichtes Typoskript mit handschriftlichen Korrekturen. 77 Bl. Im Armin T.-Wegner-Archiv von Johanna Wernicke-Rothmayer [Wahrscheinlich entstanden 1968/72].

1.2.3 Weitere Primärliteratur von Annemarie Schwarzenbach

Schwarzenbach, Annemarie: Über die Freundschaft. In: Wandervogel 17 (1925). Nr. 11/12 (Juni), S. 106.
Schwarzenbach, Annemarie: Gavan's Erlebnis. In: Wandervogel 17 (1925). Nr. 3/4 (Okt.), S. 106.
Schwarzenbach, Annemarie: Zur Mädchenfrage. In: Wandervogel 17 (1925). Nr. 3/4 (Okt.), S. 17-18.
Schwarzenbach, Annemarie: In Erinnerung. In: Wandervogel 17 (1925/26). Nr. 11/12 (Mai 1926), S. 86-87.
Schwarzenbach, Annemarie: Erik. Novelle. In: Neue Zürcher Zeitung. 13.10.1929, Nr. 1962.
Schwarzenbach, Annemarie: Klaus und Erika Mann. In: Neue Zürcher Zeitung. 19.12.1930. Morgenausgabe. Nr. 2503, Bl. 3.
Schwarzenbach, Annemarie: Beiträge zur Geschichte des Oberengadins im Mittelalter und zu Beginn der Neuzeit. Abhandlung zur Erlangung der Doktorwürde der Philosophischen Fakultät I der Universität Zürich. Zürich 1931 (= Schweizer Studien zur Geschichtswissenschaft H. 3 des XVI. Bd.).
Schwarzenbach, Annemarie: Freunde um Bernhard. Zürich/Leipzig/Wien 1931.
Schwarzenbach, Annemarie: Ruth. In: Amalthea-Almanach 1932, S. 59-62.
Schwarzenbach, Annemarie/Hans Rudolf Schmid: Das Buch von der Schweiz. Ost und Süd. Mit Originalzeichnungen von Hans Tomamichel. Hrsg. von Eduard Korrodi. München 1932 (= Was nicht im »Baedeker« steht 15).
Schwarzenbach, Annemarie: Aufruhr in Andorra. In: Zürcher Illustrierte. 8.9.1933. Nr. 36, S. 1168 (2).
Schwarzenbach, Annemarie: Loyola, das verlassene Kloster. In: Zürcher Illustrierte. 22.9.1933. Nr. 38, S. 1208 (2).
Schwarzenbach, Annemarie: Andorra. In: Schweizer Illustrierte Radio-Zeitung. 6.10.1933, Nr. 41.
Schwarzenbach, Annemarie: Kinder in den Pyrenäen. Aufnahmen von einer Autoreise unserer Mitarbeiterin Annemarie Schwarzenbach. In: Zürcher Illustrierte. 6.10.1933. Nr. 40, S. 1294 (2).

Schwarzenbach, Annemarie: Ausflug nach Anatolien. In: National-Zeitung. 8.11.1933, S. 1-2.
Schwarzenbach, Annemarie: Die neue landwirtschaftliche Hochschule in Ankara. In: National-Zeitung. 24.11.1933, S. 2.
Schwarzenbach, Annemarie: Die Reorganisation der Universität von Stambul. Das Werk eines Schweizers. In: Neue Zürcher Zeitung. 3.12.1933. Sonntagsausgabe. Nr. 2191, Bl. 8.
Schwarzenbach, Annemarie: Gegensätze. Vier Bilder aus Anatolien. In: Zürcher Illustrierte. 15.12.1933. Nr. 50, S. 1644.
Schwarzenbach, Annemarie: Ritt auf den Hussein Gazi. In: Neue Zürcher Zeitung. 17.12.1933. Erste Sonntagsausgabe. Nr. 2304, Bl. 4.
Schwarzenbach, Annemarie: Anatolischer Winter. In: Die Weltwoche. 22.12.1933. Nr. 6, S. 4.
Schwarzenbach, Annemarie: Winterfahrt durch den Taurus. In: Neue Zürcher Zeitung. 31.12.1933. Zweite Sonntagsausgabe. Nr. 2398, Bl. 9.
Schwarzenbach, Annemarie/Hans Rudolf Schmid: Das Buch von der Schweiz. Nord und West. Mit Originalzeichnungen von Hans Tomamichel. München 1933 (= Was nicht im »Baedeker« steht 16).
Schwarzenbach, Annemarie: Markt in Rihanie. In: National-Zeitung. 3.1.1934. Abendblatt. Nr. 3, S. 1.
Schwarzenbach, Annemarie: Syrische Weihnachtstage. In: National-Zeitung. 8.1.1934. Abendblatt. Nr. 11, S. 1.
Schwarzenbach, Annemarie: Skiausflug im Libanon. In: National-Zeitung. 25.1.1934. Abendblatt. Nr. 11, S. 1.
Schwarzenbach, Annemarie: Baghdad. In: National-Zeitung. 23.2.1934. Abendblatt. Nr. 89, S. 2-3.
Schwarzenbach, Annemarie: Eine Fahrt nach Damaskus. In: Die Weltwoche. 2.2.1934. Nr. 5, S. 4 [Mit Illustrationen von Marguerite Ammann].
Schwarzenbach, Annemarie: Nachtflug über die Wüste. In: National-Zeitung. 8.2.1934. Abendblatt. Nr. 65, S. 1.
Schwarzenbach, Annemarie: Bei einem Beduinenfürsten. In: Neue Zürcher Zeitung. 11.2.1934. Nr. 240.
Schwarzenbach, Annemarie: Ukheidir. In: National-Zeitung. 12.3.1934. Abendblatt. Nr. 117, S. 1-2.
Schwarzenbach, Annemarie: Ausgrabungen in Irak. In: National-Zeitung. 15.3.1934. Abendblatt. Nr. 123, S. 2-3.
Schwarzenbach, Annemarie: Der Weg nach Teheran. In: National-Zeitung. 4.4.1934. Abendblatt. Nr. 152, S. 1-2.
Schwarzenbach, Annemarie: Imamzade Haschim. In: National-Zeitung. 12.4.1934. Abendblatt. Nr. 166, S. 1.
Schwarzenbach, Annemarie: Uruk-Wurka. In: Neue Zürcher Zeitung. 14.4.1934. Nr. 657.
Schwarzenbach, Annemarie: Kleiner Hafen am Kaspischen Meer. In: National-Zeitung. 20.4.1934. Abendblatt. Nr. 180, S. 1.
Schwarzenbach, Annemarie: Die Tempel von Baalbek. In: Zürcher Illustrierte. 27.4.1934. Nr. 17, S. 499.
Schwarzenbach, Annemarie: Isfahan. In: National-Zeitung. 2.5.1934. Abendblatt. Nr. 197, S. 1.

Schwarzenbach, Annemarie: Fahrt nach Baku. In: National-Zeitung. 4.5.1934. Abendblatt. Nr. 201, S. 1.

Schwarzenbach, Annemarie: Mazanderan und Gilan. In: Neue Zürcher Zeitung. 6.5.1934. Nr. 804, Bl. 3.

Schwarzenbach, Annemarie: Salybia, ein unbekanntes Königreich. In: National-Zeitung. 11.5.1934. Nr. 210, S. 2.

Schwarzenbach, Annemarie: Entdecker der Schönheit des Hochgebirges. In: National-Zeitung. 6.6.1934, S. 1-2.

Schwarzenbach, Annemarie: Das Tal der zwanzigtausend Pyramiden. In: Zürcher Illustrierte. 15.6.1934. Nr. 24, S. 736-737.

Schwarzenbach, Annemarie: Türkei neuzeitlich. Die landwirtschaftliche Hochschule von Ankara. In: Zürcher Illustrierte. 6.7.1934. Nr. 27.

Schwarzenbach, Annemarie: Jesdegad. In: Zürcher Illustrierte. 13.7.1934. Nr. 28, S. 863 (2).

Schwarzenbach, Annemarie: Kinderschicksale im Orient. Bilder von einer persischen Landstrasse. In: Zürcher Illustrierte. 3.8.1934. Nr. 31, S. 984-985.

Schwarzenbach, Annemarie: Georgiens alte Hauptstadt. In: National-Zeitung. 2.10.1934. Nr. 454, S. 2.

Schwarzenbach, Annemarie: Regen in Tiflis. In: National-Zeitung. 10.10.1934. Nr. 468, S. 1.

Schwarzenbach, Annemarie: Ukhaidar. Ein Schloß in der Wüste. In: Zürcher Illustrierte. 19.10.1934. Nr. 42, S. 1338.

Schwarzenbach, Annemarie: Feiertags-Expedition in Persien. In: National-Zeitung. 30.10.1934. Nr. 502, Bl. 1.

Schwarzenbach, Annemarie: Wie reist man in Persien? In: Zürcher Illustrierte. 23.11.1934. Nr. 47, S. 1472-1473.

Schwarzenbach, Annemarie: Die Furt. In: National-Zeitung. 11.12.1934. Nr. 574, Bl. 1.

Schwarzenbach, Annemarie: Mazanderan. In: Zürcher Illustrierte. 28.12.1934. Nr. 52, S. 1702.

Schwarzenbach, Annemarie: Das Rösslitram in der Wüste. Von Kufah nach der Begräbnisstadt Nejaf in Irak. In: Zürcher Illustrierte. 4.1.1935. Nr. 1, S. 8.

Schwarzenbach, Annemarie: Eine Stadt der Toten. In: Zürcher Illustrierte. 15.2.1935. Nr. 7, S. 171 (2).

Schwarzenbach, Annemarie: Besuch im Orient. In: National-Zeitung. 6.5.1935. Abendblatt. Nr. 204, S. 1.

Schwarzenbach, Annemarie: Gelernte und ungelernte Schatzgräber. Aufnahmen von einer archäologischen Grabungsstelle in Iran. In: Zürcher Illustrierte. 17.5.1935. Nr. 20, S. 612-613.

Schwarzenbach, Annemarie: Im Innern Syriens. In: National-Zeitung. 31.5.1935. Abendblatt. Nr. 246, S. 1.

Schwarzenbach, Annemarie: Kurdistan. In: National-Zeitung. 17.6.1935. Abendblatt. Nr. 272, Bl. 1 [Erschienen unter dem Namen *Annemarie Clarac-Schwarzenbach*].

Schwarzenbach, Annemarie: Die Obelisken von Istanbul. In: Zürcher Illustrierte. 6.9.1935, S. 1131 [Erschienen ohne Angabe der Verfasserin].

Schwarzenbach, Annemarie: Palmyra. In: National-Zeitung. 18.9.1935. Abendblatt. Nr. 431, S. 1 [Erschienen unter dem Namen *Annemarie Clark*].

Schwarzenbach, Annemarie: Eine christliche Stadt im Herzen Persiens. In: National-Zeitung. 14.11.1935. Abendblatt. Nr. 529, S. 1 [Erschienen unter dem Namen *Annemarie Clark*].

Schwarzenbach, Annemarie: Im Elbursgebirge. In: National-Zeitung. 21.11.1935. Abendblatt. Nr. 541, S. 1-2 [Erschienen unter dem Namen *Annemarie Clark*].

Schwarzenbach, Annemarie: Städter, Bauern und Nomaden in Iran. In: National-Zeitung. 10.12.1935 [Erschienen unter dem Namen *Annemarie Clark*].

Schwarzenbach, Annemarie: Spuren des alten Persien. In: National-Zeitung. 2.1.1936. Abendblatt. Nr. 2, S. 1-2 [Erschienen unter dem Namen *Annemarie Clark*].

Schwarzenbach, Annemarie: Teufelsanbeter in Persien. In: National-Zeitung. 29.1.1936. Abendblatt. Nr. 48, Bl. 1 [Erschienen unter dem Namen *Annemarie Clark*].

Schwarzenbach, Annemarie: Die Entführung. In: National-Zeitung. 12.4.1936. Sonntags-Beilage. Nr. 169, S. 5-6 [Erschienen unter dem Namen *Annemarie Clark*].

Schwarzenbach, Annemarie: Alexanders Eroberung von Persien. In: Atlantis. Länder/Völker/Reisen 8 (Oktober 1936). H. 10, S. 623-627 [Erschienen unter dem Namen *Annemarie Clark-Schwarzenbach*].

Schwarzenbach, Annemarie: Eine moderne Zenobia. In: Zürcher Illustrierte. 20.11.1936. Nr. 47, S. 1451 [Erschienen unter dem Namen *Annemarie Clark*].

Schwarzenbach, Annemarie: Das Transitvisum. In: Zürcher Illustrierte. 18.12.1936. Nr. 51, S. 1628-1629 [Erschienen unter dem Namen *Annemarie Clark-Schwarzenbach*].

Schwarzenbach, Annemarie: Schrecken der orientalischen Landstraßen. In: Mit Schweizern um die Erde. Reiseerlebnisse und Abenteuer von Schweizern auf dem Weltmeer und in den vier Erdteilen: Afrika, Asien, Nord- und Südamerika, Australien. Hrsg. von Fritz Aebli. Aarau o. J. [1936], S. 120-130.

Schwarzenbach, Annemarie: Lorenz Saladin. Ein Leben für die Berge. Geleitwort von Sven Hedin. Bern/Stuttgart 1938 [Erschienen unter dem Namen *Annemarie Clark-Schwarzenbach*].

Schwarzenbach, Annemarie: Die Schweiz – das Land, das nicht zum Schuß kam. In: Der Alltag. Sensationsblatt des Gewöhnlichen 2 (1987) H. 2, S. 17-22.

Schwarzenbach, Annemarie: Das Wunder des Baums. In: Der Alltag. Sensationsblatt des Gewöhnlichen 2 (1987) H. 2, S. 23-33 [Ein Auszug, das IX. und X. Kapitel, aus dem unveröffentlichten Roman].

Schwarzenbach, Annemarie: Fast dasselbe Leiden. In: Bubikopf. Aufbruch in den Zwanzigern. Texte von Frauen. Gesammelt von Anna Rheinsberg. Darmstadt 1988 (= SL 753), S. 170-175.

Schwarzenbach, Annemarie: Verklärtes Europa. In: Bubikopf. Aufbruch in den Zwanzigern. Texte von Frauen. Gesammelt von Anna Rheinsberg. Darmstadt 1988 (= SL 753), S. 165-170.

Schwarzenbach, Annemarie: Das glückliche Tal. Roman. Mit einem biographischen Nachwort neu hrsg. von Charles Linsmayer. Frauenfeld 1989 (= Reprinted by Huber 1) [EA 1940].

Schwarzenbach, Annemarie: Jenseits von New York. Ausgewählte Reportagen, Feuilletons und Fotografien aus den USA 1936-1938. Hrsg. von Roger Perret. Basel 1992 (= Ausgewählte Werke 4).

Schwarzenbach, Annemarie: Bis zur russisch-persischen Grenze. In: Annemarie Schwarzenbach: Auf der Schattenseite. Ausgewählte Reportagen, Feuilletons und Fotografien 1933-1942. Hrsg. von Regina Dieterle/Roger Perret. Mit einem Nachwort von Regina Dieterle. Basel 1995 (= Ausgewählte Werke 3), S. 69-72 [EA in der National-Zeitung. 28.10.1935. Nr. 499. S. 1-2].

Schwarzenbach, Annemarie: Kleine Begegnungen in Deutschland. In: Annemarie Schwarzenbach: Auf der Schattenseite. Ausgewählte Reportagen, Feuilletons und Fotografien 1933-1942. Hrsg. von Regina Dieterle/Roger Perret. Mit einem Nachwort von Regina Dieterle. Basel 1995 (= Ausgewählte Werke 3), S. 101-111 [EA in Internationale Literatur. Deutsche Blätter 8 (1938). H. 2, S. 149-151 veröffentlicht unter dem Namen *C. Clark* und dem Titel *Nichtskönner*].

Schwarzenbach, Annemarie: Interview ohne Reporter. In: Annemarie Schwarzenbach: Auf der Schattenseite. Ausgewählte Reportagen, Feuilletons und Fotografien 1933-1942. Hrsg. von Regina Dieterle/Roger Perret. Mit einem Nachwort von Regina Dieterle. Basel 1995 (= Ausgewählte Werke 3), S. 11-13 [EA in Annabelle. März 1939. Nr. 13 mit dem Titel *Annemarie Clark-Schwarzenbach – Interview ohne Reporter*].

Schwarzenbach, Annemarie: Auf der Schattenseite. Ausgewählte Reportagen, Feuilletons und Fotografien 1933-1942. Hrsg. von Regina Dieterle/Roger Perret. Mit einem Nachwort von Regina Dieterle. Basel 1995 (= Ausgewählte Werke 3) [Zweite Auflage; Lenos EA 1990].

Schwarzenbach, Annemarie: Freunde um Bernhard. Roman. Mit einem Nachwort von Michael Töteberg. Basel 1998 (= LP 48) [EA 1931].

Schwarzenbach, Annemarie: Briefe an Anignia Godli 1940 bis 1942. In: Annemarie Schwarzenbach. Autorin – Reisende – Fotografin. Dokumentation des Annemarie-Schwarzenbach-Symposiums in Sils/Engadin vom 25. bis 28. Juni 1998. Hrsg. von Elvira Willems. Pfaffenweiler 1998, S. 245-256.

Schwarzenbach, Annemarie: Lyrische Novelle. Mit einem Essay von Roger Perret. Basel 1999 (= LP 53; Ausgewählte Werke 1) [EA 1933].

»Wir werden es schon zuwege bringen, das Leben«. Annemarie Schwarzenbach an Erika und Klaus Mann. Briefe 1930-1942. Hrsg. von Uta Fleischmann. Mit Beiträgen von Irmela von der Lühe/Frederic Kroll. Herbolzheim 2001 [EA 1992].

Schwarzenbach, Annemarie: Winter in Vorderasien. Tagebuch einer Reise. Basel 2002 (= LP 68) [EA 1934].

Schwarzenbach, Annemarie: Die Steppe. In: Annemarie Schwarzenbach: Alle Wege sind offen. Die Reise nach Afghanistan 1939/1940. Ausgewählte Texte. Hrsg. und mit einem Essay von Roger Perret. Basel 2002 (= Ausgewählte Werke 7), S. 31-37 [EA unter dem Namen *Annemarie Clark* in der National-Zeitung. 1.11.1939. Nr. 508. Abendblatt, S. 2f. (5)].

Schwarzenbach, Annemarie: Dreimal der Hindukusch. In: Annemarie Schwarzenbach: Alle Wege sind offen. Die Reise nach Afghanistan 1939/1940. Ausgewählte Texte. Hrsg. und mit einem Essay von Roger Perret. Basel 2002 (= Ausgewählte Werke 7), S. 54-61 [EA in der National-Zeitung. 1.12.1939. Nr. 560. Abendblatt, S. 2f. (4)].

Schwarzenbach, Annemarie: Therapia. In: Annemarie Schwarzenbach: Alle Wege sind offen. Die Reise nach Afghanistan 1939/1940. Ausgewählte Texte. Hrsg. und mit einem Essay von Roger Perret. Basel 2002 (= Ausgewählte Werke 7), S. 14-18 [EA unter dem Namen *Annemarie Clark* in der National-Zeitung. 3.4.1940. Nr. 154. Abendblatt, S. 2 (5)].

Schwarzenbach, Annemarie: Alle Wege sind offen. Die Reise nach Afghanistan 1939/1940. Ausgewählte Texte. Hrsg. und mit einem Essay von Roger Perret. Basel 2002 (= Ausgewählte Werke 7) [EA dieser Zusammenstellung 2000].

Schwarzenbach, Annemarie: Pariser Novelle. In: Jahrbuch zur Kultur und Literatur der Weimarer Republik 8 (2003), S. 11-35 [Entstanden ca. Anfang 1929].

Schwarzenbach, Annemarie: Tod in Persien. Hrsg. und mit einem Essay von Roger Perret. Basel 2003 (= LP 75; Ausgewählte Werke 5) [EA 1995].

Schwarzenbach, Annemarie/Ella Maillart/Nicolas Bouvier: Unsterbliches Blau. Reisen nach Afghanistan. Hrsg. und mit einem Nachwort von Roger Perret. Zürich 2003.

Schwarzenbach, Annemarie: Georg Trakl. Aus dem Nachlaß hrsg. von Walter Fähnders/Andreas Tobler. In: Mitteilungen aus dem Brenner-Archiv 23 (2004), S. 60-81 [Entstanden Februar/März 1931].

Schwarzenbach, Annemarie: Stellung der Jugend. In: Annemarie Schwarzenbach: Insel Europa. Ausgewählte Reportagen und Feuilletons 1930-1942. Mit einem Nachwort von Roger Perret. Basel 2005 (= Ausgewählte Werke 8), S. 9-14 [EA in Neue Zürcher Zeitung. 20.4.1930. Nr. 769].

Schwarzenbach, Annemarie: Lob der Freiheit. In: Annemarie Schwarzenbach: Insel Europa. Ausgewählte Reportagen und Feuilletons 1930-1942. Mit einem Nachwort von Roger Perret. Basel 2005 (= Ausgewählte Werke 8), S. 15-18 [EA in Zürcher Student. April 1931. Nr. 1].

Schwarzenbach, Annemarie: Filmregie und Filmmanuskript. In: Annemarie Schwarzenbach: Insel Europa. Ausgewählte Reportagen und Feuilletons 1930-1942. Mit einem Nachwort von Roger Perret. Basel 2005 (= Ausgewählte Werke 8), S. 26-30 [EA in Neue Zürcher Zeitung. 18.9.1932. Nr. 1715].

Schwarzenbach, Annemarie: Offener Himmel über Lissabon. In: Annemarie Schwarzenbach: Insel Europa. Ausgewählte Reportagen und Feuilletons 1930-1942. Mit einem Nachwort von Roger Perret. Basel 2005 (= Ausgewählte Werke 8), S. 244-249 [EA in der Thurgauer Zeitung. 10.4.1941. Nr. 85. 1. Bl. (8)].

Schwarzenbach, Annemarie: Rives du Congo/Kongo-Ufer. Tétouan/Aus Tetouan. Traduit de l'allemand par Dominique Laure Miermont. Postface de Nicole Le Bris. Traduite par Stéphanie Bung. Noville-sur-Mehaigne 2005 [Entstanden in den Jahren 1941/42; Teilveröffentlichung: Kongo-Ufer (IV) EA 1943].

Schwarzenbach, Annemarie: Flucht nach oben. Roman. Mit einem Essay von Roger Perret. Basel 2005 (= LP 94; Ausgewählte Werke 6) [EA 1999].

Schwarzenbach, Annemarie: Paris III. In: Walter Fähnders/Sabine Rohlf (Hrsg.): Annemarie Schwarzenbach. Analysen und Erstdrucke. Mit einer Schwarzenbach-Bibliographie. Bielefeld 2005, S. 197-212 [Entstanden Ende März bis Mitte April 1930].

Schwarzenbach, Annemarie: Yelinda. In: Walter Fähnders/Sabine Rohlf (Hrsg.): Annemarie Schwarzenbach. Analysen und Erstdrucke. Mit einer Schwarzenbach-Bibliographie. Bielefeld 2005, S. 213-222 [Datiert mit 27.XII.1930].

Schwarzenbach, Annemarie: Briefe an Carl Jacob Burckhardt. In: Walter Fähnders/Sabine Rohlf (Hrsg.): Annemarie Schwarzenbach. Analysen und Erstdrucke. Mit einer Schwarzenbach-Bibliographie. Bielefeld 2005, S. 236-265.

Schwarzenbach, Annemarie: Briefwechsel mit Margret Boveri. In: Walter Fähnders/Sabine Rohlf (Hrsg.): Annemarie Schwarzenbach. Analysen und Erstdrucke. Mit einer Schwarzenbach-Bibliographie. Bielefeld 2005, S. 286-293.

Schwarzenbach, Annemarie: Das »Namenlose«. In: Walter Fähnders/Sabine Rohlf (Hrsg.): Annemarie Schwarzenbach. Analysen und Erstdrucke. Mit einer Schwarzenbach-Bibliographie. Bielefeld 2005, S. 197-212 [Typoskript gezeichnet mit März/April 1941].

Schwarzenbach, Annemarie: Insel Europa. Ausgewählte Reportagen und Feuilletons 1930-1942. Mit einem Nachwort von Roger Perret. Basel 2005 (= Ausgewählte Werke 8).

Schwarzenbach, Annemarie: Das glückliche Tal. Mit Illustrationen von Eugen Früh. Basel 2006 (= LP 97) [Fotomechanischer Nachdruck der Originalausgabe von 1940 unter dem Namen *Annemarie Clarc-Schwarzenbach*].

Schwarzenbach, Annemarie: Lorenz Saladin. Ein Leben für die Berge. Hrsg. und mit einem Essay versehen von Robert Steiner/Emil Zopfi. Basel 2007 [EA 1938].

Schwarzenbach, Annemarie: La gabbia dei falconi. Tredici racconti orientali (1934-1935). Traduzione e cura di Melania G. Mazzucco. Mailand 2007 [EA 1989 der unvollständigen Novellensammlung unter dem Titel *Bei diesem Regen*].

Schwarzenbach, Annemarie: Eine Frau zu sehen. Hrsg. und mit einem Nachwort von Alexis Schwarzenbach. Zürich 2008 [Entstanden ca. Ende Dezember 1929].

Schwarzenbach, Annemarie: Lettres à Claude Bourdet 1931-1938. Édition établie, traduite et annotée par Dominique Laure Miermont. Genf 2008 [Zweiter Teil: *Correspondance originale* in Deutsch und Französisch].

Schwarzenbach, Annemarie: Les Quarante Colonnes du souvenir/Die Vierzig Säulen der Erinnerung. Traduit de l'allemand par Dominique Laure Miermont. Préface de Nicole Le Bris. Noville-sur-Mehaigne 2008.

Schwarzenbach, Annemarie: Orientreisen. Reportagen aus der Fremde. Hrsg. und mit einem Nachwort von Walter Fähnders. Berlin 2010.

1.2.3.1 Im Nachlass befindliche, bisher unveröffentlichte Arbeiten von Annemarie Schwarzenbach

Schwarzenbach, Annemarie: Gespräch. Unveröffentlichtes, im Original titelloses Typoskript mit handschriftlichen Korrekturen. 11 Bl. Im Nachlass von Annemarie Schwarzenbach im Schweizer Literaturarchiv in Bern (SLA) [Entstanden 1928; Prosa. Signatur: A-2/02].

Schwarzenbach, Annemarie: Das Märchen von der gefangenen Prinzessin. Unveröffentlichtes Typoskript mit handschriftlichen Korrekturen. 17 Bl. Im Nachlass von Annemarie Schwarzenbach im Schweizer Literaturarchiv in Bern (SLA) [Entstanden 1929; Prosa. Signatur: A-2/05].

Schwarzenbach, Annemarie: Michael. Unveröffentlichtes, im Original titelloses Manuskript mit handschriftlichen Korrekturen. 10 und 8 Bl. Im Nachlass von Annemarie Schwarzenbach im Schweizer Literaturarchiv in Bern (SLA) [Entstanden 1929/31; Prosa. Signatur: A-2/04].

Schwarzenbach, Annemarie: Der Hut. Eine Episode aus dem Leben der Familie Schwarzenbach auf Bocken. Unveröffentlichtes Manuskript mit Korrekturen. 14 Bl. Im Nachlass von Annemarie Schwarzenbach im Schweizer Literaturarchiv in Bern (SLA) [Entstanden 22.11.1930; Prosa. Signatur: A-2/10].

Schwarzenbach, Annemarie: Der Fluss. Unveröffentlichtes Typoskript mit handschriftlichen Korrekturen. 11 Bl. Im Nachlass von Annemarie Schwarzenbach im Schweizer Literaturarchiv in Bern (SLA) [Entstanden 1931/32; Prosa. Signatur: A-2/11].

Schwarzenbach, Annemarie: Römische Skizze. Unveröffentlichtes Typoskript mit handschriftlichen Korrekturen. 7 Bl. Im Nachlass von Annemarie Schwarzenbach im Schweizer Literaturarchiv in Bern (SLA) [Ohne Datum; Prosa. Signatur: A-2/27].

Schwarzenbach, Annemarie: Briefe an Ernst Merz (I). Kopierte, unveröffentlichte Typoskripte einer Auswahl. Im Nachlass von Annemarie Schwarzenbach im Schweizer Literaturarchiv in Bern (SLA) [Geschrieben 1925/29 aus Fetan, Bocken und Paris; Anmerkung aus dem Nachlassinventar: *Ernst Merz fügte seinem Bericht »Meine Beziehungen zu Annemarie Schwarzenbach« diese kurze Briefauswahl an*; Briefe von Annemarie Schwarzenbach. Signatur: B-1-MER/1(e)].

Schwarzenbach, Annemarie: Briefe an Ernst Merz (II). 30 handschriftlich verfasste oder als Typoskripte vorhandene, unveröffentlichte Briefe sowie eine Postkarte in Kopien. Im Nachlass von Annemarie Schwarzenbach im Schweizer Literaturarchiv in Bern (SLA) [Geschrieben 1925/29 aus Fetan, Bocken und Paris; Anmerkung aus dem Nachlassinventars: *Orig. vgl. NL Ernst Merz im SLA*; Briefe von Annemarie Schwarzenbach. Signatur: B-1-MER/2(e)].

Schwarzenbach, Annemarie: Spanien/Bocken/Luzern. Größtenteils unveröffentlichte Fotografien im Nachlass von Annemarie Schwarzenbach im Schweizer Literaturarchiv in Bern (SLA) [Entstanden 1933; Fotoordner. Signatur: A-5-01/001-].

Schwarzenbach, Annemarie: 1. Persien-Reise I: Türkei, Cypern, Israel. Größtenteils unveröffentlichte Fotografien im Nachlass von Annemarie Schwarzenbach im Schweizer Literaturarchiv in Bern (SLA) [Entstanden 1933/34; Fotoordner. Signatur: A-5-02/001-].

Schwarzenbach, Annemarie: 1. Persien-Reise II: Libanon, Syrien, Irak. Größtenteils unveröffentlichte Fotografien im Nachlass von Annemarie Schwarzenbach im Schweizer Literaturarchiv in Bern (SLA) [Entstanden 1933/34; Fotoordner. Signatur: A-5-03].

Schwarzenbach, Annemarie: 1. Persien-Reise III: Persien, Russland. Größtenteils unveröffentlichte Fotografien im Nachlass von Annemarie Schwarzenbach im Schweizer Literaturarchiv in Bern (SLA) [Entstanden 1933/34; Fotoordner. Signatur: A-5-01/04].

Schwarzenbach, Annemarie: 2. Persien-Reise I: Libanon/Syrien/Irak. Größtenteils unveröffentlichte Fotografien im Nachlass von Annemarie Schwarzenbach im Schweizer Literaturarchiv in Bern (SLA) [Entstanden 1935; Fotoordner. Signatur: A-5-05].

Schwarzenbach, Annemarie: 2. Persien-Reise II: Iran, Russland. Größtenteils unveröffentlichte Fotografien im Nachlass von Annemarie Schwarzenbach im Schweizer Literaturarchiv in Bern (SLA) [Entstanden 1935; Fotoordner. Signatur: A-5-01/06].

Schwarzenbach, Annemarie: 2. Persien-Reise III: Iran, Russland. Größtenteils unveröffentlichte Fotografien im Nachlass von Annemarie Schwarzenbach im Schweizer Literaturarchiv in Bern (SLA) [Entstanden 1935; Fotoordner. Signatur: A-5-01/07].

1.3 Weitere Primärliteratur

Beckford, William: Vathek. Aus dem Französischen von Franz Blei. Mit einem Vorwort von Stéphane Mallarmé und einem Nachwort von Stefan Schütz. Frankfurt a.M. 1999 (= st 2938) [EA anonym 1786 unter dem Titel *An Arabian Tale, From an Unpublished Manuscript*].

Bell, Gertrude: Persian Pictures. With a preface by Sir E. Denison Ross. London 1928 [EA 1894].

Benjamin, Walter: Moskauer Tagebuch. Aus der Handschrift hrsg. und mit Anmerkungen von Gary Smith. Mit einem Vorwort von Gershom Scholem. Frankfurt a.M. 1980 (= es NF 20).

Benson, Stella: Fremd wie mein Geliebter. Roman. Autorisierte Übersetzung aus dem Englischen von Stephanie Frischauer. Berlin/Wien/Leipzig 1930 [EA 1926 unter dem Titel *Good-bye, Stranger*].

Bernanos, Georges: Eine Nacht. Drei Erzählungen. Übertragen und mit einem Nachwort von Hans Urs von Balthasar. Stuttgart 1969 (= RUB 8500) [Der Band beinhaltet die Erzählungen *Eine Nacht / Une Nuit* (EA 1928), *Schattenzwiegespräche / Dialogues d'Ombres* (EA 1928) und *Frau Dargent / Madame Dargent* (EA 1922); Deutsche EA dieser Sammlung 1954].

Bhagavadgita. Das Lied der Gottheit. Aus dem Sanskrit übersetzt von Robert Boxberger. Neu bearbeitet und hrsg. von Helmuth von Glasenapp. Stuttgart 2003 (= RUB 7874) [Reclam EA 1955].

Blücher, Wipert von: Zeitenwende in Iran. Erlebnisse und Beobachtungen. Biberach an der Riss 1949.

Boccaccio, Giovanni di: Das Dekameron. Mit 110 Holzschnitten der italienischen Ausgabe von 1492. Mit einer Einleitung von André Jolles. Aus dem Italienischen von Albert Wesselski. Übertragung der Gedichte von Theodor Däubler. Frankfurt a.M./ Leipzig 2003 (= it 2577) [EA ? unter dem Titel *Il Decamerone*; EA der Einleitung 1921].

Bonsels, Waldemar: Indienfahrt. Frankfurt a.M. 1920 [EA 1916].

Bonsels, Waldemar: Mein Austritt aus der Baseler Missions-Industrie und seine Gründe. Ein offener Brief an die Baseler Missions-Gemeinde in Württemberg und der Schweiz. Fotomechanischer Nachdruck der EA von 1904. In: Waldemar Bonsels – Reisen und Expeditionen. Hrsg. von Rose-Marie Bonsels. Wiesbaden 1987 (= Ambacher Schriften 2), S. 1-25.

Boveri, Margret: Vom Minarett zum Bohrturm. Eine politische Biographie Vorderasiens. Zürich/Leipzig/Berlin 1938.

Boveri, Margret: Ein Auto, Wüsten, blaue Perlen. Bericht über eine Fahrt durch Vorderasien. Zürich/Leipzig/Berlin 1939.

Bruun, Laurids: Van Zantens glückliche Zeit. Ein Roman aus der Südsee. Übersetzung aus dem Dänischen von Julia Koppel. Berlin 1981 (= Kleine Bibliothek des Aussteigers und Abenteurers) [EA 1908 unter dem Titel *Van Zantens lykkelige Tid*; Deutsche EA 1910 unter dem Titel *Van Zantens glückliche Zeit. Ein Liebesroman von der Insel Pelli*].

Bubikopf. Aufbruch in den Zwanzigern. Texte von Frauen. Gesammelt von Anna Rheinsberg. Darmstadt 1988 (= SL 753).

Burckhardt, Carl Jacob: Kleinasiatische Reise. München 1937 [EA 1925].

Byron, Robert: The Road to Oxiana. London 1937.

Chamisso, Adelbert von: Peter Schlemihls wundersame Geschichte. Anmerkungen von Dagmar Walach. Stuttgart 2007 (= RUB 93) [EA 1814].

Cohen-Portheim, Paul: Asien als Erzieher. Leipzig 1920.

Conrad, Joseph: Almayers Wahn. Roman. Aus dem Englischen von Günther Danehl. Frankfurt a.M. 1993 (= Fischer-Taschenbuch 11902; Einmalige Sonderausgabe) [EA 1896 unter dem Titel *Almayer's Folly. A Story of an Eastern River*].

Dauthendey, Max: Die acht Gesichter am Biwasee. Japanische Liebesgeschichten. München o. J. [EA 1911].

Defoe, Daniel: Robinson Crusoe. Seine ersten Seefahrten, sein Schiffbruch und sein siebenzwanzigjähriger Aufenthalt auf einer unbewohnten Insel. Mit einem Nachwort von Ulrich Greiner. Zürich 1985 (= detebe-Klassiker 21364) [EA 1719 unter dem Titel *The Life and Strange Surprising Adventures of Robinson Crusoe of York, Mariner, who lived Eight and Twenty Years, all alone in an uninhabited Island on the coast of America, near the Mouth of the Great River of Oroonoque; Having been cast on Shore by Shipwreck, wherein all the Men perished but himself. With An Account how he was at last as strangely deliver'd by Pirates. Written by Himself*].

Deutschland und Armenien 1914-1918. Sammlung diplomatischer Aktenstücke. Hrsg. von Johannes Lepsius. Potsdam 1919.

Diderot, Denis: Nachtrag zu »Bougainvilles Reise« oder Gespräch zwischen A. und B. über die Unsitte, moralische Ideen an gewisse physische Handlungen zu knüpfen, zu denen sie nicht passen. Um 1775. In: Denis Diderot: Philosophische Schriften. Berlin 1961 (= Bd. 2), S. 195-237 [EA 1796 unter dem Titel *Le Supplément au voyage de Bougainville ou Dialogue entre A et B sur l'inconvénient d'attacher des idées morales à certaines actions physiques qui n'en comportent pas*].

Döblin, Alfred: Die drei Sprünge des Wang-lun. Ein Chinesischer Roman. Mit einem Nachwort von Walter Muschg. München 1989 (= dtv 2423) [EA 1915].

Döblin, Alfred: Berlin Alexanderplatz. Die Geschichte vom Franz Biberkopf. München 2002 (= dtv 295) [EA 1929].

Eckermann, Johann Peter: Gespräche mit Goethe. In den letzten Jahren seines Lebens. Hrsg. von Fritz Bergemann. Frankfurt a.M. 1981 (= it 500; Erster Band) [EA 1836/1848].

Edschmid, Kasimir: Das rasende Leben. Zwei Novellen. Leipzig 1915 (= Der Jüngste Tag 20).

Edschmid, Kasimir: Die sechs Mündungen. Novellen. Leipzig 1917 [EA 1915].

Edschmid, Kasimir: Timur. Novellen. Leipzig 1917 [EA 1916].

Edschmid, Kasimir: Expressionismus in der Dichtung. In: Die Neue Rundschau 29 (1918). Bd. 1, S. 359-374.

Engel, Regula [d.i. Regula Egli]: Die Schweizerische Amazone. Abenteuer, Reisen und Kriegszüge der Frau Oberst Regula Engel von Langwies (Graubünden) geb. Egli von Fluntern-Zürich (1761-1853) durch Frankreich, die Niederlande, Egypten, Spanien, Portugal und Deutschland mit der französischen Armee unter Napoleon I. Von ihr selbst geschrieben. Mit einem Kunstdruckbild und einem Anhang. Hrsg. von Fritz Bär, Pfarrer in Castiel. Basel 1904 [Eine gekürzte und bearbeitete Fassung der 1821 erschienenen Originalausgabe mit dem Titel *Lebensbeschreibung der Wittwe des Obrist Florian Engel von Langwies, in Bündten, geborener Egli von Fluntern, bey Zürich, Enthaltend die Geschichte ihres Herkommens, Jugendschicksale, Verheurathung und weitläufige Reisen im Gefolge der französischen Armeen durch ganz Frankreich, die Niederlande, Italien, Spanien, Portugall, die Oesterreichischen und Preussischen Staaten, Deutschland und besonders auch der Expedition in Egypten und einer späteren Reise nach Amerika. Von ihr selbst beschrieben, und von einem älteren Verwandten revidiert und mit Anmerkungen begleitet*. Titel der Fortsetzung von 1828: *Die schweizerische Amazone. Abentheuer Reisen und Kriegszüge einer Schweizerinn. Zweiter Theil. Abentheuer Reisen durch die Schweiz mit merkwürdigen Schicksalen und Anmerkungen begleitet*].

Engel, Regula: Lebensbeschreibung der Witwe des Obrist Florian Engel von Langwies, in Bündten, geborner Egli, von Fluntern, bey Zürich. Enthaltend: die Geschichte ihres Herkommens, Jugendschicksale, Verheurathung, und weitläufigen Reisen im Gefolge der französischen Armeen durch ganz Frankreich, die Niederlande, Italien, Spanien, Portugall, die Oesterreichischen und Preußischen Staaten, Deutschland, und besonders auch der Expedition in Egypten, und einer spätern Reise nach Amerika. Von ihr selbst beschrieben, und von einem ihrer älteren Verwandten revidiert und mit Anmerkungen begleitet. Neu hrsg. von S. D. Steinberg. Zürich 1914 [Enthält den ersten Teil der Memoiren].

Engel, Regula: Frau Oberst Engel. Von Kairo bis Newyork, von Elba bis Waterloo. Memoiren einer Amazone aus Napoleonischer Zeit. Mit Illustrationen. Mit einem Nachwort von N.N. Zürich/München 1977 [Enthält den ersten Teil sowie Auszüge aus der Fortsetzung der Memoiren].

Die Erzählungen aus den Tausendundein Nächten. Vollständige deutsche Ausgabe in zwölf Teilbänden zum ersten Mal nach dem arabischen Urtext der Calcuttaer Ausgabe aus dem Jahre 1839. Übertragen von Enno Littmann. Frankfurt a.M. 1981 (= it 224) [Französische EA 1704/08 unter dem Titel *Les mille et une nuits: contes arabes*].

Essad Bey [d.i. Lew Abramovic Noussimbaum]: Zwölf Geheimnisse im Kaukasus. Berlin/Zürich 1930.

Essad Bey: Der Kaukasus. Seine Berge, Völker und Geschichte. Berlin 1931.

Essad Bey: Stalin. Eine Biographie. Mit 27 Abbildungen. Berlin 1931.

Essad Bey: Die Verschwörung gegen die Welt. G.P.U. Berlin 1932.

Essad Bey: Das weiße Russland. Menschen ohne Heimat. Berlin 1932.

Essad Bey: Flüssiges Gold. Ein Kampf um die Macht. Berlin 1933.

Essad Bey: Russland am Scheidewege. Berlin 1933.

Essad Bey: Nikolaus II. Glanz und Untergang des letzten Zaren. Berlin 1935.

Essad Bey: Reza Schah. Feldherr, Kaiser, Reformator. Wien/Leipzig 1936.

Essad Bey/Wolfgang von Weisl: Allah ist groß. Niedergang und Aufstieg der islamischen Welt von Abdul Hamid bis Ibn Saud. Leipzig/Wien 1936.

Essad Bey: Mohammed. Biographie. Leipzig/Weimar 1991 [EA 1932].

Essad Bey: Öl und Blut im Orient. Autobiographischer Bericht. Mit einem redigierten Vorwort von Werner Schendell. Leipzig 1992 (= Kiepenheuer Bücherei) [EA 1929].

Essad Bey: Liebe und Erdöl / Manuela. Zwei romantische Novellen. Aus dem Polnischen von Martin Pasek. Mit Beiträgen von Martin Pasek und Hans-Jürgen Maurer. Freiburg i.Br. 2008 [EA 1934 auf Polnisch unter den Titeln *Miłość i nafta* und *Manuela*].

Etzdorf, Marga von: Kiek in die Welt. Als deutsche Fliegerin über drei Erdteilen. Geleitwort von Prof. Dr. Hugo Junkers. Mit 34 Abbildungen und 2 Karten. Berlin 1931.

Faber, Kurt: Mit dem Rucksack nach Indien. Mit 1 Karte und 21 Abbildungen. Berlin o. J. [ca. 1934] (= Büchergilde Gutenberg) [EA 1927].

Feilchenfeldt, Marianne [d.i. Marianne Breslauer]: Bilder meines Lebens. Erinnerungen. Wädenswil 2001 (= Privatdruck in 500 Exemplaren) [Hinweis: *Der Text dieses Buches wurde auf der Basis von Aufzeichnungen, Artikeln und Interviews zusammengestellt und redigiert von Bernhard Echte*].

Feuchtwanger, Lion: Moskau 1937. Ein Reisebericht für meine Freunde. Mit einem Nachwort von Joseph Pischel. Berlin/Weimar 1993 (= atv 158) [EA 1937].

Forster, Edward Morgan: Auf der Suche nach Indien. Roman. Aus dem Englischen von Wolfgang von Einsiedel. Frankfurt a.M. 1986 (= Fischer-Taschenbuch 5308) [EA 1924 unter dem Titel *A Passage to India*].

Friedrich II. von Hohenstaufen: De Arte Venandi Cum Avibus. Ms. Pal. Lat. 1071, Bibliotheca Apostolica Vaticana. Graz 1969 (= Codices E Vaticanis Selecti XXX; Codices Selecti VXI) [Faksimileausgabe des um 1240 vollendeten Werks].

Fürst Bülows Reden nebst urkundlichen Beiträgen zu seiner Politik. Mit Erlaubnis des Reichskanzlers gesammelt und hrsg. von Johannes Penzler. I. Band. 1897-1903. Mit dem Bildnis des Reichskanzlers und einem ausführlichen Namen- und Sachregister. Neue Ausgabe. Berlin 1907 [EA 1903].

George, Stefan: Der Stern des Bundes. Stuttgart 1993 (= Sämtliche Werke in 18 Bänden VIII) [EA 1914].

George, Stefan: Das Neue Reich. Stuttgart 2001 (= Sämtliche Werke in 18 Bänden IX) [EA dieser Zusammenstellung 1928].

Gide, André: Zurück aus Sowjet-Russland. Übersetzt von Ferdinand Hardekopf. Zürich 1937 [EA 1936 unter dem Titel *Au retour de l'U.R.S.S.*].

Gide, André: Die Rückkehr des verlorenen Sohnes. Übertragen von Rainer Maria Rilke. Frankfurt a.M. 1961 (= IB 143) [EA 1907 unter dem Titel *Le Retour de l'enfant prodigue*].

Gide, André: Die Falschmünzer. Deutsch von Ferdinand Hardekopf. Mit einem Nachwort von Brigitte Sändig. Berlin/Weimar 1987 (= Taschenbibliothek der Weltliteratur) [EA 1925 unter dem Titel *Les Faux-Monnayeurs*].

Gide, André: Der Immoralist. Roman. Aus dem Französischen von Gisela Schlientz. Mit einem Nachwort von Raimund Theis. München 2001 (= dtv 12345) [EA 1902 unter dem Titel *L'Immoraliste*].

Goethe, Johann Wolfgang: Schriften zur Weltliteratur. Mit Buchillustrationen aus der Goethezeit. Hrsg. von Horst Günther. Frankfurt a.M. 1987 (= it 1025).

Goethe, Johann Wolfgang: West-östlicher Divan. Hrsg. und erläutert von Hans-J. Weitz. Mit Essays zum Divan von Hugo von Hofmannsthal, Oskar Loerke und Karl Krolow. Frankfurt a.M./Leipzig 2004 (= it 75) [EA 1819].

Goethes Werke. Hrsg. im Auftrage der Großherzogin Sophie von Sachsen. IV. Abteilung. Goethes Briefe. 29. Band. Januar – October 1818. Weimar 1904. Fotomechanischer Nachdruck der im Verlag Hermann Böhlaus Nachfolger, Weimar, 1887-1919 erschienenen Weimarer Ausgabe oder Sophien-Ausgabe. München 1987 (= dtv 5946).

Goethes Werke. Hrsg. im Auftrage der Großherzogin Sophie von Sachsen. IV. Abteilung. Goethes Briefe. 42. Band. Januar – Juli 1827. Weimar 1907. Fotomechanischer Nachdruck der im Verlag Hermann Böhlaus Nachfolger, Weimar, 1887-1919 erschienenen Weimarer Ausgabe oder Sophien-Ausgabe. München 1987 (= dtv 5946).

Grant, Asahel: Die Nestorianer oder Die zehn Stämme. Reisen durch das alte Assyrien, Armenien, Midian und Mesopotamien 1843. Auszugsweise übersetzt und mit einem Vorwort sowie einem Nachtrag versehen von Samuel Preiswerk. Freiburg 2006 [= Neuausgabe der 1843 in Basel erschienenen deutschen Erstausgabe mit dem Titel *Die Nestorianer oder die Zehn Stämme. Reisen durch das Assyrien, Armenien, Medien und Mesopotamien; Schilderung der kirchlichen und häuslichen Gebräuche und Sitten der Nestorianer, und Nachweis ihrer Identität mit den verloren geglaubten zehn Stämmen Israels*; Englische EA 1841 unter dem Titel *The Nestorians, or the Lost Tribes; containing Evidence of their Identity; an account of their Manners, Customs and Ceremonies; together with Sketches of Travel in ancient Assyrian, Armenia, Media and Mesopotamia, and Illustrations of Scripture Prophecy*].

Halide Edib Hanum: Das neue Turan. Ein türkisches Frauenschicksal. Aus dem Türkischen von Friedrich Schrader. Weimar 1916 (= Deutsche Orientbücherei 6) [EA 1912 unter dem Titel *Yeni Turan*].

Hall, Radclyffe: Quell der Einsamkeit. Roman. Aus dem Englischen von Rudolf Harms. Mit einem Nachwort von Susanne Amrain. Göttingen 1991 [EA 1928 unter dem Titel *The Well of Loneliness*; Deutsche EA 1929].

Halle, Fannina W.: Frauen des Ostens. Vom Matriarchat bis zu den Fliegerinnen von Baku. Mit 50 Illustrationen. Zürich 1938.

Hamsun, Knut: Segen der Erde. Roman. Deutsch von Julius Sandmeier und Sophie Angermann. München 1978 (= dtv 11055) [EA 1917 unter dem Titel *Markens grøde*].

Hedayat, Sadeq: Die blinde Eule. Roman. Aus dem Persischen von Bahman Nirumand. Mit einem Nachwort von Abbas Maroufi. Frankfurt a.M. 2006 (= BS 1248) [EA 1936 unter dem Titel *Buf-e Kur*].

Hemingway, Ernest: In unserer Zeit. 15 Stories. Einzig autorisierte Übertragung von Annemarie Horschitz-Horst. Hamburg 1958 (= rororo 278) [EA 1924 unter dem Titel *In Our Time*].

Hemingway, Ernest: Männer ohne Frauen. 14 Stories. Einzig autorisierte Übertragung von Annemarie Horschitz-Horst. Hamburg 1958 (= rororo 279) [EA 1927 unter dem Titel *Men without Women*; Deutsche EA 1929 unter dem Titel *Männer*].

Hemingway, Ernest: In einem anderen Land. Roman. Reinbek bei Hamburg 1974 (= rororo 216) [EA 1929 unter dem Titel *A Farewell to Arms*; Deutsche EA 1930].

Hemingway, Ernest: Reportagen 1920-1924. Hrsg. von William White. Deutsch von Werner Schmitz. Reinbek bei Hamburg 1990 (= rororo 12700) [EA 1985 unter dem Titel *Dateline: Toronto*].

Hemingway, Ernest: Fiesta. Roman. Reinbek bei Hamburg 1992 (= rororo 5) [EA 1926 unter dem Titel *The Sun also rises*; Deutsche EA 1928].

Hemingway, Ernest: Paris – ein Fest fürs Leben. Autorisierte Übertragung aus dem Amerikanischen von Annemarie Horschitz-Horst. Reinbek bei Hamburg 1993 (= rororo 1438) [EA 1965 unter dem Titel *A moveable Feast*].

Hemingway, Ernest: Die Sturmfluten des Frühlings. Ein romantischer Roman zu Ehren des Verschwindens einer großen Rasse. Einzig autorisierte Übertragung aus dem Amerikanischen von Annemarie Horschitz-Horst. Reinbek bei Hamburg 1996 (= rororo 1716) [EA 1926 unter dem Titel *The Torrents of Spring*; Deutsche EA 1957].

Herzl, Theodor: Altneuland. Roman. Berlin/Leipzig o. J. [ca. 1920; Siebente Auflage der 1902 erschienenen Originalausgabe].

Herzl, Theodor: Der Judenstaat. Versuch einer modernen Lösung der Judenfrage. Zürich 2006 [EA 1896].

Holitscher, Arthur: Drei Monate in Sowjet-Rußland. Berlin 1921.

Holitscher, Arthur: Reise durch das jüdische Palästina. Mit fünfzehn Bildern und einer Karte. Berlin 1922.

Holitscher, Arthur: Der Narrenführer durch Paris und London. Mit Holzschnitten von Frans Masereel und einem Nachwort von Gert Mattenklott. Frankfurt a.M. 1986 (= Fischer Taschenbuch 5971) [EA 1925 unter dem Titel *Der Narrenbaedeker*].

Hudson, William Henry: Roman in Uruguay. Mit einer Vorrede von John Galsworthy. Autorisierte Übersetzung von Ellinor Drösser. Berlin/Wien/Leipzig 1930 [EA 1885 unter dem Titel *The Purple Land that England Lost. Travels and Adventures in the Banda Oriental, South America*].

Kasack, Hermann: Die Stadt hinter dem Strom. [Roman.] Berlin 1947.

Kaufmann, Max Rudolf: Pera und Stambul. Weimar 1915 (= Deutsche Orientbücherei 5).

Kerr, Alfred: Newyork und London. Stätten des Geschicks. Zwanzig Kapitel nach dem Weltkrieg. Berlin 1923.

Keyserling, Hermann Graf: Über die innere Beziehung zwischen den Kulturproblemen des Orients und des Okzidents. Eine Botschaft an die Völker des Ostens. Jena 1913 (= Das Ausland. Zwanglose Monographien zur Kenntnis und zum Verständnis fremder Völker außerhalb Europas).

Keyserling, Hermann Graf: Das Reisetagebuch eines Philosophen. Erster und Zweiter Band. Darmstadt 1922 [EA 1919].

Kipling, Rudyard: Kim. Roman. Deutsch von Hans Reisiger. München 2007 (= dtv 12602) [EA 1900/1].

Kirsch, Max [d.i. »Fremdenlegionär Kirsch«]: Im Lastkraftwagen von Berlin nach Ispahan. Deutsches Nachkriegserleben im Orient. Mit einem Bildnis des Verfassers, 64 Abbildungen nach Photographien und einer Karte. Berlin/Leipzig 1927.

Kisch, Egon Erwin: beehrt sich darzubieten: Paradies Amerika. Berlin 1930.

Klötzel, Cheskel Zwi: [d.i. Hans Klötzel]: Die Straße der Zehntausend. Mit der Schmiede-Expedition nach Persien. Hamburg 1925.

Kolumbus, Christoph: Bordbuch. Mit einem Nachwort von Frauke Gewecke. Frankfurt a.M./Leipzig 2005 (= it 3161) [EA 1826 unter dem Titel *Diario de a Bordo*].

Konfuzius: Gespräche. Aus dem Chinesischen übersetzt und hrsg. von Ralf Moritz. Stuttgart 2002 (= RUB 9656) [Reclam EA 1982].

Der Koran. Aus dem Arabischen übersetzt von Max Henning. Einleitung und Anmerkungen von Annemarie Schimmel. Durchgesehene und verbesserte Ausgabe. Stuttgart 1998 (= RUB 4206) [Reclam EA 1960].

Ku Hung-Ming: Chinas Verteidigung gegen europäische Ideen. Kritische Aufsätze. Hrsg. mit einem Vorwort von Alfons Paquet. Jena 1917 [Aus dem Chinesischen von Richard Wilhelm; Deutsche EA 1911].

Kubin, Alfred: Die andere Seite. Ein phantastischer Roman. Reinbek bei Hamburg 2003 (= rororo 13771) [EA 1909].

Kurban Said [d.i. Lew Abramovic Noussimbaum]: Ali und Nino. Roman. München/Berlin 2003 (= List Taschenbuch 60131) [EA 1937].

Kurban Said: Das Mädchen vom Goldenen Horn. Roman. Mit einem Vorwort von Behrang Samsami und einem Nachwort von Radhia Shukrullah. Frankfurt a.M. 2009 [EA 1938].

Landau, Lola: Vor dem Vergessen. Meine drei Leben. Frankfurt a.M./Berlin 1987.

Landau, Lola: Positano oder Der Weg ins dritte Leben. Zwei autobiographische Anekdoten. Aus dem Nachlaß hrsg. von Thomas Hartwig. Besorgt von Peter Moses-Krause. Berlin 1995 (= Bücher des 9. November 4).

Landshoff-Yorck, Ruth: Die Vielen und der Eine. Roman. Hrsg. und mit einem Nachwort von Walter Fähnders. Berlin/Grambin 2001 [EA 1930].

Landshoff-Yorck, Ruth: Roman einer Tänzerin. Erstausgabe aus dem Nachlaß. Hrsg. und mit einem Nachwort von Walter Fähnders. Berlin/Grambin 2005 [Zweite, überarbeitete Auflage der 2002 erschienenen Erstausgabe].

Lao-tse: Tao-Tê-King. Das heilige Buch vom Weg und der Tugend. Übersetzung, Einleitung und Anmerkungen von Günther Debon. Stuttgart 2003 (= RUB 6798) [Reclam EA 1961].

Lawrence, Thomas Edward: Die sieben Säulen der Weisheit. Deutsch von Dagobert von Mikusch. München 2005 (= dtv 1456) [EA 1936 unter dem Titel *Seven Pillars of Wisdom*].

Lepsius, Johannes: Bericht über die Lage des Armenischen Volkes in der Türkei. Potsdam 1916 [Mit dem Vermerk *Als Manuskript gedruckt! Abdruck und Benutzung in der Presse verboten! Streng vertraulich!*].

Litauische Volkslieder und Märchen. Aus dem preussischen und dem russischen Litauen gesammelt von August Leskien und Karl Brugman. Straßburg 1882.

Litten, Wilhelm: Persische Flitterwochen. Mit 64 Abbildungen, 5 Schrifttafeln und 6 Kartenskizzen. Berlin 1925.

Loti, Pierre [d.i. Julien Viaud]: Die Entzauberten. Roman aus dem gegenwärtigen türkischen Haremsleben. Mit einer Einleitung von Herbert Eulenberg. Berlin/Wien 1912 (= Ausland-Erzähler 6) [EA 1906 unter dem Titel *Les Désenchantées*].

Loti, Pierre: Die sterbende Türkei. Berlin 1913 [EA 1913 unter dem Titel *La Turquie Agonisante*].

Loti, Pierre: Aziyadeh. Auszüge aus den Notizen und Briefe eines Leutnants der englischen Marine, der am 10. Mai 1876 in türkische Dienste trat und in der Schlacht bei Kars am 27. Oktober 1877 fiel. Aus dem Französischen von Asma El Moutei Semler. Frankfurt a.M. 1983 (= BS 798) [EA 1879 unter dem Titel *Aziyadé*].

Maillart, Ella: Der bittere Weg. Mit Annemarie Schwarzenbach unterwegs nach Afghanistan. Aus dem Englischen von Carl Bach. Mit einem Nachwort von Brigitta Kaufmann. Basel 2003 (= LP 63) [EA 1947 unter dem Titel *The Cruel Way*; Deutsche EA 1948 unter dem Titel *Auf abenteuerlicher Fahrt durch Iran und Afghanistan*].

Mann, Erika und Klaus: Rundherum. Mit 35 Reise-Photographien. Berlin 1929.

Mann, Erika und Klaus: Das Buch von der Riviera. Mit Originalzeichnungen von Walther Becker, Rudolf Großmann, Henri Matisse und Martin Piper sowie einem Nachwort von Martin Ripkens und acht zeitgenössischen Photographien. Berlin 1989 [Bei den Seiten 7-184 handelt es sich um eine fotografische Wiedergabe der Erstausgabe von 1931].

Mann, Heinrich: Geist und Tat. In: Heinrich Mann: Politische Essays. Auswahl von Hans Magnus Enzensberger. Frankfurt a.M. 1968 (= BS 209), S. 7-14 [EA 1910 in Pan 1 (1910)].

Mann, Klaus: Stefan George. Führer der Jugend. In: Klaus Mann: Auf der Suche nach einem Weg. Aufsätze. Berlin 1931, S. 121-130 [Als Rede gehalten am 28.10.1928 in der Berliner Singakademie].

Mann, Klaus: In Memoriam Lena Amsel. In: Klaus Mann: Auf der Suche nach einem Weg. Aufsätze. Berlin 1931, S. 284-287 [EA 1929?].

Mann, Klaus: Woher wir kommen – und wohin wir müssen. In: Klaus Mann: Auf der Suche nach einem Weg. Aufsätze. Berlin 1931, S. 375-381 [Als Entstehungszeit ist 1930 angegeben].

Mann, Klaus: Flucht in den Norden. Roman. Amsterdam 1934.

Mann, Klaus: Annemarie Schwarzenbach. Winter in Vorderasien. In: Die Sammlung 2 (1935), S. 390-391.

Mann, Klaus: Briefe und Antworten. Bd. I: 1922-1937. Hrsg. von Martin Gregor-Dellin. München 1975 (= edition spangenberg im Ellermann Verlag).

Mann, Klaus: Der Wendepunkt. Ein Lebensbericht. Mit einem Nachwort von Frido Mann. München 1981 (= Sonderausgabe; edition spangenberg im Ellermann Verlag) [US-amerikanische EA 1942 unter dem Titel *The Turning Point*; Überarbeitete deutsche EA 1952].

Mann, Klaus: Tagebücher 1934 bis 1935. Hrsg. von Joachim Heimannsberg/Peter Laemmle/Wilfried F. Schoeller. München 1989.

Mann, Klaus: Fragment von der Jugend. In: Klaus Mann: Die neuen Eltern. Aufsätze, Reden, Kritiken 1924-1933. Hrsg. von Uwe Naumann/Michael Töteberg. Reinbek bei Hamburg 1992 (= rororo 12741), S. 60-71 [EA in Neue Rundschau 37 (1926) H. 3].

Mann, Klaus: Unser Verhältnis zur vorigen Generation. In: Klaus Mann: Die neuen Eltern. Aufsätze, Reden, Kritiken 1924-1933. Hrsg. von Uwe Naumann/Michael Töteberg. Reinbek bei Hamburg 1992 (= rororo 12741), S. 74-75 [EA in Junge Menschen – Monatshefte für Politik, Kunst, Literatur und Leben Mai 1926].

Mann, Klaus: Heute und Morgen. Zur Situation des jungen geistigen Europas. In: Klaus Mann: Die neuen Eltern. Aufsätze, Reden, Kritiken 1924-1933. Hrsg. von Uwe Naumann/Michael Töteberg. Reinbek bei Hamburg 1992 (= rororo 12741), S. 131-152 [EA 1927 als selbständige Schrift].

Mann, Klaus: Zwei kleine Bücher. In: Klaus Mann: Zahnärzte und Künstler. Aufsätze, Reden, Kritiken 1933-1936. Hrsg. von Uwe Naumann/Michael Töteberg. Reinbek bei Hamburg 1993 (= rororo 12742), S. 31-34 [EA in National-Zeitung. 14.5.1933].

Mann, Klaus: Alexander. Roman einer Utopie. Mit einem Vorwort von Jean Cocteau. Reinbek bei Hamburg 1998 (= rororo 15141) [EA 1929].

Mann, Klaus: Der Vulkan. Roman unter Emigranten. Mit einem Nachwort von Martin Gregor-Dellin. Reinbek bei Hamburg 1998 (= rororo 14842) [EA 1939].

Mann, Klaus: Treffpunkt im Unendlichen. Roman. Mit einem Nachwort von Frederic Kroll. Reinbek bei Hamburg 1999 (= rororo 22656; Einmalige Sonderausgabe) [EA 1932].

Mann, Thomas: Tagebücher 1937-1939. Hrsg. von Peter de Mendelssohn. Frankfurt a.M. 1980.

Massignon, Louis: Mission en Mésopotamie (1907-1908). Relevés Archéologiques. Kairo 1910 (= Mémoires publiés par les membres de l'institut français d'archéologie orientale du Caire 28; Bd. 1).

Massignon, Louis: Mission en Mésopotamie (1907-1908). Épigraphie et topographie historique. Kairo 1912 (= Mémoires publiés par les membres de l'institut français d'archéologie orientale du Caire 31; Bd. 2).

Matthias, Leo: Griff in den Orient. Eine Reise und etwas mehr. Leipzig 1931.

Mauthner, Fritz: Der letzte Tod des Gautama Buddha. München/Leipzig 1921 [EA 1913].

May, Karl: Durch die Wüste. Reiseerzählung. Zürich 1996 (= Karl Mays Hauptwerke in 33 Bänden; Zürcher Ausgabe; Orient-Band 3) [EA in dieser Form 1892 unter dem Titel *Durch Wüste und Harem*; Ab 1895 unter dem Titel *Durch die Wüste*].

May, Karl: Durchs wilde Kurdistan. Reiseerzählung. Zürich 1996 (= Karl Mays Hauptwerke in 33 Bänden; Zürcher Ausgabe; Orient-Band 4) [EA in dieser Form 1892].

May, Karl: Von Bagdad nach Stambul. Reiseerzählung. Zürich 1996 (= Karl Mays Hauptwerke in 33 Bänden; Zürcher Ausgabe; Orient-Band 5) [EA in dieser Form 1892].

May, Karl: In den Schluchten des Balkan. Reiseerzählung. Zürich 1996 (= Karl Mays Hauptwerke in 33 Bänden; Zürcher Ausgabe; Orient-Band 6) [EA in dieser Form 1892].

May, Karl: Durch das Land der Skipetaren. Reiseerzählung. Zürich 1996 (= Karl Mays Hauptwerke in 33 Bänden; Zürcher Ausgabe; Orient-Band 7) [EA in dieser Form 1892].

May, Karl: Der Schut. Reiseerzählung. Zürich 1996 (= Karl Mays Hauptwerke in 33 Bänden; Zürcher Ausgabe; Orient-Band 8) [EA in dieser Form 1892].

Pomponius Mela: Kreuzfahrt durch die alte Welt. Zweisprachige Ausgabe von Kai Brodersen. Darmstadt 1994 [Verbreitung ab ca. 44 n. Chr. unter dem Titel *De chorographia libri tres*; Erstdruck 1471].

Merz, Ernst: Tradition und Einkehr. Aus nachgelassenen Schriften. Amsterdam 1985.

Montesquieu, Charles-Louis de Secondat, Baron de la Brède et de: Persische Briefe. Übersetzt und hrsg. von Peter Schunck. Stuttgart 1991 (= RUB 2051 [5]) [EA 1721 unter dem Titel *Lettres persanes*].

Moreck, Curt: Führer durch das »lasterhafte« Berlin. Berlin 1987 [Unveränderter fotomechanischer Nachdruck der 1931 erschienenen Originalausgabe].

Morgenländische Erzählungen. Aus der Sammlung Palmblätter. Nach der von Johann Gottfried Herder und August Jacob Liebeskind besorgten Ausgabe neu hrsg. von Hermann Hesse. Frankfurt a.M. 1979 (= it 409) [Insel EA 1914].

Morier, James Justinian: Reisen durch Persien in den Jahren 1808 bis 1816. Mit 23 Illustrationen des Autors, einem Frontispiz und einer Karte. Deutsch von Wolfgang Barthel. Hrsg. und mit einem Nachwort versehen von Karl Klaus Walther. Berlin 1985 [EA 1812 unter dem Titel *A Journey through Persia, Armenia, and Asia Minor to Constantinople in the years 1808 and 1809*; EA der Fortsetzung 1818 unter dem Titel *A second Journey through Persia, Armenia, and Asia Minor to Constantinople, between the years 1810 and 1816*].

Morier, James Justinian: Die Abenteuer des Hadschi Baba aus Isfahan. Vollständige Ausgabe. Aus dem Englischen von Magda Erler. Mit einem Nachwort von Albrecht Neubert. Leipzig 1972 (= Sammlung Dieterich 249) [EA 1824 unter dem Titel *The Adventures of Hajji Baba of Ispahan*].

Multatuli [d.i. Eduard Douwes Dekker]: Max Havelaar oder die Kaffeeversteigerungen der Niederländischen Handelsgesellschaft. Aus dem Niederländischen übertragen von Martina den Hertog-Vogt. Köln 1993 [EA 1860 unter dem Titel *Max Havelaar, of de Koffij-veilingen der Nederlandsche Handel-Maatschappij*].

Nathusius, Annemarie von: Im Auto durch Persien. Mit 16 Abbildungen. Dresden 1926 (= Schöpferische Kulturen).

Niedermayer, Oskar von: Unter der Glutsonne Irans. Kriegserlebnisse der deutschen Expedition nach Persien und Afghanistan. Mit vielen Bildern und einer Kartenskizze. Dachau bei München o. J. [1925].

Niepage, Martin: Eindrücke eines deutschen Oberlehrers aus der Türkei. Potsdam 1919 [Erweiterte Neuauflage des erstmals 1916 unter dem Titel *Ein Wort an die berufenen Vertreters des deutschen Volkes* erschienenen Berichts].

Nöldeke, Arnold: Briefe aus Uruk-Warka 1931-1939. Hrsg. von Margarete van Ess und Elisabeth Weber-Nöldeke. Wiesbaden 2008 (= Publikation der Orient-Abteilung des Deutschen Archäologischen Instituts).

Polo, Marco: Die Wunder der Welt. Il Milione. Übersetzung aus altfranzösischen und lateinischen Quellen und Nachwort von Elise Guignard. Frankfurt a.M./Leipzig 2003 (= it 2981) [Verbreitung ab ca. 1300 unter dem Titel *Le divisament dou monde*; Erstdruck 1485].

Powell, Edward Alexander: Mit Auto und Kamel zum Pfauenthron. Berechtigte Übertragung von Max Hesse. Dreiundachtzig Abbildungen. Berlin 1927 [EA 1923 unter dem Titel *By Camel and Car to the Peacock Throne*].

Der Prozeß Talaat Pascha. Stenographischer Bericht über die Verhandlung gegen den des Mordes an Talaat Pascha angeklagten armenischen Studenten Salomon Teiliran vor dem Schwurgericht des Landgerichts III zu Berlin, Aktenzeichen: C. J. 22./21, am 2. und 3. Juni 1921. Mit einem Vorwort von Armin T. Wegner und einem Anhang. Berlin 1921.

Reden des Buddha. Aus dem Pâli-Kanon übersetzt von Ilse-Lore Gunsser. Mit einer Einleitung von Helmuth von Glasenapp. Stuttgart 2004 (= RUB 6245) [Reclam EA 1957].

Reden des Kaisers. Ansprachen, Predigten und Trinksprüche Wilhelms II. Hrsg. von Ernst Johann. München 1977 (= dtv dokumente 2906) [EA dieser Zusammenstellung 1966].

Das Reisebuch des Ritters John Mandeville. Ins Neuhochdeutsche übertragen und eingeleitet von Gerhard E. Sollbach. Frankfurt a.M. 1989 [Verbreitung ab ca. 1350/70 unter dem Titel *Livre des merveilles du monde*; Erstdruck um 1470].

Rilke, Rainer Maria: Briefe an Sidonie Nádherný von Borutin. Hrsg. von Bernhard Blume. Frankfurt a.M. 1973.

Rilke, Rainer Maria und Marie von Thurn und Taxis: Briefwechsel. Erster Band. Besorgt durch Ernst Zinn. Mit einem Geleitwort von Rudolf Kassner. Frankfurt a.M. 1986 [EA 1951].

Rilke, Rainer Maria: Die Briefe an Karl und Elisabeth von der Heydt 1905-1922. Hrsg. von Ingeborg Schnack und Renate Scharffenberg. Frankfurt a.M. 1986.

Rilke, Rainer Maria: Briefe. Erster Band. Hrsg. vom Rilke-Archiv in Weimar in Verbindung mit Ruth Sieber-Rilke besorgt durch Karl Altheim. Frankfurt a.M. 1987 [EA 1950].

Rilke, Rainer Maria: Duineser Elegien. Die Sonette an Orpheus. Frankfurt a.M. 1996 (= st 2691) [EA 1923].

Rilke, Rainer Maria: Gedichte 1895-1910. Hrsg. von Manfred Engel und Ulrich Fülleborn. Frankfurt a.M./Leipzig 1996 (= Rainer Maria Rilke. Werke 1).

Rilke, Rainer Maria: Die Aufzeichnungen des Malte Laurids Brigge. Hrsg. und kommentiert von Manfred Engel. Stuttgart 2000 (= RUB 9626) [EA 1910].

Rilke, Rainer Maria: Reise nach Ägypten. Briefe. Gedichte. Notizen. Mit zahlreichen Abbildungen. Hrsg. von Horst Nalewski. Frankfurt a.M./Leipzig 2000 (= it 2699).

Rilke, Rainer Maria: August Rodin. Mit sechsundneunzig Abbildungen. Frankfurt a.M./ Leipzig 2003 (= it 766) [EA 1903].

Rom – Jerusalem – Santiago. Das Pilgertagebuch des Ritters Arnold von Harff (1496-1498). Nach dem Text der Ausgabe von Eberhard von Groote übersetzt, kommentiert und eingeleitet von Helmut Brall-Tuchert und Folker Reichert, mit den Abbildungen der Handschrift 268 der Benediktinerabtei Maria Laach und zahlreichen anderen Abbildungen. Köln 2007 [EA 1860 unter dem Titel *Die Pilgerfahrt des Ritters Arnold von Harff von Cöln durch Italien, Syrien, Aegypten, Arabien, Aethiopien, Nubien, Palästina, die Türkei, Frankreich und Spanien, wie er sie in den Jahren 1496 bis 1499 vollendet, beschrieben und durch Zeichnungen erläutert hat*].

Rosen, Friedrich: Persien in Wort und Bild. Mit 165 meist ganzseitigen Bildern und einer Landkarte im Anhang. Berlin/Leipzig/Wien/Bern 1926 (= Die Welt in Wort und Bild 3).

Rosen, Maud von: Vi titta på Amerika. Med 76 illustrationer. Stockholm 1933.

Rosen, Maud von: Insh' Allah (Om Gud Vill). Upplevelser och äventyr under en Resa i Persien. Illustrerad med 91 fotografier, tagna av författarinnan. Stockholm 1935.

Rosen, Countess Maud von: Persian Pilgrimage. Being the Story of a Journey through Persia with its Experiences and Adventures. Translated from the Swedish by Evelyn C. Ramsden. Illustrated by Photographs taken by the Authoress herself. London 1937 [EA 1935 unter dem Titel *Insh' Allah. Upplevelser och äventyr under en Resa i Persien*].

Rubiner, Ludwig: Der Dichter greift in die Politik. In: Ludwig Rubiner: Künstler bauen Barrikaden. Texte und Manifeste 1908-1919. Hrsg. von Wolfgang Haug. Darmstadt 1988 (= SL 630), S. 61-73 [EA in Die Aktion 2 (1912) H. 21, Sp. 645-652 und H. 23, Sp. 709-715.].

Sackville-West, Vita: Passenger to Teheran. London 1926.

Schlegel, Friedrich: Gespräch über die Poesie. In: Friedrich Schlegel: Kritische und theoretische Schriften. Auswahl und Nachwort von Andreas Huyssen. Stuttgart 1984 (= RUB 9880 [3]), S. 165-224 [EA 1800].

Schmitz, Oscar A. H.: Das Dionysische Geheimnis. Erlebnisse und Erkenntnisse eines Fahnenflüchtigen. München 1921.

Segalen, Victor: Die Unvordenklichen. Roman. Aus dem Französischen übertragen von Erika Tophoven-Schöningh. Frankfurt a.M. 1986 [EA 1907 unter dem Titel *Les Immémoriaux*].

Šklovskij, Viktor: Sentimentale Reise. Aus dem Russischen von Ruth-Elisabeth Riedt unter Mitwirkung von Gisela Drohla. Frankfurt a.M. 1974 (= BS 390) [EA 1923 unter dem Titel *Sentimental'noe putešestvie. Vospominanija 1917-1922*].

Speyer, Wilhelm: Sommer in Italien. Eine Liebesgeschichte. Berlin 1932.

Sterne, Laurence: Empfindsame Reise durch Frankreich und Italien. Das Tagebuch für Eliza. Aus dem Englischen von Friedrich Hörleck und Siegfried Schmitz. Nachwort von Joachim Krehayn. Mit 21 Illustrationen von Inge Jastram. Leipzig 1978 (= RUB 728) [EA 1768 unter dem Titel *A Sentimental Journey Through France and Italy*].

Swift, Jonathan: Reisen in verschiedene ferngelegene Länder der Erde von Lemuel Gulliver, erst Wundarzt später Kapitän mehrerer Schiffe. Aus dem Englischen übersetzt von Franz Kottenkamp. Bericht und ergänzt. Mit einem Vorwort und mit Anmerkungen versehen von Günther Klotz. Berlin 1960 (= Deutsche Volksbibliothek) [EA pseudonym 1726 unter dem Titel *Travels into Several Remote Nations of the World in Four Parts By Lemuel Gulliver, first a Surgeon, and then a Captain of Several Ships*].

Tucholsky, Kurt: Das Zeitdorf. In: Kurt Tucholsky: Gesammelte Werke. 1932. Hrsg. von Mary Gerold-Tucholsky/Fritz J. Raddatz. Reinbek bei Hamburg 1989 (= Gesammelte Werke 10), S. 182-184 [EA unter dem Pseudonym *Peter Panter* in Vossische Zeitung. 15.8.1926].

Tucholsky, Kurt: Emigranten. In: Kurt Tucholsky: Gesamtausgabe. Texte 1925. Hrsg. von Bärbel Boldt/Andrea Springler. Reinbek bei Hamburg 2002 (= Gesamtausgabe. Texte und Briefe 7), S. 372-373 [EA unter dem Pseudonym *Ignaz Wrobel* in Weltbühne. 18.8.1925, S. 270].

Türkische Erzählungen. Hrsg. von Max Rudolf Kaufmann. München 1916.

Upanischaden. Ausgewählte Stücke. Aus dem Sanskrit übertragen und erläutert von Paul Thieme. Stuttgart 2005 (= RUB 8723) [Reclam EA 1966].

Vámbéry, Hermann: Man nannte mich Reschid Efendi. Reise in Mittelasien. Bearbeitet und hrsg. von Sigrid Tröger. Leipzig 1990 (= Klassische Reisen) [Gekürzte Neuauflage der 1865 erschienenen Originalausgabe mit dem Titel *Reise in Mittelasien von Teheran durch die Turkmanische Wüste an der Ostküste des Kaspischen Meeres nach Chiwa, Bochara und Samarkand, ausgeführt im Jahr 1863*].

Verne, Jules: Reise um die Welt in achtzig Tagen. Roman. Aus dem Französischen von Erich Fivian. Mit sechsundfünfzig Illustrationen von A. de Neuville/L. Benett. Zürich 1974 (= detebe-Klassiker 20196) [EA 1873 unter dem Titel *Le Tour du monde en quatre-vingt jours*].

Vigny, Benno [d.i. Benoit Philippe Wilfried Weinfeld]: Amy Jolly. Die Frau aus Marrakesch. Roman. Berlin 1927 [1930 verfilmt unter dem Titel *Morocco*]

Der Völkermord an den Armeniern 1915/16. Dokumente aus dem Politischen Archiv des deutschen Auswärtigen Amts. Hrsg. von Wolfgang Gust. Springe 2005.

Voltaire, François-Marie Arouet de: Candide oder der Optimismus. Zürich 1991 (= detebe-Klassiker 21948) [EA 1759 unter dem Titel *Candide, ou l'optimisme*].

Waggerl, Karl Heinrich: Brot. Roman. München 1961 (= dtv 15) [EA 1930].

Weiss, Leopold [d.i. Muhammed Asad]: Unromantisches Morgenland. Aus dem Tagebuch einer Reise. Frankfurt a.M. 1924.

Werfel, Franz: Die vierzig Tage des Musa Dagh. Roman. Hrsg. von Kurt Beck. Frankfurt a.M. 2005 (= Gesammelte Werke in Einzelbänden; Fischer-Taschenbuch 9458) [EA 1933].

Wieland, Christoph Martin: Der goldne Spiegel oder die Könige von Scheschian. Eine wahre Geschichte. Leipzig o. J. [ca. 1921] (= RUB 613–616 a) [EA 1772].

Wolfram von Eschenbach: Willehalm. Text der Ausgabe von Werner Schröder. Übersetzung, Vorwort und Register von Dieter Kartschoke. Hrsg. von Dieter Kartschoke/ Werner Schröder. Berlin/New York 2003 [Entstanden um 1210/20].

Woolf, Virginia: Orlando. Eine Biographie. Hrsg. und kommentiert von Klaus Reichert. Deutsch von Brigitte Walitzek. Frankfurt a.M. 2007 (= Fischer Taschenbuch 17363; Einmalige Sonderausgabe) [EA 1928 unter dem Titel *Orlando. A Biography*; Deutsche EA 1929].

Woolley, Charles Leonard: Vor 5000 Jahren. Die Ausgrabungen von Ur und die Geschichte der Sumerer. Mit siebzehn Kunstdrucktafeln, zehn Abbildungen und einem Geleitwort von Universitätsprofessor Eckhard Unger. Die autorisierte Übersetzung aus dem Englischen besorgte Heribert Hassler. Stuttgart o.J. [ca. 1929; EA 1928 unter dem Titel *The Sumerians*].

Woolley, Charles Leonard: Ur und die Sintflut. Sieben Jahre Ausgrabungen in Chaldäa, der Heimat Abrahams. Mit 92 Abbildungen, einer Karte und einem Plan von Ur. Leipzig 1930 [EA 1929 unter dem Titel *Ur of the Chaldees. A Record of Seven Years of Excavation*; keine Nennung eines Übersetzers].

Woolley, Charles Leonard: Mit Hacke und Spaten. Die Erschließung versunkener Kulturen. Mit 46 Abbildungen und Riffen. Leipzig 1932 [EA 1930 unter dem Titel *Digging Up the Past*; keine Nennung eines Übersetzers].

Die Worte der Ameisen. Persische Weisheiten. Hrsg. und übertragen von Cyrus Atabay. Mit kalligraphischen Schmuckblättern aus der Zeit der Moghul-Kaiser. Frankfurt a.M./Leipzig 1996 (= IB 1130) [EA 1993].

Zhuangzi [d.i. Dschuang Dsi]: Auswahl. Auswahl, Einleitung und Anmerkungen von Günter Wohlfart. Übersetzung von Stephan Schuhmacher. Stuttgart 2003 (= RUB 18256) [Reclam EA 1998].

Zweig, Stefan: Die Welt von Gestern. Erinnerungen eines Europäers. Frankfurt a.M. 1980 (= Fischer-Taschenbuch 1152) [EA 1944].

Zweig, Stefan: Gwalior, die indische Residenz. In: Stefan Zweig: Auf Reisen. Feuilletons und Berichte. Hrsg. und mit einer Nachbemerkung versehen von Knut Beck. Frankfurt a.M. 1987 (= Gesammelte Werke in Einzelbänden), S. 105-110 [EA in Berliner Tageblatt. 20.3.1909].

Zweig, Stefan: Die Stadt der tausend Tempel. In: Stefan Zweig: Auf Reisen. Feuilletons und Berichte. Hrsg. und mit einer Nachbemerkung versehen von Knut Beck. Frankfurt a.M. 1987 (= Gesammelte Werke in Einzelbänden), S. 111-120 [EA in Neue Freie Presse. 23.3.1909].

Zweig, Stefan: Reisen oder Gereist-Werden. In: Stefan Zweig: Auf Reisen. Feuilletons und Berichte. Hrsg. und mit einer Nachbemerkung versehen von Knut Beck. Frankfurt a.M. 1987 (= Gesammelte Werke in Einzelbänden)], S. 259-263 [EA in Reclams Universum 42 (1926) H. 40].

Zweig, Stefan: Die indische Gefahr für England. Anläßlich der politischen Mordtat eines jungen Hindu. In: Stefan Zweig: Zeiten und Schicksale. Aufsätze und Vorträge aus den Jahren 1902-1942. Hrsg. und mit einer Nachbemerkung versehen von Knut Beck, Frankfurt a.M. 1990 (= Gesammelte Werke in Einzelbänden), S. 9-21 [EA in Neue Freie Presse. 13.7.1909].

Zweig, Stefan: Die Augen des ewigen Bruders. In: Stefan Zweig: Rachel rechnet mit Gott. Legenden. Hrsg. und mit einem Nachwort versehen von Knut Beck. Frankfurt a.M. 1990 (= Gesammelte Werke in Einzelbänden), S. 12-55 [EA 1921].

Zweig, Stefan: Die Monotonisierung der Welt. In: Stefan Zweig: Zeiten und Schicksale. Aufsätze und Vorträge aus den Jahren 1902-1942. Hrsg. und mit einer Nachbemerkung versehen von Knut Beck, Frankfurt a.M. 1990 (= Gesammelte Werke in Einzelbänden), S. 30-39 [EA in Neue Freie Presse. 31.1.1925].

2. Sekundärliteratur

2.1 Sekundärliteratur zu Hermann Hesse

Ball, Hugo: Hermann Hesse. Sein Leben und sein Werk. Frankfurt a.M. 1972 (= BS 34) [EA 1927].

Below, Jürgen: Hermann Hesse Bibliographie. Sekundärliteratur 1899-2007. Berlin/New York 2007 [Bestehend aus fünf Bänden].

Breuer, Ulrich: Melancholie der Heimatferne. Figuren der Erlösung in Hermann Hesses *Peter Camenzind*. In: Hermann Hesse und die literarische Moderne. Kulturwissenschaftliche Facetten einer literarischen Konstante im 20. Jahrhundert. Aufsätze. Hrsg. von Andreas Solbach. Frankfurt a.M. 2004 (= st 3609), S. 155-174.

Delabar, Walter: Von der Radiomusik des Lebens. Hermann Hesses literarische Verarbeitung der gesellschaftlichen Modernisierungsprozesse. Zum Steppenwolf. In: Hermann Hesse und die literarische Moderne. Kulturwissenschaftliche Facetten einer literarischen Konstante im 20. Jahrhundert. Aufsätze. Hrsg. von Andreas Solbach. Frankfurt a.M. 2004 (= st 3609), S. 256-270.

Erhart, Walter: Vom Mythos der Identität. »Jugendschriften« und Selbstfindungsromane. In: Hermann Hesse und die literarische Moderne. Kulturwissenschaftliche Facetten einer literarischen Konstante im 20. Jahrhundert. Aufsätze. Hrsg. von Andreas Solbach. Frankfurt a.M. 2004 (= st 3609), S. 414-433.

Feitknecht, Thomas: Vorwort. In: Hermann Hesse: »Die dunkle und wilde Seite der Seele«. Briefwechsel mit seinem Psychoanalytiker Josef Bernhard Lang 1916-1944. Hrsg. von Thomas Feitknecht. Frankfurt a.M. 2006, S. 7-26.

Findeis, Annakutty Valiamangalam K.: Hermann Hesses Indienbild – Dichtung und Wahrheit. In: Cornelia Blasberg (Hrsg.): Hermann Hesse 1877 – 1962 – 2002. Tübingen 2003, S. 43-66.

Freedman, Ralph: Hermann Hesse. Autor der Krisis. Eine Biographie. Aus dem Amerikanischen von Ursula Michels-Wenz. Frankfurt a.M. 1982 [EA 1978 unter dem Titel *Hermann Hesse. Pilgrim of Crisis. A Biography*].

Ganeshan, Vridhagiri: Das Indienerlebnis Hermann Hesses. Bonn 1974 (= Abhandlungen zur Kunst-, Musik- und Literaturwissenschaft 169).

Gansel, Carsten: Von Angst, Unsicherheit und anthropologischen Konstanten – Modernisierung und Adoleszenzdarstellung bei Hermann Hesse. In: Hermann Hesse und die literarische Moderne. Kulturwissenschaftliche Facetten einer literarischen Konstante im 20. Jahrhundert. Aufsätze. Hrsg. von Andreas Solbach. Frankfurt a.M. 2004 (= st 3609), S. 224-255.

Hermann Hesse im Spiegel der zeitgenössischen Kritik. Hrsg. von Adrian Hsia. Bern/München 1975.

Hermann Hesse. Sein Leben in Bildern und Texten. Mit einem Vorwort von Hans Mayer. Hrsg. von Volker Michels. Frankfurt a.M./Leipzig 2006 (= it 1111) [EA 1987].

Hsia, Adrian: Hermann Hesse und China. Darstellung, Materialien und Interpretationen. Erweiterte Neuausgabe. Frankfurt a.M. 2002 (= st 673) [EA 1974].

Huber, Peter: Alte Mythen – neuer Sinn. Zur Codierung von Moderne und Modernisierung im Werk Hermann Hesses. In: Hermann Hesse und die literarische Moderne. Kulturwissenschaftliche Facetten einer literarischen Konstante im 20. Jahrhundert. Aufsätze. Hrsg. von Andreas Solbach. Frankfurt a.M. 2004 (= st 3609), S. 175-201.

Jacobs, Angelika: Fragile Idole der Moderne. Die Buddha-Figur bei Victor Segalen, Fritz Mauthner und Hermann Hesse. In: Hermann Hesse und die literarische Moderne. Kulturwissenschaftliche Facetten einer literarischen Konstante im 20. Jahrhundert. Aufsätze. Hrsg. von Andreas Solbach. Frankfurt a.M. 2004 (= st 3609), S. 322-354.

Johnson, Sidney M.: Hermann Hesse. Selbsterfahrung durch die Erfahrung des ›Fremden‹. In: Begegnung mit dem »Fremden«. Grenzen – Traditionen – Vergleiche. Akten des VIII. Internationalen Germanisten-Kongresses Tokyo 1990. Hrsg. von Yoshinori Shichiji. München 1991 (= Sektion 15: Erfahrene und imaginierte Fremde 9), S. 384-389.

Materialien zu Hermann Hesses »Siddhartha«. Zweiter Band. Die Wirkungsgeschichte in Rezensionen und Aufsätzen. Hrsg. und mit einer Einführung von Volker Michels. Frankfurt a.M. 1994 (= st 282) [EA 1974].

Michels, Volker: Zur Einführung. Die Entstehung von Hermann Hesses Siddhartha. In: Materialien zu Hermann Hesses »Siddhartha«. Zweiter Band. Die Wirkungsgeschichte in Rezensionen und Aufsätzen. Hrsg. und mit einer Einführung von Volker Michels. Frankfurt a.M. 1994 (= st 282) [EA 1974], S. 7-25.

Michels, Volker: Nachwort des Herausgebers. In: Hermann Hesse: Erzählungen 1907-1910. Hrsg. von Volker Michels. Frankfurt a.M. 2001 (= SW 7), S. 485-503.

Michels, Volker: Nachwort des Herausgebers. In: Hermann Hesse: Die Erzählungen 1911-1954. Hrsg. von Volker Michels. Frankfurt a.M. 2001 (= SW 8), S. 501-538.

Michels, Volker: Nachwort. In: Hermann Hesses Indienreise. Eine Moritat. In Verse und Bilder gebracht von Otto Blümel. Hrsg. und mit einem Nachwort von Volker Michels. Frankfurt a.M./Leipzig 2002 (= it 2430), S. 45-77.

Michels, Volker: Nachwort. In: Hermann Hesse: Blick nach dem Fernen Osten. Erzählungen, Legenden, Gedichte und Betrachtungen. Hrsg. von Volker Michels. Frankfurt a.M. 2002, S. 455-481.

Michels, Volker: Nachwort des Herausgebers. In: Hermann Hesse: Betrachtungen und Berichte I. 1899-1926. Hrsg. von Volker Michels. Frankfurt a.M. 2003 (= SW 13), S. 489-508.

Mileck, Joseph: Hermann Hesse. Dichter, Sucher, Bekenner. Biographie. Aus dem Amerikanischen von Jutta und Theodor A. Kunst. Frankfurt a.M. 2002 (= st 1357) [EA 1978 unter dem Titel *Hermann Hesse. Life and Art*].

Oepke, Albrecht: Moderne Indienfahrer und Weltreligionen. Eine Antwort an Waldemar Bonsels, Hermann Hesse und Graf Hermann Keyserling. Leipzig 1921.

Pfeifer, Martin: Hesse-Kommentar zu sämtlichen Werken. Frankfurt a.M. 1990 (= st 1740) [Überarbeitete und erweiterte Auflage des 1980 erschienenen Originalausgabe].

Ponzi, Mauro: Umwege der Modernisierung. Hermann Hesse und das Fremde. In: Hermann Hesse und die literarische Moderne. Kulturwissenschaftliche Facetten einer literarischen Konstante im 20. Jahrhundert. Aufsätze. Hrsg. von Andreas Solbach. Frankfurt a.M. 2004 (= st 3609), S. 385-398.

Schärf, Christian: Hermann Hesse und die literarische Moderne. Der Dichter als Missionar. In: Hermann Hesse und die literarische Moderne. Kulturwissenschaftliche Facetten einer literarischen Konstante im 20. Jahrhundert. Aufsätze. Hrsg. von Andreas Solbach. Frankfurt a.M. 2004 (= st 3609), S. 87-100.

Schmelzer, Hans-Jürgen: Auf der Fährte des Steppenwolfs. Hermann Hesses Herkunft, Leben und Werk. Stuttgart/Leipzig 2002.

Spies, Bernhard: Hermann Hesses Lyrik: Psychologisierung als Modernisierung. In: Hermann Hesse und die literarische Moderne. Kulturwissenschaftliche Facetten einer literarischen Konstante im 20. Jahrhundert. Aufsätze. Hrsg. von Andreas Solbach. Frankfurt a.M. 2004 (= st 3609), S. 118-133.

Unseld, Siegfried: Hermann Hesse. Werk und Wirkungsgeschichte. Frankfurt a.M. 1987 (= it 1112) [EA 1985].

Zeller, Bernhard: Hermann Hesse. Mit Selbstzeugnissen und Bilddokumenten. Reinbek bei Hamburg 2002 (= rm 50085) [EA 1963].

Zhuangying, Chen: Hermann Hesse – ein vom taoistischen Gedankengut durchtränkter Geist. In: Literaturstraße 8 (2007), S. 217-231.

Ziolkowksi, Theodore: Hesses Geschichtsphilosophie. In: Hermann Hesse und die literarische Moderne. Kulturwissenschaftliche Facetten einer literarischen Konstante im 20. Jahrhundert. Aufsätze. Hrsg. von Andreas Solbach. Frankfurt a.M. 2004 (= st 3609), S. 69-86.

2.2 Sekundärliteratur zu Armin T. Wegner

Armin T. Wegner e gli Armeni in Anatolia, 1915. Immagini e testimonianze / Armin T. Wegner and the Armenians in Anatolia, 1915. Images and testimonies. Mailand 1996.

Aufenanger, Jörg: Jugend in Breslau. Armin T. Wegner und Günther Anders – zwei deutsche Wege. In: Zweiseelenstadt. Ein Else-Lasker-Schüler-Almanach. Hrsg. von Hajo Jahn. Redaktion: Manfred Haller. Wuppertal 2004, S. 113-136.

Bogdal, Klaus-Michael: Maschinen im Morgenland. Der Orient nach der Entdeckung des Öls. In: Klaus-Michael Bogdal (Hrsg.): Orientdiskurse in der deutschen Literatur. Bielefeld 2007, S. 329-350.

Böthig, Peter: Die zwei vergessenen Leben des Armin T. Wegner. Vorwort. In: »Aber ein anderes Vaterland findet man nicht so leicht.« Der Schriftsteller und Menschenrechtsaktivist Armin T. Wegner. Begleitheft zur Ausstellung in der Kurt Tucholsky Gedenkstätte Schloß Rheinsberg vom 25. April bis 27. Juni 1999. Hrsg. von der Kurt Tucholsky Gedenkstätte Schloß Rheinsberg. Rheinsberg 1999, S. 3-4.

Carsten, Fritz: Armin T. Wegner: Der Knabe Hüssein. In: Das literarische Echo 24 (1921/1922), Sp. 689.

Endres, Franz Carl: Armin T. Wegner. Im Hause der Glückseligkeit. In: Die schöne Literatur 23 (1922). Nr. 22, S. 348.

«Das Geheimnis der Erlösung ist die Erinnerung«. Dokumentation zum 100. Geburtstag und 10. Todestag Armin T. Wegners. Hrsg. von der Armin T. Wegner-Gesellschaft. Bremen 1989 (= Schriftenreihe der Armin T. Wegner-Gesellschaft 2).

Gespräch zwischen Armin T. Wegner und Martin Rooney. Rom im Dezember 1972. In: Martin Rooney: Weg ohne Heimkehr. Armin T. Wegner zum 100. Geburtstag. Eine Gedenkschrift. Schriften und Beiträge von und über Armin T. Wegner. Bremen 1986 (= Schriftenreihe der Armin T. Wegner-Gesellschaft 1), S. 10-40.

Greuner, Ruth: Nachwort. In: Armin T. Wegner: Am Kreuzweg der Welten. Lyrik. Prosa. Briefe. Autobiographisches. Hrsg. und mit einem Nachwort von Ruth Greuner. Berlin 1982, S. 407-460.

Hüser, Fritz: Armin T. Wegner, Paul Zech und die Arbeiterliteratur. In: Martin Rooney: Weg ohne Heimkehr. Armin T. Wegner zum 100. Geburtstag. Eine Gedenkschrift. Schriften und Beiträge von und über Armin T. Wegner (= Schriftenreihe der Armin T. Wegner-Gesellschaft 1). Bremen 1986, S. 46-49 [EA 1976].

Klan, Ulrich: Armin T. Wegner. Zivilcourage als Programm. In: Gertrude Cepl-Kaufmann/Gerd Krumeich/Ulla Sommers (Hrsg.): Krieg und Utopie. Kunst, Literatur und Politik im Rheinland nach dem Ersten Weltkrieg. In Zusammenarbeit mit Jasmin Grande. Begleitband zur Ausstellung 2006. Bunkerkirche Düsseldorf. Siebengebirgsmuseum der Stadt Königswinter. Essen 2006, S. 182-185.

Latchinian, Adelheid: Armin T. Wegner – ein deutscher Dichter im Zeitalter »Zeitalter der Extreme«. Totgesagt, totgeschwiegen, maßstabsetzend. In: Osteuropa in Tradition und Wandel 8 (2006). Bd. 1, S. 153-184.

Loerke, Oskar: Armin T. Wegner. Der Knabe Hüssein. Türkische Novellen. In: Oskar Loerke: Der Bücherkarren. Besprechungen im Berliner Börsen-Courier. Unter Mitarbeit von Reinhard Tghart hrsg. von Hermann Kasack. Heidelberg/Darmstadt 1965 (= Veröffentlichungen der Deutschen Akademie für Sprache und Dichtung 34), S. 113-114 [EA 1922].

Markow, Hans: Neugier und Weltenliebe. Eine Deutung der Werke Armin T. Wegners. In: Die Büchergilde 2 (1926) H. 8 (= Armin T. Wegner-Heft), S. 114-116.

Moses-Krause, Peter: Nachbemerkung. In: Lola Landau und Armin T. Wegner: »Welt vorbei«. Abschied von den sieben Wäldern. Die KZ-Briefe 1933/34. Aus dem Nachlaß hrsg. von Thomas Hartwig 1999. Berlin 1999 (= Bücher des 9. November – »An die Vergessenheit« 5), S. 95-101.

Nickisch, Reinhard M. G.: Nachwort. In: Armin T. Wegner: Fünf Finger über Dir. Aufzeichnungen einer Reise durch Russland, den Kaukasus und Persien 1927/28. Nachwort von Reinhard M. G. Nikisch. Wuppertal 1979, S. 361-368.

Nickisch, Reinhard M. G.: Armin T. Wegner. Ein Autor gegen die Macht. Grundlagen einer Biographie des Expressionisten und Weltreporters Armin T. Wegner (1886-1978). Wuppertal 1982 (= Hrsg. in Zusammenarbeit mit der Stadtbibliothek Wuppertal anläßlich der Eröffnung des Wegner-Zimmers).

Nickisch, Reinhard M. G.: Da verstummte ich... Kreativitätsschwund als Folge der Exilierung – das Beispiel des Expressionisten und Publizisten Armin T. Wegner (1886-1978). In: Exilforschung. Ein internationales Jahrbuch. Hrsg. im Auftrag der Gesellschaft für Exilforschung. München 1984 (= edition + kritik 2; Erinnerungen ans Exil – Autobiographien nach 1933 und andere Themen), S. 160-172.

N.N.: Armin T. Wegner. Im Hause der Glückseligkeit. Aufzeichnungen aus der Türkei/ Der Weg ohne Heimkehr. Ein Martyrium in Briefen. In: Romantik 3 (1921) H. 2, S. 30.

Pross, Harry: »Keine eigentliche Heimat mehr, aber überall zu Hause.« Armin T. Wegner (1886-1978). In: »Das Geheimnis der Erlösung ist die Erinnerung«. Dokumentation zum 100. Geburtstag und 10. Todestag Armin T. Wegners. Hrsg. von der Armin T. Wegner-Gesellschaft. Bremen 1989 (= Schriftenreihe der Armin T. Wegner-Gesellschaft 2), S. 5-7.

Rooney, Martin: Leben und Werk Armin T. Wegners (1886-1978) im Kontext der soziopolitischen und kulturellen Entwicklungen in Deutschland. Frankfurt a.M. 1984.

Rooney, Martin: Weg ohne Heimkehr. Armin T. Wegner zum 100. Geburtstag. Eine Gedenkschrift. Schriften und Beiträge von und über Armin T. Wegner. Bremen 1986 (= Schriftenreihe der Armin T. Wegner-Gesellschaft 1).

Rooney, Martin: Ein vergessener Humanist. Gedanken zum 115. Geburtstag Armin T. Wegners anläßlich einer von der Else-Lasker-Schüler-Gesellschaft organisierten Ausstellung. In: In meinem Turm in den Wolken. Ein Else-Lasker-Schüler-Almanach. Hrsg. von Ulla Hahn/Hajo Jahn. Redaktion: Manfred Haller. Wuppertal 2002, S. 195-209.

Şölçün, Sargut: Literarische Entdeckung türkischer Mentalität. Eine Übersicht und eine paradigmatische Textbetrachtung. In: Klaus-Michael Bogdal (Hrsg.): Orientdiskurse in der deutschen Literatur. Bielefeld 2007, S. 273-292.

Soergel, Albert: Armin T. Wegner. In: Albert Soergel: Dichtung und Dichter der Zeit. Eine Schilderung der deutschen Literatur der letzten Jahrzehnte. Mit 340 Abbildungen. Leipzig 1925 (= Neue Folge: Im Banne des Expressionismus; 6. Auflage), S. 462-470.

Stern, Carola mit Ingke Brodersen: Kommen Sie, Cohn! Friedrich Cohn und Clara Viebig. Köln 2006.

Tamcke, Martin: Armin T. Wegner und die Armenier. Anspruch und Wirklichkeit eines Augenzeugen. Zweite, verbesserte Auflage. Hamburg 1996 (= Studien zur Orientalischen Kirchengeschichte 2) [EA 1993].

Tamcke, Martin: Armin T. Wegners »Die Austreibung des armenischen Volkes in die Wüste«. Einführung zum unveröffentlichten Vortragstyposkript vom 19. März 1919 in der Urania zu Berlin. In: Martin Tamcke (Hrsg.): Orientalische Christen zwischen Repression und Migration. Beiträge zur jüngeren Geschichte und Gegenwartslage. Hamburg 2001 (= Studien zur Orientalischen Kirchengeschichte 13), S. 65-71.

Tamcke, Martin: Zum Beieinander von Shoah und Völkermord an den Armeniern bei Armin T. Wegner. In: Hans-Lukas Kieser/Dominik J. Schaller (Hrsg.): Der Völkermord an den Armeniern und die Shoah. The Armenian Genocide an the Shoah. Chronos 2003, S. 481-492 [EA 2002].

Tamcke, Martin: Armin T. Wegners erste Zeugnisse zum Völkermord an den Armeniern in seinem Vortrag »Mit dem Stabe des Feldmarschalls von der Goltz in Mesopotamien«. In: Martin Tamcke (Hrsg.): Koexistenz und Konfrontation. Beiträge zur jüngeren Geschichte und Gegenwartslage der orientalischen Christen. Hamburg 2003 (= Studien zur Orientalischen Kirchengeschichte 28), S. 319-327.

Tamcke, Martin: Die Kamera als Zeuge. Armin T. Wegners Fotografien vom Völkermord 1915/16 in Armenien. In: Das Jahrhundert der Bilder 1900 bis 1949. Hrsg. von Gerhard Paul. Göttingen 2009, S. 172-179.

Wegner, Sibylle: Mein Vater. In: »Aber ein anderes Vaterland findet man nicht so leicht.« Der Schriftsteller und Menschenrechtsaktivist Armin T. Wegner. Begleitheft zur Ausstellung in der Kurt Tucholsky Gedenkstätte Schloß Rheinsberg vom 25. April bis 27.

Juni 1999. Hrsg. von der Kurt Tucholsky Gedenkstätte Schloß Rheinsberg. Rheinsberg 1999, S. 36-39 [Entstanden 1993].
Wernicke-Rothmayer, Johanna: Das Steinerne Berlin bei Armin T. Wegner. Großstadterfahrung und Stadtsoziologie. In: Sprache im technischen Zeitalter 17 (1979) H. 68, S. 317-329.
Wernicke-Rothmayer, Johanna: Armin T. Wegner. Gesellschaftserfahrung und literarisches Werk. Frankfurt a.M./Bern 1982 (= Europäische Hochschulschriften; Reihe 1; Deutsche Sprache und Literatur 503).
Wollmann, Heide-Marie: »Nichts gegen die Nazis getan«? Armin T. Wegners Verhältnis zum Dritten Reich. In: Exilforschung. Ein internationales Jahrbuch. Hrsg. im Auftrag der Gesellschaft für Exilforschung. München 1986 (= edition text + kritik 4; Das jüdische Exil und andere Themen), S. 291-306.
Zweig, Stefan: Der Weg des jungen Armin T. Wegner. Aus einem Essay im Berliner Tageblatt. In: Armin T. Wegner: Fällst du, umarme auch die Erde oder Der Mann, der an das Wort glaubt. Prosa-Lyrik-Dokumente. Wuppertal 1974, S. 154-155 [EA am 15.12.1921 unter dem Titel *Dichtung der Zeit. Der Weg Armin T. Wegners*].
Hedin, Sven: Armin T. Wegners morgenländische Bücher. Typoskript. 3 Bl. Im Armin T.-Wegner-Archiv von Johanna Wernicke-Rothmayer [Undatiert].

2.3 Sekundärliteratur zu Annemarie Schwarzenbach

Annemarie Schwarzenbach. Autorin – Reisende – Fotografin. Dokumentation des Annemarie-Schwarzenbach-Symposiums in Sils/Engadin vom 25. bis 28. Juni 1998. Hrsg. von Elvira Willems. Pfaffenweiler 1998.
Augustin, Bettina: Der unbekannte Zwilling. Annemarie Schwarzenbach im Spiegel der Fotografien. Berlin 2008.
Bischoff, Gabriele: »Du verlangst eine Liebe, die mit unseren gegenwärtigen Begrenzungen nicht vereinbar ist.« – Die Liebe der *Ruth*. In: Annemarie Schwarzenbach. Autorin – Reisende – Fotografin. Dokumentation des Annemarie-Schwarzenbach-Symposiums in Sils/Engadin vom 25. bis 28. Juni 1998. Hrsg. von Elvira Willems. Pfaffenweiler 1998, S. 47-56.
Bruyker, Melissa De: Zwischen Raum, Bibel und Ich. Ikonographische Entwürfe von Individuum und Ich in Schwarzenbachs *Das glückliche Tal*. In: Sofie Decock/Uta Schaffers (Hrsg.): inside out. Textorientierte Erkundungen des Werks von Annemarie Schwarzenbach. Bielefeld 2008, S. 77-102.
Campanile, Anna: Mit einem Blick, der von weither zu kommen scheint. Die Fremdwahrnehmung im Werk Annemarie Schwarzenbachs. In: Annemarie Schwarzenbach. Autorin – Reisende – Fotografin. Dokumentation des Annemarie-Schwarzenbach-Symposiums in Sils/Engadin vom 25. bis 28. Juni 1998. Hrsg. von Elvira Willems. Pfaffenweiler 1998, S. 93-105.
D'Agostini, Tina: »Opposition zur hellen Welthälfte der Tatsachen«. Annemarie Schwarzenbachs ›Schatten‹. In: Walter Fähnders/Sabine Rohlf (Hrsg.): Annemarie Schwarzenbach. Analysen und Erstdrucke. Mit einer Schwarzenbach-Bibliographie. Bielefeld 2005, S. 123-138.
Dällenbach, Teres: »Wir reisen, um uns selbst zu finden«. Drei Frauenreiseberichte zu Beginn des 20. Jahrhunderts in den Orient. »Turkestan solo« von Ella Maillart. »Winter in Vorderasien« von Annemarie Schwarzenbach. »Die Südtore Arabiens« von

Freya Stark. Untersuchung und Vergleich. Lizentiatsarbeit Universität Freiburg i.Ue. 2006 [Masch.].

Decock, Sofie: Der Engel des Demawend als Richter zwischen Paradies und Ende der Welt. Orientalismus in Annemarie Schwarzenbachs Roman *Das glückliche Tal*. In: Zeitschrift für Literaturwissenschaft und Linguistik 37 (2007) H. 145, S. 154-166.

Decock, Sofie: Ein Requiem für die Toten Persiens. Funktionalisierungen der Landschaft in Annemarie Schwarzenbachs *Das glückliche Tal*, S. 1-18 [Unveröffentlichtes Vortragsmanuskript].

Decock, Sofie/Uta Schaffers: »...als ob ich dort etwas zu suchen hätte.« Europa im Werk Annemarie Schwarzenbachs. Ghent, EAM-Conference (Europa! Europa?), May 29-30, 2008, S. 1-9 [Unveröffentlichtes Vortragsmanuskript].

Decock, Sofie/Uta Schaffers: Einleitung. Neue Wege zu Annemarie Schwarzenbach. In: Sofie Decock/Uta Schaffers (Hrsg.): inside out. Textorientierte Erkundungen des Werks von Annemarie Schwarzenbach. Bielefeld 2008, S. 7-25.

Ehrismann, Sibylle: Pionierinnen. Die Erzählungen der Annemarie Schwarzenbach. In: Brückenbauer. 18.4.1990.

Euchner, Maria: Krankheit als Orientalismus in Annemarie Schwarzenbachs *Tod in Persien*. In: Sofie Decock/Uta Schaffers (Hrsg.): inside out. Textorientierte Erkundungen des Werks von Annemarie Schwarzenbach. Bielefeld 2008, S. 131-152.

Fähnders, Walter: »Die Geschichte die ich erzählen will«. Zum Erstdruck von Annemarie Schwarzenbachs *Pariser Novelle*. In: Jahrbuch zur Kultur und Literatur der Weimarer Republik 8 (2003), S. 37-65.

Fähnders, Walter: Die literarischen Anfänge von Annemarie Schwarzenbach. In: Walter Fähnders/Sabine Rohlf (Hrsg.): Annemarie Schwarzenbach. Analysen und Erstdrucke. Mit einer Schwarzenbach-Bibliographie. Bielefeld 2005, S. 45-62.

Fähnders, Walter: In Venedig und anderswo. Annemarie Schwarzenbach und Ruth Landshoff-Yorck. In: Petra Josting/Walter Fähnders (Hrsg.): »Laboratorium Vielseitigkeit«. Zur Literatur der Weimarer Republik. Festschrift für Helga Karrenbrock zum 60. Geburtstag. Bielefeld 2005, S. 227-252.

Fähnders, Walter: Paris, Berlin, Moskau und das *Glückliche Tal*. Annemarie Schwarzenbachs Städte- und Reiseprosa. In: Walter Fähnders/Nils Plath/Hendrik Weber/Inka Zahn (Hrsg.): Berlin, Paris, Moskau. Reiseliteratur und die Metropolen. Bielefeld 2005 (= Reisen Texte Metropolen 1), S. 91-106.

Fähnders, Walter: »Wirklich, ich lebe nur wenn ich schreibe«. Zur Reiseprosa von Annemarie Schwarzenbach (1908-1942). In: Sprachkunst. Beiträge zur Literaturwissenschaft Jg. XXXVIII/2007, 1. Halbband, S. 27-54.

Fähnders, Walter: *Die Vierzig Säulen der Erinnerung*. Zu Annemarie Schwarzenbachs nachgelassenem Erzählzyklus. In: Sofie Decock/Uta Schaffers (Hrsg.): inside out. Textorientierte Erkundungen des Werks von Annemarie Schwarzenbach. Bielefeld 2008, S. 27-53.

Fähnders, Walter/Andreas Tobler: Zum Erstdruck von Annemarie Schwarzenbachs *Georg Trakl*. In: Mitteilungen aus dem Brenner-Archiv 23 (2004), S. 47-59.

Fähnders, Walter/Sabine Rohlf (Hrsg.): Annemarie Schwarzenbach. Analysen und Erstdrucke. Mit einer Schwarzenbach-Bibliographie. Bielefeld 2005.

Fähnders, Walter/Andreas Tobler: Briefe von Annemarie Schwarzenbach an Otto Kleiber aus den Jahren 1933-1942. In: Zeitschrift für Germanistik NF 16 (2006) H. 2, S. 366-374.

Fähnders, Walter/Helga Karrenbrock: »Grundton syrisch«. Annemarie Schwarzenbachs *Vor Weihnachten* im Kontext ihrer orientalischen Reiseprosa. In: Wolfgang Klein/Walter Fähnders/Andrea Grewe (Hrsg.): Dazwischen. Reisen – Metropolen – Avantgarden. Festschrift für Wolfgang Asholt. Bielefeld 2009 (= Reisen Texte Metropolen 8), S. 81-105.

Fleischmann, Uta: Reisen ins Leere der Welt. Annemarie Schwarzenbach 1908-1942. In: Lydia Potts (Hrsg.): Aufbruch und Abenteuer. Frauen-Reisen um die Welt ab 1785. Unter Mitarbeit von Uta Fleischmann/Marianne Kriszio. Berlin 1988, S. 163-168.

Fleischmann, Uta: ›Unser Leben gleicht einer Reise‹. Die Schweizer Schriftstellerin Annemarie Schwarzenbach (1908-1942) im Spiegel ihrer Briefe an Erika und Klaus Mann 1930-1942. Oldenburg 1993 (= Bibliotheksgesellschaft Oldenburg Vorträge – Reden – Berichte 10).

French, Lorely: Gender, Rasse und soziale Schicht. Die Darstellung des Körpers in Annemarie Schwarzenbachs Fotografien und Aufsätzen aus den USA 1936-38. In: Annemarie Schwarzenbach. Autorin – Reisende – Fotografin. Dokumentation des Annemarie-Schwarzenbach-Symposiums in Sils/Engadin vom 25. bis 28. Juni 1998. Hrsg. von Elvira Willems. Pfaffenweiler 1998, S. 185-207.

Georgiadou, Areti: »Das Leben zerfetzt mich in tausend Stücke.« Annemarie Schwarzenbach. Eine Biographie. Frankfurt a.M./New York 1995.

Georgiadou, Areti: »Die unendliche Trauer im Herzen« – Annemarie Schwarzenbach (1908-1942) in der Sowjetunion. In: Simone Barck, Anneke de Rudder und Beate-Schmeichel-Falkenberg (Hrsg.): Jahrhundertschicksale. Frauen im sowjetischen Exil. Berlin 2003, S. 210-215.

Heintz-Gresser, Anne-Marie: Annemarie Schwarzenbach als Thomas-Mann-Gestalt. Analyse des Romans *Freunde um Bernhard*. In: Annemarie Schwarzenbach. Autorin – Reisende – Fotografin. Dokumentation des Annemarie-Schwarzenbach-Symposiums in Sils/Engadin vom 25. bis 28. Juni 1998. Hrsg. von Elvira Willems. Pfaffenweiler 1998, S. 79-92.

Hendler, Bettina: Texte ohne Gewicht. Zum literaturwissenschaftlichen Umgang mit Annemarie Schwarzenbach. In: Dirck Linck/Wolfgang Popp/Annette Runge (Hrsg.): Erinnern und Wiederentdecken. Tabuisierung und Enttabuisierung der männlichen und weiblichen Homosexualität in Wissenschaft und Kritik. Berlin 1999 (= Homosexualität und Literatur 12), S. 385-402.

Henke, Silvia: Schreibend, aus der Einsamkeit, in der Verwilderung, ins Schwarze. Zur Poetik von Annemarie Schwarzenbach, Adelheid Duvanel und Kristin T. Schnider. In: Literatur in der Schweiz. Hrsg. von Heinz Ludwig Arnold (= Text + Kritik – Sonderband). München 1998, S. 132-143.

Henke, Silvia: »Wie von Asche bedeckt.« Annemarie Schwarzenbachs Prosa zwischen Fremde und Entfremdung. In: Walter Fähnders/Sabine Rohlf (Hrsg.): Annemarie Schwarzenbach. Analysen und Erstdrucke. Mit einer Schwarzenbach-Bibliographie. Bielefeld 2005, S. 139-152.

Karrenbrock, Helga: Nomadische Bewegung. Annemarie Schwarzenbachs »Falkenkäfig«. In: Walter Fähnders/Sabine Rohlf (Hrsg.): Annemarie Schwarzenbach. Analysen und Erstdrucke. Mit einer Schwarzenbach-Bibliographie. Bielefeld 2005, S. 99-121.

Kolo, Kamal Y. Odisho/Heidy Margrit Müller: Annemarie Schwarzenbachs *Tod in Persien* und Gertrude Bells *Persian Pictures*. Verborgene intertextuelle Bezüge. In: Sofie Decock/Uta Schaffers (Hrsg.): inside out. Textorientierte Erkundungen des Werks von Annemarie Schwarzenbach. Bielefeld 2008, S. 103-130.

Kübler, Arnold: Annemarie Clarac-Schwarzenbach zum Gedächtnis. In: Du 3/1943 [Mit dem Gedicht *In Sils*].

Kurnicki, Piotr: »Das glückliche Tal« von Annemarie Schwarzenbach als Faszination und Abschied von der Magie. In: Helvetische Literaturwelten im 20. Jahrhundert. Kontexte und Analysen. Hrsg. von Barbara Rowińska-Januszewska unter Mitarbeit von Dorota Sośnicka. Posen 2003, S. 45-67.

Landshoff-Yorck, Ruth: Annemarie Schwarzenbach. In: Ruth Landshoff-Yorck: Klatsch, Ruhm und kleine Feuer. Biografische Impressionen. Hrsg. und mit einem Vorwort versehen von Claudia Schoppmanm. Frankfurt a.M. 1997 (= Fischer-Taschenbuch 13605), S. 161-174 [EA 1954 mit geringfügigen Änderungen unter dem Titel *Annemarie, – Ein Porträt*; EA von *Klatsch, Ruhm und kleine Feuer* 1963].

Lavizzari, Alexandra: Annemarie Schwarzenbach (1908-1942). Das unerträgliche blinde Herumtappen in der Welt. In: Gelebte Sehnsucht. Grenzgängerinnen der Moderne. Hrsg. von Susanne Nadolny. Berlin 2005, S. 177-195.

Lavizzari, Alexandra: Fast eine Liebe. Annemarie Schwarzenbach und Carson McCullers. Berlin 2008.

Lehnert, Katrin: Die Darstellung der Fremde in der Prosa Annemarie Schwarzenbachs am Beispiel der Lyrischen Novelle, des Glücklichen Tals und der Novellensammlung Bei diesem Regen. In: Annemarie Schwarzenbach. Autorin – Reisende – Fotografin. Dokumentation des Annemarie-Schwarzenbach-Symposiums in Sils/Engadin vom 25. bis 28. Juni 1998. Hrsg. von Elvira Willems. Pfaffenweiler 1998, S. 107-118.

Lerner, Sabine: Reisen ohne anzukommen. Selbstsuche und Entgrenzung in Annemarie Schwarzenbachs Roman *Das glückliche Tal*. In: Annemarie Schwarzenbach. Autorin – Reisende – Fotografin. Dokumentation des Annemarie-Schwarzenbach-Symposiums in Sils/Engadin vom 25. bis 28. Juni 1998. Hrsg. von Elvira Willems. Pfaffenweiler 1998, S. 153-168.

Linsmayer, Charles: Leben und Werk Annemarie Schwarzenbachs. Ein tragisches Kapitel Schweizer Literaturgeschichte. In: Annemarie Schwarzenbach: Das glückliche Tal. Roman. Mit einem biographischen Nachwort neu hrsg. von Charles Linsmayer. Frauenfeld 1989 (= Reprinted by Huber 1), S. 159-223 [EA 1987].

Linsmayer, Charles: Annemarie Schwarzenbach. Ein Kapitel tragische Schweizer Literaturgeschichte. Frauenfeld/Stuttgart u.a. 2008 [Diese Biografie Annemarie Schwarzenbachs ist eine erweiterte und aktualisierte Fassung der Darstellung von Leben und Werk der Autorin, wie sie dem Band »Reprinted by Huber Nr.1«, Annemarie Schwarzenbach, »Das glückliche Tal«, erstmals publiziert im Jahre 1987, als biografisches Nachwort beigegeben ist].

Lühe, Irmela von der: »Welch störrischer Unglücksengel« – Die Briefe Annemarie Schwarzenbachs aus der Sicht Erika Manns. In: »Wir werden es schon zuwege bringen, das Leben«. Annemarie Schwarzenbach an Erika und Klaus Mann. Briefe 1930-1942. Hrsg. von Uta Fleischmann. Mit Beiträgen von Irmela von der Lühe/Frederic Kroll. Herbolzheim 2001, S. 199-205 [EA 1992].

M.: Annemarie Schwarzenbach. Lyrische Novelle. In: Der Bund. 27.4.1933. Nr. 134, Bl. 1.

Marti, Madeleine: Literatur von lesbischen Autorinnen in den dreissiger Jahren. Annemarie Schwarzenbach und Laura Fredy Thoma. In: Und schrieb und schrieb wie ein Tiger aus dem Busch. Über Schriftstellerinnen in der deutschsprachigen Schweiz. Hrsg. von Elisabeth Ryter/Liliane Studer/Doris Stump/Maya Widmer/Regula Wyss. Zürich 1994, S. 151-173.

Mayer, Gesa: Queere Freunde um Bernhard. In: Walter Fähnders/Sabine Rohlf (Hrsg.): Annemarie Schwarzenbach. Analysen und Erstdrucke. Mit einer Schwarzenbach-Bibliographie. Bielefeld 2005, S. 63-77.

Mazzucco, Melania Gaia: Die so Geliebte. Roman um Annemarie Schwarzenbach. Aus dem Italienischen von Gesa Schröder. München/Zürich 2004 (= Serie Piper 4149) [EA 2000].

Mazzucco, Melania Gaia: La gabbia dei falconi. Il romanzo impossibile di Annemarie Schwarzenbach. In: Annemarie Schwarzenbach: La gabbia dei falconi. Tredici racconti orientali (1934-1935). Traduzione e cura di Melania Gaia Mazzucco. Mailand 2007, S. 167-232.

Mielczarek, Zygmunt: Annemarie Schwarzenbach. Aufbruch, Droge und Homoerotik als Freisein und Alternanz. In: Vivat Helvetia. Die Herausforderung einer nationalen Identität. Hrsg. von Jattie Enklaar/Hans Ester. Amsterdam 1998 (= Duitse Kroniek 48), S. 201-210.

Miermont, Dominique Laure: Der untröstliche Engel und La Clef des Champs. In: Annemarie Schwarzenbach. Autorin – Reisende – Fotografin. Dokumentation des Annemarie-Schwarzenbach-Symposiums in Sils/Engadin vom 25. bis 28. Juni 1998. Hrsg. von Elvira Willems. Pfaffenweiler 1998, S. 19-28.

Miermont, Dominique Laure: Annemarie Schwarzenbach. Eine beflügelte Ungeduld. Biographie. Aus dem Französischen von Susanne Wittek. Zürich 2008 [EA 2004].

Müller, Nicole/Dominique Grente: Der untröstliche Engel. Das ruhelose Leben der Annemarie Schwarzenbach. Aus dem Französischen von Elisa Hagedorn und Barbara Reitz. München 1995 [EA 1989].

N. N.: Reisen und Abenteuer. Annemarie Schwarzenbach. Winter in Vorderasien. In: National-Zeitung. 16.12.1934. Nr. 582.

Opitz, Alfred: Die gnadenlose Reise. Zur Topik des Schreckens in den Reportagen von Annemarie Schwarzenbach. In: Sofie Decock/Uta Schaffers (Hrsg.): inside out. Textorientierte Erkundungen des Werks von Annemarie Schwarzenbach. Bielefeld 2008, S. 173-191.

Pellin, Elio: Ein Vermögen zerrinnt – Annemarie Schwarzenbach. In: Quatro. Zeitschrift des Schweizer Literaturarchivs 20 (2005), S. 28-33.

Pellin, Elio: »Mit dampfendem Leib«. Sportliche Körper bei Ludwig Hohl, Annemarie Schwarzenbach, Walther Kauer und Lorenz Lotmar. Zürich 2008.

Perret, Roger: Annemarie Schwarzenbach. Annäherung an ein Porträt. In: Der Alltag. Sensationsblatt des Gewöhnlichen 2 (1987), S. 6-16.

Perret, Roger: Nachwort. In: Annemarie Schwarzenbach: Jenseits von New York. Ausgewählte Reportagen, Feuilletons und Fotografien aus den USA 1936-1938. Hrsg. von Roger Perret. Basel 1992 (= Ausgewählte Werke 4), S. 159-184.

Perret, Roger: Nachwort. In: Annemarie Schwarzenbach: Bei diesem Regen. Erzählungen. Hrsg. und mit einem Nachwort von Roger Perret. Basel 1996 (= LP 63; Ausgewählte Werke 2), S. 211-234 [EA 1989].

Perret, Roger: »Mut und Angst«. In: Annemarie Schwarzenbach. Autorin – Reisende – Fotografin. Dokumentation des Annemarie-Schwarzenbach-Symposiums in Sils/Engadin vom 25. bis 28. Juni 1998. Hrsg. von Elvira Willems. Pfaffenweiler 1998, S. 11-18.

Perret, Roger: »Ernst, Würde und Glück des Daseins«. In: Annemarie Schwarzenbach: Lyrische Novelle. Mit einem Essay von Roger Perret. Basel 1999 (= LP 53; Ausgewählte Werke 1), S. 99-146 [EA 1988].

Perret, Roger: »Meine ins Ferne und Abenteuerliche verbannte Existenz.« In: Annemarie Schwarzenbach: Alle Wege sind offen. Die Reise nach Afghanistan 1939/1940. Ausgewählte Texte. Hrsg. und mit einem Essay von Roger Perret. Basel 2002 (= Ausgewählte Werke 7), S. 139-160 [EA 2000].

Perret, Roger: Persien oder die »himmelweite, weltumspannende Fremde«. In: Annemarie Schwarzenbach: Tod in Persien. Hrsg. und mit einem Essay von Roger Perret. Basel 2003 (= LP 75; Ausgewählte Werke 5), S. 125-149 [EA 1995].

Perret, Roger: »Das Staunen, die Abnützung und das Lied der Reise.« In: Annemarie Schwarzenbach/Ella Maillart/Nicolas Bouvier: Unsterbliches Blau. Reisen nach Afghanistan. Hrsg. und mit einem Nachwort von Roger Perret. Zürich 2003, S. 225-243.

Perret, Roger: »Die Sinnlosigkeit, die Unwegsamkeit, die tastende Spur«. In: Annemarie Schwarzenbach: Flucht nach oben. Roman. Mit einem Essay von Roger Perret. Basel 2005 (= LP 94; Ausgewählte Werke 6), S. 211-233 [EA 1999].

Ramade, Frédéric und Alexandre Bailhache: Literarische Reisen durch Persien. Auf den Spuren von Pierre Loti, Robert Byron und Annemarie Schwarzenbach. Aus dem Französischen von Bernadette Ott. München 2001 [EA 1999 unter dem Titel *La Perse des écrivains-voyageurs*].

Rohlf, Sabine: Exil und Fluchtlinien des Begehrens in *Das glückliche Tal*. In: Annemarie Schwarzenbach. Autorin – Reisende – Fotografin. Dokumentation des Annemarie-Schwarzenbach-Symposiums in Sils/Engadin vom 25. bis 28. Juni 1998. Hrsg. von Elvira Willems. Pfaffenweiler 1998, S. 137-152.

Rohlf, Sabine: Exil als Praxis – Heimatlosigkeit als Perspektive? Lektüre ausgewählter Exilromane von Frauen. München 2002.

Rohlf, Sabine: »Und ich lerne eine neue Sprache«. Geschlechtliche Ambiguität und literarische Grenzgänge in Texten der Schweizer Autorin Annemarie Schwarzenbach. In: Vergessene Stimmen. Eine andere Moderne. Red.: Andrea Kinsky-Ehritt. Potsdam 2004 (= Potsdamer Studien zur Frauen- und Geschlechterforschung 8), S. 38-53.

Rohlf, Sabine: Über die Probleme einer ›weiblichen Frau‹. Annemarie Schwarzenbachs Novelle *Yelinda*. In: Sofie Decock/Uta Schaffers (Hrsg.): inside out. Textorientierte Erkundungen des Werks von Annemarie Schwarzenbach. Bielefeld 2008, S. 259-279.

Roulet, Daniel de: Fahnenflucht. Annemarie Schwarzenbach, 1908-1942. In: Daniel de Roulet: Nach der Schweiz. 27 Porträts zur Metamorphose eines Nationalgefühls. Aus dem Französischen von Maria Hoffmann-Darteville. Zürich 2009 [EA 2009 unter dem Titel *Un glacier dans le cœur. Vingt-six manières d'amier un pays et d'en prendre congé*].

S., C.: Annemarie Schwarzenbach. Bei diesem Regen. In: Lesben Stich 2/1989, S. 15.

Samsami, Behrang: Ausgraben und Erinnern. Zu zwei Sammelbänden mit textorientierten Erkundungen des Werks von Annemarie Schwarzenbach. www. literaturkritik.de/public/rezension.php?rez_id=12400&ausgabe=200811 (9.12.2008).

Schader, Angela: Die beängstigende Wahrheit Persiens. Erzählungen von Annemarie Schwarzenbach. In: Neue Zürcher Zeitung, 29.8.1989.

Schaub, Hanns: Annemarie Schwarzenbach. Erzählungen. In: Der Landbote. Nr. 102. 6.5.1989.

Schlieker, Kerstin: Frauenreisen in den Orient zu Beginn des 20. Jahrhunderts. Weibliche Strategien der Erfahrung und textuellen Vermittlung kultureller Fremde. Marie von Bunsen, Alma Karlin, Ella Maillart, Annemarie Schwarzenbach. Berlin 2003.

Schlieker, Kerstin: »Nach Osten! Anderen Himmeln entgegen!« Annemarie Schwarzenbachs Asienreisen im Spiegel ihrer Texte. In: Walter Fähnders/Sabine Rohlf (Hrsg.):

Annemarie Schwarzenbach. Analysen und Erstdrucke. Mit einer Schwarzenbach-Bibliographie. Bielefeld 2005, S. 169-185.

Scheßwendter, Sibylle: Annemarie Schwarzenbach und die Berliner Boheme. Lyrische Novelle, Heimliches Berlin und Treffpunkt im Unendlichen. In: Annemarie Schwarzenbach. Autorin – Reisende – Fotografin. Dokumentation des Annemarie-Schwarzenbach-Symposiums in Sils/Engadin vom 25. bis 28. Juni 1998. Hrsg. von Elvira Willems. Pfaffenweiler 1998, S. 57-77.

Schmidt, Kira: Mythische Strukturen in literarischen Werken Annemarie Schwarzenbachs. Magisterarbeit Universität Potsdam 2008 [Masch.].

Schwarzenbach, Alexis: Die Geborene. Renée Schwarzenbach-Wille und ihre Familie. Zürich 2004.

Schwarzenbach, Alexis: Bilder mit Legenden. In: Renée Schwarzenbach-Wille: Bilder mit Legenden. Hrsg. von Alexis Schwarzenbach. Zürich 2005, S. 155-166.

Schwarzenbach-Wille, Renée: Bilder mit Legenden. Hrsg. von Alexis Schwarzenbach. Zürich 2005.

Schwarzenbach, Alexis: »Der Anfang aller Dinge«. Annemarie Schwarzenbach und ihre Mutter Renée Schwarzenbach-Wille. In: Walter Fähnders/Sabine Rohlf (Hrsg.): Annemarie Schwarzenbach. Analysen und Erstdrucke. Mit einer Schwarzenbach-Bibliographie. Bielefeld 2005, S. 21-43.

Schwarzenbach, Alexis: Auf der Schwelle des Fremden. Das Leben der Annemarie Schwarzenbach. München 2008.

Seelig, Carl: Lyrische Novelle. In: Tages-Anzeiger. 30.6.1933, S. 5. Bl. 5.

Stempel, Barbara: Winter in Vorderasien – ein Reisebuch von Annemarie Schwarzenbach. In: Printed Matter. Fotografie im / und Buch. Hrsg. von Barbara Lange. Leipzig 2004, S. 79-93.

Stempel, Barbara: Asiensichten. Reisefotografien von Annemarie Schwarzenbach und Walter Bosshard. Weimar 2009.

Sykora, Katharina: »Ein Bild ist erst gut, wenn sein Gehalt dem Betrachter sozusagen ›in die Augen springt‹«. Zum fotografischen Œuvre von Annemarie Schwarzenbach. In: Feministische Studien 11 (1993) H. 1, S. 81-95.

Sykora, Katharina: Außer Kurs. Zu den Reisefotografien von Annemarie Schwarzenbach. In: Annemarie Schwarzenbach. Autorin – Reisende – Fotografin. Dokumentation des Annemarie-Schwarzenbach-Symposiums in Sils/Engadin vom 25. bis 28. Juni 1998. Hrsg. von Elvira Willems. Pfaffenweiler 1998, S. 209-239.

Tobler, Andreas: Einleitung zu den Briefen Annemarie Schwarzenbachs an Carl Jacob Burckhardt. In: Walter Fähnders/Sabine Rohlf (Hrsg.): Annemarie Schwarzenbach. Analysen und Erstdrucke. Mit einer Schwarzenbach-Bibliographie. Bielefeld 2005, S. 229-235.

Ueckmann, Natascha: Annemarie Schwarzenbach: Ethnographin ihrer eigenen Kultur und Psychographin ihrer selbst. In: Annemarie Schwarzenbach. Autorin – Reisende – Fotografin. Dokumentation des Annemarie-Schwarzenbach-Symposiums in Sils/Engadin vom 25. bis 28. Juni 1998. Hrsg. von Elvira Willems. Pfaffenweiler 1998, S. 119-136.

Ueckmann, Natascha: Gebrochene Bilder. Die Autorin Annemarie Schwarzenbach im ›Orient‹. In: Iman Attia (Hrsg.): Orient- und IslamBilder. Interdisziplinäre Beiträge zu Orientalismus und antimuslimischem Rassismus. Münster 2007, S. 227-242.

Uhlenhaut, Cornelia: »Das ist das Geheimnis: ich weiß nicht, was außerhalb von mir existiert.« Zum autobiographischen Schreiben Annemarie Schwarzenbachs. In:

Geschriebenes Leben. Autobiographik von Frauen. Hrsg. von Michaela Holdenried. Berlin 1995, S. 266-277.

Vilas-Boas, Gonçalo: »Alles ist ein Fortgehen.« Einblicke in Annemarie Schwarzenbachs vorderasiatische Reiseberichte und Erzählungen. In: Reisen im Diskurs. Modelle der literarischen Fremderfahrung von den Pilgerberichten bis zur Postmoderne. Tagungsakten des internationalen Symposions zur Reiseliteratur. University College Dublin vom 10.-12. März 1994. Hrsg. von Anne Fuchs/Theo Harden unter Mitarbeit von Eva Juhl. Heidelberg 1995, S. 343-357.

Vilas-Boas, Gonçalo: Unglückliche Lieben. Zu zwei Texten von Annemarie Schwarzenbach und Wolfgang Koeppen. In: Runa 25 (1996). Bd. I., S. 239-245.

Vilas-Boas, Gonçalo: Offener Himmel über Lissabon – Annemarie Schwarzenbach in Portugal (1941-1942). In: Annemarie Schwarzenbach. Autorin – Reisende – Fotografin. Dokumentation des Annemarie-Schwarzenbach-Symposiums in Sils/Engadin vom 25. bis 28. Juni 1998. Hrsg. von Elvira Willems. Pfaffenweiler 1998, S. 169-184.

Vilas-Boas, Gonçalo: Ein fremder Blick durch Sprache. Über Annemarie Schwarzenbachs Reiseberichte aus Vorderasien. In: Erinnerungen mit Menschen. Texte für Christa Grimm aus dem Umfeld ihrer internationalen Arbeit. Gesammelt von Hugh Ridley/ Wolf Wucherpfennig. Roskilde/Dublin 2003, S. 49-63.

Vilas-Boas, Gonçalo: Das Wiedererkennen und das Erinnern in den Reisetexten Annemarie Schwarzenbachs. In: Sofie Decock/Uta Schaffers (Hrsg.): inside out. Textorientierte Erkundungen des Werks von Annemarie Schwarzenbach. Bielefeld 2008, S. 153-172.

Wanner, Kurt/Marianne Breslauer: »Wo ich mich leichter fühle als anderswo«. Annemarie Schwarzenbach und ihre Zeit in Graubünden. Chur 1997.

Willems, Elvira: »Neugierig, wissensdurstig, ungeduldig, unterwegs – allein.« Annemarie Schwarzenbachs Reisen nach Vorderasien. In: Annemarie Schwarzenbach. Reisebilder aus Persien. Mit einem Vorwort von Georg Schirmers. Hrsg. von Dieter Schmauß. Hagen 2002 (= Veröffentlichungen der Universitätsbibliothek 7), S. 9-41.

2.4 Weitere Sekundärliteratur

Abendroth, Walter: Arthur Schopenhauer. Mit Selbstzeugnissen und Bilddokumenten. Reinbek bei Hamburg 2003 (= rm 50133) [EA 1967].

Albrecht, Susanne: »Es war alles sehr interessant«. Lady Mary Wortley Montagu. In: Lesebuch zur Ausstellung Europa und der Orient 800-1900. Eine Ausstellung der Berliner Festspiele aus Anlaß von Horizonte ›89 im Martin-Gropius-Bau, Berlin. Hrsg. von Gereon Sievernich/Hendrik Budde. Gütersloh/München 1989, S. 76-81.

Anz, Thomas: Literatur des Expressionismus. Stuttgart/Weimar 2002 (= SM 329).

Armstrong, Harold Courtenay: Der Graue Wolf. Das Leben des Diktators Mustafa Kemal. Mit vier Bildern und vier Karten. Aus dem Englischen übertragen von Peter Witt. Berlin 1933 [Mit Anmerkungen von Gotthard Jäschke versehene Übersetzung der 1932 erschienenen Originalausgabe mit dem Titel *Grey Wolf. An Intimate Study of a Dictator*].

Astre, Georges-Albert: Ernest Hemingway. Mit Selbstzeugnissen und Bilddokumenten. Aus dem Französischen von Elmar Tophoven. Reinbek bei Hamburg 1964 (= rm 73) [EA 1961].

Bär, Fritz: Einleitung. In: Regula Engel: Die Schweizerische Amazone. Abenteuer, Reisen und Kriegszüge der Frau Oberst Regula Engel von Langwies (Graubünden) geb. Egli von Fluntern-Zürich (1761-1853) durch Frankreich, die Niederlande, Egypten, Spanien, Portugal und Deutschland mit der französischen Armee unter Napoleon I. Von ihr selbst geschrieben. Mit einem Kunstdruckbild und einem Anhang. Hrsg. von Fritz Bär, Pfarrer in Castiel. Basel 1904, S. 7-8.

Bär, Fritz: Schlußbemerkung. In: Regula Engel: Die Schweizerische Amazone. Abenteuer, Reisen und Kriegszüge der Frau Oberst Regula Engel von Langwies (Graubünden) geb. Egli von Fluntern-Zürich (1761-1853) durch Frankreich, die Niederlande, Egypten, Spanien, Portugal und Deutschland mit der französischen Armee unter Napoleon I. Von ihr selbst geschrieben. Mit einem Kunstdruckbild und einem Anhang. Hrsg. von Fritz Bär, Pfarrer in Castiel. Basel 1904, S. 160-164.

Balard, Michel: China. In: LexMA 2 (1983), Sp. 1827-1830.

Balard, Michel: Persien. In: LexMA 6 (1993), Sp. 1898-1900.

Balthasar, Hans Urs von: Nachwort. In: Georges Bernanos: Eine Nacht. Drei Erzählungen. Übertragen und mit einem Nachwort von Hans Urs von Balthasar. Stuttgart 1969 (= RUB 8500), S. 67-72 [EA 1954].

Bauer, Wolfgang: Zeugen aus der Ferne. Der Eugen Diederichs Verlag und das deutsche China-Bild. In: Versammlungsort moderner Geister. Der Eugen Diederichs Verlag – Aufbruch ins Jahrhundert der Extreme. Hrsg. von Gangolf Hübinger. München 1996, S. 450-485.

Bauman, Zygmunt: Moderne und Ambivalenz. Das Ende der Eindeutigkeit. Aus dem Englischen von Martin Suhr. Hamburg 1992 (= Hamburger Institut für Sozialforschung) [EA 1991].

Bauman, Zygmunt: Flaneure, Spieler und Touristen. Essays zu postmodernen Lebensformen. Aus dem Englischen von Martin Suhr. Hamburg 1997 [EA 1995].

Beck, Ulrich: Risikogesellschaft. Auf dem Weg in eine andere Moderne. Frankfurt a.M. 2007 (= es NF 365) [EA 1986].

Beck, Ulrich/Elisabeth Beck-Gernsheim: Individualisierung in modernen Gesellschaften – Perspektiven und Kontroversen einer subjektorientierten Soziologie. In: Riskante Freiheiten. Individualisierung in modernen Gesellschaften. Hrsg. von Ulrich Beck/Elisabeth Beck-Gernsheim. Frankfurt a.M. 1994 (= es NF 816), S. 10-39.

Benjamin, Walter: Ausgraben und Erinnern. In: Walter Benjamin: Gesammelte Schriften. Hrsg. von Tilman Rexroth. Frankfurt a.M. 1972 (= Gesammelte Schriften IV.2), S. 400-401.

Benjamin, Walter: Über einige Motive bei Baudelaire. In: Walter Benjamin: Gesammelte Schriften. Hrsg. von Rolf Tiedemann/Hermann Schweppenhäuser. Frankfurt a.M. 1974 (= Gesammelte Schriften I.2), S. 605-653 [EA in Zeitschrift für Sozialforschung 8 (1939) Doppelheft 1/2, S. 50-91].

Benjamin, Walter: Der Erzähler. Betrachtungen zum Werk Nicolai Lesskows. In: Walter Benjamin: Illuminationen. Ausgewählte Schriften. Ausgewählt von Siegfried Unseld. Frankfurt a.M. 1980 (= st 345), S. 385-410 [EA in Orient und Occident. Staat – Gesellschaft – Kirche. Blätter für Theologie und Soziologie 8 (1936) N.F. H. 3, S. 16-33].

Benjamin, Walter: Das Passagen-Werk. In: Gesammelte Schriften. Hrsg. von Rolf Tiedemann. Frankfurt a.M. 1991 (= Gesammelte Schriften V.1; stw 935) [EA 1982].

Berckenhagen, Ekhart: Exotisches in Mode, Interieur und angewandter Kunst. In: Exotische Welten – Europäische Phantasien. Ausstellung des Instituts für Auslandsbeziehungen des Württembergischen Kunstvereins im Kunstgebäude am Schlossplatz. 2. September bis 29. November 1987. Stuttgart 1987, S. 180-191.

Berman, Morris: Wiederverzauberung der Welt. Am Ende des Newtonschen Zeitalters. Aus dem Amerikanischen von Hans Drake, Elke Herzog und Knut Pflughaupt. Reinbek bei Hamburg 1985 (= rororo Transformation 7941) [EA 1981 unter dem Titel *The Reenchantment of the World*; Deutsche EA 1983].

Bihl, Wolfdieter: Die Kaukasus-Politik der Mittelmächte. Teil I. Ihre Basis in der Orient-Politik und ihre Aktionen 1914-1917. Wien/Köln u.a. 1975 (= Veröffentlichungen der Kommission für Neuere Geschichte Österreichs 61).

Bihl, Wolfdieter: Die Kaukasus-Politik der Mittelmächte. Teil II. Die Zeit der versuchten kaukasischen Staatlichkeit (1917-1918). Wien/Köln u.a. 1992 (= Veröffentlichungen der Kommission für Neuere Geschichte Österreichs 81).

Birus, Hendrik: Goethes Annäherung an das Ghasel und ihre Folgen. In: Klaus-Michael Bogdal (Hrsg.): Orientdiskurse in der deutschen Literatur. Bielefeld 2007, S. 125-140.

Bloch, Ernst: Tübinger Einleitung in die Philosophie. Frankfurt a.M. 1970 (= Gesamtausgabe 13) [EA 1963/64].

Bödecker, Hans Erich/Arnd Bauerkämper/Bernhard Struck: Einleitung. Reisen als kulturelle Praxis. In: Arnd Bauerkämper/Hans Erich Bödecker/Bernhard Struck (Hrsg.): Die Welt erfahren. Reisen als kulturelle Begegnung von 1780 bis heute. Frankfurt a.M./New York 2004, S. 9-30.

Bopp, Petra: Die touristische Kolonisierung des Orients. In: Mit dem Auge des Touristen. Zur Geschichte des Reisebildes. Eine Ausstellung des Kunsthistorischen Instituts der Universität Tübingen in der Kunsthalle Tübingen vom 22. August bis 20. September 1981. Tübingen 1981, S. 120-128.

Brall-Tuchel, Helmut/Folker Reichert: Einleitung. In: Rom – Jerusalem – Santiago. Das Pilgertagebuch des Ritters Arnold von Harff (1496-1498). Nach dem Text der Ausgabe von Eberhard von Groote übersetzt, kommentiert und eingeleitet von Helmut Brall-Tuchert/Folker Reichert, mit den Abbildungen der Handschrift 268 der Benediktinerabtei Maria Laach und zahlreichen anderen Abbildungen. Köln 2007, S. 7-32.

Brennecke, Detlef: Sven Hedin. Mit Selbstzeugnissen und Bilddokumenten. Reinbek bei Hamburg 1986 (= rm 355).

Brenner, Peter J.: Einleitung. In: Der Reisebericht. Die Entwicklung einer Gattung in der deutschen Literatur. Hrsg. von Peter J. Brenner. Frankfurt a.M. 1989 (= st 2097), S. 7-13.

Brenner, Peter J.: Die Erfahrung der Fremde. Zur Entwicklung einer Wahrnehmungsform in der Geschichte des Reiseberichts. In: Der Reisebericht. Die Entwicklung einer Gattung in der deutschen Literatur. Hrsg. von Peter J. Brenner. Frankfurt a.M. 1989 (= st 2097), S. 13-49.

Brenner, Peter J.: Der Reisebericht in der deutschen Literatur. Ein Forschungsüberblick als Vorstudie zu einer Gattungsgeschichte. Tübingen 1990 (= Internationales Archiv für Sozialgeschichte der deutschen Literatur 2).

Brenner, Peter J.: Schwierige Reisen. Wandlungen des Reiseberichts in Deutschland 1918-1945. In: Reisekultur in Deutschland. Von der Weimarer Republik bis zum ›Dritten Reich‹. Hrsg. von Peter J. Brenner. Tübingen 1997, S. 127-176.

Brüggemann, Heinz: »Aber schickt keinen Poeten nach London!« Großstadt und literarische Wahrnehmung im 18. und 19. Jahrhundert. Texte und Interpretationen. Reinbek bei Hamburg 1985 (= rororo-Sachbuch 7928 ; Kulturen und Ideen).

Cepl-Kaufmann, Gertrude: Schriftsteller und Krieg. In: Gertrude Cepl-Kaufmann/Gerd Krumeich/Ulla Sommers (Hrsg.): Krieg und Utopie. Kunst, Literatur und Politik im Rheinland nach dem Ersten Weltkrieg. In Zusammenarbeit mit Jasmin Grande. Begleitband zur Ausstellung 2006. Bunkerkirche Düsseldorf. Siebengebirgsmuseum der Stadt Königswinter. Essen 2006, S. 260-270.

Cepl-Kaufmann, Gertrude: Die Boheme zwischen Lebensreform und Lebensflucht. In: Nomadische Existenzen. Vagabondage und Boheme in Literatur und Kultur des 20. Jahrhunderts. Mit einer Artur-Streiter-Bibliographie. Hrsg. von Walter Fähnders. Tagungsband. Symposium des Fritz-Hüser-Instituts 11. Mai 2007. Essen 2007 (= Schriften des Fritz-Hüser-Instituts für deutsche und ausländische Arbeiterliteratur 16), S. 55-73.

Conrad, Sebastian/Jürgen Osterhammel: Einleitung. In: Das Kaiserreich transnational. Deutschland in der Welt 1871-1914. Hrsg. von Sebastian Conrad/Jürgen Osterhammel. Göttingen 2004, S. 7-27.

Cruz-Hernandez, Miguel: Averroes und Maimonides, die Philosophen aus Al-Andalus. In: Lesebuch zur Ausstellung Europa und der Orient 800-1900. Eine Ausstellung der Berliner Festspiele aus Anlaß von Horizonte ›89 im Martin-Gropius-Bau, Berlin. Hrsg. von Gereon Sievernich/Hendrik Budde. Gütersloh/München 1989, S. 14-18.

Dadrian, Vahakn N.: Einleitung. In: Der Völkermord an den Armeniern 1915/16. Dokumente aus dem Politischen Archiv des deutschen Auswärtigen Amts. Hrsg. von Wolfgang Gust. Springe 2005, S. 7-16.

Dehs, Volker: Jules Verne. Mit Selbstzeugnissen und Bilddokumenten. Reinbek bei Hamburg 1986 (= rm 358).

Delabar, Walter: Arnold von Harff. Herr zu Nierhoven, Ritter von Jerusalem: eine Vorbemerkung. In: Aus der Geschichte des Erkelenzer Landes. Hrsg. vom Heimatverein der Erkelenzer Lande e.V. Erkelenz 1989 (= Schriften des Heimatvereins der Erkelenzer Lande e.V. 9), S. 13-16.

Delabar, Walter: BIDT GOT VUR DEN PILGRUM WEECH WIJSER IND DICHTER. Notizen zu einigen Orientalia im Reisebericht des Arnold von Harff. In: Aus der Geschichte des Erkelenzer Landes. Hrsg. vom Heimatverein der Erkelenzer Lande e.V. Erkelenz 1989 (= Schriften des Heimatvereins der Erkelenzer Lande e.V. 9), S. 17-42.

Delabar, Walter: Was tun? Romane am Ende der Weimarer Republik. Opladen/Wiesbaden 1999.

Delabar, Walter: Wider den Verlust wirklicher Größe. Wilhelm Schäfers »Die dreizehn Bücher der deutschen Seele«. In: Gertrude Cepl-Kaufmann/Gerd Krumeich/Ulla Sommers (Hrsg.): Krieg und Utopie. Kunst, Literatur und Politik im Rheinland nach dem Ersten Weltkrieg. In Zusammenarbeit mit Jasmin Grande. Begleitband zur Ausstellung 2006. Bunkerkirche Düsseldorf. Siebengebirgsmuseum der Stadt Königswinter. Essen 2006, S. 72-74.

Delabar, Walter: Effekte der Modernisierung. Individualisierung, Prekarisierung, Migration und Nomadisierung. In: Nomadische Existenzen. Vagabondage und Boheme in Literatur und Kultur des 20. Jahrhunderts. Mit einer Artur-Streiter-Bibliographie. Hrsg. von Walter Fähnders. Tagungsband. Symposium des Fritz-Hüser-Instituts 11. Mai 2007. Essen 2007 (= Schriften des Fritz-Hüser-Instituts für deutsche und ausländische Arbeiterliteratur 16), S. 115-130.

Delabar, Walter/Frauke Schlieckau: »Der große Klaus Mann rühmte den großen Hermann Kesten.« Klaus Mann und Hermann Kesten – Eine Skizze, S. 1-27 [Unveröffentlichter Aufsatz].

Dilg, Peter: Arabische Pharmazie im lateinischen Mittelalter. In: Die Begegnung des Westens mit dem Osten. Kongreßakten des 4. Symposiums des Mediävistenverbandes in Köln 1991 aus Anlaß des 1000. Todesjahres der Kaiserin Theophanu. Hrsg. von Odilo Engels/Peter Schreiner. Sigmaringen 1993, S. 299-317.

Dücker, Burckhard: Reisen in die UdSSR 1933-1945. In: Reisekultur in Deutschland. Von der Weimarer Republik bis zum ›Dritten Reich‹. Hrsg. von Peter J. Brenner. Tübingen 1997, S. 253-283.

Eco, Umberto: Zen und der Westen. In: Umberto Eco: Das offene Kunstwerk. Aus dem Italienischen von Günter Memmert. Frankfurt a.M. 1973, S. 212-236 [EA 1962].

Fähnders, Walter: Avantgarde und Moderne 1890-1933. Lehrbuch Germanistik. Stuttgart/Weimar 1998.

Fähnders, Walter: Nachwort. In: Ruth Landshoff-Yorck: Die Vielen und der Eine. Roman. Hrsg. und mit einem Nachwort von Walter Fähnders. Berlin/Grambin 2001, S. 162-187.

Fähnders, Walter: Nachwort. In: Ruth Landshoff-Yorck: Roman einer Tänzerin. Erstausgabe aus dem Nachlaß. Hrsg. und mit einem Nachwort von Walter Fähnders. Berlin/Grambin 2005, S. 102-154 [EA 2002].

Fähnders, Walter/Nils Plath/Inka Zahn: Einleitung. In: Walter Fähnders/Nils Plath/Hendrik Weber/Inka Zahn (Hrsg.): Berlin, Paris, Moskau. Reiseliteratur und die Metropolen. Bielefeld 2005 (= Reisen Texte Metropolen 1), S. 9-29.

Fähnders, Walter: ›Amerika‹ und ›Amerikanismus‹ in deutschen Rußlandberichten der Weimarer Republik. In: Wolfgang Asholt/Claude Leroy (Hrsg.): Die Blicke der Anderen. Paris – Berlin – Moskau. Bielefeld 2006 (= Reisen Texte Metropole 2), S. 101-119.

Faulstich, Werner: Medienwandel im Industrie- und Massenzeitalter (1830-1900). Göttingen 2004 (= Die Geschichte der Medien 5).

Feigel, Uwe: Das evangelische Deutschland und Armenien. Die Armenierhilfe deutscher evangelischer Christen seit dem Ende des 19. Jahrhunderts im Kontext der deutsch-türkischen Beziehungen. Göttingen 1989 (= Kirche und Konfession 28).

Fellmann, Ferdinand: Die erotische Rechtfertigung der Welt. Aspekte der Lebensphilosophie um 1900. In: Wolfgang Braungart/Gotthard Fuchs/Manfred Koch: Ästhetische und religiöse Erfahrungen der Jahrhunderte. II: um 1900. Paderborn/München u.a. 1998, S. 31-46.

Fendri, Mounir: Die Entdeckung des maghrebinischen Orients. In: Klaus-Michael Bogdal (Hrsg.): Orientdiskurse in der deutschen Literatur. Bielefeld 2007, S. 183-199.

Fick, Monika: Sinnstiftung durch Sinnlichkeit: Monistisches Denken um 1900. In: Wolfgang Braungart/Gotthard Fuchs/Manfred Koch: Ästhetische und religiöse Erfahrungen der Jahrhunderte. II: um 1900. Paderborn/München u.a. 1998, S. 69-83.

Fisch, Stefan: Forschungsreisen im 19. Jahrhundert. In: Der Reisebericht. Die Entwicklung einer Gattung in der deutschen Literatur. Hrsg. von Peter J. Brenner. Frankfurt a.M. 1989 (= st 2097), S. 383-405.

Folkerts, Menso: Arabische Mathematik im Abendland unter besonderer Berücksichtigung der Euklid-Tradition. In: Die Begegnung des Westens mit dem Osten. Kongreßakten des 4. Symposiums des Mediävistenverbandes in Köln 1991 aus Anlaß des 1000. Todesjahres der Kaiserin Theophanu. Hrsg. von Odilo Engels/Peter Schreiner. Sigmaringen 1993, S. 319-331.

Freud, Sigmund: Zeitgemäßes über Krieg und Tod. In: Sigmund Freud: Das Unbehagen in der Kultur. Und andere kulturtheoretische Schriften. Einleitung von Alfred Lorenzer/

Bernhard Görlich. Frankfurt a.M. 2004 (= Psychologie Fischer; Fischer Taschenbuch 10453), S. 133-161 [EA 1915].

Friedrich II. von Hohenstaufen: De Arte Venandi Cum Avibus. Ms. Pal. Lat. 1071, Bibliotheca Apostolica Vaticana. Kommentar von Carl Arnold Willemsen. Einleitung und erläuternde Beschreibung zu der Facsimileausgabe. Graz 1969 (= Codices E Vaticanis Selecti XXXI; Codices Selecti VXI*).

Fuchs-Sumiyoshi, Andrea: Orientalismus in der deutschen Literatur. Untersuchungen zu Werken des 19. und 20. Jahrhunderts, von Goethes *West-östlichem Divan* bis Thomas Manns *Joseph*-Tetralogie. Heidelberg/Zürich u.a. 1984 (= Germanistische Texte und Studien 20).

Ganeshan, Vridhagiri: Das Indienbild deutscher Dichter um 1900. Dauthendey, Bonsels, Mauthner, Gjellerup, Hermann Keyserling und Stefan Zweig. Ein Kapitel deutsch-indischer Geistesbeziehungen im frühen 20. Jahrhundert. Bonn 1975 (= Abhandlungen zur Kunst-, Musik- und Literaturwissenschaft 187).

Ganeshan, Vridhagiri: Nachwort. In: Waldemar Bonsels: Indienfahrt. Nachwort von Vridhagiri Ganeshan. Zürich 1989 (= Manesse Bibliothek der Weltliteratur), S. 307-331.

Ganeshan, Vridhagiri: Das Eigene und das Fremde in der Indienbewegung deutscher Schriftsteller. In: Fiktion des Fremden. Erkundung kultureller Grenzen in Literatur und Publizistik. Hrsg. von Dietrich Harth. Frankfurt a.M. 1994 (= Literaturwissenschaft Fischer-Taschenbuch 12512), S. 161-179.

Gewecke, Frauke: Nachwort. In: Christoph Kolumbus: Bordbuch. Mit einem Nachwort von Frauke Gewecke. Frankfurt a.M./Leipzig 2005 (= it 3161), S. 301-331.

Gleber, Anke: Die Erfahrung der Moderne in der Stadt. Reiseliteratur in der Weimarer Republik. In: Der Reisebericht. Die Entwicklung einer Gattung in der deutschen Literatur. Hrsg. von Peter J. Brenner. Frankfurt a.M. 1989 (= st 2097), S. 463-489.

Golz, Jochen: Vorwort. In: Goethes Morgenlandfahrten. West-östliche Begegnungen. Hrsg. von Jochen Golz. Frankfurt a.M./Leipzig 1999 (= it 2600), S. 9-15.

Grimm, Alfred: Rilke und Ägypten. Mit Aufnahmen von Hermann Kees. München 1997.

Grobba, Fritz: Männer und Mächte im Orient. 25 Jahre diplomatischer Tätigkeit im Orient. Göttingen/Zürich u.a. 1967.

Gronke, Monika: Geschichte Irans. Von der Islamisierung bis zur Gegenwart. Mit zwei Karten. München 2006 (= C. H. Beck – Wissen 2321) [EA 2003].

Günther, Christiane C.: Aufbruch nach Asien. Kulturelle Fremde in der deutschen Literatur um 1900. München 1988.

Guignard, Elise: Nachwort. In: Marco Polo: Die Wunder der Welt. Il Milione. Übersetzung aus altfranzösischen und lateinischen Quellen und Nachwort von Elise Guignard. Frankfurt a.M./Leipzig 2003 (= it 2981), S. 387-400.

Hamann, Brigitta: Lola Landau. Leben und Werk. Ein Beispiel deutsch-jüdischer Literatur des 20. Jahrhunderts in Deutschland und Palästina/Israel. Berlin 2000 (= Studien zur Geistesgeschichte 25).

Harth, Dietrich: Deutscher Pazifismus – Ein gescheiterter Emanzipationsversuch. In: Pazifismus zwischen den Weltkriegen. Deutsche Schriftsteller und Künstler gegen Krieg und Militarismus 1918-1933. Hrsg. von Dietrich Harth/Dietrich Schubert/ Ronald Michael Schmidt. Heidelberg 1985 (= Heidelberger Bibliotheksschriften 16), S. 11-24.

Heeke, Matthias: Reisen zu den Sowjets. Der ausländische Tourismus in Rußland 1921-1941. Mit einem bio-bibliographischen Anhang zu 96 deutschen Reiseautoren. Münster/Hamburg u.a. 2003 (= Arbeiten zur Geschichte Osteuropas 11).

Heeke, Matthias: Reisen nach Moskau. Organisierte Trampelpfade der Fremdwahrnehmung. In: Walter Fähnders/Nils Plath/Hendrik Weber/Inka Zahn (Hrsg.): Berlin, Paris, Moskau. Reiseliteratur und die Metropolen. Bielefeld 2005 (= Reisen Texte Metropolen 1), S. 169-190.

Herzfeld, Ernst: Am Tor von Asien. Felsdenkmale aus Irans Heldenzeit. Mit 44 Bildern im Text und 65 Tafeln in Kupfer-, Licht- und Farbendruck. Berlin 1920.

Hewicker, Hans-Albrecht: Friedrich II. als Figur der Falknereigeschichte im deutschsprachigen Raum. In: Von der Kunst mit Vögeln zu jagen. Das Falkenbuch Friedrichs II. – Kulturgeschichte und Ornithologie. Begleitband zur Sonderausstellung »Kaiser Friedrich II. (1194-1250). Welt und Kultur des Mittelmeerraums« im Landesmuseum für Natur und Mensch Oldenburg. Hrsg. von Mamoun Fansa/Carsten Ritzau. Mainz 2008, S. 137-151.

Heymel, Charlotte: Touristen an der Front. Das Kriegserlebnis 1914-1918 als Reiseerfahrung in zeitgenössischen Reiseberichten. Berlin 2007 (= Literatur – Kultur – Medien 7).

Heyse, Paul/Hermann Kurz: Einleitung. In: Deutscher Novellenschatz. Hrsg. von Paul Heyse/Hermann Kurz. München o.J. [1871] (= Erster Band), S. V-XXIV.

Höllmann, Thomas O.: Die Seidenstrasse. München 2004 (= C.H. Beck Wissen 2354).

Höpp, Gerhard: Mohammed Essad Bey: Nur Orient für Europäer? In: Asien Afrika Lateinamerika 25 (1997), S. 75-97.

Honold, Alexander: Nach Bagdad und Jerusalem. Die Wege des Wilhelminischen Orientalismus. In: Kolonialismus als Kultur. Literatur, Medien, Wissenschaft in der deutschen Gründerzeit des Fremden. Hrsg. von Alexander Honold/Oliver Simons. Tübingen/Basel 2002 (= Kultur – Herrschaft – Differenz 2), S. 143-166.

Honold, Alexander/Klaus R. Scherpe: Einleitung: Für eine deutsche Kulturgeschichte des Fremden. In: Alexander Honold/Klaus R. Scherpe (Hrsg.): Mit Deutschland um die Welt. Eine Kulturgeschichte des Fremden in der Kolonialzeit. Mit 149 Abbildungen. Stuttgart/Weimar 2004, S. 1-25.

Jäger, Hans-Wolf: Reisefacetten der Aufklärungszeit. In: Der Reisebericht. Die Entwicklung einer Gattung in der deutschen Literatur. Hrsg. von Peter J. Brenner. Frankfurt a.M. 1989 (= st 2097), S. 261-283.

Jost, Herbert: Selbst-Verwirklichung und Seelensuche. Zur Bedeutung des Reiseberichts im Zeitalter des Massentourismus. In: Der Reisebericht. Die Entwicklung einer Gattung in der deutschen Literatur. Hrsg. von Peter J. Brenner. Frankfurt a.M. 1989 (= st 2097), S. 490-507.

Kaiser, Gerhard R.: Parisbilder in der nicht-fiktionalen deutschsprachigen Literatur zwischen den späten achtziger des 19. und den dreißiger Jahren des 20. Jahrhunderts. In: Paris? Paris! Bilder der französischen Metropole in der nicht-fiktionalen deutschsprachigen Prosa zwischen Hermann Bahr und Joseph Roth. Hrsg. von Gerhard R. Kaiser/Erika Tunner. Heidelberg 2002 (= Jenaer Germanistische Forschungen NF 11), S. 1-60.

Kamath, Rekha: Indien mit der Seele suchend. Deutsche Indienreisende der frühen Moderne. In: Das Fremde. Reiseerfahrungen, Schreibformen und kulturelles Wissen. Hrsg. von Alexander Honold/Klaus R. Scherpe unter Mitarbeit von Stephan Blesser/Markus Joch/Oliver Simons. Bern/Berlin u.a. 1999 (= Zeitschrift für Germanistik; NF; Beiheft 2), S. 267-284.

Keiser-Hayne, Helga: Beteiligt euch, es geht um eure Erde. Erika Mann und ihr politisches Kabarett die »Pfeffermühle« 1933-1937. München 1990.

Keitz, Christine: Grundzüge einer Sozialgeschichte des Tourismus in der Zwischenkriegszeit. In: Reisekultur in Deutschland. Von der Weimarer Republik bis zum ›Dritten Reich‹. Hrsg. von Peter J. Brenner. Tübingen 1997, S. 49-71.

Kieser, Hans-Lukas: Die Zerstörung der osmanisch-armenischen Gemeinschaft im Ersten Weltkrieg und die Rolle Deutschlands. In: Martin Tamcke (Hrsg.): »Dich Ararat, vergesse ich nie!« Neue Beiträge zum Schicksal Armeniens und der Armenier. Berlin 2006 (= Studien zur Orientalischen Kirchengeschichte 40), S. 67-79.

Klatt, Fritz: Ja, Nein und Trotzdem. Gesammelte Aufsätze. Jena 1924 [EA der Aufsätze 1916-23].

Klußmeier, Gerhard und Hainer Plaul: Karl May und seine Zeit. Bilder, Texte, Dokumente. Eine Bildbiografie. Hrsg. von Lothar und Bernhard Schmid. Bamberg/Radebeul 2007 (= Sonderband zu den Gesammelten Werken Karl Mays).

Knefelkamp, Ulrich: Die Suche nach dem Reich des Priesterkönigs Johannes. Dargestellt anhand von Reiseberichten und anderen ethnographischen Quellen des 12. bis 17. Jahrhunderts. Gelsenkirchen 1986.

Knefelkamp, Ulrich: Indien. In: LexMA 5 (1991), Sp. 404-405.

Knefelkamp, Ulrich: Johannes Presbyter. In: LexMA 5 (1991), Sp. 530-532.

Koch, Werner: Lawrence von Arabien. Leben und Werk. Mit einem Bildteil und Lebensdaten von Michael Schroeder. Frankfurt a.M./Leipzig 1995 (= it 1704).

Kohl, Karl-Heinz: Entzauberter Blick. Das Bild vom Guten Wilden und die Erfahrung der Zivilisation. Frankfurt a.M. 1986 (= st 1272) [EA 1981].

Kohl, Karl-Heinz: Im Gewand des Orients. Sir Richard Francis Burton (1821-1890). Eine biographische Skizze. In: Exotische Welten – Europäische Phantasien. Ausstellung des Instituts für Auslandsbeziehungen und des Württembergischen Kunstvereins im Kunstgebäude am Schlossplatz. 2. September bis 29. November 1987. Stuttgart 1987, S. 72-77.

Kohl, Karl-Heinz: Kulturelle Camouflagen. Der Orient und Nordamerika als Fluchträume deutscher Phantasie. In: Karl May. Imaginäre Reisen. Eine Ausstellung des Deutschen Historischen Museums, Berlin vom 31. August 2007 bis 6. Januar 2008. Hrsg. von Sabine Beneke/Johannes Zeilinger im Auftrag des DHM. Berlin 2007, S. 95-114.

Koppelkamm, Stefan: Orientalisierende Architektur des 18. und 19. Jahrhunderts. In: Exotische Welten – Europäische Phantasien. Ausstellung des Instituts für Auslandsbeziehungen und des Württembergischen Kunstvereins im Kunstgebäude am Schlossplatz. 2. September bis 29. November 1987. Stuttgart 1987, S. 164-171.

Kracauer, Siegfried: Das Ornament der Masse. In: Siegfried Kracauer: Das Ornament der Masse. Essays. Mit einem Nachwort von Karsten Witte. Frankfurt a.M. 1977 (= st 371), S. 50-64 [EA in Frankfurter Zeitung. 9.6.1927. Nr. 420 und 10.6.1927. Nr. 423].

Kracauer, Siegfried: Georg von Lukács' Romantheorie. In: Siegfried Kracauer: Schriften. Aufsätze 1915-1926. Hrsg. von Inka Mülder-Bach. Frankfurt a.M. 1990 (= Bd. 5.1), S. 117-123 [EA in Neue Blätter für die Kunst und Literatur 4 (1921/22). Nr. 1, S. 1-5].

Kracauer, Siegfried: Die Wartenden. In: Siegfried Kracauer: Schriften. Aufsätze 1915-1926. Hrsg. von Inka Mülder-Bach. Frankfurt a.M. 1990 (= Bd. 5.1), S. 160-170 [EA in Frankfurter Zeitung. 12.3.1922. Nr. 191].

Kracauer, Siegfried: Die Reise und der Tanz. In: Siegfried Kracauer: Schriften. Aufsätze 1915-1926. Hrsg. von Inka Mülder-Bach. Frankfurt a.M. 1990 (= Bd. 5.1), S. 288-296 [EA in Frankfurter Zeitung. 15.3.1925. Nr. 198].

Krehayn, Joachim: Nachwort. In: Laurence Sterne: Empfindsame Reise durch Frankreich und Italien. Das Tagebuch für Eliza. Aus dem Englischen von Friedrich Hörleck und Siegfried Schmitz. Nachwort von Joachim Krehayn. Mit 21 Illustrationen von Inge Jastram. Leipzig 1978 (= RUB 728), S. 165-174.

Kreiser, Klaus: Der osmanische Staat 1300-1922. München 2001 (= Oldenbourg Grundriss der Geschichte 30).

Krumeich, Gerd: Die Präsenz des Krieges im Frieden. In: Gertrude Cepl-Kaufmann/ Gerd Krumeich/Ulla Sommers (Hrsg.): Krieg und Utopie. Kunst, Literatur und Politik im Rheinland nach dem Ersten Weltkrieg. In Zusammenarbeit mit Jasmin Grande. Begleitband zur Ausstellung 2006. Bunkerkirche Düsseldorf. Siebengebirgsmuseum der Stadt Königswinter. Essen 2006, S. 23-31.

Lachmann, Tobias: »Exil« als literarisches Projekt. Nomadische Diskussionsformen in Klaus Manns »Der Vulkan. Roman unter Emigranten«. In: Nomadische Existenzen. Vagabondage und Boheme in Literatur und Kultur des 20. Jahrhunderts. Mit einer Artur-Streiter-Bibliographie. Hrsg. von Walter Fähnders. Tagungsband. Symposium des Fritz-Hüser-Instituts 11. Mai 2007. Essen 2007 (= Schriften des Fritz-Hüser-Instituts für deutsche und ausländische Arbeiterliteratur 16), S. 75-101.

Lämmert, Eberhard: Ekstasen der Großstadt. Das literarische Berlin 1880-1930. In: studi germanici n. s. 30/31 (1992-1993), S. 181-200.

Lavrin, Janko: Lew Tolstoj. Mit Selbstzeugnissen und Bilddokumenten. Aus dem Englischen übertragen von Rolf-Dietrich Keil. Reinbek bei Hamburg 1999 (= rm 50057) [EA 1961].

Leifer, Walter: Indien und die Deutschen. 500 Jahre Begegnung und Partnerschaft. Tübingen/Basel 1969.

Leven, Karl-Heinz: Zur Kenntnis der Pocken in der arabischen Medizin, im lateinischen Mittelalter und in Byzanz. In: Die Begegnung des Westens mit dem Osten. Kongreßakten des 4. Symposiums des Mediävistenverbandes in Köln 1991 aus Anlaß des 1000. Todesjahres der Kaiserin Theophanu. Hrsg. von Odilo Engels/Peter Schreiner. Sigmaringen 1993, S. 341-354.

Lindemann, Uwe: Die Wüste. Terra incognita · Erlebnis · Symbol. Eine Genealogie der abendländischen Wüstenvorstellungen in der Literatur von der Antike bis zur Gegenwart. Heidelberg 2000 (= Beiträge zur neueren Literaturwissenschaft; Folge 3; Bd. 175).

Lindemann, Uwe: Der Basar als Gebilde des hochkapitalistischen Zeitalters. Über das Verhältnis von Orientalismus, Geschlechterpolitik, Konsum- und Modernekritik zwischen 1820 und 1900. In: Klaus-Michael Bogdal (Hrsg.): Orientdiskurse in der deutschen Literatur. Bielefeld 2007, S. 243-271.

Linse, Ulrich: Asien als Alternative? Die Alternativkulturen der Weimarer Zeit: Reform des Lebens durch Rückwendung zu asiatischer Religiosität. In: Religionswissenschaft und Kulturkritik. Beiträge zur Konferenz The History of Religions and Critique of Culture in the Days of Gerardus van der Leeuw (1890-1950). Hrsg. von Hans G. Kippenberg/Brigitte Luchesi. Marburg 1991, S. 325-364.

Luhmann, Niklas: Die Gesellschaft der Gesellschaft. Frankfurt a.M. 1997 (= Zweiter Teilband. Kapitel 4-5).

Lukács, Georg: Die Theorie des Romans. Ein geschichtsphilosophischer Versuch über die Formen der großen Epik. Mit dem Vorwort von 1962. München 2000 (= dtv 30173) [EA 1916/20].

Marx, Karl/Friedrich Engels: Manifest der Kommunistischen Partei. Grundsätze des Kommunismus. Nachwort von Iring Fetscher. Stuttgart 2004 (= RUB 8323) [EA 1848/1914].

Massis, Henri: Verteidigung des Abendlandes. Übersetzt und mit einer Einführung von Georg Moenius. Hellerau 1930 [EA 1927].

Mayer, Hans Eberhard: Geschichte der Kreuzzüge. Neunte, verbesserte und erweiterte Auflage. Stuttgart/Berlin u.a. 2000 (= Urban-Taschenbücher 86) [EA 1965].

Medrow, Lisa Anna: Falkenjagd in Arabien im 8.-13. Jahrhundert. In: Von der Kunst mit Vögeln zu jagen. Das Falkenbuch Friedrichs II. – Kulturgeschichte und Ornithologie. Begleitband zur Sonderausstellung »Kaiser Friedrich II. (1194-1250). Welt und Kultur des Mittelmeerraums« im Landesmuseum für Natur und Mensch Oldenburg. Hrsg. von Mamoun Fansa/Carsten Ritzau. Mainz 2008, S. 15-17.

Medrow, Lisa Anna: Falkenjagd im Mittelalter. In: Von der Kunst mit Vögeln zu jagen. Das Falkenbuch Friedrichs II. – Kulturgeschichte und Ornithologie. Begleitband zur Sonderausstellung »Kaiser Friedrich II. (1194-1250). Welt und Kultur des Mittelmeerraums« im Landesmuseum für Natur und Mensch Oldenburg. Hrsg. von Mamoun Fansa/Carsten Ritzau. Mainz 2008, S. 18-20.

Meienberg, Niklaus: Die Welt als Wille und Wahn. Elemente zur Naturgeschichte eines Clans. Zürich 1987.

Meier, Albert: Von der enzyklopädischen Studienreise zur ästhetischen Bildungsreise. Italienreisen im 18. Jahrhundert. In: Der Reisebericht. Die Entwicklung einer Gattung in der deutschen Literatur. Hrsg. von Peter J. Brenner. Frankfurt a.M. 1989 (= st 2097), S. 284-305.

Menzel, Michael: Die Jagd als Naturkunst. Zum Falkenbuch Kaiser Friedrichs II. In: Von der Kunst mit Vögeln zu jagen. Das Falkenbuch Friedrichs II. – Kulturgeschichte und Ornithologie. Begleitband zur Sonderausstellung »Kaiser Friedrich II. (1194-1250). Welt und Kultur des Mittelmeerraums« im Landesmuseum für Natur und Mensch Oldenburg. Hrsg. von Mamoun Fansa/Carsten Ritzau. Mainz 2008, S. 51-61.

Mikusch, Dagobert von: Waßmuß, der deutsche Lawrence. Auf Grund der Tagebücher und Aufzeichnungen des verstorbenen Konsuls, deutscher und englischer Quellen und des unter gleichem Titel erschienenen Buches von Christopher Sykes. Leipzig 1937 [EA 1937 von Christopher Sykes' *Wassmuss. »The German Lawrence«. His Adventures during and after the War*].

Möller, Anne: Die Geschichte des Falkenbuches. In: Von der Kunst mit Vögeln zu jagen. Das Falkenbuch Friedrichs II. – Kulturgeschichte und Ornithologie. Begleitband zur Sonderausstellung »Kaiser Friedrich II. (1194-1250). Welt und Kultur des Mittelmeerraums« im Landesmuseum für Natur und Mensch Oldenburg. Hrsg. von Mamoun Fansa/Carsten Ritzau. Mainz 2008, S. 29-33.

Möller, Anne: Vögel in der Kulturgeschichte des Mittelalters. In: Von der Kunst mit Vögeln zu jagen. Das Falkenbuch Friedrichs II. – Kulturgeschichte und Ornithologie. Begleitband zur Sonderausstellung »Kaiser Friedrich II. (1194-1250). Welt und Kultur des Mittelmeerraums« im Landesmuseum für Natur und Mensch Oldenburg. Hrsg. von Mamoun Fansa/Carsten Ritzau. Mainz 2008, S. 21-25.

Möller, Detlef: Studien zur mittelalterlichen arabischen Falknereiliteratur. Berlin 1965 (= Quellen und Studien zur Geschichte der Jagd 10).

Moenius, Georg: Einführung. In: Henri Massis: Verteidigung des Abendlandes. Übersetzt und mit einer Einführung von Georg Moenius. Hellerau 1930, S. 11-113.

Mommsen, Katharina: Goethe und die arabische Welt. Frankfurt a.M. 1988.

Müller-Waldeck, Gunnar: Verwehrte Heimkehr. Nachträge zu einem unheldischen Helden: Armin T. Wegner. In: Neuere deutsche Literatur 52 (2004) H. 558, S. 77-90.

Nalewski, Horst: Nachwort. In: Rainer Maria Rilke: Reise nach Ägypten. Briefe. Gedichte. Notizen. Mit zahlreichen Abbildungen. Hrsg. von Horst Nalewski. Frankfurt a.M./ Leipzig 2000 (= it 2699), S. 153-164.

Nebes, Norbert: Orientalistik im Aufbruch. Die Wissenschaft vom Vorderen Orient in Jena zur Goethezeit. In: Goethes Morgenlandfahrten. West-östliche Begegnungen. Hrsg. von Jochen Golz. Frankfurt a.M./Leipzig 1999 (= it 2600), S. 66-96.

Neuber, Wolfgang: Fremde Welt im europäischen Horizont. Zur Topik der deutschen Amerika-Reiseberichte der Frühen Neuzeit. Berlin 1991 (= Philologische Studien und Quellen 121).

Neuber, Wolfgang: Zur Gattungspoetik des Reiseberichts. Skizze einer historischen Grundlegung im Horizont von Rhetorik und Topik. In: Der Reisebericht. Die Entwicklung einer Gattung in der deutschen Literatur. Hrsg. von Peter J. Brenner. Frankfurt a.M. 1989 (= st 2097), S. 50-67.

Neuber, Wolfgang: Der Zauber des Fremden. Zur frühneuzeitlichen Reiseliteraturforschung. In: Internationales Archiv für Sozialgeschichte der deutschen Literatur 23 (1998) H. 2, S. 142-155.

Neuber, Wolfgang: Exotismus als topologisches Modell. Zur räumlichen Fremdheitskonstruktion an der Schwelle vom Mittelalter zur Frühen Neuzeit. In: Karl-Siegbert Rehberg/Walter Schmitz/Peter Strohschneider (Hrsg.): Mobilität – Raum – Kultur. Erfahrungswandel vom Mittelalter bis zur Gegenwart. Dresden 2005 (= Kulturstudien 1), S. 133-150.

Nicolai, Elke: »Wohin es uns treibt...« Die literarische Generationsgruppe Klaus Manns 1924-1933. Ihre Essayistik und Erzählprosa. Frankfurt a.M./Berlin u.a. 1998 (= Forschungen zur Literatur- und Kulturgeschichte 62).

Ohle, Karlheinz: Das Ich und das Andere. Grundzüge einer Soziologie des Fremden. Stuttgart 1978 (= Sozialwissenschaftliche Studien 15).

Ohler, Norbert: Reisen. Reisebeschreibungen. Westen. In: LexMa 7 (1995), Sp. 672-675.

Osten, Manfred: »Alles veloziferisch« oder Goethes Entdeckung der Langsamkeit. Zur Modernität eines Klassikers im 21. Jahrhundert. Frankfurt a.M./Leipzig 2003.

Osterhammel, Jürgen: Reisen an die Grenzen der Alten Welt. Asien im Reisebericht des 17. und 18. Jahrhunderts. In: Der Reisebericht. Die Entwicklung einer Gattung in der deutschen Literatur. Hrsg. von Peter J. Brenner. Frankfurt a.M. 1989 (= st 2097), S. 224-260.

Paquet, Alfons: Vorwort. In: Ku Hung-Ming: Chinas Verteidigung gegen europäische Ideen. Kritische Aufsätze. Hrsg. mit einem Vorwort von Alfons Paquet. Jena 1917, S. I-XIV [EA 1911].

Parsons, Talcott: Das System moderner Gesellschaften. Aus dem Amerikanischen übersetzt von Hans-Werner Franz. München 1972 (= Grundfragen der Soziologie 15) [EA 1971].

Pelz, Annegret: Europäerinnen und Orientalismus. In: Frauen – Literatur – Politik. Hrsg. von Annegret Pelz/Marianne Schuller/Inge Stephan/Sigrid Weigel/Kerstin Wilhelms. Hamburg 1988 (= Literatur im historischen Prozeß NF 21/22 ; Argument-Sonderband 172/173), S. 205-219.

Pelz, Annegret: Reisen Frauen anders? Von Entdeckerinnen und reisenden Frauenzimmern. In: Reisekultur. Von der Pilgerfahrt zum modernen Tourismus. Mit 103

Abbildungen im Text. Hrsg. von Hermann Bausinger/Klaus Beyrer/Gottfried Korff. München 1991, S. 174-78.

Pelz, Annegret: Reisen durch die eigene Fremde. Reiseliteratur von Frauen als autobiographische Schriften. Köln/Weimar/Wien 1993 (= Literatur – Kultur – Geschlecht 2).

Petersson, Niels P.: Das Kaiserreich in Prozessen ökonomischer Globalisierung. In: Das Kaiserreich transnational. Deutschland in der Welt 1871-1914. Hrsg. von Sebastian Conrad/Jürgen Osterhammel. Göttingen 2004, S. 49-69.

Peukert, Detlev J.K.: Die Weimarer Republik. Krisenjahre der Klassischen Moderne. Frankfurt a.M. 1987 (= Neue Historische Bibliothek; es NF 282).

Peukert, Will-Erich: Gog und Magog. In: Lesebuch zur Ausstellung Europa und der Orient 800-1900. Eine Ausstellung der Berliner Festspiele aus Anlaß von Horizonte ›89 im Martin-Gropius-Bau, Berlin. Hrsg. von Gereon Sievernich/Hendrik Budde. Gütersloh/München 1989, S. 47-50.

Polaschegg, Andrea: Der andere Orientalismus. Regeln deutsch-morgenländischer Imagination im 19. Jahrhundert. Berlin/New York 2005 (= Quellen und Forschungen zur Literatur- und Kulturgeschichte 36).

Polaschegg, Andrea: Durch die Wüste ins Reich des silbernen Löwen. Kara Ben Nemsi reitet durch den deutschen Orientalismus. In: Karl May. Imaginäre Reisen. Eine Ausstellung des Deutschen Historischen Museums, Berlin vom 31. August 2007 bis 6. Januar 2008. Hrsg. von Sabine Beneke/Johannes Zeilinger im Auftrag des DHM. Berlin 2007, S. 115-136.

Polaschegg, Andrea: Von chinesischen Teehäusern zu hebräischen Melodien. Parameter zu einer Gebrauchsgeschichte des deutschen Orientalismus. In: Klaus-Michael Bogdal (Hrsg.): Orientdiskurse in der deutschen Literatur. Bielefeld 2007, S. 49-80.

Reichert, Folker E.: Fremde Frauen. Die Wahrnehmung von Geschlechterrollen in den spätmittelalterlichen Orientreiseberichten. In: Die Begegnung des Westens mit dem Osten. Kongreßakten des 4. Symposiums des Mediävistenverbandes in Köln 1991 aus Anlaß des 1000. Todesjahres der Kaiserin Theophanu. Hrsg. von Odilo Engels/Peter Schreiner. Sigmaringen 1993, S. 167-184.

Reichert, Folker E.: Marco Polos Buch. Lesarten des Fremden. In: Fiktion des Fremden. Erkundung kultureller Grenzen in Literatur und Publizistik. Hrsg. von Dietrich Harth. Frankfurt a.M. 1994 (= Literaturwissenschaft Fischer-Taschenbuch 12512), S. 180-202.

Reif, Wolfgang: Zivilisationsflucht und literarische Wunschräume. Der exotistische Roman im ersten Viertel des 20. Jahrhunderts. Stuttgart 1975 (= Metzler Studienausgabe).

Reif, Wolfgang: Exotismus im Reisebericht des frühen 20. Jahrhunderts. In: Der Reisebericht. Die Entwicklung einer Gattung in der deutschen Literatur. Hrsg. von Peter J. Brenner. Frankfurt a.M. 1989 (= st 2097), S. 434-462.

Ridder-Symoens, Hilde de: Die Kavalierstour im 16. und 17. Jahrhundert. In: Der Reisebericht. Die Entwicklung einer Gattung in der deutschen Literatur. Hrsg. von Peter J. Brenner. Frankfurt a.M. 1989 (= st 2097), S. 197-223.

Riley-Smith, Louise/Jonathan Riley-Smith: The Crusades. Ideal and Reality, 1095-1274. London 1981 (= Documents of Medieval History 4).

Rössner, Michael: Auf der Suche nach dem verlorenen Paradies. Zum mythischen Bewußtsein in der Literatur des 20. Jahrhundert. Frankfurt a.M. 1988 (= Athenäum's Monografien – Literaturwissenschaft 88).

»Ruhe gibt es nicht, bis zum Schluß.« Klaus Mann (1906-1949). Bilder und Dokumente hrsg. von Uwe Naumann. Reinbek bei Hamburg 1999.

Said, Edward W.: Orientalism. New York 1979 [EA 1978].

Said, Edward W.: Orientalismus. Aus dem Amerikanischen von Liliane Weissberg. Frankfurt a.M./Berlin u.a. 1981 (= Ullstein-Buch 35097; Ullstein-Materialien) [EA 1978 unter dem Titel *Orientalism*].

Said, Edward: Orientalismus. Aus dem Englischen von Hans Günter Holl. Frankfurt a.M. 2009 (= S. Fischer Wissenschaft) [EA 1978].

Salama, Dalia: Georg Ebers' Roman *Eine ägyptische Königstochter*. ›Pharaonisierendes‹ im 19. Jahrhundert. In: Klaus-Michael Bogdal (Hrsg.): Orientdiskurse in der deutschen Literatur. Bielefeld 2007, S. 201-241.

Samsami, Behrang: Zwischen Endzeit- und Aufbruchstimmung. Die Gesellschaftskritik und -utopie in Hermann Kasacks Roman »Die Stadt hinter dem Strom« (1947). Magisterarbeit. Freie Universität Berlin 2006 [Masch.].

Scherpe, Klaus R.: Berlin als Ort der Moderne. Literarische Darstellungen und kulturelle Inszenierungen der Großstadt. In: studi germanici n. s. 30/31 (1992-1993), S. 201-223.

Scherpe, Klaus R.: Die Ordnung der Dinge als Exzeß. Überlegungen zu einer Poetik der Beschreibung in ethnographischen Texten. In: Das Fremde. Reiseerfahrungen, Schreibformen und kulturelles Wissen. Hrsg. von Alexander Honold/Klaus R. Scherpe unter Mitarbeit von Stephan Blesser/Markus Joch/Oliver Simons. Berlin/Bern u.a. 1999 (= Zeitschrift für Germanistik; NF; Beiheft 2), S. 13-44.

Schimmel, Annemarie: Der islamische Orient – Wege seiner Vermittlung nach Europa. In: Goethes Morgenlandfahrten. West-östliche Begegnungen. Hrsg. von Jochen Golz. Frankfurt a.M./Leipzig 1999 (= it 2600), S. 16-28.

Schmugge, Ludwig: Pilger. Westlicher Bereich. In: LexMA 6 (1993), Sp. 2148-2150.

Schnack, Ingeborg: Rainer Maria Rilke. Chronik seines Lebens und seines Werkes. Frankfurt a.M. 1975 (= Band 1).

Schöllgen, Gregor: Imperialismus und Gleichgewicht. Deutschland, England und die orientalische Frage 1871–1914. München 1984.

Schütz, Erhard: Kritik der literarischen Reportage. Reportagen und Reiseberichte aus der Weimarer Republik über die USA und die Sowjetunion. München 1977.

Schunck, Peter: Nachwort. In: Charles-Louis de Secondat, Baron de la Brède et de Montesquieu: Persische Briefe. Übersetzt und hrsg. von Peter Schunck. Stuttgart 1991 (= RUB 2051 [5]), S. 355-367.

Segalen, Victor: Die Ästhetik des Diversen. Versuch über den Exotismus. Aus dem Französischen von Uli Wittmann. Frankfurt a.M. 1994 (= Fischer-Taschenbuch 10108) [EA 1955 unter dem Titel *Essai sur l'Exotisme, un Esthétique du Divers*].

Serke, Jürgen: Die verbrannten Dichter. Mit Fotos von Wilfried Bauer. Berichte. Texte. Bilder einer Zeit. Frankfurt a.M. 1980 (= Fischer-Taschenbuch 2239) [EA 1977].

Simmel, Georg: Exkurs über den Fremden. In: Georg Simmel: Soziologie. Untersuchungen über die Formen der Vergesellschaftung. Hrsg. von Otthein Rammstedt. Frankfurt a.M. 1992 (= Georg-Simmel-Gesamtausgabe 11), S. 764-771 [EA 1908].

Simmel, Georg: Die Großstädte und das Geistesleben. In: Georg Simmel: Aufsätze und Abhandlungen 1901-1908. Band I. Hrsg. von Rüdiger Kramme/Angela Rammstedt/Otthein Rammstein. Frankfurt a.M. 1995 (= Georg-Simmel-Gesamtausgabe 7), S. 116-131 [EA 1903].

Smith, Woodruff D.: »Weltpolitik« und »Lebensraum«. In: Das Kaiserreich transnational. Deutschland in der Welt 1871-1914. Hrsg. von Sebastian Conrad/Jürgen Osterhammel. Göttingen 2004, S. 29-48.

Sollbach, Gerhard E.: Einleitung. In: Das Reisebuch des Ritters John Mandeville. Ins Neuhochdeutsche übertragen und eingeleitet von Gerhard E. Sollbach. Frankfurt a.M. 1989, S. 15-49.

Stagl, Justin: Die Methodisierung des Reisens im 16. Jahrhundert. In: Der Reisebericht. Die Entwicklung einer Gattung in der deutschen Literatur. Hrsg. von Peter J. Brenner. Frankfurt a.M. 1989 (= st 2097), S. 140-177.

Stagl, Justin: Eine Geschichte der Neugier. Die Kunst des Reisens 1550-1800. Wien/Köln u.a. 2002 [Titel der 1995 erschienenen englischen Originalausgabe *A History of Curiosity. The Theory of Travel 1500-1800*].

Stamm, Ulrike: Die hässliche Orientalin. Zu einem Stereotyp in Reiseberichten des 19. Jahrhunderts. In: Klaus-Michael Bogdal (Hrsg.): Orientdiskurse in der deutschen Literatur. Bielefeld 2007, S. 141-162.

Syndram, Karl Ulrich: Der erfundene Orient in der europäischen Literatur vom 18. bis zum Beginn des 20. Jahrhunderts. In: Europa und der Orient 800-1900. 28. Mai – 27. August 1989. Eine Ausstellung des 4. Festivals der Weltkulturen Horizonte ›89 im Martin-Gropius-Bau, Berlin. Hrsg. von Gereon Sievernich/Hendrik Budde. Gütersloh/München 1989, S. 324-341.

T., M.: George Carpenter Miles. In: American Journal for Archaelogy 81 (1977) H. 1, S. 113.

Täuber, Rita E.: Der häßliche Eros. Darstellungen zur Prostitution in der Malerei und Grafik 1855-1930. Berlin 1997.

Tafazoli, Hamid: Der deutsche Persien-Diskurs. Zur Verwissenschaftlichung und Literarisierung des Persien-Bildes im deutschen Schrifttum. Von der frühen Moderne bis in das neunzehnte Jahrhundert. Bielefeld 2007.

Tamcke, Martin: Völkermord und die Solidarität der Christen. Das Geschehen und seine Aufnahme im helfenden Handeln deutscher Armenierfreunde. In: Martin Tamcke (Hrsg.): »Dich Ararat, vergesse ich nie!« Neue Beiträge zum Schicksal Armeniens und der Armenier. Berlin 2006 (= Studien zur Orientalischen Kirchengeschichte 40), S. 47-65.

Theis, Raimund: Zu *Der Immoralist*. In: André Gide: Der Immoralist. Roman. Aus dem Französischen von Gisela Schlientz. Mit einem Nachwort von Raimund Theis. München 2001 (= dtv 12345), S. 129-143 [EA 1991].

Timm, Uwe: Halbschatten. Roman. Köln 2008 [Biografischer Roman über das Leben Marga von Etzdorfs].

Ulbricht, Justus H.: Wider das »Katzengejammergefühl der Entwurzelung«. Intellektuellen-Religion im Eugen Diederichs Verlag. In: Buchhandelsgeschichte 3 (1996), S. 111-120.

Ulbricht, Justus H.: »Transzendentale Obdachlosigkeit«. Ästhetik, Religion und »neue soziale Bewegungen« um 1900. In: Wolfgang Braungart/Gotthard Fuchs/Manfred Koch: Ästhetische und religiöse Erfahrungen der Jahrhunderte. II: um 1900. Paderborn/München u.a. 1998, S. 47-67.

Usarski, Frank: Das Bekenntnis zum Buddhismus als Bildungsprivileg. Strukturmomente »lebensweltlicher« Theravada-Rezeption in Deutschland während des Zeitraums zwischen 1888 und 1924. In: Die Religion von Oberschichten. Religion – Profession – Intellektualismus. Hrsg. von Peter Antes/Donate Pahnke. Marburg 1989 (= Veröffentlichungen der 19. Jahrestagung der Deutschen Vereinigung für Religionsgeschichte 19), S. 75-86.

Valéry, Paul: Die Eroberung der Allgegenwärtigkeit. In: Paul Valéry: Über Kunst. Essays. Frankfurt a.M. 1965 (= BS 53), S. 46-51 [EA unter dem Titel *La conquête de l'ubiquité* in *De la musique avant toute chose*. Paris 1928].

Valéry, Paul: Orientem Versus. In: Paul Valéry: Zur Zeitgeschichte und Politik. Hrsg. von Jürgen Schmidt-Radefeldt. Frankfurt a.M./Leipzig 1995 (= Frankfurter Ausgabe der Werke 7), S. 488-494 [EA in Verve (2) 1938 H. 3].

Wagner, Monika: Die Alpen. Faszination unwirtlicher Gegenden. In: Mit dem Auge des Touristen. Zur Geschichte des Reisebildes. Eine Ausstellung des Kunsthistorischen Instituts der Universität Tübingen in der Kunsthalle Tübingen vom 22. August bis 20. September 1981. Katalog und Ausstellung: Petra Bopp, Gustl Früh, Heide-Marie Garthe-Hochschild u.a. Tübingen 1981, S. 67-86.

Weber, Max: Die protestantische Ethik und der Geist des Kapitalismus. In: Max Weber: Schriften zur Soziologie. Hrsg. und eingeleitet von Michael Suckale. Stuttgart 1995 (= RUB 9387), S. 333-356 [EA 1904/05].

Weidermann, Volker: Das Buch der verbrannten Bücher. Köln 2008.

Wieland, Georg: Das Eigene und das Andere. Theoretische Elemente zum Begriff der Toleranz im hohen und späten Mittelalter. In: Toleranz im Mittelalter. Hrsg. von Alexander Patschovsky/Harald Zimmermann. Sigmaringen 1998 (= Vorträge und Forschungen 45), S. 11-25.

Wilderotter, Hans: »Der hat den großen Kommentar gemacht.« Aristoteles, Averroes und der Weg der arabischen Philosophie nach Europa. In: Europa und der Orient 800-1900. 28. Mai – 27. August 1989. Eine Ausstellung des 4. Festivals der Weltkulturen Horizonte ›89 im Martin-Gropius-Bau, Berlin. Hrsg. von Gereon Sievernich/Hendrik Budde. Gütersloh/München 1989, S. 132-154.

Wolf, Gerhard: Die deutschsprachigen Reiseberichte des Spätmittelalters. In: Der Reisebericht. Die Entwicklung einer Gattung in der deutschen Literatur. Hrsg. von Peter J. Brenner. Frankfurt a.M. 1989 (= st 2097), S. 81-116.

Wülfing, Wulf: Reiseberichte im Vormärz. Die Paradigmen Heinrich Heine und Ida Hahn-Hahn. In: Der Reisebericht. Die Entwicklung einer Gattung in der deutschen Literatur. Hrsg. von Peter J. Brenner. Frankfurt a.M. 1989 (= st 2097), S. 333-362.

Zauner-Schneider, Christiane: Die Kunst zu balancieren. Berlin – Paris. Victor Auburtins und Franz Hessels deutsch-französische Wahrnehmungen. Heidelberg 2006 (= GRM-Beiheft 26).

Zegenhagen, Evelyn: »Schneidige deutsche Mädel«. Fliegerinnen zwischen 1918 und 1945. Göttingen 2007 (= Deutsches Museum; Abhandlungen und Berichte; NF 22).

Zinser, Hartmut: Der Markt der Religionen. München 1997.

Danksagung

Bei der Entstehung der vorliegenden Studie habe ich vielseitige Hilfe und Unterstützung erfahren. Mein besonderer Dank gilt meinem Doktorvater Prof. Dr. Walter Delabar für seine Betreuung und Förderung in Methodik und Fragestellung, ohne die diese Untersuchung nicht hätte entstehen können.

Bedanken möchte ich mich ferner bei Michael Wegner und dem Deutschen Literaturarchiv in Marbach am Neckar (DLA) für die Erlaubnis, im Nachlass befindliche, bisher unveröffentlichte Materialien von Armin T. Wegner für die vorliegende Studie zu nutzen. Für die Genehmigung, diese abzudrucken, danke ich dem Wallstein-Verlag, Göttingen. Im gleichen Sinne bin ich dem Schweizer Literaturarchiv in Bern (SLA) und Gabriela Rauch dankbar für den Einblick, die Verwendung und Druckerlaubnis für Materialien aus dem Nachlass von Annemarie Schwarzenbach.

Einen besonderen Dank schulde ich ebenfalls Till Claussen, Dr. Sofie Decock, Teres Dällenbach, Simon Huber, Birte Kempe, Ileana Someşan, Barbara Thomas und Dr. Johanna Wernicke-Rothmayer. Den größten Anteil am Zustandekommen dieser Untersuchung hat aber meine Familie. Fariba Ganbari-Nagler, Ahmad Ghanbari-Miandoab, vor allem aber meine Eltern Hossein Samsami und Behnaz Ghanbari-Miandoab haben mich intellektuell, emotional und finanziell unterstützt und motiviert. Ihnen ist die vorliegende Arbeit gewidmet.

Berlin, im Oktober 2010 Behrang Samsami

Sofie Decock

Papierfähnchen auf einer imaginären Weltkarte

Mythische Topo- und Tempografien in den Asien- und Afrikaschriften Annemarie Schwarzenbachs

2010, ISBN 978-3-89528-794-7, 333 Seiten, kart. € 29,80

Gegenstand der vorliegenden Studie sind ausgewählte Texte der Schweizer Schriftstellerin Annemarie Schwarzenbach (1908-1942), in denen sie ihre Erfahrungen im Orient und in Afrika thematisiert. Ausgehend vom Konzept der ‚imaginären Weltkarte' werden die Erscheinungsweisen und Funktionen mythischer Diskurse untersucht, auf die in der raumzeitlichen Gestaltung von Reisen zurückgegriffen wird. Aus dieser textorientierten Perspektive, die sich grundlegend von der lange vorherrschenden biografischen Lesart der Texte Schwarzenbachs unterscheidet, und durch die Berücksichtigung bisher unveröffentlichter bzw. unbeachteter Texte trägt diese Studie nachhaltig dazu bei, Forschungslücken zum reiseliterarischen Werk Annemarie Schwarzenbachs zu schließen.

Sofie Decock ist Research Fellow der Belgian American Educational Foundation am German Department der Georgetown University. Ab Januar 2011 ist sie als Postdoktorandin des Besonderen Forschungsfonds an der Universität Gent tätig. Sie war Bundesstipendiatin an der Universität Basel (2004-2005) und Doktorandin beim Fonds für Wissenschaftliche Forschung Flandern an der Universität Gent (2005-2009). Aus ihrem Dissertationsprojekt zur Reiseliteratur Annemarie Schwarzenbachs sind der Kongress und Sammelband *inside out. Textorientierte Erkundungen des Werks von Annemarie Schwarzenbach* (Hg. mit Uta Schaffers, Aisthesis Verlag 2008), mehrere Konferenzbeiträge und Artikel sowie die vorliegende Studie hervorgegangen.

Mirella Carbone (Hg.)

Annemarie Schwarzenbach
Werk, Wirkung, Kontext

2010, ISBN 978-3-89528-796-1,
315 Seiten, 26 Abb., kart € 29,80

Die Annemarie-Schwarzenbach-Rezeption wird seit einigen Jahren von dem Bestreben geprägt, durch einen textnäheren Umgang mit dem Werk der Schweizer Schriftstellerin, Journalistin und Fotografin (1908-1942) die bis dahin vorherrschende Orientierung an ihrer faszinierenden Persönlichkeit zugunsten einer stärkeren Wahrnehmung ihres facettenreichen Œuvres auszugleichen. Diese Tendenz zu fördern wie auch den Fragen nach einer kultur- und literaturhistorischen Verortung von Schwarzenbachs Arbeiten ein Diskussionsforum zu bieten, gehörte zu den Hauptanliegen einer Tagung, die im Oktober 2008 in Sils/Oberengadin (Schweiz) stattfand. Der vorliegende Band versammelt den größten Teil der Silser Tagungsbeiträge: Im Mittelpunkt der Analysen stehen die 1941-42 entstandenen Afrika-Texte (u.a. der Nachlassroman „Das Wunder des Baums“, der 2011 publiziert werden wird) sowie Schwarzenbachs fotografisches Werk. Der Band schließt mit einer Bibliografie, die auch die künstlerischen Adaptionen von Schwarzenbachs Leben und Werk sowie die Forschungsliteratur seit 2005 berücksichtigt.

Mirella Carbone hat in Catania (Italien) deutsche, englische und spanische Literatur studiert und wurde an der Universität Pisa promoviert. Seit 1991 lebt sie in Sils/Oberengadin und arbeitet als wissenschaftliche Mitarbeiterin bei der Stiftung „Nietzsche-Haus in Sils-Maria“. Seit 2005 leitet sie auch das Kulturbüro Sils/Segl KUBUS, die Oberengadiner Zweigstelle des Instituts für Kulturforschung Graubünden.